A HUMANIDADE E SUAS FRONTEIRAS

DO ESTADO SOBERANO À SOCIEDADE GLOBAL

Eduardo Felipe P. Matias

A Humanidade e suas Fronteiras
Do Estado Soberano à Sociedade Global

4ª edição

Paz & Terra

São Paulo | Rio de Janeiro
2014

copyright©Eduardo Felipe P. Matias

capa: Miriam Lerner

Direitos de edição da obra em língua portuguesa no Brasil adquiridos pela Editora Paz e Terra. Todos os direitos reservados. Nenhuma parte desta obra pode ser apropriada e estocada em sistema de bancos de dados ou processo similar, em qualquer forma ou meio, seja eletrônico, de fotocópia, gravação etc., sem a permissão do detentor do copyright.

Editora Paz e Terra Ltda.
Rua do Paraíso, 139, 10º andar, conjunto 101 – Paraíso
São Paulo, SP – 04103000
http://www.record.com.br

Seja um leitor preferencial Record.
Cadastre-se e receba informações sobre nossos lançamentos e nossas promoções.
Atendimento e venda direta ao leitor:
mdireto@record.com.br ou (21)2585-2002

CIP-Brasil. Catalogação-na-fonte
Sindicato dos Editores de Livros, RJ.

M38h
    Matias, Eduardo Felipe Pérez. 1972 –
        A humanidade e suas fronteiras : do Estado soberano à sociedade global— 4ª ed. — São Paulo: Paz eTerra, 2014.

    Inclui bibliografia

    ISBN 978-85-7753-122-6

    1. Globalização. 2. Estado. 3. Soberania. 4. Relações internacionais. 5. Organizações Internacionais.
    I. Título

05-1777.   CDD 337.1
                                                 CDU 339
                                                 010465

2014
Impresso no Brasil / *Printed in Brazil*

Deus quer, o homem sonha, a obra nasce.
Deus quis que a terra fosse toda uma,
Que o mar unisse, já não separasse.
Sagrou-te, e foste desvendando a espuma,

E a orla branca foi de ilha em continente,
Clareou, correndo, até o fim do mundo,
E viu-se a terra inteira, de repente,
Surgir, redonda, do azul profundo.

[...]

Fernando Pessoa
(O infante. *Mensagem*)

*A meus pais, Antonio e Mary,
que me ensinaram a voar.*

Agradecimentos

Este livro é resultado de um longo período de pesquisa, que só foi possível graças a algumas pessoas, cujo apoio merece o meu reconhecimento.

Agradeço, assim, ao professor Luiz Olavo Baptista, por servir de exemplo profissional e acadêmico – com seu dinamismo e sabedoria – e por se dedicar a tornar melhores as pessoas que estão ao seu redor – com seu incentivo e seus conselhos. Em sua figura, agradeço também a meus sócios e amigos da L.O. Baptista Advogados que, ao compartilharem de sua filosofia de vida e de trabalho, tornaram possível a elaboração desta obra.

Ao Fundo Ryoichi Sasakawa de Bolsas para Líderes Jovens, pelo suporte financeiro durante parte desse período e às faculdades nas quais estudei os temas aqui abordados: à Faculdade de Direito da Universidade de Paris II – Panthéon-Assas, onde cursei o meu mestrado em Direito Internacional e à Faculdade de Direito da Universidade Columbia em Nova York, na qual passei uma temporada muito enriquecedora como *visiting scholar*; à Universidade de São Paulo, em particular às suas faculdades de Economia e Administração e de Filosofia, Letras e Ciências Humanas, nas quais cursei boa parte das matérias de minha pós-graduação e, sobretudo, à sua Faculdade de Direito, onde me graduei e obtive o título de Doutor em Direito Internacional. Agradeço aos professores Celso Lafer, Maria Hermínia Tavares de Almeida e Celso Cláudio de Hildebrand Grisi, por terem participado de minha banca de doutorado, aprovando com distinção a tese que deu origem a esta obra, e por terem ajudado em muito a melhorá-la, com suas críticas e comentários, assim como a meu orientador, professor José Carlos de Magalhães, que com sua permanente disponibilidade para a troca de idéias em muito contribuiu para o resultado de minha pesquisa.

Agradeço, por fim, à minha família e amigos, que estiveram a meu lado em todos os momentos. Em especial, à minha mulher Mari Carmen, por me fazer acreditar em destino e por renovar essa crença a cada sorriso. A meus irmãos, Gisele e André, por serem meus melhores amigos. A meus melhores amigos, por serem verdadeiros irmãos. A meus avós, que tiveram a coragem de buscar novas fronteiras. E a meus pais, que com seu afeto e apoio constantes me permitiram começar a trilhar com segurança meu próprio caminho.

Lista de Siglas e Abreviaturas

ACNUR – Alto Comissariado das Nações Unidas para os Refugiados
AFDI – Annuaire Français de Droit International
AFRI – Annuaire Français de Relations Internationales
AJIL – American Journal of International Law
ASIL – American Society of International Law
ALADI – Associação Latino-americana de Integração
ALALC – Associação Latino-americana de Livre Comércio
ALCA – Área de Livre Comércio das Américas
BCIE – Banco Centro-americano de Integração Econômica
BIRD – Banco Internacional para a Reconstrução e o Desenvolvimento
BIS – Bank for International Settlements
CARICOM – Comunidade do Caribe
CARIFTA – Caribbean Free Trade Association
CCI – Chambre de Commerce Internationale
CECA – Comunidade Européia do Carvão e do Aço
CIC – Caribbean Investment Corporation
CIJ – Corte Internacional de Justiça
CIRDI – Centro Internacional para a Resolução de Disputas relativas aos Investimentos
CNUCED – Conferência das Nações Unidas sobre Comércio e Desenvolvimento
CNUDCI – Comissão das Nações Unidas para o Direito do Comércio Internacional

CPJI – Corte Permanente de Justiça Internacional
CREDIMI – Centre de recherche sur le droit des marchés et des investissements
CSNU – Conselho de Segurança das Nações Unidas
FAO – Organização das Nações Unidas para a Alimentação e a Agricultura
FEA – Faculdade de Economia, Administração e Contabilidade da Universidade de São Paulo
FMI – Fundo Monetário Internacional
GATS – General Agreement on Trade in Services
GATT – General Agreement on Tariffs and Trade
ICC – International Chamber of Commerce – ver CCI
JDI – Journal du Droit International
JWT – Journal of World Trade
LTr – Revista Legislação do Trabalho
MCCA – Mercado Comum Centro-americano
MERCOSUL – Mercado Comum do Sul
NAFTA – North American Free Trade Agreement
OCDE – Organização para a Cooperação e o Desenvolvimento Econômico
ODECA – Organização dos Estados Centro-americanos
OEA – Organização dos Estados Americanos
OIC – Organização Internacional do Comércio
OIT – Organização Internacional do Trabalho
OMC – Organização Mundial do Comércio
OMS – Organização Mundial da Saúde
ONGs – Organizações Não-Governamentais
ONU – Organização das Nações Unidas
OPEP – Organização dos Países Exportadores de Petróleo
PARLACEN – Parlamento Centro-americano
PNUD – Programa das Nações Unidas para o Desenvolvimento
PS – Political Science & Politics
RCADI – Recueil des Cours de l'Académie de Droit International de la Haye
RDP – Revista de Direito Público
Rev. Arb. – Revue de l'Arbitrage
RGDIP – Revue Générale de Droit International Public
SELA – Sistema Econômico Latino-americano
SFDI – Société Française pour le Droit International
SICA – Sistema de Integração Centro-americana
SICE – Sistema de Informação de Comércio Exterior da OEA

SIECA – Secretariado Permanente do Tratado de Integração Econômica Centro-americana
TRIPs – Agreement on Trade Related Intellectual Property Rights
UNCITRAL – United Nations Commission on International Trade Law – ver CNUDCI
UNESCO – Organização das Nações Unidas para a Educação, Ciência e Cultura
UNICEF – Fundo das Nações Unidas para a Infância
UNIDROIT – Instituto Internacional para a Unificação do Direito Privado
USP – Universidade de São Paulo
USTR – United States Trade Representative

Sumário

Apresentação 21

PARTE INTRODUTÓRIA
Estado soberano
As fronteiras tradicionais da humanidade 29

Capítulo 1 Estado e soberania ao longo dos tempos 31

1.1 A concentração da soberania – a ascensão do poder absoluto 33
    1.1.1 O nascimento da soberania – o colapso do feudalismo,
        as idéias de Jean Bodin e a paz de Westfália 33
    1.1.2 O auge da soberania – Hobbes e o Absolutismo 37

1.2 A diluição da soberania – a ascensão do poder democrático . 42
    1.2.1 A valorização da liberdade e a soberania popular –
        as visões de Locke e Rousseau 42
    1.2.2 A filosofia do direito e a soberania limitada –
        o papel do direito internacional 48
    1.2.3 Legitimidade, Estado de Direito e democracia 53

Capítulo 2 O modelo do Estado soberano 61

2.1 O conceito e a função do Estado 61
    2.1.1 O conceito de Estado 62
    2.1.2 A função do Estado 64

2.2 Os significados da soberania 69
    2.2.1 Sentidos principais do conceito de soberania
        – soberania como poder e soberania como supremacia
        e independência 71
    2.2.2 Soberania de direito e soberania de fato 78
    2.2.3 As transformações sofridas pelo poder estatal –
        o tema deste livro 88

Primeira Parte
Globalização
O papel da globalização e da revolução tecnológica na alteração do modelo do Estado soberano e na ascensão do modelo da sociedade global 97

Título I
Globalização e revolução tecnológica 99

Capítulo 3 A globalização – conceito, perspectiva histórica e o papel da revolução tecnológica 101

    3.1 Conceito e perspectiva histórica da globalização 103
        3.1.1 Conceito 104
        3.1.2 Perspectiva histórica 108
    3.2 O papel da revolução tecnológica na aceleração do processo de globalização 113
        3.2.1 Evolução tecnológica e revolução tecnológica – o ciberespaço e o advento da era da informação 113
        3.2.2 A revolução tecnológica e seus efeitos sobre a produção e a comercialização – a economia digital 119

Capítulo 4 Transnacionais, mercados financeiros e a aceleração da globalização econômica 123

    4.1 O papel das empresas transnacionais na aceleração do processo de globalização econômica 123
        4.1.1 A evolução das empresas transnacionais 124
        4.1.2 Definição e modo de atuação das empresas transnacionais – investimento externo direto e estratégia global 129
    4.2 Os mercados financeiros e a aceleração do processo de globalização 134
        4.2.1 A globalização financeira 134
        4.2.2 A instabilidade dos mercados financeiros internacionais – o exemplo da crise asiática 137

Título II
Efeitos da globalização e da Revolução tecnológica sobre o modelo do estado soberano 143

Capítulo 5 O papel do Estado na globalização e os efeitos da revolução tecnológica sobre o poder de controle estatal 145

    5.1 O papel do Estado na globalização 145
        5.1.1 O Estado como promotor da globalização e da revolução tecnológica 148
        5.1.2 A necessidade de atração de capital e suas conseqüências .. 151
    5.2 Revolução tecnológica e redução do poder de controle estatal 158
        5.2.1 O controle do ciberespaço – ausência de fronteiras e dificuldades de regulação 159
        5.2.2 Poder de barganha e custo de oportunidade no controle do ciberespaço 165

Capítulo 6 A globalização econômica e a perda de efetividade e de autonomia do poder estatal 169

    6.1 GLOBALIZAÇÃO ECONÔMICA E PERDA DE EFETIVIDADE DO PODER ESTATAL 171
        6.1.1 Empresas transnacionais e perda de efetividade do poder estatal 172
        6.1.2 Globalização financeira e perda de efetividade do poder estatal – o papel do mercado 176

    6.2 GLOBALIZAÇÃO ECONÔMICA E PERDA DE AUTONOMIA DO PODER ESTATAL 185
        6.2.1 A autonomia do poder estatal e a influência das transnacionais e dos mercados financeiros 185
        6.2.2 Globalização e perda de autonomia dos Estados na adoção de determinadas políticas econômicas 188

SEGUNDA PARTE
GLOBALIÇÃO JURÍDICA
O PAPEL DA GLOBALIZAÇÃO JURÍDICA E DAS ORGANIZAÇÕES INTERNACIONAIS NA ALTERAÇÃO DO MODELO DO ESTADO SOBERANO E NA ASCENSÃO DO MODELO DA SOCIEDADE GLOBAL .. 197

TÍTULO III
INTERDEPENDÊNCIA E SUAS CONSEQÜÊNCIAS: GLOBALIZAÇÃO JURÍDICA E FORTALECIMENTO DAS ORGANIZAÇÕES INTERNACIONAIS 199

Capítulo 7 Interdependência e globalização jurídica 201

    7.1 A INTERDEPENDÊNCIA E A NECESSIDADE DA COOPERAÇÃO INTERNACIONAL E DA INTEGRAÇÃO REGIONAL 201
        7.1.1 A necessidade da cooperação internacional – a teoria dos jogos aplicada às relações internacionais 202
        7.1.2 A integração regional como necessidade e seus reflexos no continente americano e na ordem econômica mundial 213

    7.2 A GLOBALIZAÇÃO JURÍDICA 227
        7.2.1 A regulamentação da vida internacional 228
        7.2.2 O papel do direito dos investimentos e do direito do comércio internacional 245

Capítulo 8 As organizações internacionais – cooperação internacional e integração regional 257

    8.1 ORGANIZAÇÕES INTERNACIONAIS – A COOPERAÇÃO INTERNACIONAL .. 262
        8.1.1 Evolução histórica da cooperação internacional 262
        8.1.2 Organizações internacionais de cooperação – o exemplo da OMC 273

    8.2 INTEGRAÇÃO REGIONAL – O EXEMPLO DO CONTINENTE AMERICANO .. 282
        8.2.1 Integração regional – principais conceitos e evolução histórica no continente americano 282
        8.2.2 Integração regional – o caso da Comunidade Andina 308

Título IV
Efeitos da globalização jurídica e das organizações
internacionais sobre o modelo do Estado soberano 323

Capítulo 9 Globalização jurídica e soberania – considerações gerais sobre a influência do direito internacional 325

    9.1 Direito internacional e soberania – uma relação paradoxal .. 325
        9.1.1 Direito internacional como origem da soberania e o paradoxo da perda voluntária da soberania estatal 326
        9.1.2 A autolimitação questionada – a primazia do direito internacional e a possível falta de autonomia do consentimento estatal 331
    9.2 A globalização jurídica e a soberania estatal 338
        9.2.1 Os tratados e a limitação do escopo da soberania estatal ... 339
        9.2.2 Regras internacionais, regras transnacionais, regras supranacionais e soberania estatal 344

Capítulo 10 Organizações internacionais e seus efeitos sobre a soberania estatal 359

    10.1 Organizações internacionais e soberania – considerações doutrinárias e o exemplo da integração regional 359
        10.1.1 Organizações internacionais e soberania – considerações doutrinárias 360
        10.1.2 Supranacionalidade e soberania – o caso da integração regional 369
    10.2 As organizações internacionais de cooperação e a soberania estatal 382
        10.2.1 OMC e soberania – o sistema de solução de disputas e suas conseqüências 384
        10.2.2 Ordem financeira internacional e soberania – o papel do FMI e do Banco Mundial 401

Parte Final
Sociedade global
As novas fronteiras da humanidade 415

Capítulo 11 O novo contrato social e a nova soberania 417

    11.1 As transformações sofridas pelo modelo do Estado soberano e o novo contrato social 418
    11.2 A nova soberania 431

Capítulo 12 O modelo da sociedade global 445

    12.1 A ascensão da sociedade global 446
        12.1.1 A contribuição da sociedade civil transnacional para o surgimento da sociedade global 446
        12.1.2 Novos atores, novo paradigma – da sociedade internacional à sociedade global 454

12.2 Questões sobre a institucionalização da sociedade global – funções do Estado e legitimidade na governança global 460

12.3 Indivíduo e comunidade internacional na sociedade global – rumo a uma humanidade sem fronteiras? 496

Conclusão 521

Bibliografia consultada 525

Apresentação

Domingo é dia de clássico e você comprou ingresso para assistir ao jogo de futebol de seu time favorito. Fazia algum tempo que não ia ao estádio, você chega com uma certa antecedência, se instala e lê o jornal enquanto espera as arquibancadas lotarem. O juiz apita e o jogo começa. Não demora muito para você perceber que há algo estranho acontecendo. Para começar, tanto a torcida quanto os jogadores parecem arredios demais, principalmente para um jogo que acaba de ter início, em um campeonato que está apenas começando.

Com menos de cinco minutos de jogo, a torcida do seu time passa a cantar em coro "4-3-3, 4-3-3". Você não entende nada. É verdade que faz tempo que não vai ao estádio, mas torcida gritando esquema tático é algo que o surpreende. Mais surpreso ainda você fica ao ver o técnico do seu time em seguida chamar o capitão junto à lateral e cochichar algo no seu ouvido. "O treinador determinou que o time alterasse o esquema tático, avançando um dos meias..." – você ouve isso no seu radinho e não consegue acreditar. Parece que a torcida teria ameaçado não comparecer mais aos jogos se o treinador não adotasse a tática por ela preferida, e ele resolveu ceder. Afinal, sem torcedores não há arrecadação, e sem arrecadação não há jogo.

Aos quinze minutos de partida, o placar informa que, no outro clássico da rodada, acontecendo a milhares de quilômetros, em outra região, o jogo já está três a zero para um dos times. Imediatamente o sujeito que está sentado à sua direita se levanta e diz que vai embora. Você pergunta por quê, e ele explica que tanto o time que está perdendo quanto o seu time têm a camisa preto-e-branca, e que é provável que o seu time também perca, por isso é melhor ele sair logo, voltar para casa e aproveitar o domingo de outra forma. Inexplicavelmente, você percebe que o seu ex-vizinho de cadeira não é o único a sair. Boa parte da torcida se dirige aos portões e, apesar do esforço de alguns seguranças em evitar possíveis tumultos causados por uma saída desordenada, parece que há muitas maneiras de se retirar do estádio e, em pouco tempo, um terço dos lugares fica vazio. Ainda mais absurdo, você percebe que um dos jogadores do seu time faz o mesmo e deixa o estádio por um dos portões.

Entretanto, os acontecimentos estranhos aparentemente estavam apenas começando. Com o tempo, você percebe que há uma parte na lateral do campo em que os jogadores, em vez de conduzirem a bola com os pés, pegam a bola com as mãos e saem correndo. Você, intrigado, pergunta a outro torcedor que está ao seu lado por que o juiz não apita quando os jogadores fazem isso. Ele olha para você com uma cara ainda mais intrigada por não acreditar que você não sabe a resposta, e diz que o árbitro não consegue ver o que está acontecendo naquela parte do gramado – embora ele fosse a autoridade máxima em campo, aquela parte do campo era invisível, virtual, uma verdadeira terra de ninguém.

Você pensa seriamente em levantar-se e ir embora, talvez o sol não estivesse lhe fazendo muito bem. Então repara em um camarote situado logo acima do nível do campo, no qual se encontra um grupo de juízes sentados lado a lado, como em um tribunal. Em um determinado momento, o meia direita do time adversário comete falta e recebe um cartão amarelo. Você aplaude, indignado com a violência da agressão. E não entende nada quando vê o meia arrastar o próprio árbitro da partida até aquele camarote. Pelo rádio, você é informado que aqueles juízes haviam advertido o árbitro e anulado a punição. Mais que isso, você ouve que aquela corte declarou que os cartões amarelos eram contrários às regras por ela defendidas, e que o árbitro não poderia mais punir as faltas violentas usando aquele mecanismo. O árbitro volta a campo, cabisbaixo, e o jogo recomeça.

O tempo passa, e você percebe que é a terceira vez que o lateral esquerdo do time adversário comete uma falta no ponta direita do seu time, e que em nenhuma delas o juiz apitou. Em vez disso, o jogador que sofreu a falta põe a bola embaixo do braço e se dirige, junto com o jogador faltoso, em direção a um outro árbitro, sentado em uma cadeira na beira do campo. Esse árbitro, depois de conversar com as partes, decide se foi ou não falta, os dois jogadores voltam a campo, cobram ou não a falta e a partida continua.

Sua sensação de desamparo aumenta quando seu time toma um gol, minutos antes do final do primeiro tempo.

Agora, você imagina, seu time vai para o ataque e o jogo vai melhorar. Qual não é sua surpresa ao ver, na volta do intervalo, que o técnico sacou o centroavante do seu time, colocando mais um zagueiro em seu lugar. Pelo seu radinho, você descobre que o técnico atendeu à recomendação de um tal de FCI, e que os diretores desse fundo de contratações internacionais eram favoráveis a que o time jogasse na retranca até se recuperar e teriam dito ao técnico que, se ele não fizesse tal substituição, o fundo deixaria de liberar o dinheiro para novas contratações no ano seguinte.

Agora já era, você pensa. Mas o pior ainda estava por vir. A tática defensiva adotada pelo treinador não funciona, e seu time leva mais dois gols, logo no início do segundo tempo – você se lembra da profecia do seu vizinho que foi embora. Para evitar um desastre e a conseqüente perda de seu cargo, o técnico substitui um dos zagueiros que estava jogando realmente mal. O zagueiro que estava na reserva entra muito bem em campo, passa a dominar toda a grande área e consegue anular completamente o centroavante do time adversário, autor dos três gols. Você se anima e pensa – Bom, pelo menos não vai ser de goleada, no próximo jogo a gente se recupera. De repente, o técnico vai até a lateral do campo, chama o zagueiro que havia entrado e pede que ele saia de campo. O que pode ter acontecido agora? – você se pergunta. Pelo rádio, descobre que tudo o que acontece dentro da área está sujeito à avaliação de um órgão arbitral que está vendo o jogo pela televisão do outro lado do Atlântico. O técnico do time adversário teria telefonado para esse órgão para reclamar da atuação do novo zagueiro do seu time, dizendo que o jogo não estava mais fluindo livremente, e esse órgão aceitou os argumentos, determinando que o técnico do seu time o sacasse de campo. Mas não era só isso. Pelas novas regras, se o técnico do seu time insistisse em manter aquele zagueiro, o tal órgão permitiria que o outro time colocasse mais um zagueiro em campo, como forma de compensação.

Confuso, você se levanta e vai embora antes de o jogo terminar, sem entender o que aconteceu com o seu esporte preferido.

* * *

Procuraremos aqui mostrar que, tal qual no jogo de futebol acima narrado, o mundo passa hoje por transformações que fazem a visão clássica da sociedade internacional se distanciar cada vez mais da realidade. Nesse novo jogo, gradualmente deixa de existir a figura do detentor do poder supremo dentro de um determinado território. No gramado, nem o técnico nem o juiz, que dividem a autoridade sobre o que acontece dentro de campo e sobre os jogadores, estão livres das influências externas e internas, e o exercício do poder por essas autoridades dentro desse território vê-se fortemente limitado.

A globalização e a globalização jurídica dela decorrente afetam o modelo do Estado soberano, dando origem a um novo paradigma de organização da humanidade – o modelo da sociedade global.

A forma de organização do mundo que predominou até hoje tem seu principal fundamento no conceito de soberania. A parte introdutória deste livro se dedica por isso à análise desse modelo e de seus dois aspectos mais importantes: a soberania e o Estado.

Embora historicamente a soberania tenha sido entendida de diversas formas, esse conceito será aqui estudado em suas duas principais acepções: a de conjunto de poderes ou competências do Estado e a de supremacia ou independência do poder estatal.

O Estado, por sua vez, será aqui analisado principalmente como a ordem jurídica formada por um conjunto de regras e instituições cujo principal objetivo é reger a vida de determinada população em certo território. Nesse sentido, o principal poder do Estado é o de legislar ou, de forma mais ampla, seu poder de dizer o direito que se aplicará à sua população e a seu território. Porém, o Estado se caracteriza também por suas funções, e essas evoluíram ao longo da História, tornando-se inseparáveis da própria noção de poder estatal.

A ordem jurídica estatal apresenta dois aspectos importantes. O primeiro é sua efetividade, o segundo é sua autonomia. Se as instituições da ordem jurídica estatal não detêm um poder efetivo, ou seja, se o Estado não é capaz de exercer suas funções de forma adequada e de fazer valer as regras que ele se propõe a implementar, pode-se dizer que a soberania em sua acepção de conjunto de poderes estatais é afetada. Se a ordem jurídica estatal não é autônoma ou, em outras palavras, se o Estado encontra limites à sua liberdade de agir e, sobretudo, ao seu poder de legislar, a soberania é afetada em sua acepção de supremacia ou independência do poder estatal.

Tendo em vista essas premissas, procuraremos demonstrar como determinadas transformações ocorridas no plano mundial afetam a soberania estatal. A fim de analisar essas transformações, o desenvolvimento desta obra será dividido em duas partes, de acordo com as duas acepções de soberania mencionadas.

Na primeira parte, serão estudadas determinadas mudanças que afetam não somente a soberania como autonomia, mas também a soberania como conjunto de poderes que, independentemente da vontade dos Estados, perdem efetividade de fato. Essas mudanças são impulsionadas por dois fenômenos principais: a globalização, marcada no campo da economia pelo fortalecimento das empresas transnacionais e pela crescente integração dos mercados financeiros, e a revolução tecnológica, na qual se destaca o surgimento do ciberespaço que, além de ter efeitos sobre a própria globalização, colabora para o advento de uma sociedade civil transnacional.

Na segunda parte deste livro, veremos como o aumento da interdependência dos povos levou a uma demanda crescente por regras e instituições internacionais. À globalização corresponde uma globalização jurídica, e esta também tem efeitos sobre a soberania estatal. As transformações examinadas nessa segunda parte afetam a soberania entendida como supremacia e independência do poder estatal, limitadas, normalmente, pela ação voluntária dos próprios Estados.

A globalização jurídica compreende ao menos dois aspectos principais. O primeiro deles é representado pelo fortalecimento do direito internacional e pela crescente regulamentação internacional dos assuntos comuns da humanidade – nos esforços para a preservação ambiental, por exemplo – assim como pela valorização dos direitos humanos e pela ascensão do indivíduo como sujeito de direitos e obrigações no plano mundial. O segundo aspecto consiste no crescimento das organizações de integração regional e de cooperação internacional. No que se refere à integração regional, analisaremos o exemplo do continente americano, especialmente da Comunidade Andina, uma das propostas de integração mais ambiciosas da região. No caso da cooperação internacional, enfocaremos os efeitos causados pela Organização Mundial do Comércio e pelo Fundo Monetário Internacional.

Ao estudar todos esses fenômenos, procuraremos entender o que causa cada um deles – por exemplo, o que leva os Estados a cooperarem – no que consiste o fenômeno em questão – no mesmo exemplo, os principais casos de organizações internacionais de cooperação, suas regras e instituições – e, por fim, como cada um deles afeta o modelo do Estado soberano. Como será demonstrado, os processos aqui analisados reduzem e limitam o poder estatal, contribuindo para a formação de uma sociedade global.

Globalização e revolução tecnológica têm caráter predominantemente transnacional, o que também ocorre com alguns dos aspectos da globalização jurídica. A cooperação internacional e a integração regional, muitas vezes, não se limitam a seus aspectos interestatais – como veremos, a supranacionalidade é uma marca de muitas das instituições ligadas a esses dois processos. Logo, o novo modelo de organização da sociedade não é mais exclusivamente nacional e internacional, é também transnacional e, em alguns casos, supranacional. Esses aspectos somados dão origem a um novo paradigma, o da sociedade global, resultante de um contrato social renovado e de uma nova forma de soberania.

O direito e as instituições que surgem como resposta à globalização ampliam suas fronteiras, enquanto as fronteiras estatais sob as quais a humanidade se organiza tornam-se mais e mais permeáveis. Essas mudanças indicam um rumo que provoca algumas questões. Uma vez que parte do poder estatal é redistribuída entre os diferentes atores da sociedade global, torna-se necessário verificar se a nova "governança global" respeita requisitos, como a legitimidade democrática, e cumpre as funções que os Estados, em sua evolução histórica, foram levados a cumprir. Na parte final, após recapitular brevemente as principais conclusões a que se chegou ao longo deste livro, analisaremos o modelo da sociedade global, as questões que surgem com ele e seus possíveis desdobramentos, decorrentes principalmente do fortalecimento da comunidade internacional e da afirmação do indivíduo e da humanidade como sujeitos no plano mundial.

É importante deixar claro, desde o princípio, que não se pretende decretar aqui a morte do Estado – este ainda é o principal ator das relações internacionais, assim como, no exemplo apresentado, tanto o juiz quanto os treinadores continuam a existir e a exercer a sua autoridade dentro de campo. No entanto, a sua autoridade se modifica a ponto de se poder afirmar que o modelo do Estado soberano está sofrendo importantes alterações.

Caberia fazer duas observações prévias a esse respeito.

A primeira refere-se ao papel do Estado nas transformações sofridas pelo modelo analisado. Ele participa de forma ativa de todas essas mudanças, uma vez que é ele quem produz o seu direito interno e cria o direito internacional. Isso, contudo, não afeta a idéia de que tais mudanças tornam cada vez mais sem sentido acreditar que o modelo do Estado soberano permaneça inalterado. Que o juiz e os treinadores concordem com a alteração das regras do jogo não altera o fato de que as regras do jogo mudaram. A constatação de que os Estados aceitam as mudanças no modelo de que são protagonistas não altera o fato de que esse modelo está sofrendo modificações significativas.

Em segundo lugar, é importante lembrar que, como ocorre em qualquer jogo, todas as regras, por mais fundamentais que sejam, podem vir a ser desrespeitadas. Esse desrespeito não significa que a regra não existe. Mas o desrespeito contínuo leva ao questionamento da efetividade da regra. Assim, é uma regra fundamental do futebol que esse seja jogado com os pés. Porém, houve casos em que, enganando o juiz, jogadores fizeram gols com as mãos. Se esse comportamento, que vai de encontro à regra, começar a se repetir com muita freqüência, seria melhor perguntar se os árbitros estão aparelhados para fazer respeitar as regras de forma efetiva ou, indo um pouco mais longe, se os jogadores realmente querem jogar futebol ou um esporte diferente. Veremos aqui que, além de algumas regras básicas do modelo do Estado soberano serem desrespeitadas com freqüência, algumas regras fundamentais foram alteradas com o próprio consentimento dos Estados, o que leva a crer que não estamos somente lidando com novas regras, mas com uma nova forma de organização da humanidade.

As mudanças aqui narradas não estão consolidadas. Ao contrário, seria razoável supor que o processo de transição para o modelo da sociedade global apenas começou. Pode-se afirmar, no entanto, que a análise da globalização e do direito dela decorrente indica uma direção clara. Nesse sentido, como foi dito uma vez, é mais fácil olhar mil anos para frente do que cinqüenta, já que "observando o ponto em cuja direção convergem as grandes correntes de tendência na História, o vislumbre de uma meta distante pode às vezes ser obtido, mas a rota pela qual tal meta será atingida dependerá daquelas combinações imprevisíveis que chamamos de acaso".

Já se afirmou também que, para um estudo que ambiciona cobrir um terreno tão amplo, "devemos nos especializar na generalização e nos abster de qualquer tentativa de explorar uma área tão vasta em profundidade". O objetivo aqui, portanto, é o de analisar o processo de transformação das fronteiras – reais e simbólicas – da humanidade, sem pretender exaurir o estudo dos aspectos que o compõem, cuja diversidade e complexidade são praticamente inesgotáveis. O que talvez se perca na profundidade de análise dos aspectos aqui escolhidos é compensado pelo quadro geral, pois, se "um quadro amplo é sempre um risco", há "vantagens em tentar se alcançar a perspectiva de tempos em tempos, mesmo que em detrimento do detalhe".[1]

Vejamos, então, em linhas gerais, como o mundo passa gradualmente do modelo do Estado soberano ao paradigma da sociedade global, procurando, ao final, visualizar o rumo que essa nova forma de organização da humanidade pode tomar.

---

[1] Seqüência de citações extraídas de JENKS, C. Wilfred. *A New World of Law?*: A study of the creative imagination in international law. London: Longmans, 1969. p. 218.

Parte Introdutória

Estado soberano

As fronteiras tradicionais da humanidade

> *E quem não consideraria soberano aquele que dita a lei a todos os seus sujeitos, que faz a paz e a guerra, que nomeia todas as autoridades e magistrados de seu país, que cobra os impostos e liberta quem bem lhe parece, que concede graça a quem mereceu a morte? O que mais podemos desejar em um Príncipe soberano?*[1]
>
> Jean Bodin

A soberania muito mudou desde que Jean Bodin definiu suas características principais. O modelo do Estado soberano evoluiu de maneira que o poder dessa instituição, após um período inicial de concentração, foi tornando-se cada vez menos absoluto e cada vez mais relativo. A ascensão do modelo da sociedade global é apenas mais um capítulo dessa longa história de transfor-

---

[1] BODIN, Jean. *Les six livres de la République*. Paris: Le Livre de Poche, 1993. p. 153. Compêndio do texto da edição de 1583.

(N.A.*) A parte introdutória desta obra visa analisar a evolução histórica do Estado e da soberania e fixar alguns conceitos a eles relacionados. Assim, aqueles que estiverem suficientemente familiarizados com esses temas podem prescindir da leitura de parte dos capítulos 1 e 2.

(N.A.**) As citações tiradas de obras em língua estrangeira serão aqui traduzidas para o português, a fim de facilitar a leitura deste livro. Sempre que o texto retirado de uma obra estrangeira aparecer entre aspas, trata-se de tradução livre, que tem por objetivo apenas realçar certas frases ou expressões mais marcantes utilizadas pelo autor citado para expressar suas idéias. Sempre que o entendimento da idéia de um determinado autor for essencial para nossa análise, opta-se pela utilização de paráfrases, a fim de evitar que uma tradução inexata possa desvirtuar o pensamento do autor citado. Além disso, caso haja uma seqüência de citações ou idéias de um determinado autor no corpo do texto, uma única nota de rodapé é incluída no final da seqüência indicando de onde essa foi extraída.

mação do poder político. Saber como e por que o Estado surgiu, quais são as suas principais funções e de que forma ele evoluiu é fundamental para que entendamos o que devemos esperar das instituições da sociedade global.

Cabe, nesse sentido, recordar brevemente alguns acontecimentos e conceitos importantes para este estudo. Começaremos pela análise da evolução do Estado e da soberania ao longo dos tempos (Capítulo 1), para, em seguida, examinar as características principais do modelo do Estado soberano (Capítulo 2).

Capítulo 1

Estado e soberania ao longo dos tempos

A soberania sempre se confundiu com a legitimidade do regime vigente – a autoridade dos detentores do poder baseou-se todo o tempo em um determinado entendimento do que seria a soberania. Jean-Jacques Roche, ao analisar esse conceito, afirma que: "Misteriosa quanto às suas origens – em relação às quais juristas, filósofos ou historiadores não conseguem chegar a um acordo –, a soberania apresenta-se, não como um predicado absoluto e intangível, mas como o instrumento de legitimação de um poder, habilitado a se transformar e a organizar juridicamente as mudanças sociais".[2]

Essa afirmação se comprova pelo estudo da evolução desse conceito, historicamente utilizado tanto para justificar quanto para derrubar regimes. A noção de soberania sempre esteve atrelada à luta pelo poder. Fosse ela de origem divina ou popular, a soberania servia de justificativa tanto para a dominação quanto para o questionamento dessa dominação, o que fez o seu significado sempre estar no centro do debate político. Logo, não é surpreendente que a doutrina da soberania tenha sempre estado em crise nos períodos de mudança, no momento em que as instituições se modificavam e quando os grupos ou as concepções ideológicas dominantes perdiam a sua influência.[3]

Várias doutrinas sucederam-se no intento de explicar o sentido da soberania. A evolução desse conceito acompanhou a história das mudanças no poder político e, assim, "de início, soberano foi o qualificativo atribuído à monar-

---

[2] ROCHE, Jean-Jacques. *Théorie des Relations Internationales*. Paris: Montchrestien, 1997. p. 22.
[3] SENARCLENS, Pierre de. *Mondialisation, souveraineté et théories des relations internationales*. Paris: Armand Colin, 1998. p. 69.

quia e seu titular; depois, com o progresso das idéias liberais, à nação, ao povo, ao Estado".[4]

Isso levou a que, em certos períodos, soberania e soberano se confundissem, a ponto de podermos afirmar que uma das acepções de soberania é a de que ela seria um traço daquele que detém o poder supremo dentro do Estado.[5] Desse modo, a soberania seria entendida, estritamente, como a posição da máxima autoridade legítima de uma determinada sociedade.[6] Nesse caso, o atributo da soberania não pertenceria ao Estado, mas ao titular desse poder último, e o soberano, seja o rei, seja a nação, não se confundiria com o Estado ou com seus órgãos.[7]

Logo, ao analisar a história do conceito de soberania, nota-se que, como afirma Jellinek, a soberania é uma concepção política que só mais tarde se condensou como noção jurídica. Como observa esse autor, o conceito de soberania não foi descoberto no "gabinete de sábios estranhos ao mundo", pois deve sua existência a "forças muito poderosas, cujas lutas constituem o conteúdo de séculos inteiros".[8] A idéia de soberania é assim tão útil e fundamental que aqueles que a teorizam "podem manipular o seu significado para servir a propósitos um tanto quanto antagônicos à medida que a estrutura do poder e da autoridade passam por mudanças históricas".[9] As revoluções na soberania resultariam desse modo de revoluções prévias nas idéias dominantes a respeito de justiça e autoridade política.[10]

A soberania não é, portanto, um conceito absoluto e imutável. Ao contrário, por haver se formado sob a influência de causas históricas, seu valor é relativo.[11] Sendo uma criação humana, a soberania não pode refletir uma realidade permanente. A própria idéia da existência de um poder superior surgido

---

[4] RANGEL, Vicente Marotta. A soberania dos povos na era astronáutica. *Revista dos Tribunais*, São Paulo, ano 49, v. 291, p. 30, jan. 1960.

[5] Ver CARRÉ de MALBERG, Raymond. *Contribution à la théorie générale de l'État*. Paris: Sirey, 1985. t. 1, p. 79. Reedição do original de 1920-1922.

[6] Ver JACKSON, John H. The Great 1994 Sovereignty Debate: United States Acceptance and Implementation of the Uruguay Round Results. In: CHARNEY, Jonathan I.; ANTON, Donald K.; O'CONNELL, Mary Ellen (ed.). *Politics, Values and Functions*: International Law in the 21st Century: Essays in Honor of Professor Louis Henkin. The Hague: Martinus Nijhoff, 1997. p. 149.

[7] COMBACAU, Jean. Pas une puissance, une liberté: la souveraineté internationale de l'État. *Pouvoirs*, Paris n. 67, p. 48, 1993.

[8] JELLINEK, Georg. *Teoria general del estado*. Buenos Aires: Albatros, 1954. p. 237. Edição original de 1911.

[9] FALK, Richard A. *On Humane Governance*: Towards a New Global Politics. Philadelphia: The Pennsylvania University Press, 1995. p. 88.

[10] PHILPOTT, Daniel. *Revolutions in Sovereignty*: How Ideas Shaped Modern International Relations. Princeton: Princeton University Press, 2001. p. 4.

[11] CARRÉ de MALBERG, Raymond. *Contribution à la théorie générale de l'État...* op. cit.; 1985. t. 1, p. 69-70.

do nada feriria a lógica, visto que "nenhum poder se encontra em um espaço vazio privado de forças capazes de agir sobre ele, de constrangê-lo e de modificá-lo". Além disso, a soberania nem sempre existiu, uma vez que já foi possível governar sem que se fizesse uso desse princípio "que não pertence à História mas a *uma* história".[12]

Vale a pena então estudar qual é essa história específica a que a soberania está inseparavelmente ligada, a da formação e da consolidação do Estado moderno, cujo poder passou, ao longo da História, de absoluto a predominantemente democrático, em um processo que foi da concentração (1.1) à diluição (1.2).

1.1 A CONCENTRAÇÃO DA SOBERANIA – A ASCENSÃO DO PODER ABSOLUTO

Analisaremos inicialmente o processo de colapso do feudalismo e consolidação do Estado, destacando a importância da paz de Westfália e a contribuição doutrinária de Bodin para a formação do conceito de soberania (1.1.1). Em seguida, estudaremos as idéias de Hobbes e sua importância no processo da concentração do poder estatal, que culminaria com o absolutismo (1.1.2).

1.1.1 O nascimento da soberania – o colapso do feudalismo, as idéias de Jean Bodin e a paz de Westfália

O nascimento do Estado moderno e as idéias de Jean Bodin

Embora alguns autores acreditem que tanto os gregos como os romanos já se organizavam em Estados soberanos de fato,[13] o surgimento do conceito de soberania é normalmente identificado com a formação do Estado moderno.

A origem histórica da soberania remonta à Idade Média. Nesse período, os reis procuraram centralizar o poder, que inicialmente estava pulverizado entre os senhores feudais. O Estado moderno surgiu graças à desagregação e ao colapso do regime feudal,[14] em um processo no qual o rei foi bem-sucedido em submeter todos os senhores à sua autoridade incontestável e, graças a isso, em monopolizar a soberania para seu proveito exclusivo.[15]

---

[12] BADIE, Bertrand. *Un monde sans souveraineté*: Les États entre ruse et responsabilité. Paris: Fayard, 1999. p. 19.

[13] Ver KOROWICZ, Marek Stanislaw. *Organisations Internationales et souveraineté des États membres*. Paris: A. Pedone, 1961. p. 43-44.

[14] SATO, Eiiti. *O papel estabilizador dos países periféricos na ordem internacional*: percepções e perspectivas. 1997. Tese (Doutorado) – Departamento de Sociologia, Faculdade de Filosofia, Letras e Ciência Humanas, Universidade de São Paulo, São Paulo, 1997. f. 14.

[15] SUKIENNICKI, Wictor. *La Souveraineté des États en Droit International Moderne*. Paris: A. Pedone, 1927. p. 33.

Os reis, além disso, tinham de lutar contra a tendência centralizadora do papado e do imperador.[16]

Com relação ao papado, com o tempo foi consolidando-se a opinião de que a Igreja deveria limitar-se aos assuntos espirituais, deixando o poder político para o Estado. Logo, a separação entre Igreja e Estado, amparada por doutrinas como a de Maquiavel e a de Hobbes, permitiu que o exercício do poder político, que se identificava com o direito ao uso da força, fosse apartado da religião, fixando as bases do Estado moderno.[17]

Já quanto ao império, tal problema deixava de ser o direito à utilização da força, e passava a se referir à exclusividade do exercício desse direito em um território determinado. De tal forma, como afirma Norberto Bobbio: "Sendo a força o meio mais decisivo para exercer a dominação do homem sobre o homem, aquele que detivesse o uso desse meio em detrimento de todos os demais, nos limites de suas fronteiras, é aquele que, no seio destas fronteiras, deteria a soberania entendida como *summa potestas*, como poder supremo".[18] A partir do momento em que os reis logram consolidar o princípio segundo o qual "o rei é imperador no seio do seu reino",[19] deixando de reconhecer a existência de um poder superior, consolidam-se como poder soberano.

No que se refere à doutrina, muitos atribuem a Maquiavel a formulação da primeira concepção de poder supremo e unificado do Estado. Porém, mesmo o termo soberania já sendo conhecido e utilizado em sua época,[20] foi o francês Jean Bodin, em sua obra *Os seis livros da República*, de 1576, quem popularizou tal conceito, instituindo a soberania como elemento fundamental do Estado.

O objetivo da obra de Bodin era o de fundar filosófica e juridicamente a República sobre um conceito de poder cuja origem não era divina.[21] Mesmo

---

[16] Devemos observar que a Europa medieval estava sob a influência do cristianismo, marcado pelo poder do papa, máxima autoridade espiritual, e do imperador, árbitro final das questões seculares. MILLER, Lynn H. *Global Order, Values and Power in International Politics*. 3rd ed. Boulder, Colo.: Westview, 1994. p. 22.

[17] LANÚS, Juan Archibaldo. El Estado Nación Frente a la Globalización. *Archivos del Presente*, Buenos Aires, año 2, n°. 5, p. 107, Invierno Austral 1996.

[18] BOBBIO, Norberto. *L'État et la démocratie internationale*: De l'histoire des idées à la science politique. Bruxelles: Complexe, 2001. p. 217.

[19] Essa fórmula, *"rex in regno suo imperator"*, foi enunciada pelos juristas franceses em favor das pretensões do rei da França no século XIII, e sua aceitação implicava que "a partir do momento em que o rei é imperador em seu reino, o imperador não é mais rei no reino de outrem". BOBBIO, Norberto. *L'État et la démocratie internationale*..., op. cit.; 2001. p. 238.

[20] Ver KOROWICZ, Marek Stanislaw. *Organisations Internationales*..., op. cit.; 1961. p. 49.

[21] Logo, segundo Gérard Mairet todo o projeto dos *Seis Livros da República* se resume às seguintes palavras: "Tratarei somente da soberania temporal". Ver MAIRET, Gérard. Présentation. In: BODIN, Jean. *Les six livres de la République*. Paris: Le Livre de Poche, 1993. p. 5-41.

que o monarca devesse respeitar o direito natural e a lei divina,[22] a lei propriamente dita proviria da vontade humana do soberano.[23] Assim, a lei seria equivalente à ordem que o soberano proferiria com base em seu poder.[24] Esse poder não seria subordinado a nenhum outro poder. Desse modo, Bodin definiu a soberania como poder perpétuo e absoluto. Bodin analisou os traços característicos da soberania, que, segundo ele, seriam os poderes de decretar a guerra ou fazer a paz, de nomear pessoas para os principais cargos, de julgar em última instância, de outorgar graças aos condenados, e, aquele que para ele era o mais importante de todos, o poder legislativo, de impor a lei a todos em geral e a cada um em particular,[25]

De tal modo, na metade do século XVI a palavra soberania tinha um sentido preciso e bem claro: designaria o caráter de todo poder não-vassalo e, particularmente, o caráter do poder real, que não seria vassalo de nenhum outro.[26]

A paz de Westfália

No entanto, mesmo após o colapso do feudalismo, o poder interno dos monarcas não poderia firmar-se verdadeiramente sem que, externamente, a exclusividade desse poder fosse reconhecida. Esse reconhecimento, necessário à consolidação dos Estados soberanos na Europa, veio com os tratados de Westfália.

A paz de Westfália, celebrada em 1648, encerrou a Guerra dos Trinta Anos, última das guerras de religião a castigar o continente europeu. Nela se afirmou a igualdade jurídica entre os Estados, consolidando-se a aceitação do princípio da soberania estatal, razão pela qual podemos afirmar que

---

[22] Bodin afirma que as leis dos príncipes soberanos não podem alterar nem modificar as leis de Deus ou da natureza, e que todos os príncipes da Terra estão submetidos às leis divinas e naturais e não está em seu poder violá-las. Ver KOROWICZ, Marek Stanislaw. *Organisations Internationales...*, op. cit.; 1961. p. 49.

[23] Analisando a obra de Bodin, nota-se que ele previa outras limitações à soberania além daquelas impostas pelo direito natural e pelo direito divino. Assim, o soberano estaria obrigado a honrar as obrigações assumidas por seus predecessores tanto no âmbito interno quanto no exterior, devendo respeitar os contratos anteriormente assinados com seus súditos e os tratados celebrados com outros soberanos. Segundo Korowicz, essas limitações revelam o verdadeiro pensamento de Bodin sobre a natureza da soberania. A existência de contradições em sua obra se explicam pelo próprio contexto histórico em que Bodin estava inserido, já que, como conselheiro jurídico da corte nos reinados de Carlos IX e Henrique III, sob a influência de Catarina de Médici, Bodin estaria impedido de defender idéias que pudessem levar a questionar o poder absoluto destes. Dessa forma: "É por isso que ele sustenta, na superfície, a autoridade de um soberano absoluto, mas, no fundo, ele a subordina a restrições mais sérias". KOROWICZ, Marek Stanislaw. *Organisations Internationales...*, op. cit.; 1961. p. 49-51.

[24] Ver BODIN, Jean. *Les six livres de la République...*, op. cit.; 1993. p. 5-41.

[25] Idem. p. 163, 165, 167, 170, 160.

[26] Ver SUKIENNICKI, Wictor. *La Souveraineté des États...*, op. cit.; 1927. p. 35.

os tratados que a celebraram marcam os primórdios da atual sociedade internacional.[27]

A idéia da existência de uma sociedade internacional era defendida por Hugo Grotius, cuja visão, podemos dizer, serviu de modelo para a paz de Westfália.[28] Segundo ele, o Estado era o titular geral da soberania, e o poder deveria ser chamado soberano quando suas ações não estivessem sujeitas ao controle legal de outro poder, de maneira que não pudessem ser tornadas nulas pela ação de outra vontade humana.[29]

A igualdade entre os Estados pode ser considerada uma conseqüência lógica do próprio conceito de soberania. Dizer que os Estados são soberanos significa que eles detêm um poder supremo e independente. Assim, todos os Estados haveriam de ter os mesmos direitos e obrigações ao interagirem. Caso não fossem considerados iguais, isso refletiria obrigatoriamente um sistema de subordinação, e tanto sua independência quanto sua autoridade interna seriam uma ficção.[30] A soberania seria, portanto, um poder incondicionado, não subordinado a nenhum outro.[31]

Se, por um lado, a paz de Westfália representou um marco divisório importante entre os períodos medieval e moderno da história européia, devemos considerar que, como todo marco histórico, muitos elementos que caracterizariam o mundo moderno se estabeleceram antes de 1648, como a materialização dos Estados soberanos, e outros só foram aparecer muitos anos depois.[32]

Nesse sentido, Hedley Bull lembra que, ao contrário do que se poderia imaginar, a paz de Westfália não marcou a emergência dos Estados-Nação, que só viriam a surgir após mais de um século. Os tratados que a celebraram foram responsáveis, no entanto, pelo nascimento de uma sociedade interna-

---

[27] PAUPÉRIO, A. Machado. *O conceito polêmico de soberania*. 2. ed. Rio de Janeiro: Forense, 1958. p. 43.

[28] BULL, Hedley; KINGSBURY, Benedict; ROBERTS, Adam. *Hugo Grotius and International Relations*. Oxford: Clarendon Press, 1990. p. 75.

[29] Para Grotius: "O titular de um poder pode ser geral ou especial. Tal como o corpo é um titular geral, e o olho um titular especial do poder da visão, o Estado, que definimos anteriormente como uma associação perfeita, é o titular geral da soberania". Ver SUGANAMI, Hidemi. Grotius and International Equality. In: BULL, Hedley; KINGSBURY, Benedict; ROBERTS, Adam. *Hugo Grotius and International Relations*. Oxford: Clarendon Press, 1990. p. 230.

[30] MILLER, Lynn H. *Global Order*..., op. cit.; 1994. p. 24.

[31] Nesse sentido, como ensina Maristela Basso, foi a paz de Westfália a responsável pela consolidação de "uma ordem mundial constituída exclusivamente de governos de Estados independentes que possuíam a suprema *potesta* sobre o seu território. Esta chamada paz de Westfália, como é sabido, baseou-se no conceito clássico de soberania, que se traduz pelo poder incondicionado (não subordinado a nenhum outro Estado)". BASSO, Maristela. O Direito e as Relações Internacionais no Novo Cenário Mundial: o Fenômeno Crescente das Organizações Internacionais. *Estudos Jurídicos*, Rio de Janeiro, v. 25, nº. 65, p. 110, set./dez. 1992.

[32] MILLER, Lynn H. *Global Order*..., op. cit.; 1994. p. 20.

cional, marcada pela aceitação pelos Estados de regras e instituições obrigatórias e pelo seu interesse comum em mantê-las.[33]

De acordo com tais regras, o mundo é dividido em Estados soberanos iguais perante a lei, não importando as possíveis assimetrias de poder existentes. Esses Estados concentram em suas mãos o processo de criação e execução do direito e não reconhecem a existência de uma autoridade superior. A minimização das restrições à liberdade estatal é uma prioridade coletiva, e ainda que os Estados procurem estabelecer relações duradouras entre eles, tais relações não podem impedi-los de atingir seus objetivos políticos. O direito internacional se limita, assim, a estabelecer regras mínimas de coexistência, sendo a responsabilidade por atos nocivos praticados além das fronteiras estatais assunto que se refere somente às partes envolvidas. Por fim, as disputas entre Estados são normalmente resolvidas pelo uso da força.[34]

Portanto, se a concentração de poder que levaria ao Estado moderno ainda demoraria muitos anos para se concretizar,[35] a partir dos tratados de Westfália foram criadas as bases para o "sistema descentralizado de Estados-Nação iguais e soberanos"[36] que se consolidaria posteriormente.

As regras comentadas, surgidas há mais de três séculos e meio, compõem a base do que aqui denominamos modelo do Estado soberano. No entanto, como veremos mais adiante, com o tempo os Estados foram ganhando novas funções, o que fez que o poder estatal viesse a adquirir algumas características adicionais.

1.1.2 O auge da soberania – Hobbes e o Absolutismo

Hobbes e o Leviatã

Voltando à análise doutrinária, notamos que a explicação mais comum para o nascimento dos Estados é aquela que foi apresentada pelos chamados "contratualistas". Devemos entender por contratualistas os filósofos que, na tradição jusnaturalista, afirmam que o Estado se originou de um contrato. Nesse contrato se estabeleceriam as regras de convívio social e subordinação

---

[33] BULL, Hedley; KINGSBURY, Benedict; ROBERTS, Adam. *Hugo Grotius and International Relations...*, op. cit.; 1990. p. 75.

[34] Essas regras descrevem o que Held chama de "modelo de Westfália". HELD, David; et al. *Global Transformations*: Politics, Economics and Culture. Stanford, Calif.: Stanford University Press, 1999. p. 37-38.

[35] Em 1648, como informa Korowicz, havia aproximadamente quinhentas unidades políticas soberanas só na Europa. No princípio do século XX, como observa Miller, os Estados soberanos na mesma região eram aproximadamente 25. KOROWICZ, Marek Stanislaw. *Organisations Internationales...*, op. cit.; 1961. p. 86; MILLER, Lynn H. *Global Order...*, op. cit.; 1994. p. 25.

[36] MILLER, Lynn H. *Global Order...*, op. cit.; 1994. p. 21.

política que substituiriam o estado natural, no qual não haveria qualquer tipo de poder centralizado ou de organização.[37]

Nesse caso, a origem do Estado estaria na própria vontade dos indivíduos, e seu fim seria determinado pelo próprio consenso destes últimos. Logo, "o Estado seria a expressão da liberdade e da igualdade dos indivíduos".[38]

Hugo Grotius já considerava, em sua obra *De jure belli ac pacis*, de 1625, que o Estado teria origem em um contrato social.[39] Porém, ainda que seu *Leviatã* date de 1651 e seja posterior, portanto, à obra de Grotius, Thomas Hobbes foi o primeiro autor a se destacar pela análise aprofundada da idéia de contrato social.

Assim como Bodin, Hobbes preocupou-se em encontrar uma explicação racional que justificasse a existência legítima de um poder absoluto dentro do Estado.[40] Para tanto, ele partiu da imagem de estado de natureza.[41] Hobbes não afirmava que esse estado tivesse um dia realmente existido. Seu objetivo era demonstrar o que se tornaria a relação entre as pessoas caso elas fossem privadas da arbitragem do Estado.[42]

O direito de natureza consistiria na "liberdade que cada homem possui de usar seu próprio poder, da maneira que quiser, para a preservação de sua própria natureza, ou seja, de sua vida; e, conseqüentemente, de fazer tudo aquilo que seu próprio julgamento e razão lhe indiquem como meios adequados para esse fim". Ocorre que o homem não seria um ser altruísta por natureza. O homem seria sim o lobo do próprio homem, e seus interesses particulares não coincidiriam com o interesse geral. Isso leva cada um a utilizar seu direito de natureza de maneira a fazer prevalecer os seus próprios interesses, o

---

[37] RIBEIRO, Renato Janine. Hobbes: o medo e a esperança. In: WEFFORT, Francisco W. (org.). *Os clássicos da política*. São Paulo: Ática, 1991. v. 1, p. 53.

[38] ÖZER, Atila. *L'État*. Paris: Flammarion, 1998. p. 18.

[39] Ver ROCHE, Jean-Jacques. *Théorie des Relations Internationales...*, op. cit.; 1997. p. 59.

[40] KRASNER, Stephen D. *Sovereignty*: Organized Hypocrisy. Princeton: Princeton University Press, 1999, p. 11.

[41] Devemos observar que a idéia de um estado de natureza tem raízes antigas no pensamento humano. No Alcorão já se lê que "os homens são inimigos uns dos outros" (XX, 121). Na teoria política islâmica, a sociedade é indispensável para a sobrevivência do homem, mas a sociedade só pode sobreviver graças à autoridade. Segundo Ibn Khaldun (A.D. 1332-1406), após o surgimento da sociedade torna-se necessário controlar a propensão animal dos homens à agressão. Para tanto, deve haver uma força repressora concentrada em um homem que receberia o poder e a autoridade necessários para impedir que um indivíduo venha a ser atacado por um outro. Isso é o que está implícito no termo *mulk* (soberania), que existe naturalmente nos homens e é necessário para sua existência. Ver KADDURI, Majid. Islamic Law. In: LARSON, Arthur; JENKS, C. Wilfred (org.). *Sovereignty Within the Law*. New York: Oceana Publications, 1965. p. 168.

[42] Nesse sentido, Hobbes chega a afirmar: "Pensaremos talvez que uma época como essa jamais existiu, nem um estado de guerra parelho. Creio de fato que, na verdade, jamais foi assim, no mundo inteiro". Ver ÖZER, Atila. *L'État...*, op. cit.; 1998. p. 55.

que faria que a condição natural das pessoas fosse "uma condição de guerra de todos contra todos".[43]

Para Hobbes, a única forma de escapar da insegurança inerente ao estado de natureza seria a atribuição de todo o poder a um ente que reuniria a multidão em uma só pessoa, o Estado. Essa decisão é assim produto da vontade racional dos indivíduos, que sempre buscam a paz, e esta última idéia consistiria em outra lei fundamental da natureza. Para atingir esse fim, a multidão autorizaria o Estado, mediante pactos recíprocos, a usar a força e os recursos de todos, da maneira que considerasse conveniente, para assegurar a segurança e a defesa comuns. Essa autorização constituiria um contrato, ou seja, uma transferência mútua de direitos – no caso, do direito de natureza que cada homem possuiria originalmente.[44]

O Estado seria então um grande Leviatã, um "Deus Mortal", nada menos que "um homem artificial, embora de maior estatura e força do que o homem natural, para cuja proteção e defesa foi projetado".[45] Para Hobbes, o caráter do poder estatal era incondicionado, irresistível, inapelável e ilimitado,[46] e o Estado como ele o imaginava possuiria uma soberania absoluta, pois apenas um poder incontestável seria capaz de impedir que os indivíduos exercessem seu direito de natureza pondo em marcha o "mecanismo infernal da violência individual".[47]

O Absolutismo e a teoria do direito divino dos reis

Com os tratados de Westfália, consolidou-se o fato – compatível com a visão de Hobbes – de que a soberania recentemente adquirida pelos Estados na sociedade européia vinha acompanhada de um poder ilimitado, uma autocracia rígida no regime interior dos Estados.[48]

---

[43] HOBBES, Thomas. *Leviatã*. São Paulo: Nova Cultural, 1997. p. 113.

[44] O que equivale a dizer que, ao criar o Estado, as pessoas limitam sua liberdade. Hobbes define o homem livre como "aquele que, naquelas coisas que graças à sua força e engenho é capaz de fazer, não é impedido de fazer o que tem vontade de fazer". Ora, ao conferir ao Estado seu direito de natureza, os homens, que para Hobbes seriam por natureza igualmente livres, abrem mão de usar seu próprio poder da maneira que quiserem. Ver HOBBES, Thomas. *Leviatã*..., op. cit.; 1997. p. 13, 113, 114, 115, 144, 171, 175.

[45] Idem. p. 27.

[46] Ver PAUPÉRIO, A. Machado. *O conceito polêmico de soberania*. ..., op. cit.; 1958. p. 78.

[47] Atila Özer acredita que considerar a obra de Hobbes uma apologia ao despotismo resultaria de uma análise superficial. Segundo esse autor, a finalidade do Estado não seria reduzir os indivíduos à escravidão, mas cumprir os fins pelos quais os próprios indivíduos o constituem: a paz civil e a segurança dos particulares. Ao considerar o Estado um "homem artificial", Hobbes estaria retratando o princípio da representação, pela qual os indivíduos delegam seu poder ao Estado, autorizando-o a agir em seu nome. Assim, "o caráter absoluto do poder do Estado não é outra coisa senão o meio que lhe permite se tornar o depositário da autoridade de todos os cidadãos, e realizar eficazmente aquilo a que eles haviam consentido". ÖZER, Atila. *L'État*..., op. cit.; 1998. p. 57.

[48] Ver KOROWICZ, Marek Stanislaw. *Organisations Internationales*..., op. cit.; 1961. p. 65.

O processo de formação do Estado resultou, como lembra Norberto Bobbio, de dois processos paralelos, de concentração e de centralização do poder em um território determinado. Por concentração, entende-se a atribuição exclusiva ao monarca, no território de seu reino, dos poderes soberanos, como os poderes legislativo, jurisdicional, fiscal e o poder de exercer a força. Por centralização, deve-se entender o processo de eliminação de ordens jurídicas inferiores, como as cidades, que deixam de ser autônomas e passam a existir como organizações derivadas de uma autorização ou da tolerância do poder central.[49]

O absolutismo representa o auge desse processo de concentração e centralização do poder. Nesse regime, o rei, ao ser considerado dono de seu reino, tinha sobre sua propriedade um direito absoluto, sem limites ou exceções. A célebre frase atribuída a Luís XIV, "O Estado sou eu", é a expressão exata dessa concepção jurídica, que levava a soberania a ser atribuída ou mesmo assimilada ao órgão supremo do poder estatal.[50]

Segundo a doutrina da época, a soberania, para existir, deveria residir em um "sujeito" que a encarnasse e a pusesse efetivamente em funcionamento. Mesmo se fosse possível que esse sujeito fosse "um só", quando teríamos uma monarquia, "alguns", caso de uma aristocracia, ou "todos em um", configurando uma democracia, o Estado estaria mais próximo do conceito ideal de soberania na monarquia, porque, nesse caso, um só seria o "um".[51] Logo, na visão dessa doutrina, cujas idéias derivavam diretamente das de Jean Bodin, a soberania não existiria fora da monarquia, já que apenas um poderia ser de fato soberano. Esse teria de ser uno porque, se dois ou mais pudessem governar, ele deixaria de ser soberano, uma vez que teria de submeter-se ao governo de outros.[52]

Destaca-se, nesse período, uma idéia que contribuirá ainda mais para que o poder do rei seja considerado absoluto: a chamada teoria do direito divino dos reis. Segundo esta, o poder dos monarcas tinha origem divina, a justificativa da existência da soberania residia em Deus, e era em nome de Deus que os monarcas exerciam seu poder.

As monarquias de direito divino baseavam-se na idéia de que Deus havia designado e predestinado uma família para exercer o poder soberano, hereditariamente e em seu nome. Assim, os únicos limites a que o poder do monarca tinha de obedecer eram aqueles estabelecidos pelas leis divinas, de modo que, nas palavras de Carré de Malberg, "humanamente falando, o monarca era isento de toda responsabilidade para com o seu povo". O resulta-

---

[49] BOBBIO, Norberto. *L'État et la démocratie internationale...*, op. cit.; 2001. p. 251.

[50] SUKIENNICKI, Wictor. *La Souveraineté des États...*, op. cit.; 1927. p. 42-43.

[51] Nesse caso, "o Estado de Direito é o governo geral do Múltiplo pela vontade do Um". Ver MAIRET, Gérard. *Présentation...*, op. cit.; 1993. p. 38.

[52] HARDT, Michel; NEGRI, Antonio. *Empire*. Paris: Exils, 2000. p. 119.

do é que o poder real torna-se ilimitado, e a soberania passa a refletir tal idéia de que o monarca detém um poder absoluto e pode fazer o que bem entende.[53]

Essa teoria se apoiava em autores como Jaques Bossuet, que em sua obra *Política tirada das próprias palavras das Santas Escrituras*, de 1709, procurava sacralizar a autoridade da monarquia francesa, defendendo que a autoridade do rei teria fundamento na palavra de Deus.[54] Além disso, havia também as idéias de Hobbes, que, mesmo com seu caráter racional, afirmavam a necessidade de um poder absoluto. Desse modo, "para aqueles que fossem céticos com relação ao direito divino dos monarcas, havia a teoria de que o Estado era absolutamente necessário para o bem-estar humano, e que a concentração de poder a qual chamamos de soberania era essencial para a existência do Estado".[55]

O processo de concentração e de centralização do poder levava à absorção de unidades políticas menores e mais fracas por outras unidades maiores e mais fortes. Nele, as fronteiras territoriais passam a coincidir crescentemente com uma ordem jurídica uniforme, e novos mecanismos de produção e execução de leis são criados. A administração fiscal, antes dispersa, é centralizada e desenvolvida. Por fim, as relações entre Estados são formalizadas por meio do desenvolvimento das instituições diplomáticas, e exércitos permanentes são formados.[56]

Devemos observar que todos esses fatores equivalem à criação e ao desenvolvimento de novos tipos de instituição, de caráter nacional, que dariam origem à ordem jurídica estatal tal qual a conhecemos hoje. Dessa forma, "as fontes imediatas do mundo político moderno – ou seja, do próprio modelo moderno de Estado-Nação – foram o absolutismo europeu e a ordem interestatal que este iniciou". Isso porque, ao concentrar os poderes político e militar em suas próprias mãos, e ao procurar criar uma ordem jurídica centralizada e válida em um determinado território, o absolutismo pavimentou o caminho para a materialização de um sistema de poder secular e nacional. Assim, o absolutismo ajudou a iniciar um processo de redução das diferenças sociais, culturais e econômicas *dentro* dos Estados e de aumento das diferenças *entre* os Estados, ajudando, com isso, "a forjar comunidades políticas com um senso de identidade mais claro e crescente – a identidade nacional".[57]

---

[53] Idéia que para Carré de Malberg está expressa pelo velho adágio: "se o rei assim o quer, a lei assim o quer" ("Si veut le roi, si veut la loi"). Ver CARRÉ de MALBERG, Raymond. *Contribution à la théorie générale de l'État...*, op. cit.; 1985. p. 151.
[54] SENARCLENS, Pierre de. *Mondialisation...*, op. cit.; 1998. p. 8.
[55] Ver KRASNER, Stephen D. *Sovereignty...*, op. cit.; 1999. p. 11.
[56] HELD, David. *Democracy and the Global Order*: From the Modern State to Cosmopolitan Governance. Stanford, Calif.: Stanford University Press, 1995. p. 36.
[57] HELD, David; et al. *Global Transformations...*, op. cit.; 1999. p. 36.

1.2 A DILUIÇÃO DA SOBERANIA – A ASCENSÃO DO PODER DEMOCRÁTICO

A valorização das idéias de liberdade e de soberania popular, desenvolvidas por Locke e Rousseau, foi essencial para que o Estado passasse a ter as características que hoje ele apresenta (1.2.1). Veremos em seguida como essas idéias, associadas à da limitação da soberania estatal, defendida por alguns filósofos do direito, como Kelsen (1.2.2), marcaram a evolução que culminaria na submissão do poder do Estado à lei e no fortalecimento do requisito da legitimidade democrática (1.2.3).

1.2.1 A valorização da liberdade e a soberania popular – as visões de Locke e Rousseau

Locke e Rousseau

> *Se o homem no estado de natureza é tão livre, conforme dissemos, se é senhor absoluto de sua própria pessoa e posses, igual ao maior e a ninguém sujeito, por que abrirá ele mão dessa liberdade, por que abandonará o seu império e sujeitar-se-á ao domínio e controle de qualquer outro poder? Ao que é óbvio responder que, embora no estado de natureza tenha tal direito, a fruição do mesmo é muito incerta e está constantemente exposta à invasão de terceiros porque, sendo todos reis tanto quanto ele, todos iguais a ele, e na maioria pouco observadores da eqüidade e da justiça, a fruição da propriedade que possui nesse estado é muito insegura, muito arriscada. Estas circunstâncias obrigam-no a abandonar esta condição que, embora livre, está cheia de temores e perigos constantes; e não é sem razão que procura de boa vontade juntar-se em sociedade com outros que estão já unidos, ou pretendem unir-se, para a mútua conservação da vida, da liberdade e dos bens a que chamo de 'propriedade'. O objetivo grande e principal, portanto, da união dos homens em comunidades, colocando-se eles sob governo, é a preservação da propriedade.*[58]
>
> John Locke

A obra de John Locke (1632-1704) contrapõe-se em parte às idéias de Hobbes.

Na mesma tradição contratualista, Locke também parte do pressuposto de que um contrato social permite a passagem do estado natureza para o estado civil. Em sua concepção, no entanto, o estado de natureza não se baseia na insegurança e na violência, como na de Hobbes. Contudo, mesmo para Locke, o fato de que aquela situação original fosse relativamente pacífica não impe-

---

[58] LOCKE, John. Two treatises of civil governement. 1690. Extraído de MELLO, Leonel Itaussu Almeida. John Locke e o individualismo liberal. In: WEFFORT, Francisco W. (org.). *Os clássicos da política*. São Paulo: Ática, 1991. v. 1, p. 99.

dia que existissem alguns inconvenientes, como a violação da "propriedade", nome que ele dá à vida, à liberdade e aos bens. Esses inconvenientes teriam levado à criação do Estado.

Portanto, diferentemente de Hobbes, para quem os indivíduos firmam um pacto de submissão pelo qual trocam sua liberdade pela segurança proporcionada pelo Estado, para Locke o contrato social é um pacto de consentimento em que os homens buscam consolidar ainda mais os direitos que possuíam originalmente. Assim, no estado civil, o direito à vida, à liberdade e aos bens estaria protegido pela lei, pelo árbitro e pela força de um corpo unitário.[59]

Além disso, ao definir o Estado como simples instrumento destinado a preservar a propriedade dos indivíduos, Locke valoriza o individualismo e o caráter convencional do contrato social.[60] Na visão deste autor, a criação do Estado não acarreta a transferência de todos os direitos das pessoas a ele submetidas. Pelo contrário, a autoridade política só é conferida ao Estado com o propósito de alcançar determinados fins, e a legitimidade do governo só se sustenta pelo consentimento dos indivíduos.[61] À medida que o Estado atenta contra as "propriedades" do povo, ele perde sua autoridade. A violação do direito à vida, à liberdade e aos bens pelo Estado o coloca em estado de guerra contra a população, conferindo ao povo o direito legítimo de resistência à tirania.[62] Assim, diante de uma série de atos de tirania por parte do governo, a rebelião seria não somente inevitável, mas justificada.[63] O resultado desse raciocínio é uma dessacralização do Estado, que deixa de possuir, como no Leviatã hobbesiano, um poder livre de qualquer obrigação, abrindo caminho para uma soberania mais limitada que absoluta.[64]

Jean-Jacques Rousseau (1712-1778), em seu raciocínio, parte igualmente de um estado de natureza, e também não considera esse estado primitivo um fato histórico, mas uma simples hipótese explicativa.[65] O estado de natureza para Rousseau se caracterizaria como um estado de paz, em que os homens viveriam dispersos e de forma solitária. Esse isolamento inicial impediria o surgimento do sentimento de inveja, resultante da desigualdade, e a conseqüente disputa pela propriedade, que seria a maior causa de conflitos entre os homens. Com o rompimento desse isolamento e o desenvolvimento

---

[59] Ver MELLO, Leonel Itaussu Almeida. John Locke e o individualismo liberal. In: WEFFORT, Francisco W. (org.). *Os clássicos da política*. São Paulo: Ática, 1991. v. 1, p. 86.
[60] ÖZER, Atila. *L'État...*, op. cit.; 1998. p. 108.
[61] HELD, David. *Democracy and the Global Order...*, op. cit.; 1995. p. 43.
[62] MELLO, Leonel Itaussu Almeida. John Locke..., op. cit.; 1991. v. 1, p. 88.
[63] HELD, David. *Democracy and the Global Order...*, op. cit.; 1995. p. 43.
[64] ÖZER, Atila. *L'État...*, op. cit.; 1998. p. 109.
[65] Ver ROUSSEAU, Jean-Jacques. *Do contrato social*. São Paulo: Nova Cultural, 1997. p. 69. Edição original de 1762.

da sociedade, surgem as desavenças que tornam necessária a celebração do contrato social.[66]

Assim, para Rousseau, o contrato social ofereceria a solução para um problema fundamental: "Encontrar uma forma de associação que defenda e proteja a pessoa e os bens de cada associado com toda a força comum, e pela qual cada um, unindo-se a todos, só obedece contudo a si mesmo, permanecendo tão livre quanto antes".

Cabe observar que Rousseau divide a vontade de cada indivíduo em particular e geral. "Cada indivíduo, com efeito, pode, como homem, ter uma vontade particular, contrária ou diversa da vontade geral que tem como cidadão".[67] A vontade geral está sempre certa, porque procura atender ao interesse da comunidade.[68] Diferentemente de Locke, para quem é a vontade individual que institui o contrato social, para Rousseau é a vontade geral, baseada no interesse comum e encontrada em cada um dos indivíduos, que institui o Estado.

O contrato social é o instrumento pelo qual cada um se sujeita à vontade geral. Forma-se assim um corpo coletivo ao qual cada indivíduo outorga, de forma livre e voluntária, o poder constituinte. Disso resultaria uma associação soberana, em que caberia às pessoas que se associam ditar as leis a que se submeterão.[69]

Logo, mesmo após a celebração do contrato social o indivíduo permanece livre e só obedece a si mesmo, não só porque as leis passam a protegê-lo contra as arbitrariedades das vontades particulares,[70] mas também porque ele é, na realidade, o autor das leis, já que a vontade soberana, resultante do contrato social, é na verdade a sua própria vontade.[71]

Nação e liberdade

As idéias de Locke e Rousseau iniciaram o processo de contestação do poder monárquico, introduzindo na sociedade idéias como a valorização da nação e do indivíduo.

---

[66] ÖZER, Atila. *L'État...*, op. cit.; 1998. p. 117.
[67] ROUSSEAU, Jean-Jacques. *Do contrato social...*, op. cit.; 1997. p. 69, 75.
[68] Hans Kelsen critica a idéia de "vontade geral". Segundo ele não há como se imaginar que essa vontade possa ser estabelecida de outra forma que não o voto unânime ou majoritário do povo. Kelsen questiona quem seria competente para decidir se em um caso concreto a vontade da maioria estaria ou não em conformidade com a vontade geral. Segundo ele: "Não há resposta a esta questão no trabalho clássico de Rousseau, embora seja justamente da resposta a esta questão que depende a aplicabilidade da sua doutrina". KELSEN, Hans. *What is Justice?*: Justice, Law and Politics in the Mirror of Science. Berkeley: University of California Press, 1960. p. 298.
[69] Ver VILLANUEVA, Javier. *Diccionario Crítico de la Autodeterminación*: Pensamiento Europeo: (1750-1919). Espanha: Tercera Prensa, 1991. p. 296-297.
[70] Para Rousseau, o que o homem perde pelo contrato social é a liberdade natural, ou seja, o direito ilimitado de obter tudo o que sua força lhe permitir alcançar. O que ele ganha em troca é a liberdade civil, limitada pela vontade geral, e a propriedade de tudo o que ele já possui. ROUSSEAU, Jean-Jacques. *Do contrato social...*, op. cit.; 1997. p. 77.
[71] Ver ÖZER, Atila. *L'État...*, op. cit.; 1998. p. 118.

O surgimento de uma identidade entre o Estado e a idéia de nação é um dos mais importantes acontecimentos da história do Estado moderno.

Uma nação consistiria de uma parte da humanidade ligada por simpatias comuns e exclusivas, desejando compartilhar um mesmo governo por razões variadas, como a identidade de raça ou de descendência, a comunhão de uma mesma língua ou religião, a proximidade geográfica. A razão principal de seu surgimento seria a "existência de uma história nacional comum, de lembranças semelhantes, de honras e humilhações compartilhadas, de prazeres e arrependimentos da mesma natureza".[72] Logo, dois sentimentos principais justificariam a existência da nação: uma alma comum, representada pelas lembranças de uma história partilhada, e um desejo de seguir vivendo em conjunto.

Desse modo, o conceito de Estado se diferencia do conceito de nação. Enquanto esta última coincide com o conceito de comunidade, sendo, portanto, natural, o primeiro se caracteriza pela existência de um poder coercitivo, com capacidade para tomar decisões obrigatórias para toda a coletividade. O Estado tem um significado político e jurídico; a nação tem um sentido predominantemente cultural.[73]

Com o tempo, a soberania popular ou nacional, baseada nas idéias de Rousseau, substituiu a do monarca. Essa substituição consolidou-se com a Revolução Francesa. Nela, o indivíduo do povo tornou-se de fato cidadão e, daí em diante, ao menos idealmente, nenhum indivíduo sozinho poderia mais – mesmo sendo ele rei – apropriar-se da soberania.[74]

A soberania, nesse contexto, passa a ser considerada atributo da "coletividade unificada", que forma uma entidade que tem individualidade e poder superiores e independentes dos de seus membros, e se personifica no Estado, cujos poderes e direitos são os poderes e direitos da própria nação.[75]

A Declaração dos Direitos do Homem e do Cidadão, de 1789, pode ser considerada "o atestado de óbito do Antigo Regime, destruído pela Revolução".[76] No artigo terceiro dessa declaração se estabelece que: "O princípio de toda soberania reside essencialmente na nação. Nenhum corpo, nenhum indivíduo pode exercer autoridade que não emane dela expressamente", princípio que é reafirmado na Constituição francesa de 1791.[77]

Lembremos que, na França do Antigo Regime, a sociedade estava dividida em três "estados". Ao recusar o termo "povo", proposto por Mirabeau, já

---

[72] Ver SENARCLENS, Pierre de. *Mondialisation...*, op. cit.; 1998. p. 12.

[73] MATTOS, Adherbal Meira. *Direito Internacional Público*. São Paulo: Saraiva, 1980. p. 4.

[74] MAIRET, Gérard. *Le principe de la souveraineté...*, op. cit.; 1997. p. 103.

[75] Ver SÁ, Luís. *Soberania e integração na CEE*. Lisboa: Editorial Caminho, 1987. p. 46.

[76] Ver BOBBIO, Norberto. *L'État et la démocratie internationale...*, op. cit.; 2001. p. 123.

[77] Observe-se que, embora mudasse de titular, as competências do poder soberano continuaram sendo as mesmas, e tanto a Declaração de 1789 quanto a Constituição de 1791 apresentam como características da soberania a unidade, a indivisibilidade, a inalienabilidade e a imprescritibilidade.

que esse se contrapunha aos outros dois estados, e optar pelo termo "nação", como defendia o abade Sieyès, procurava-se afirmar que a sociedade era una e indivisível, formada por indivíduos que, juntos, compunham uma só voz, construção que estaria destinada "a se transformar em uma das pedras angulares de todo governo democrático no futuro".[78]

Notamos, portanto, que a idéia de nação, assim como a de soberania, também serviu historicamente a uma causa determinada. Tal qual a soberania, a nação é uma construção ideológica e cultural. Ao defender que cada indivíduo compunha igualmente um corpo maior – a nação –, o nacionalismo procurava mobilizar o povo na busca de objetivos comuns e criar novos liames de solidariedade política que substituíssem a idéia de uma sociedade baseada em uma estratificação social rígida,[79] contribuindo para a manutenção da coesão política dos Estados.[80]

A evolução do Estado levaria à consolidação do modelo de Estado-Nação. Pela lógica, o termo Estado-Nação deveria ser utilizado somente quando os limites geográficos do Estado abrigassem uma única nação, ou seja, quando em um mesmo território e sob um mesmo governo se encontrasse uma única comunidade homogênea. No entanto, uma vez que, com o tempo, cada nação foi-se firmando em um determinado território estatal, essa denominação pode ser atualmente utilizada genericamente com o sentido de Estado.[81] Pode-se assim dizer que o mundo hoje se organiza segundo o conceito de Estado-Nação, e que o Estado moderno é o Estado-Nação.[82]

Outra idéia que se firma com a Revolução Francesa e foi analisada pela doutrina é a de liberdade, essencial, como veremos, ao modelo do Estado soberano. Hobbes já a definia como "a ausência de impedimentos externos, impedimentos que muitas vezes tiram parte do poder que cada homem tem de fazer o que quer, mas não podem obstar a que use o poder que lhe resta, conforme o que seu julgamento e razão lhe ditarem".[83] A liberdade era considera-

---

[78] BOBBIO, Norberto. *L'État et la démocratie internationale...*, op. cit.; 2001. p. 131.

[79] SENARCLENS, Pierre de. *Mondialisation...*, op. cit.; 1998. p. 14.

[80] Mais que isso, para Senarclens a manutenção de tal coesão política se daria em benefício da ordem estabelecida. Assim, o nacionalismo seria usado pelas classes dirigentes de todos os países a fim de manter a sua dominação e mascarar a realidade dos problemas sociais. O nacionalismo do final do século XIX e a emergência dos movimentos fascistas nos anos 1930 coincidiram com momentos de crises econômicas e sociais de grande amplitude. Idem. p. 16.

[81] Como também lembra Hobsbawm, contribuiu para consolidar ainda mais essa situação o Tratado de Versalhes, no qual as potências vencedoras da Primeira Guerra Mundial procuraram ordenar o novo mapa da Europa com base na criação de Estados-Nação étnico-lingüísticos, segundo a crença de que as nações tinham o direito de *autodeterminação*. HOBSBAWM, Eric. *A era dos extremos*: o breve século XX: 1914-1991. 2. ed. São Paulo: Companhia das Letras, 1997. p. 39.

[82] Mesmo que seja importante ressalvar as diversas exceções em que nações diferentes se situam no mesmo Estado, em alguns casos lutando para consolidar-se como entidades políticas autônomas. HELD, David; et al. *Global Transformations...*, op. cit.; 1999. p. 45.

[83] Ver HOBBES, Thomas. *Leviatã...*, op. cit.; 1997. p. 113, 171, 175.

da um princípio fundamental também para Baruch de Spinoza (1632-1677), que defendia que o homem conservaria, tanto quanto possível e sempre que isso não causasse dano a outrem, seu direito natural de existir e de agir. Assim, ainda que renunciasse ao direito de agir exclusivamente segundo sua vontade, o homem não abriria mão do direito de pensar, de julgar e de criticar o soberano livremente quando achasse necessário.[84]

Tanto para Locke quanto para Rousseau[85] os homens eram livres e iguais no estado de natureza. Essa conclusão não era nem uma constatação de fato nem um dado histórico. Ela possuía um caráter racional, já que apenas assim se podia "derrubar a concepção secular segundo a qual o poder político, o poder dos homens, o *imperium*, vem de cima para baixo, e não o inverso".[86]

A idéia de liberdade é afirmada, por exemplo, no primeiro artigo da Declaração de 1789: "Os homens nascem e permanecem livres e iguais em direitos". Sendo assim, nenhum homem poderia sobrepor seu poder aos demais sem o consentimento expresso desses, pondo em xeque o poder do rei e da aristocracia.[87]

A principal conseqüência dessa idéia era que as pessoas só se submeteriam aos soberanos por sua livre vontade, a fim de preservar seus próprios direitos. E, de fato, no segundo artigo da mesma Declaração dos Direitos do Homem e do Cidadão afirma-se que "o objetivo de toda associação política é a conservação dos direitos naturais e imprescritíveis do homem". Esse reconhecimento dos direitos do homem e do cidadão consagraria o princípio de que o indivíduo vem antes do Estado, e de que governo é feito para o indivíduo e não o contrário, o que representaria uma verdadeira revolução no relacionamento existente entre governantes e governados.[88]

Logo, na mesma linha do que já era defendido anteriormente por Locke e Spinoza, para alguns autores, os homens, livres e racionais, aceitariam os governantes desde que estes não violassem seus direitos naturais, podendo se rebelar contra os tiranos que o fizessem[89] – os cidadãos seriam assim a única fon-

---

[84] SPINOZA, Baruch de. *Traité théologico-politique*. Extraído de ÖZER, Atila. *L'État*. Paris: Flammarion, 1998. p. 105.

[85] "O homem nasce livre e por toda parte se encontra acorrentado". ROUSSEAU, Jean-Jacques. *Do contrato social...*, op. cit.; 1997. p. 53.

[86] BOBBIO, Norberto. *L'État et la démocratie internationale...*, op. cit.; 2001. p. 128.

[87] Assim como a idéia de nação serviu ao fortalecimento do Estado, o ideal de liberdade e de igualdade entre os homens serviu a uma causa histórica: a derrubada do Antigo Regime e a ascensão de um novo grupo ao poder, a burguesia. Na crítica marxista, o homem de que falava a declaração de 1789 era o burguês, e os direitos ali consolidados eram os direitos da burguesia. A Revolução Francesa teria abolido a propriedade feudal em benefício da propriedade burguesa. MARX, Karl; ENGELS, Friedrich. *Manifesto do Partido Comunista*. Porto Alegre: LP&M, 2002. Edição original de 1948; ver também BOBBIO, Norberto. *L'État et la démocratie internationale...*, op. cit.; 2001. p. 133.

[88] BOBBIO, Norberto. *L'État et la démocratie internationale...*, op. cit.; 2001. p. 252.

[89] Ver SENARCLENS, Pierre de. *Mondialisation...*, op. cit.; 1998. p. 10.

te legítima de poder, detendo o direito de escolher as autoridades que deveriam governá-los, e de destituí-las, caso necessário.[90] Dessa forma, o titular da soberania seria, em última instância, o indivíduo.

O fim do Estado não seria a dominação, mas a liberdade individual. Para Spinoza, não é para deter o homem pelo medo que o Estado é instituído, mas sim para "liberar o indivíduo do medo, para que ele viva tanto quanto possível em segurança".[91] Ao se exigir que o poder político seja suficientemente forte para dissuadir os particulares de praticar qualquer ação criminosa, mas ao se impor ao mesmo tempo que esse respeite a independência dos indivíduos, criam-se as bases necessárias para o surgimento de uma concepção liberal do Estado.[92]

A valorização dos direitos e da liberdade dos indivíduos e a afirmação da idéia de Estado-Nação, que marcaram a Revolução Francesa, seriam essenciais para a consolidação do modelo do Estado soberano como o conhecemos hoje.

1.2.2 A filosofia do direito e a soberania limitada – o papel do direito internacional

Kant, Hegel e Jellinek – evolução doutrinária

Immanuel Kant (1724-1804) encaixa-se na mesma tradição contratualista já estudada. Também para ele o contrato social é uma hipótese utilizada com a finalidade de explicar o nascimento do Estado. Segundo Kant, o contrato social não seria "o ato pelo qual o próprio povo se constitui em Estado" mas, "adequadamente falando: a idéia desse ato".[93]

Assim como Rousseau e Locke, Kant recusa o dilema hobbesiano de "liberdade sem paz" ou "paz mediante submissão ao Estado", compatibilizando liberdade e Estado por meio da afirmação de que "as leis do soberano são as leis que nos demos a nós próprios".[94] A sujeição à lei decorreria dessa forma da

---

[90] Isso fez que, com o tempo, Jeremy Bentham passasse a reservar o termo "soberania" para designar esse poder constituinte que o conjunto de cidadãos possui, chamando de "poder operativo" o conjunto de poderes exercidos por aqueles que foram escolhidos pelo povo para legislar ou para governar, e é um segundo ramo, menos importante, do poder supremo. Ver BURNS, J. H. Bentham on Sovereignty: an Exploration. In: JAMES, M. H. (ed.). *Bentham and Legal Theory*. Belfast: Northern Ireland Legal Quarterly, 1973. p. 149.

[91] SPINOZA, Baruch de. *Traité théologico-politique*. Extraído de ÖZER, Atila. *L'État...*, op. cit.; 1998. p. 103.

[92] ÖZER, Atila. *L'État...*, op. cit.; 1998. p. 103.

[93] KANT, Immanuel. *Métaphysique des moeurs*. Extraído de ÖZER, Atila. *L'État*. Paris: Flammarion, 1998. p. 181.

[94] ANDRADE, Régis de Castro. Kant: a liberdade, o indivíduo e a república. In: WEFFORT, Francisco W. (org.). *Os clássicos da política*. São Paulo: Ática, 1991. v. 2, p. 60.

própria vontade legisladora dos indivíduos.[95] Logo, a liberdade, para Kant, seria a liberdade de agir segundo as leis.[96]

Essa idéia de que as pessoas são as autoras das leis que elas próprias observam resulta do próprio "imperativo categórico" kantiano, pelo qual os indivíduos seriam fins em si mesmos. No entanto, ainda que ele defendesse a importância dos indivíduos e, conseqüentemente, possuísse uma visão liberal de Estado, Kant iniciaria uma tradição na doutrina alemã – seguida posteriormente por Hegel – segundo a qual a soberania seria atribuída ao Estado. Nesse sentido, ele decompôs a soberania em três aspectos: como legislador, o Estado é irrepreensível em suas leis; como executor, irresistível em seus mandados; e como julgador, inapelável em suas sentenças.[97] Essa idéia prevalece até hoje, e, mesmo que se acredite que o poder estatal deriva do povo ou dos indivíduos, quando se fala em soberania normalmente se pensa no Estado como seu titular.

À visão contratualista da formação do Estado contrapõe-se uma visão essencialista, que vai de encontro à idéia de valorização do indivíduo. Segundo essa visão, o Estado visa a realizar um objetivo metaindividual, independentemente da vontade dos membros da sociedade.[98] Assim como o pensamento cristão acreditaria que o fundamento do Estado estaria em Deus, o essencialismo moderno, representado por Hegel e Marx, veria no Estado um meio para a concretização de um "destino universal". O ser humano é visto nesse caso não como indivíduo, mas como parte de um ente coletivo, seja ele o povo ou uma classe social.

Para Georg Friedrich Hegel (1770-1829), o Estado não teria fundamento na liberdade dos indivíduos, mas em um princípio universal que transcenderia todas as vontades. Essa afirmação tem caráter coletivista, já que o ideal que ela representa se encontraria nos povos, e não nos indivíduos. Desse modo, para o essencialismo, o Estado seria a totalidade orgânica que submeteria as vontades individuais a uma espécie de "razão universal", o que eliminaria todo tipo de pluralismo.[99]

O povo, nesse sentido, não seria uma simples soma de indivíduos, mas um conjunto caracterizado por um modo de vida e por um código de conduta

---

[95] Nesse sentido, Kant afirma que: "não podemos dizer que com o Estado o homem tenha sacrificado uma parte de sua liberdade natural exterior a um fim qualquer, mas ele abandonou inteiramente a liberdade selvagem e sem lei para reencontrar em uma sujeição legal, ou seja em um estado jurídico, sua liberdade em geral, intacta já que essa sujeição procede de sua própria vontade legisladora". KANT, Immanuel. *Métaphysique des moeurs*. Extraído de ÖZER, Atila. *L'État*..., op. cit.; 1998. p. 181.

[96] ANDRADE, Régis de Castro. *Kant*..., op. cit.; 1991. p. 53.

[97] Ver PAUPÉRIO, A. Machado. *O conceito polêmico de soberania*..., op. cit.; 1958. p. 93.

[98] ÖZER, Atila. *L'État*..., op. cit.; 1998. p. 18.

[99] Idem. p. 22-25.

particulares, por uma história, uma religião, uma arte, por leis e costumes comuns. O Estado exprimiria o "espírito de um povo".[100] Hegel considerava o Estado "a realidade em ato da idéia moral" e o exaltava como a concretização do interesse nacional, sendo essa instituição, portanto, a titular da soberania, e não o povo.[101]

A soberania teria para ele, além disso, um caráter absoluto e ilimitado. Hegel deu início a uma corrente doutrinária alemã de cunho nacionalista, cuja visão permitiria concluir que o Estado possuía uma liberdade de ação irrestrita no campo internacional. Segundo essa visão, que só foi completamente abandonada após a derrota do nazismo, o direito internacional seria uma simples extensão do direito interno de cada nação, cabendo a essa ignorá-lo ou modificá-lo unilateralmente sempre com base em sua própria vontade individual.[102]

Porém, o entendimento de que a soberania teria uma natureza absoluta e ilimitada causava um problema para os autores que o defendiam. Como observa Korowicz, tais teóricos, ao situar o Estado acima do direito, deparavam com duas alternativas: negar a existência do direito internacional – o que era impossível tendo em vista a existência de milhares de tratados reconhecidamente obrigatórios –, ou fazer uma concessão diminuindo um pouco a onipotência do Estado.[103]

Foi nesse contexto que Georg Jellinek desenvolveu a teoria da autolimitação do Estado, da qual foi o principal expoente. A autolimitação corresponde ao fato de obedecer somente às normas que ele mesmo se atribui. Logo, dizer que um Estado é autônomo equivaleria a afirmar que apenas são legalmente aplicáveis em relação a ele as regras e situações de direito a que consentiu[104]. De acordo com essa teoria, os Estados, pelo bem comum, reconhecem que têm de concordar voluntariamente com uma limitação à sua soberania pela aceitação do direito internacional como regra obrigatória de conduta.

Assim, para Jellinek, a soberania seria "a propriedade do poder de um Estado, em virtude da qual corresponde exclusivamente a este a capacidade de determinar-se juridicamente e de obrigar-se a si mesmo".[105] Segundo ele, o poder jurídico exclusivo do Estado sobre sua competência é a conseqüência primordial da concepção de soberania e, no momento em que o Estado se im-

---

[100] BOBBIO, Norberto. *L'État et la démocratie internationale...*, op. cit.; 2001. p. 170, 175.

[101] Ver SÁ, Luís. *Soberania e integração na CEE...*, op. cit.; 1987. p. 46.

[102] KOROWICZ, Marek Stanislaw. Writings of Twentieth Century Publicists. In: LARSON, Arthur; JENKS, C. Wilfred (org.). *Sovereignty Within the Law*. New York: Oceana Publications, 1965. p. 414.

[103] KOROWICZ, Marek Stanislaw. *Organisations Internationales...*, op. cit.; 1961. p.73.

[104] COMBACAU, Jean; SUR, S. *Droit international public*. Paris: Montchrestien, 1999. p. 246.

[105] JELLINEK, Georg. *Teoria general del estado...*, op. cit.; 1954. p. 361.

põe alguns limites, ele não perde a "competência de sua competência", mas, ao contrário, manifesta por isso mesmo que a possui.[106]

Essa posição procura manter a salvo a teoria da soberania absoluta do Estado e, ao mesmo tempo, reconhecer a existência do direito internacional, ao qual o Estado estaria sujeito, mesmo que por seu próprio desejo.[107] Porém, tal solução não é satisfatória, uma vez que, como lembra Korowicz, o Estado que se "autolimita" pode muito bem se "autoliberar" de uma obrigação, dependendo para tanto apenas de sua vontade soberana.[108] Isso faz que a interpretação de Jellinek do conceito de soberania não seja tão diferente assim da de Hegel.

Kelsen e a soberania limitada

Com o tempo, a idéia de uma soberania absoluta e ilimitada perdeu força em favor da noção de uma soberania relativa, ou seja, de uma soberania estatal limitada pelo direito internacional.

A idéia de limitação da soberania é quase tão antiga quanto a própria soberania. O próprio Jean Bodin, como vimos, já afirmava que a soberania era limitada pelo direito natural, pelo direito divino e pelas obrigações assumidas pelos monarcas, que tinham de ser respeitadas. Hugo Grotius, por sua vez, afirmava que o poder do soberano era limitado pelo direito natural[109] e pelo *jus gentium* – limitação essa que os Estados se impunham voluntariamente, pelo costume ou por meio de convenções, ao reconhecer a utilidade de certas normas em suas relações mútuas. Emeric de Vattel também defenderia que a soberania seria limitada pelo direito natural e pelo direito convencional.[110]

O autor que melhor sintetizaria essa idéia de soberania limitada seria Hans Kelsen. Segundo ele, o Estado teria uma "supremacia de competência", isto é, sua ordem teria a capacidade de determinar, por si própria, os objetos de sua regulamentação.[111] Nesse caso, o poder corresponderia à autoridade ou ao poder legal, mais especificamente, à competência para impor obrigações e conferir direitos.[112]

---

[106] SUKIENNICKI, Wictor. *La Souveraineté des États...*, op. cit.; 1927. p. 186.

[107] KLEFFENS, E. N. Van. Sovereignty in International Law: Five Lectures. *RCADI*, t. 1, p. 72, 1953.

[108] KOROWICZ, Marek Stanislaw. *Organisations Internationales...*, op. cit.; 1961. p. 73.

[109] O direito natural era formado segundo Grotius pela razão, que indica se uma ação é moralmente honesta ou não, de acordo com a conveniência desta para com a natureza sociável do ser humano. Ver ROCHE, Jean-Jacques. *Théorie des Relations Internationales...*, op. cit.; 1997. p. 59.

[110] Ver KOROWICZ, Marek Stanislaw. *Organisations Internationales...*, op. cit.; 1961. p. 58.

[111] Essa competência pode ser identificada com a autonomia constitucional do Estado perante o direito internacional, entendendo-se como tal a capacidade de o Estado se organizar constitucionalmente da forma mais adequada às suas peculiaridades. Ver PAUPÉRIO, A. Machado. *O conceito polêmico de soberania....*, op. cit.; 1958. p. 199.

[112] Ver KELSEN, Hans. *Peace Through Law*. New York: The University of North Carolina Press, 1944. p. 35.

No entanto, para Kelsen, a soberania estatal representava uma autoridade relativa e não suprema. De acordo com ele, a soberania significaria, no sentido do direito internacional, "a autoridade legal ou competência de um Estado limitada e limitável somente pelo direito internacional, e não pelo direito nacional de qualquer outro Estado". Sequer um Estado independente desfrutaria da soberania no sentido de uma completa liberdade de ação, já que o direito internacional representaria, por si só, uma limitação à soberania dos Estados.[113]

O resultado desse raciocínio é que não há algo como um conceito estático de soberania: a soberania muda à medida que mudam as regras de direito internacional a que os Estados estão submetidos. Uma vez que é o direito que determina a soberania, essa pode ser alterada em razão de uma alteração do direito em vigor. Isso faz que, para Georges Andrassy, "a noção de soberania não mude em sua essência, mas as regras de direito que delimitam o quadro de suas competências e seu exercício possam mudar, e acarretar, conseqüentemente, uma modificação do conteúdo da soberania ou, melhor dizendo, do exercício das competências reservadas ao Estado pelo direito internacional".[114] Os limites ao exercício da soberania podem ser ampliados ou restringidos. A soberania depende, portanto, da ordem jurídica internacional.

A doutrina da soberania relativa foi aceita pela imensa maioria dos publicistas do século XX, o que faz que ela possa ser geralmente denominada doutrina tradicional, clássica, ou até mesmo dominante. De acordo com essa doutrina, a soberania estatal seria limitada apenas pelos tratados dos quais ele é co-autor e pelos costumes internacionais que ele aceita tacitamente ou não.[115] A soberania não significaria que o Estado fugiria ao alcance de toda regra de direito, mas sim que ele não se subordinaria a nenhuma outra autoridade.[116]

Assim, pela visão clássica, a soberania equivaleria à idéia de que o Estado não teria sobre si nenhuma outra autoridade que não a do direito internacio-

---

[113] Kelsen chega inclusive a questionar a própria existência da soberania estatal que, para ele, seria impossibilitada pela supremacia da ordem jurídica internacional. Segundo este autor, seria necessário optar entre a soberania do Estado e a do direito internacional, já que, se o Estado tem acima de si uma ordem jurídica superior, ele já não é totalmente supremo, mesmo em seu interior. KELSEN, Hans. *Derecho y Paz en las Relaciones Internacionales*. México, D.F.: Fondo de Cultura Económica, 1996. p. 169; ver também KELSEN, Hans. *Peace Through Law*..., op. cit.; 1944. p. 36.

[114] ANDRASSY, Georges. La Souveraineté et la Société des Nations. *RCADI*, t. 3, p. 660, 663, 1937.

[115] Nesse caso, para Korowicz a expressão "limitação da soberania" significaria na verdade uma limitação ao *exercício* da soberania. A soberania não seria afetada em sua essência, já que, teoricamente, um Estado conservaria o poder de abolir as limitações ao denunciar os tratados internacionais do qual participasse e ao romper as relações jurídicas com os demais Estados. Segundo o autor, trata-se de "uma hipótese bastante teórica, até mesmo extravagante, mas que corresponde exatamente ao aspecto estritamente jurídico do problema das limitações à soberania: elas são todas obrigatórias, mas elas são todas revogáveis, de uma maneira ou de outra, pelo Estado que a elas voluntariamente se submeteu". KOROWICZ, Marek Stanislaw. *Organisations Internationales*..., op. cit.; 1961. p. 77.

[116] Ver CARRILLO-SALCEDO, Juan-Antonio. Droit International et souveraineté des États. *RCADI*, t. 257, p. 60, 1996.

nal[117] – sendo considerado Estado soberano aquele que se subordina diretamente ao direito internacional. Nesse sentido, Georges Andrassy defendia que a soberania consistiria em "uma noção relativa, regida e limitada pelo direito";[118] Verdross e Kunz afirmavam que a soberania estatal seria um "conceito relativo, limitado, quer pelas normas do direito internacional genérico, quer pelos tratados do direito internacional particular";[119] Van Kleffens acreditava que, além das limitações de fato, os Estados estariam sempre obrigados pelo direito internacional, cujas regras restringiriam sua liberdade de ação de diversas formas;[120] e Korowicz ensinava que a prática e a doutrina internacionais de sua época reconheceriam "somente e exclusivamente a soberania relativa dos Estados, por exemplo, a soberania limitada pelas regras do direito internacional".[121]

Com o tempo, outros limites, como o respeito aos direitos fundamentais, foram impondo-se à soberania. Le Fur, por exemplo, conceituava a soberania como "a qualidade do Estado de não ser obrigado ou determinado senão pela sua própria vontade, nos limites do princípio supremo do Direito e conforme o fim coletivo que está chamado a realizar". O Estado estaria então limitado pelo direito e por sua própria finalidade.[122] Logo, segundo a visão dominante, a soberania "se entenderá como um poder material superior, conquanto delimitado, uma competência plena mas não irrestrita, a independência e não a irresponsabilidade do Estado nas órbitas interna e externa de suas atividades".[123]

1.2.3 Legitimidade, Estado de Direito e democracia

Max Weber e o poder legítimo

> *A consideração recorrente pela qual o poder supremo, que é o poder político, deve ter igualmente uma justificação ética (ou, o que significa o mesmo, um fundamento jurídico) deu origem a formulações variadas do princípio de legitimidade, ou seja, dos diferentes modos pelos quais procuramos justificar, relativamente àquele que detém o poder, o comando, e àquele que se submete e esse poder, a obediência.*[124]

Norberto Bobbio

---

[117] Ver JENKS, C. Wilfred. *A New World of Law*?: A study of the creative imagination in international law. London: Longmans, 1969. p. 132.

[118] ANDRASSY, Georges. La Souveraineté et la Société des Nations..., op. cit.; 1937. p. 660, 663.

[119] Ver PAUPÉRIO, A. Machado. *O conceito polêmico de soberania*. ..., op. cit.; 1958. p. 199.

[120] KLEFFENS, E. N. Van. Sovereignty in International Law..., op. cit.; 1953. p. 117.

[121] KOROWICZ, Marek Stanislaw. Some present aspects of sovereignty in International Law. *RCADI*, t. 1, p. 108, 1961.

[122] Ver PAUPÉRIO, A. Machado. *O conceito polêmico de soberania*. ..., op. cit.; 1958. p. 173.

[123] RANGEL, Vicente Marotta. A soberania dos povos na era astronáutica..., op. cit.; 1960. p. 30-31.

[124] BOBBIO, Norberto. *L'État et la démocratie internationale*..., op. cit.; 2001. p. 225.

O poder tem a necessidade de se justificar a fim de garantir a sua estabilidade.[125] Essa justificação, que se dá por algo externo ou superior ao próprio poder, é o que permite que este se transforme em "autoridade".[126]

A relação de autoridade em uma sociedade resulta da atribuição a alguns de seus membros do poder de tomar decisões, estabelecer regras e formular políticas para os demais membros, os quais, por sua vez, acatam as decisões, respeitam as regras e obedecem às políticas adotadas pelas autoridades.[127]

A autoridade seria então o direito de comandar e o direito correspondente de ser obedecido. A autoridade legítima – aquela que é vista como "certa" por aqueles a ela sujeitos – não deve ser confundida com o poder puro e simples. Se você é obrigado a entregar seu dinheiro sob a mira de um revólver, você está sujeitando-se ao poder, se você paga seus impostos, você está, por meio desse ato, reconhecendo a existência de uma autoridade legítima. Desse modo, mesmo a soberania mais monárquica ou ditatorial nunca se resumiria a uma questão de mero poder, e até o *Leviatã* de Hobbes só tinha o poder total porque o povo lhe havia cedido completamente seus direitos naturais, legitimando sua capacidade legislativa.[128]

A autoridade seria assim detentora não de um poder simples, mas de um poder político, caracterizado como uma relação psicológica entre aqueles que o exercem e aqueles sobre os quais ele é exercido.[129]

Desse modo, o "algo" que está por trás da submissão voluntária a uma autoridade e seria um dos fatores de estabilidade do regime político é a legitimidade.[130] O exercício do poder teria de ser moralmente ou legalmente justificado, a fim de ser considerado legítimo.[131] O poder que não encontra justifica-

---

[125] WEBER, Max. *Economy and Society*: An Outline of Interpretive Sociology. Berkeley: University of California Press, 1978. v. 1, p. 953. Tradução da 4ª ed. em alemão, de 1956.

[126] Ver FONSECA JUNIOR, Gelson. *A legitimidade e outras questões internacionais*. São Paulo: Paz e Terra, 1998. p. 168.

[127] Logo, a autoridade seria a "fonte da ação oficial em uma sociedade", o que a diferenciaria de outras ações e lhe daria um *status* que a tornaria "mais do que arbitrária e caprichosa". ROSENAU, James N. *Turbulence in World Politics*: a Theory of Change and Continuity. Princeton: Princeton University Press, 1990. p. 186, 236.

[128] Ver PHILPOTT, Daniel. Ideas and the Evolution of Sovereignty. In: HASHMI, Sohail H. (ed.). *State Sovereignty*: Changes and Persistence in International Relations. Philadelphia: The Pennsylvania University Press, 1997. p. 17.

[129] Segundo Morgenthau, o poder é o "controle dos homens sobre as mentes e as ações de outros homens". O poder político consistiria, mais especificamente, nas "relações mútuas de controle entre os detentores da autoridade pública e entre estes e o povo como um todo". As pessoas se submeteriam ao controle dos detentores de poder devido à influência que tais autoridades exerceriam sobre eles, influência essa que derivaria de três fontes principais: a expectativa de receber benefícios, o medo de ser prejudicado e o respeito ou a adoração destes para com determinados líderes ou instituições. MORGENTHAU, Hans J. *Politics Among Nations*: the Struggle for Power and Peace. Boston: McGraw-Hill, 1993. p. 30. Edição original de 1948.

[130] Desse modo, por ter uma carga de valor e por ser um dos mecanismos que, como observa Gelson Fonseca Jr., estabelecem as bases para o juízo do "certo" e do "errado" na política, a legitimidade pode servir para cercear o poder, que precisa dela para justificar suas ações. FONSECA JUNIOR, Gelson. *A legitimidade*..., op. cit.; 1998. p. 138.

[131] MORGENTHAU, Hans J. *Politics Among Nations*..., op. cit.; 1993. p. 32.

tiva que o sustente é naturalmente instável e passa a depender do uso da força bruta para se assegurar de que será obedecido.[132]

A fim de identificar as razões de aceitação da autoridade, os motivos que levariam à formação de relações estáveis e contínuas de comando-obediência, Max Weber identificou três formas históricas de poder legítimo: o poder tradicional; o poder carismático; e o poder legal-racional.[133] As duas primeiras formas de poder marcaram os primeiros dias do modelo do Estado soberano.

O poder tradicional residiria na crença estabelecida na "santidade de tradições imemoriais e na legitimidade daqueles que sob elas exercem a autoridade". A legitimidade do poder tradicional se justificaria por costumes muito antigos e pelo hábito enraizado nos homens de o respeitar. Era o poder exercido pelos patriarcas ou pelos senhores feudais.

O poder carismático, por sua vez, resultaria da devoção "à santidade, ao heroísmo ou ao caráter de um indivíduo, e do modelo ou ordem normativa por ele revelados ou decretados".[134] O poder carismático se legitimaria pela adesão pessoal dos sujeitos à causa de um líder e pela confiança desses em sua única pessoa, devido às qualidades que nele vêem. Esse seria o poder exercido pelo chefe de guerra eleito ou pelo chefe de um partido político.

Enquanto nesses dois tipos de poder a obediência é devida à própria pessoa da autoridade tradicional ou carismática, no poder que se baseia na legalidade a autoridade se impõe "em virtude da crença na validade de um estatuto legal e de uma 'competência' positiva fundada sobre regras estabelecidas racionalmente".[135] É o poder exercido pelo servidor público moderno, já que a maneira mais pura de se exercer a autoridade legal se dá por meio de uma equipe administrativa permanente: a burocracia.[136] Esse é o tipo de poder que nos preocuparemos em estudar aqui, uma vez que, como mostraremos em seguida, é o que predomina atualmente.

Para Max Weber, o poder legítimo de origem racional se justifica pela crença na legalidade das regras, que são formalmente corretas e foram feitas da maneira costumeira, e pelo direito daqueles que tais regras elevam à condição de autoridade de emitir comandos – ou seja, do fato de que esses constituem uma autoridade legal. Nesse caso, a obediência é devida à ordem impessoal legalmente estabelecida e se estende às pessoas exercendo a autoridade em virtude da legalidade formal de seus comandos, mas somente no escopo de sua autoridade.

---

[132] ROSENAU, James N. *Turbulence in World Politics...*, op. cit.; 1990. p. 237.
[133] Ver BOBBIO, Norberto. *L'État et la démocratie internationale...*, op. cit.; 2001. p.229.
[134] WEBER, Max. *Economy and Society...*, op. cit.; 1978. v. 1, p. 215.
[135] WEBER, Max. *Le Savant et le Politique*. Extraído de ÖZER, Atila. *L'État...*, op. cit.; 1998. p. 79.
[136] Mesmo a autoridade do chefe supremo dessa organização, que poderia ser nomeado ou eleito, consistiria em uma esfera de "competência" legal. WEBER, Max. *Economy and Society...*, op. cit.; 1978. v. 1, p. 220.

Uma das razões pelas quais o poder legal poderia ser considerado legítimo é, segundo Weber, por esse resultar "de um acordo voluntário entre as partes interessadas".[137] Como vimos, analogamente, Rousseau já dizia que a lei resultava do contrato social, que seria na verdade um produto da própria vontade dos indivíduos.[138] A lei seria, para Rousseau, a garantia para os indivíduos da sua liberdade e da proteção de seus direitos. A primazia da lei asseguraria que a liberdade individual fosse respeitada. Segundo Hayek: "no momento em que obedecemos às leis, entendidas como regras gerais e abstratas, independentes de casos particulares, nós não nos submetemos à vontade de um outro, e assim nós somos livres".[139] Indo além desse raciocínio, Weber observava que a existência das leis ampliaria o poder de cada indivíduo, uma vez que esses passariam a controlar o comportamento dos demais com base no que é prescrito, proibido ou permitido. Segundo Weber, "todo direito é assim uma fonte de poder da qual mesmo uma pessoa até então completamente desprovida de poder pode vir a se apropriar".[140]

O Estado de Direito e a consolidação da democracia representativa

A legitimidade baseada em um poder legal-racional se associa à noção de Estado de Direito. As idéias de valorização da liberdade e de que o Estado existe para o indivíduo, conforme analisamos anteriormente, espalharam-se com a Revolução Francesa.

Vimos como a afirmação da soberania popular foi acompanhada por uma valorização dos direitos humanos fundamentais. Apesar disso, a soberania popular viria a ocasionar, sob a Revolução e sob o Império, alguns ataques às liberdades individuais que, por sua violência e arbitrariedade, não ficaram atrás daqueles promovidos pelo Antigo Regime. Isso levou alguns teóricos do liberalismo político a reafirmar, no início do século XIX, a necessidade do respeito às liberdades individuais contra o arbítrio dos governantes. Segundo esses autores, os cidadãos possuiriam direitos individuais independentes de qualquer autoridade política, e toda autoridade que viesse a violar esses direitos se tornaria ilegítima – retomando a idéia que já era defendida por Locke e Spinoza. A menos que a soberania fosse limitada, não haveria maneira de proteger os indivíduos das ações do governo.[141]

---

[137] WEBER, Max. *Economy and Society*..., op. cit.; 1978. v. 1, p. 215, 36.

[138] Ver ÖZER, Atila. *L'État*..., op. cit.; 1998. p.118.

[139] HAYEK, Friedrich August Von. *Droit, legislation et liberté*. Extraído de ÖZER, Atila. *L'État*. Paris: Flammarion, 1998. p. 37.

[140] Para Weber, a lei acarretaria determinados privilégios para cada indivíduo. Uma forma de privilégio seriam as liberdades, que consistiriam em "situações de simples proteção contra certos tipos de interferência por parte de terceiros, especialmente autoridades do Estado, dentro da esfera da conduta legalmente permitida", como a liberdade de consciência, de movimento etc. A outra forma de privilégio é a que concede ao indivíduo "a autonomia de regular suas relações com os outros". Trata-se nesse caso, por exemplo, da liberdade de contratar. WEBER, Max. *Economy and Society*..., op. cit.; 1978. p. 667-668.

[141] Ver SENARCLENS, Pierre de. *Mondialisation*..., op. cit.; 1998. p. 10.

Além de se preocupar com possíveis abusos por parte das autoridades, Alexis de Tocqueville dirigiria sua atenção à tirania da maioria. Para ele, essa seria uma possibilidade inerente ao dogma da soberania popular, que, por sua vez, nunca deveria ultrapassar "os limites da justiça e da razão".[142] Não bastaria aos indivíduos proteger-se do governo. Seus direitos fundamentais só estariam assegurados se tampouco pudessem ser violados pelas maiorias.

Para tanto, a democracia deveria ser acompanhada do Estado de Direito, evitando que o legislador, negligenciando o bem comum, utilizasse "a regra da maioria para submeter a população a interesses particulares, seja para satisfazer a aspirações minoritárias, seja para fazer executar um desígnio tirânico da maioria". Esse é o motivo pelo qual o Estado de Direito exige uma democracia do tipo constitucional, que "observe escrupulosamente, e em todas as circunstâncias, o interesse geral e os direitos das minorias".[143]

O Estado de Direito manteria desse modo o equilíbrio entre a soberania popular e a soberania do indivíduo, permitindo que o poder seja exercido pela coletividade, limitado, no entanto, pelas liberdades individuais fundamentais. Para cumprir essa finalidade, ele contaria com três dispositivos principais: uma Constituição, que estabeleceria as liberdades fundamentais e os princípios gerais da vida civil e política; a divisão de poderes, que evitaria o despotismo ao desvincular a elaboração da execução das leis, além de permitir que os litígios fossem julgados de forma imparcial; e a limitação dos poderes discricionários da administração, permitindo contestar perante tribunais independentes possíveis atos arbitrários de órgãos do executivo que viessem a invadir a esfera privada dos cidadãos.[144]

Para o liberalismo, o indivíduo passa a vir antes da sociedade. O indivíduo seria soberano no que lhe concerne exclusivamente.[145] A valorização do

---

[142] Alexis de Tocqueville, *A democracia na América* (1° volume da edição original de 1835, 2° volume de 1840) – citado por SENARCLENS, Pierre de. *Mondialisation...*, op. cit.; 1998. p. 10.

[143] ÖZER, Atila. *L'État...*, op. cit.; 1998. p. 41.

[144] Idem. p. 38-40.

[145] Essa idéia se reflete no pensamento de Stuart Mill (1806-1873), segundo o qual o único fim para o qual a humanidade está autorizada a interferir na liberdade de ação do indivíduo é a autoproteção, e o único propósito para o qual o poder pode ser legitimamente exercido sobre um membro da comunidade contra sua vontade é o de evitar danos aos demais. De tal forma, o indivíduo não poderia ser compelido a fazer ou a deixar de fazer alguma coisa "para o seu próprio bem", ou porque, segundo a opinião dos demais, seria certo assim fazer. Essas seriam boas razões para admoestá-lo, para discutir com ele e tentar persuadi-lo, mas não para compeli-lo ou para infligir-lhe qualquer dano caso ele proceda diferentemente. "A única parte da conduta de alguém pela qual este é responsável perante a sociedade é aquela que diz respeito aos demais. Naquilo que concerne meramente a si mesmo, a sua independência é, de direito, absoluta. Sobre si mesmo, sobre seu próprio corpo e mente, o indivíduo é soberano." STUART MILL, John. *Utilitarism, On Liberty and Considerations on Representative Governement*, reunião das principais obras de Mill: Sobre a liberdade (1859), Considerações sobre o Governo Representativo (1861) e Utilitarismo (1863). Extraído de WEFFORT, Francisco W. (org.). *Os clássicos da política*. São Paulo: Ática, 1991. v. 2, p. 206.

indivíduo e a necessidade de um Estado de Direito deram origem ao que se convencionou chamar de Estado liberal. Este se caracteriza pela presença de "alguma forma de governo representativo respaldado pela separação de poderes, garantias constitucionais dos direitos civis e políticos, igualdade jurídica, e um sistema judiciário operante dedicado ao império da lei".[146]

Com o passar do tempo, essa visão liberal do Estado foi a que sobressaiu. Há algum tempo, o poder, cuja legitimidade se fundamenta na legalidade – ou seja, na idéia de que determinados atos devem ser tomados pelas autoridades adequadas e em conformidade com princípios e regras reconhecidos[147] – é o que prevalece no mundo.[148] O Estado é hoje predominantemente o Estado de Direito, baseado em uma ordem jurídica. Seu objetivo principal é o de assegurar as liberdades individuais fundamentais, que nele possuem um caráter supremo e inviolável.[149]

Mais do que isso, especialmente na segunda metade do século XX, "cresceu a convicção de que somente um governo que se baseia no consentimento genuíno de seu povo, expresso por meio de eleições justas, periódicas e multipartidárias, é legítimo".[150] O último século teria assim estabelecido a forma democrática de governo como o modelo preeminente de organização política.[151]

A classificação dos tipos de governo antes se preocupava mais com o número de pessoas que exercia efetivamente o poder do que com a maneira pela qual o governo era escolhido. Assim, Montesquieu, por exemplo, afirmava existirem três tipos de governo: o republicano, o monárquico e o despótico. O republicano seria aquele em que o povo, ou parte dele, tem o poder soberano; o monárquico seria aquele em que só um governa, sujeito, porém, a leis fixas e estabelecidas; e o despótico seria aquele em que uma só pessoa, sem lei e sem regras, governaria segundo sua vontade e seus caprichos.[152]

Hoje, por outro lado, a forma como o governo é escolhido é uma das principais características a serem consideradas no momento de estabelecer-se uma classificação. Assim, o mundo poderia ser dividido em ditaduras ou democracias, independentemente do número de pessoas que exercessem o poder em qualquer uma das duas formas. Na democracia, o governo seria escolhido pela maioria. Na ditadura, essa condição não seria respeitada.

---

[146] Ver POST, David G. The Unsettled Paradox: the Internet, the State, and the Consent of the Governed. *Indiana Journal of Global Legal Studies*, Bloomington, p. 525, Spring 1998.

[147] ROSENAU, James N. *Turbulence in World Politics...*, op. cit.; 1990. p. 237.

[148] WEBER, Max. *Economy and Society...*, op. cit.; 1978. v. 1, p. 37.

[149] ÖZER, Atila. *L'État...*, op. cit.; 1998. p. 37.

[150] FALK, Richard A; STRAUSS, Andrew. On the Creation of a Global Peoples Assembly: Legitimacy and the Power of Popular Sovereignty. *Stanford Journal of International Law*, Stanford, Calif., p. 1, Summer 2000.

[151] SEN, Amartya. *Development as Freedom*. New York: Alfred A. Knopf, 1999. p. xi.

[152] MONTESQUIEU. *De l'esprit des lois*. Extraído de ÖZER, Atila. *L'État*. Paris: Flammarion, 1998. p. 63.

Notamos que a democracia evoluiu rumo ao modelo representativo. Da Antiguidade clássica ao século XVII, a democracia era associada à reunião dos cidadãos em assembléias em um determinado lugar público. No início do século XIX, no entanto, a democracia começou a ser vista como o direito dos cidadãos de participar na determinação da vontade coletiva por meio da escolha de representantes.[153]

Logo, na democracia representativa, também denominada democracia liberal, as decisões afetando a comunidade são tomadas por um grupo de representantes escolhidos em um processo eleitoral para governar nos termos previstos pela lei. A evolução da democracia baseou-se em regras – como o sufrágio universal – que vieram a permitir que mais pessoas tivessem acesso à escolha dos representantes que exerceriam o poder político.[154]

Essas regras levaram algum tempo para se disseminarem e se firmarem. A consolidação da democracia representativa é um fenômeno do final do século XX,[155] visto que apenas nas últimas décadas desse século a democracia viria a se estabelecer de forma relativamente segura no hemisfério ocidental e teria sido amplamente adotada como um modelo desejável de governo além do Ocidente.[156]

A consolidação da democracia representativa em diversas partes do planeta faz que muitos autores acreditem que o mundo esteja caminhando para uma grande unanimidade, em que os valores da democracia e do mercado, representados pela doutrina liberal, tenderiam a tornar-se universais. É a tese do "fim da História", apresentada por Francis Fukuyama, segundo o qual poderíamos estar testemunhando o ponto final da evolução ideológica da humani-

---

[153] Ver HELD, David. *Democracy and the Global Order*..., op. cit.; 1995. p. 11.

[154] Entre essas regras, pode-se destacar a realização de eleições livres e justas para as quais o voto de cada cidadão tem o mesmo peso, em um sufrágio que abrange todos os cidadãos independentemente de raça, religião, classe social ou sexo; a liberdade de consciência, informação e expressão com relação a todos os assuntos públicos; o direito de todos os adultos de se opor ao governo e concorrer a cargos públicos; e o direito de formar associações independentes, como movimentos sociais, grupos de interesse e partidos políticos. HELD, David; et al. *Global Transformations*..., op. cit.; 1999. p. 46.

[155] É possível identificar três tipos principais de governo: autoritário, marcado pela ausência de eleições competitivas e por severas restrições aos direitos civis e políticos; democracia parcial, com processos eleitorais, direitos políticos e liberdade associativa restritos; e democracia liberal, com eleições livres e competitivas, direitos civis e políticos e liberdade de associação garantidos. Comparando-se esses três modelos, em 1975 (em um total de 147 Estados), a porcentagem deles que poderiam ser considerados autoritários era de 68,7% (101 Estados), de democracias parciais era de 7,5% (11 Estados) e de democracias liberais era de 23,8% (35 Estados). Em 1995, tais porcentagens se alteravam, respectivamente, para 26,2% de Estados autoritários (43 Estados), 26,2% de democracias parciais (43 Estados) e 47,6% de democracias liberais (78 Estados), com um nítido predomínio, portanto, das democracias liberais. Ver HELD, David; et al. *Global Transformations*..., op. cit.; 1999. p. 47.

[156] HELD, David. *Democracy and the Global Order*..., op. cit.; 1995. p. 12.

dade e a universalização da democracia liberal ocidental como a forma final de governo para todos os povos.[157]

Sem entrar no mérito desse argumento, uma vez que a História, sobretudo no que se refere à soberania, é marcada por reviravoltas, parecendo recusar-se a chegar a um fim, podemos dizer que a democracia obteve uma vitória histórica sobre outras formas de governo e, hoje, quase todos professam ser democratas, e regimes políticos de todos os tipos ao redor do mundo afirmam ser democracias.[158]

Desse modo, se o poder soberano sempre dependeu da idéia de legitimidade, podemos afirmar, ao analisar a evolução histórica do Estado, que a legitimidade que atualmente se busca a fim de se justificar o poder é a legitimidade democrática. Se o poder estatal é o poder legítimo, e se hoje a forma de legitimidade predominante é a democrática, ao analisarmos os efeitos da ascensão da sociedade global sobre o poder estatal estaremos analisando, na verdade, seus efeitos sobre o poder democrático.

---

[157] Cabe observar que Fukuyama não afirma que outras ideologias, formas de governo ou de organização econômica não possam continuar existindo, mas que a democracia e o mercado triunfaram como "idéias", já que hoje não haveria modelos alternativos que fossem abertamente defendidos como opções melhores. FUKUYAMA, Francis. *The End of History and the Last Man*. New York: Avon Books, 1992.

[158] HELD, David. *Democracy and the Global Order...*, op. cit.; 1995. p. 3.

Capítulo 2

O modelo do Estado soberano

As regras fundamentais do modelo do Estado soberano foram consagradas pelos tratados de Westfália, como tivemos a oportunidade de constatar. Basicamente, elas determinam que o mundo é dividido em Estados soberanos iguais perante a lei, que concentram em suas mãos o processo de criação e execução do direito, não reconhecendo a existência de uma autoridade superior.

Estudaremos em seguida os dois elementos essenciais desse modelo: o Estado (2.1) e a soberania (2.2).

2.1 O conceito e a função do Estado

O contrato social surgiu como uma necessidade. Não importa se o estado de natureza é uma abstração que não pode ser verificada na prática, ou se a idéia de um pacto entre os indivíduos é uma hipótese explicativa sem fundamentos históricos comprovados. Ao tentar entender os motivos que levaram ao surgimento do Estado como *idéia*,[1] verificamos que esse nasce como uma exigência a partir do momento em que o ser humano passa a viver em sociedade. Assim, não importa a razão: seja para conter os problemas trazidos pelo individualismo

---

[1] Neste sentido, Hegel afirmava que as origens históricas do Estado – se esse se fundou de início em direitos patriarcais, no medo, na religião, na tradição – não dizem respeito à própria "Idéia de Estado", e não devem ser considerados pelo pensamento filosófico, que deve preocupar-se exclusivamente com o elemento interior dessa questão. HEGEL. *Principes de la philosophie du droit*. Extraído de ÖZER, Atila. *L'État*. Paris: Flammarion, 1998. p. 127.

humano, seja para organizar a vida dos homens como "seres coletivos", o fato é que o Estado surge de uma necessidade humana de organização.

Ao organizarem-se em um Estado, os indivíduos lhe atribuem um poder supremo – a soberania. Esse poder equivale à soma das liberdades de que cada um dos indivíduos abriu mão ao constituir o Estado. Porém, tal renúncia por parte dos indivíduos só se dá porque eles acreditam que estarão em melhor situação com o Estado do que sem ele. Em outras palavras: o Estado só existe para servir o indivíduo. Essa foi, como acabamos de ver, a evolução histórica do Estado soberano. Com o tempo, ele deixou de ser servido e passou a ser o servidor dos cidadãos. "O Estado sou eu" é assim uma frase que, ao longo dos anos, mudou de sentido. O Estado deixou de ser o "eu" tirano dos governantes absolutos, passando-se a ênfase a seu caráter de "eu" coletivo, formado pelo povo ou pela nação, e até mesmo à sua função de protetor do "eu" individual, que lhe dá origem e o legitima.

Caberia então estudar o conceito atual de Estado, ou seja, quais as características essenciais dessa instituição – o monopólio do exercício da força e a existência de um aparato burocrático (2.1.1), e analisar quais as principais funções que passaram a ser-lhe atribuídas depois que se transformou de simples garantidor da paz e da segurança em Estado social (2.1.2).

2.1.1 O conceito de Estado

Maquiavel foi o primeiro a utilizar a palavra Estado como termo genérico,[2] que designaria uma "condição de possessão permanente e exclusiva de um território e de comando sobre seus habitantes".[3]

Hoje, a maioria da doutrina, baseada na idéia inicial de Max Weber, acredita que o Estado seria definido por dois elementos constitutivos principais: ele disporia do monopólio da violência física legítima dentro dos seus domínios territoriais, e de um aparelho administrativo tendo como função a prestação de serviços públicos.[4]

A idéia de que um Estado é uma entidade que possui e exerce o monopólio da força é uma das máximas mais firmemente estabelecidas da ciência

---

[2] Os termos anteriormente utilizados para designar a organização de um grupo de indivíduos em um determinado território eram *civitas*, que traduzia o termo grego *polis*, e *res publica*, adotado pelos romanos para designar o conjunto de instituições políticas de Roma. Bobbio observa que o termo levou um longo percurso para se consolidar, já que ainda no final do século XVI Jean Bodin intitularia seu tratado político, na verdade consagrado a todas as formas de Estado, como "da República", e Hobbes, no século XVII, utilizará os termos *civitas* ou *commonwealth* no sentido do que hoje chamamos comumente "Estado". BOBBIO, Norberto. *L'État et la démocratie internationale*: De l'histoire des idées à la science politique. Bruxelles: Complexe, 2001. p. 203.

[3] Ver TELÒ, Mario. Introduction. In: BOBBIO, Norberto. *L'État et la démocratie internationale*: De l'histoire des idées à la science politique. Bruxelles: Complexe, 2001. p. 36.

[4] BOBBIO, Norberto. *L'État et la démocratie internationale*..., op. cit.; 2001. p. 206.

política e da sociologia.⁵ Esse monopólio se assegura pela lei, razão pela qual o Estado tem um caráter predominantemente legal, o que levou Kant a definir o Estado como "a reunião de uma multiplicidade de homens sob regras jurídicas".⁶ Hegel, por sua vez, acreditava que a essência do Estado não consistiria na livre associação de indivíduos, mas na concentração da força, única maneira de assegurar a ordem. Essa concentração só seria possível graças à existência de uma constituição. É por meio desse instrumento que a abstração chamada Estado ganharia vida e se tornaria uma realidade. É a constituição que faria de um povo um Estado, organizando-o e elevando-o ao nível de indivíduo autônomo perante os outros Estados, de sujeito da comunidade internacional. Dessa forma, sem constituição não haveria Estado.⁷

A criação do Estado passa pela centralização dos atos de violência. Segundo Hans Kelsen, um ato de violência é um ato envolvendo o uso da força por um indivíduo contra outro. Uma comunidade só pode sobreviver se cada um de seus membros respeitar certos interesses dos outros membros, como a vida, a liberdade ou a propriedade. Por isso, é preciso que cada um se abstenha de intervir na esfera de interesses dos demais. A técnica social a que se chama de direito consiste precisamente em levar os homens a respeitar as diversas esferas de interesses, recorrendo a certos meios que comportam uma intervenção na esfera de interesses daquele que não respeitou a esfera de interesses de uma outra pessoa. Assim, com o tempo, os atos de violência saem do campo da justiça privada e se concentram nas mãos de algumas pessoas. O monopólio do emprego da força seria reservado à comunidade, determinando as condições nas quais certos indivíduos, e somente eles, são autorizados, na qualidade de órgãos dessa comunidade, a intervir pela força na esfera de interesses das pessoas a eles submetidas.⁸

Isso levou Kelsen a definir o Estado como ordem jurídica, caracterizada pelo poder de criar e aplicar o direito em um território, em relação a um povo, e recorrer à força se necessário.⁹ O território seria o limite da valida-

---

[5] CLAUDE, Inis L. *Power and International Relations*. New York: Random House, 1962. p. 226.

[6] KANT, Immanuel. *Métaphysique des moeurs*. Extraído de ÖZER, Atila. *L'État*. Paris: Flammarion, 1998. p.179.

[7] BOBBIO, Norberto. *L'État et la démocratie internationale...*, op. cit.; 2001. p. 31-32, 166, 182-183, 185.

[8] KELSEN, Hans. Théorie du droit international public. *RCADI*, t. 42, p. 22, 25-27, 1932.

[9] Esse tipo de definição, como lembra Bobbio, ignora as finalidades do Estado, que passa a ser uma simples técnica de organização social. Sendo uma técnica, ou um conjunto de meios destinados a alcançar um fim determinado, o Estado pode ser utilizado para atingir os fins mais diversos. Como afirma Weber, não seria possível definir um agrupamento político por aquilo que ele faz. Logo, o Estado não pode ser definido por sua finalidade, já que não há nenhuma atividade que os Estados não tenham em um momento ou outro da história perseguido, e não há atividade que todos os Estados tenham buscado atingir. Assim, o Estado só poderia ser definido pelo *meio* específico que lhe é próprio: a violência física. BOBBIO, Norberto. *L'État et la démocratie internationale...*, op. cit.; 2001. p. 230; WEBER, Max. *Le Savant et le Politique*. Extraído de ÖZER, Atila. *L'État*. Paris: Flammarion, 1998. p. 76-80.

de espacial da ordem jurídica estatal, e o povo, o seu limite de validade pessoal.[10]

Desse modo, a idéia central do Estado moderno é a de uma ordem jurídica ou constitucional impessoal, delimitando uma estrutura comum de autoridade que especifica a natureza e a forma de controle e de administração sobre uma comunidade determinada.[11]

Além do monopólio do exercício da força, Weber defendia que o outro elemento constitutivo do Estado seria a existência de um aparelho administrativo que teria a função de prestar serviços públicos.[12]

O Estado não se resumiria assim ao poder político. Como lembra Atila Özer, ainda que historicamente diversos tipos de comando político, como os tribais ou os guerreiros, possam ter existido, o Estado só surge quando esse comando é assegurado por um aparelho burocrático, constituindo uma instância distinta e especializada. Mesmo se as origens do Estado remontam à Antiguidade, seus traços característicos – tecnicidade, impessoalidade, onipotência e continuidade – cristalizam-se somente na época moderna.[13] Assim, o Estado se diferenciaria tanto dos governados quanto dos próprios governantes.[14]

O Estado é portanto um aparato político. Esse aparato teria a jurisdição suprema sobre uma área territorial demarcada e reivindicaria para si o monopólio do poder coercitivo, gozando de uma legitimidade resultante de um nível mínimo de apoio ou lealdade de seus cidadãos.[15]

Contudo, o Estado seria caracterizado também pelas funções para as quais foi criado e, nesse sentido, é possível afirmar que essa instituição, além de ser conceituada como ordem jurídica soberana, é marcada por seu fim, que é o de promover "o bem comum de um povo situado em determinado território".[16]

2.1.2 A função do Estado

> *A cada Estado corresponde um certo número de missões: assegurar a ordem no interior e a paz civil pelo exercício da violência legítima (Max Weber), assegurar sua soberania e sua legitimidade em relação aos outros Estados, seus parceiros no diálogo internacional. Para executar suas missões, ele dispõe de*

---

[10] BOBBIO, Norberto. *L'État et la démocratie internationale...*, op. cit.; 2001. p. 38.
[11] Ver HELD, David. *Democracy and the Global Order*: From the Modern State to Cosmopolitan Governance. Stanford, Calif.: Stanford University Press, 1995. p. 38.
[12] BOBBIO, Norberto. *L'État et la démocratie internationale...*, op. cit.; 2001. p. 206.
[13] ÖZER, Atila. *L'État*. Paris: Flammarion, 1998. p. 11.
[14] HELD, David; et al. *Global Transformations*: Politics, Economics and Culture. Stanford, Calif.: Stanford University Press, 1999. p. 45.
[15] Em outra definição: Estados são comunidades políticas independentes, cada qual possuindo um governo e afirmando sua soberania com relação a uma porção particular do território terrestre e um segmento particular da população humana. BULL, Hedley. *The Anarchical Society*: A study of order in world politics. 2nd ed. New Jersey: Columbia University Press, 1995. p. 8.
[16] DALLARI, Dalmo de Abreu. *O futuro do estado*. São Paulo: Saraiva, 2001. p. 49.

instrumentos dos quais ele tem o monopólio: a justiça, a polícia, o exército, a diplomacia; ele aumenta o imposto para garantir suas necessidades, pagar suas administrações, financiar infra-estruturas, repartir recursos. Ele tem o monopólio da legislação e da aplicação das leis. Ele tem seus lugares: uma capital, sede da autoridade política; seu território é delimitado por fronteiras que o limitam e cujas passagens são por ele controladas. (...) Cada Estado, com seu território, constitui uma unidade homogeneizada pelas regras que o administram e forma uma unidade econômica.[17]

Olivier Dollfus

Para Hayek, o Estado de Direito teria por objetivo assegurar três grandes valores "negativos": a paz, a liberdade e a justiça. Esses valores, que não existiriam na situação natural do homem primitivo, seriam "os frutos mais importantes – ainda que imperfeitamente assegurados – das regras da civilização".[18]

O objetivo primordial do Estado, como vimos, é o de assegurar a segurança dos indivíduos e garantir a paz pública. Para tanto, ele possui o monopólio do exercício da força, ou da violência legítima.

Convém observar que, além de garantir a proteção do indivíduo contra agressões cometidas por outros indivíduos em seu território, os Estados servem também de abrigo contra agressões externas. Como lembrava Norbert Elias, na consciência de seus membros, o Estado tem a função de "unidade de sobrevivência" e serve, para os indivíduos que compõem a sua população, como proteção contra atos de violência cometidos por indivíduos situados em outros territórios.[19]

Além disso, o Estado evoluiu de forma que a defesa das liberdades fundamentais do indivíduo se tornou uma de suas missões essenciais.

Para alcançar todos esses objetivos, ele se organiza de maneira impessoal, como ordem jurídica. A justiça, como observou Hayek, seria um dos elementos negativos mais importantes do Estado. Porém, com o tempo, ele foi adquirindo alguns valores "positivos", como veremos a seguir.

A justiça e o poder coercitivo do Estado

O princípio que formulamos no início, quando fundamos a cidade, e que deveria ser sempre observado, tal princípio ou uma de suas formas é, me parece, a justiça.[20]

Platão

---

[17] DOLLFUS, Olivier. *La Mondialisation*. Paris: Presse des Sciences, 1997. p. 92.

[18] HAYEK, Friedrich August Von. *Droit, legislation et liberté*. Extraído de ÖZER, Atila. *L'État*. Paris: Flammarion, 1998. p. 191-196.

[19] Logo, o Estado-Nação teria nascido "na guerra e para a guerra", e somente após as duas guerras mundiais os Estados teriam adquirido o caráter e a carga emocional de nação no sentido moderno do termo. ELIAS, Norbert. *The Society of Individuals*. Cambridge: Basil Blackwell, 1991. p. 208. Edição original de 1987.

[20] PLATÃO. *La république*. Extraído de ÖZER, Atila. *L'État*. Paris: Flammarion, 1998. p. 23.

Se garantir a segurança e a liberdade dos indivíduos pode ser visto como a função principal do Estado, a justiça sempre foi considerada inseparável dessa missão. Ao assegurar o bom funcionamento da justiça, o Estado de certa forma assegura a paz e a segurança individual, visto que as pessoas podem contar com um órgão impessoal que decida e puna em caso de violação das leis e dos direitos de cada indivíduo.

A justiça, tanto o princípio quanto o aparato a serviço de tal princípio, sempre foi considerada essencial à própria idéia de Estado. No *Leviatã* hobbesiano, magistrados e outros funcionários judiciais ou executivos eram comparados às juntas artificiais desse monstro que representava o Estado, enquanto a justiça e as leis eram comparadas a uma razão e a uma vontade artificiais deste.[21]

A lei, como analisado anteriormente, surge a fim de garantir a liberdade individual. Na opinião de Locke, ao associarem-se formando o Estado, as pessoas teriam como maior finalidade conservar suas propriedades, o que não seria assegurado no estado de natureza. Isso ocorreria por três motivos principais, todos ligados à idéia de direito e de justiça.

O primeiro seria a ausência de leis conhecidas, criadas e aprovadas pelo consentimento, que servissem de "estandarte do certo e do errado, da justiça e da injustiça", e permitissem solucionar as disputas que viessem a surgir.

O segundo motivo seria a ausência de um juiz reconhecido, que fosse imparcial e tivesse autoridade para resolver as disputas conforme as leis estabelecidas. Isso porque nesse estado primitivo todos os indivíduos podiam ao mesmo tempo julgar e executar as leis da natureza. Ora, os homens são parciais, e principalmente quando se trata deles mesmos e de seus interesses, a paixão e a vingança podem levá-los a "extremismos funestos". Segundo Locke, os homens "são muito ardentes quando se trata do que lhes concerne, mas muito negligentes e muito frios quando se trata do que concerne aos demais", o que seria "fonte de uma infinidade de injustiças e de desordens".

Finalmente, no estado de natureza não existiria um poder que fosse capaz de executar uma sentença. Desse modo, "aqueles que tivessem cometido qualquer crime, empregariam inicialmente, quando pudessem, a força para sustentar a injustiça cometida; e essa resistência tornaria algumas vezes a punição perigosa e até mesmo mortal àqueles que tentassem concretizá-la".[22]

O Estado surge para preencher essa lacuna e promover a justiça na sociedade. Essa função básica se ampliou e, além da justiça hoje o Estado tem um papel importante na busca da justiça social. Ao procurar reduzir a desigualdade social por meio da redistribuição de renda e da prestação de serviços públi-

---

[21] HOBBES, Thomas. *Leviatã*. São Paulo: Nova Cultural, 1997. p. 27.

[22] LOCKE, John. *Traité du gouvernement civil*. Extraído de ÖZER, Atila. *L'État*. Paris: Flammarion, 1998. p. 110.

cos essenciais, o Estado alivia as tensões causadas pelas desigualdades, o que contribui também para cumprir sua missão primordial, de assegurar a paz.

A ampliação das funções do Estado – o Estado social

Com o tempo, o Estado passou a ter, além da missão de assegurar os valores "negativos" da paz, liberdade e justiça, o papel positivo de produzir determinados serviços, função que, para Max Weber, seria preenchida, como já visto, por seu aparelho administrativo, um de seus elementos constitutivos principais.[23]

O Estado teria assim uma dupla função: de proteção e de produção. Ele agiria como protetor ao garantir os direitos e contratos pessoais da população, e como produtor quando interviesse na economia a fim de gerar bens públicos.[24]

Logo, se em seu princípio o Estado tinha por objetivo apenas preservar a "propriedade", no sentido apresentado por Locke, com o tempo esse objetivo se estendeu à organização da vida social e as pessoas passaram a esperar mais dele. Mesmo se o modelo predominante de Estado continuava sendo o liberal – em contraposição ao autoritário –, essa instituição passou a contar com um novo aspecto, de promoção da igualdade de oportunidades e do desenvolvimento econômico e humano de sua população. O Estado passou a ser também um Estado providência, ou um Estado social.

Esse novo tipo de Estado surgiu após a Segunda Guerra Mundial, com a finalidade de reconstrução econômica, que demandava forte intervenção governamental. Seu objetivo era o de regular o sistema capitalista, procurando compensar as injustiças causadas pelo livre mercado. O Estado passou então a incluir, entre seus objetivos, o de reduzir a desigualdade social. Como reflexo dessa sua nova função, reforçaram-se as leis trabalhistas e a seguridade social, a proteção ao desemprego, a aposentadoria. O Estado tornou-se assim "o cimento do vínculo social". Ele passou a se ingerir "em todas as engrenagens da vida nacional", principalmente na economia, por meio de políticas públicas, no desenvolvimento de certas infra-estruturas, pelo controle de certas empresas.[25] Ele passou a adotar uma postura ativa que visava a garantir à população o acesso a determinados serviços, construindo estradas, administrando os cor-

---

[23] Segundo Weber, as funções básicas do Estado seriam: "a promulgação da lei (função legislativa); a proteção da segurança pessoal e da ordem pública (polícia); a proteção dos direitos adquiridos (administração da justiça); a promoção do bem estar social, educacional e sanitário, e de outros interesses culturais da população (os vários setores da administração); e, por fim, mas não menos importante, a proteção armada organizada contra ataques vindos de fora (administração militar)". WEBER, Max. *Economy and Society*: An Outline of Interpretive Sociology. Berkeley: University of California Press, 1978. v. 2, p. 905.

[24] BUCHANAN, James. *Les limites de la liberté*. Extraído de ÖZER, Atila. *L'État*. Paris: Flammarion, 1998. p. 185-191.

[25] SENARCLENS, Pierre de. *Mondialisation, souveraineté et théories des relations internationales*. Paris: Armand Colin, 1998. p. 22.

reios, investindo em pesquisa científica, ou operando sistemas públicos de saúde e educação.[26]

De tal forma, as sociedades ocidentais teriam adquirido uma tendência a se "estatizar".[27] Nos últimos duzentos anos, o Estado haveria ampliado suas áreas de atividade de forma tão impressionante que seria possível afirmar que teria absorvido praticamente todas as funções da sociedade.[28]

Essa transformação teve efeitos sobre o grau de legitimidade exigido em relação às decisões do Estado. Em sua fase "protetora", que Buchanan denomina constitucional, o Estado se apresenta como instituição neutra, cuja finalidade é apenas a de aplicar as leis. Isso lhe assegura o apoio unânime da população, pois esta tem por único objetivo garantir sua segurança pessoal e a de sua propriedade. Já em sua fase "produtora", chamada por Buchanan de pós-constitucional, o Estado deixa de ser neutro[29] e passa a tomar decisões sobre as políticas públicas a serem seguidas, o que torna necessário o apoio de uma maioria consistente da população a fim de implementá-las.[30] A acentuação do aspecto "produtor" do Estado aumenta, portanto, a demanda pela legitimidade do poder político.

Além disso, o surgimento do Estado social foi acompanhado de uma evolução do próprio conceito de cidadania e de novos direitos econômicos, sociais e culturais.[31] O Estado passou a ter um papel essencial na busca do desenvolvimento econômico e da justiça social. Às suas funções tradicionais, somou a missão de promover uma justiça distributiva, assegurando a assistência aos cidadãos incapacitados e aumentando os rendimentos dos mais necessitados, para que os direitos fundamentais fossem realmente garantidos.[32]

---

[26] Karl Deutsch o denomina por isso de *service state* ou *production state*, que se contraporia ao *enforcement state*, cuja função seria exclusivamente a de produzir decisões e implementá-las. Ver DEUTSCH, Karl W. State Functions and the Future of the State. *International Political Science Review*, v. 7, nº. 2, p. 209, April 1986.

[27] SENARCLENS, Pierre de. *Mondialisation...*, op. cit.; 1998. p. 22.

[28] HINSLEY, F. H. *Sovereignty*. 2nd ed. Cambridge, U.K.: Cambridge University Press, 1986. p. 3. Edição original de 1966.

[29] Nesse caso, com a divisão da coletividade em diversos grupos econômicos diferentes, a esfera política se transforma em uma simples instância de administração das necessidades privadas. O Estado coincidiria, assim, com a afirmação dos interesses particulares e o aumento da eficiência produtiva e do lucro. Seu objetivo seria o de garantir a paz e a segurança, evitando os conflitos resultantes da luta pela subsistência e pela acumulação do capital. Com isso, o Estado funcionaria como aparelho burocrático e repressivo, assegurando o bom funcionamento das estruturas de produção e de troca, de maneira a facilitar o enriquecimento e organizando a exploração da maioria em benefício da elite. Ver ÖZER, Atila. *L'État...*, op. cit.; 1998. p.12-15.

[30] BUCHANAN, James. *Les limites de la liberté*. Extraído de ÖZER, Atila. *L'État*. Paris: Flammarion, 1998. p. 185-191.

[31] SENARCLENS, Pierre de. *Mondialisation...*, op. cit.; 1998. p. 22.

[32] ÖZER, Atila. *L'État...*, op. cit.; 1998. p. 44.

John Rawls defendia que o Estado, a fim de configurar o que ele chamava de uma "sociedade bem ordenada", deveria respeitar dois princípios básicos de justiça.[33] Pelo primeiro princípio, há certos direitos básicos que devem ser igualmente assegurados a todos. Assim, como agente desse princípio, o Estado tem o papel de garantir os direitos civis e políticos fundamentais, formados por certas liberdades – como as de expressão e de associação – que têm um valor absoluto e não podem ser atacadas em nenhuma hipótese.

O segundo princípio de justiça afirma que deve haver igualdade de oportunidades para todos os cidadãos. Assim, Rawls aceitava que pudessem existir desigualdades sociais e econômicas, mas estas não poderiam resultar de um comportamento oficial que impedisse a alguns cidadãos o acesso às oportunidades. De acordo com esse princípio, o Estado tem como função assegurar a justiça distributiva, o que significa que deve proporcionar a todos os cidadãos as mesmas condições de desenvolvimento pessoal, investindo em educação e cultura, por exemplo.[34]

Pode haver uma contradição entre as liberdades fundamentais e o direito de propriedade, e essa contradição deve ser resolvida por meio de um princípio de justiça distributiva. De fato, a desigualdade econômica pode fazer que a pobreza de alguns os impeça de exercer seus direitos de forma plena, enquanto a riqueza de outros os levaria a abusar desses mesmos direitos. A liberdade de expressão, por exemplo, pode ser monopolizada por grandes grupos de comunicação, e o Congresso pode ser controlado por grupos econômicos poderosos. Seria necessário, portanto, remediar a diferença existente entre as liberdades e seu valor concreto para os cidadãos, de maneira que todos as usufruíssem efetivamente, o que implicaria a repartição adequada das riquezas. O Estado social seria uma forma de tentar assegurar o cumprimento dessas duas funções: proteger os direitos individuais e assegurar a justiça distributiva.[35]

2.2 Os significados da soberania

Acabamos de analisar como o Estado evoluiu até se transformar em uma ordem jurídica impessoal e autônoma, que conta com um aparato administrativo para o exercício de suas funções e monopoliza o emprego legítimo da força em benefício da comunidade. Mas o Estado não é apenas um "dever-ser"

---

[33] Ver RAWLS, John. *A Theory of Justice*. Cambridge, U.S.: Harvard University Press, 1999. p. 47-102. Edição original de 1971.

[34] Observe-se que esse segundo princípio é de cunho liberal, pois por ele o Estado se compromete apenas a colocar à disposição dos cidadãos alguns instrumentos básicos que lhe possibilitariam evoluir pessoalmente, deixando para cada indivíduo a decisão de utilizar ou não tais instrumentos.

[35] Ver ÖZER, Atila. *L'État...*, op. cit.; 1998. p. 30.

jurídico.[36] Historicamente, ele é também uma forma de organização social inseparável da própria sociedade, o que levaria à necessidade de uma distinção entre o ponto de vista jurídico e o ponto de vista sociológico do seu significado. Nesse sentido, autores como Jellinek defenderiam que a doutrina social do Estado teria como conteúdo a existência "objetiva, histórica ou natural" dessa instituição; já a doutrina jurídica se ocuparia "das normas jurídicas que devem se manifestar nessa existência real".[37] Desse modo, os juristas se ocupariam da validade ideal das normas, e os sociólogos, por sua vez, de sua validade empírica.[38]

Com a transformação do Estado liberal em Estado social, as teorias puramente jurídicas passaram a ser consideradas excessivamente formalistas e foram, em grande parte, abandonadas pelos próprios juristas, fortalecendo assim os estudos de sociologia política que analisam o Estado como forma complexa de organização social.[39] Assim, esse seria "o nome que vinculamos a uma entre as várias instituições políticas que as sociedades desenvolvem".[40] Mesmo que se trate de uma instituição política diferenciada, da figura central da política, da "instância para a qual converge a lealdade dos cidadãos, a expressão institucional da solidariedade nacional",[41] o Estado seria apenas um "modo particular de organização do poder político que as sociedades adotaram em um estágio particular da sua evolução".[42] Como sistema político, ele seria um subsistema do sistema social.[43]

Da mesma forma, a soberania é um fenômeno do mundo jurídico, ideal, mas também tem um significado no mundo dos fatos. Como afirma Jean Combacau, *"en droit, il n'y a pas de choses, il n'y a que des noms de choses"*.[44] A "coisa" estudada no nosso caso é o poder estatal e as características que este de fato possui. O nome que juridicamente atribuímos a esse poder existente no mundo fático é a soberania, que possui diversas acepções, as quais não dizem que

---

[36] Kelsen alerta para o fato de que sua teoria pura do Direito é uma teoria geral do direito positivo, que não ignora que o conteúdo de toda ordem jurídica é determinado por fatores históricos, econômicos, morais e políticos, mas que procura compreender o Direito no seu sentido imanente, no seu significado normativo específico, tal qual ele se apresenta aos sujeitos que a ele estão submetidos. KELSEN, Hans. Théorie du droit international public..., op. cit.; 1932. p. 7.

[37] Ver BOBBIO, Norberto. *L'État et la démocratie internationale...*, op. cit.; 2001. p. 194, 195.

[38] De tal modo, Max Weber, considerado um dos fundadores da sociologia jurídica, afirmou que, ao falar de "direito", de "ordem jurídica", de "regras de direito", devemos estar particularmente atentos a distinguir os pontos de vista jurídicos e sociológicos. Ver BOBBIO, Norberto. *L'État et la démocratie internationale...*, op. cit.; 2001. p. 195.

[39] Idem. p. 195.

[40] HINSLEY, F. H. *Sovereignty...*, op. cit.; 1986. p. 3.

[41] Ver SENARCLENS, Pierre de. *Mondialisation...*, op. cit.; 1998. p. 5.

[42] HINSLEY, F. H. *Sovereignty...*, op. cit.; 1986. p. 3.

[43] BOBBIO, Norberto. *L'État et la démocratie internationale...*, op. cit.; 2001. p. 200.

[44] Em direito, não há coisas, há somente nomes de coisas. COMBACAU, Jean. Pas une puissance, une liberté: la souveraineté internationale de l'État. *Pouvoirs*, Paris nº. 67, p. 48, 1993.

coisa é a soberania mas, sim, quais são os fatos sociais, existentes na prática, que esse nome costuma descrever na teoria.

A soberania surgiu, portanto, como um poder de dominação dos soberanos, o que fez que ela se confundisse com o próprio titular do poder estatal. Pelo processo de concentração de poder, os Estados já haviam conquistado sua supremacia interna e as condições de sua independência externa. Os acontecimentos históricos haviam levado à ascensão de soberanos que, na prática, eram independentes uns dos outros. O sistema internacional[45] presenciou assim uma igualdade de fato – seus participantes eram todos do mesmo tipo – antes de presenciar uma igualdade de direito.[46] O direito internacional viria a dar um significado jurídico a essa igualdade fática. Com os tratados de Westfália, a igualdade entre os Estados se consolida, já que até então estes não haviam concordado em respeitar mutuamente as suas independências. Com eles, a soberania passou a ser não apenas um poder, mas uma liberdade, um direito à supremacia e à independência reconhecido pela comunidade internacional.

Analisaremos inicialmente as várias características que o poder estatal possui, refletidas nas diferentes acepções do conceito de soberania (2.2.1) para, em seguida, examinarmos a diferença que existe entre soberania de direito e soberania de fato (2.2.2).

2.2.1 Sentidos principais do conceito de soberania – soberania como poder e soberania como supremacia e independência

Tradicionalmente, atribui-se à soberania duas acepções principais. Segundo Carré de Malberg, a soberania poderia designar o conjunto de poderes compreendidos no poder do Estado, sendo assim sinônimo deste último. Além disso, poderia se referir ao caráter supremo de um poder plenamente independente e, em particular, do poder estatal.[47]

A primeira acepção tem um único significado: a soberania seria o próprio conjunto de poderes ou de competências que um Estado possui, tanto interna quanto externamente.

A segunda acepção tem na realidade dois significados: a soberania pode ser vista como "supremacia", que equivale ao poder supremo que o Estado

---

[45] Raymond Aron define sistema internacional como "o aspecto interestatal da sociedade à qual pertencem as populações submetidas a soberanias distintas." Logo, um sistema internacional engloba unidades que mantêm um relacionamento regular, que se faz acompanhar normalmente por laços entre os indivíduos que participam das diferentes unidades. ARON, Raymond. *Paz e guerra entre as nações*. 2. ed. Brasília: Unb, 1986. p. 166. Edição original de 1962.

[46] JAMES, Alan. *Sovereign Statehood*: the Basis of International Society. London: Allen & Unwin Publishers, 1986. p. 268.

[47] CARRÉ de MALBERG, Raymond. *Contribution à la théorie générale de l'État*. Paris: Sirey, 1985. t. 1, p. 79. Reedição do original de 1920-1922.

possui dentro de suas fronteiras – e, como veremos, equivale à noção de soberania interna –, e pode ser entendida como "independência", o que decorre da igualdade jurídica entre os Estados no plano internacional e implica a possibilidade de o Estado criar suas próprias regras sem influência externa – qualidade que, por sua vez, equivale ao que se denomina comumente de soberania internacional ou externa.

Soberania como poderes e competências do Estado

Mesmo que a soberania nasça como uma *atribuição* do poder real, absoluto e não subordinado a nenhum outro poder, logo essa concepção confunde-se com o próprio poder real. Essa derivação pode ser compreendida facilmente pois, uma vez que apenas o poder real possuía as prerrogativas atribuídas à soberania, parecia lógico que se chamasse de soberania a esse próprio poder, raciocínio que viria a causar "confusão e provocar as obscuridades e as controvérsias intermináveis do futuro".[48]

Logo, é ao poder que Hobbes se refere ao afirmar que a soberania é a alma artificial do monstro artificial que é o Estado, já que essa daria vida e movimento ao corpo inteiro.[49]

Essa acepção da soberania a acompanhou durante toda a História. Quando, em seu artigo terceiro, a Declaração dos Direitos do Homem e do Cidadão de 1789 afirma que "o princípio de toda soberania reside essencialmente na nação", quer dizer que o poder, entendido como conjunto de competências, emana da nação e é por esta conferido aos governantes. Assim, a palavra soberania equivale nesse caso ao próprio poder público.[50]

Portanto, com o tempo, a soberania passou a ser considerada o próprio poder estatal, a força de dominação do Estado.[51] A equiparação da soberania ao poder estatal resulta de uma visão "positiva" desse conceito. Mais adiante, notaremos que a soberania tem também um caráter negativo, de independência do Estado. Como poder estatal, no entanto, a soberania se caracterizaria como o conjunto de atribuições positivas do Estado, seja de impor internamente as medidas que julgar necessárias, seja de agir exteriormente conforme o interesse nacional. Em outras palavras, a soberania seria a soma dos direitos que o Estado possui, sejam eles interiores ou exteriores.[52] Seria não apenas o poder de dominação do Es-

---

[48] Ver SUKIENNICKI, Wictor. *La Souveraineté des États en Droit International Moderne*. Paris: A. Pedone, 1927. p. 35.

[49] HOBBES, Thomas. *Leviatã...*, op. cit.; 1997. p. 27.

[50] Além disso, para Carré de Malberg a soberania tem uma terceira acepção, que a confunde com seu próprio titular, como vimos anteriormente. CARRÉ de MALBERG, Raymond. *Contribution à la théorie générale de l'État...*, op. cit.; 1985. t. 1, p. 82.

[51] PAUPÉRIO, A. Machado. *O conceito polêmico de soberania*. 2. ed. Rio de Janeiro: Forense, 1958. p. 115.

[52] CARRÉ de MALBERG, Raymond. *Contribution à la théorie générale de l'État...*, op. cit.; 1985. t. 1, p. 81.

tado, mas mais precisamente o conjunto de direitos de dominação compreendidos no poder estatal, na *puissance étatique* descrita por Carré de Malberg.[53]

Os poderes estatais podem ser internos ou externos. Os poderes internos, como os de legislação e administração, bem como de aplicação da justiça, corresponderiam ao que alguns autores chamam de jurisdição doméstica, competência interna exclusiva das mais altas autoridades legislativas, administrativas e judiciais do Estado.[54] Já entre os poderes externos, poderíamos mencionar a condução das relações exteriores, que compreende direitos como o de manter relações diplomáticas, comerciar livremente, declarar guerra e negociar tratados.[55]

A soberania pode ser entendida, portanto, como um conjunto de poderes. Trata-se aqui de competências e direitos do Estado, "de atributos jurídicos quaisquer que sejam, dos quais qualquer um pode ser o titular e que qualquer um pode exercer, uma coisa, enfim, que exprime um substantivo mais que do um adjetivo, e que pode pertencer a um sujeito em vez de lhe ser atribuído como predicado".[56] A soberania se identifica, nesse caso, com uma simples "soma de competências".[57]

Soberania como supremacia e independência do Estado

A segunda acepção de soberania é a que identifica esse conceito com o grau do poder estatal, que seria o mais elevado de todos. É nesse sentido que Carré de Malberg afirma que "o sinal distintivo que permite diferenciar os Estados dos demais agrupamentos humanos, como as colônias e as províncias, é o poder que lhe é próprio e essencial. O termo técnico que designa esse poder é 'soberania'". Ao contrário das províncias ou das colônias, subordinadas aos Estados, o Estado não é subordinado a nenhuma outra entidade. Logo, a soberania se refere nesse caso à posição do poder estatal com relação aos demais tipos de poder. Ela seria o caráter supremo do poder do Estado, no sentido de que ele não admitiria nenhum outro poder nem acima dele, nem em concorrência com ele.[58]

---

[53] Ver BEAUD, Olivier. La souveraineté dans la Contribution à la théorie générale de l'État de Carré de Malberg. *Revue du Droit Public et de la Science Politique en France et à l'Étranger*, Paris, p. 1257, sept./oct. 1994.

[54] KOROWICZ, Marek Stanislaw. Some present aspects of sovereignty in International Law. *RCADI*, t. 1, p. 36, 1961.

[55] PAUPÉRIO, A. Machado. *O conceito polêmico de soberania*. ..., op. cit.; 1958. p. 16, 129 e 152.

[56] COMBACAU, Jean. Pas une puissance, une liberté..., op. cit.; 1993. p. 49.

[57] LUCHAIRE, François. La Communauté et l'Union européenne: étendue et limites. In: LE DEVENIR des États: Souveraineté? Intégration?: Neuvième session de l'Académie Internationale de Droit Constitutionnel: Colloque de Tunis, 17 Août 1993. Toulouse: Presses de l'Université des Sciences Sociales de Toulouse, 1995. p. 93.

[58] CARRÉ de MALBERG, Raymond. *Contribution à la théorie générale de l'État*..., op. cit.; 1985. p. 70.

A soberania seria, então, o poder maior, mais elevado – o "superlativo usado em comparação a todos os outros poderes comparáveis".[59] Nesse caso, isso significa que o Estado não se sujeita a ninguém, ou, como afirmava Jean Bodin, que soberano é aquele que está acima de todos os sujeitos.[60]

A soberania é definida no direito internacional como a supremacia do poder do Estado sobre seu território e população, e a independência desse com relação a qualquer autoridade exterior.[61] Dessa definição podemos depreender a existência de duas soberanias, uma interna e outra externa.

No âmbito interno, a soberania se referiria à existência de uma autoridade suprema dentro de um determinado território,[62] ou, nas palavras de Hinsley, à "idéia de que há uma autoridade final e absoluta na comunidade política".[63] Ela é um atributo, que confere à autoridade em que repousa – seja ela o monarca, uma assembléia, o povo, ou a nação – um poder superior, que subordina as demais vontades e exclui a competição de qualquer outro poder similar.[64] A soberania interna seria uma qualidade do poder estatal: a supremacia sobre todos os outros poderes em um território determinado.

Já a soberania externa ou internacional consistiria na independência[65] do Estado para com autoridades a ele exteriores.[66] Nesse caso, ela teria um caráter diferente: "Quando a soberania se refere ao direito internacional, confere

---

[59] Essa é a definição que melhor se adapta ao próprio sentido do termo, uma vez que, etimologicamente, a palavra "soberania" vem de soberano, em baixo-latim *superanus* (*supremus*), que significa o mais elevado. Assim, a soberania quer dizer, literalmente, a qualidade de supremo, em latim *supremitas*. Supremitas, por sua vez, como observa Sukiennicki, implica *potestas* (poder). No mesmo sentido, Francisco Suarez, citado por Korowicz, afirmava: "O poder público é um poder supremo, *Suprema Potestas*. Um poder é chamado supremo, 'soberano', quando não há um poder superior a ele; pois essa palavra, supremo, significa a negação de um superior ao qual aquele de quem se diz deter um poder supremo teria que obedecer". SUKIENNICKI, Wictor. *La Souveraineté des États...*, op. cit.; 1927. p. 5; ver também KOROWICZ, Marek Stanislaw. *Organisations Internationales et souveraineté des États membres*. Paris: A. Pedone, 1961. p. 62.

[60] BODIN, Jean. *Les six livres de la République*. Paris: Le Livre de Poche, 1993. p. 155.

[61] Para Martin Martinez, a noção clássica de soberania se baseava na defesa do poder ilimitado do Estado sobre todas as pessoas e coisas dentro de seu território e total liberdade de ação ao tratar com outros Estados, liberdade essa que não estaria sujeita a nenhum limite exceto aqueles voluntariamente aceitos pelo próprio Estado. MARTIN MARTINEZ, Magdalena M. *National Sovereignty and International Organizations*. The Hague: Kluwer Law International, 1996. p. 64, 293.

[62] PHILPOTT, Daniel. *Revolutions in Sovereignty*: How Ideas Shaped Modern International Relations. Princeton: Princeton University Press, 2001. p. 16.

[63] HINSLEY, F. H. *Sovereignty...*, op. cit.; 1986. p. 26.

[64] VIGNALI, Heber Arbuet. *O atributo da soberania*. Porto Alegre: ABEI, 1996. p. 19-20.

[65] Alan James defende que a soberania deve ser entendida como a independência constitucional, ou seja, a inexistência de qualquer vínculo de subordinação entre a constituição de um determinado Estado e a constituição de um outro Estado. JAMES, Alan. *Sovereign Statehood...*, op. cit.; 1986. p. 39.

[66] BULL, Hedley. *The Anarchical Society...*, op. cit.; 1995. p. 8.

aos Estados um poder independente, que não admite subordinação a nenhum outro poder, mas é compartido por muitos entes iguais, todos os quais dispõem do atributo da soberania".[67]

Logo, nessa segunda acepção, a soberania seria uma conseqüência direta do próprio direito internacional, e do ideal de igualdade jurídica entre os Estados.[68] A independência é um conceito essencial nas relações internacionais, é a fundação sobre a qual a própria comunidade de Estados foi construída.[69] A soberania, nesse sentido, refletiria a aspiração de cada comunidade política de determinar seu próprio destino.[70] Ela seria uma qualidade do poder estatal, protegendo cada Estado da intervenção em seus próprios assuntos por parte de outros Estados[71] e, ao mesmo tempo, proibindo cada um de intervir nos assuntos internos do outro.[72]

Desse modo, mesmo que a soberania possa ser postulada de uma forma positiva, como "o direito ao exercício pleno das competências e dos poderes estatais",[73] o mais comum é que ela seja vista com um sentido negativo, como a não-submissão do Estado soberano à força de decisão de outro poder jurídico, seja ele interno ou externo. Principalmente na análise da soberania externa ou internacional, vemos que o caráter negativo predomina. Mesmo quando a doutrina tenta ressaltar o caráter positivo da soberania, ela acaba por incluir algum elemento negativo que julga imprescindível.[74]

---

[67] VIGNALI, Heber Arbuet. *O Atributo da Soberania*..., op. cit.; 1996. p. 19-20.

[68] Ver CARRILLO-SALCEDO, Juan-Antonio. Droit International et souveraineté des États. *RCADI*, t. 257, p. 60, 1996.

[69] O que leva Jackson a concluir que a lógica desse sistema é a "expressão internacional do liberalismo: Estados soberanos são o equivalente a indivíduos livres". JACKSON, Robert H. *Quasi-States*: Sovereignty, International Relations and the Third World. Cambridge, U. K.: Cambridge University Press, 1990. p. 10.

[70] HELD, David. *Democracy and the Global Order*..., op. cit.; 1995. p. 100.

[71] A definição de soberania apresentada por Vattel incorpora basicamente essa última acepção, que assimila a soberania à independência. Segundo esse autor, seria soberano o Estado que se governasse por sua própria autoridade e por suas próprias leis, sem depender de nenhuma autoridade estrangeira, conceito esse que seria resultante do princípio de que nenhum Estado tem o direito de intervir nos assuntos internos de outros. Ver KOROWICZ, Marek Stanislaw. *Organisations Internationales et souveraineté des États membres*. Paris: A. Pedone, 1961. p. 58; ver também KRASNER, Stephen D. *Sovereignty*: Organized Hypocrisy. Princeton: Princeton University Press, 1999. p. 21.

[72] Logo, o Estado teria o direito de excluir qualquer ação política de outro Estado dentro de seu território. PAUPÉRIO, A. Machado. *O conceito polêmico de soberania*..., op. cit.; 1958. p. 16, 129, 152.

[73] CARRILLO-SALCEDO, Juan-Antonio. Droit International et souveraineté des États..., op. cit.; 1996. p. 60.

[74] Merignhac, por exemplo, afirma que o Estado só mereceria ser assim chamado se tivesse condições, em suas relações internacionais, de adotar políticas próprias que ninguém pudesse supervisar, e pudessem se expressar por sua liberdade absoluta em concluir tratados ou alianças de qualquer tipo, política essa que poderia ser defendida, se preciso, pelo uso de armas. Ver KOROWICZ, Marek Stanislaw. Writings of Twentieth Century Publicists. In: LARSON, Arthur; JENKS, C. Wilfred (org.). *Sovereignty Within the Law*. New York: Oceana Publications, 1965. p. 416.

Logo, o conceito de soberania internacional se relaciona menos com o poder do Estado e mais com a maneira como este é tratado pelos demais Estados. Por si só, a soberania internacional não implicaria necessariamente nenhum poder, sendo até teoricamente possível que uma entidade totalmente desprovida de poder tivesse sua soberania reconhecida internacionalmente. A soberania internacional não seria então um conjunto de poderes sobre determinados sujeitos, mas "o fato puramente negativo de não ser o próprio Estado sujeito", podendo um Estado que não tivesse ninguém a ele sujeito ser soberano desde que não fosse ele mesmo sujeito a ninguém mais.[75]

Portanto, a soberania internacional refletiria apenas o caráter independente do poder estatal, e seu caráter mais negativo do que positivo faria que a soberania externa pudesse ser considerada, mais do que um poder, uma liberdade.

Cabe, por fim, ressaltar que tanto a soberania interna quanto a externa resultam do mesmo processo histórico de fortalecimento do poder do Estado. Como bem observa Bobbio, ao processo de unificação do Estado em seu interior corresponde um processo de emancipação em relação ao exterior. Isso se comprovaria pela análise da formação do Estado moderno, que reuniu o poder anteriormente disperso por diversos feudos e se livrou da ascendência do poder da Igreja e do império. Assim, quanto mais um Estado se fortalece e elimina limites em seu interior, mais ele é forte e conhece menos limites no exterior.[76] Quanto mais um Estado é bem-sucedido em dominar seus sujeitos, afirmando sua soberania interna, mais consegue se tornar independente, consolidando sua soberania externa.

Por esse motivo, devemos notar que, embora as divisões entre soberania interna e soberania externa e entre o aspecto positivo e o aspecto negativo da soberania sejam úteis para a compreensão do significado desse conceito, essas acepções se complementam, não devendo ser vistas como a representação de realidades completamente isoladas.

No que se refere à distinção entre soberania interna e soberania internacional, como lembrava Carré de Malberg, o fato de que a primeira implique que o Estado possua uma autoridade suprema em seu interior significa principalmente que ele exclui todo obstáculo ou limitação ao exercício de seu poder. Na expressão soberania externa o termo soberania é sinônimo de independência. Porém, na verdade, tanto a soberania interna quanto a externa significariam a mesma coisa: que o Estado é o senhor dentro de seu território. A soberania externa não seria outra coisa senão a expressão, para os Estados estrangeiros, da soberania interna de um Estado. A soberania interna, por sua vez, não seria possível sem a soberania externa, já que um Estado que fosse subordinado a um outro estrangeiro tampouco possuiria um poder supremo em seu interior.

---

[75] "Est souverain le sujet sans sujets à assujettir, s'il n'est assujetti d'aucun sujet". COMBACAU, Jean. Pas une puissance, une liberté..., op. cit.; 1993. p. 50.

[76] BOBBIO, Norberto. L'État et la démocratie internationale..., op. cit.; 2001. p. 238.

Assim, mesmo que a noção de soberania seja analisada como independência do Estado no exterior e como supremacia em seu interior, a soberania externa e a soberania interna são, na verdade, duas faces da mesma soberania.[77] Por isso, para Carré de Malberg tanto a soberania interna quanto a internacional teriam verdadeiramente apenas um significado, igualmente negativo: a impossibilidade de subordinação ou de qualquer outro entrave ao poder estatal.[78] Independência e supremacia estariam intrinsecamente ligadas.

O mesmo ocorre na discussão sobre o caráter negativo ou positivo da soberania. Como vimos, a soberania pode ser vista como uma "coisa", equivalente ao próprio poder estatal. Esse poder se concretiza sempre por uma competência, não sendo "somente a negação de uma subordinação, mas também a afirmação de uma supremacia". Mas, no sentido inverso, o poder de dominação não é suficiente para caracterizar o Estado, uma vez que este não se diferenciaria de qualquer outro tipo de poder público ou privado capaz de impor normas a determinados sujeitos.[79] É preciso, por isso, ver a soberania também como uma "qualidade" do poder estatal, o fato de ele não ser subordinado a nenhum outro poder. Esse fato só é inquestionável a partir do momento em que ele é reconhecido pelo direito internacional. Mesmo que o Estado tenha acumulado poder suficiente para garantir a sua independência, essa só está realmente assegurada a partir do momento em que os demais Estados concordam em respeitá-la. Por isso, a soberania internacional seria, mais do que um poder, uma característica desse poder, devendo ser analisada como uma liberdade.[80] O que mostra que, como costuma acontecer na linguagem, "cada julgamento positivo pode se exprimir negativamente", o que levou Kelsen a concluir que não teríamos como estabelecer uma distinção absoluta entre os conteúdos positivo e negativo da soberania.[81] Isso faz que a maioria das definições de soberania afirme que essa é um poder, mas um poder autônomo, mostrando que os dois aspectos da soberania – positivo e negativo – são indissociáveis.[82]

---

[77] Dessa forma, a soberania interna, que significa a dominação no interior do território, pressupõe a soberania internacional que exclui o poder de dominação de outro Estado, assim como a soberania internacional implica a soberania interna para poder ser efetiva. Ver SENARCLENS, Pierre de. *Mondialisation...*, op. cit.; 1998. p. 6.

[78] CARRÉ de MALBERG, Raymond. *Contribution à la théorie générale de l'État...*, op. cit.; 1985. p. 71-72, 80-81.

[79] BEAUD, Olivier. La souveraineté dans la Contribution..., op. cit.; 1994. p. 1259.

[80] COMBACAU, Jean. Pas une puissance, une liberté..., op. cit.; 1993. p. 51.

[81] Ver BEAUD, Olivier. La souveraineté dans la Contribution..., op. cit.; 1994. p. 1258.

[82] Nesse sentido, as definições de Paul Isoart, para quem a soberania é "um poder, autônomo e superior, reconhecido dentro de um marco territorial, a um aparato estatal, de dar ordens a uma população e de assegurar a sua execução pela força"; e Waltz, para quem, no âmbito externo, a soberania equivaleria à livre autodeterminação, a capacidade, nas questões internacionais, "de o Estado soberano conformar suas relações com outros Estados, com poder de decisão supremo e autônomo". ISOART, Paul. Souveraineté étatique et relations internationales. In: BETTATI, Mario et al. *La souveraineté au XX ème siècle*. Paris: Librairie Armand Colin, 1971. p. 14; ver VIGNALI, Heber Arbuet. *O atributo da soberania...*, op. cit.; 1996. p. 38.

A soberania é então, ao mesmo tempo, um poder conquistado e exercido pelo Estado, e uma liberdade que lhe é reconhecida pelo direito internacional.[83]

2.2.2 Soberania de direito e soberania de fato

Embora resultem de um processo histórico de consolidação do poder, as duas acepções de soberania anteriormente estudadas têm também um caráter normativo e consistem na sua natureza jurídica. São reconhecidas pelo direito internacional – portanto pelos próprios Estados – e não são questionadas formalmente. Representam, assim, o que a soberania deveria ser, e por esse motivo serão aqui tratadas como "soberania de direito".

Contudo, além da soberania de direito, caberia analisar aqui o quanto a soberania, nos significados que juridicamente lhe são atribuídos, é realmente respeitada, ou seja, seria importante verificar até onde ao "dever-ser" jurídico corresponderia um "ser" de fato. Nesse sentido, deveremos verificar se cada uma das acepções normativas da soberania é comprovada na realidade. Assim, a supremacia interna e a independência externa só são realmente válidas se o Estado possui uma real "autonomia", ou seja, a capacidade de resistir tanto às pressões internas quanto às pressões externas na adoção e na condução de suas políticas. Além disso, se na primeira acepção aqui estudada a soberania equivale a um conjunto de poderes ou competências, caberia verificar até que ponto o Estado consegue exercer essa soberania de forma efetiva. Dessa forma, a efetividade do poder do Estado também deve ser considerada, a fim de avaliar se este possui uma "soberania de fato".

A soberania de direito – a efetividade e o reconhecimento formal da soberania estatal

A soberania tem um significado jurídico. Nele, a soberania equivale a um direito, a um determinado *status* na ordem internacional, ligado a seu reconhecimento por parte dos demais Estados. Esse *status* é "reclamado a partir de *dentro* e conferido a partir de *fora*", e está vinculado a questões de autonomia, capacidade militar, delimitação territorial e reconhecimento

---

[83] Tal poder e tal liberdade, equivalentes às acepções da soberania como supremacia e como independência, fariam que a soberania tivesse, para Martin Martinez, três sentidos principais: "a) a supremacia do Estado na condução de suas relações domésticas legais; b) a exclusividade do Estado no exercício dos poderes regulatórios sobre o seu território e cidadãos; c) a absoluta independência do Estado para conduzir tanto seus assuntos externos quanto os internos sem qualquer tipo de interferência estrangeira". MARTIN MARTINEZ, Magdalena M. *National Sovereignty and International Organizations...*, op. cit.; 1996. p. 293.

mútuo.[84] Dessa maneira, a soberania pode ser entendida como uma liberdade que é atribuída aos Estados – ou simplesmente declarada – pelo direito internacional.[85]

Essa liberdade equivale à capacidade de se auto-organizar. A soberania de direito corresponderia assim à "competência das competências", ao direito, reconhecido internacionalmente, que os Estados têm de determinar quais poderes eles exercerão. Nesse sentido ela é afirmada seguidas vezes pelo direito internacional positivo,[86] no mais alto nível de seus textos convencionais, como observa Rezek. Desse modo: "A Carta da ONU afirma, em seu artigo 2º, § 1º, que a organização é baseada no princípio da igualdade soberana de todos os seus membros. A Carta da OEA estatui, no artigo 3º, f, que a ordem internacional é constituída essencialmente pelo respeito à personalidade, soberania e independência dos Estados. De seu lado, toda a jurisprudência internacional,[87] aí compreendida a da Corte de Haia, é carregada de afirmações relativas à soberania dos Estados e à igualdade soberana que rege sua convivência".[88]

A soberania é normalmente vista como uma característica exclusiva dos Estados. O Estado, como vimos, se caracteriza pelo monopólio do uso legítimo

---

[84] FALK, Richard A. *On Humane Governance*: Towards a New Global Politics. Philadelphia: The Pennsylvania University Press, 1995. p. 81.

[85] Como observa Combacau, há uma "viva querela doutrinária" acerca da natureza do reconhecimento. Para parte da doutrina, o reconhecimento teria o efeito de criar legalmente a situação reconhecida, e assim, ele teria um caráter constitutivo. Para outros autores, o reconhecimento não seria o responsável por constituir a soberania, possuindo apenas um caráter declaratório, já que ele se limitaria a constatar a existência de um fato que já traria em si a qualidade de jurídico. Voltaremos a essa discussão mais adiante, ao analisar a relação paradoxal existente entre o direito internacional e a soberania. COMBACAU, Jean; SUR, S. *Droit international public*. Paris: Montchrestien, 1999. p. 282.

[86] E também pelos direitos nacionais. A Constituição Federal brasileira, por exemplo, estabelece, em seu artigo 1º, que a República Federativa do Brasil tem como fundamentos: I – a soberania.

[87] Quanto à jurisprudência, podemos citar o caso da Ilha de Palmas. Essa ilha, situada entre as atuais Indonésia e Filipinas, era disputada entre os Estados Unidos e a Holanda. Em sua sentença, proferida em 1928, Max Huber, o jurista suíço que serviu de árbitro único no caso, afirmou que "a soberania nas relações entre Estados significa independência. A independência com relação à uma parte do globo é o direito de nela exercer, excluindo qualquer outro Estado, as funções estatais. O desenvolvimento da organização nacional dos Estados durante os últimos séculos e, como corolário, o desenvolvimento do direito internacional estabeleceram o princípio da competência exclusiva do Estado no que se refere ao seu próprio território". TCHIKAYA, Blaise. *Mémento de la jurisprudence du droit international public*. Paris: Hachette, 2000. p. 36; ver também DUPUY, Pierre-Marie. *Droit international public*. 5ème ed. Paris: Dalloz, 2000. p. 61.

[88] REZEK, José Francisco. *Direito internacional público*: curso elementar. 3. ed. São Paulo: Saraiva, 1993. p. 229.

da força e por um aparato administrativo a serviço do cumprimento de suas funções. Em direito internacional público, o Estado é definido como um agrupamento humano estabelecido permanentemente num território fixo sob um governo ao qual incumbe a realização do bem comum de sua população e a manutenção de relações com os demais membros da comunidade internacional.[89] Ele se caracteriza como um "país", ou seja, uma "coletividade agrupada em um certo espaço", que deve ser independente, isto é, "não submetido a uma autoridade estrangeira", e politicamente organizado, isto é, "tal coletividade deve estar dotada de um aparelho governamental, e efetivamente submetida a seu poder".[90]

Essas definições nos permitem notar que a efetividade é essencial à noção de Estado. Uma entidade não seria vista como Estado a menos que seu poder fosse eficazmente exercido sobre uma população e um território determinados. Segundo a teoria do positivismo jurídico, "uma autoridade eficazmente estabelecida é um governo legítimo, a ordem coativa editada por esse governo é uma ordem jurídica, e a comunidade constituída por essa ordem é um Estado no sentido do direito internacional na medida em que, no conjunto, essa ordem é eficaz".[91] Logo, a efetividade do poder estatal é vista pelo direito internacional público como uma condição para a existência jurídica do Estado.

Mas o que seria a efetividade? Esse conceito consiste em uma medida da capacidade que uma instituição tem de provocar um comportamento desejado. Uma instituição seria efetiva à medida que sua atuação levasse um determinado ator a se comportar de forma diferente à forma como ele se comportaria se a instituição não existisse, ou se uma outra instituição existisse em seu lugar.[92] A efetividade é uma característica, um grau da eficiência no exercício do poder. Para que o poder estatal seja efetivo ele tem de cumprir adequadamente suas funções, e uma coletividade não pode, em princípio, pretender ser reconhecida como Estado se seu governo não é capaz de cumprir efetivamente tais funções.[93]

Conseqüentemente, a efetividade do governo sobre o território é condição para o reconhecimento de um novo Estado em direito internacional. O reconhecimento é o meio de estabelecer a situação de uma entidade polí-

---

[89] ACCIOLY, Hildebrando. *Manual de direito internacional público*. 11. ed. São Paulo: Saraiva, 1986. p. 16.

[90] COMBACAU, Jean; SUR, S. *Droit international public...*, op. cit.; 1999. p. 268-273.

[91] Ver BOBBIO, Norberto. *L'État et la démocratie internationale...*, op. cit.; 2001. p. 228.

[92] Ver YOUNG, Oran R. The Effectiveness of International Institutions: Hard Cases and Critical Variables. In: ROSENAU, James N.; CZEMPIEL, Ernst-Otto (ed.). *Governance Without Government*: Order and Change in World Politics. Cambridge, U.K.: Cambridge University Press, 1992. p. 160-194.

[93] COMBACAU, Jean; SUR, S. *Droit international public...*, op. cit.; 1999. p. 271.

tica dentro do sistema internacional, é o ato pelo qual um Estado existente declara que reconhece como "Estado" uma coletividade recentemente surgida,[94] estando vinculado ao estabelecimento de relações diplomáticas e da aceitação das imunidades correspondentes, bem como à possibilidade de celebração de tratados internacionais e ao ingresso em organizações internacionais.[95]

Como se estabeleceu no caso da Ilha de Palmas, a ocupação efetiva é considerada um elemento material necessário para a aquisição territorial. Essa efetividade da ocupação se comprova pelos atos de administração exercidos por aquele que reivindica determinado território.[96] A efetividade consistiria assim em uma noção jurídica clássica e bem-conhecida: "um Estado dispõe de uma soberania efetiva quando ele exerce de forma prática e concreta todas as competências que a soberania implica".[97]

O reconhecimento de um novo Estado corresponderia à confirmação internacional de sua soberania de direito.[98] Esse reconhecimento só é dado a entidades políticas que possuam os atributos de Estado.[99] Entre esses atributos, além do território e da população, está o de possuir um governo, e se uma entidade política é reconhecida como Estado, isso quer dizer que a comunidade internacional vê as autoridades desse novo Estado como detentoras de um poder que é supremo em seu interior e independente em seu exterior.

Nem sempre, contudo, o reconhecimento dos novos Estados obedece a essas condições, o que se aplica ao reconhecimento dos governos, nos casos em que há mudanças nos grupos que detêm a autoridade em um Estado já

---

[94] COMBACAU, Jean; SUR, S. *Droit international public...*, op. cit.; 1999. p. 282.

[95] Dessa forma, o reconhecimento seria desejado por praticamente todos os dirigentes, uma vez que traria benefícios sem impor custos. KRASNER, Stephen D. *Sovereignty...*, op. cit.; 1999. p. 14-15.

[96] No caso da disputa entre os Estados Unidos e a Holanda pela Ilha de Palmas, a sentença arbitral proferida em 1928 foi favorável à Holanda com base nos atos que esta executava no território da ilha, como a percepção de impostos, as visitas dos navios de guerra, a assistência por ocasião da passagem de um tufão, contratos celebrados com os autóctones etc. TCHIKAYA, Blaise. *Mémento de la jurisprudence du droit international public...*, op. cit.; 2000. p. 37.

[97] TOUSCOZ, Jean. Souveraineté et coopération internationale culturelle, scientifique et technique. In: BETTATI, M. et al. *La souveraineté au XXème siècle*. Paris: Librairie Armand Colin, 1971. p. 216.

[98] O instituto do reconhecimento nunca foi ideal para "constituir" um Estado porque, além de refletir interesses políticos, ele sempre acarretou o problema de saber qual o nível de reconhecimento que deveria ser concedido para que uma entidade fosse considerada soberana – tanto em relação ao número quanto ao peso dos Estados que a deveriam reconhecer para tanto. Ver JAMES, Alan. *Sovereign Statehood...*, op. cit.; 1986. p. 270.

[99] JESSUP, Philip C. *A Modern Law of Nations*. New York: Archon Books, 1968. p. 43. Edição original de 1947

existente.[100] Como demonstra Stephen Krasner, as regras relativas ao reconhecimento comportaram, ao longo dos anos, numerosas exceções.[101]

Assim, no que se refere aos governos, os Estados reconheceram autoridades que não tinham controle efetivo sobre o território por elas reivindicado, como o reconhecimento italiano e alemão do regime espanhol de Francisco Franco em 1936 e, por outro lado, continuaram reconhecendo regimes que já haviam perdido tal controle, como o reconhecimento mexicano do regime republicano espanhol até 1977, ou do regime nacionalista chinês por praticamente todas as potências ocidentais até a década de 1970. Além disso, os Estados recusaram-se a reconhecer alguns governos mesmo depois que estes estabeleceram esse controle, caso do não-reconhecimento norte-americano do regime soviético até 1934.[102]

Igualmente, o reconhecimento dos novos Estados variou segundo os interesses políticos ao longo da História, sendo comumente utilizado como instrumento de política externa.[103] Se, para ser fiel à sua lógica jurídica essencial, o reconhecimento deveria ser uma instituição legal que obedecesse a condições de procedimento e de fundo devidamente codificadas, na realidade, os Estados to-

---

[100] É importante diferenciar reconhecimento do Estado de reconhecimento do governo. Enquanto o reconhecimento do Estado se aplica a Estados recém-surgidos, o reconhecimento de governo consiste em declarar que se credita a um novo governo a qualidade de representante de um Estado já existente. COMBACAU, Jean; SUR, S. *Droit international public...*, op. cit.; 1999. p. 291.

[101] Essa soberania relacionada ao reconhecimento consistiria para Krasner na "soberania internacional legal". Segundo esse autor, o termo soberania tem sido utilizado em quatro sentidos diferentes: "soberania doméstica" (*domestic sovereignty*), "soberania de interdependência" (*interdependence sovereignty*), "soberania internacional legal" (*international legal sovereignty*) e "soberania de Westfália" (*Westfalian sovereignty*). A "soberania de Westfália" se refere à exclusão de atores externos das estruturas de autoridade dentro do território do Estado. A "soberania doméstica" concerne à organização formal da autoridade política no Estado e à habilidade que as autoridades têm de exercer um controle efetivo de suas políticas públicas dentro de suas fronteiras. A "soberania de interdependência" se refere à habilidade das autoridades de regular o fluxo de informação, idéias, bens, pessoas, poluentes ou capitais através das fronteiras do seu Estado. Observe-se que, segundo a divisão que adotaremos aqui, tanto a "soberania internacional legal" quanto a "soberania de Westfália" correspondem à idéia de supremacia no interior do Estado e independência em seu exterior, que serão tratadas em conjunto. A "soberania doméstica", por sua vez, volta a abordar a existência de uma autoridade suprema no interior do Estado, à qual se acrescenta a questão do controle efetivo exercido por essa autoridade dentro do seu território. A "soberania de interdependência" se refere mais uma vez ao controle, dessa vez das fronteiras. Tanto a "soberania doméstica", em seu segundo aspecto, quanto a "soberania de interdependência", se assemelham ao estudo que faremos da soberania do Estado como poder de fato, em seus dois aspectos: interno, ou seja, a efetividade do poder estatal, e externo, ou seja, a real independência deste poder. KRASNER, Stephen D. *Sovereignty...*, op. cit.; 1999.

[102] Idem. p. 14.

[103] Nesse sentido, o reconhecimento de novos membros por parte da comunidade internacional é variável, e, até a Revolução Francesa, esse reconhecimento era dinástico e dizia respeito ao *status* e às exigências dos governantes. Ver FONSECA JÚNIOR, Gelson. *A legitimidade e outras questões internacionais*. São Paulo: Paz e Terra, 1998. p. 167.

mam muitas vezes essa decisão obedecendo sobretudo a motivações políticas. Assim, essa prática seria extremamente flutuante, não apenas de um Estado para outro, mas até de um momento para outro em um mesmo Estado, cujo governo decidiria reconhecer ou não um novo Estado segundo as exigências de sua diplomacia.[104] Hoje, os interesses comerciais se somam cada vez mais aos interesses políticos, e o reconhecimento expressaria muitas vezes apenas o desejo de estabelecer uma relação de negócios com a entidade a ser reconhecida.[105]

Portanto, mesmo que as regras que determinam o reconhecimento sejam amplamente conhecidas dos Estados, esses não hesitam em violá-las. A "soberania internacional legal" seria, assim, um exemplo de "hipocrisia organizada".[106]

Como observa Krasner, a efetividade real da autoridade política dentro de um território pode variar sem que com isso se deixe de atribuir essa soberania a determinados Estados. Assim, um Estado pode não ser capaz de manter a ordem, coletar impostos, controlar o crime, e ainda assim continuar a ser reconhecido como tal pelos demais. Além disso, um Estado pode ser reconhecido e mesmo assim estar submetido de fato à autoridade ou ao controle externos. Um Estado pode ter um controle muito reduzido do que acontece dentro de suas fronteiras e ainda assim possuir uma "soberania internacional legal" completa.[107]

Isso nos levaria a crer que as regras internacionais seriam obedecidas segundo a conveniência de cada governante,[108] e a concluir que, nas palavras de Krasner: "Quando os governantes foram confrontados com novos problemas, eles freqüentemente criaram novas regras. O sistema internacional não é como um jogo de xadrez. Ele não tem regras constitutivas, se entendemos tais regras como aquelas que tornam alguns tipos de ação possíveis e proíbem outras. Os movimentos designados para cada peça são as regras constitutivas do xadrez. Mover um bispo em linha reta é uma violação de uma dessas regras; não se trata de xadrez se o bispo não é movido na diagonal. Em contraste, alternativas à so-

---

[104] COMBACAU, Jean; SUR, S. *Droit international public*..., op. cit.; 1999. p. 285.

[105] Com isso, o instituto do reconhecimento teria deixado de ser uma maneira confiável de verificar se um Estado é ou não soberano. Ver JAMES, Alan. *Sovereign Statehood*..., op. cit.; 1986. p. 271.

[106] Essa hipocrisia organizada resultaria para Krasner principalmente de dois fatores: o fato de que as regras aplicáveis às relações internacionais não estão profundamente inculcadas na mente nos líderes políticos nacionais, mas sim são consideradas meramente instrumentais; e a ausência de uma autoridade internacional, o que permite que tais regras sejam respeitadas ou não conforme os interesses de cada Estado. KRASNER, Stephen D. *Sovereignty*..., op. cit.; 1999. p. 220.

[107] Idem. p. 12, 24.

[108] Krasner lembra que regras aparentemente incontestadas, como a do tratamento que deveria ser reservado aos diplomatas, já foram escandalosamente violadas. Como exemplo disso, cita o seqüestro de diplomatas americanos em Teerã. Nessa ocasião, a violação das regras diplomáticas não transformou o Irã em Estado pária nem fez que os representantes desse país fossem expulsos dos foros internacionais. Essa falta de reação internacional ocorreu, segundo Krasner, simplesmente porque não era do interesse dos outros Estados isolar o Irã. Idem. p. 52, 228.

berania dos Estados têm sido acomodadas no sistema internacional nas últimas centenas de anos. Entidades às quais faltava um ou mais dos atributos associados à soberania – território, reconhecimento, autonomia e controle – têm operado perfeitamente, tendo sido vistas algumas vezes movendo bispos em linha reta, como se isso fosse certo, sem que qualquer outro jogador protestasse".[109]

Entretanto, como constatamos anteriormente, a soberania tem um sentido bem definido em direito internacional: seriam soberanos os Estados que detivessem um poder supremo em seu interior e independente em seu exterior. Juridicamente, o "jogo" internacional deveria ter regras bem definidas,[110] pelo menos no que se refere à soberania. O fato de que essas regras sejam por vezes desrespeitadas, até mesmo em relação àquele que é provavelmente o aspecto mais "jurídico" da soberania – o reconhecimento formal de um Estado soberano pela comunidade internacional – não nos leva a concluir que essas regras não existem; afinal, não é porque uma regra é violada que ela deixa de existir. Mas a violação constante dessas regras nos mostraria que há um fosso entre a soberania de direito e a soberania de fato. E a possibilidade de que esse fosso esteja aumentando – que é exatamente o objeto de nossa análise – é o que pode fazer que o próprio "jogo de xadrez", cujas regras foram acordadas em Westfália, esteja transformando-se em outro jogo, com regras bastante diferentes.

Que as regras relativas à soberania de direito consigam sobreviver independentemente das transformações ocorridas de fato resulta em especial da própria definição de soberania de direito. A supremacia e a independência do Estado, conforme já vimos aqui, são encaradas pelo direito como a capacidade de o Estado se organizar como ordem jurídica autônoma, identificando-se com sua independência constitucional. Logo, mesmo que várias de suas liberdades venham a ser limitadas, o Estado não perderia sua soberania de direito e não deixaria de ser membro da sociedade internacional.[111]

No entanto, a soberania dos Estados deveria existir tanto no nível normativo quanto no factual. Uma comunidade política que reivindica sua soberania, porém na prática não consegue sustentar nem sua supremacia interna nem sua independência externa, não deveria ser reconhecida como Estado.[112] Além disso, devemos lembrar que os Estados têm como função atender a determinadas demandas de seus "clientes", entre os quais estão os seus cidadãos. A efetividade é então mais do que a simples manutenção da ordem. Ela envolve solucionar problemas ou pelo menos evitar que esses se acentuem. Assim, para mui-

---

[109] Nesse sentido, Krasner lembra que historicamente colônias assinaram acordos internacionais e foram membros de organizações internacionais – caso de Hong Kong, que sem ser juridicamente independente foi aceita na OMC –, e entidades sem território, como a Ordem de Malta, foram reconhecidas internacionalmente. KRASNER, Stephen D. *Sovereignty*..., op. cit.; 1999. p. 229, 237.

[110] É a crença de que haveria regras reconhecidas e comumente respeitadas de direito internacional que nos permitiria conceituar o sistema internacional como "sociedade internacional", como o faz a escola inglesa das relações internacionais, representada sobretudo por Hedley Bull. Idem. p. 51.

[111] Ver JAMES, Alan. *Sovereign Statehood*..., op. cit.; 1986. p. 266.

[112] BULL, Hedley. *The Anarchical Society*..., op. cit.; 1995. p. 8.

tos autores, a progressiva incapacidade dos governos de cumprir seus objetivos e fornecer a seus clientes os serviços que esses esperam corresponderia a uma "efetividade em declínio" dos Estados.[113]

Ora, se formalmente a efetividade de um Estado em administrar seu próprio território é condição do reconhecimento de sua soberania, seria de se perguntar se, a partir do momento em que a capacidade dos Estados de governar de forma efetiva seu território é prejudicada, não seria uma contradição – ou uma hipocrisia, aproveitando o termo usado por Krasner – considerar que a soberania dos Estados não é afetada por essa perda de efetividade. Esse questionamento vale até se encararmos a soberania de uma forma exclusivamente normativa, já que mesmo nesse caso ela depende da efetividade para se ver reconhecida.

Não nos preocuparemos aqui somente com a soberania de direito. O reconhecimento dessa soberania não reflete de modo obrigatório seu verdadeiro sentido, mas sim interesses políticos que variam segundo o momento histórico. Mais do que isso, a liberdade que esse reconhecimento confere aos Estados é constantemente violada e tem muito pouco a ver com a realidade. Acreditamos que, se juridicamente a soberania tem um sentido bem definido, em outras palavras, se as "regras do jogo" do modelo do Estado soberano são claras, na prática essas regras deveriam ser minimamente respeitadas, sob pena de tornar inúteis tanto as regras quanto o modelo. Assim, preocuparemo-nos aqui também com a soberania que, de fato, cada Estado possui.

A soberania de fato – o sentido real do poder estatal

> Os homens não exercem a soberania ou a ela se sujeitam. Eles exercem a autoridade ou o poder, e a eles se submetem.[114]
>
> F. H. Hinsley

A soberania de direito, conforme analisamos previamente, é um reflexo do poder que os Estados historicamente acumularam de fato.[115] Segundo Hegel, o direito organiza e estabiliza o poder, mas é o poder que funda o direito e o Estado.[116]

Sem poder, não há soberania. De fato, "o conceito de soberania é vazio, a menos que esteja associado ao poder expresso por uma estrutura que confere autori-

---

[113] ROSENAU, James N. *Turbulence in World Politics*: a Theory of Change and Continuity. Princeton: Princeton University Press, 1990. p. 398.

[114] HINSLEY, F. H. *Sovereignty...*, op. cit.; 1986. p. 1.

[115] Nesse sentido, Hinsley lembra que "a autoridade e o poder são fatos tão antigos e onipresentes quanto a própria sociedade" e que: "Embora nós falemos dela imprecisamente como algo concreto que pode ser perdido ou adquirido, erodido ou aumentado, a soberania não é um fato. Ela é um conceito que os homens aplicaram em determinadas circunstâncias – uma qualidade que eles atribuíram ou uma reivindicação que eles apresentaram – ao poder político que eles ou outros homens estavam exercendo". Idem. p. 1.

[116] Ver BOBBIO, Norberto. *L'État et la démocratie internationale...*, op. cit.; 2001. p. 167.

dade e competência a seus titulares para exercerem coercitivamente sua vontade, seja essa vontade produto do arbítrio individual ou de leis e regras expressas".[117]

Mas o que seria então o poder?

Segundo Norberto Bobbio, podemos identificar na filosofia política três teorias fundamentais acerca do poder: a substancialista, a subjetivista e a relacional.[118]

A teoria substancialista é representada pelo pensamento de Hobbes, para quem o poder consistiria nos meios que alguém teria no presente de obter um bem futuro. Assim, o poder, consista ele da força ou da inteligência, é considerado uma coisa que pode ser possuída como qualquer outro bem.[119]

Já a interpretação subjetivista é aquela de Locke, para quem o poder não é a coisa que permite atingir um determinado objetivo, mas sim a capacidade do sujeito de obter determinados efeitos desejados. Logo, o soberano tem o poder de criar as leis e assim influenciar a conduta de seus súditos, assim como "o fogo tem o poder de fundir o ouro".[120]

No estudo das relações internacionais, a interpretação predominante é a relacional, que tem seu principal defensor em Robert Dahl. Segundo essa interpretação, o poder é entendido como a capacidade de um ator de levar os outros a fazer algo que em outras circunstâncias eles normalmente não fariam.[121]

A soberania pode referir-se seja ao poder estatal, seja a determinadas qualidades desse poder, reconhecidas pelo direito. Se o poder é, na definição

---

[117] SATO, Eiiti. *O papel estabilizador dos países periféricos na ordem internacional*: percepções e perspectivas. 1997. Tese (Doutorado) – Departamento de Sociologia, Faculdade de Filosofia, Letras e Ciência Humanas, Universidade de São Paulo, São Paulo, 1997. f. 14.

[118] Ver BOBBIO, Norberto. *L'État et la démocratie internationale*..., op. cit.; 2001. p. 214.

[119] Essa visão do poder coincide com a noção de "resource power", equivalente à "posse dos recursos usualmente associados à habilidade de obter os resultados que você quer". Ver KEOHANE, Robert O.; NYE, Joseph S. Power and Interdependence in the Information age. In: KAMARCK, Elaine Ciulla; NYE, Joseph S. (ed.). *Democracy.com?*: Governance in a Networked World. Hollis: Hollis Publishing, 1999. p. 204.

[120] Ver BOBBIO, Norberto. *L'État et la démocratie internationale*..., op. cit.; 2001. p. 214.

[121] Como também lembram Nye e Keohane, o poder como capacidade de obter os resultados desejados equivale à noção de *behavioral power*. Esse poder pode ser dividido por sua vez em *hard power* e em *soft power*. O *hard power* é a habilidade de levar os outros a fazer o que se quer que eles façam por meio da "ameaça de punição ou da promessa de recompensa", de "porretes militares" ou de "cenouras econômicas". O *soft power* é a habilidade de obter os resultados desejados porque os outros querem o mesmo que você quer, e se relaciona mais com a atração e a persuasão – a fim de convencer os outros a aderir a características da sua cultura ou a regras que produzam o comportamento desejado – do que com a coerção. Em uma visão que reflete esses dois aspectos do poder, Georg Schwarzenberger afirma que: "O poder é a média entre a influência e a força". Difere da simples influência uma vez que se apóia na ameaça de pressão como pano de fundo, e da força já que prefere atingir seus fins sem fazer uso da pressão física. Com isso, o poder seria a "capacidade de impor sua vontade sobre os demais confiando em sanções efetivas em caso de não obediência". KEOHANE, Robert O.; NYE, Joseph S. *Power and Interdependence*. Cambridge, U.S.: Harper Collins, 1989. p. 11; ver também KEOHANE, Robert O.; NYE, Joseph S. Power and Interdependence in the Information Age..., op. cit.; 1999. p. 204. SCHWAZENBERGER, Georg. *Power Politics*: a Study of World Society. 3rd ed. London: Stevens & Sons, 1964. p. 14. Edição original de 1941.

de Max Weber, "a possibilidade de impor sua própria vontade ao comportamento de outras pessoas",[122] caberia ver se o Estado consegue impor na prática a sua própria vontade, tanto interna quanto externamente, a fim de verificar se a soberania estatal realmente possui as características que lhe são atribuídas de direito.

Internamente, como já foi estudado, a soberania de direito tem dois significados principais. Ela corresponde à supremacia da autoridade do Estado sobre seu próprio território e equivale também ao conjunto de poderes e competências do Estado. Dessa forma, no âmbito interno o poder do Estado deveria consistir na sua autoridade máxima de impor a sua vontade à sua própria população e na sua capacidade efetiva de conferir direitos, obrigar e impor sanções por meio da lei, a fim de obter os efeitos desejados. O Estado que não tivesse condições de fazê-lo não teria poder no verdadeiro sentido do termo, logo não deveria ser considerado soberano.

Externamente, por outro lado, esse poder deveria corresponder à "capacidade que tem uma unidade política de impor sua vontade às demais",[123] equivalendo assim à habilidade que um Estado possuiria de influenciar o comportamento de outros Estados.[124] Se, no âmbito interno, o significado filosófico da soberania não é incongruente com seu sentido normativo, no âmbito externo há uma incompatibilidade entre o que a filosofia política espera do poder e o que prevê a concepção jurídica da soberania. Isso porque, se considerarmos que apenas os Estados que fossem capazes de influenciar o comportamento dos demais tivessem "poder", poderíamos considerar que somente tais Estados seriam soberanos. Juridicamente, isso seria inaceitável. Como bem lembrava Kelsen, se entendermos o poder como a capacidade de produzir um efeito, dificilmente conseguiremos defender a soberania como uma característica de todas as entidades estatais, uma vez que há uma diferença enorme de poder, nesse sentido, entre uma grande potência e uma pequena nação.[125]

Claro que, mesmo assim, empiricamente comprova-se que, ainda que todos os Estados sejam considerados soberanos, nem todos possuem o mesmo tipo de

---

[122] WEBER, Max. *Economy and Society*..., op. cit.; 1978. v. 2, p. 942.

[123] ARON, Raymond. *Paz e guerra entre as nações*..., op. cit.; 1986. p. 99.

[124] Nesse sentido, vale ressaltar que a relação em que um Estado tenta influenciar o comportamento de outro utilizando todos os recursos possíveis corresponde, na visão de Nye e Keohane, à própria definição de política internacional. Dessa forma, como observa Morgenthau, a "política internacional, como qualquer política, é uma luta pelo poder. Quaisquer que sejam os objetivos últimos da política internacional, o poder é sempre o objetivo imediato". KEOHANE, Robert O.; NYE, Joseph S. (ed.). *Transnational Relations and World Politics*. Cambridge, U.S.: Harvard University Press, 1972. p. xxiv; MORGENTHAU, Hans J. *Politics Among Nations*: the Struggle for Power and Peace. Boston: McGraw-Hill, 1993. p. 29.

[125] Além disso, como observava Kelsen, se o poder for interpretado como uma capacidade real de produzir um efeito, o "poder supremo" seria um atributo mais metafísico que científico, que nenhum Estado poderia possuir. É importante lembrar que o poder tem limites materiais que fazem que mesmo que se entenda que o soberano tem o direito de fazer o que quiser, haverá sempre coisas que ele não terá como fazer. Ver KELSEN, Hans. *Peace Through Law*. New York: The University of North Carolina Press, 1944. p. 35.

poder.[126] Na prática, é evidente que alguns Estados possuem a capacidade de influir no comportamento de outros. A possibilidade de pressão por parte dos mais poderosos é uma realidade no jogo de força das relações internacionais.[127] A essa possibilidade somam-se várias outras, que atingirão a soberania dos Estados, seja como supremacia interna e independência externa, seja como simples exercício efetivo de suas competências e atribuições.

Se nos dobrarmos, contudo, a essa realidade, e analisarmos a soberania internacional de um Estado como seu poder de impor sua vontade aos demais, incorreremos em uma contradição lógica. A razão disso é que a capacidade de um Estado de influir no comportamento de outro tem como contrapartida a falta de liberdade desse outro Estado de agir conforme seus próprios interesses. Ora, a liberdade do Estado de agir conforme seus interesses equivale à sua independência. Assim, aceitar que alguns têm o poder de influenciar o comportamento dos demais equivaleria a dizer que nem todos os Estados são independentes e que, portanto, nem todos são soberanos. Quando aplicada ao âmbito externo, essa concepção de poder vai de encontro tanto à noção de soberania como independência quanto à própria idéia de uma sociedade internacional de Estados iguais e soberanos. Esse raciocínio reforça a idéia de que o poder estatal deve ser tratado internacionalmente em seu aspecto negativo. Mesmo que detentores de poderes em níveis diferentes, os Estados seriam considerados soberanos e iguais "por uma ficção jurídica cômoda".[128] Se, internamente, a soberania deve ser interpretada como a capacidade de produzir o efeito desejado sobre seu território e sua população, externamente ela deve resumir-se a uma proteção contra o poder dos demais Estados.

2.2.3 As transformações sofridas pelo poder estatal – o tema deste livro

A questão da perda de efetividade e da limitação da autonomia do poder estatal

Tudo o que foi analisado até aqui nos permite chegar a algumas conclusões. O poder é a capacidade de impor sua própria vontade aos demais, e a

---

[126] Robert Jackson faz uma análise da soberania das ex-colônias, criando o conceito de "quase-Estados". Ele divide a soberania em positiva e negativa. Enquanto a doutrina clássica estabeleceria uma liberdade de ação internacional dos Estados – a soberania positiva, os "quase-Estados" possuiriam apenas uma soberania negativa – a autodeterminação ou a independência constitucional das colônias em base de igualdade com suas antigas metrópoles e com os demais Estados soberanos, à qual corresponde o direito de não-intervenção. JACKSON, Robert H. *Quasi-States...*, op. cit.; 1990. p. 10.

[127] Mais que isso, podemos afirmar que da paz de Westfália às reivindicações contemporâneas sobre os direitos humanos universais ou sobre as zonas de exclusão de vôos no Iraque, os "Estados poderosos têm violado a autonomia e a integridade dos Estados fracos". KRASNER, Stephen D. International political economy: abiding discord. *Review of International Political Economy*, London, v. 1, nº. 1, p. 16, Spring 1994.

[128] MAHMOUD, Mohamed Salah Mohamed. Mondialisation et souveraineté de l'État. *JDI*, Paris, n. 3, p. 620, 1996.

efetividade é uma medida dessa capacidade. O poder é essencial à soberania. A efetividade do poder, por sua vez, é fundamental para o reconhecimento do próprio Estado como tal. O poder do Estado deve, assim, ser efetivo. A efetividade do poder estatal é, portanto, essencial à soberania.

Além disso, o Estado soberano deve deter um poder supremo e independente. Supremacia e independência estão intimamente ligadas. Se há uma autoridade externa que tem o poder de limitar a liberdade do Estado de agir internamente, não só a independência do Estado é afetada, mas também sua supremacia. Se o comportamento do Estado é condicionado por outra vontade, e se o poder é a capacidade de impor sua vontade a outrem, podemos dizer que o Estado está subordinado a outro poder. Contudo, se o poder estatal se subordina a outro poder, podemos afirmar que ele não é supremo, nem independente, logo, não é soberano. Portanto, a capacidade do Estado de agir livremente, tanto interna quanto externamente, aqui chamada de autonomia, também é essencial à idéia de soberania.

Dessa forma, tanto a efetividade quanto a autonomia são fundamentais para a soberania. Se o Estado viesse a perder a capacidade de produzir determinados efeitos por ele desejados, curvando-se à vontade de outro poder, o poder estatal não apenas deixaria de ser efetivo, mas também não mais poderia ser considerado autônomo. Para evitar que a soberania se torne um conceito vazio, não podemos desvincular completamente o poder soberano ideal do poder real que os Estados possuem. Mesmo se formalmente todos os Estados devam ser soberanos, a capacidade de alcançar os objetivos desejados internamente e de não sofrer a influência de poderes internos ou externos deve ser analisada a fim de verificar se o Estado é soberano de fato. Para evitar que o "dever-ser" normativo esteja dissociado por completo do "ser" real, não devemos examinar aqui apenas a soberania de direito, mas também averiguar até que ponto o poder do Estado, intrínseco ao conceito de soberania, seguiria efetivo e autônomo.

Conforme será aqui comprovado, a soberania em ambos os significados estudados – como poder estatal e como qualidade desse poder – vem sendo afetada pelas transformações sofridas pela humanidade.

À soberania como poder corresponderia o problema da efetividade da ordem jurídica estatal. A partir do momento em que o poder estatal perde efetividade – quando o Estado não consegue implementar internamente suas políticas públicas, por exemplo – sua soberania se enfraquece.

Outra forma de perda de efetividade de poder do Estado é a diminuição do seu controle sobre o que acontece em seu território e em suas fronteiras. Dessa maneira, a soberania de fato não se preocuparia com a autoridade do Estado – como o faz a soberania de direito – mas sim com o controle por ele exercido. Diferentemente da autoridade,[129] o controle se refere à capaci-

---

[129] Autoridade, conforme analisamos anteriormente, envolveria o reconhecimento mútuo do direito de um ator de exercer determinados tipos de atividade, sem que para isso ele tenha de recorrer ao uso da força. Refere-se, portanto, à legitimidade desse ator.

dade de exercer algumas atividades de forma efetiva. O controle poderia existir sem a autoridade, bastando para tanto que a força fosse utilizada. A autoridade, por sua vez, pode perder poder de controle e continuar, mesmo assim, sendo legítima.[130] Desse modo, a perda de controle não afetaria a soberania de direito, só a de fato.[131]

Os Estados talvez nunca tenham gozado de total poder de controle. Porém, mesmo que tanto o controle sobre os fluxos através das fronteiras quanto o controle do que acontece dentro do território sempre tenham sido problemáticos,[132] com a globalização e a revolução tecnológica o problema da efetividade desse poder se agravou.

Além disso, a soberania também vem sendo afetada de fato no segundo sentido aqui estudado – o de supremacia interna e independência externa do poder estatal, que, como vimos, podem ser resumidas à noção de autonomia.

No âmbito interno, é possível que o Estado nunca tenha possuído total autonomia. Como sugere Philpott, muitas vezes aquele que detém a autoridade suprema não detém um poder supremo, sendo possível imaginar o monarca estudado por Jean Bodin descobrindo que não pode arrecadar impostos ou enviar um exército para a batalha sem fazer concessões para a nobreza.[133] O poder estatal nunca foi absoluto e sempre esteve condicionado por razões políticas. Mesmo internamente, o poder pode precisar se tornar "flexível e conciliatório",[134] tendo de lidar com diferentes grupos de interesse que o obrigam a discutir, a negociar, a ceder.

Externamente, os fatos mostram que nem sempre a independência dos Estados é real. A sua autonomia, que pode ser entendida como "a liberdade para reger-se ou administrar-se por si mesmo com independência de influências externas",[135] nem sempre foi respeitada, e nem mesmo o Estado mais po-

---

[130] Dessa forma, seguindo a divisão proposta por Krasner, a "soberania internacional legal" e a "soberania de Westfália" envolveriam questões de autoridade e de legitimidade, mas não de controle. A "soberania doméstica" estaria preocupada com a legitimidade da autoridade interna e com o controle efetivo que tal autoridade pode exercer. A "soberania de interdependência", por sua vez, se referiria somente ao controle, à capacidade de um Estado de regular os fluxos que ocorrem através de suas fronteiras. KRASNER, Stephen D. *Sovereignty*..., op. cit.; 1999. p. 10.

[131] Os Estados sempre tiveram problemas com o controle de suas fronteiras e isso não alterou sua autoridade e o fato de que eles continuam sendo considerados soberanos. JOFFE, Josef. Rethinking the Nation-State: the Many Meanings of Sovereignty. *Foreign Affairs*, New York, p. 123, Nov./Dec. 1999.

[132] Problemas relacionados, respectivamente, à "soberania de interdependência" e à "soberania doméstica", na divisão proposta por Krasner. KRASNER, Stephen D. *Sovereignty*..., op. cit.; 1999.

[133] PHILPOTT, Daniel. Ideas and the Evolution of Sovereignty. In: HASHMI, Sohail H. (ed.). *State Sovereignty*: Changes and Persistence in International Relations. Philadelphia: The Pennsylvania University Press, 1997. p. 17.

[134] Ver CLAUDE, Inis L. *Power and International Relations*..., op. cit.; 1962. p. 263.

[135] LERDA, Juan Carlos. Globalización y pérdida de autonomía de las autoridades fiscales, bancarias y monetarias. *Revista de la Cepal*, Santiago, p. 68, abr. 1996.

deroso é completamente autônomo, totalmente livre de influências exteriores a suas fronteiras.[136]

Com base nisso, podemos diferenciar a soberania da autonomia. Enquanto a primeira se referiria ao direito do Estado de governar em um determinado território, a segunda denotaria o poder real que esse teria em atingir seus objetivos políticos de forma independente.[137] Logo, a autonomia seria uma noção que traduziria a capacidade relativa de um Estado de conduzir seus assuntos segundo suas necessidades e aspirações, sem ceder às pressões políticas e econômicas impostas pelo contexto internacional.[138]

Historicamente, como nota Krasner, a autonomia da autoridade interna sempre foi posta em xeque pela coerção ou pela intervenção[139] praticadas por Estados mais poderosos, ou por contratos ou convenções que, mesmo que voluntariamente aceitos por aquela autoridade, levariam atores externos a influenciá-la.[140]

Logo nenhum Estado jamais teria sido realmente autônomo, já que as nações sempre dependeram umas das outras, fosse para obter recursos, fosse para garantir sua segurança, comprometendo para tanto sua autonomia por meio de alianças, tratados e instituições.[141]

Podemos concluir, portanto, que à soberania de direito não corresponde obrigatoriamente uma soberania de fato.

O contraste entre a soberania de direito e a soberania de fato

Esta obra terá como base o modelo do Estado soberano, que consiste em um sistema de entidades separadas e autônomas baseadas em territórios de-

---

[136] SHACHTER, Oscar. The Decline of the Nation-State and its is Implications for International Law. *Columbia Journal of Transnational Law*, New York, v. 36, p. 8, 1997.

[137] HELD, David. *Democracy and the Global Order...*, op. cit.; 1995. p. 100.

[138] SENARCLENS, Pierre de. *Mondialisation...*, op. cit.; 1998. p. 66.

[139] O sentido dessa autonomia internacional poderia ser resumido em uma só palavra: não-intervenção. Porém, como afirma Joffe: "desde Tucídides, a história da política internacional tem sido a história da intervenção". Hoje, como afirma Krasner, mesmo que formalmente aceita por todos os Estados, a norma da autonomia, que está no núcleo da "soberania de Westfália", viria sendo sistematicamente desafiada pela defesa de princípios como os direitos humanos, os direitos das minorias, a responsabilidade fiscal e a manutenção da estabilidade internacional. JOFFE, Josef. Rethinking the Nation-State..., op. cit.; 1999. p. 124; KRASNER, Stephen D. *Sovereignty...*, op. cit.; 1999. p. 8.

[140] No caso, trata-se de uma violação do que Krasner chama de "soberania de Westfália". Se, como vimos por meio da análise do que Krasner chama de "hipocrisia organizada", norma e fato não andam juntos no que se refere ao reconhecimento dos Estados, no que se refere aos três outros tipos de soberania apresentados por esse autor, a realidade também nem sempre corresponde ao que seria esperado formalmente. Desse modo: "O direito, ou habilidade, do aparato estatal de exercer autoridade total dentro de suas fronteiras territoriais nunca foi consistentemente estabelecido na prática e tem sido persistentemente desafiado na teoria". KRASNER, Stephen D. *Sovereignty...*, op. cit.; 1999. p. 220, 51.

[141] JOFFE, Josef. Rethinking the Nation-State..., op. cit.; 1999. p. 123, 125.

finidos sobre os quais cada uma delas exerce plena autoridade.[142] Esse modelo resultou de uma longa evolução histórica. Nosso trabalho até aqui foi o de mostrar como esse modelo surgiu e se consolidou, e quais características, com o tempo, incorporou. Seu elemento fundamental é a idéia de que os Estados detêm um poder que, além de ser legítimo, é supremo e independente. Porém, conforme o raciocínio anteriormente desenvolvido, uma vez que o Estado existe para cumprir determinadas funções, é essencial para esse modelo que tal poder também seja efetivo e autônomo. O fato de que o modelo do Estado soberano tenha tradicionalmente servido de base para a organização da humanidade torna a análise das transformações por ele sofridas ainda mais relevante.

Juridicamente, conforme demonstrado, a soberania tem um sentido bem definido. Caberia então analisar se a evolução da sociedade internacional não teria levado a que a soberania, nesse sentido normativo, fosse afetada. Isso pode ocorrer de duas formas. Dependendo do ângulo do qual se analise, é possível encarar a soberania como o "poder" do Estado de fazer alguma coisa, no sentido de ele possuir uma atribuição, ou vê-la como a liberdade do Estado de agir de determinada forma. No primeiro caso, quando um Estado deixar de possuir um certo poder, entenderemos que ele o "transferiu". Caso ele não mais goze de uma determinada liberdade, entenderemos que ele a "limitou".

Logo, se a soberania é considerada um conjunto de poderes ou competências, a transferência de determinadas competências do Estado para outras entidades diminuiria de certa forma sua soberania. Do mesmo modo, se a soberania tem o sentido de supremacia ou de independência, a existência de um poder interno ou externo superior ao poder do Estado teria conseqüências sobre sua soberania.[143] Uma vez que essas hipóteses se concretizassem, o Estado estaria abrindo mão de uma condição jurídica privilegiada de que gozava até então. Assim, nos exemplos dados, o Estado transferiria poderes que lhe eram exclusivos ou aceitaria que outra autoridade interferisse em assuntos de sua competência. Ele estaria, nesses casos, vendo reduzida sua soberania de direito.

No entanto, essa conclusão normalmente não é aceita por dois motivos que estão intimamente relacionados.

O primeiro refere-se à "transferência de poderes". O Estado possuiu diferentes competências no decorrer da História. Seus poderes nem sempre

---

[142] SHACHTER, Oscar. *The Decline of the Nation-State...*, op. cit.; 1997. p. 8.

[143] Isso porque, se consideramos a soberania como o atributo de uma autoridade política com o poder supremo e independente de determinar regras e políticas públicas em determinado território, essa seria erodida a partir do momento em que existisse uma autoridade superior ao Estado com o poder de restringir a capacidade de decisão das autoridades estatais. HELD, David. *Democracy and the Global Order...*, op. cit.; 1995. p. 99.

foram os mesmos; alguns deles o Estado só passou a exercer recentemente, outros o Estado opta por não exercer, e outros muitas vezes são transferidos pelos Estados a fim de alcançar maior eficiência em suas ações. Isso faria que o ato de abrir mão de determinadas competências fosse visto como algo normal, que não afetaria em nada a soberania de direito do Estado. Além disso, quando o Estado transfere poderes ou competências para uma organização internacional, por exemplo,[144] o faz por um ato voluntário, e nisso reside o segundo motivo que faz que a soberania de direito normalmente seja vista como algo inviolável.

Esse motivo se relaciona à própria natureza da soberania de direito, que praticamente nunca poderia ser afetada. Isso porque, conforme analisamos, a soberania de direito equivaleria a uma "competência das competências", à liberdade que os Estados têm de determinar quais poderes eles mesmos exercerão. Assim, esse entendimento serviria como uma espécie de escudo que protegeria a soberania de direito de qualquer tipo de ataque teórico. Por tratar-se de um ato que depende do consentimento do próprio Estado, quando esse abre mão de uma competência – mesmo que essencial – ou limita de alguma forma sua liberdade, ele estaria na verdade exercendo sua própria soberania. Além disso, ao serem senhores de suas competências, os Estados manteriam em teoria o poder de voltar atrás e recuperar a liberdade perdida.

No entanto, mesmo se não conseguirmos ultrapassar essa barreira teórica e formos obrigados a reconhecer que, no que se refere à soberania de direito, não há transferência de poder ou limitação à autonomia dos Estados a que esses próprios não consintam direta ou indiretamente, veremos que a transferência de uma competência ou a limitação de uma liberdade essenciais ao exercício das funções do Estado, ainda que, por serem voluntárias, formalmente não afetem a soberania de direito, mudam as "regras do jogo", alterando assim o modelo do Estado soberano.

Apesar disso, a maioria dos casos aqui estudados é aquela em que os Estados perdem soberania "de fato", ou seja, em que seu poder perde efetividade ou sua autonomia é limitada, sem importar se, juridicamente, eles consintam ou não com essa limitação.

---

[144] É a acepção de soberania como poder estatal que nos permite entender como parte da soberania pode ser transferida, por exemplo, para uma organização internacional. Sendo um conjunto de poderes, uma soma de competências, é possível que os Estados decidam abrir mão de parte de soberania a fim de melhor cumprir suas funções. Para François Luchaire, a expressão *soberania nacional* tem dois significados: o primeiro, de ordem interna, pelo qual a soberania é nacional porque nenhuma pessoa – nem mesmo um monarca de direito divino – pode ser seu titular; o segundo, de caráter internacional: "uma nação é soberana porque ela não pode ser regida por nenhuma autoridade exterior ao Estado". Como observa Luchaire: "É evidentemente em função desse segundo significado que podemos nos perguntar se a Comunidade e a União Européia atentam contra a soberania nacional". LUCHAIRE, François. "La Communauté et l'Union européenne...", op. cit.; 1993, p. 90.

Dos poderes a serem analisados, destacaremos o poder de legislar, ou, de forma mais abrangente, o poder do Estado de "dizer o Direito" – sua jurisdição, em seu sentido mais amplo.[145] A História levou a uma monopolização da produção e da aplicação do direito nas mãos do Estado – "expressão de sua soberania". Desse modo, o Estado pode ser visto como a instituição que detém o poder de "declarar em última instância no seu âmbito territorial a positividade do Direito".[146]

Se formalmente o Estado quase nunca abre mão desse seu poder, veremos que este pode ser afetado de fato, seja pela perda de efetividade – o Estado conserva sua competência mas não consegue exercê-la de forma eficaz –, seja pela perda da autonomia – quando o Estado é "obrigado" a limitar sua liberdade, agindo contra sua própria vontade.

Nosso foco será direcionado aos poderes que o Estado escolhe exercer e, mesmo assim, não o consegue fazer. A autonomia é necessária "de fato". Se a soberania é o poder supremo do Estado em seu território e sua independência de poderes externos, uma conseqüência lógica é que esse tenha uma liberdade de agir nesse território dentro dos limites que ele próprio se impõe. Ora, se o Estado estiver perdendo essa liberdade, estaria deixando de deter um poder supremo ou independente, logo, sua soberania estaria enfraquecendo-se de fato.

Logo, tanto a redução da efetividade do poder do Estado quanto a limitação de sua autonomia afetariam a soberania de fato. Se, por um lado, a forma da soberania seguiria inalterada, sua substância teria mudado.[147] As "regras do jogo", no papel, permaneceriam as mesmas, mas seriam cada vez menos respeitadas, a ponto de nos levar a pensar que o jogo – baseado no modelo do Estado soberano – estaria sendo jogado de forma diferente da tradicional.

Entender o Estado apenas como ordem jurídica não é suficiente. O mesmo ocorre com a soberania. Ela é um conceito normativo, mas também tem raízes profundas na realidade. Assim como o Estado surgiu em determinado momento da história humana para cumprir determinadas funções, a soberania também tem sua razão de ser. É ela que protege a liberdade dos indivíduos a ela sujeitos, que serve para defender os interesses dessas pessoas diretamente no plano internacional, que confere a condição de autoridade a quem está legitimado para recebê-la. Por isso, a perda da soberania, seja de

---

[145] Ver MAGALHÃES, José Carlos de. *O Supremo Tribunal Federal e o direito internacional*: uma análise crítica. Porto Alegre: Livraria do Advogado, 2000. p. 29.

[146] LAFER, Celso. Direito e poder: notas sobre um itinerário de pesquisa. In: FALCÃO, Joaquim de Arruda (org.). *Pesquisa científica e Direito*. Recife: Ed. Massarangana, 1983. p. 38.

[147] O que leva Celso Lafer a afirmar que hoje seria possível notar um distanciamento "entre a plenitude irrestrita da 'soberania jurídica' e as possibilidades mais circunscritas da 'soberania operacional', ". LAFER, Celso. *A OMC e a regulamentação do comércio internacional*: uma visão brasileira. Porto Alegre: Livraria do Advogado, 1998. p. 19.

direito, seja de fato, é igualmente perigosa. Dependendo dos poderes que o Estado ceder – ou das liberdades que ele vier a limitar –, ele não conseguirá mais exercer as funções que justificam sua existência.

Veremos em seguida que diversas transformações afetam o Estado soberano, que possui um poder cada vez menos efetivo e autônomo. Primeiro, analisaremos os processos da globalização e da revolução tecnológica e demonstraremos como afetam o poder estatal (Primeira Parte). Em seguida, estudaremos os efeitos que a globalização jurídica e as organizações internacionais causam sobre o poder dos Estados, ainda que resultem diretamente da vontade destes últimos (Segunda Parte). Todas essas transformações acrescentam elementos transnacionais e supranacionais às fronteiras tradicionais de organização da humanidade, contribuindo para o surgimento do paradigma da sociedade global.

PRIMEIRA PARTE

GLOBALIZAÇÃO

O papel da globalização e da revolução tecnológica na alteração do modelo do Estado soberano e na ascensão do modelo da sociedade global

A globalização econômica e a revolução tecnológica estão entre os assuntos que mais despertaram interesse nos últimos anos – sem as transformações de caráter predominantemente transnacional por elas causadas na economia e na sociedade, não seria possível afirmar que estamos assistindo à formação de um novo paradigma, o da sociedade global. É importante, por isso, entender a origem, a evolução e o significado desses dois fenômenos (Título I), assim como seus efeitos sobre o modelo do Estado soberano (Título II).

Título I

Globalização e revolução tecnológica

A globalização não é totalmente boa, nem completamente má. Ela não tem apenas um lado positivo, nem se resume apenas a seus aspectos negativos. Ela não é um processo milenar, tampouco um processo exclusivamente recente. O Estado não é apenas uma vítima inocente da globalização, e também não é o único responsável por ela. Qualquer tipo de maniqueísmo prejudica o entendimento desse fenômeno que tem sido o principal foco de atenção das relações internacionais nos últimos anos.

Caberia então analisar o que é a globalização, como ela evolui e como a revolução tecnológica contribui para que a interdependência dos povos alcance graus cada vez maiores de intensidade (Capítulo 3), assim como examinar o papel essencial das empresas transnacionais e dos mercados financeiros na aceleração desse processo (Capítulo 4).

Capítulo 3

A globalização – conceito, perspectiva histórica e o papel da revolução tecnológica

Na análise da globalização, duas correntes principais se contrapõem: a dos "hiperglobalizantes" e a dos céticos.[1]

Alguns autores proclamavam, já no final da década de 1960, início da de 1970, que estaríamos vivendo em um mundo sem fronteiras[2] e que o Estado como unidade econômica estaria próximo de seu fim.[3] Segundo os hiperglobalizantes, que atualmente compartilham dessa visão, já estaríamos vivendo em uma era na qual os Estados teriam deixado de ocupar o posto de principais agentes econômicos e políticos da sociedade mundial, devido ao surgimento do mercado global e à formação de redes transnacionais de produção, comércio e finanças. Nesse quadro, as fronteiras nacionais estariam tornando-se cada dia mais permeáveis, e a existência de instituições mundiais e regionais de cooperação minaria a soberania e a autonomia dos Estados. Estes, por sua vez, assistiriam à diminuição de seu papel com relação a algumas de suas atribuições tradicionais.

Qual seria a origem dessa situação?

Para Kenichi Ohmae, o Estado-Nação ter-se-ia tornado um ator de menor importância na economia global, tendo perdido suas antigas carac-

---

[1] Divisão proposta em HELD, David et al. *Global Transformations*: Politics, Economics and Culture. Stanford, Calif.: Stanford University Press, 1999. p. 2-10.
[2] BROWN, Lester R. *World Without Borders*. New York: Random House, 1972.
[3] Ver KEOHANE, Robert O.; NYE, Joseph S. *Power and Interdependence*. Cambridge, U.S.: Harper Collins, 1989. p. 3.

terísticas de independência e eficiência na geração de riquezas. Isso se deveria ao que esse autor denominou os quatro "is": *investment, industry, information technology* e *individual consumers* – investimento, indústria, tecnologia da informação e consumidores individuais.[4] O investimento não é mais confinado geograficamente ou, nas palavras de Ohmae, "o dinheiro irá aonde as boas oportunidades estiverem". Da mesma forma, as indústrias implantam-se onde lhes for estrategicamente conveniente, procurando instalar-se próximas aos mercados que acharem atrativos. A tecnologia da informação é o que permite às empresas operar em várias partes do mundo sem ter de necessariamente montar unidades completas de produção em cada uma delas. Por fim, os consumidores individuais tendem a se tornar mais exigentes à medida que descobrem produtos melhores e mais baratos no exterior.

Mesmo que se possa afirmar que todos esses fatores sempre existiram, a idéia é que, com a revolução tecnológica, os processos de intercâmbio se aceleraram, tornando seu controle pelo Estado cada vez menos eficiente.

Por sua vez, para os céticos, como Paul Hirst e Grahame Thompson, a globalização seria um mito, e por diversos motivos.[5] De início, os fluxos de comércio e investimento atualmente registrados não seriam sem precedentes, já que o mundo vivera uma situação parecida no século XIX, durante a época do padrão-ouro. Além disso, para os céticos as transnacionais são, na verdade, empresas que têm profundas ligações com seus países de origem e a economia internacional estaria cada vez mais segmentada em três blocos regionais principais, a chamada "tríade" – América do Norte, Europa e

---

[4] Ohmae contrapõe aos Estados-Nação os estados-região (*region states*), que seriam a melhor alternativa para gerar riquezas e melhorar a qualidade de vida das pessoas em uma economia global. Como exemplos do que ele chama de estado-região, Ohmae cita o norte da Itália, o Alto Reno, Hong Kong/sul da China e o Vale do Silício/*Bay Area* na Califórnia, entre outros. Esses estados-região devem ser grandes o suficiente para representar um mercado atraente, mas pequenos o suficiente para que seus cidadãos possam ser consumidores com interesses comuns, o que, nas contas do autor, significa uma população de 5 a 20 milhões de habitantes. O Estado-Nação, segundo Ohmae, deveria limitar-se a catalisar as atividades dos estados-região, concedendo-lhes maior autonomia e servindo-lhes como guarda-chuva político e institucional. Com isso, seria possível garantir que o florescimento dos estados-região estivesse ligado a interesses nacionais mais amplos. Como exemplo de Estado-Nação cuja função seria a de catalisador das diferentes regiões econômicas existentes dentro de suas fronteiras o autor cita o Canadá, onde a região próxima à fronteira com os Estados Unidos pensa no Nafta, Quebec, na França, Ontário, no Centro-oeste americano e a região Oeste na Ásia/Pacífico. OHMAE, Kenichi. *The end of the Nation-State*: the rise of regional economies. New York: The Free Press, 1995. p. 12.

[5] Ver HIRST, Paul; THOMPSON, Grahame. *Globalization in Question*: The International Economy and the Possibilities of Governance. Cambridge, U.K.: Polity Press, 1996.

Japão[6] – nos quais os governos se manteriam bastante poderosos, sendo os Estados assim não vítimas passivas da internacionalização da economia, mas seus "principais arquitetos".[7]

Entre essas duas correntes, surge uma terceira visão que rejeita tanto a opinião dos hiperglobalizantes sobre o fim dos Estados-Nação quanto a idéia dos céticos de que nada mudou. Para os integrantes dessa escola – apelidados de *transformationalists* –, o poder do Estado estaria sendo remodelado pela globalização. Os Estados não seriam mais os únicos centros de governança ou de autoridade no mundo, à medida que o surgimento de novas formas de organização, como as empresas transnacionais e as instituições internacionais, alterariam a distribuição do poder mundial. Essas transformações levariam a crer que "a noção do Estado-Nação como uma unidade autogovernável e autônoma resulta ser mais uma exigência normativa que uma afirmação descritiva".[8]

De fato, como veremos, mesmo que os Estados não deixem de existir e mantenham grande importância no cenário internacional, a globalização acarretará profundas transformações sobre o poder estatal. É importante por isso analisar o conceito e a evolução histórica desse processo (3.1), assim como do outro fenômeno que marcou sobretudo o final do século XX, a revolução tecnológica, sem a qual a globalização muito provavelmente não seria nem sombra do que é hoje (3.2).

3.1 Conceito e perspectiva histórica da globalização

A análise da globalização envolve inicialmente uma questão terminológica. Ela pode ser entendida de forma mais ampla ou, caso nos atenhamos a seus aspectos meramente econômicos, de maneira mais estrita (3.1.1). Além disso, ela pode ser vista como um processo com profundas raízes no passado – debate que ocupa até hoje boa parte da doutrina – mas que se acelera a cada dia, o que a torna tão relevante (3.1.2).

---

[6] Como explica Jacques Marcovitch, no final da década de 1980 começou a se delinear um novo mundo tripolar. O primeiro pólo seria constituído pelos Estados Unidos e pelo Canadá, com a associação do México. O segundo seria formado pelas principais economias européias. O terceiro pólo seria liderado pelo Japão com associação dos países do Sudeste Asiático. Essa realidade se refletiria no predomínio no mercado mundial das principais moedas desses três blocos – o dólar, o euro e o iene. MARCOVITCH, Jacques. O novo contexto mundial, desafio tecnológico e a integração latino-americana. *Revista de Administração*, São Paulo, v. 24, n. 2, p. 5-13, abr./jun. 1989. p. 6.

[7] Ver HELD, David et al. *Global Transformations*..., op. cit.; 1999. p. 6.

[8] Idem. p. 8-9.

3.1.1 Conceito

Terminologia

O estudo da globalização é marcado por algumas discussões terminológicas. Alguns autores defendem, por exemplo, uma distinção entre o termo mundialização[9] e a palavra globalização.[10]

O termo globalização seria utilizado preferencialmente por aqueles que querem enfatizar o caráter inédito desse processo. De acordo com Manuel Castells, "uma economia global é uma nova realidade histórica, diferente de uma economia mundial". Isso porque, embora a economia mundial exista no mínimo desde o século XVI e o modo capitalista de produção tenha sempre se caracterizado por uma expansão contínua, foi apenas no final do século XX que a economia mundial conseguiu tornar-se verdadeiramente global, com base na nova infra-estrutura propiciada pelas tecnologias de informação e comunicação. Assim, a existência de mercados financeiros integrados faria que a economia global tivesse a capacidade de funcionar "como uma unidade em tempo real, em escala planetária".[11]

A utilização de um novo adjetivo – "global" – seria portanto preferível, porque evidenciaria que o processo que ele qualifica teria características inéditas na história da humanidade.

No entanto, muitos autores defendem que a globalização não apresenta nada de novo. E, por isso, seria importante não confundir a globalização com a simples internacionalização da economia.

Como lembra Linda Weiss, o termo globalização traz sempre consigo a idéia de "transnacionalismo", de superação do Estado nacional pelas forças de mercado globais. Assim, podemos imaginar uma economia mundial com níveis muito elevados de investimento e comércio internacional, mas que não seja globalizada, no sentido de que os Estados continuariam capazes de controlar a atividade econômica doméstica. Por isso, a pergunta que se teria de fazer é se a economia mundial está se transformando em uma economia trans-

---

[9] Cabe observar, antes de mais nada, que o termo globalização é sempre traduzido em francês como "mondialisation". Trata-se, em princípio, de uma questão lingüística, sem conotações ideológicas.

[10] François Chesnais, por exemplo, afirma que, ao se utilizar a palavra mundial, ao contrário da palavra global, se transmite com muito mais força a idéia de que a economia se mundializou, sendo por isso importante que se construam instituições políticas mundiais capazes de dominar esse movimento. No entanto, segundo esse autor, "isso é o que as forças que atualmente regem os destinos do mundo não querem de jeito nenhum". Chesnais lembra que a palavra de ordem é que é preciso que a sociedade *se adapte* à globalização, descartando qualquer tentativa de controlar esse processo. CHESNAIS, François. *A mundialização do capital*. São Paulo: Xamã, 1996. p. 24-25.

[11] CASTELLS, Manuel. *A sociedade em rede*. São Paulo: Paz e Terra, 1999. p. 111.

nacional, e por isso globalizada, ou apenas em uma economia altamente internacionalizada.[12]

Nesse sentido, veremos que o mundo assiste pela primeira vez ao surgimento de uma verdadeira economia global, caracterizada pelo alto grau de integração dos mercados e pelo predomínio das atividades transnacionais.[13] Essa realidade diferiria da de uma economia internacional, caracterizada pelo intercâmbio entre economias nacionais distintas, na qual predominariam as atividades econômicas internas. A globalização surge no marco de uma nova era econômica, com características que a diferenciam do movimento anterior de internacionalização da economia, cujo apogeu ocorreu antes da Primeira Guerra Mundial. É possível por isso concluir que a evolução recente da economia internacional justificaria a utilização de um novo termo, "globalização".[14]

O sentido amplo e o sentido estrito da globalização – a globalização e a globalização econômica

Outra dúvida que se apresenta freqüentemente refere-se ao alcance do termo globalização, porque essa palavra é hoje utilizada para representar diversos fenômenos diferentes, muitos deles de caráter não-econômico.

A globalização pode ser definida, por exemplo, como a "aceleração nas trocas de bens, serviços, contratos, informação, viagens internacionais e intercâmbio cultural",[15] ou como a "maior integração dos países e das pessoas do mundo, causada pela enorme redução dos custos de transporte e comunicação, e pela derrubada das barreiras artificiais ao fluxo de bens, serviços, capital, conhecimento e – em menor extensão – pessoas através das fronteiras".[16]

---

[12] Weiss defende a hipótese de que o processo atual é marcado por uma "globalização fraca" – ou, em outras palavras, por uma "internacionalização forte". WEISS, Linda. *The Myth of the Powerless State*. Ithaca: Cornell University Press, 1998. p. 168-170.

[13] Ver HIRST, Paul; THOMPSON, Grahame. *Globalization in Question...*, op. cit.; 1996. p. 7-13.

[14] Acreditamos que a aceleração recente do processo de internacionalização da economia tem características exclusivas, que tornam importante diferenciá-lo. Esse motivo nos levou a optar pela utilização do termo globalização neste livro. Já os adjetivos "global", "mundial" e "internacional" em geral serão aqui utilizados de forma indiferente, indicando fenômenos que se estendem por todo o planeta. Quando quisermos destacar os três níveis que compõem a sociedade global, no entanto, "internacional" será aplicado às relações que se dão exclusivamente entre Estados, "transnacional" será utilizado a fim de destacar o caráter das forças que permeiam as fronteiras nacionais, e "supranacional" corresponderá, como veremos, à existência de órgãos cujo poder se situa acima do poder estatal.

[15] ZINI JUNIOR, Álvaro Antonio; ARANTES, Fernanda. Globalization: The pros and cons of an unstopable process. In: FEA. *Globalization, what it is and its implications*: Conferência Internacional. São Paulo: FEA-USP, 1996. v. 1, p. II.

[16] STIGLITZ, Joseph E. *Globalization and its Discontents*. New York: W. W. Norton, 2002. p. 9.

De fato, vários processos concorreram para levar o mundo à sua conjuntura atual, dando à globalização também um caráter tecnológico, cultural, político e institucional. Assim, podemos identificar inicialmente ao menos três outras vertentes desse processo, além da globalização econômica. A primeira, representada pelo avanço da informática e surgimento das grandes redes de computadores e pela rápida evolução dos transportes e das telecomunicações, será aqui tratada como revolução tecnológica. A segunda, de certa forma derivada da revolução tecnológica, refere-se à intensificação do intercâmbio de informações e ao aumento da interação entre os povos, que traz conseqüências sociais e culturais e está na origem do surgimento da chamada sociedade civil transnacional, que analisaremos na parte final deste livro. A terceira tem caráter político e institucional, e se verifica no aumento da cooperação entre os Estados e o crescimento do direito internacional e das organizações internacionais, que examinaremos mais adiante. Todos esses acontecimentos se juntam, e os muitos elos de interdependência criados entre as diversas nações resultam no desenvolvimento de uma teia de relações sociais e econômicas de amplitude mundial. Com isso, o mundo teria se tornado, em muitos aspectos cruciais, um "sistema social único".[17]

Existem então duas idéias inerentes ao conceito de globalização. Uma é a idéia de interdependência – pela qual acontecimentos locais passam a ter repercussões no contexto internacional, e vice-versa. A outra é a de ampliação, aceleração ou intensificação dessa interdependência, ocorrida nos últimos anos. Nesse sentido, David Held constata que, para que se possa afirmar existir algo parecido com uma globalização, dois fenômenos distintos devem ser verificados. Primeiro, um número crescente de atividades políticas, econômicas e sociais passaria a ser mundial em seu escopo, a partir do momento em que uma ação em um lado do planeta tivesse conseqüências em lugares distantes – *action at distance*. Segundo, os fluxos através das fronteiras não deveriam ser simplesmente ocasionais, mas sim regulares, e deveria ser constatada uma intensificação dos níveis de interação e interconexão entre os Estados e sociedades.[18]

---

[17] Ver verbete globalização em MCLEISH, Kenneth. *Key Ideas in Human Thought*. New York: Facts On File, 1993, p. 323.

[18] Desenvolvendo mais esse argumento, Held propõe que se analisem os elementos que constituiriam as quatro dimensões da globalização (*"spatio-temporal" dimensions*). Além da extensão e da intensidade, já mencionadas, deveria ser constatada uma aceleração da *velocidade* com a qual tais interações ocorrem, graças ao desenvolvimento dos transportes e das comunicações, e um aumento do *impacto* dos eventos distantes, até o ponto em que mesmo os eventos mais locais passem a ter repercussões globais. Dessa forma, Held chega a uma definição mais precisa de globalização: "um processo (ou conjunto de processos) que engloba a transformação na organização espacial das relações e transações sociais – verificada em termos de sua extensão, intensidade, velocidade e impacto – gerando fluxos e redes transcontinentais ou inter-regionais de atividade, interação, e exercício do poder." HELD, David. *Democracy and the Global Order*: From the Modern State to Cosmopolitan Governance. Stanford, Calif.: Stanford University Press, 1995. p. 15-16, 20.

Logo, a globalização é um processo. É a intensificação da interdependência dos povos. É o movimento do mundo em uma determinada direção, a da criação de uma sociedade e de uma economia globais. É um processo ainda em curso, o que significa que "ainda não vivemos em uma sociedade ou em uma economia global, mas podemos vir a viver se o atual processo seguir adiante".[19]

No entanto, se a globalização pode ser definida, em sentido amplo, como a "intensificação das relações sociais em escala mundial, que ligam localidades distantes de tal maneira que acontecimentos locais são modelados por eventos ocorrendo a muitas milhas de distância e vice-versa",[20] a vertente mais conhecida da globalização tem caráter econômico.

Dessa forma, em sentido estrito, fala-se normalmente da "globalização econômica", que resultaria especificamente da intensificação das trocas comerciais e do aumento dos fluxos financeiros entre os povos. Essa intensificação levaria à formação de um mercado mundial, substituindo os diversos mercados nacionais existentes.

O aumento das trocas comerciais internacionais, por exemplo, teria uma causa e uma conseqüência principais. A causa seria que as inovações na tecnologia, transportes e telecomunicações estariam criando um mundo onde tudo poderia ser feito e comercializado em qualquer parte do planeta.[21] Assim, a globalização presenciaria a ascensão de "empresas mundializadas, gerando sobre uma base planetária a concepção, a produção e a distribuição de seus produtos e serviços".[22] A conseqüência seria que as economias nacionais estariam desaparecendo,[23] dando lugar a um mercado unificado, pois a economia mundial estaria transformando-se em uma zona única de produção e de trocas.[24]

Os mercados financeiros também estariam passando pelo mesmo processo, o que nos permite falar também de uma globalização financeira.

Esses dois fatos levam George Soros a delimitar a globalização, encarando-a como o "desenvolvimento dos mercados financeiros globais, de crescimento das empresas transnacionais e do crescente domínio destas sobre as economias nacionais".[25]

---

[19] KITCHING, Gavin. *Seeking Social Justice through Globalization*: Escaping a Nationalist Perspective. Philadelphia: The Pennsylvania State University Press, 2001. p. 13.

[20] GIDDENS, Anthony. *The Consequences of Modernity*. Stanford: Stanford University Press, 1990. p. 64.

[21] THUROW, Lester C. *O futuro do capitalismo*: como as forças econômicas de hoje moldam o mundo de amanhã. Rio de Janeiro: Rocco, 1997. p. 23.

[22] BENKO, Georges. Organização econômica do território: algumas reflexões sobre a evolução no século XX. In: SANTOS, Milton et al. (org.). *Território, globalização e fragmentação*. São Paulo: Hucitec, 1994. p. 69.

[23] THUROW, Lester C. *O futuro do capitalismo*..., op. cit.; 1997. p. 23.

[24] BENKO, Georges. Organização econômica do território..., op. cit.; 1994. p. 69.

[25] SOROS, George. *Globalização*. Rio de Janeiro: Campus, 2003. p. 43.

Observemos, portanto, que a globalização tem um sentido econômico muito claro, que é o do aumento do intercâmbio de bens, capitais, serviços e informação – esta última cada vez mais um item provido de valor – entre os povos, e a conseqüente unificação dos mercados nacionais em um único grande mercado global.[26]

3.1.2 Perspectiva histórica

A antiguidade do processo de globalização

Apesar de ocupar hoje o centro das atenções mundiais, o movimento de internacionalização da economia não representa algo inédito. Ao contrário, esse é um processo que tem uma longa história,[27] cuja origem data de uma época tão ou mais distante quanto o período das grandes navegações.[28] Logo, do ponto de vista histórico, "*globalização* é a palavra da moda para um processo que remonta, em última análise, à expansão da civilização européia a partir do século XV".[29]

Esse processo havia chegado a níveis bastante elevados já no início do século XX. Entre 1870 e a Primeira Guerra Mundial, como observa Paulo Nogueira Batista Júnior, vigorou um sistema econômico aberto, apoiado em comunicações eficientes de longa distância – cabos submarinos telegráficos intercontinentais – e em meios de transporte industrializados – navios a vapor e ferrovias – muito parecido com o que verificamos hoje. Esse sistema teria sido em muitos aspectos ainda mais aberto e integrado do que o que possuímos em nossos dias.[30]

---

[26] Neste livro, ao falarmos em globalização, estaremos na maior parte das vezes nos referindo aos aspectos econômicos desse processo. Contudo, é importante ressaltar que a globalização econômica, a revolução tecnológica, a globalização financeira, o surgimento de uma sociedade civil transnacional, a crescente cooperação internacional, são fenômenos fortemente relacionados e se complementam. Desse modo, de maneira geral, o termo globalização, quando aqui utilizado, deve ser entendido como a intensificação da interdependência dos povos, que, embora seja notada de forma marcante no plano econômico, reflete-se também em todos os demais fenômenos mencionados.

[27] HELD, David et al. *Global Transformations*..., op. cit.; 1999. p. 13.

[28] Nesse sentido, para Aldo Ferrer, os desembarques de Cristóvão Colombo em Guanahaní e de Vasco da Gama em Calcutá, na última década do século XV, inauguraram a primeira ordem mundial e, portanto, a globalização. FERRER, Aldo. *Historia de la globalización II*: La Revolución Industrial y el Segundo Orden Mundial. Buenos Aires: Fondo de Cultura Económica, 1999. p. 9; ver também FERRER, Aldo. *Historia de la globalización*: Orígenes del orden económico mundial. Buenos Aires: Fondo de Cultura Económica, 1996.

[29] BATISTA JUNIOR, Paulo Nogueira. *Mitos da globalização*. São Paulo: Instituto de Estudos Avançados da Universidade de São Paulo, 1997. p. 6.

[30] HIRST, Paul; THOMPSON, Grahame. *Globalization in Question*..., op. cit.; 1996. p. 2.

Dois fatores principais contribuíram para que esse sistema de economia internacional aberta se consolidasse. O primeiro relacionava-se ao equilíbrio de poder existente na época, em um mundo relativamente eurocêntrico[31] – garantia de segurança e estabilidade para os investimentos. O segundo foi o surgimento do padrão-ouro, que permitiu a intensificação das trocas internacionais. O fato de que as várias moedas fossem mantidas em uma cotação estável em relação ao ouro e umas em relação às outras facilitou o fluxo de capitais e de comércio. Assim, como observava John Maynard Keynes: "Tais fatores de ordem, segurança e uniformidade, de que a Europa jamais havia desfrutado em um território tão vasto e populoso, ou por um período tão longo, preparou o caminho para a organização do amplo mecanismo de transporte, distribuição de carvão e comércio exterior [...]".[32]

Desse modo, só nessa época uma ordem de caráter verdadeiramente internacional se estruturaria no campo do comércio, dos fluxos de investimentos e no sistema monetário.[33] Segundo Eiiti Sato, "foi somente a partir de meados do século XIX que as trocas internacionais se expandiram em volume e organização a ponto de tornarem-se um *sistema* relevante para as economias nacionais". O aumento do comércio mundial de mercadorias ao longo daquele século foi impressionante. Se em 1913 o produto mundial *per capita* era pouco mais de duas vezes maior do que em 1800, o volume do comércio *per capita* nesse mesmo período havia crescido nada menos que vinte e cinco vezes.[34]

A exuberância da economia internacional no período que antecedeu a Primeira Guerra Mundial mostraria que o alto grau de interação econômica hoje alcançado entre as nações não é inédito.[35] Essa integração se manifestava de diversas formas. Além da liberdade no intercâmbio econômico, Raymond Aron lembra que naquela época os partidos operários agrupavam-se em uma organização internacional, que a tradição grega dos jogos olímpicos havia sido retomada, e que "um francês podia morar na Alemanha sem qualquer difi-

---

[31] Ver SATO, Eiiti. *O papel estabilizador dos países periféricos na ordem internacional*: percepções e perspectivas. 1997. Tese (Doutorado) – Departamento de Sociologia, Faculdade de Filosofia, Letras e Ciência Humanas, Universidade de São Paulo, São Paulo, 1997. f. 51.

[32] KEYNES, John Maynard. *The Economic Consequences of the Peace*. New York: Penguin Books, 1995. p. 15. Edição original de 1920.

[33] Embora, como observa Sato, o mercantilismo pudesse ser considerado o primeiro sistema econômico mundial. SATO, Eiiti. *O papel estabilizador dos países periféricos...*, op. cit.; 1997. f. 20.

[34] SATO, Eiiti. *O papel estabilizador dos países periféricos...*, op. cit.; 1997. f. 51.

[35] Segundo reconheceu o Fundo Monetário Internacional: "A globalização não é um fenômeno novo. Mercados altamente integrados contribuíram para o rápido crescimento do comércio e produção durante o período do padrão-ouro anterior à Primeira Guerra Mundial [...]. A liberalização do comércio e fluxos financeiros nos últimos cinqüenta anos resultou gradualmente em um nível de integração similar em alguns aspectos àquele conhecido no início do século". Ver BATISTA JUNIOR, Paulo Nogueira. *Mitos da globalização...*, op. cit.; 1997. p. 8.

culdade, como um alemão podia preferir residir na França".[36] Além do mais, o fluxo de migração entre os mercados de trabalho era maior no século XIX do que o é hoje[37].

Podemos comprovar a verdade da afirmação de que a situação econômica pré-Primeira Guerra representa uma situação não tão diferente daquela em que vivemos hoje por meio de uma passagem significativa da obra de Keynes, muito mencionada pelos autores descrentes em relação à globalização, na qual ele afirma: "Que episódio fantástico no progresso econômico da humanidade aquela época que chegou a um fim em agosto de 1914! [...] O habitante de Londres poderia ordenar por telefone, sorvendo na cama seu chá matinal, vários produtos de toda a terra, em tal quantidade que ele achasse suficiente, e esperar razoavelmente por sua pronta entrega em sua porta; ele poderia no mesmo momento e pelos mesmos meios aventurar sua riqueza em recursos naturais e novos empreendimentos em qualquer canto do mundo, e usufruir, sem esforço ou mesmo problemas, de seus frutos e vantagens futuras; ou ele poderia decidir associar a proteção de suas fortunas à boa fé dos cidadãos de qualquer grande município em qualquer continente que o capricho ou a informação lhe pudessem recomendar. Ele poderia garantir sem demora, se assim o desejasse, meios de transporte baratos e confortáveis para qualquer país ou clima sem passaporte ou qualquer outra formalidade, poderia despachar seu servente para o escritório vizinho de um banco a fim de obter a provisão de metais preciosos que lhe parecesse conveniente e prosseguir rumo a lugares no exterior, sem conhecimento de sua religião, língua ou costumes, portando consigo riqueza em moedas, e se consideraria grandemente ofendido e muito surpreso pela mínima interferência. Porém, mais importante de tudo, ele veria essa situação dos negócios como normal, certa e permanente, exceto na direção de mais melhorias, e qualquer desvio da mesma como aberrante, escandaloso e evitável. Os projetos e políticas do militarismo e do imperialismo, das rivalidades raciais e culturais, dos monopólios, restrições e exclusão, que fariam o papel da serpente nesse Paraíso, eram pouco mais que distrações em seu jornal diário, e pareciam não exercer absoluta-

---

[36] ARON, Raymond. *Paz e guerra entre as nações*. 2. ed. Brasília: Unb, 1986. p. 166. Edição original de 1962.

[37] De fato, no setor da migração internacional o mundo até regrediu. Como lembra Paulo Nogueira Batista Júnior, antes da Primeira Guerra Mundial passaportes dificilmente eram necessários e os imigrantes obtinham a cidadania com facilidade, enquanto hoje imigrantes africanos, latino-americanos e asiáticos enfrentam restrições cada dia mais severas por parte do mundo desenvolvido. Os números daquele período eram impressionantes: entre 1870 e 1914 36 milhões de pessoas deixaram a Europa, número ao qual devem ser somadas as emigrações da China e da Índia, entre outros países. BATISTA JUNIOR, Paulo Nogueira. *Mitos da globalização...*, op. cit.; 1997. p. 11.

mente qualquer influência no curso ordinário da vida social e econômica, cuja internacionalização estava quase completamente em prática".[38]

No entanto, como prova de que nenhum movimento histórico é inexorável, depois daquele episódio fantástico na história da humanidade narrado por Keynes, a Terra passou por uma grande recessão[39] e duas sangrentas guerras mundiais, e o comércio internacional encolheu para só recuperar o mesmo nível no final do século XX.[40]

O fato de que o mundo já tenha vivido uma época de grandes intercâmbios financeiros e comerciais leva alguns autores a diminuir a importância atual da globalização. Esses autores acreditam, resumidamente, que os fluxos globais não são novidade, e que "atividades transnacionais têm desafiado o controle estatal em algumas áreas, mas tais desafios não são manifestamente mais problemáticos que no passado".[41]

No entanto, assistimos recentemente a uma aceleração da globalização, e a crescente interdependência dos povos tem conseqüências sobre o modelo do Estado soberano. Contribuíram para essa aceleração a revolução tecnológica, as empresas transnacionais e o mercado financeiro internacional.

A aceleração do processo de globalização

O fato de a globalização não ser um processo exclusivamente recente não diminui por si só a importância desse fenômeno. Como observam Keohane e Nye, toda era é construída sobre uma era anterior, e os historiadores sempre serão capazes de encontrar precursores no passado para fenômenos do presente.[42] Nesse sentido, um julgamento do tipo "nada de novo sob o sol" conduziria a uma abordagem superficial da globalização, sendo por isso impor-

---

[38] KEYNES, John Maynard. *The Economic Consequences of the Peace...*, op. cit.; 1995. p. 11.

[39] Desse modo, os graves efeitos sobre a economia mundial causados pela "segunda-feira negra" de Wall Street em 1929 também seriam uma prova de que a globalização não é uma novidade. KEOHANE, Robert O.; NYE, Joseph S. Introduction. In: NYE, Joseph S.; DONAHUE, John D. (ed.). *Governance in a Globalizing World*. Cambridge, Mass.: Brookings Institution Press, 2000. p. 10.

[40] Alguns dados mostram isso nitidamente. No caso dos países desenvolvidos, a relação entre as exportações e o PIB era de 12,9% em 1913. Essa participação já havia caído aproximadamente pela metade antes da Segunda Guerra e foi recuperando-se lentamente, atingindo o mesmo nível de 1913 só na década de 1970, e chegando a 14,3% em 1992. BATISTA JUNIOR, Paulo Nogueira. *Mitos da globalização...*, op. cit.; 1997. p. 8.

[41] Mesmo acreditando que os desafios trazidos pela globalização não são novos, Krasner deixa claro que isso não quer dizer para ele que esse fenômeno não tenha tido nenhum impacto sobre o poder de controle do Estado. KRASNER, Stephen D. *Sovereignty*: Organized Hypocrisy. Princeton: Princeton University Press, 1999. p. 223.

[42] KEOHANE, Robert O.; NYE, Joseph S. Introduction..., op. cit.; 2000. p. 8.

tante refletir sobre as diferentes modalidades que esse processo apresentou ao longo dos anos.[43]

Mais do que isso, podemos afirmar que "a falácia é que enquanto algumas coisas não são inteiramente novas, não é verdade que *nada* seja novo".[44] A globalização contemporânea é diferente da que existiu antes da Primeira Guerra Mundial.[45] Ela vai mais longe, é "mais rápida", "mais barata" e "mais profunda", e teria alcançado por isso um grau jamais visto.[46] Para muitos autores, as comparações com o grau de integração que a sociedade internacional possuía no início do século XX já não seriam mais possíveis, uma vez que "todas as magnitudes da globalização econômica hoje – velocidade, tamanho e interconexões dos movimentos de mercadorias e informação através do globo – são enormemente maiores do que as que teriam existido em qualquer período prévio da história".[47]

O que nos preocupa aqui não é a "novidade" da globalização, mas seus efeitos sobre a maneira como a sociedade internacional se organiza. Tais efeitos existem e não podem ser desprezados. Conforme analisaremos, a crescente interdependência dos povos tem conseqüências sobre a efetividade do poder estatal e sobre sua autonomia, afetando assim o modelo do Estado soberano.

As relações econômicas que se intensificam no processo de globalização apresentam duas vertentes principais: a comercial e a financeira. Uma é caracterizada pelo aumento do fluxo de mercadorias entre os países. A outra é marcada pelo crescimento do fluxo de capitais pelas fronteiras nacionais. Convém observar que essa segunda vertente pode ser, por sua vez, dividida em investimentos diretos e capitais especulativos, cabendo nesse segundo caso analisar a instabilidade que esses capitais especulativos provocam na economia internacional.

---

[43] MICHALET, Charles-Albert. Les metamorphoses de la mondialisation, une approche économique. In: LOQUIN, Eric; KESSEDJIAN, Catherine. *La mondialisation du droit*. Dijon: Litec, 2000. p. 13.

[44] STRANGE, Susan. Wake up, Krasner! The world *has* changed: International political economy: abiding discord. *Review of International Political Economy*, London, v. 1, nº. 2, p. 210, Summer, 1994.

[45] O "globalismo" seria um fenômeno com raízes antigas e consistiria em um "estado do mundo envolvendo redes de interdependência em distâncias multicontinentais". A "globalização" seria um processo de crescimento do globalismo, hoje ou no passado. Fazendo uma distinção entre globalismo "fino" (*thin*) ou "espesso" (*thick*), Keohane e Nye afirmam que a globalização é "o processo pelo qual o globalismo se torna crescentemente 'espesso'". KEOHANE, Robert O.; NYE, Joseph S. Introduction..., op. cit.; 2000. p. 8.

[46] FRIEDMAN, Thomas L. *The Lexus and the Olive Tree*. New York: Ferrar Strauss and Giroux, 1999. p. 7.

[47] Dessa forma, por exemplo, a proporção do comércio mundial em relação ao produto interno bruto teria, pelo menos a partir da década de 1980, ultrapassado a proporção existente em qualquer período anterior à Primeira Guerra Mundial, e haveria agora um mercado mundial de capitais como nunca antes existiu. GRAY, John. *False Dawn*: The Delusions of Global Capi-

Caberia, no entanto, estudar de início o fenômeno que mais contribuiu recentemente para a aceleração da globalização: a chamada "revolução tecnológica".

3.2 O PAPEL DA REVOLUÇÃO TECNOLÓGICA NA ACELERAÇÃO DO PROCESSO DE GLOBALIZAÇÃO

A chamada revolução tecnológica é resultado de avanços na ciência e na técnica que muitas vezes podem não ser tão recentes, mas também de inovações, como o surgimento do ciberespaço, o que torna possível afirmar que estamos vivendo novos tempos – a era da informação (3.2.1). O surgimento das redes de informática tem efeitos sobre a forma de organização da produção e da comercialização de bens, contribuindo para o surgimento de uma "economia digital" e para a aceleração da globalização econômica (3.2.2).

3.2.1 Evolução tecnológica e revolução tecnológica – o ciberespaço e o advento da era da informação

A aceleração do processo de difusão da tecnologia

Assim como ocorre com a globalização, a influência da tecnologia sobre a forma de a sociedade internacional se organizar não seria um fenômeno recente. Importantes avanços tecnológicos, como o telégrafo[48] e o navio a vapor, ocorreram no final do século XIX, período em que o progresso nos meios de comunicação e de transporte modificaram de forma considerável a vida das pessoas.[49]

Mais do que criar uma nova conjuntura, os progressos recentes representariam o desenvolvimento de inovações já existentes que, por sua vez, repre-

---

[48] Para alguns autores, as conseqüências dos cabos de telégrafo submarinos intercontinentais teriam sido mais importantes do que as do progresso das décadas recentes no campo das telecomunicações. Segundo Hirst e Thompson, se os teóricos da globalização querem afirmar que temos uma economia em que todas as partes do mundo se ligam por mercados que dividem informações em tempo praticamente real, tal situação se iniciou não na década de 1970 mas a partir de 1870. HIRST, Paul; THOMPSON, Grahame. *Globalization in Question...*, op. cit.; 1996. p. 10.

[49] Krugman acredita que a vida das pessoas mudou mais entre 1917 e 1957 do que entre 1957 e os dias de hoje. Isso porque, enquanto em 1917 vivia-se em um mundo em que "carroças puxadas por cavalos entregavam blocos de gelo para serem colocados em compartimentos próprios, num mundo não apenas sem TV, mas também desprovido de qualquer meio de comunicação de massa", em 1957, por sua vez, as famílias "ainda não tinham fornos de microondas e as televisões eram em preto-e-branco, mas, basicamente, a vida era muito semelhante à atual". Com isso, para Krugman, "a idéia de que estamos vivendo em uma era de vertiginoso progresso tecnológico é produto, sobretudo, do sensacionalismo publicitário". Veremos, no entanto, que os avanços tecnológicos recentes mudaram a vida e a forma de organização da sociedade de forma não-desprezível. KRUGMAN, Paul. *Globalização e globobagens*. Rio de Janeiro: Campus, 1999. p. 113.

sentavam o desenvolvimento de outros meios já utilizados. Afinal, a diferença entre um sistema de comércio que transporte as mercadorias e a informação por barcos a vela e outro que o faça por barcos a vapor e por meio da eletricidade seria apenas qualitativa.[50] Mais do que uma revolução, estaríamos assistindo a uma simples evolução tecnológica.

Nesse sentido, a Revolução Industrial[51] poderia ser vista como o ponto de partida para o processo de inovação tecnológica que vem hoje acelerando-se. Foi ela que teria dado início a um avanço cumulativo da tecnologia, que teria repercussões em todos os aspectos da vida econômica. O resultado, como afirma David Landes, teria sido "um enorme aumento da produção e da variedade de bens e serviços, e isso, por si só, mais do que qualquer outra coisa desde a descoberta do fogo, modificou o estilo de vida do homem: o cidadão inglês de 1750 estava mais próximo dos legionários de César, em termos do acesso às coisas materiais, do que de seus próprios bisnetos".[52]

A encampação pela ciência das tecnologias surgidas durante a Revolução Industrial é considerada, para Douglass North, a causa da segunda grande revolução econômica por que passou a humanidade.[53] Essa segunda revolução econômica estaria marcada por algumas rupturas tecnológicas. Uma destas se referiria ao desenvolvimento de maquinarias automatizadas para substituir as mãos e a mente humanas na produção.[54] Tal inovação seria conseqüência da

---

[50] HIRST, Paul; THOMPSON, Grahame. *Globalization in Question...*, op. cit.; 1996. p. 9.

[51] Devemos observar que David Landes diferencia a "revolução industrial" – com letras minúsculas – da "Revolução Industrial" – em maiúsculas. A revolução industrial seria o conjunto de inovações tecnológicas que, "substituindo a habilidade humana pelas máquinas e a força humana e animal pela energia da fonte inanimada, introduzem uma mudança que transforma o trabalho artesanal em fabricação em série e, ao fazê-lo, dão origem a uma economia moderna". Por outro lado, a Revolução Industrial, iniciada na Inglaterra no século XVII, denotaria "o primeiro exemplo histórico do avanço de uma economia agrária e dominada pela habilidade artesanal para uma economia dominada pela indústria e pela fabricação mecanizada". LANDES, David S. *Prometeu desacorrentado*: Transformação tecnológica e desenvolvimento industrial na Europa Ocidental, desde 1750 até a nossa época. Rio de Janeiro: Nova Fronteira, 1994. p. 5. Edição original de 1969.

[52] Idem. p. 8, 10.

[53] A primeira revolução econômica teria surgido com a criação da agricultura. NORTH, Douglass C. *Structure and Change in Economics History*. New York: W.W. Norton, 1981. p. 171.

[54] Douglass North aponta ainda duas outras rupturas tecnológicas essenciais à "segunda revolução econômica". A primeira seria a criação de novas fontes de energia. Essa inovação teria origem na Revolução Industrial com a invenção do motor a vapor por Watt, sendo posteriormente representada por novas formas de energia, como o motor de combustão interna, fontes de eletricidade e a energia nuclear. A segunda ruptura imaginada por North seria a transformação fundamental da matéria. Essa ganharia importância a cada dia, uma vez que a física, a química e a genética representam um "salto na habilidade humana de transformar a matéria em materiais e energia utilizáveis". Devemos somar, então, ao desenvolvimento da informática e das telecomunicações, os crescentes avanços nas áreas da biotecnologia, que prometem revolucionar ainda mais o modo de vida da sociedade, permitindo-nos vislumbrar um admirável mundo novo, completamente diferente daquele em que vivemos hoje. NORTH, Douglass C. *Structure and Change in Economics History...*, op. cit.; 1981. p. 173.

crescente especialização e divisão do trabalho, que levariam ao objetivo de inventar uma máquina para exercer uma tarefa simples. Segundo esse autor, a linha de montagem idealizada por Henry Ford é um exemplo clássico disso, e o computador é o exemplo moderno mais revolucionário dessa realidade. O computador reduz os custos de transação, tornando possível o aumento de produção que permite que a população continue a crescer com qualidade de vida.[55]

Essa ruptura é a que mais facilmente associamos à revolução tecnológica de nossos dias. O aumento do uso dos computadores acarreta mudanças profundas nos hábitos das pessoas e na forma de organização da sociedade. Tais mudanças são tão significativas que devem ser analisadas como um fenômeno à parte. Nesse sentido, notamos que, mesmo que inovações tecnológicas sempre tenham existido, o ritmo em que surgem as inovações e a velocidade com que essas se espalham são cada vez mais rápidos.[56] Como lembra North: "O motor a vapor de Watt foi uma invenção do século XVIII. Sua aplicação ao transporte aquático ocorre no começo do século XIX. Porém nós não observamos o barco a vapor substituir o barco a vela até o final do século XIX. No final de 1880, a maioria das cargas a granel mundiais eram ainda levadas por barcos a vela. Logo, uma das mais dramáticas invenções levou quase cem anos para substituir sua predecessora".[57]

Outras tecnologias importantes também levaram tempo em se disseminar: "A imprensa foi inventada na China, no século VIII d.C. e os tipos móveis no século XI, porém essa tecnologia só chegou à Europa no século XV. O papel foi introduzido na China no século II d.C., chegou ao Japão no século VII e se difundiu, na direção oeste, para a Ásia Central no século VIII, para o Norte da África no X, para a Espanha no XI e para a Europa Setentrional no XIII. Outra invenção chinesa, a pólvora, que ocorreu no século IX, disseminou-se para os árabes algumas centenas de anos depois e atingiu a Europa no século XIV".[58]

Historicamente, não só a disseminação mas também a aceitação das inovações tecnológicas costuma ser lenta. Antoine de Saint-Éxupery, em seu livro

---

[55] É importante ressaltar que, se, por um lado, o uso intensivo da tecnologia pode acarretar aumento da qualidade de vida, por outro, uma das principais conseqüências da aceleração do processo produtivo dele resultante é o chamado desemprego tecnológico. Produz-se mais em menos tempo, e o crescimento da demanda não ocorre com a mesma velocidade, provocando demissão em massa nas indústrias. Como informa Eric Hobsbawm: "Entre 1950 e 1970, o número de telefonistas interurbanos nos EUA caiu 12%, enquanto o número de telefonemas aumentou cinco vezes; mas entre 1970 e 1980, caiu 40%, enquanto os telefonemas triplicaram". HOBSBAWM, Eric. *A era dos extremos*: o breve século XX: 1914-1991. 2. ed. São Paulo: Companhia das Letras, 1997. p. 403.

[56] Strange defende, nesse sentido, que "as gerações mais jovens sabem que o mundo do trabalho e da criação da riqueza está mudando mais rápido em sua época do que o ocorria na de seus pais". STRANGE, Susan. Wake up, Krasner..., op. cit.; 1994. p. 210.

[57] NORTH, Douglass C. *Structure and Change in Economics History*..., op. cit.; 1981. p. 163.

[58] HUNTINGTON, Samuel P. *O choque das civilizações e a recomposição da ordem mundial*. Rio de Janeiro: Objetiva, 1997. p. 56.

de memórias *Terra dos homens*, de 1939, lembra como as pessoas – que normalmente tendem a reagir de modo negativo a novas tecnologias – viram de forma desconfiada o surgimento das primeiras locomotivas a vapor no século XIX. Ele descreve como a fumaça e o barulho das primeiras locomotivas eram odiados pelas pessoas, que, com o tempo, passaram a ver as vantagens que essa nova forma de transporte lhes trazia.[59]

Hoje os avanços da ciência se espalham e são aceitos cada vez mais rapidamente. Inovações recentes acarretaram melhorias brutais nos transportes e nas telecomunicações, fazendo que as mesmas distâncias sejam percorridas e as mesmas atividades finalizadas em um tempo e a um custo cada vez menores.[60] Nas comunicações, por exemplo, o custo de uma chamada telefônica de três minutos entre Nova York e Londres, corrigindo-se os valores, caiu de aproximadamente 250 dólares norte-americanos em 1930 para pouco mais de três dólares em 1990.[61] Além da redução dos custos das chamadas, aumentou a capacidade das linhas telefônicas. Há trinta anos elas podiam acomodar oitenta chamadas por vez entre os Estados Unidos e a Europa, hoje sua capacidade é de um milhão de chamadas.[62] Se na década de 1980 as chamadas feitas por cabos de cobre podiam transmitir uma página de informação por segundo, hoje uma simples linha de fibra ótica pode transmitir 90 mil volumes em um segundo.[63]

Ciberespaço e a era da informação

As maiores inovações dos últimos anos ocorreram no mundo da informática. Esse avanço se caracteriza inicialmente pelo aumento na capacidade de armazenamento e de processamento da informação. Desde 1954, o preço dos computadores caiu cerca de 19% a cada ano,[64] o que assegurou sua popularização em diversas partes do mundo.[65] Os microprocessadores custam hoje

---

[59] Ver GATES, Bill. *A estrada do futuro*. São Paulo: Companhia das Letras, 1995. p. 19.

[60] Um dos motivos da aceleração recente no ritmo das inovações tecnológicas seria o fim da Guerra Fria, que teria permitido às grandes potências redirecionar para a produção parte de seus esforços e seus recursos antes voltados para o desenvolvimento de armamentos (os gastos das superpotências com defesa evoluíram enormemente no período da Guerra Fria: entre 1951 e 1969, os gastos dos Estados Unidos passaram de US$ 33,3 para US$ 81,4 bilhões, e os da URSS de US$ 20,1 para US$ 89,8 bilhões), aumentando, com isso, seus investimentos em pesquisa e tecnologia. SATO, Eiiti. *O papel estabilizador dos países periféricos...*, op. cit.; 1997. f. 115.

[61] BATISTA JUNIOR, Paulo Nogueira. *Mitos da globalização...*, op. cit.; 1997. p. 2.

[62] Ver O novo mal do século. *Folha de S. Paulo*, São Paulo, p. 2, 20 maio 1998.

[63] Ver NYE, Joseph S. Information Technology and Democratic Governence. In: KAMARCK, Elaine Ciulla; NYE; Joseph S. (ed). *Democracy.com?*: Governance in a Networked World. Hollis: Hollis Publishing, 1999. p. 7.

[64] Idem.

[65] É interessante lembrar que em 1946 havia no planeta apenas um computador, construído na Universidade da Pensilvânia, que pesava 30 toneladas e ocupava mais de 139 metros quadrados. Ver HELD, David. *Democracy and the Global Order...*, op. cit.; 1995. p. 123.

menos de 1% do que custavam em 1970, e sua capacidade tem dobrado pelo menos a cada dois anos, constantemente.[66] O crescimento da importância da informática na vida da sociedade estaria nos conduzindo a uma nova revolução mundial, diferente das anteriores. Não se trataria "de uma revolução técnica análoga àquela das estradas de ferro ou da eletricidade", mas sim "de uma revolução muito mais profunda, qualificada de *escritural*, e comparável à aparição do alfabeto ou ainda à invenção da imprensa".[67]

O impulso mais importante a essa nova revolução veio nos últimos anos, com o aumento na capacidade e na velocidade de transmissão da informação. Esse aumento deveu-se ao crescimento das redes mundiais de computadores, em especial da internet[68] que, imaginada inicialmente para fins militares, cien-

---

[66] Esse ritmo de evolução ficaria conhecido como a "lei de Moore", formulada em 1965 por um dos co-fundadores da Intel, produtora mundial de microprocessadores. Ver NYE, Joseph S. Information Technology and Democratic..., op. cit.; 1999. p. 17.

[67] De fato, talvez o acontecimento histórico que mais se assemelhe ao nascimento de uma era digital seja a invenção da imprensa. Se, como já mencionado, os tipos móveis foram inventados na China no século XI, somente no século XV eles seriam introduzidos na Europa. Bill Gates, ao analisar os avanços promovidos pelas estradas de ferro, observa: "O único outro avanço isolado que teve efeito assim tão grande na história da comunicação aconteceu por volta de 1450, quando Johann Gutenberg, um ourives da cidade de Mainz, na Alemanha, inventou o tipo móvel e apresentou a primeira prensa na Europa (a China e a Coréia já possuíam prensas). O invento mudou a cultura ocidental para sempre. Gutemberg levou dois anos para compor os tipos de sua primeira Bíblia, mas, uma vez feito isso, teve condições de imprimir múltiplos exemplares. Antes de Gutemberg todos os livros eram copiados à mão. Os monges, que em geral eram os encarregados de copiar a Bíblia, raramente conseguiam fazer mais de uma cópia por ano". "Antes de Gutemberg, havia apenas uns 30 mil livros em todo o continente europeu, a maioria Bíblias ou comentários bíblicos. Por volta de 1500, havia mais de 9 milhões de livros, sobre tudo quanto é assunto. Panfletos e outros materiais impressos afetaram a política, a religião, a ciência e a literatura. Pela primeira vez, quem se achava fora da elite eclesiástica teve acesso à informação escrita". Hoje, estaria mudando a forma como lidamos com a informação. Como lembra Gates: "A principal diferença que veremos surgir na informação do futuro é que quase toda ela será digital". E ainda: "O que caracteriza o período histórico atual são as maneiras completamente novas pelas quais a informação pode ser mudada e manuseada, bem como a velocidade com que podemos lidar com ela". GATES, Bill. *A estrada do futuro*..., op. cit.; 1995. p. 19-20, 35.

[68] As palavras "ciberespaço", "internet" e "rede" serão em geral utilizadas aqui como sinônimos, significando o espaço virtual onde se dão as transações comerciais e trocas de informações por meio eletrônico. Inclui-se nesse espaço também as redes digitais privadas, que, como veremos, são especialmente importantes no estudo dos efeitos econômicos da globalização. O termo ciberespaço tem caráter mais genérico, significando a "dimensão ou domínio virtual da realidade, constituído por entidades e ações puramente informacionais; meio, conceitualmente análogo a um espaço físico, em que seres humanos, máquinas e programas computacionais interagem". Já "internet" tem um caráter mais preciso, e será sempre utilizada quando se quiser enfatizar a natureza pública dessas redes, uma vez que esta pode ser definida de modo específico como "qualquer conjunto de redes de computadores ligadas entre si por roteadores e *gateways*, como aquela de âmbito mundial, descentralizada e de acesso público, cujos principais serviços oferecidos são o correio eletrônico, o *chat* e a *Web*, e é constituída por um conjunto de redes de computadores interconectadas por roteadores que utilizam o protocolo de transmissão TCP/IP". – Ver verbetes "ciberespaço"e "internet" em FERREIRA, Aurélio Buarque de Holanda. *Novo Aurélio, século XXI*: o dicionário da língua portuguesa. 3. ed. Rio de Janeiro: Nova Fronteira, 1999.

tíficos ou acadêmicos, passou por uma democratização traduzida pelo aumento crescente de usuários conectados[69] – desde o surgimento da internet, o tráfego na rede teria crescido 100% a cada ano.[70]

"Ciberespaço" é o nome dado ao local em que se dão as transações comerciais e as trocas de informações por meio eletrônico. Ele consiste na teia mundial de redes de computadores e serviços de informação, onde as pessoas se comunicam interativamente, pedem produtos e serviços, e as empresas realizam transações e negócios com seus fornecedores e instituições financeiras, entre muitas outras possibilidades.[71]

Seu surgimento teve o efeito de virtualmente eliminar os custos de comunicação.[72] A tecnologia da informação teria diminuído a relevância não apenas do problema dos custos, mas também da questão do tempo e da distância.[73] Por volta de 1830, uma carta postada na Inglaterra levava entre cinco e oito meses para chegar à Índia, e uma troca de correspondências poderia levar até dois anos, caso fosse afetada pela estação das monções. Hoje, a mesma comunicação se dá instantaneamente, por correio eletrônico. A natureza das comunicações modernas permitiria assim "aniquilar a distância e os limites territoriais como barreiras à atividade socioeconômica".[74] O ciberespaço poderia ser comparado a um oceano, que margeia os países, cidades e lares do mundo, permitindo uma navegação virtual e instantânea entre eles.

Essa verdadeira revolução na maneira pela qual as informações são obtidas e disseminadas[75] contribuiu para a consolidação da chamada "sociedade da informação", que caracterizaria o século XXI,[76] diferenciando-o de qualquer período anterior da história da humanidade.

Aqui, mais uma vez, uma visão simplista do tipo "não há nada de novo sobre a Terra" não ajudaria a entender os profundos efeitos que as inovações tecnológicas recentes tiveram sobre a sociedade. Mesmo se a Revolução Industrial está na origem da revolução tecnológica, seria mais exato dividir não mais em dois, mas em três os grandes paradigmas econômicos da humanidade após a Idade Média. No primeiro, predominaria a agricultura, o hoje cha-

---

[69] BENSOUSSAN, Alain. *L'informatique et le droit*: Memento-Guide. Paris: Hermes, 1994. t. 1, p. 341.

[70] Ver NYE, Joseph S. Information Technology..., op. cit.; 1999. p. 7.

[71] Ver ALBERTIN, Alberto Luiz. Comércio Eletrônico: Benefícios e Aspectos de sua Aplicação. *Revista de Administração de Empresas*, São Paulo, v. 38, n. 1, p. 55, jan./mar. 1998.

[72] NYE, Joseph S. Information Technology..., op. cit.; 1999. p. 8.

[73] WRISTON, Walter B. Bits, Bytes, and Diplomacy. *Foreign Affairs*, New York, p. 172, Sept./Oct. 1997.

[74] HELD, David. *Democracy and the Global Order*..., op. cit.; 1995. p. 20.

[75] WOLF, Martin. Will the Nation-State Survive Globalization? *Foreign Affairs*, New York, p. 180, Jan./Feb. 2001.

[76] BENSOUSSAN, Alain. *L'informatique et le droit*..., op. cit.; 1994. p. 219-220.

mado setor primário da economia. Com a modernização da economia, teríamos alcançado o segundo paradigma, marcado pelo predomínio da indústria, o setor secundário. Hoje, após um processo de "informatização", o setor predominante seria o terciário, em que os serviços e a informação estariam no centro da produção econômica.[77] Desse modo, como observa Walter Wriston: "o casamento dos computadores com as telecomunicações resultou na Era da Informação, a qual é tão diferente da Era Industrial quanto esta última o foi da Era Agrícola".[78]

Em conclusão, a profundidade das transformações ocorridas justifica a denominação especial de "revolução tecnológica" às inovações científicas recentes. Essa "revolução tecnológica" – em letras minúsculas, poderia ser distinguida da "Revolução Tecnológica" – em maiúsculas.[79] Como acabamos de ver, a primeira compreenderia o conjunto de inovações, sobretudo no ramo da informática, que permitem conduzir o mundo rumo à era da informação. A segunda caracterizaria um fenômeno histórico: a rápida disseminação dessas inovações tecnológicas iniciada no final do século XX, nos países desenvolvidos e em alguns dos países em desenvolvimento, que dura até hoje. Infelizmente, a humanidade caminha em um ritmo desigual. Algumas regiões do mundo não foram atingidas sequer pela revolução industrial, que dizer da "revolução tecnológica". Porém, no momento em que atingir essas regiões, a revolução tecnológica terá os mesmos efeitos que hoje tem sobre os países que a estão vivendo – entre outros, o da perda parcial de efetividade e autonomia do poder estatal.[80]

3.2.2 A revolução tecnológica e seus efeitos sobre a produção e a comercialização – a economia digital

A revolução tecnológica contribuiu e muito para a aceleração do processo de globalização no final do século XX.[81]

O advento da era da informação muda radicalmente a forma como a economia dos Estados se organiza. O saber passa a ser considerado o patrimônio mais importante das nações, e começa a existir um consenso cada vez maior

---

[77] .HARDT, Michel; NEGRI, Antonio. *Empire*. Paris: Exils, 2000. p. 343.
[78] WRISTON, Walter B. Bits, Bytes, and Diplomacy..., op. cit.; 1997. p. 172.
[79] Obedecendo à mesma distinção que David Landes faz com relação à Revolução Industrial, conforme analisamos anteriormente.
[80] Dessa maneira, como um dos nossos objetivos aqui é estudar os efeitos que as inovações tecnológicas recentes têm sobre o modelo do Estado soberano, nos preocuparemos com a "revolução tecnológica" – conjunto de inovações, e não como fenômeno histórico que talvez leve ainda muitos anos para alcançar todo o planeta.
[81] Para Gray, a globalização seria um fato histórico, cujo mecanismo básico é a inexorável proliferação de novas tecnologias ao redor do mundo. GRAY, John. *False Dawn*..., op. cit.; 1998. p. 23.

"em torno da idéia de que conhecimento é tudo". Atualmente não basta a um país contar com mão-de-obra barata. É necessário que os operários sejam capazes de lidar com as modernas máquinas envolvidas no processo produtivo e, para tanto, é preciso que os Estados invistam maciçamente na educação de seu povo. A riqueza das nações deixa assim de estar nas matérias-primas que jazem sob seu solo e passa a se situar "nas idéias, na ciência, na tecnologia e, portanto, na cabeça de seus trabalhadores". Em outras palavras, "a riqueza está na capacidade de adquirir conhecimento por parte da força de trabalho".[82] Essa nova realidade se reflete no valor dos produtos industrializados, cujo componente principal deixa de ser a mão-de-obra ou as matérias-primas e passa a ser a tecnologia,[83] criando uma crescente necessidade de investimento em pesquisa e desenvolvimento por parte dos Estados.[84]

O surgimento do ciberespaço e a informatização da sociedade têm conseqüências econômicas tanto sobre o nível de produção quanto sobre os custos de transação mundiais. Por esse motivo, a revolução tecnológica representaria uma verdadeira revolução econômica, o que significa que ela originaria "uma mudança fundamental no potencial produtivo da sociedade como conseqüência de uma mudança básica no estoque de conhecimento, e uma conseqüente, igualmente básica, mudança em organização para realizar tal potencial produtivo".[85]

As inovações nos transportes e nas comunicações levam a informação a transitar velozmente entre os diferentes povos. Isso tem conseqüências tanto sobre a demanda quanto sobre a produção mundiais. Segundo Kenichi Ohmae, "com a subsistência assegurada, dinheiro disponível e informação acessível sobre o resto do mundo, as pessoas inevitavelmente começam a olhar em sua volta e questionar por que elas não podem ter o que os outros têm". A rápida difusão da informação levaria então a um crescimento da demanda por produtos estrangeiros sem equivalentes nacionais, favorecendo a globalização.

Além disso, a facilidade de acesso à informação sobre as demais nações teria feito que a administração do processo produtivo deixasse de consistir em

---

[82] DECOL, René. Era do conhecimento. Disponível em: <*http://www.agestado.com/virtual/rene//coluna91.htm*>. Acesso em: 1996.

[83] Dessa forma, nas indústrias de ponta, como as de microeletrônica, o custo do saber representa a maior parte do valor final dos produtos.

[84] Por esse motivo, o mundo hoje apresentaria uma nova divisão de poder, baseada não só na questão militar ou econômica, mas na detenção da tecnologia e do saber. Como lembra Eric Hobsbawm, "quanto mais complexa a tecnologia envolvida, mais complexa a estrada que ia da descoberta ou invenção até a produção, e mais elaborado e dispendioso o processo de percorrê-la. *Pesquisa e Desenvolvimento* tornaram-se fundamentais para o crescimento econômico e, por esse motivo, reforçou-se a já enorme vantagem das *economias de mercado desenvolvidas* sobre as demais". HOBSBAWM, Eric. *A era dos extremos...*, op. cit.; 1997. p. 261.

[85] Segundo North, é este tipo de revolução que permite aumentos de produção de forma a garantir o crescimento da população. NORTH, Douglass C. *Structure and Change in Economics History...*, op. cit.; 1981, p. 171.

uma simples tarefa de "dobrar metal e montar objetos" neste ou naquele país. As empresas hoje devem procurar seus fornecedores levando em consideração quem pode fornecer os componentes necessários "no lugar certo, na hora certa, no nível certo de qualidade, pelo preço certo", independentemente de sua localização. Além de procurar fornecedores fora das fronteiras em que se situam, muitas empresas acreditam que a conquista de novos mercados no exterior lhes permitirá escoar sua produção crescente e, por esse motivo, lutam pela eliminação das barreiras alfandegárias, o que também favorece a globalização.[86]

A mesma razão explica os investimentos das empresas no desenvolvimento do comércio eletrônico. Ainda que a importância da chamada economia digital possa ter sido exagerada em seu início, essa "nova economia" conquistou um espaço fundamental na forma como a economia mundial se organiza.[87] O surgimento do ciberespaço causa grande modificação no modo de comercialização dos produtos, ao permitir transformar em ponto-de-venda a casa de cada consumidor em potencial.[88] Segundo Frances Cairncross: "O mercado de uma empresa não é mais sua localidade ou até mesmo sua nação. Graças a números *toll-free* globais e ao alcance mundial da internet, o comércio eletrônico oferece uma maneira barata de vender para o mundo. Pedidos internacionais pelo correio e a distribuição eletrônica serão grandes negócios, trazendo aos clientes um leque de opções sem precedentes e conduzindo à competição de preço no nível da via principal eletrônica. Isso criará marcas globais e estratégias de preços globais – e dores de cabeça regulatórias globais".[89]

Logo, a revolução tecnológica foi essencial para a aceleração da globalização econômica. Como veremos a seguir, essa globalização teria duas esferas principais: a virtual e a real. A globalização virtual englobaria os extraordinários avanços no processamento e na transmissão da informação, assim como as mudanças no campo financeiro.[90] Já a globalização real corresponderia à idéia de crescimento do comércio e do investimento mundiais, e seu estudo se relaciona com o papel das empresas transnacionais.

---

[86] OHMAE, Kenichi. *The end of the Nation-State*..., op. cit.; 1995, p. 45, 114.

[87] Ainda que o surgimento da internet e das empresas criadas para explorar atividades na rede tenha sido supervalorizado em seu início – o que se refletiu na posterior queda dos mercados de ações na área da tecnologia – a utilização da rede para as mais diversas atividades mostrou com o tempo que veio para ficar. Em julho de 2003, estimava-se um número de usuários da internet entre 580 a 655 milhões, dependendo do instituto de pesquisa. Disponível em: < http://www.cyberatlas.internet.com/big_picture/geographics>. Acesso em: 15 ago. 2003.

[88] BENSOUSSAN, Alain. *L'informatique et le droit*..., op. cit.; 1994. t. 1, p. 331.

[89] CAIRNCROSS, Frances. *How the Communications Revolution Will Change our Lives*. Boston, Mass.: Harvard Business School Press, 1997. p. 143.

[90] FERRER, Aldo. *De Cristóbal Colón a Internet*: América Latina y la globalización. Buenos Aires: Fondo de Cultura Económica de Argentina, 1999. p. 14.

Capítulo 4

Transnacionais, mercados financeiros e a aceleração da globalização econômica

A globalização econômica é acompanhada da ascensão de determinados atores privados transnacionais. A importância adquirida por esses atores é um dos fatores que nos permitem afirmar que o modelo do Estado soberano está sendo gradualmente substituído por outro paradigma, o da sociedade global. Seria interessante por isso estudar dois fenômenos diretamente relacionados ao fortalecimento desses novos atores: o crescimento das empresas transnacionais (4.1) e a globalização financeira (4.2).

4.1 O PAPEL DAS EMPRESAS TRANSNACIONAIS NA ACELERAÇÃO DO PROCESSO DE GLOBALIZAÇÃO ECONÔMICA

Embora determinadas companhias operem internacionalmente há muitos anos, e ainda que boa parte das empresas mantenha forte base nacional, o que leva muitos autores a questionar a utilização do termo "transnacional", o fato é que o processo de internacionalização da produção e da comercialização se acelerou nos últimos anos (4.1.1). Entender a forma de atuação das transnacionais – baseada de modo predominante no investimento externo direto e na adoção de uma estratégia global – é essencial para compreender como a atividade dessas empresas pode afetar o poder estatal (4.1.2).

4.1.1 A evolução das empresas transnacionais

A questão da verdadeira "transnacionalidade" das transnacionais

Antes de iniciar o estudo das empresas transnacionais, caberia superar um obstáculo: apesar da importância inegável que essas empresas adquiriram nos últimos anos, alguns autores negam sua "transnacionalidade".[1]

O motivo que leva a essa crença é que mesmo boa parte das grandes empresas, que tendem a ser mais internacionalizadas do que as pequenas e as médias, permanecem marcadas por sua origem nacional.[2] Isso ocorreria porque possuir uma base nacional seria vantajoso para a empresa, já que lhe permitiria contar com um núcleo administrativo que compartilha uma mesma identidade cultural.[3] Uma empresa verdadeiramente transnacional, administrada por pessoas culturalmente distantes, teria de criar uma cultura interna à própria empresa, o que seria muito mais trabalhoso e difícil.[4] Isso faria que, tradicionalmente, a maioria das empresas continuasse sendo dirigida de seu país de origem.

Essa situação se comprovaria na forma como tais empresas funcionam. Em muitos casos, a maior parte do capital acionário da empresa permanece no país onde está sua sede.[5] Aspectos centrais do funcionamento das empresas, como pesquisa e desenvolvimento, tenderiam a se realizar em seus países de origem.[6] Outro fator a ser considerado é que a base doméstica dessas empresas continua sendo o centro de suas atividades, uma vez que nela seria produ-

---

[1] Nesse sentido, Benko defende que "a maioria das firmas, incluindo as maiores, conservam hoje um caráter etnocêntrico muito acentuado". BENKO, Georges. Organização econômica do território: algumas reflexões sobre a evolução no século XX. In: SANTOS, Milton et al. (org.). *Território, globalização e fragmentação*. São Paulo: Hucitec, 1994. p. 70.

[2] BATISTA JUNIOR, Paulo Nogueira. *Mitos da globalização*. São Paulo: Instituto de Estudos Avançados da Universidade de São Paulo, 1997. p. 31.

[3] Por isso, para Gray, a maior parte das empresas possui em suas raízes uma única cultura nacional. As poucas empresas que se encaixariam no modelo transnacional "sem raízes" seriam aquelas que compartilhariam da cultura corporativa norte-americana, pela qual o lucro seria um valor que superaria a própria lealdade nacional. GRAY, John. *False Dawn*: The Delusions of Global Capitalism. New York: The New Press, 1998. p. 69.

[4] HIRST, Paul; THOMPSON, Grahame. *Globalization in Question*: The International Economy and the Possibilities of Governance. Cambridge, U.K.: Polity Press, 1996. p. 186.

[5] Como é o caso da Nestlé, que embora tenha apenas 5% de seus ativos e empregados na Suíça – sendo talvez por isso "a mais internacionalizada das companhias" –, limita os direitos de voto de estrangeiros a apenas 3% do total. WADE, Robert. Globalization and Its Limits: Reports of the Death of the National Economy are Greatly Exaggerated. In: BERGER, Suzanne; DORE, Ronald (ed.). *National Diversity and Global Capitalism*. Ithaca: Cornell University Press, 1996. p. 79.

[6] O que se comprova com o exemplo da Phillips, empresa baseada na Holanda que mantém 85% de seus ativos no exterior e realiza 40% de suas atividades de pesquisa e desenvolvimento de produtos em sua sede. Idem. p. 80.

zida a maior parte do valor adicionado,[7] o que traz grande contribuição para a elevação no padrão de vida do país onde elas estão situadas.[8]

Com isso, as corporações verdadeiramente transnacionais seriam raras,[9] e não se poderia apontar uma tendência perceptível na direção do predomínio de empresas genuinamente globais, que não revelem preferência por algum país em particular.[10] Seguindo esse raciocínio, essas corporações deveriam ser caracterizadas como firmas nacionais com operações internacionais.[11]

Além disso, alguns autores ressaltam o fato de que a presença das empresas estrangeiras nas economias nacionais, embora tenha aumentado de modo significativo, permanece relativamente limitada.[12] A própria importância da atividade internacional das empresas poderia assim ser questionada, já que a produção nacional continuaria a pesar mais na economia mundial do que a chamada produção transnacional – não mais de 20% da produção mundial de bens e serviços transporia hoje as fronteiras nacionais, os aproximadamente 80% restantes seriam comercializados nos mercados internos dos Estados.[13] Os mercados internos continuariam assim a "preponderar, por larga margem, na absorção da produção, na geração de empregos e no financiamento dos investimentos".[14]

Convém observar ainda que a atividade internacional estaria concentrada nos países desenvolvidos, que responderiam por grande parte dos fluxos de comércio e de capital, em especial naqueles países situados nas regiões que compõem o que se costuma chamar de tríade e, por isso, em vez de global, tal atividade seria mais bem caracterizada como "triangular".[15]

---

[7] Entre 70 e 75% desse valor. HIRST, Paul; THOMPSON, Grahame. *Globalization in Question...*, op. cit.; 1996. p. 95-96.

[8] WEISS, Linda. *The Myth of the Powerless State*. Ithaca: Cornell University Press, 1998. p. 185.

[9] HIRST, Paul; THOMPSON, Grahame. *Globalization in Question...*, op. cit.; 1996. p. 2.

[10] BATISTA JUNIOR, Paulo Nogueira. *Mitos da globalização...*, op. cit.; 1997. p. 31.

[11] Ver WADE, Robert. Globalization and Its Limits..., op. cit.; 1996. p. 80.

[12] BENKO, Georges. Organização econômica do território..., op. cit.; 1994. p. 70.

[13] O que leva Aldo Ferrer a defender que devemos evitar a *visão fundamentalista* da globalização, que acredita que já vivemos em um mundo sem fronteiras, em que a maior parte das transações se dá no mercado mundial e não nos mercados nacionais. FERRER, Aldo. *De Cristóbal Colón a Internet*: América Latina y la globalización. Buenos Aires: Fondo de Cultura Económica de Argentina, 1999. p. 19.

[14] BATISTA JUNIOR, Paulo Nogueira. *Mitos da globalização...*, op. cit.; 1997. p. 46.

[15] A tríade, conforme já mencionado, seria formada pela América do Norte, Europa e Japão. A concentração da atividade internacional nos países desenvolvidos leva Andreff a concluir que "se a noção de globalização se limita a definir um estágio avançado de internacionalização do capital e uma nova fase de desenvolvimento das multinacionais, ela parece legítima. Se quisermos ver nela um mundo sem fronteiras, de firmas sem nacionalidade, esta noção é discutível". ANDREFF, Wladimir. *Les multinationales globales*. Paris: La Découverte, 1996. p. 3.

Independentemente da discussão sobre a verdadeira transnacionalidade dessas corporações, o fato é que se verifica um aumento das operações internacionais de grandes empresas, com o que concorda Paulo Nogueira Baptista Júnior, que, embora seja cético com relação aos efeitos da globalização, afirma: "Não há dúvida de que nas últimas décadas aumentou a proporção de firmas que operam em âmbito internacional. As corporações industriais e financeiras dos países desenvolvidos, e mesmo de alguns países em desenvolvimento, ampliaram as suas atividades no exterior e mantêm uma parte de seus ativos fora do seu país de origem. Uma porcentagem maior do valor adicionado é produzido por subsidiárias estrangeiras e cada empresa individual enfrenta maior número de competidores externos, tanto na sua base doméstica como em outros países".[16]

Para a nossa análise, definir essas grandes corporações como verdadeiramente transnacionais ou como empresas nacionais que operam internacionalmente não é tão relevante. Mesmo que empresas ainda possam ser muito ligadas a seu país de origem, o fato de que se tornaram atores cada vez mais importantes da sociedade internacional é inquestionável.[17] O que nos importa é que, graças sobretudo à revolução tecnológica, as transnacionais passaram a adotar estratégias globais, e que a atividade dessas empresas tem efeitos sobre o modelo do Estado soberano.

O desenvolvimento das transnacionais e do comércio internacional

Igualmente ao que ocorre com a globalização em geral, o intercâmbio comercial entre os povos não é algo novo. Assim como acontece com os demais fluxos que estudaremos a seguir, todos eles essenciais ao processo de globalização, a intensificação do comércio internacional deve ser interpretada como a aceleração de um processo histórico cujas raízes podem ser encontradas no passado.[18] O intercâmbio comercial teria se esboçado "no século XVI com o desenvolvimento das companhias de comércio longínquo, aprofundado no século XIX com o Pacto Colonial e o incremento dos investimentos europeus no mundo".[19] Do mesmo modo, em sentido amplo, podemos encontrar registro de companhias que operavam "multinacionalmente" desde a época do colonialismo europeu, como a Companhia das Índias Orientais.[20]

---

[16] BATISTA JUNIOR, Paulo Nogueira. *Mitos da globalização...*, op. cit.; 1997. p. 32.

[17] Wade reconhece que essas se tornaram "atores ainda mais importantes e ainda mais internacionais em suas operações". WADE, Robert. Globalization and Its Limits..., op. cit.; 1996. p. 78.

[18] LERDA, Juan Carlos. Globalización y pérdida de autonomía de las autoridades fiscales, bancarias y monetarias. *Revista de la Cepal*, Santiago, p. 65, abr. 1996.

[19] BENKO, Georges. Organização econômica do território..., op. cit.; 1994. p. 69.

[20] Gray observa no entanto que, em sentido estrito, a escala em que as corporações atuais operam é totalmente diferente. GRAY, John. *False Dawn...*, op. cit.; 1998. p. 62.

Porém, o fluxo de mercadorias entre os países se intensificou após a Segunda Guerra Mundial até alcançar um grau inédito na História. A participação das exportações no produto interno bruto mundial aumentou de forma constante na segunda metade do século XX,[21] vindo a superar, desde a década de 1970, a participação existente na época do padrão-ouro.[22]

Da mesma maneira, o crescimento das empresas transnacionais se acelerou no pós-Segunda Guerra,[23] e sua atividade seria hoje "enorme e sem precedentes",[24] sendo essas empresas atualmente responsáveis por 30% do produto bruto global e por dois terços do comércio internacional.[25] Em suma, "não são os negócios internacionais que são novos. É a extensão dos negócios internacionais".[26]

---

[21] De aproximadamente 6% em 1950 para 12% em 1973 e 16% em 1992. A taxa de crescimento do comércio mundial continuaria sendo superior à taxa de crescimento do produto interno bruto mundial no final do século XX. Segundo dados do Fundo Monetário Internacional, entre 1993 e 1996 o volume de comércio mundial aumentou a uma taxa média de 7% ao ano, enquanto o PIB mundial cresceu 3,6% ao ano. BATISTA JUNIOR, Paulo Nogueira. *Mitos da globalização...*, op. cit.; 1997. p. 2.

[22] Além disso, desde a mesma década de 1970 os níveis tarifários são mais baixos do que na época do padrão-ouro, o que mostra que os mercados são hoje mais abertos. GRAY, John. *False Dawn...*, op. cit.; 1998. p. 63.

[23] O crescimento das empresas transnacionais foi vertiginoso na segunda metade do século XX, como demonstra Eric Hobsbawm: "As empresas americanas desse tipo aumentaram suas filiais estrangeiras de cerca de 7,5 mil em 1950 para mais de 23 mil em 1966, a maioria na Europa Ocidental e no hemisfério ocidental. Contudo, empresas de outros países as foram seguindo cada vez mais. A empresa química alemã Hoechst, por exemplo, estabeleceu-se ou associou-se com 117 fábricas em 45 países, em todos os casos, com exceção de seis, depois de 1950. A novidade estava mais na escala abrangente dessas entidades transnacionais. No início da década de 80, as empresas transnacionais americanas respondiam por mais de três quartos das exportações e quase metade das importações do país, e tais empresas (britânicas e estrangeiras) eram responsáveis por mais de 80% das exportações da Grã-Bretanha. HOBSBAWM, Eric. *A era dos extremos: o breve século XX: 1914-1991*. 2. ed. São Paulo: Companhia das Letras, 1997, p. 273.

[24] GRAY, John. *False Dawn...*, op. cit.; 1998. p. 62.

[25] Segundo os dados apresentados por Castells, no início do ano de 2002 haveria 53 mil empresas multinacionais com 415 mil empresas auxiliares. Essas redes empregariam cerca de 200 milhões de pessoas. As vendas das transnacionais, por sua vez, como informa Chesnais, teriam totalizado, segundo relatório da Unctad de 1995, 5,35 trilhões de dólares, superando o valor total do comércio mundial. CASTELLS, Manuel. A necessidade de representação. *Folha S. Paulo*, São Paulo, 27 jan. 2002. Caderno Mais! Disponível em: <http://www.uol.com.br/fsp/mais/fs2701200208.htm>. Acesso em: 28 jan. 2002; CHENAIS, François. *A mundialização do capital*. São Paulo: Xamã, 1996. p. 55.

[26] STRANGE, Susan. Wake up, Krasner! The world *has* changed: International political economy: abiding discord. *Review of International Political Economy*, London, v. 1, no. 2, p. 210, Summer 1994.

Assim como em seu início o capitalismo precisou do Estado, hoje ele precisa da globalização.[27] As transnacionais contribuíram de modo fundamental para o aumento do comércio internacional. Essas empresas são os atores por excelência do regime capitalista, cuja lógica é "a derrubada das barreiras e unificação, em escala planetária, de um espaço econômico para a ação desimpedida do capital".[28] Dessa forma, por sua própria natureza, as empresas buscam criar um espaço próprio, que se estenderia por todo o mundo, independentemente de fronteiras.[29]

Por isso as transnacionais se interessam pela eliminação das barreiras alfandegárias.[30] Isso lhes possibilita conquistar novos mercados, expandindo seu espaço, o que lhes permitirá aumentar sua produção e suas vendas.[31]

A diminuição dos obstáculos às trocas, iniciada nos países desenvolvidos, alastrou-se por todo o planeta, e no final da década de 1990 era possível afirmar que nenhum país economicamente significativo possuía um governo comprometido com o protecionismo.[32] Essa diminuição, promovida em negociações comerciais como aquelas tidas no âmbito do GATT,[33] consistiria em uma das principais causas do crescimento do comércio internacional na segunda metade do século XX, e seria de interesse direto das transnacionais.

Mas o fenômeno que mais se relaciona à ascensão das empresas transnacionais é o aumento do investimento direto no exterior.[34] Se, após a Se-

---

[27] Ver MELLO, Celso D. de Albuquerque. *Curso de direito internacional público*. 10. ed. Rio de Janeiro: Renovar, 1994. p. 313.

[28] RICUPERO, Rubens. A Economia Mundial de Blocos e a Integração da América Latina. In: RICUPERO, Rubens. *Visões do Brasil*: ensaios sobre a história e a inserção internacional do Brasil. Rio de Janeiro: Record, 1995. p. 416.

[29] DOLLFUS, Olivier. *La Mondialisation*. Paris: Presse des Sciences, 1997. p. 103.

[30] Observe-se que a própria caracterização dessas empresas como "transnacionais" ou empresas sem pátria poderia ser vista como uma estratégia com o objetivo de facilitar a remoção de barreiras contrárias à sua atuação internacional. BATISTA JUNIOR, Paulo Nogueira. *Mitos da globalização...*, op. cit.; 1997. p. 32.

[31] OHMAE, Kenichi. *The end of the Nation-State*: the rise of regional economies. New York: The Free Press, 1995. p. 114.

[32] WOLF, Martin. Will the Nation-State Survive Globalization? *Foreign Affairs*, New York, p. 181. Jan./Feb. 2001.

[33] BENKO, Georges. Organização econômica do território..., op. cit.; 1994. p. 69.

[34] Como observa Luiz Olavo Baptista, alguns acontecimentos contribuíram para o aumento do movimento internacional de capitais, ocorrido após a Segunda Guerra Mundial: "[...] os princípios de liberdade de comércio exportador, impostos pela hegemonia dos EUA aos seus aliados europeus, e o processo de descolonização geraram um movimento fantástico de capitais. Por vezes o que era simples movimento de capital no interior de um país tornou-se investimento no exterior em razão do acesso à independência das colônias. Estas mesmas nações novas, e outras, antigas, mas de economia incipiente, passaram a propor-se programas de desenvolvimento econômico". BAPTISTA, Luiz Olavo. *Investimentos Internacionais no direito comparado e brasileiro*. Porto Alegre: Livraria do Advogado, 1998. p. 47.

gunda Guerra, a economia mundial cresceu em particular graças ao aumento do comércio internacional, após a década de 1980, o responsável por esse crescimento foi o investimento externo direto.[35] Este está intimamente ligado à própria forma de organização e funcionamento das empresas transnacionais.

4.1.2 Definição e modo de atuação das empresas transnacionais – investimento externo direto e estratégia global

> *Com seu imenso potencial econômico-financeiro, essas organizações operam em escalas transcontinentais, transferindo recursos financeiros e know-how por sistemas de comunicações informatizadas e via satélite e crescem, mesmo em tempos de recessão e crise, através de fusões, incorporações, venda e compra de ativos em transações bilionárias. Baseadas em uma cultura organizacional e administrativa sem precedentes na história e dispondo de ativos financeiros superiores aos da maioria dos bancos centrais, a extrema mobilidade de seu capital financeiro movimentado em tempo real por redes computadorizadas integradas, permite realizar altas taxas de lucratividade, inclusive em operações especulativas de câmbio, taxas de juro e preços de commodities, tudo contribuindo para o aumento e a expansão das riquezas e do poder dessas organizações.*[36]
>
> Henrique Rattner

As transnacionais – ou multinacionais[37] – são empresas normalmente de grande porte[38] que operam a partir de uma base nacional, em dois ou mais paí-

---

[35] Mesmo que as exportações tenham continuado a crescer nas últimas décadas do século XX, o crescimento do investimento externo direto foi muito maior. Entre 1983 e 1990, por exemplo, os fluxos de investimento direto cresceram anualmente em média 34%, contra 9% do comércio internacional. HIRST, Paul; THOMPSON, Grahame. *Globalization in Question...*, op. cit.; 1996. p. 55.

[36] RATTNER, Henrique. Globalização: em direção a um mundo só? *Estudos Avançados, São Paulo*, v. 9, n. 25, p. 71, set./dez. 1995.

[37] Alguns autores, como Drucker, diferenciam as multinacionais – que seriam empresas nacionais com subsidiárias no exterior – das transnacionais – que espalhariam suas atividades por diversos países, obedecendo a uma lógica de que haveria "uma única unidade econômica – o mundo". No entanto, como vimos, a "transnacionalidade" dessas empresas é ainda hoje discutível, e o fato de que tenham uma base nacional não afeta nossa análise. Por isso, utilizaremos os termos "multinacional" e "transnacional" de forma indiferente, dando, sempre que possível, preferência ao termo "transnacional", adotado pelo Centro das Nações Unidas sobre Companhias Transnacionais (UNCTNC), hoje incorporado à Unctad (*United Nations Conference on Trade and Development*). DRUCKER, Peter F. The Global Economy and the Nation-State. *Foreign Affairs*, New York, p. 168, Sept./Oct. 1997.

[38] Para Dollfus, o alto custo de se estabelecer ao redor do mundo levaria essas empresas a uma necessidade de se tornarem cada vez maiores, o que acarretaria fusões de empresas que por si só já poderiam ser consideradas gigantes. DOLLFUS, Olivier. *La Mondialisation...*, op. cit.; 1997. p. 103.

ses, por meio de subsidiárias ou filiais.[39] Embora seu planejamento permaneça nas mãos da matriz, sua estratégia e sua organização são concebidas em escala mundial.[40] Isso quer dizer que as subsidiárias dessas empresas no exterior integrariam suas atividades com as da matriz, transformando-se em uma entidade operacional global, destinada a servir o mercado mundial. As transnacionais seriam assim, na definição de José Carlos de Magalhães, "um complexo de empresas nacionais interligadas entre si, subordinadas a um controle central unificado e obedecendo a uma estratégia global".[41]

Vários motivos que levaram ao surgimento das empresas transnacionais podem ser apontados.[42] Em sua origem, a razão que levou algumas corporações a se tornarem "transnacionais" seria tentar penetrar em mercados que elas não poderiam atender por meio de exportações.[43] Outros fatores que as motivaram seriam reduzir os custos de transporte, aproximar-se das fontes de matéria-prima e situar-se a pouca distância dos recursos necessários à produção.[44] Além disso, outros componentes estratégicos poderiam ser destacados, como o de "esvaziar a concorrência local" ou "sugar as tecnologias locais", que seriam motivações subjacentes "inseridas num processo complexo de tentar antecipar as ações e reações dos concorrentes".[45]

---

[39] Com a globalização, tais empresas são capazes de tirar vantagem dos diversos níveis de tributação e rendimentos em diferentes países, montando seus produtos a partir de diferentes unidades. Ver MCLEISH, Kenneth. *Key Ideas in Human Thought*. New York: Facts On File, 1993. p. 323.

[40] Ver ANDREFF, Wladimir. *Les multinationales globales...*, op. cit.; 1996. p. 30.

[41] MAGALHÃES, José Carlos de. Empresa Multinacional: descrição analítica de um fenômeno contemporâneo. *LTr*, São Paulo, v. 39, p. 496, 498, maio 1975. Publicado anteriormente na *Rev. de Direito Mercantil*, n. 14, 1974. p. 61-77.

[42] Uma das explicações surgidas no final da década de 1960 foi a "teoria do ciclo do produto", proposta por Raymond Vernon. Segundo essa teoria, a empresa inicialmente introduziria um novo produto em seu mercado-sede. Quando, pela atuação da concorrência, esse produto deixasse de ser inovador e seu retorno diminuísse, a empresa passaria a exportar aquele mesmo produto para novos mercados onde o produto ainda não tivesse concorrentes. Quando, pela concorrência de outros exportadores, mesmo as exportações começassem a apresentar baixos retornos, a empresa estenderia o ciclo do produto, passando a produzi-lo no mercado estrangeiro a um custo mais baixo e com maior eficiência. Até que um novo produto, mais inovador, fosse introduzido pela empresa, gerando um novo ciclo. VERNON, Raymond. International Investment and International Trade in the Product Cycle. *Quarterly Journal of Economics*, Cambridge U.S., v. 80, p. 190-207, 1966; ver também explicação em STRANGE, Susan. *Retreat of the State*: the Diffusion of Power in the World Economy. Cambridge, U.K.: Cambridge University Press, 1996. p. 11.

[43] VERNON, Raymond. Future of the Multinational Enterprise. In: KINDLEBERGER, Charles (ed.). *The International Corporation*: A symposium. Cambridge, U.S.: The M.I.T. Press, 1970. p. 374, 378.

[44] As transnacionais obedeceriam assim à "teoria da localização". Segundo essa teoria, "a mineração do alumínio deveria se localizar onde está a bauxita, e a fundição do alumínio próxima de onde a eletricidade barata estiver". KRUGMAN, Paul; OBSTFELD, Maurice. *International Economics*: Theory and Policy. 4th ed. Reading, Mass.: Addison-Wesley, 1997. p. 172.

[45] Ver CHESNAIS, François. *A mundialização do capital...*, op. cit.; 1996. p. 55.

Duas idéias principais se relacionam à empresa transnacional: a de globalização da produção e a de divisão internacional do trabalho.

A globalização produtiva envolveria três processos distintos: o avanço da internacionalização da produção – ou seja, a "produção de bens e serviços em mais de um país e de acordo com uma estratégia global de vender em um mercado mundial",[46] o acirramento da concorrência internacional, e a maior integração entre as estruturas produtivas da economia mundial.[47]

Já a chamada divisão internacional do trabalho resultaria da idéia de que as empresas devem procurar utilizar a alocação mais favorável com os custos mais baixos.[48] Decorrência lógica dessa idéia seria que, a fim de explorar a oferta de trabalho em escala mundial, haveria uma migração maciça de capital dos países desenvolvidos para locais de produção a baixo custo no Terceiro Mundo, em um processo de internacionalização de capital que requereria "a existência de mercados mundiais de trabalho e de locais de produção, e de um exército reserva de trabalho industrial global".[49]

Mesmo se, contrariando essa expectativa, a maioria dos investimentos e da produção segue concentrada nos países desenvolvidos,[50] as idéias de globalização produtiva e de uma nova divisão internacional de trabalho se tornam cada dia mais próximas da realidade. A revolução tecnológica contribuiu de forma decisiva para isso, permitindo às transnacionais encurtar distâncias, economizar tempo, decidir "de maneira totalmente flexível como organizar-se, o que e para quem produzir, e como, quando e onde fazê-lo". Dessa forma, "a progressiva desterritorialização das atividades econômicas deveria muito às inovações no campo tecnológico".[51]

---

[46] STRANGE, Susan. Wake up, Krasner..., op. cit.; 1994. p. 210.

[47] Processos que se comprovariam pelo aumento significativo dos fluxos de investimento externo direto e das relações contratuais, assim como da atuação das empresas transnacionais a partir de meados dos anos 1980, aumento esse que foi maior do que o do total da renda mundial. GONÇALVES, Reinaldo. Investimento Internacional. In: GONÇALVES, Reinaldo et al. *A nova economia internacional*: uma perspectiva brasileira. Rio de Janeiro: Campus, 1998. p. 153.

[48] HOBE, S. Globalisation: a challenge to the nation state and to international law. In: LIKOSKY, Michael (ed.). *Transnational Legal Processes*. London: Butterworths, 2002. p. 379.

[49] Ver GORDON, David. The Global Economy: new edifice or crumbling foundations? In: KOTZ, David; MCDONOUGH, Terrence; REICH, Michael. *Social structures of accumulation, the political economy of growth and crisis*. Cambridge, U.K.: Cambridge University Press, 1994. p. 293.

[50] Como observa Weiss, seria de se esperar que em um mundo onde as empresas não têm raízes estas procurassem reduzir seus custos concentrando suas atividades nos países em desenvolvimento (onde impostos e salários seriam menores). No entanto, em 1991, 81% dos investimentos diretos estavam concentrados nos países desenvolvidos. Pior que isso: essa porcentagem seria 12 pontos maior do que o era em 1967. WEISS, Linda. *The Myth of the Powerless State...*, op. cit.; 1998. p. 186.

[51] LERDA, Juan Carlos. Globalización..., op. cit.; 1996. p. 66. No mesmo sentido, Susan Strange acredita que a tecnologia é o maior fator por trás da internacionalização da produção. STRANGE, Susan. Wake up, Krasner..., op. cit.; 1994. p. 210.

As melhorias nas comunicações ajudam na elaboração da estratégia das transnacionais, aumentando seu conhecimento sobre as regras e os hábitos de cada mercado.[52] Mais que isso, a evolução nas comunicações aumenta a interconexão entre as diversas unidades das transnacionais, permitindo-lhes, em princípio, "coordenar, situar e administrar suas unidades manufatureiras e seus interesses econômicos com vistas a obter o lucro máximo a partir das diferentes condições de produção e comercialização através da economia mundial".[53] Logo, no contexto da globalização produtiva, ocorre um aumento da concentração do capital, já que, mesmo que a produção seja crescentemente descentralizada, as empresas transnacionais centralizam cada vez mais a coordenação das unidades descentralizadas de produção.[54]

Um dos principais resultados dessa evolução é que as decisões relativas ao investimento e à produção passariam a nem sempre refletir os interesses das subsidiárias,[55] obedecendo, na maior parte das vezes, a uma estratégia global, cujo maior objetivo seria maximizar os lucros e a competitividade internacionais da organização como um todo.[56]

O traço mais marcante das transnacionais seria assim a sua estratégia global. A mudança fundamental ocorre na forma de produção, que cada vez mais deixa de ser direcionada para mercados locais e passa a se dirigir ao mercado mundial, o que leva a concluir que, mais importante do que verificar se as empresas são ou não "multinacionais", é constatar que o mercado é mundial.[57]

---

[52] Segundo Dollfus, "essas empresas não podem ganhar se não dispuserem de um excelente sistema de informações, que torne clara a tomada de decisões". DOLLFUS, Olivier. *La Mondialisation...*, op. cit.; 1997. p. 103.

[53] HELD, David. *Democracy and the Global Order*: From the Modern State to Cosmopolitan Governance. Stanford, Calif.: Stanford University Press, 1995. p. 128.

[54] GORDON, David. The Global Economy..., op. cit.; 1994. p. 293.

[55] Isso levaria à intensificação de um fenômeno que já era observado no início da década de 1970: a "internacionalização do mercado interno", que levaria as transnacionais a exercer um poder de controle sobre a economia dos países em desenvolvimento. Para Cardoso e Faleto essa expressão caracterizaria "a situação que responde a um controle crescente do sistema econômico das nações dependentes pelas grandes unidades produtivas monopolísticas internacionais", realidade que se aplicaria à situação vivida naquele momento pelos países industrializados e dependentes da América Latina. CARDOSO, Fernando Henrique; FALETTO, Enzo. *Dependência e desenvolvimento na América Latina*: ensaio de interpretação sociológica. 7. ed. Rio de Janeiro: LTC, 1970. p. 141.

[56] Assim, Lerda conclui que "o novo sistema de produção 'flexível' busca situar cada função corporativa no lugar mais conveniente, para aproveitar as vantagens comparativas de cada território". Antes, segundo esse autor, "a estratégia das empresas transnacionais freqüentemente consistia em reproduzir uma versão da firma original em pequena escala nos países em que se instalavam". LERDA, Juan Carlos. Globalización..., op. cit.; 1996. p. 66.

[57] Outro fato que merece ser observado é que, se no início o fenômeno da internacionalização se dava predominantemente com as empresas norte-americanas, hoje esse é realmente "multinacional", uma vez que cada vez mais empresas com origem em diversos países passaram a atuar no estrangeiro. STRANGE, Susan. *The Retreat of the State...*, op. cit.; 1996. p. 44, 50.

A estratégia principal das transnacionais baseia-se, portanto, no investimento externo direto.[58] Esse investimento "visa a adquirir um interesse duradouro em uma empresa cuja exploração se dá em outro país que não o do investidor, sendo o objetivo deste último influir efetivamente na gestão da empresa em questão".[59] Sua natureza é específica e difere do simples intercâmbio de bens e serviços. Ele não se reduz a uma transação pontual, ao contrário, ele introduz uma "dimensão intertemporal" que tem efeitos importantes, uma vez que a decisão de implantação dá origem a fluxos, como os de produção, comércio e repatriação de lucros, que se estendem, necessariamente, por longos períodos.[60] Uma das conseqüências dessa estratégia das transnacionais seria o aumento da importância do comércio "intra-empresas".[61] Hoje, boa parte do comércio internacional resulta de intercâmbios internos das empresas transnacionais,[62] o que traz consequências sobre a efetividade do poder estatal.

Logo, o investimento externo direto teria um peso cada vez maior na economia mundial.[63] Hoje, como já mencionado, "em vez da movimentação internacional de mercadorias, os movimentos internacionais de capital se tornaram o motor da economia mundial".[64]

Teríamos passado, na terminologia utilizada por Charles-Albert Michelet, de uma "lógica da economia internacional" – que procuraria explicar o intercâmbio de bens e serviços entre as nações, – para uma "lógica da econo-

---

[58] As transnacionais seriam responsáveis por 80% do investimento internacional. Ver HELD, David. *Democracy and the Global Order...*, op. cit.; 1995. p. 128.

[59] Definição adotada pelo FMI– ver CHESNAIS, François. *A mundialização do capital...*, op. cit.; 1996. p. 55.

[60] Ver CHESNAIS, François. *A mundialização do capital...*, op. cit.; 1996. p. 54.

[61] Metade das importações americanas consistem em transações entre "partes relacionadas" – o que significa que o importador e o exportador são controlados pela mesma empresa. Logo, tais importações podem ser vistas como transações entre filiais de empresas multinacionais. KRUGMAN, Paul; OBSTFELD, Maurice. *International Economics...*, op. cit.; 1997. p. 172.

[62] Aproximadamente um quarto do comércio mundial ocorreria "dentro" das empresas multinacionais. Unctad – World Investment Report, 1994 – ver GRAY, John. *False Dawn...*, op. cit.; 1998. p. 62.

[63] Os fluxos financeiros seriam, segundo Georges Benko, 40 vezes superiores aos gerados pelas trocas comerciais. Para o mesmo autor, "o próprio movimento de globalização financeira dos anos 80 facilitou as operações de investimentos diretos no exterior. As aquisições e fusões foram assim multiplicadas por quatro ao nível mundial entre 1982 e 1988. [...] O salto foi significativo na indústria; as filiais estrangeiras controlavam perto de 14% da produção manufatureira dos cinco grandes países industrializados em 1990, contra 9,7% em 1977. Mas ele é maior ainda no terciário (bancos, seguros etc.): no fim dos anos 80, mais de 70% dos investimentos diretos dos japoneses no estrangeiro diziam respeito aos serviços. Cerca de 10% do PIB mundial seria hoje produzido por filiais estrangeiras de empresas multinacionais. Os fluxos de investimentos diretos no estrangeiro representaram assim 1,1% do PIB mundial em 1990, contra apenas 0,4% em 1980". BENKO, Georges. Organização econômica do território..., op. cit.; 1994. p. 69.

[64] DRUCKER, Peter F. The Global Economy..., op. cit.; 1997. p. 166.

mia multinacional" – que privilegiaria a dimensão dos fluxos de investimentos diretos no estrangeiro e a mobilidade das atividades produtivas das firmas de um território ao outro. Esta última seria a lógica adequada para entender a globalização. Porém, ela não seria suficiente. A ela, teríamos de somar a "lógica da economia global" – caracterizada pelo predomínio da esfera financeira.[65]

4.2 Os mercados financeiros e a aceleração do processo de globalização

A internacionalização dos mercados financeiros[66] é um dos aspectos mais significativos do processo de globalização. Caberia então analisar a origem dessa vertente financeira da globalização e as causas que levaram a um aumento dos fluxos financeiros internacionais, entre as quais destaca-se a própria revolução tecnológica (4.2.1). Além disso, é importante chamar a atenção para aquele que provavelmente é o efeito mais notado dessa globalização financeira – o aumento da instabilidade e da volatilidade dos mercados financeiros mundiais – o que faremos por meio do estudo da crise asiática de 1997 (4.2.2).

4.2.1 A globalização financeira

Um dos traços fundamentais da globalização seria a explosão dos fluxos de diversos tipos.[67] No entanto, ao contrário do que ocorria na época do padrão-ouro, quando os fluxos de capitais se referiam principalmente aos investimentos "reais" de longo prazo, hoje a maior parte dos investimentos tem caráter financeiro.[68] Mesmo os autores mais descrentes para com os efei-

---

[65] No entanto, como observa Michalet, as três lógicas permanecem úteis no mundo atual, uma vez que as três modalidades por elas analisadas seguem existindo. A economia global seria assim "multidimensional". Essa visão corresponderia às três formas de movimentação de capital definidas por Marx e mencionadas por Chesnais: o capital mercantil, o capital produtor de valor e de mais-valia e o capital monetário. MICHALET, Charles-Albert. Les metamorphoses de la mondialisation, une approche économique. In: LOQUIN, Eric; KESSEDJIAN, Catherine. La mondialisation du droit. Dijon: Litec, 2000. p. 17, 22, 30; ver CHESNAIS, François. A mundialização do capital..., op. cit.; 1996. p. 51.

[66] Convém observar que a expressão "mercados financeiros" será muitas vezes aqui utilizada para nos referirmos aos operadores e instituições que atuam nesse mercado. O mercado é, em princípio, uma instituição neutra, sendo os atores que nele exercem suas atividades os responsáveis pelos efeitos aqui estudados.

[67] MOREAU-DEFARGES, Philippe. La mondialisation. Paris: PUF, 1997. p. 27.

[68] HIRST, Paul; THOMPSON, Grahame. Globalization in Question..., op. cit.; 1996. p. 43.

tos da globalização acreditam que o enorme crescimento nos fluxos financeiros através das fronteiras é o que mais "distancia a economia mundial de hoje de suas encarnações anteriores".[69]

Se o aumento dos fluxos do comércio internacional e do investimento externo direto marcaram a globalização na segunda metade do século XX, a última década daquele século foi marcada em especial pela chamada "globalização financeira", a qual designa "as estreitas interligações entre os sistemas monetários e os mercados financeiros nacionais" que proporcionaram "a emergência de um espaço financeiro mundial".[70]

Desse modo, se o crescimento das trocas de mercadorias e o fortalecimento das empresas transnacionais contribuíram de forma decisiva para a globalização econômica, foi na esfera "virtual" da economia, na denominação adotada por Aldo Ferrer, que ocorreram as "manifestações mais espetaculares da globalização".[71]

A globalização financeira teve início com o movimento de desregulamentação iniciado na década de 1970 e se acelerou graças à grande onda de liberalização econômica promovida pelos governos Ronald Reagan nos Estados Unidos e Margaret Thatcher no Reino Unido durante a década de 1980.[72] Até então, os países desenvolvidos mantinham controles relativamente rigorosos sobre os movimentos internacionais de capitais,[73] que, ao serem desmantelados, provocaram uma expansão extraordinária dos fluxos financeiros internacionais.[74]

Pode ser mencionado, entre os fatores que colaboraram para a globalização financeira,[75] o acirramento da concorrência nos mercados internacionais de capitais, relacionado ao aumento da disputa por transações financeiras internacionais[76] envolvendo bancos e instituições financeiras não-bancárias, com destaque

---

[69] WEISS, Linda. *The Myth of the Powerless State*..., op. cit.; 1998. p. 178.
[70] CHESNAIS, François. *A mundialização do capital*..., op. cit.; 1996. p. 11.
[71] FERRER, Aldo. *De Cristóbal Colón a Internet*..., op. cit.; 1999. p. 15.
[72] MICHALET, Charles-Albert. Les metamorphoses de la mondialisation..., op. cit.; 2000. p. 32.
[73] BATISTA JUNIOR, Paulo Nogueira. *Mitos da globalização*..., op. cit.; 1997. p. 36.
[74] Os investimentos de portfólio, por exemplo, aumentaram de US$ 395 bilhões em 1987 para US$ 1.597 bilhões em 1996. GONÇALVES, Reinaldo. Investimento Internacional..., op. cit.; 1998. p. 147.
[75] Fatores propostos em GONÇALVES, Reinaldo. Investimento Internacional..., op. cit.; 1998. p. 147,149.
[76] Nesse contexto, é importante mencionar também o surgimento do mercado de eurodólares. Com as duas crises do petróleo – 1973/1974 e 1979/1980 – os países-membros da OPEP (Organização dos Países Exportadores de Petróleo) acumularam superávits. O dinheiro desses superávits ficou conhecido pela expressão "petrodólares", uma vez que os barris de petróleo eram cotados em dólares. Esses fundos, utilizados em grande parte para financiar os países em desenvolvimento, foram depositados em bancos europeus, por medo de que pudessem ser confiscados caso fossem confiados a bancos norte-americanos – o que deu origem a um mercado *off-shore* de dólares conhecido como mercado de eurodólares. Ver WALTHER, Ted. *The world economy*. New York: John Wiley & Sons, 1997. p. 382; ver também KRUGMAN, Paul; OBSTFELD, Maurice. *International Economics*..., op. cit.; 1997. p. 662.

para os chamados investidores institucionais, como os fundos de pensão.[77] Os reflexos desse acirramento podem ser notados em três acontecimentos diferentes. O primeiro foi o crescimento extraordinário dos empréstimos internacionais, cujo montante aumentou dez vezes entre o final da década de 1970 e a metade dos anos 1990.[78] O segundo ponto que merece atenção é o surgimento de novos instrumentos financeiros e a diversificação dos produtos oferecidos pelos bancos. O terceiro acontecimento é o processo de concentração no ramo financeiro, caracterizado cada vez mais por um pequeno número de instituições altamente capitalizadas – atores globais com atividades diversificadas.[79]

Mas o fator que contribuiu de forma fundamental para a globalização financeira foi a revolução tecnológica, que aumentou a integração dos sistemas financeiros.[80] Hoje, a fim de executar suas funções, os operadores financeiros precisam que seus computadores estejam conectados aos de seus colegas ao redor do mundo. A eficácia das redes de comunicação mundiais seria a "condição de funcionamento dos grupos industriais e financeiros globais, já que ela torna compatíveis a rapidez na tomada de decisões e a coerência operacional do conjunto".[81] A economia mundial possui, graças aos avanços promovidos pela informática, uma interconexão global, pois cada operador teria acesso a todos os mercados. Essa interconexão entre os mercados financeiros seria instantânea, pela rapidez das ligações, e contínua, uma vez que o mercado global funcionaria 24 horas por dia.[82] O resultado seria um "mercado mundial único em que o sol nunca se põe".[83]

---

[77] Esse aumento pôde ser observado por ocasião da crise asiática, que será estudada mais adiante. Esta teria contribuído para demonstrar que "as finanças globais já não são um confortável clube de ministros da economia, banqueiros centrais e grandes banqueiros comerciais". A crise asiática teria revelado a existência de um grupo muito maior de atores. Nas duas décadas que se seguiram à Segunda Guerra Mundial, a ajuda governamental externa e os empréstimos oficiais eram a principal fonte dos recursos que se dirigiam aos países em desenvolvimento. Tal fonte foi substituída, nas décadas de 1970 e 1980, pelos bancos comerciais. Na década de 1990, um elenco muito maior de atores subiu ao palco, incluindo companhias de seguro, fundos de pensão e fundos de investimento. As crises financeiras devem ser encaradas daqui para frente, portanto, como algo muito mais complexo, pela atuação desses diversos novos atores. O gerenciamento das crises se tornará infinitamente mais complicado porque agora há várias mentalidades em jogo, e não há nenhuma maneira de negociar qualquer coisa com tantas partes diversas. GARTEN, Jeffrey E. Lessons for the Next Financial Crisis. *Foreign Affairs*, New York, v. 78, no. 2, p. 80, Mar./April 1999.

[78] Totalizando 1 trilhão de dólares em 1994. HIRST, Paul; THOMPSON, Grahame. *Globalization in Question...*, op. cit.; 1996. p. 40.

[79] HIRST, Paul; THOMPSON, Grahame. *Globalization in Question...*, op. cit.; 1996. p. 43.

[80] GONÇALVES, Reinaldo. Investimento Internacional..., op. cit.; 1998. p. 147.

[81] MICHALET, Charles-Albert. Les metamorphoses de la mondialisation..., op. cit.; 2000. p. 31-32.

[82] Ver MAHMOUD, Mohamed Salah Mohamed. Mondialisation et souveraineté de l'État. *JDI*, Paris, n. 3, p. 622, 1996.

[83] Assim, mesmo quando se encerram as operações em Nova York, as instituições financeiras com sede nessa cidade e subsidiárias em outras partes do mundo permanecem ativas no mercado. KRUGMAN, Paul; OBSTFELD, Maurice. *International Economics...*, op. cit.; 1997. p. 338.

As inovações tecnológicas contribuíram para reduzir os custos de obtenção de informações e de monitoramento dos mercados de capitais espalhados pelo mundo.[84] Além de mais barato, o movimento de capitais teria ficado mais rápido, uma vez que as novas tecnologias permitem que o capital seja transportado de um lado para o outro em curtíssimo prazo.[85] Nesse sentido, é possível afirmar que nunca antes teriam existido "redes de transmissão e de processamento de dados em tempo real da magnitude e com os custos ínfimos atuais".[86]

Esses movimentos de capitais explicam-se não só pela revolução tecnológica, mas pelo próprio desenvolvimento da economia mundial no fim do século XX. No final da década de 1960, início da de 1970, incertezas resultantes de quedas nos lucros das corporações em seus investimentos diretos levaram a uma tendência crescente de realização de "investimentos em papel". Após o colapso em 1971 do sistema estabelecido em Bretton Woods, os países desenvolvidos haviam caminhado em direção à adoção de taxas de câmbio flexíveis, e as flutuações dessas taxas de câmbio contribuíram para um aumento da volatilidade da economia mundial. Para tentar conter essas flutuações, os governos passaram a intervir cada vez mais no mercado financeiro, aumentando as taxas de juro de curto prazo. Este último acontecimento, por sua vez, levou a uma tendência ainda maior de investimento em papéis e a um movimento cada vez mais rápido de capitais financeiros de curto prazo pelas fronteiras nacionais.[87]

No entanto, com a revolução tecnológica, essa possibilidade de movimentar montantes elevados em prazos mínimos se multiplicou. O predomínio dos movimentos de capitais de curto prazo é o que faz a esfera financeira da globalização ser um fenômeno essencialmente contemporâneo.[88] A existência de um capital especulativo volátil,[89] que atravessa as fronteiras rapidamente segundo suas conveniências, aumenta ainda mais a instabilidade da economia mundial.

4.2.2 A instabilidade dos mercados financeiros internacionais – o exemplo da crise asiática

O mundo fantasmagórico dos mercados financeiros é formado por um conjunto de operadores ou portadores de títulos, cujas transações e fortuna es-

---

[84] Ver GONÇALVES, Reinaldo. Investimento Internacional..., op. cit.; 1998. p. 151.
[85] CASTELLS, Manuel. *A sociedade em rede*. São Paulo: Paz e Terra, 1999. p. 111.
[86] FERRER, Aldo. *De Cristóbal Colón a Internet...*, op. cit.; 1999. p. 15.
[87] Ver GORDON, David. The Global Economy..., op. cit.; 1994. p. 294.
[88] FERRER, Aldo. *De Cristóbal Colón a Internet...*, op. cit.; 1999. p. 14.
[89] Chamado por Stiglitz de "hot money" – dinheiro quente – que entra e sai de um país, normalmente da noite para o dia, com freqüência apenas apostando se uma determinada moeda vai valorizar ou desvalorizar. STIGLITZ, Joseph E. *Globalization and its Discontents*. New York: W. W. Norton, 2002. p. 7.

tão baseadas seja em um desdobramento do capital investido na produção ou na circulação, seja em créditos portadores de juros suscetíveis de perder todo valor se as relações econômicas ou sociais que os sustentam se modificarem. Esse mundo fantasmagórico, que vive em um círculo fechado, apesar de ser estreitamente dependente do que acontece fora de seus domínios, é paranóico. Vive ao ritmo das notícias que recebe a respeito da saúde ou da lucratividade das empresas e dos bancos ou da capacidade dos países ou firmas devedoras de reembolsar suas dívidas pagando os juros aos quais se comprometeram. Quando uma conjuntura econômica negativa irrompe, o nervosismo dos mercados cresce. Reagem de modo cada vez mais brusco, até mesmo irracional, em face de qualquer coisa que possa ser incluída na categoria "más notícias", ou seja, aquelas que são suscetíveis de afetar, ainda que de modo indireto, a valorização do mercado acionário.[90]

François Chesnais

A instabilidade e a volatilidade dos mercados financeiros mundiais também não representam algo de novo na História da humanidade. Os Estados sempre encontraram dificuldades em controlar o fluxo de dinheiro por suas fronteiras, e já durante o período mercantilista os países europeus procuravam fiscalizar, raramente com sucesso, o movimento de metais preciosos.[91] É possível afirmar que há vários séculos o capital internacional perambula pelo mundo em busca de altos retornos. No século XIX, por exemplo, os navios que cruzavam os mares costumavam levar ouro para países distantes, em busca de taxas de juros mais altas. Em 1849, a Inglaterra aumentou sua taxa de juro em 2%, provocando rápida demonstração da volatilidade dos fluxos de capital: "os navios que já estavam no mar, rumando para a América com seu ouro, deram meia volta e navegaram para a Inglaterra para receber a taxa mais elevada".[92]

Ocorre, no entanto, que se foi o tempo em que os fluxos de capital consistiam predominantemente em barras de ouro transportadas em navios. Hoje, o volume e a rapidez das transações ocorridas no mercado financeiro contribui para que esse seja cada dia mais difícil de se controlar, como na visão aterradora apresentada por François Chesnais.

---

[90] CHESNAIS, François. Posfácio: os *crashes* financeiros asiáticos e os mecanismos de propagação internacional de crise econômica. In: CHESNAIS, François (coord.). *A mundialização financeira*: gênese, custos e riscos. São Paulo: Xamã, 1998. p. 316.

[91] HELLEINER, Eric. Sovereignty, territoriality and the globalization of finance. In: SMITH, David A.; SOLINGER, Dorothy J.; TOPIK, Steven C. (ed.). *States and Sovereignty in the Global Economy*. New York: Routledge, 1999. p. 139.

[92] A busca por maiores retornos financeiros ocorre, segundo Kristof, desde pelo menos o século XIV, quando os mercadores de Florença emprestaram aos ingleses para que pudessem financiar as guerras do rei Eduardo I. Porém o começo teria sido pouco auspicioso: "a Inglaterra deixou de pagar, causando o colapso de dois bancos florentinos". KRISTOFF, Nicholas D. A globalização tem raízes antigas. *O Estado de S. Paulo*, São Paulo, p. B8, 23 set. 1998.

Haveria assim uma "necessidade urgente de reconhecer que os mercados financeiros, longe de tender para o equilíbrio, são intrinsecamente instáveis. Uma seqüência de momentos de prosperidade e quebra pode facilmente escapar ao controle, derrubando uma economia após outra".[93]

O grande exemplo desse problema, ocorrido no final do século XX, foi a chamada "crise asiática".

Até junho de 1997, podíamos afirmar que "tudo brilhava na Ásia". Os tigres asiáticos – Coréia do Sul, Cingapura, Taiwan e Hong Kong – "lideravam a vigorosa economia regional e vinham crescendo a uma taxa média de 6,6% nas últimas três décadas". Como lembra Gilberto Dupas, no sudeste dessa região, Indonésia, Malásia e Tailândia também tinham crescimentos invejáveis que, somados ao sucesso da China, levavam muitos a acreditar que o centro da economia mundial em meados do século XXI estaria na Ásia.[94]

Em 2 de julho de 1997, a Tailândia permitiu a flutuação de sua moeda, no que seria considerado o começo de uma crise que viria a atingir proporções globais.[95] De início, ninguém se preocupou com a possibilidade de os problemas da Tailândia virem a se espalhar pelo mundo. Mas não foi o que ocorreu.

A crise tomou forma de um "efeito dominó", propagando-se rapidamente nos meses de julho e agosto.[96] Em pouco tempo, com a fuga de investidores para portos mais seguros – como os Estados Unidos –, e as conseqüentes que-

---

[93] SOROS, George. Crise só passa com ação dos governos. *O Estado de S. Paulo*, São Paulo, p. B11, 16 set. 1998.

[94] DUPAS, Gilberto. *Economia global e exclusão social*: Pobreza, Emprego, Estado e o Futuro do Capitalismo. São Paulo: Paz e Terra, 1999. p. 106.

[95] Como observa Chesnais, as desvalorizações da moeda nos países afetados pela crise asiática (o baht tailandês e a rúpia indonésia tiveram quedas de até 50% diante do valor que tinham seis meses antes) podem ser atribuídas a crescentes déficits comerciais. O desprendimento da ancoragem dessas moedas ao dólar teria levado à queda livre da taxa de câmbio, à saída dos capitais de curto prazo e ao desabamento do mercado financeiro. Martin Feldstein concorda com essa posição. Segundo ele, o colapso cambial das economias asiáticas foi uma conseqüência inevitável de persistentes déficits elevados de conta corrente e de uma tentativa equivocada desses países de manter suas taxas de câmbio fixas em relação ao dólar. Esses acontecimentos, por sua vez, segundo Hale, levaram também a um astronômico aumento do custo dos empréstimos em dólar que haviam sido realizados pelos bancos e empresas locais, acarretando uma avalanche de falências entre as corporações e as instituições financeiras que haviam tomado tais empréstimos. Assim, para Chesnais, "praticamente do dia para a noite, os bancos locais tornam-se insolventes, com o desaparecimento imediato do crédito às empresas e o início das falências bancárias em série". CHESNAIS, François. Posfácio: os *crashes*..., op. cit.; 1998. p. 298; FELDSTEIN, Martin. Refocusing the IMF. *Foreign Affairs*, New York, v. 77, nº. 2, p. 22, Mar./April 1998.; HALE, David D. The IMF, Now More than Ever: the Case for Financial Peacekeeping. *Foreign Affairs*, New York, v. 77, no. 6, p. 8, Nov./Dec. 1998

[96] CHESNAIS, François. Posfácio: os *crashes*..., op. cit.; 1998. p. 297.

das da bolsa de valores tailandesa, outros países asiáticos viram suas moedas perderem valor. No final de agosto, a crise atingiu Cingapura e Hong Kong. Em 17 de outubro, Taiwan desvalorizou sua moeda em 10%, provocando quedas ainda maiores nas bolsas asiáticas, principalmente na de Hong Kong, onde se espalhava o comentário de que o dólar local romperia sua paridade com o dólar americano. Dessa vez, "a depressão que atingiu durante vários dias as bolsas asiáticas provocaria um início de contágio com extensão propriamente mundial, levando à queda nas bolsas dos países centrais, com Nova York se comportando durante dois dias – 27 e 28 de outubro – como epicentro e intermediário para a crise na Europa". No Japão e na Coréia do Sul, as indústrias e os bancos tiveram de suportar o golpe provocado pela recessão que se instalava nas economias vizinhas, que acarretou queda nas vendas das primeiras e aumento dos créditos irrecuperáveis dos últimos, levando muitos deles à falência. Em 17 de agosto de 1998, a Rússia foi obrigada a desvalorizar o rublo, aumentando o pânico dos mercados mundiais. A crise chegou então finalmente à América Latina e, particularmente ao Brasil que, pressionado por sucessivos déficits nas contas públicas, teve dificuldades em manter a cotação do real diante do dólar, sendo obrigado a desvalorizar sua moeda em quase 40% em janeiro de 1999.[97]

A crise asiática demonstrou como a globalização financeira havia transformado o mundo. No passado, como observa Jeffrey Garten, um problema ocorrido em uma nação, especialmente em um país pequeno como a Tailândia, se espalharia sobretudo para seus maiores parceiros comerciais e outros países da mesma região. Não seria de se esperar, assim, que a crise tivesse tamanho efeito global.[98] Essa é também a opinião de Maurice Obstfeld, o qual, ao referir-se à crise asiática, afirma que seus efeitos seriam inconcebíveis nos anos 1950. Segundo ele, naquela era "ensimesmada", a maior parte dos sistemas financeiros nacionais operava sob amplas restrições governamentais e estava isolada das influências internacionais por barreiras oficiais. Logo, entre 1945 e 1970, os efeitos das crises financeiras tendiam a ser meramente locais. Contudo, de 1970 até hoje muitas mudanças ocorreram. Não só as crises financeiras regionais parecem mais freqüentes, como teria aumentado o impacto dos acontecimentos financeiros globais.[99]

Em 1997, especificamente, havia grandes expectativas dos investidores com relação aos países emergentes. No momento em que essas expectativas foram frustradas em um desses países, os investidores automaticamente rebai-

---

[97] KRISTOFF, Nicholas D.; WUDDUN, Sheryll. Os Náufragos do Mar Global de Dinheiro. *O Estado de S. Paulo*, São Paulo, 28 fev. 1999. Caderno especial H, p. H7; CHESNAIS, François. Posfácio: os *crashes*..., op. cit.; 1998. p. 298.

[98] GARTEN, Jeffrey E. Lessons for the Next Financial Crisis..., op. cit.; 1999. p. 79.

[99] OBSTFELD, Maurice. *The Global Capital Market*: Benefactor or Menace? Berkeley, 1998. Disponível em: <http://emlab.berkeley.edu/users/obstfeld/jeprev.pdf>. Acesso em: maio 1999.

xaram todos os outros à mesma categoria. Em outras palavras, "o contágio estava muito mais na cabeça dos emprestadores e investidores do que nos próprios mercados".[100]

Assim, mesmo se a crise asiática e sua disseminação pelo restante do mundo se devem em grande parte aos problemas econômicos verificados nos países atingidos, ela pode ser atribuída também ao pânico – muitas vezes irracional – dos investidores internacionais, possibilitado pelas características peculiares dos mercados financeiros.

A instabilidade que acompanha a globalização financeira é um problema para o qual os Estados terão de encontrar uma solução.[101] Pode-se atualmente constatar "uma impressionante necessidade de mudanças institucionais contínuas, visando à adequação às novas forças da globalização", uma vez que "os países de todo o mundo avançam com rapidez impressionante rumo ao capitalismo global".[102] O desafio crucial a ser enfrentado é a manutenção de "um ambiente econômico e político no qual a tendência a uma crescente integração econômica possa continuar",[103] e de instituições que representem "o desenvolvimento de uma infra-estrutura mais forte para o capitalismo global".[104] Pensar como serão as instituições que lidarão com a globalização financeira nas próximas décadas deve ser, assim, um de nossos maiores desafios.

---

[100] Segundo Garten, embora todas as crises sejam envolvidas por um conjunto diferente de circunstâncias – políticas macroeconômicas deficientes na América Latina da década de 1980, e excessivo endividamento do setor privado na Ásia da década de 1990, por exemplo – há também muitos elementos comuns, como a euforia injustificada por parte dos investidores e a fuga destes quando a bolha estoura. GARTEN, Jeffrey E. Lessons for the Next Financial Crisis..., op. cit.; 1999. p. 78.

[101] Uma proposta bastante conhecida nesse sentido é a da criação de um tributo sobre as operações financeiras de curto prazo, sugerida em 1978 pelo prêmio Nobel de economia James Tobin. Para ele, tal solução consistiria em "jogar areia nas engrenagens da especulação internacional", desencorajando as operações que tenham por objetivo a obtenção de ganhos cambiais imediatos. O problema dessa proposta é que ela exigiria que todos os países entrassem em acordo sobre a instituição dessa taxa, uma vez que, caso apenas alguns países a instituíssem, os capitais deixariam de se dirigir a eles, e se apenas alguns países não o fizessem – ou seja, caso os refúgios fiscais continuassem a existir – o capital se dirigiria predominantemente a eles, prejudicando os que adotassem a taxa. Isso exigiria alto grau de consciência e renúncia não apenas de alguns, mas de todos os países, o que infelizmente ainda não parece existir. Embora a sociedade internacional esteja caminhando nessa direção, talvez só a ocorrência de novas crises da mesma gravidade da crise asiática iniciada em 1997 possa levar absolutamente todos os países a concordar com uma solução como essa, fruto da percepção de que estamos todos no mesmo barco da economia globalizada. Ver BRUNHOFF, Suzanne de. A instabilidade financeira internacional. In: CHESNAIS, François (coord.). *A mundialização financeira*: gênese, custos e riscos. São Paulo: Xamã, 1998. p. 56-58.

[102] FISHLOW, Albert. Lições da crise econômica. *Folha de S. Paulo*, São Paulo, seção 1, p. 3, 2 set. 1998.

[103] OBSTFELD, Maurice. *The Global Capital Market*..., op. cit.; 1999. p. 25.

[104] GARTEN, Jeffrey E. Lessons for the Next Financial Crisis..., op. cit.; 1999. p. 85.

A globalização é um fato. Podemos tentar buscar suas raízes na Grécia antiga, no período da *pax romana*, ou na época de ouro do Império Britânico. No entanto, a globalização, em seus moldes atuais, é um fenômeno completamente novo, e seus mecanismos não podem ser comparados às embarcações fenícias ou às caravelas ibéricas.

Três fatores que se conectam contribuíram, conforme acabamos de examinar, para a aceleração do processo de globalização. A revolução tecnológica, a ascensão das empresas transnacionais e o surgimento de um grande mercado financeiro mundial. Caberia então analisar como esses fatores afetam o modelo do Estado soberano.

Título II

Efeitos da globalização e da revolução tecnológica sobre o modelo do Estado soberano

Globalização econômica e revolução tecnológica andam juntas. Ainda que os Estados tenham um papel ativo tanto na primeira quanto na segunda, ambas têm conseqüências sobre o modelo do Estado soberano. Enquanto a revolução tecnológica afeta principalmente o poder de controle do Estado (Capítulo 5), a globalização econômica tem efeitos tanto sobre a efetividade quanto sobre a autonomia do poder estatal (Capítulo 6).

Capítulo 5

O papel do Estado na globalização e os efeitos da revolução tecnológica sobre o poder de controle estatal

É importante verificar inicialmente qual é o papel que os Estados exercem na promoção tanto da globalização quanto da revolução tecnológica (5.1). Esse segundo processo, especialmente devido ao surgimento do ciberespaço, afeta o poder de controle estatal, como veremos mais adiante (5.2).

5.1 O PAPEL DO ESTADO NA GLOBALIZAÇÃO

O Estado moderno, como já analisamos, surgiu pela concentração de poder nas mãos dos monarcas, suplantando o feudalismo. Uma das conseqüências do nascimento do Estado foi o aumento da produção e do comércio. Assim, o capitalismo "só triunfa no momento em que ele se identifica com o Estado, quando ele é o Estado".[1] O sistema capitalista surgido na Europa espalhou-se por todo o planeta. Hoje é possível afirmar que "o capitalismo se tornou um modo de produção global", por estar presente em "todas as nações e nacionalidades, independente de seus regimes políticos e de suas tradições culturais ou civilizatórias".[2]

Seria correto afirmar que é da natureza do capitalismo possuir uma dimensão mundial e, por isso, a globalização seria uma das características cons-

---

[1] Ver HARDT, Michel; NEGRI, Antonio. *Empire*. Paris: Exils, 2000. p. 25.

[2] Para Ianni, a "globalização do capitalismo" estaria na base da "ruptura que abala a geografia e a história no fim do século XX". IANNI, Octavio. *A era do globalismo*. Rio de Janeiro: Civilização Brasileira, 1996. p. 239.

tantes desse sistema – o que explicaria os traços comuns encontrados no capitalismo existente no final do século XIX e atualmente.[3] No entanto, embora o capital sempre tenha se organizado sob uma perspectiva internacionalizante, só na segunda metade do século XX essa tendência se consolidou,[4] pelos fenômenos que acabamos de estudar.

Porém, ainda que devamos levar em conta o fato de que o capitalismo e o Estado nacional cresceram juntos, e ainda que seja de se presumir que Estado e capitalismo tenham sempre dependido um do outro de algum modo, "os capitalistas e os centros de acumulação de capital, muitas vezes, ofereceram uma resistência deliberada à ampliação do poder do Estado".[5] Logo, se Estado e capitalismo nascem juntos, com o tempo o Estado passou a representar, na visão de muitos, um obstáculo ao livre desenvolvimento do capitalismo.

Isso resultou em uma tendência mundial na direção de uma valorização do Estado mínimo.[6] Aos poucos, consolidou-se a opinião de que o Estado deveria ter o tamanho suficiente para fornecer a estrutura legal necessária para a manutenção da economia capitalista e para garantir a proteção das liberdades civis fundamentais, não mais que isso.[7]

Analisando-se o final do século XX, observamos que, do pós-Segunda Guerra Mundial até a década de 1970 os Estados tentaram controlar o capitalismo ou, mais especificamente, os centros de poder privados – as *commanding heights*, na terminologia adotada por Yergin e Stanislaw – que surgiram após a Revolução Industrial.[8] Foi a época do fortalecimento do comunismo na China, na Rússia e no Leste europeu, do modelo de economia regulada nos Estados

---

[3] MICHALET, Charles-Albert. Les metamorphoses de la mondialisation, une approche économique. In: LOQUIN, Eric; KESSEDJIAN, Catherine. *La mondialisation du droit*. Dijon: Litec, 2000. p. 13.

[4] HARDT, Michel; NEGRI, Antonio. *Empire...*, op. cit.; 2000. p. 57.

[5] Ver ARRIGHI, Giovanni. *O longo século XX*: Dinheiro, Poder e as Origens de Nosso Tempo. São Paulo: Unesp: Contraponto, 1996. p. 32.

[6] Essa tendência pode ter raízes em exemplos do passado, como o desenvolvimento mais acelerado de determinadas regiões onde o Estado não tinha um papel regulador importante na economia. Tome-se como exemplo Gênova e Veneza nos séculos XV e XVI. Arrighi distingue o modelo adotado por Veneza daquele adotado por Gênova, admitindo que o fato de o Estado ocupar um papel menos importante nesta última poderia ser uma das explicações para o crescimento de uma poderosa burguesia mercantil que dominou as finanças européias naqueles dois séculos. Ao comentar o papel do Estado nos dois modelos, Arrighi afirma que o modelo Genovês "não tinha vontade nem poder" para impor o tipo de restrições impostas pelo governo de Veneza às atividades de seus comerciantes. Segundo ele "enquanto a força do capital, em Veneza, assentava-se solidamente na autoconfiança e na competitividade do aparelho coercitivo do Estado, em Gênova o capital se firmava nos próprios pés". Idem. p. 149-150.

[7] SHACHTER, Oscar. The Decline of the Nation-State and its is Implications for International Law. *Columbia Journal of Transnational Law*, New York, v. 36, p. 21, 1997.

[8] YERGIN, Daniel; STANISLAW, Joseph. *The Commanding Heights*. London: Simon & Schuster, 1997.

Unidos e de economia mista na Europa ocidental, do desenvolvimentismo no Terceiro Mundo. A partir de 1970, o liberalismo econômico voltou a ganhar força. Com a onda de privatizações e de desregulamentação dos mercados, o Estado passou a se retirar da economia.[9] Hoje a crença quase universalmente aceita – mesmo em países que se nomeiam comunistas, como a China e o Vietnã – é a de que o mercado é o verdadeiro motor do desenvolvimento econômico.[10]

Portanto, o "antiestatismo" seria hoje um sentimento amplamente alastrado.[11] A ideologia da globalização corresponderia a uma crença de que o Estado representa um empecilho ao desenvolvimento econômico, e que a alocação de recursos é mais eficaz quando deixada por conta dos mecanismos de mercado, já que qualquer interferência reduziria a eficiência da economia – em uma visão que Soros apelida de "fundamentalismo de mercado".[12] De acordo com essa ideologia, a abertura das fronteiras e a conseqüente intensificação das trocas internacionais trariam efeitos benéficos, pois a concorrência estimularia os processos de inovação e de modernização, aumentando o dinamismo das economias nacionais.[13]

Além disso, o poder do Estado teria perdido efetividade, e essa instituição teria ficado superada no exercício de parte de suas atribuições. Muitos autores estão de acordo com a tese da atual ineficiência do Estado no contexto da globalização. Para eles, o Estado como sujeito soberano estaria em crise, tornando-se grande demais para as coisas pequenas e pequeno demais para as coisas grandes. O Estado seria grande demais para a maior parte de suas atuais funções administrativas e pequeno demais no que se refere às funções de governo e de tutela do processo de internacionalização da economia e de interdependência que passam a condicionar de forma irreversível a vida de todos os povos do mundo.[14] Assim, "é muito freqüente a afirmação de que se verificou uma impetuosa internacionalização dos fenômenos políticos, econômicos e socioculturais, que reclama ou causa a ultrapassagem, mais ou menos relativa, da Nação e do Estado nacional em sucessivos domínios. Do capitalismo atual diz-se que é pós-nacional, mundial, transnacional ou até supranacional".[15]

Podemos, no entanto, afirmar que os Estados sempre tiveram dificuldades em acompanhar o ritmo das mudanças promovidas pelos atores privados do capitalismo. Não se trata de uma questão nova, e sim de um proble-

---

[9] Ver COHEN, Élie. *L'ordre économique mondial*: Essai sur les autorités de régulation. Paris: Fayard, 2001. p. 40.

[10] SHACHTER, Oscar. The Decline of the Nation-State..., op. cit.; 1997. p.10.

[11] Idem. p.21.

[12] SOROS, George. *Globalização*. Rio de Janeiro: Campus, 2003. p. 45.

[13] CHEVALIER, Jacques. Mondialisation du droit ou droit de la mondialisation? In: MORAND, Charles-Albert (org.). *Le droit saisi par la mondialisation*. Bruxelles: Bruylant, 2001. p. 52.

[14] FERRAJOLI, Luigi. *A soberania no mundo moderno*. São Paulo: Martins Fontes, 2002. p. 50.

[15] SÁ, Luís. *Soberania e integração na CEE*. Lisboa: Editorial Caminho, 1987. p. 20.

ma que se agravou pelas transformações recentes no cenário econômico mundial. O que estudaremos em seguida é como tais transformações afetam o poder do Estado. Mas antes caberia superar outra questão. Da mesma forma como não podemos separar o Estado do capitalismo, também Estado e globalização estão intimamente ligados, a tal ponto que podemos afirmar que esta última não existiria sem o primeiro (5.1.1). Esse fato está diretamente relacionado à necessidade do Estado de atrair riquezas, como veremos mais adiante (5.1.2).

5.1.1 O Estado como promotor da globalização e da revolução tecnológica

> *A mudança da autoridade do Estado para a autoridade do mercado resultou em grande parte de políticas estatais. Não é que as transnacionais tenham roubado ou furtado dos governos estatais o poder. Este lhes foi dado de bandeja – e, além do mais, por "razões de Estado".*[16]
>
> **Susan Strange**

Se Estado e capitalismo andam juntos, isso ocorre principalmente porque o primeiro assegura as condições necessárias para que o segundo se desenvolva. Sem o Estado, não haveria investimentos rentáveis, atividades produtivas duráveis, ou consumo sustentado,[17] o que também ocorre na relação existente entre o Estado e a globalização, e entre o Estado e a revolução tecnológica. É evidente que "sem a ajuda de políticas públicas compatíveis com o funcionamento de uma economia global, a mencionada combinação de tecnologia e organização corporativa não haveria tido os efeitos hoje conhecidos em matéria de globalização".[18]

Com relação à revolução tecnológica, podemos afirmar que os Estados sempre tiveram um papel decisivo na criação das condições que permitiram o progresso da ciência e da técnica.[19] Os progressos tecnológicos, conforme analisamos, trouxeram consigo uma nova era – a era da informação. Nessa nova era, a competitividade das empresas não depende apenas do tamanho ou do poder aquisitivo dos mercados em que elas operam. Hoje, as empresas têm de

---

[16] STRANGE, Susan. *The Retreat of the State*: the Diffusion of Power in the World Economy. Cambridge, U.K.: Cambridge University Press, 1996. p. 44-45.

[17] SENARCLENS, Pierre de. *Mondialisation, souveraineté et théories des relations internationales*. Paris: Armand Colin, 1998. p. 93.

[18] LERDA, Juan Carlos. Globalización y pérdida de autonomía de las autoridades fiscales, bancarias y monetarias. *Revista de la Cepal*, Santiago, p. 67, abr. 1996.

[19] Senarclens lembra que mesmo as guerras serviram de motor desses progressos, muitos deles gerados para fins estratégicos, como os satélites de comunicação e a própria internet. SENARCLENS, Pierre de. *Mondialisation*..., op. cit.; 1998. p. 84.

contar sobretudo com a infra-estrutura existente em cada país, com a qualificação da mão-de-obra local e com novas tecnologias, obtidas graças a investimentos em pesquisa e desenvolvimento.[20] Os Estados têm um papel fundamental no desenvolvimento de todos esses requisitos.

Mesmo o mercado financeiro depende do Estado. Afinal, é este último que o regula e constrói a infra-estrutura por ele utilizada,[21] sendo essa, por sua vez – principalmente na área das comunicações – essencial, como se sabe, para o surgimento de um mercado global. Ainda que alguns considerem o setor financeiro a esfera do mercado mais emancipada das restrições estatais, na realidade os bancos são supervisionados pela autoridade nacional, e a segurança de suas operações, as regras definindo as condições de sua concorrência internacional e, às vezes até mesmo sua sobrevivência, dependem da ordem estatal.[22]

Convém lembrar também que as multinacionais precisam ter acesso ao território estatal a fim de operarem, e esse acesso só é conseguido com a autorização dos Estados – em outras palavras, "o jogo do capitalismo transnacional não pode se sobrepor ao jogo da soberania territorial sem o consentimento de governos soberanos".[23]

Mas a participação do Estado na expansão das atividades transnacionais das empresas não se limita ao fornecimento de estabilidade e infra-estrutura, ou à simples autorização de funcionamento em seu território. Os Estados têm historicamente incentivado os investimentos no exterior por parte de suas empresas nacionais, e tentado atrair investimentos de empresas estrangeiras. Desse modo, "as firmas multinacionais foram freqüentemente consideradas instrumentos a serviço da economia do país no qual sua sede estava implantada".[24] Os governos sempre se engajaram na defesa dos interesses das empresas transnacionais sediadas em seu território, conferindo uma dimensão estratégica à promoção internacional de suas indústrias, procurando incentivar seus investimentos e suas exportações.[25] Por outro lado,

---

[20] CARNOY, Martin. Multinationals in a Changing World Economy: Whiter the Nation-State? In: CARNOY, Martin et al. *The New Global Economy in the Information Age*: Reflections on our Changing World. Philadelphia: The Pennsylvania State University Press, 1993. p. 88-89.

[21] SANTOS, Milton. *Por uma outra globalização*: do pensamento único à consciência universal. Rio de Janeiro: Record, 2000. p. 77-78.

[22] SENARCLENS, Pierre de. *Mondialisation...*, op. cit.; 1998. p. 93.

[23] JACKSON, Robert H. *Quasi-States*: Sovereignty, International Relations and the Third World. Cambridge, U. K.: Cambridge University Press, 1990. p. 179.

[24] MERLE, Marcel. Le concept de transnationalité. In: MÉLANGES René-Jean Dupuy: Humanité et Droit International. Paris: A. Pedone, 1991. p. 230.

[25] O que se traduz muitas vezes na tentativa dos governos de sustentar artificialmente a competitividade de certos setores empresariais nacionais. SENARCLENS, Pierre de. *Mondialisation...*, op. cit.; 1998. p. 94.

os governos dos países que recebem o investimento também são cúmplices na implantação de firmas estrangeiras,[26] já que se esforçam também em atrair para seu território filiais de empresas transnacionais com sede em outros países.

Tudo isso levaria à conclusão de que "o crescimento do número de empresas transnacionais, a extensão geográfica de suas atividades de produção e de trocas, são determinados pela existência de instituições políticas e jurídicas favorecendo esse movimento".[27]

Ao incentivarem as transnacionais, os governos estão favorecendo a globalização. Mas o papel do Estado na aceleração desse processo não se limita a esse incentivo. Os Estados são co-responsáveis também pelo crescimento do comércio internacional e pela formação de um mercado mundial unificado, que, como vimos, são duas características essenciais da globalização.

Nesse sentido, as políticas internas de liberalização e de desregulamentação dos mercados criaram as condições ideais para o florescimento e a consolidação do processo de globalização.[28] Sem a abertura das economias nacionais, promovida pelos Estados no quadro dos acordos do GATT, e hoje da OMC,[29] o aumento do comércio internacional não teria acontecido.[30]

A desregulamentação financeira, por sua vez, proveio de uma decisão política dos governos nacionais. Mesmo que o desenvolvimento tecnológico tenha encorajado atores privados a movimentar somas crescentes de dinheiro ao redor do globo, esses atores não poderiam fazer isso não fosse a liberalização dos controles de capitais promovida pelos governos.

Por isso, há autores que acreditam que a globalização deva ser vista não como um processo induzido pela tecnologia, mas como fenômeno político. Ela

---

[26] MERLE, Marcel. Le concept de transnationalité..., op. cit.; 1991. p. 230.

[27] SENARCLENS, Pierre de. *Mondialisation*..., op. cit.; 1998. p. 94.

[28] Essas políticas internas "foram formuladas, desenhadas e aplicadas no contexto de programas de estabilização e de ajuste ou de reformas estruturais de caráter liberalizante, com vistas à busca de maior eficiência, flexibilidade, competitividade externa e capacidade produtiva das economias nacionais". O conjunto dessas políticas, conhecido como "consenso de Washington", que será abordado mais adiante, engloba a desregulamentação financeira, a liberalização comercial, as privatizações e a reforma tributária, dentre outras medidas. LERDA, Juan Carlos. Globalización..., op. cit.; 1996. p. 67.

[29] É possível afirmar que a criação pelos Estados de organizações internacionais como a OMC, no campo do comércio, e do FMI, no campo financeiro, consolida o compromisso destes em liberalizar suas economias. WOLF, Martin. Will the Nation-State Survive Globalization? *Foreign Affairs*, New York, p. 180. Jan./Feb. 2001.

[30] As tarifas alfandegárias sobre a importação de manufaturas nos países industrializados, que eram de 40% em média em 1947, foram reduzidas a uma média de 4% na Rodada Uruguai. LERDA, Juan Carlos. Globalización..., op. cit.; 1996. p. 67.

é política uma vez que a abertura dos mercados de capitais ocorreu como resultado direto de os governos terem cedido – seja de forma voluntária, seja contra sua vontade – à pressão dos interesses financeiros. Porém ela também é política porque vários Estados procuram promover diretamente – em vez de restringir – a internacionalização da atividade empresarial. Dessa forma, os Estados não seriam vítimas da globalização, mas facilitariam tal processo, servindo de "catalisadores" para a internacionalização das empresas nacionais, incentivando seus investimentos no exterior.[31]

5.1.2 A necessidade de atração de capital e suas conseqüências

Mas o que levaria os Estados a promover ativamente a globalização? A explicação talvez esteja nos benefícios que esse processo pode trazer, e no custo de oportunidade de dele não participar.

Como argumenta Amartya Sen, ser contra os mercados "em princípio" seria quase tão estranho quanto ser, em regra, contra as conversas entre as pessoas. Isso porque a liberdade de trocar palavras, presentes ou bens sempre existiu e sempre existirá. Ela não depende de seus efeitos positivos ou negativos, mas é parte da forma como os seres humanos vivem e interagem em sociedade.[32] O mercado é um mecanismo, um "arranjo básico pelo qual as pessoas podem interagir umas com as outras e promover atividades mutuamente vantajosas".[33] O fortalecimento dos mercados tem aspectos positivos, e o livre comércio, as transnacionais e a globalização financeira podem acarretar benefícios para os Estados. A integração a um mercado mundial pode representar oportunidades de crescimento econômico que os Estados muitas vezes não podem se dar ao luxo de recusar.

Ressaltando a importância do comércio internacional, é possível defender que esse "substitui a construção de impérios e a conquista militar como o caminho mais seguro para a riqueza e a influência nacionais".[34] Os benefícios

---

[31] Weiss argumenta que Estados como Japão, Cingapura, Coréia e Taiwan têm esse perfil. O governo de Cingapura, por exemplo, tem postura ativa na internacionalização de suas empresas nacionais, utilizando para tanto, entre outros meios, a criação de organismos bilaterais com outros governos da região, a fim de facilitar a instalação de suas empresas no exterior. WEISS, Linda. *The Myth of the Powerless State*. Ithaca: Cornell University Press, 1998. p. 204-208.

[32] SEN, Amartya. *Development as Freedom*. New York: Alfred A. Knopf, 1999. p. 6.

[33] Baseando-se nessa premissa, não há por que ser contra o mercado como tal. As críticas ao mercado devem ser vistas, portanto, como preocupações quanto a seu funcionamento, principalmente pelas atividades que "permitem aos poderosos capitalizar suas vantagens assimétricas". Idem. p. 142.

[34] SAMUELSON, Paul A.; NORDHAUS, William D. *Economia*. 14. ed. Lisboa: McGraw-Hill, 1993. p. 466.

do livre comércio são louvados de forma quase consensual pela doutrina econômica.[35] Os Estados seriam livres para não participar dos acordos de livre comércio, para se isolar das trocas mundiais de mercadorias. Porém o fechamento do mercado pode representar uma decisão equivocada.[36] Está comprovado que a liberdade de comércio, um dos pilares da globalização, ajudou muitos Estados a acelerarem seu crescimento econômico.[37] Assim, o crescimento das economias dos países asiáticos no final do século XX, que deixou milhões de pessoas na região em condições muito melhores do que aquelas em que se encontravam anteriormente, deveu-se sobretudo ao aumento de suas exportações.[38] Isso faz que os Estados normalmente optem por integrar-se à economia mundial.

Quanto às transnacionais, seria sempre possível argumentar que os Estados não são obrigados a conviver com elas. Os países comunistas, por exemplo, as excluíam de suas economias. Se muitos países preferem permitir o acesso das transnacionais a seu território, isso se deve às vantagens que eles crêem que essas empresas lhes aportam ao fornecer capital, emprego e tecnologia. A aceitação das transnacionais pelos Estados poderia assim ser vista como um exercício da soberania por parte destes últimos.[39] Porém, se acolher as transnacionais seria uma opção dos Estados, não permitir sua entrada representaria um grande custo de oportunidade. O crescimento econômico dos países em desenvolvimento dependeria da capitalização de sua indústria e agricultura, e as empresas estrangeiras, ao permitirem o acesso ao capital internacional, seriam essenciais para o desenvolvimento dos Estados.[40] Com isso, os Estados costumam procurar atrair as transnacionais. A fim de estimular a produtividade e a competitividade de suas

---

[35] Claro que, como lembra Landes, os ganhos decorrentes do comércio são desiguais – alguns países têm desempenho muito melhor que outros, e algumas atividades são mais lucrativas e produtivas que outras. LANDES, David S. *A riqueza e a pobreza das nações*: Por que algumas são tão ricas e outras são tão pobres. Rio de Janeiro: Campus, 1998. p. 591.

[36] Tanto quanto a liberalização irrestrita, já que, como observa Jacques Marcovitch, ao menos para economias complexas – caso da brasileira – esses dois extremos seriam "alternativas simplórias e inadequadas". MARCOVITCH, Jacques. O novo contexto mundial, desafio tecnológico e a integração latino-americana. *Revista de Administração*, São Paulo, v. 24, n. 2, p. 11, abr./jun. 1989.

[37] É importante, no entanto, ressaltar que, embora o comércio internacional traga benefícios conhecidos, como lembra Rubens Ricupero, a liberalização do comércio não representa necessariamente a panacéia para os países em desenvolvimento. Ver Na praia do lugar-comum. *Folha de S. Paulo*, São Paulo p. A2, 11 set. 2003.

[38] STIGLITZ, Joseph E. *Globalization and its Discontents*. New York: W. W. Norton, 2002. p. 4.

[39] BULL, Hedley. *The Anarchical Society*: A study of order in world politics. 2nd ed. New Jersey: Columbia University Press, 1995. p. 262.

[40] STRANGE, Susan. Wake up, Krasner! The world *has* changed: International political economy: abiding discord. *Review of International Political Economy*, London, v. 1, nº. 2, p. 215, Summer 1994.

economias, eles precisam "estabelecer uma estreita aliança com os interesses econômicos internacionais e obedecer a regras globais que favoreçam os fluxos de capital".[41]

Finalmente, como já vimos, a globalização financeira não teria ocorrido não fossem os processos de desregulamentação e de liberalização promovidos pelos Estados. Ao diminuir a regulamentação do setor financeiro o Estado visaria a assegurar que os capitais fossem atraídos e mantidos em seu território. Iniciativas de regular esse setor seriam inibidas pelo medo de que o sistema financeiro nacional se tornasse pouco competitivo.[42] A atitude dos Estados poderia se explicar, nesse caso, porque a liberdade de circulação de capitais teoricamente traz benefícios econômicos bem definidos. Como explica Maurice Obstfeld: "A teoria econômica não deixa dúvida sobre as vantagens potenciais do comércio financeiro global. Mercados financeiros internacionais permitem a residentes de diferentes países combinar vários riscos, obtendo um seguro mais eficaz que arranjos puramente domésticos permitiriam. Além disso, um país sofrendo uma recessão temporária ou um desastre natural pode tomar emprestado do exterior. Países em desenvolvimento com pouco capital podem tomar empréstimos para financiar investimentos, promovendo assim o crescimento econômico sem necessitar de aumentos acentuados em seus níveis de poupança. No nível global, o mercado de capitais internacional canaliza a poupança mundial para seus usos mais produtivos, independentemente do local".[43]

Os ganhos trazidos pelo mercado financeiro global são difíceis de ser quantificados, e podem ocorrer por mecanismos sutis. Ao ser possível diversificar os riscos nos mercados financeiros mundiais, os investidores tendem a apostar em investimentos mais rentáveis e mais arriscados, aumentando as taxas médias de crescimento econômico.[44] Outro efeito da globalização financeira seria o de premiar os governos que fazem os ajustes econômicos necessários com uma entrada maciça de capitais, e punir os governos "malcomportados" com uma fuga de capitais.[45]

---

[41] Os Estados, para Castells, fazem isso enquanto "rogam às suas sociedades que aguardem pacientemente pelos benefícios gradativos advindos da engenhosidade corporativa". CASTELLS, Manuel. *O poder da identidade*. São Paulo: Paz e Terra, 1999. p. 357.

[42] Ver HELLEINER, Eric. Sovereignty, territoriality and the globalization of finance. In: SMITH, David A.; SOLINGER, Dorothy J.; TOPIK, Steven C. (ed.). *States and Sovereignty in the Global Economy*. New York: Routledge, 1999. p. 142.

[43] OBSTFELD, Maurice. *The Global Capital Market*: Benefactor or Menace? Berkeley, 1998. Disponível em: <http://emlab.berkeley.edu/users/obstfeld/jeprev.pdf>. Acesso em: maio 1999.

[44] Possibilidade essa que poderia trazer enormes ganhos de bem estar. OBSTFELD, Maurice. *The Global Capital Market...*, op. cit.; 1999.

[45] Desse modo, na visão liberal, a volatilidade faria parte dos custos do processo de globalização. GONÇALVES, Reinaldo. Investimento Internacional. In: GONÇALVES, Reinaldo et al. *A Nova Economia Internacional*: uma perspectiva brasileira. Rio de Janeiro: Campus, 1998. p. 160.

Podemos concluir, portanto, que a globalização não seria um destino, mas uma escolha. Uma escolha feita para aumentar o bem-estar econômico de uma nação, já que a experiência sugeriria que "a abertura comercial e a maior parte dos fluxos de capital[46] enriqueceriam a maioria dos cidadãos a curto prazo e, virtualmente, todos os cidadãos a longo prazo". A integração seria uma opção deliberada dos Estados, e não uma sorte inelutável.[47] No entanto, mesmo se todos os fenômenos mencionados só existem graças ao consentimento dos Estados, cabe perguntar se esses teriam alternativa diferente à de aceitá-los. Essa questão ganha importância a partir do momento em que se comprova que tais fenômenos têm conseqüências sobre o poder estatal. Os acordos de livre comércio podem limitar a autonomia dos Estados. As transnacionais surgem como um novo poder, minando a efetividade do poder estatal. E a globalização financeira tem por contrapartida o aumento na volatilidade do capital, que causa crescente instabilidade e pode afetar a autonomia dos Estados na adoção de determinadas políticas econômicas.

A resposta, muito provavelmente, é *não*. Se o grau de abertura adotado pelo Estado é uma decisão interna, sendo ainda possível, pelo menos temporariamente, isolar um país da economia mundial, o custo da oportunidade de fazê-lo é bastante alto.[48] Decidir não participar da economia mundial de mercado não seria mais uma opção.[49]

A constatação de que os Estados realmente não têm outra alternativa senão aceitar a globalização financeira traz à tona duas outras questões.

A primeira delas surge do fato de que os Estados não são indivíduos, e, embora possam expressar exteriormente uma vontade única, comportam na verdade interesses diversos dentro de suas próprias fronteiras. A participação dos Estados na desregulamentação dos mercados, por exemplo, refletiria "interesses específicos que vieram a favorecer o liberalismo financeiro".[50] A globalização beneficiaria principalmente os interesses dos atores privados

---

[46] Vale ressaltar que nem todos os fluxos financeiros são bem-vindos. Hoje a maior parte da doutrina econômica acredita que taxar os fluxos de capital de curto prazo nas economias em desenvolvimento seria desejável, exatamente para evitar a instabilidade provocada pela volatilidade desse capital. Os Estados deveriam assim manter a capacidade de impor restrições à globalização financeira, reintroduzindo alguns tipos de restrição à circulação de capitais – como a criação da chamada "taxa Tobin". Ver HELLEINER, Eric. Sovereignty, territoriality and the globalization of finance..., op. cit.; 1999. p. 142.

[47] WOLF, Martin. Will the Nation-State Survive Globalization..., op. cit.; 2001. p. 181.

[48] O que é bem ilustrado pela má situação econômica que Cuba e da Coréia do Norte enfrentavam no final do século XX, após décadas de isolamento. KEOHANE, Robert O.; MILNER, Helen (ed.). *Internationalization and Domestic Politics*. Cambridge, U.K.: Cambridge University Press, 1996. p. 14.

[49] STRANGE, Susan. Wake up, Krasner..., op. cit.; 1994. p. 215.

[50] HELLEINER, Eric. Sovereignty, territoriality and the globalization of finance..., op. cit.; 1999. p. 142.

da sociedade transnacional, que têm influência direta sobre as decisões dos Estados. Mesmo que a decisão de promover a abertura econômica possa ocorrer de acordo com os interesses do Estado, ela acaba por fortalecer determinados grupos privados que se beneficiam dessa abertura – como as empresas transnacionais. Esse fortalecimento faz que o Estado, posteriormente, não tenha mais condições de resistir às pressões exercidas por aqueles grupos – que usam seu poder para forçá-lo a promover maior abertura.[51] Por isso, é possível afirmar que as forças econômicas, como os mercados, são capazes de moldar os interesses dos Estados.[52]

O capital é essencial para a criação da riqueza, como já se viu. Essa realidade confere grande poder aos mercados, uma vez que, quando o capital é livre para se movimentar, ele só pode ser taxado e regulado sob o risco de ser levado embora. O medo de afastar o capital obriga dessa forma os governos a satisfazer as demandas daqueles que o detêm, em detrimento de outras considerações.[53]

Essa constatação leva parte da doutrina a crer que os Estados se teriam tornado reféns das grandes empresas[54] e a defender que a globalização em curso é "comandada por e realiza-se no interesse das corporações e conglomerados transnacionais, que exigem a privatização das empresas públicas, a desregulação, a eliminação das tarifas alfandegárias e a liberação total dos fluxos de comércio e de investimentos".[55]

A influência dos interesses privados nesse contexto é ressaltada por diversos autores. Nesse sentido, "sem uma instituição legítima, capaz de monopolizar um poder de coação jurídica efetiva no nível internacional, são as empresas transnacionais que vão promulgando o quadro jurídico, em conformidade com seus interesses, a partir do qual se dará a regulação social. Isso significa a emergência de uma forma de neofeudalismo onde as normas de regulação de um setor econômico estão definidas por empresas comerciais dominantes no setor".[56] Os Estados viveriam assim em uma situação

---

[51] KRASNER, Stephen D. State Power and the Structure of International Trade. *World Politics*, Princeton, v. 28, no. 3, p. 343, April 1996; ver também KEOHANE, Robert O. Problematic Lucidity. Stephen Krasner's State Power and the Structure of International Trade. *World Politics*, Princeton, v. 50, no. 1, p. 168, Oct. 1997.

[52] GILPIN, Robert. *Global Political Economy*: Understanding the International Economic Order. Princeton: Princeton University Press, 2001. p. 24.

[53] SOROS, George. *Open Society*: Reforming Global Capitalism. New York: Public Affairs, 2000. p. XII.

[54] MELLO, Celso D. de Albuquerque. *Direito Internacional de Integração*. Rio de Janeiro: Renovar, 1996. p. 32.

[55] RATTNER, Henrique. Globalização e projeto nacional. In: SANTOS, Milton et al. (org.). *Território, globalização e fragmentação*. São Paulo: Hucitec, 1994. p. 103.

[56] ROTH, André-Nöel. O direito em crise: fim do estado moderno? In: FARIA, José Eduardo (org.). *Direito e globalização econômica*. São Paulo: Malheiros, 1996. p. 26.

de interdependência, mas essa não seria "dominada pelos Estados, mas sim gerada pelas pessoas privadas, em seu próprio proveito, e com um tal sucesso que elas põem os Estados, desprovidos de seu poder, frente ao fato consumado".[57]

Desse modo, a própria autonomia interna e a imparcialidade dos Estados em defender o interesse geral de sua população pode ser questionada – os Estados não seriam a "locomotiva" da globalização, mas iriam a reboque, atendendo às pretensões das empresas transnacionais e do mercado financeiro, novos atores e verdadeiros motores desse processo.

Ora, é sabido que grande parte desses novos atores não tem nem um pouco de interesse seja na situação de um país em específico, seja na saúde do "sistema global", o que os leva a voar para longe no primeiro sinal de que os bons tempos terminaram.[58] Mesmo se a maior parte das transnacionais possui em suas raízes uma única cultura nacional, essas empresas visam ao lucro. Ainda que elas possam ter uma forte base em um único Estado, devendo, por isso, politicamente levar em consideração os efeitos que suas decisões têm sobre o lugar onde estão instaladas, seus interesses são apátridas. Sua lealdade é, antes de tudo, para consigo mesmas. É aí que reside o perigo da influência das transnacionais sobre as decisões de interesse público.

Assumir que a globalização não afetaria os Estados – porque em sua origem dependeu do consentimento desses – é ocultar que tal fenômeno faz os novos atores da sociedade global ganharem força, enquanto o poder estatal enfraquece. O fato de que os Estados concordem com essas mudanças não diminui o impacto que elas têm sobre o modelo do Estado soberano.

O segundo ponto é que, ainda que os Estados sejam imprescindíveis para o desenvolvimento da globalização, alguns deles têm um papel preponderante no desenvolvimento dessa tendência.[59] A integração crescente dos mercados de capitais não surgiu "de uma semente misteriosa plantada nos tempos antigos, mas traduz decisões deliberadas e escolhas políticas que os Esta-

---

[57] CHARPENTIER, Jean. Le phénomène étatique à travers les grandes mutations politiques contemporaines. In: SFDI. *L'État souverain à l'aube du XX ème siècle*: Colloque de Nancy. Paris: A. Pedone, 1994. p. 34.

[58] GARTEN, Jeffrey E. Lessons for the Next Financial Crisis. *Foreign Affairs*, New York, v. 78, nº. 2, p. 80, Mar./April 1999.

[59] A OCDE teve uma participação importante nesse processo, ao elaborar o Código de liberação de movimentos de capital, que desde 1960 incentiva os países-membros dessa organização a suprimir as restrições à circulação de capitais – supressão essa que foi alcançada entre os países desenvolvidos e que depois se alastrou para um número crescente de Estados. BURDEAU, Geneviève. Le FMI et la surveillance de l'espace monétaire et financier mondial. In: LOQUIN, Eric; KESSEDJIAN, Catherine. *La mondialisation du droit*. Dijon: Litec, 2000. p. 268.

dos soberanos, notadamente os mais poderosos, assumiram durante muitos anos".[60] A globalização se inscreveria dessa forma em um contexto eminentemente político. Ela teria uma história, manifestaria escolhas estratégicas, refletiria relações de força e "hierarquias de poder de tipo hegemônico", já que os governos dos países desenvolvidos teriam feito muito para promover a economia capitalista internacional.[61]

Logo, a vontade dos próprios Estados de atrair o capital estrangeiro não seria a única explicação para o fato de que, a partir da década de 1970, países tão diferentes quanto o Vietnã, a Índia, a China, a África do Sul, o Chile e o México tenham sido levados a reduzir barreiras alfandegárias, abrir seus mercados de capitais, privatizar empresas estatais e diminuir a intervenção do governo na economia. Fortes pressões foram exercidas pelos países industrializados sobre as nações em desenvolvimento a fim de que estas promovessem a abertura de suas economias. A globalização não seria então um processo apolítico, caracterizado pela simples adaptação às inovações tecnológicas, mas seria moldada pelos Estados mais poderosos e pelas instituições internacionais por eles controladas. Nesse caso "como sempre ocorre na economia mundial, o poder teve importância".[62]

Se a globalização situa-se em um contexto de poder, isso significa que cada Estado poderia reagir diferentemente a esse fenômeno, de acordo com sua força. Isso levou autores como Milton Santos a concluir que, ainda que haja grande aumento na fluidez da informação e das finanças mundiais, seria "um equívoco pensar que a informação e a finança exercem sempre sua força sem encontrar contrapartida interna". Haveria a possibilidade de que uma vontade política interior fosse capaz de evitar que a influência de tais fatores fosse absoluta. Assim: "a cessão da soberania não é algo natural, inelutável, automático, pois depende da forma como o governo de cada país decide fazer sua inserção no mundo da chamada globalização".[63] Logo, no contexto atual, o poder de adaptação de cada Estado ganharia importância.[64] Mesmo se a globalização acarreta efeitos inegáveis sobre a política do-

---

[60] Assim, os EUA teriam suprimido seus controles sobre a movimentação de capitais em 1974, e depois liberalizado seu mercado financeiro, sendo seguidos posteriormente pelos demais países da OCDE. Ver SENARCLENS, Pierre de. *Mondialisation...*, op. cit.; 1998. p. 85-86.

[61] Idem. p. 85.

[62] KEOHANE, Robert O.; MILNER, Helen (ed.). *Internationalization and Domestic Politics...*, op. cit.; 1996. p. 24.

[63] SANTOS, Milton. *Por uma outra globalização...*, op. cit.; 2000. p. 77-78.

[64] Desse modo, para Weiss, mais do que enfraquecer o Estado, a globalização causaria uma transformação de suas funções. Ver WEISS, Linda. *The Myth of the Powerless State...*, op. cit.; 1998. p. 168-170.

méstica, esses efeitos variam de acordo com o tamanho e o poder dos países envolvidos.[65]

Entretanto, como pudemos ver, a própria lógica atual de organização mundial faz que todos os países lutem por atrair o capital internacional. Nesse caso, a força de alguns países em resistir à globalização importaria pouco, uma vez que seu interesse seria, exatamente ao contrário, o de adquirir riqueza, integrando-se ao processo de internacionalização. Abrir mão dos investimentos estrangeiros pode ter um custo de oportunidade altíssimo, em particular para os países em desenvolvimento, o que os obriga a aceitar as "regras do jogo" da globalização, limitando a sua autonomia em diversas áreas.

Isto também ocorre com relação à revolução tecnológica. Como analisaremos em seguida, mesmo se essa diminui de forma geral a efetividade do poder estatal, abdicar de seus benefícios tem um custo com o qual os Estados não podem arcar.

5.2 Revolução tecnológica e redução do poder de controle estatal

O surgimento do ciberespaço – que é o local onde ocorrem as transações comerciais e trocas de informações por meio eletrônico[66] – afeta o modelo do Estado soberano. Esse modelo atribui ao Estado um poder que só tem sentido se for efetivo de fato. Como veremos, a existência do ciberespaço contribui para a perda de efetividade do poder estatal, pois, ao não conseguir regular as atividades que se dão na rede, o Estado diminui seu controle sobre seu território e sua população (5.2.1). Nessa realidade, surge o problema de saber por que alguns Estados parecem resistir melhor do que outros aos efeitos da revolução tecnológica, e quais seriam as conseqüências sofridas pelo Estado que optasse por exercer essa resistência (5.2.2).

---

[65] Segundo esse raciocínio, os desafios internos e externos testariam apenas o "caráter" dos Estados, que não deixariam de existir. Alguns Estados poderiam falhar, outros poderiam superar os testes sem dificuldade, mas sempre haveria Estados suficientes para que o sistema internacional seguisse sendo considerado um sistema de Estados. Assim, nas palavras de Waltz: "Os desafios variam, os Estados resistem". WALTZ, Kenneth N. Globalization and Governance. *PS*, Washington D.C., p. 697, Dec. 1999.

[66] Os efeitos analisados nesta parte do livro são aqueles de caráter geral, causados principalmente pelas redes públicas de computadores, razão pela qual, conforme já foi explicado em nota anterior, "ciberespaço", "internet" e "rede" serão aqui utilizados como sinônimos. Os efeitos das redes digitais privadas, de caráter principalmente econômico, serão estudados posteriormente.

5.2.1 O controle do ciberespaço – ausência de fronteiras e dificuldades de regulação

A soberania sempre foi identificada com a noção de território, relacionando-se com o controle pelo Estado do espaço físico e das pessoas localizadas em suas fronteiras.

Em contraste, o ciberespaço não tem limites territoriais. Como bem observado por um juiz norte-americano, "a internet não tem fronteiras", o que quer dizer que "quando um negócio é transacionado em uma rede de computadores via um *site* na rede ao qual se tem acesso por meio de um computador em Massachussets, ele ocorre tanto em Massachussets, figurada ou literalmente, como em qualquer outro lugar".[67]

Como notou esse juiz, há uma diferença nítida entre as fronteiras físicas e a ausência de fronteiras na rede: "As fronteiras físicas tipicamente moldam as fronteiras legais, criando, de fato, sinais avisando que nós estaremos sujeitos a regras diferentes após cruzar tais limites".[68] O ciberespaço, no entanto, não se limita às fronteiras tradicionais, e os sinais de alerta característicos da mudança de jurisdição não existem na rede.[69]

No ciberespaço, o custo e a velocidade da transmissão de dados independem da posição física ou geográfica de seus usuários, o que acaba por eliminar as barreiras que antes poderiam separar as pessoas.[70] Mesmo que jurisdições diferentes tentem regular a internet, a forma como cada uma delas procura fazê-lo pode ser diferente, e a ausência de fronteiras na rede causa necessariamente conflitos entre partes do mundo que são "fisicamente distantes, mas eletronicamente próximas".

---

[67] Afirmação de um juiz de uma corte distrital dos Estados Unidos da América, ao julgar o caso da *Digital Equipment Corp.* contra a *Altavista Technology, Inc.* JOHNSON, David R.; POST, David G. Law and Borders: the Rise of Law in Cyberspace. *Stanford Law Review*, Stanford, no. 48, p. 1367-1402, May 1996. Disponível em: <*http://www.cli.org/X0025_LBFIN.html*>. Acesso em: 31 out. 2003.

[68] Logo, "impor conceitos territoriais tradicionais no uso comercial da internet teria implicações dramáticas, sujeitando o usuário da rede a regulamentos inconsistentes". *Digital Equipment Corp.* contra a *Altavista Technology, Inc.* Ver JOHNSON, David R.; POST, David G. Law and Borders..., op. cit.; 1996.

[69] O que faz que o ciberespaço represente "um desafio para as regras básicas de jurisdição sob o direito nacional e internacional". BROWN, Bartram S. Developing Countries in the New Global Information Order. In: BOISSON de CHAZOURNES, Laurence; GOWLLAND-DEBBAS, Vera (ed.). *The International Legal System in Quest of Equity and Universality*: Liber Amicorum Georges Abi-Saab. The Hague: Martinus Nijhoff, 2001. p. 415.

[70] Com relação ao custo, devemos observar que a internet se utiliza da infra-estrutura de telecomunicações já existente, o que torna desnecessário "gastar enormes quantias de dinheiro para se comunicar globalmente" PERRIT, Henry H. The internet as a threat to sovereignty?: thoughts on the internet's role in strengthening national and global governance. *Indiana Journal of Global Legal Studies*, Bloomington, p. 427, Spring 1998.

Para regular o que ocorre no ciberespaço e tem efeitos em seu território, o Estado teria de ser capaz de detectar o fluxo de informações que se utiliza da rede para atravessar suas fronteiras, o que significaria tentar controlar "milhões de caminhos eletrônicos e milhões de maneiras de carregar a informação por cada caminho".[71] Isso não seria impossível, mas teria um alto custo, o que torna essa missão muito difícil.[72] Além disso, as informações "proibidas" sempre poderiam ser codificadas a fim de parecerem informações permitidas, sendo decodificadas após atravessarem as fronteiras do país que as proíbe.[73]

A internet facilita assim "transações multijurisdicionais, baratas, rápidas e difíceis de se detectar".[74] Mas não é só isso. A internet também tem um componente de anonimidade. A rede permite transações entre pessoas nas quais uma sequer sabe onde a outra se situa – fica valendo a localização virtual do indivíduo –; em vez do território, passa a importar o endereço eletrônico. Esse endereço não é totalmente seguro, sendo possível adulterá-lo,[75] dando-se a impressão de se estar em outro lugar, o que pode tornar difícil a identificação de certos usuários. Por todos esses fatores, a maior parte do conteúdo da internet estaria além do escopo regulador de qualquer soberania territorial em particular.[76]

O maior efeito que o ciberespaço causa sobre a soberania estatal relaciona-se à diminuição do poder de controle dos Estados sobre o conteúdo do que circula na rede.

Esse problema afeta profundamente os Estados totalitários. A existência da internet torna mais permeáveis as fronteiras de países que não têm interesse na livre circulação de informações, permitindo o acesso da popu-

---

[71] Haveria muitas linhas telefônicas, faixas de vídeo, ligações por satélite e outras comunicações sem fio a serem controladas. DERTOUZOS, Michael. *What Will be*: How the New World of Information Will Change our Lives. San Francisco: Harper Edge, 1997. p. 290.

[72] Perrit lembra que qualquer pessoa com um *laptop*, acesso a um provedor e um software apropriado pode publicar e ler no ciberespaço. PERRIT, Henry H. The internet as a threat to sovereignty..., op. cit.; 1998. p. 427.

[73] No exemplo apresentado por Dertouzos, fotos pornográficas poderiam atravessar as fronteiras passando-se por hinos religiosos. DERTOUZOS, Michael. *What Will be...*, op. cit.; 1997. p. 290.

[74] GOLDSMITH, Jack L. The Internet and the Abiding Significance of Territorial Sovereignty. *Indiana Journal of Global Legal Studies*, Bloomington, p. 475, Spring 1998.

[75] Para tanto, os usuários da internet podem se valer dos chamados "remailers", empresas que removem o endereço IP original de seu cliente e o substituem por seus próprios endereços, fazendo que ele não possa ser identificado, tal qual, no exemplo dado por Engel, um praticante de extorsão que para não ser identificado vestisse um par de luvas e colasse letras de uma revista sobre um pedaço de papel. ENGEL, Christoph. The Internet and the Nation State. In: ENGEL, Christoph; KELLER, Kenneth H. (ed.). *Understanding the Impact of Global Networks on Local Social, Political and Cultural Values*. Baden-Baden: Nomos Verlagsgesellschaft, 2000. p. 211.

[76] GOLDSMITH, Jack L. The Internet..., op. cit.; 1998. p. 475.

lação a idéias consideradas "proibidas". Esses Estados estariam "desarmados para erigir barreiras eficazes ao fluxo de mensagens políticas e culturais difundidas a partir do estrangeiro", e essa impotência "afetaria sua capacidade de impor uma doutrina de governo e de relações sociais de vocação totalitária".[77]

Além disso, se antigamente as ditaduras conseguiam ocultar de forma mais eficaz as atrocidades que cometiam, hoje milhões de pessoas têm acesso instantâneo a esses acontecimentos. Como bem observa Umberto Eco: "Nosso século foi o da comunicação instantânea. Hernán Cortés pôde destruir uma civilização e, antes que a notícia se espalhasse, teve tempo para encontrar justificativas a seus empreendimentos. Hoje, os massacres da Praça da Paz Celestial, em Pequim, tornam-se atualidade no momento mesmo em que se desenrolam e provocam a reação de todo o mundo civilizado".[78]

O desenvolvimento das comunicações globais possibilita novas formas de participação nos acontecimentos mundiais.[79] Se antes as pessoas podiam ler sobre as ditaduras e guerras existentes em outras partes do planeta, o fato de que atualmente as câmeras de televisão transmitem eventos dessa mesma natureza ao mesmo tempo que eles estão acontecendo faz que esses produzam efeitos imediatos em várias partes do globo.[80] Comunicações melhores, como lembra Frances Cairncross, permitem a povos vivendo sob regimes repressivos levar suas campanhas pela liberdade para o exterior.[81] O resultado é maior pressão sobre os regimes autoritários para que esses mudem suas práticas – pressão essa que é exercida principalmente por uma sociedade civil transnacional nascente, que será estudada no final deste livro. Assim, o ciberespaço pode contribuir para o fortalecimento da democracia ao redor do mundo.

No entanto, o surgimento da internet tem conseqüências também sobre os Estados democráticos. Vários tipos de decisão dos órgãos desses Estados podem ser afetados pelo ciberespaço. Uma ordem judicial visando a que um determinado livro saia de circulação – por violar, por exemplo, a intimidade

---

[77] SENARCLENS, Pierre de. *Mondialisation...*, op. cit.; 1998. p. 78.
[78] ECO, Umberto. Rápida utopia. In: *Veja 25 Anos*: reflexões para o futuro. São Paulo: Abril, 1993. p. 113.
[79] HELD, David. *Democracy and the Global Order*: From the Modern State to Cosmopolitan Governance. Stanford, Calif.: Stanford University Press, 1995. p. 124.
[80] HELD, David; McGREW, Anthony G.; GOLDBLATT, David; PERRATON, Jonathan. *Global Transformations*: Politics, Economics and Culture. Stanford, Calif.: Stanford University Press, 1999. p. 59.
[81] Desse modo, quando o governo da Sérvia tentou fechar, em 1996, a última estação de rádio independente, essa passou a transmitir pela internet. Como professores universitários e estudantes, que eram parte importante da oposição, tinham acesso à rede, o *site* dessa rádio teve um papel crucial na distribuição das notícias sobre os protestos contra o governo. CAIRNCROSS, Frances. *How the Communications Revolution Will Change our Lives*. Boston, Mass.: Harvard Business School Press, 1997. p. 261.

de uma determinada pessoa – passa a ser uma missão quase impossível após o surgimento da internet. Isso representaria, para Manuel Castells, uma demonstração clara de que atualmente as decisões do governo ou dos tribunais sobre o acesso a informações jamais poderiam ser efetivadas. Essa diminuição inevitável do controle sobre as informações representaria a perda de "um dos principais sustentáculos do poder do Estado".[82]

A perda de controle sobre o que circula na rede afetaria uma das funções de caráter geral de todos os Estados, que é a de "promover e proteger valores cívicos e morais".[83] Como lembra Cairncross, mesmo os países democráticos possuem leis que restringem a liberdade de expressão quando essa se relaciona à pornografia, às calúnias, à fraude, ao terrorismo, ou à proteção da propriedade intelectual. No entanto, se tais leis são nacionais, o novo mundo das comunicações é global.[84]

Os governos têm assim dificuldades, por exemplo, no controle de conteúdos proibidos, o que se costuma chamar em inglês de *objectionable content*. A Alemanha tem julgado e condenado, muitas vezes em vão, neonazistas que, baseados em países como os Estados Unidos, onde são protegidos pelas leis que defendem a liberdade de expressão, utilizam a internet para divulgar mensagens racistas.[85] Mesmo quando o governo consegue fechar os *sites* ilegais, as mensagens podem continuar a ser transmitidas a partir de outros *sites*, em um jogo de gato e rato sem fim.

Outro exemplo é o dos jogos de azar, que constituem um dos casos emblemáticos de atividade cuja dificuldade de regulação se agravou com o surgimento do ciberespaço. Os Estados Unidos, por exemplo, gostariam de regular o jogo virtual, mas têm problemas em fazê-lo porque os donos de cassinos estabeleceram seus negócios, por precaução, no Caribe.[86] Em outro caso que ilustra essa perda de controle dos Estados sobre seu territórios e sua população, no estado norte-americano de Minnesota, o procurador-geral, a fim de controlar o jogo, assegurou-se o direito de regular apostas realizadas por residentes locais em uma *web page* situada no exterior.[87] Como podemos imaginar, a efetividade dessa tentativa de regular localmente um problema que tem

---

[82] Um exemplo comumente citado aconteceu na França. Após a morte do presidente Mitterrand, um livro publicado por seu médico revelou que ele desenvolvera um câncer durante o seu mandato. A pedido da família de Mitterrand, e em cumprimento de uma ordem judicial, o livro foi retirado de circulação. Porém sua leitura continuava possível graças à internet. CASTELLS, Manuel. *O poder da identidade...*, op. cit.; 1999. p. 302.
[83] PERRIT, Henry H. The internet as a threat to sovereignty..., op. cit.; 1998. p. 427.
[84] CAIRNCROSS, Frances. *How the Communications Revolution...*, op. cit.; 1997. p. 179.
[85] O discurso de ódio racial não só é proibido na Alemanha como é definido de forma muito ampla, o que aumenta as chances de que determinados conteúdos sejam vistos como "objectionable content". PERRIT, Henry H. The internet as a threat to sovereignty..., op. cit.; 1998. p. 429.
[86] ENGEL, Christoph. The Internet and the Nation State..., op. cit.; 2000. p. 233.
[87] Ver JOHNSON, David R.; POST, David G. Law and Borders..., op. cit.; 1996.

origem em outra jurisdição e se utiliza do ciberespaço é mínima, para não se dizer inexistente.

De fato, as autoridades estatais têm dificuldades em regular as atividades do criador ou do disseminador original da informação quando esses se encontram fora do território nacional.[88] Isso faz que essas autoridades concentrem seus esforços em duas frentes. A primeira delas são os usuários, situados no território do Estado, que venham a acessar o conteúdo ilegal ou a participar de transações ilegais na rede.[89] A segunda forma de controle atinge as empresas responsáveis pela transmissão final dos dados, os provedores locais,[90] os quais quase sempre têm muito pouca ligação com quem originou a informação.[91]

A tentativa de regular localmente acontecimentos que se originam em outras jurisdições pode levantar dois problemas relacionados à legitimidade. O primeiro resulta de que muitas vezes a tarefa de selecionar qual conteúdo é proibido e qual conteúdo pode ser livremente acessado é passada para os próprios provedores de acesso.[92] Não é difícil perceber por que tal fato é muito questionado. Os provedores são empresas privadas, normalmente ligados a grandes corporações transnacionais. Abandonar em suas mãos a função de censurar determinados conteúdos seria "simplesmente abominável", e suporia "uma omissão de soberania não só por parte dos governos, como também de toda a sociedade, e uma inadmissível atribuição de poder àqueles que não possuem legitimidade de qualquer tipo para exercê-lo".[93]

O segundo problema refere-se ao próprio papel do Estado que se proponha a regular o que ocorre na rede. Jack Goldsmith imagina a seguinte hipótese. Um estado norte-americano resolve banir o jogo na internet, impondo multas aos provedores que permitam o acesso aos cassinos virtuais. Isso faz

---

[88] HURLEY, Deborah; MAYER-SCHÖNBERGER, Viktor. Information Policy and Governance. In: NYE, Joseph S; DONAHUE, John D. (ed.). *Governance in a Globalizing World*. Cambridge, Mass.: Brookings Institution Press, 2000. p. 339.

[89] Os usuários podem ser punidos ou impedidos de acessar tais informações pela obrigatoriedade de uso de determinados *hardwares* ou *softwares* que bloqueiam o acesso ao conteúdo proibido. GOLDSMITH, Jack L. The Internet..., op. cit.; 1998. p. 481.

[90] Nesse sentido, uma lei alemã responsabiliza os provedores de acesso que estejam cientes do conteúdo ilegal e faltem em usar os meios tecnicamente possíveis para bloqueá-lo. Idem. p. 482.

[91] HURLEY, Deborah; MAYER-SCHÖNBERGER, Viktor. Information Policy and Governance..., op. cit.; 2000. p. 339.

[92] No Brasil, por exemplo, onde o racismo é crime (punido com pena de um a três anos de reclusão e multa, ou de dois a cinco anos, se o crime for cometido por veículo de comunicação), além de não se ter definido ainda se a internet é veículo de comunicação, o controle dos *sites* que incitam à discriminação é ineficaz, dependendo na maioria das vezes da atuação dos próprios provedores de acesso. Provedor diz que corta racista. *Folha de S. Paulo*, São Paulo, p. 5-6, 13 maio 1998.

[93] CEBRIÁN, Juan Luis. *A rede*. São Paulo: Summus, 1999. p. 83.

que um grande provedor, com sede naquele estado que optou por banir o jogo, por medo das multas, resolva proibir o acesso a tais cassinos. Devido à atual tecnologia da rede, isso faria que todos os clientes desse provedor, no mundo inteiro, não pudessem mais acessar os cassinos virtuais. Ainda que o governo daquele estado norte-americano tenha o direito de regular o que ocorre em seu território, teria ele legitimidade para "governar o mundo" nesse caso específico?[94] Ao tornar possível que o poder regulador de um Estado tenha efeitos sobre a população de outros Estados, a legitimidade dessa decisão deveria ser questionada, por ir de encontro à forma atual de organização da humanidade – o modelo do Estado soberano – pelo qual cada Estado deveria ser a única instituição autorizada a regular legitimamente o que ocorre em suas fronteiras.

Goldsmith acredita que o estado no caso em questão não deveria abrir mão de seu poder regulador, que tem efeitos locais.[95] Uma vez que o provedor mencionado tem sua sede naquele estado e dele retira benefícios, ele deveria aceitar o ônus da regulação estatal. Se o provedor quisesse, ele poderia deixar o estado, implantando-se em outro lugar.[96] Porém aí se volta ao problema da efetividade. As pessoas poderiam continuar a acessar a internet utilizando esse mesmo provedor – agora situado em outro estado – por meio de uma simples chamada telefônica. Assim, ainda que, logicamente, o custo de fazê-lo fosse maior, o acesso da população daquele estado aos cassinos virtuais continuaria sendo possível. Logo, ao implantar-se em outro lugar, o provedor fugiria ao controle do estado.

Vemos por isso que, quando a fonte de determinada informação e sua rede de disseminação estão dentro das fronteiras de um determinado Estado, a aplicação das regras que restringem determinados conteúdos é relativamente fácil. Se uma determinada informação viola a lei, aquele que a dissemina pode ser questionado em juízo e, caso condenado, é posto um fim à distribuição daquele conteúdo específico. No entanto, com o aumento dos fluxos de informação pelas fronteiras, regular os conteúdos tornou-se um desafio mais difícil. Dessa forma, o poder da autoridade nacional sobre a regulação do conteú-

---

[94] GOLDSMITH, Jack L. The Internet..., op. cit.; 1998. p. 489.

[95] Mais que isso, Goldsmith acredita que ainda que a regulação da internet pelo Estado não seja perfeita em eliminar a evasão – se é que haveria alguma regulação perfeita nesse sentido – ela mesmo assim deve ser implementada pelos Estados. Reforçando tal opinião, ele cita Lawrence Lessig: "Uma regulação não precisa ser absolutamente efetiva para ser suficientemente efetiva. Ela não precisa elevar ao infinito o custo da atividade proibida a fim de reduzir o nível daquela atividade de forma razoavelmente substancial. Se a regulação aumenta o custo do acesso a este tipo de informação, ela reduzirá o acesso a esta informação, mesmo se ela não o reduzir para zero. Isso é suficiente para justificar a regulação. Se a regulação governamental tivesse que mostrar que ela era perfeita antes de ser justificada, então de fato haveria pouca regulação do ciberespaço, ou do espaço real também". Idem. p. 482.

[96] GOLDSMITH, Jack L. Idem. p. 489.

do cessa quando o acesso à informação e à distribuição desta não estiverem ligados a "territórios geográficos específicos, e, portanto, a uma autoridade jurisdicional".[97]

Hoje, graças ao ciberespaço, quando um Estado resolve regular um determinado assunto, há grandes chances de que esse se situe em boa parte fora de sua jurisdição.[98] A flexibilidade de funcionamento da rede permite que os serviços proibidos sempre tenham a opção de migrar para lugares onde as leis são menos rigorosas, o que pode acarretar a criação de refúgios *off-shore*, seja para os jogos de azar, seja para outras atividades consideradas ilícitas.[99] Esses serviços seguiriam atravessando as fronteiras do Estado que tentou proibi-los e continuariam a ser acessíveis à sua população. A flexibilidade da internet impediria assim os governos de combater sozinhos os crimes que se valem da rede.[100] Trata-se, como veremos adiante, de mais uma questão que só pode ser resolvida por meio da cooperação entre os Estados.

Logo, mesmo se teoricamente cabe ao Estado regular o que acontece em seu território, a existência de outras jurisdições que regulam diferentemente os mesmos assuntos – e a possibilidade de que as informações atravessem livremente suas fronteiras – enfraquece o poder regulador do Estado.

5.2.2 Poder de barganha e custo de oportunidade no controle do ciberespaço

As questões até aqui analisadas levam a imaginar até que ponto alguns Estados especialmente poderosos não seriam capazes de controlar de alguma forma o tipo de informação que atravessa suas fronteiras.

Nesse caso, podemos destacar dois exemplos. O primeiro é o da CompuServe. Em 1995, um promotor público alemão questionou essa companhia afirmando que aproximadamente duzentos grupos de discussão de internet, cujo tema se relacionava ao sexo, violavam as leis daquele país, em particular aquelas destinadas a proteger os menores de idade. Como ocorria no caso do provedor do exemplo anteriormente analisado, tecnicamente a CompuServe não tinha como filtrar, exclusivamente para seus clientes alemães, o conteúdo por ela fornecido. Essa empresa decidiu então barrar o acesso àqueles grupos de discussão para todos os seus 4 milhões de assinantes no mundo todo. Fica evidente, nesse caso, que a empresa só tomou essa decisão porque o mercado alemão era suficientemente valioso para que a supressão dos grupos de dis-

---

[97] HURLEY, Deborah; MAYER-SCHÖNBERGER, Viktor. Information Policy and Governance..., op. cit.; 2000. p. 339.
[98] ENGEL, Christoph. The Internet and the Nation State..., op. cit.; 2000. p. 233.
[99] CAIRNCROSS, Frances. *How the Communications Revolution*..., op. cit.; 1997. p. 180.
[100] CEBRIÁN, Juan Luis. *A rede*..., op. cit.; 1999. p. 82.

cussão no mundo inteiro valesse a pena. Em outra situação – em um mercado menos importante – o provável é que a empresa simplesmente fechasse sua filial naquele país.[101]

Isso mostra como o poder de barganha de cada Estado importa na hora de lidar com as grandes transnacionais da indústria da informação.

Em outro caso conhecido, o empresário australiano Rupert Murdoch, dono da News Corp., teve de se curvar à vontade do governo chinês, que só admitiu que sua televisão por satélite entrasse naquele país quando ele assegurou que essa não transmitiria as imagens da rede britânica BBC.[102]

Logo, assim como ocorre em relação à globalização econômica, alguns Estados têm mais capacidade do que outros de minimizar as conseqüências da revolução tecnológica. Contudo, controlar ou não a internet nem sempre é uma questão de capacidade ou de poder de barganha. Trata-se, muitas vezes, de uma questão de conveniência. A tentativa de proibir ou restringir o acesso à rede não é problemática apenas porque tende a ser ineficaz, mas porque qualquer proibição abrangente impõe sérias limitações à capacidade da sociedade de participar da economia mundial.[103]

Outra questão que surge é a de quais seriam as conseqüências de se bloquear o acesso de toda a população de um Estado à internet. Em um dos casos envolvendo propaganda neonazista, a Deutsche Telekom, maior provedor de acesso à internet da Alemanha, bloqueou o acesso de seus clientes aos computadores de uma companhia que havia alugado um espaço a uma pessoa que divulgava mensagens racistas. Isso privou os alemães de acessar outros mil e quinhentos *sites* cujos conteúdos não eram ilegais.[104]

O combate ao conteúdo ilegal pode, assim, ter alto custo. No outro caso que acabamos de mencionar, a China poderia até conseguir prejudicar o sinal do satélite da News Corp. e impedir a transmissão da BBC. No entanto, se tivesse de cortar o acesso às comunicações com as redes de informação digitais, a China perderia a comunicação com o restante do mundo.[105] Isso seria inconcebível, já que "dada a avançada interconexão dos mercados financeiros, negócios, e inumeráveis outras redes, tais como controle de tráfego aéreo", desconectar uma nação da rede global de informação seria uma forma certa de

---

[101] Esse exemplo nos remeteria também ao problema da legitimidade de tal regulação, conforme analisamos anteriormente. CAIRNCROSS, Frances. *How the Communications Revolution...*, op. cit.; 1997. p. 190.

[102] CASTELLS, Manuel. *O poder da identidade...*, op. cit.; 1999. p. 301.

[103] FALK, Richard A. Re-framing the legal agenda of world order in the course of a turbulent century. In: LIKOSKY, Michael (ed.). *Transnational Legal Processes*. London: Butterworths, 2002. p. 372.

[104] CAIRNCROSS, Frances. *How the Communications Revolution...*, op. cit.; 1997. p. 188.

[105] Além disso, como lembra Engel, uma vez que a internet usa as linhas de telecomunicação existentes, um Estado não poderia proibir todas as conexões à rede a menos que quisesse simultaneamente se isolar do tráfego telefônico mundial. ENGEL, Christoph. The Internet and the Nation State..., op. cit.; 2000. p. 238.

"suicídio informacional".[106] A razão dessa impossibilidade é que a internet não transportaria apenas "sinais problemáticos que são capazes de pôr em perigo a estabilidade interna ou a hegemonia cultural dentro de um país". Em vez disso, sua principal função é a de "uma ferramenta para as trocas internacionais científicas e econômicas".[107]

Johnson e Post fazem uma observação interessante a respeito desse fenômeno: "Por ser tão difícil controlar o fluxo de elétrons através das fronteiras físicas, uma jurisdição local que procura impedir seus cidadãos de ter acesso a um material específico deve ou proibir todo acesso à rede – com isso se isolando do novo comércio global – ou procurar impor sua vontade na rede como um todo." O que leva os autores à seguinte analogia: "Este seria o equivalente moderno a um senhor feudal nos tempos medievais tentando evitar que o comércio de seda atravessasse as suas fronteiras – para desalento dos consumidores e comerciantes locais –, ou pretendendo assegurar sua jurisdição sobre todo o mundo conhecido".[108]

Ou seja, o controle do fluxo de informações na rede é praticamente impossível. E, se fosse possível, seria em muitos casos indesejável. Os feudos, com suas taxas e pedágios, representavam um empecilho ao desenvolvimento do comércio. Da mesma forma, o final das fronteiras – ao menos no mundo virtual – permite que o comércio se desenvolva de forma mais acelerada, criando as condições para uma nova onda de crescimento mundial.[109]

Ainda que tenham aspectos positivos inegáveis, o surgimento do ciberespaço e a aceleração do processo de globalização trazem conseqüências para o modelo do Estado soberano. Como conclui Engel: "A internet e a globalização não derrogam a soberania, mas certamente a enfraquecem".[110] A diminuição do poder de controle sobre a informação tem efeitos de caráter geral sobre a efetividade do poder estatal e tem efeitos de natureza política, contribuindo para o fortalecimento da democracia. Porém, a maior conseqüência que a revolução tecnológica e a globalização têm sobre os Estados talvez se dê sobre a efetividade e a autonomia do poder destes na área econômica.

---

[106] HURLEY, Deborah; MAYER-SCHÖNBERGER, Viktor. Information Policy and Governance..., op. cit.; 2000. p. 340.
[107] ENGEL, Christoph. The Internet and the Nation State..., op. cit.; 2000. p. 238.
[108] JOHNSON, David R.; POST, David G. Law and Borders..., op. cit.; 1996.
[109] Nesse sentido, o juiz de um dos casos mencionados anteriormente defenderia que os tribunais devem ser "cautelosos na aplicação dos conceitos tradicionais", a fim de não "mudar dramaticamente o que poderia ser o mercado de massas mais participativo que esta nação – e de fato o mundo – já viu". *Digital Equipment Corp.* contra a *Altavista Technology, Inc.* – ver JOHNSON, David R.; POST, David G. Law and Borders..., op. cit.; 1996.
[110] ENGEL, Christoph. The Internet and the Nation State..., op. cit.; 2000. p. 241.

Capítulo 6

A globalização econômica e a perda de efetividade e de autonomia do poder estatal

A existência do ciberespaço acarreta, em geral, uma perda na efetividade do Estado em regular a vida de sua população. Esse é um problema que merece atenção principalmente porque, como vimos no início deste livro, a principal função do Estado é a de assegurar a proteção dos direitos de seus cidadãos, tarefa que ele cumpre por meio das leis. Cada vez que a ordem jurídica estatal perde efetividade, perde um pouco a sua razão de ser. Mais que isso, perderia em parte sua validade, já que uma ordem jurídica só deveria ser considerada válida se fosse minimamente efetiva, ou seja, se o comportamento humano por ela regulado estivesse geralmente em conformidade com ela.[1]

A globalização une-se à revolução tecnológica para tornar ainda mais difícil ao Estado assegurar a efetividade de suas leis, sobretudo no campo econômico. Contudo, o controle do que ocorre na área econômica no território estatal é uma das características históricas da soberania.[2] Ser o "agente normativo e regulador da atividade econômica"[3] é normalmente considerada uma das principais funções do Estado.

Contudo, é exatamente no papel de agente econômico que os Estados vêm perdendo poder. Nesse ponto, Hirst e Thompson – normalmente céticos

---

[1] KELSEN, Hans. *What is Justice?*: Justice, Law and Politics in the Mirror of Science. Berkeley: University of California Press, 1960. p. 290.

[2] PERRIT, Henry H. The internet as a threat to sovereignty?: thoughts on the internet's role in strengthening national and global governance. *Indiana Journal of Global Legal Studies*, Bloomington, p. 428, Spring 1998.

[3] Como estabelecido, por exemplo, no caso brasileiro, pelo artigo 174 da Constituição Federal.

quanto ao impacto produzido pela globalização – concordam que o poder do Estado como agente administrativo e formulador de políticas públicas está em declínio, e que o papel do Estado como gerenciador da economia vem diminuindo.[4] Os Estados hoje teriam dificuldades em manter o nível de emprego, sustentar o crescimento econômico, controlar as taxas de juros e de câmbio, ou seja, em administrar em geral suas próprias economias. E isso não aconteceria por "incompetência técnica, nem por torpeza moral ou por inabilidade política",[5] mas porque os Estados sofrem as conseqüências da globalização e da revolução tecnológica, ainda que eles sejam em parte responsáveis pelo surgimento desses fenômenos.

É verdade que o Estado expandiu suas funções com o passar do tempo. Assim, funções hoje consideradas essenciais à soberania estatal no passado sequer eram exercidas pelos Estados, e "áreas de atividade previamente ignoradas foram trazidas para dentro da regulação e preocupação dos governos". Logo, no início do século XX, por exemplo, poucos governos se preocupavam em planejar de forma consciente o crescimento econômico ou em promover o pleno emprego em seus territórios. À medida que os governos se tornam mais ambiciosos, o impacto das relações transnacionais cria um espaço entre sua "aspiração pelo controle e sua capacidade de atingi-lo".[6]

Se nem todas as funções hoje exercidas pelo Estado nasceram junto com essa instituição, o fato de que o Estado, para ser soberano, tenha de possuir a capacidade de implementar políticas públicas de forma autônoma também poderia ser questionado. Há Estados que simplesmente optam por não intervir em suas economias.[7] Mesmo que essas ressalvas devam ser levadas em consideração, o importante é que ele evoluiu para um modelo que se preocupa com o bem-estar de sua população e, para tanto, ele precisa muitas vezes exercer o papel de regulador da atividade econômica dentro de seu terri-

---

[4] Ver HIRST, Paul; THOMPSON, Grahame. *Globalization in Question*: The International Economy and the Possibilities of Governance. Cambridge, U.K.: Polity Press, 1996; ver também WEISS, Linda. *The Myth of the Powerless State*. Ithaca: Cornell University Press, 1998. p. 194.

[5] STRANGE, Susan. *The Retreat of the State*: the Diffusion of Power in the World Economy. Cambridge, U.K.: Cambridge University Press, 1996. p. 14.

[6] KEOHANE, Robert O.; NYE, Joseph S. (ed.). *Transnational Relations and World Politics*. Cambridge, U.S.: Harvard University Press, 1972. p. XXII-XXIII.

[7] Cabe observar que a capacidade de formular e implementar políticas econômicas independentemente de pressões, alterando, se preciso, o próprio ambiente doméstico assim como o comportamento de grupos e interesses domésticos contrários a fim de alcançar seus objetivos, seria uma das características do que alguns autores chamam de "Estado-forte". Porém, nem todos os Estados seriam "Estados-fortes". Mais do que isso, essa maneira "estatista" de se ver o poder estatal resultaria em um conceito "virtualmente impossível de se aplicar aos Estados modernos", já que "poucos ou nenhum dos Estados industriais do mundo capitalista estão em conformidade com a noção essencialmente coercitiva de poder que a definição de um Estado-forte implica". WEISS, Linda. *The Myth of the Powerless State*..., op. cit.; 1998. p. 26-28.

tório.[8] Ao diminuir as possibilidades do Estado de realizar tal missão, seja diminuindo a efetividade do poder estatal (6.1), seja limitando sua autonomia (6.2), a globalização afeta a soberania de fato dos Estados.

6.1 Globalização econômica e perda de efetividade do poder estatal

> *Um fantasma está assombrando os governos mundiais – o fantasma da globalização.*[9]
>
> Martin Wolf

A efetividade é uma medida da eficiência do poder. É um grau na capacidade que uma instituição tem de provocar um resultado desejado. Hoje, no entanto, podemos afirmar que a capacidade dos governos de obter determinados resultados no campo econômico não é mais a que era antes.[10]

A globalização afeta a efetividade do poder estatal e, portanto, sua soberania de fato. Fator fundamental dessa perda de efetividade, como vimos, é a revolução tecnológica.

Os avanços tecnológicos contribuem para erodir as fronteiras entre mercados até então separados.[11] O resultado dessa erosão é que os Estados não seriam mais "impermeáveis" e passariam a estar sujeitos a novas influências.[12] Se as fronteiras podem ser consideradas uma condição necessária para a implementação de políticas econômicas nacionais independentes,[13] fronteiras mais permeáveis mostram que os Estados estão mais interdependentes. O surgimento de áreas de caráter transnacional, resultantes da interdependência e das novas tecnologias, evidencia que o conjunto de atividades

---

[8] Devemos observar que a soberania é inicialmente um conceito de teoria política e só tem relação com a economia no momento em que certos privilégios, como o de arrecadar impostos ou emitir moeda, têm efeitos sobre a estrutura da vida em sociedade. COHEN, Élie. *La tentation hexagonale*: la souveraineté à l'épreuve de la mondialisation. Paris: Fayard, 1996. p. 8.

[9] WOLF, Martin. Will the Nation-State Survive Globalization? *Foreign Affairs*, New York, p. 178, Jan./Feb. 2001.

[10] STRANGE, Susan. *The Retreat of the State...*, op. cit., 1996. p. 3.

[11] HELD, David. *Democracy and the Global Order*: From the Modern State to Cosmopolitan Governance. Stanford, Calif.: Stanford University Press, 1995. p. 128.

[12] JAMES, Alan. *Sovereign Statehood*: the Basis of International Society. London: Allen & Unwin Publishers, 1986. p. 167, 191.

[13] HELD, David. *Democracy and the Global Order...*, op. cit.; 1995. p. 128

sobre as quais o Estado pode efetivamente exercer seu poder de controle vem diminuindo.[14]

Fronteiras mais permeáveis significam também menor controle de fluxos por parte dos Estados. Seria assim a incapacidade do Estado de "regular o fluxo de bens, pessoas, poluentes, doenças e idéias através dos limites territoriais" que viria sendo descrita como perda de soberania.[15] A perda de controle sobre determinados fluxos pelas fronteiras contribuiria para que vivêssemos em um mundo cada dia mais "turbulento", e aparentemente nenhum Estado seria capaz de resistir a esse fato. Graças ao conjunto de transformações por que o mundo passou recentemente, todos os Estados pareceriam ter-se tornado "cada vez menos efetivos como administradores de seus próprios assuntos".[16]

A soberania é afetada a partir do momento em que o Estado deixa de exercê-la de forma eficaz por não conseguir dominar os atores transnacionais.[17] Como veremos, com a globalização e a revolução tecnológica, as transnacionais adquiriram um tamanho e uma mobilidade que tornam difícil seu governo pelos Estados (6.1.1). Pelos mesmos motivos, os mercados financeiros aumentaram sua volatilidade – e hoje a existência de um "dinheiro virtual" torna ainda mais difícil aos Estados controlar as atividades especulativas dos operadores internacionais (6.1.2). Ao diminuir sua capacidade de obter os resultados desejados, e ao perder parte de seu poder de controle – sendo este último, por sua vez, essencial à efetividade do poder estatal e, dessa forma, à soberania de fato – podemos afirmar que os Estados têm parte de sua soberania corroída.

6.1.1 Empresas transnacionais e perda de efetividade do poder estatal

O poder econômico das transnacionais pode ser medido pelo tamanho que essas empresas alcançaram. Já na década de 1970 chamava-se a atenção para o fato de que o faturamento de algumas havia superado o produto interno bruto de vários países.[18]

---

[14] ROSENAU, James N. *Turbulence in World Politics*: a Theory of Change and Continuity. Princeton: Princeton University Press, 1990. p. 13.

[15] Conforme a divisão proposta por Krasner, estudada anteriormente, a globalização afeta sobretudo a chamada "soberania de interdependência". Tal análise, como lembra esse autor, se baseia em especial na questão do controle, e não da autoridade. KRASNER, Stephen D. *Sovereignty*: Organized Hypocrisy. Princeton: Princeton University Press, 1999. p. 12.

[16] Ainda assim, para Rosenau, os Estados "não estão prestes a sair do palco político", e "alguns Estados devem inclusive continuar a ocupar o centro desse palco". ROSENAU, James N. *Along the Domestic-Foreign Frontier*: Exploring Governance in a Turbulent World. Cambridge, U.K.: Cambridge University Press, 1997. p. 362.

[17] CHEMILLIER-GENDREAU, Monique. Affaiblissement des États, confusion des normes. In: CHEMILLIER-GENDREAU, Monique; MOULIER-BOUTANG, Yann. *Le droit dans la mondialisation*: une perspective critique. Paris: Presses Universitaires de France, 2001. p. 163.

[18] STRANGE, Susan. *The Retreat of the State*..., op. cit.; 1996. p. 46.

Hoje grande parte do comércio não passa pelos Estados, e as transnacionais seriam as maiores responsáveis pelos intercâmbios mundiais.[19] Como conseqüência, essas empresas passam a ser atores importantes do cenário mundial, podendo afetar o curso de determinados eventos internacionais, tornando-se assim "competidoras do Estado-Nação".[20]

Contudo, não é só a potência econômica das transnacionais que as levaria "a ofuscar e submeter o poder das nações". Essas empresas exercem um controle sem igual sobre recursos, mão-de-obra e mercados globais.[21] Além disso, as transnacionais costumam deter tecnologias avançadas, muitas vezes inacessíveis a Estados menos desenvolvidos. A soma de todos esses fatores faz que essas empresas ponham em xeque o poder do Estado na condução das suas atividades econômicas.[22]

A maneira pela qual as transnacionais se organizam também dificulta seu controle. É possível afirmar que o alcance dos sistemas contemporâneos de produção, distribuição e troca faz que esses freqüentemente limitem a efetividade do poder detido pelas autoridades políticas nacionais.[23] O surgimento do modelo de produção em rede seria então o grande responsável pelo aumento de poder das empresas transnacionais, que teria "minado o poder dos Estados-Nação".[24]

Isso ocorreria por dois motivos principais. Primeiro, analogamente ao que ocorre com o ciberespaço, os Estados têm dificuldades em regular atividades que se estendem além de suas fronteiras. Assim, "na organização jurídica internacional, em que cada Estado exerce jurisdição em seu território e sobre seus nacionais, devendo respeitar a jurisdição dos demais, não é fácil para nenhum, isoladamente, legislar para entidades fragmentadas em tantos quantos são os Estados em que operam", e esse é o caso das

---

[19] Observe-se que, mesmo que empresas e indivíduos sejam os principais atores dos intercâmbios mundiais, a arquitetura regulatória criada internacionalmente foi pensada em função dos Estados, o que é muitas vezes incompatível. LANÚS, Juan Archibaldo. El Estado Nación Frente a la Globalización. *Archivos del Presente*, Buenos Aires, año 2, nº. 5, p. 116, Invierno Austral 1996.

[20] As empresas poderiam ser caracterizadas como atores internacionais uma vez que as pessoas que nelas concentrassem seus interesses estariam identificando-se com uma entidade diferente do Estado. Ver KEOHANE, Robert O.; NYE, Joseph S. (ed.). *Transnational Relations and World Politics...*, op. cit.; 1972. p. x.

[21] Além desses fatores, para Rifkin, o poder hoje possuído pelas empresas transnacionais se originaria principalmente de seu controle sobre a informação e as comunicações. RIFKIN, Jeremy. *The End of Work*: the Decline of the Global Labor Force and the Dawn of the Post-Market Era. New York: G. P. Putnan's Sons, 1995. p. 36-37.

[22] MAGALHÃES, José Carlos de. Empresa Multinacional: descrição analítica de um fenômeno contemporâneo. *LTr*, São Paulo, v. 39, p. 494, maio 1975.

[23] HELD, David. *Democracy and the Global Order...*, op. cit; 1995. p. 127.

[24] HARDT, Michel; NEGRI, Antonio. *Empire*. Paris: Exils, 2000. p. 371, 374.

transnacionais.[25] A regulamentação das atividades dessas empresas seria, assim, uma quimera.[26]

Um dos melhores exemplos de como a atividade das transnacionais pode ferir o poder de controle dos Estados ocorre no campo da tributação. A forma de organização das empresas transnacionais acarretou um aumento do chamado comércio intrafirmas, que, como vimos, cresceu em importância em relação ao comércio tradicional, efetuado entre empresas sem vínculos mútuos. O comércio intrafirmas, realizado entre diferentes unidades de uma mesma transnacional, gera a possibilidade de que essa empresa atribua preços diferentes dos de mercado ao transacionar com suas subsidiárias no exterior – problema conhecido como *transfer pricing*, ou preços de transferência.[27]

Essa possibilidade faz que o comércio intrafirmas possa representar um desafio às autoridades fiscais. Isso porque o controle de fluxos pelas fronteiras data do tempo em que o comércio internacional compreendia sobretudo a compra e a venda de mercadorias passíveis de um controle físico, cujo preço era facilmente determinado adotando-se os valores de mercado. Atualmente, por outro lado, crescem as transações envolvendo serviços – como os de contabilidade, crédito, pesquisa e desenvolvimento, capacitação de pessoal –, e conhecimento – como patentes, fórmulas, marcas, direitos autorais, licenças e franquias –, cujo caráter intangível torna mais difícil qualquer tipo de valoração monetária, dificultando, em conseqüência, a tarefa das autoridades fiscais. A razão disso é que o comércio intrafirmas tem muitas vezes a simples função de mover bens e serviços no interior da empresa transnacional, ou seja, entre unidades dessa empresa em diferentes países, a fim de atender à estratégia global da organização. Essa estratégia pode visar, entre outras coisas, à otimização do planejamento tributário global da empresa, transferindo os lucros para as unidades situadas em países com menor carga tributária. Isso mostra que os preços de transferência podem ser objeto de diversas manipulações que afetam negativamente os interesses do fisco nacional.[28]

A segunda causa de diminuição do poder de controle do Estado, relativa à forma de organização das transnacionais, decorre da revolução tecnológica. Es-

---

[25] MAGALHÃES, José Carlos de. O Controle pelo Estado da Atividade Internacional das Empresas Privadas. In: BAPTISTA, Luiz Olavo; HUCK, Hermes Marcelo; CASELLA, Paulo Borba (coord.). *Direito e comércio internacional*: tendências e perspectivas: Estudos em homenagem ao Prof. Irineu Strenger. São Paulo: LTr, 1994. p. 190.

[26] Como explica Luiz Olavo Baptista, a Quimera, símbolo do calendário do ano tripartite, adotado pelos gregos, tinha cabeça de leão, corpo de cabra e posterior de serpente, o que a faz tornar-se assim sinônimo de impossibilidade lógica, de utopia – tal como ocorre com a regulamentação da empresa transnacional. BAPTISTA, Luiz Olavo. *Empresa transnacional e direito*. São Paulo: Revista dos Tribunais, 1987. p. 15.

[27] WOLF, Martin. Will the Nation-State Survive Globalization…, op. cit.; 2001. p. 183.

[28] LERDA, Juan Carlos. Globalización y pérdida de autonomía de las autoridades fiscales, bancarias y monetarias. *Revista de la Cepal*, Santiago, p. 73, abr. 1996.

sa contribuiu para aumentar ainda mais a mobilidade das empresas transnacionais. O resultado é que os fatores mais dinâmicos do processo de globalização não seriam os legisladores ou os governos, mas sim as transnacionais.[29]

Em geral, os Estados estão amarrados à finalidade de desenvolver políticas públicas, muitas vezes dispendiosas e sem nenhum retorno financeiro, a fim de atender às necessidades de seus habitantes.[30] Isso os torna inevitavelmente menos ágeis que as transnacionais.[31] Os Estados seriam instituições espaciais, muito lentos para acompanhar o passo rápido do mercado globalizado. Já as transnacionais não apresentariam um caráter espacial, por não estarem presas a nenhum local ou comunidade em particular, o que lhes asseguraria maior mobilidade.[32]

A revolução tecnológica tornou as fronteiras dos Estados mais permeáveis, conforme foi visto, dificultando cada vez mais a fiscalização das atividades das empresas transnacionais. A tributação é novamente um bom exemplo de setor em que os Estados diminuíram seu poder de controle.[33] Essa perda de controle se dá inicialmente devido à capacidade dessas empresas de transferir sua sede ou parte de suas atividades para qualquer parte do globo, e do conseqüente aumento da possibilidade de utilização de refúgios fiscais, a fim de pagar menos impostos. A internet teria assim efeitos sobre a efetividade das regras tributárias, ao permitir que as empresas removam do alcance do fisco parte de seus rendimentos que normalmente sofreriam o impacto fiscal.[34]

Além disso, há perda de controle do fisco no caso das vendas que as empresas efetuam ou dos serviços que prestam pela internet, cuja tributação apresenta complicações.[35] O fato de que os produtos relacionados à informa-

---

[29] Já que, para Rattner, essas empresas constituiriam "as forças mais importantes de produção, comercialização, desenvolvimento tecnológico e transações financeiras". RATTNER, Henrique. Globalização e projeto nacional. In: SANTOS, Milton et al. (org.). *Território, globalização e fragmentação*. São Paulo: Hucitec, 1994. p. 103.

[30] Thurow pensa que: "Um grande rompimento surge entre as empresas globais, com uma visão mundial, e os governos nacionais, que focalizam o bem-estar de *seus* eleitores". THUROW, Lester C. *O futuro do capitalismo*: como as forças econômicas de hoje moldam o mundo de amanhã. Rio de Janeiro: Rocco, 1997. p. 23.

[31] Nesse sentido, Ohmae acredita que nenhuma política estatal seria capaz de "substituir os esforços de administradores individuais em instituições individuais para ligar as suas atividades à economia global". OHMAE, Kenichi. *The end of the Nation-State*: the rise of regional economies. New York: The Free Press, 1995. p. 68.

[32] RIFKIN, Jeremy. *The End of Work...*, op. cit.; 1995. p. 237.

[33] STRANGE, Susan. *Mad Money*. Manchester: Manchester University Press, 1998. p. 180.

[34] ENGEL, Christoph. The Internet and the Nation State. In: ENGEL, Christoph; KELLER, Kenneth H. (ed.). *Understanding the Impact of Global Networks on Local Social, Political and Cultural Values*. Baden-Baden: Nomos Verlagsgesellschaft, 2000. p. 231.

[35] Wolf lembra que, principalmente quando a internet é utilizada para a venda de mercadorias, os governos podem impor tributos, desde que as empresas cooperem com as atividades fiscais de suas jurisdições. Como tais empresas são comumente grandes corporações, Wolf acredita que tal cooperação não deveria ser tão difícil assim de se obter. WOLF, Martin. Will the Nation-State Survive Globalization..., op. cit.; 2001. p. 183.

ção – cujo valor é mais difícil de se avaliar – aumentem cada vez mais seu peso na economia só torna maior esse problema, colaborando para a erosão do poder dos Estados de tributar.[36]

Não são apenas as atividades das transnacionais que, devido à revolução tecnológica, podem fugir ao controle do fisco. No próprio dia-a-dia das pessoas, a diminuição da efetividade do poder tributário do Estado pode ser notada. Consultar um médico domiciliado no exterior ou comprar *softwares* entregues de forma eletrônica podem ser apresentados como exemplos de atividades que, com o advento do ciberespaço, não podem ser controladas pelo Estado. Além disso, a liberdade que algumas pessoas passam a ter de trabalhar em qualquer lugar do planeta torna mais difícil que elas sejam tributadas.[37]

Para muitos autores, a real mobilidade das transnacionais seria questionável, uma vez que, como vimos, muitas dessas empresas teriam uma sólida base nacional.[38] Esse fato demonstraria que o Estado onde a sede de uma transnacional está situada teria possibilidades de controlar tal empresa. É verdade que esses Estados – normalmente países desenvolvidos – teriam, nesse caso, maior poder de barganha com as empresas neles instaladas. No entanto, o fato é que as transnacionais podem distribuir sua produção globalmente, e mesmo que elas continuem concentrando boa parte de suas atividades em seus países-sede, a mobilidade que têm na instalação de suas filiais e diferentes unidades de produção é suficiente para justificar a idéia de que a possibilidade de controle por parte dos Estados – normalmente países em desenvolvimento – onde tais filiais se encontram seria cada vez menor. Da mesma forma que ocorre com o poder de cada nação no campo internacional, o poder de controle varia de Estado para Estado, o que não quer dizer que, em geral, as transnacionais não contribuam para a perda de efetividade do poder estatal.

6.1.2 Globalização financeira e perda de efetividade do poder estatal – o papel do mercado

> *O crescimento de uma economia global conjuntamente com as novas redes de telecomunicação e computadores que se estendem pelo mundo reconfigurou profundamente instituições fundamentais aos processos de governo e responsabilidade no Estado moderno. Soberania estatal, cidadania baseada na nação, o aparelho institucional encarregado de regular a economia, tal como*

---

[36] WRISTON, Walter B. Bits, Bytes, and Diplomacy. *Foreign Affairs*, New York, p. 177, Sept./Oct. 1997.
[37] CAIRNCROSS, Frances. *How the Communications Revolution Will Change our Lives*. Boston, Mass.: Harvard Business School Press, 1997. p. 267.
[38] Ver WEISS, Linda. *The Myth of the Powerless State...*, op. cit.; 1998. p. 185.

bancos centrais e políticas monetárias – todas essas instituições estão sendo desestabilizadas e até mesmo transformadas como resultado da globalização e suas novas tecnologias.[39]

Saskia Sassen

Efeitos do tamanho e da mobilidade dos mercados financeiros sobre o poder estatal

A globalização financeira também contribui para a perda de efetividade do poder estatal. O tamanho e a mobilidade do capital financeiro[40] levam a crer que o Estado esteja enfraquecendo-se em relação ao mercado.[41]

Os mercados e os volumes neles negociados cresceram enormemente de tamanho na última década do século XX.[42] A quantidade de dinheiro negociada diariamente nos mercados financeiros globais[43] seria suficiente para financiar durante um ano todo o comércio e investimento mundiais, representando um volume tão gigantesco que sua movimentação tem mais impacto que os fluxos de comércio ou de investimento.[44]

Conforme analisamos, se antes os Estados constituíam espaços econômicos distintos, sobre os quais os governos exerciam um controle significativo, hoje as economias nacionais tendem a fundir-se em um conjunto muito mais amplo. A evolução tecnológica acabaria por conferir aos mercados um poder maior do que o dos governos.[45] O entendimento geral é que "o novo mercado financeiro mundial não é uma localidade geográfica a ser encontrada em um mapa, mas sim mais de duzentos mil monitores eletrônicos em mesas de ope-

---

[39] SASSEN, Saskia. *Losing Control?*: Sovereignty in an Age of Globalization. New York: Columbia University Press, 1996. p. XI.

[40] Assim como ocorre com as transnacionais, tamanho e mobilidade são os dois pontos normalmente ressaltados pelos economistas para demonstrar a força do capital financeiro. SHACHTER, Oscar. The Decline of the Nation-State and its is Implications for International Law. *Columbia Journal of Transnational Law*, New York, v. 36, p. 8, 1997.

[41] ROSECRANCE, Richard. *The Rise of the Virtual State*: Wealth and Power in the Coming Century. New York: Basic Books, 1999. p. 95.

[42] STRANGE, Susan. *Mad Money...*, op. cit.; 1998. p. 9.

[43] As transações cambiais haviam atingido 1,3 trilhão de dólares diários em 1995, ultrapassando em muito o volume das transações comerciais e dos investimentos externos diretos. Observe-se que, em 1989, tal valor era de 500 bilhões de dólares diários, o que mostra o rápido crescimento das transações cambiais. BRUNHOFF, Suzanne de. A Instabilidade Financeira Internacional. In: CHESNAIS, François (coord.). *A Mundialização Financeira*: gênese, custos e riscos. São Paulo: Xamã, 1998. p. 37; KRUGMAN, Paul; OBSTFELD, Maurice. *International Economics*: Theory and Policy. 4th ed. Reading, Mass.: Addison-Wesley, 1997. p. 337.

[44] DRUCKER, Peter F. The Global Economy and the Nation-State. *Foreign Affairs*, New York, p. 163, Sept./Oct. 1997.

[45] STRANGE, Susan. *The Retreat of the State...*, op. cit.; 1996. p. 4.

ração ao redor do mundo, ligados uns aos outros. Com a nova tecnologia ninguém está no controle".[46]

Os grandes atores privados da globalização financeira[47] representariam há algum tempo um poder à parte. A liquidez concentrada nas mãos dessas entidades já supera o produto interno bruto de muitos países desenvolvidos, tornando cada vez mais difícil evitar possíveis ataques especulativos.[48] O poder desses atores os leva a vencer quase sempre que apostam contra a moeda de determinado país.[49]

A liquidez possuída pelos investidores privados diminui a efetividade do poder dos bancos centrais, transformando a intervenção dessas instituições no mercado de câmbio cada vez mais "em um caro exercício de futilidade".[50]

---

[46] Ver HELLEINER, Eric. Sovereignty, territoriality and the globalization of finance. In: SMITH, David A.; SOLINGER, Dorothy J.; TOPIK, Steven C. (ed.). *States and Sovereignty in the Global Economy*. New York: Routledge, 1999. p. 139.

[47] É importante ressaltar que, entre tais atores, encontram-se também as empresas transnacionais. Como vimos no capítulo anterior, o mundo assistiu, no final do século XX, a uma tendência crescente em direção à realização de "investimentos em papel". Muitas transnacionais não fugiram a essa regra e, procurando obter maior rentabilidade para seu dinheiro, passaram a aplicar parte de seus lucros no setor financeiro, em vez de reinvestir na produção e na expansão de seus negócios. Nesse sentido, transnacionais e globalização financeira não são fenômenos completamente separados.

[48] Em 1993, a liquidez concentrada nas mãos dos fundos mútuos de investimento, companhias de seguro e fundos de pensão atingia 126% do PIB dos Estados Unidos e 165% do PIB do Reino Unido. Se apenas 5% dos 8 trilhões de dólares detidos pelas administradoras européias e americanas desses fundos estivessem investidos sob forma de carteira de divisas – em 1995, por exemplo, essa proporção era de 12% – já seriam 400 bilhões de dólares que poderiam ser mobilizados somente por esse grupo de operadores. A partir daí, segundo François Chesnais, "compreende-se por que os 300 bilhões de dólares que o Banco da França e o Bundesbank alemão empenharam conjuntamente para tentar preservar o Sistema Monetário Europeu (SME), em julho de 1993, não foram suficientes para frear os ataques contra o franco e por que os bancos centrais não têm mais os meios de 'punir' os especuladores". CHESNAIS, François. *A mundialização do capital*. São Paulo: Xamã, 1996. p. 29.

[49] O que já aconteceu com o franco francês, com a libra britânica e com o peso mexicano. No caso do franco, como observa Wriston, o ataque especulativo ocorrido em 1981 obrigou o presidente François Miterrand a abandonar diversos itens do programa que havia defendido três meses antes durante a campanha que o elegeu para seu primeiro mandato. No caso da crise do peso mexicano, ocorrida em 1994, Helleiner afirma que "as perspectivas econômicas de todo um país pareceram ter sido devastadas da noite para o dia por uma súbita perda de confiança dos mercados financeiros internacionais". WRISTON, Walter B. Bits, Bytes, and Diplomacy..., op. cit.; 1997. p. 163; HELLEINER, Eric. Sovereignty, territoriality and the globalization of finance..., op. cit.; 1999. p. 145.

[50] Em um depoimento pessoal que comprova esse fato, Walter Wriston – antigo presidente do grupo Citicorp – afirma que: "Quando eu iniciei no negócio bancário, o mercado de câmbio estrangeiro em Nova York totalizava aproximadamente 50 milhões de dólares. Se o Banco Central (Federal Reserve) chamasse o Citibank ou o Chase e os instruísse para vender 10 milhões de dólares, uma ordem de tal tamanho poderia mexer com o mercado". Isso não seria mais possível. WRISTON, Walter B. Bits, Bytes, and Diplomacy..., op. cit.; 1997. p. 176.

As reservas cambiais dos principais países industrializados seriam duas vezes menores que o valor cotidiano das transações nos mercados de câmbio, o que explica a dificuldade que todos os Estados têm em reagir a ataques especulativos. O volume de negociações cambiais levaria a concluir que "a soberania monetária e financeira já não tem mais nenhum significado", e que "nenhum banco central pode pretender controlar o poder financeiro".[51]

Além do problema da liquidez nas mãos das instituições privadas, há o problema da rapidez com que essas podem movimentar seus fundos. Mais uma vez, a revolução tecnológica tem conseqüências sobre o poder estatal. A atividade econômica passa por um processo de "virtualização crescente", em particular no setor das finanças, o que contribui para "a crise de controle que transcende as capacidades do Estado e do aparato institucional da economia".[52]

O aumento da mobilidade do capital financeiro é o segundo fator a ser considerado na análise da redução da efetividade do poder estatal. A mobilidade das finanças é ainda maior do que a das indústrias. Como lembra George Soros: "o capital financeiro está mais bem situado no sistema global do que o capital industrial. Uma vez que uma fábrica tenha sido construída, movê-la é difícil. As corporações multinacionais têm alguma flexibilidade na transferência de preços e custos e podem obter vantagens quando tomam a decisão de fazer novos investimentos, mas sua flexibilidade não se compara à liberdade de escolha dos investidores internacionais".[53]

Antes de analisar esse ponto, caberia fazer uma ressalva. Esse aumento de mobilidade é possível por dois motivos. O primeiro deles é o tecnológico. Conforme observa Lester Thurow, se antigamente os controles sobre os fluxos de capitais eram possíveis, "pois um italiano que quisesse entrar ilegalmente com dinheiro na Suíça precisaria colocá-lo em sua mochila e caminhar ao longo dos Alpes" – o que os governos sabiam como impedir –, agora "existem tecnologias e instituições financeiras que permitem a transferência de capitais usando-se um computador pessoal".[54] Desse modo, ainda que os operadores financeiros sempre tenham evitado submeter-se às restrições impostas pelos Estados, o surgimento de novas tecnologias teria praticamente imposto a desregulamentação dos mercados financeiros, ao tornar obsoleto o controle dos movimentos de capitais.[55]

Essa opinião poderia ser questionada. É possível argumentar que, uma vez que os sistemas de pagamentos pelos quais os fluxos de capitais se efetuam são

---

[51] MAHMOUD, Mohamed Salah Mohamed. Mondialisation et souveraineté de l'État. *JDI*, Paris, n. 3, p. 623, 1996.

[52] Ver SASSEN, Saskia. *Losing Control...*, op. cit.; 1996. p. 6.

[53] SOROS, George. Por uma sociedade aberta. *Veja*, São Paulo, p. 88, 24 dez. 1997.

[54] THUROW, Lester C. *O futuro do capitalismo...*, op. cit.; 1997. p. 171.

[55] SENARCLENS, Pierre de. *Mondialisation, souveraineté et théories des relations internationales*. Paris: Armand Colin, 1998. p. 82.

bastante concentrados, e como as transferências de fundos por meios informáticos deixariam um "rastro eletrônico", os Estados teriam, na verdade, aumentado sua capacidade técnica de fiscalizar essas movimentações.[56] Isso até pode ser verdade. No entanto, há um segundo motivo, ainda mais importante que o primeiro, que colaborou para o aumento da mobilidade do capital financeiro. Esse motivo, que tem origem política, é a liberdade de circulação de capitais – que, como vimos, foi adotada pelos Estados por razões específicas, e, aliada à revolução tecnológica, torna possível aos bancos e outros investidores privados movimentar grandes quantias de dinheiro em frações ínfimas de tempo pelo globo.

Assim, ainda que tecnicamente os Estados tivessem a capacidade de fiscalizar os fluxos financeiros, eles optaram por liberalizá-los. Porém, mesmo resultante de uma decisão dos Estados, essa liberalização teria por conseqüência uma diminuição das possibilidades do poder estatal em regular o setor financeiro. Isso porque, uma vez adotada a liberdade de fluxo de capitais, qualquer tentativa posterior de regular o capital de maneira que os investidores considerassem negativa poderia resultar em indesejada debandada destes últimos.

Se o capital sempre foi considerado mais rápido que o Estado, com a revolução tecnológica a diferença de velocidade entre os dois veio a tornar-se ainda mais gritante. Como observa José Eduardo Faria, a "força avassaladora do tempo real" adotado pelo setor financeiro está mudando o cenário institucional contemporâneo. Os Estados seriam obrigados a agir com rapidez para defender suas moedas contra ataques especulativos e não teriam mais "condições de agir com base no tempo diferido dos procedimentos democráticos".[57] Como vimos no momento em que examinamos as transnacionais, os Estados possuem processos decisórios mais lentos do que os do setor privado, o que os torna alvos fáceis para o ataque de especuladores.

A fuga dos investidores, graças às inovações tecnológicas, costuma ser "rápida e brutal".[58] Uma vez que a liquidez nas mãos dos operadores de mercado é enorme, a capacidade dos investidores de se retirar em massa pode representar uma pressão irresistível sobre a moeda de determinados países, diminuindo a efetividade do poder estatal em controlar o câmbio. A livre circulação de capitais diminui, portanto, a habilidade de cada governo de controlar sua própria economia,[59] e a volatilidade do mercado financeiro faz que o Estado apresente uma capacidade cada vez menor de influenciar algumas das variáveis macroeconômicas fundamentais.[60]

---

[56] Nesse sentido, vale ressaltar que aproximadamente 95% de todas as transferências internacionais de dólares utilizam a rede CHIPS, baseada nos Estados Unidos. HELLEINER, Eric. Sovereignty, territoriality and the globalization of finance..., op. cit.; 1999. p. 140.

[57] FARIA, José Eduardo. O futuro da política. *O Estado de S. Paulo*, São Paulo, p. A2, 06 fev. 1998.

[58] WOLF, Martin. Will the Nation-State Survive Globalization..., op. cit.; 2001. p. 184.

[59] GILPIN, Robert. *Global Political Economy*: Understanding the International Economic Order. Princeton: Princeton University Press, 2001. p. 277.

[60] GONÇALVES, Reinaldo. Investimento Internacional. In: GONÇALVES, Reinaldo et al. *A nova economia internacional*: uma perspectiva brasileira. Rio de Janeiro: Campus, 1998. p. 160.

Desse modo, podemos afirmar que, se a abertura dos mercados permitiu que os capitais circulassem livremente, foi a revolução tecnológica que possibilitou que quantidades enormes de dinheiro pudessem movimentar-se a velocidades tão grandes que viriam a causar uma diminuição da efetividade do poder estatal.[61] Isso faria da revolução tecnológica a causa principal da alteração do equilíbrio de poder entre o Estado e os mercados.[62] A tecnologia, que trouxe "inovações enormes e muito rápidas na maneira como os mercados financeiros funcionam, e pela qual corretores, *traders* e consultores financeiros operam", teria provocado a maior mudança sofrida pela economia após a metade dos anos 1980.[63] As três principais características das redes – velocidade, simultaneidade e interconectividade – teriam produzido "ordens de grandeza que ultrapassam de longe qualquer coisa que já tenha sido vista nos mercados financeiros".[64]

Especulação financeira, dinheiro virtual e soberania

A mobilidade dos capitais e a liberalização do câmbio combinam-se para reduzir consideravelmente os meios de intervenção do Estado sobre o valor de sua moeda, que passa a ser determinado pelo mercado mundial.[65] A revolução tecnológica, por sua vez, contribui para o aumento da mobilidade dos capitais financeiros.

Todas essas transformações favoreceram a especulação de uma forma nunca antes vista. Como argumenta Paul Krugman, a desregulamentação e a tecnologia da informação juntaram-se para tornar os mercados financeiros mais líquidos, ou para tornar as compras e as vendas mais fáceis. Isso faz que os especuladores mais agressivos possam se alavancar, efetuando apostas muito maiores que seu capital, nas quais em muitos casos as somas levantadas são superiores ao valor total dos mercados de ações de alguns países. Assim, conclui esse autor: "Inesperadamente, a idéia de que um grupo de grandes participantes poderia manipular mercados financeiros nacionais deixa de parecer tão impossível".[66] As inovações nos mercados financeiros, como o surgimento dos derivativos – operações que

---

[61] John Gray atribui à evolução tecnológica um papel preponderante na criação de um ambiente tão transformado pelas forças de mercado que nenhuma instituição seria capaz de controlá-lo. Segundo ele: "Neste ambiente as forças mais incontroláveis se originam de uma torrente de inovações tecnológicas. É a combinação dessa fonte incessante de novas tecnologias, competição de mercado ilimitada e instituições fracas ou fraturadas que produz a economia global dos nossos tempos". GRAY, John. *False Dawn*: The Delusions of Global Capitalism. New York: The New Press, 1998. p. 76.

[62] STRANGE, Susan. *The Retreat of the State...*, op. cit.; 1996. p. 7.

[63] STRANGE, Susan. *Mad Money...*, op. cit.; 1998. p. 9.

[64] SASSEN, Saskia. On the Internet and Sovereignty. *Indiana Journal of Global Legal Studies*, Bloomington, p. 551, Spring 1998.

[65] BURDEAU, Geneviève. Le FMI et la surveillance de l'espace monétaire et financier mondial. In: LOQUIN, Eric; KESSEDJIAN, Catherine. *La mondialisation du droit*. Dijon: Litec, 2000. p. 269.

[66] KRUGMAN, Paul. A volta do Dr. Mabuse. *O Estado de S. Paulo*, São Paulo, p. B11, 24 nov. 1998.

têm efeito multiplicador sobre o crédito e o volume de moeda[67] – aumentam ainda mais a quantidade de dinheiro disponível, contribuindo para que "os governos dos Estados tenham menos controle sobre suas economias e sociedades do que eles tinham dez, vinte ou trinta anos atrás".[68]

Logo, as redes de computadores[69] podem aumentar ainda mais os problemas de estabilização inerentes a todas as economias de mercado.[70] Graças à irresistível automação do sistema financeiro, seus atores dispõem de "um arsenal de instrumentos sofisticados, ideais para atuar naquilo que foi chamado a economia de cassino".[71]

De fato, o poder crescente dos especuladores reforça a impressão de que estaríamos hoje vivenciando um "capitalismo de cassino". Segundo Susan Strange, formuladora dessa idéia, o sistema financeiro ocidental está aproximando-se rapidamente de parecer nada mais que um vasto salão de jogos, no qual todos os dias jogadores em frente às telas de seus computadores em diversas partes do mundo apostariam somas exorbitantes, "tal qual apostadores em cassinos assistindo ao tilintar de uma bola prateada girando em uma roleta e pondo suas fichas no vermelho ou no preto, nos números pares ou nos números ímpares".

Entretanto, diferentemente do que ocorre em um cassino comum, onde você pode entrar ou se manter afastado dependendo de sua vontade, no cassino financeiro global todos estamos involuntariamente engajados no jogo do dia. Nele, "uma mudança cambial pode reduzir à metade o valor da safra de um fazendeiro antes que ele a colha, ou fazer um exportador sair de seu negócio". Assim, o que acontece no cassino situado nos quarteirões de escritórios dos grandes centros financeiros tende a ter conseqüências "súbitas, imprevisíveis e inevitáveis" na vida das pessoas, "de recém-formados a aposentados".[72]

Esse problema se agrava quando o comportamento do dinheiro parece "errático, imprevisível e irracional" – o que levaria a crer que esse teria "enlouquecido". Para Strange, é um grande erro permitir que os mercados financeiros situem-se tão além do controle das autoridades estatais e internacionais, e

---

[67] BAPTISTA, Luiz Olavo. Mundialização, Comércio Internacional e Direitos Humanos. In: PINHEIRO, Paulo Sérgio; GUIMARÃES, Samuel Pinheiro (org.). *Direitos humanos no século XXI*. Rio de Janeiro: Instituto de Pesquisa de Relações Internacionais, 1998. p. 263.

[68] STRANGE, Susan. *Mad Money*..., op. cit.; 1998. p. 9, 180.

[69] É importante ressalvar que se trata aqui quase sempre não da internet, que como vimos tem um caráter público, mas sobretudo das redes digitais privadas, que são o caminho normalmente utilizado pelas finanças internacionais. SASSEN, Saskia. The Impact of the Internet on Sovereignty: Unfounded and Real Worries. In: ENGEL, Christoph; KELLER, Kenneth H. (ed.). *Understanding the Impact of Global Networks on Local Social, Political and Cultural Values*. Baden-Baden: Nomos Verlagsgesellschaft, 2000. p. 195.

[70] ENGEL, Christoph. The Internet and the Nation State..., op. cit.; 2000. p. 231.

[71] Ver MAHMOUD, Mohamed Salah Mohamed. Mondialisation et souveraineté de l'État..., op. cit.; 1996. p. 622.

[72] STRANGE, Susan. *Casino Capitalism*. Oxford: Basil Blackwell, 1986. p. 1-2.

a situação atual, que tem prejudicado muitas pessoas, torna urgente "algum tipo de tratamento".[73]

Mas o que explicaria esse enlouquecimento do capital financeiro global?

É possível afirmar que a instabilidade financeira internacional decorre do surgimento de uma nova forma de moeda, o dinheiro eletrônico, que ameaça o controle dos bancos centrais. Essa moeda eletrônica tornou-se essencialmente "apátrida", circulando hoje em escala global na busca constante de melhores rendimentos.[74]

A moeda teria sido hoje reduzida à "pura informação eletrônica transmitida de maneira instantânea e simultânea por redes de computadores através do espaço cibernético".[75] Dessa forma, o surgimento de um "dinheiro virtual" só foi possível graças à revolução tecnológica. Porém, esse surgimento se liga a outro fenômeno típico da globalização: as finanças estão cada vez menos relacionadas à produção.[76] Esse dinheiro seria mais virtual que real já que ele não estaria sendo criado por meio de atividades econômicas, tais como investimento, produção ou comércio, mas sim por meio da simples compra e venda de divisas.[77] Ele cruzaria as fronteiras mediante fluxos financeiros que têm "total independência da base econômica real à qual até pouco tempo eles supunham-se subordinados".[78] Os fluxos de capitais seriam portanto "cada vez mais autônomos vis-à-vis o desempenho real das economias".[79]

É exatamente por não ter nenhuma função econômica – ele não financia nada, não produz nada – que esse dinheiro virtual possui mobilidade tão grande – "bilhões desse dinheiro podem ser transferidos de uma moeda para outra por um *trader* apertando alguns botões em um teclado". É isso que faz também que esse dinheiro fuja à racionalidade econômica, sendo assim altamente volátil, e entrando em pânico facilmente, seja por um rumor, seja por um evento inesperado.[80]

---

[73] STRANGE, Susan. *Mad Money*..., op. cit.; 1998. p. 1.

[74] Sobre possíveis soluções para esse problema, ver GUTTMANN, Robert. As Mutações do Capital Financeiro. In: CHESNAIS, François (coord.). *A mundialização financeira*: gênese, custos e riscos. São Paulo: Xamã, 1998. p. 90-95.; ver também BRUNHOFF, Suzanne de. A Instabilidade Financeira Internacional..., op. cit.; 1998. p. 58.

[75] LERDA, Juan Carlos. Globalización..., op. cit.; 1996. p. 70.

[76] Segundo dados do BIS – *Bank of International Settlements* –, o montante de transações financeiras é 50 vezes maior do que o volume do comércio internacional de mercadorias e serviços. MAHMOUD, Mohamed Salah Mohamed. Mondialisation et souveraineté de l'État...,op.cit.; 1996. p. 622.

[77] DRUCKER, Peter F. The Global Economy..., op. cit.; 1997. p. 162.

[78] LERDA, Juan Carlos. Globalización..., op. cit.; 1996. p. 70.

[79] CASTELLS, Manuel. *A sociedade em rede*. São Paulo: Paz e Terra, 1999. p. 111.

[80] DRUCKER, Peter F. The Global Economy..., op. cit.; 1997. p. 162.

No entanto, embora esse dinheiro seja virtual, seu poder é real.[81] A volatilidade do capital representa uma ameaça para os Estados, diminuindo seu poder de controlar o mercado de câmbio.

A perda do controle estatal sobre a moeda seria mais uma conseqüência da globalização financeira que afetaria o modelo do Estado soberano.

Historicamente o princípio da soberania fundou-se em parte na consolidação do controle econômico sobre o território por meio do estabelecimento de moedas nacionais cunhadas e administradas pelos Estados.[82] O direito de emitir moeda e o controle sobre esta são elementos centrais da soberania, tão importantes para os Estados quanto o controle de sua força militar.[83] Jean Bodin já afirmava que um Estado soberano deveria manter uma moeda homogênea e exclusiva circulando em seu território.[84]

O poder de cunhar a moeda seria essencial à soberania porque se associaria, como lembra Luiz Olavo Baptista, à capacidade de controlar o volume circulante por meio de vários instrumentos, inclusive os de restrição ao crédito e às operações cambiais. Contudo, hoje a cunhagem da moeda perdeu importância, porque essa passou a ser imaterial, eletrônica,[85] existindo apenas como registros contábeis.[86] O surgimento desse dinheiro "transnacional" administrado pelas instituições financeiras enfraquece o controle do Estado sobre a moeda, o que mostra que a integração das economias nacionais é uma fonte importante do declínio do princípio da soberania.[87]

Logo, podemos concluir que as transformações trazidas pela globalização teriam diminuído a soberania de fato dos Estados. Esses teriam hoje menor capacidade de controlar os fluxos de capital e sua própria moeda. A crescente mobilidade do capital, aliada à possibilidade das empresas de transferir suas operações para o exterior, reduz a efetividade do poder estatal, diminuindo a "habilidade das autoridades nacionais de conduzir suas economias rumo a resultados desejados tais como crescimento estável, baixa inflação, e desemprego reduzido".[88]

---

[81] DRUCKER, Peter F. The Global Economy..., op. cit.; 1997. p. 162-163.

[82] ROSENAU, James N. *Turbulence in World Politics*..., op. cit.; 1990. p. 438.

[83] Ver MAHMOUD, Mohamed Salah Mohamed. Mondialisation et souveraineté de l'État..., op. cit.; 1996. p. 621.

[84] Ver HELLEINER, Eric. Sovereignty, territoriality and the globalization of finance..., op. cit.; 1999. p. 151.

[85] O problema da perda de controle estatal sobre a moeda se agravaria caso aumentasse a utilização de um dinheiro eletrônico privado – o chamado "e-cash", em geral usado para pequenos pagamentos. Nesse caso, os Bancos Centrais perderiam definitivamente sua habilidade de controlar a quantidade de dinheiro em circulação. Ver ENGEL, Christoph. The Internet and the Nation State..., op. cit.; 2000. p. 235.

[86] BAPTISTA, Luiz Olavo. Mundialização, Comércio Internacional..., op. cit.; 1998. p. 263.

[87] ROSENAU, James N. *Turbulence in World Politics*..., op. cit.; 1990. p. 438.

[88] ROSENAU, James N. Changing States in a Changing world. In: CARLSSON, Ingvar; RAMPHAL, Shridath (ed.). *Issues in Global Governance*: Papers Written for the Commission on Global Governance. London: Kluwer Law International, 1995. p. 273.

6.2 Globalização econômica e perda de autonomia do poder estatal

A globalização econômica acarreta redução da autonomia do poder dos Estados, que são crescentemente influenciados por determinados atores transnacionais (6.2.1). Em muitos casos, essa influência impediria a adoção de certas políticas econômicas condenadas por tais atores, cujos interesses privados podem vir a prevalecer sobre os interesses públicos defendidos pelo Estado (6.2.2).

6.2.1 A autonomia do poder estatal e a influência das transnacionais e dos mercados financeiros

Haveria hoje um medo crescente de que, além de diminuir a efetividade do poder estatal, a globalização estaria destruindo ou poderia destruir a autonomia política, cultural e econômica das sociedades nacionais.[89]

Esse medo se justifica. De acordo com o que vimos, as fronteiras estatais tornaram-se cada vez mais permeáveis. Em virtude dessa "porosidade" das fronteiras e da crescente interdependência dos povos, "até mesmo os Estados mais poderosos são incapazes de resguardar a autonomia em seu espaço territorial".[90]

A autonomia, como já definimos, é a liberdade de se administrar com independência de influências externas. As autoridades estatais devem ter a capacidade de intervir sempre que preciso na economia, a fim de implementar suas políticas por meio de instrumentos eficazes. Assim, devemos falar em perda de autonomia das autoridades econômicas nacionais sempre que a globalização afete de maneira adversa essa capacidade.[91]

As mudanças estruturais ocorridas na produção mundial, na tecnologia e na mobilidade de capitais restringem as opções disponíveis para os Estados.[92] Acredita-se, de forma geral, que a internacionalização da produção, das finanças e de outros recursos estaria erodindo de forma inquestionável a capacidade do Estado de controlar seu próprio futuro econômico.[93] A globalização acarretaria, portanto, perda de autonomia por parte dos Estados soberanos, conferindo papéis cada vez mais importantes aos atores que representam as forças de mercado, como as transnacionais e as instituições financeiras internacionais.[94] Seriam esses novos atores que, em detrimento dos Es-

---

[89] GILPIN, Robert. *Global Political Economy*..., op. cit.; 2001. p. 81.
[90] FALK, Richard A. *On Humane Governance*: Towards a New Global Politics. Philadelphia: The Pennsylvania University Press, 1995. p. 98.
[91] LERDA, Juan Carlos. Globalización..., op. cit.; 1996. p. 68.
[92] STRANGE, Susan. *The Retreat of the State*..., op. cit.; 1996. p. xv.
[93] HELD, David. *Democracy and the Global Order*..., op. cit.; 1995. p. 133.
[94] FALK, Richard A. *Law in an Emerging Global Village*: A Post-Westphalian Perspective. Ardsley, NY: Transnational, 1998. p. xxiii.

tados, determinariam a maneira "certa" de se conduzir a economia. Desse modo, "decisões sobre câmbio, juros, tarifas e preços de bens e serviços são crescentemente condicionadas de fora para dentro pelos conglomerados econômicos e instituições financeiras, que exigem a aceitação de seus valores e de sua racionalidade em troca de investimentos geradores de emprego e receita tributária".[95]

Haveria assim uma tensão entre a idéia de autodeterminação nacional e o princípio da abertura das economias mundiais, entre o sistema internacional "fundado no princípio – ou no mito – da autonomia nacional" e uma economia "fundada no princípio do livre movimento de capitais, tecnologia, bens e serviços".[96] Os Estados, ainda que ciosos de sua autonomia, não querem abrir mão dos benefícios trazidos pelo livre comércio e pelo capital estrangeiro.[97] Por isso, tentam equilibrar esses dois desejos, abrindo suas fronteiras ao comércio e aos investimentos, e procurando regular a economia quando o crêem necessário – mas a lentidão de seus processos políticos faz que inevitavelmente tenham de se curvar à vontade do mercado.

Logo, com a "perda da autonomia decisória dos Estados, independentemente da manutenção de sua soberania formal, o campo da política vem sendo progressivamente reduzido. Como os fatos evidenciam, hoje ela está perdendo uma de suas funções básicas: a de estabelecer sentido e limites à economia".[98]

Podemos identificar dois responsáveis principais por essa perda de autonomia estatal: as transnacionais e os mercados financeiros. Ambos influenciam o Estado na hora de resolver que políticas adotar, ambos têm o poder de, caso não estejam de acordo com as políticas implementadas, retirar-se do país que as implementou. Essa retirada, como já foi dito, seria altamente prejudicial para o Estado que insistiu em adotar uma determinada política. Desse modo, dada a importância das transnacionais e dos mercados financeiros para os Estados, "algumas políticas que em outra situação um governo poderia seguir se tornam proibitivamente custosas".

Os Estados dependem das empresas estrangeiras para obter capital e tecnologia, o que impediria principalmente os países em desenvolvimento

---

[95] FARIA, José Eduardo. O futuro da política..., op. cit.; 1998. p. A2.

[96] STRANGE, Susan. Wake up, Krasner! The world *has* changed: International political economy: abiding discord. *Review of International Political Economy*, London, v. 1, nº. 2, p. 212, Summer 1994.

[97] GILPIN, Robert. *Global Political Economy*..., op. cit.; 2001. p. 277.

[98] Como observa Faria, os governos "já não podem perder tempo em consultas ao Congresso ou ficar na dependência de sentenças do Judiciário. Por serem intrinsecamente lentos, os processos legislativo e judicial elevam os custos das transações, reduzem competitividade e podem acarretar prejuízos vultosos. Além disso, muitas vezes também são inócuos, pois a jurisdição dos Parlamentos e dos tribunais, circunscrita às fronteiras territoriais, não alcança um sistema econômico-financeiro desterritorializado e policêntrico". Porém, se os Estados passarem a reagir no mesmo "tempo real" em que atuam as empresas, a política – que se baseia no tempo diferido dos procedimentos democráticos – acabará por ser deixada de lado. FARIA, José Eduardo. O futuro da política..., op. cit.; 1998. p. A2.

de adotar, por exemplo, determinadas políticas de caráter mais nacionalista ou socializante.[99] Dessa forma, as transnacionais se valem da promessa de investimentos ou da ameaça de sua retirada para influenciar as decisões dos Estados, o que leva a concluir que as "empresas agora podem limitar a política dos Estados", havendo "poucos precedentes históricos de tal espécie de poder privado".[100]

Da mesma forma, a integração dos mercados financeiros mundiais não reduz apenas a efetividade das políticas macroeconômicas estatais, mas também sua autonomia.[101]

O poder dos mercados financeiros origina-se em especial das "ordens de grandeza que eles alcançaram, em boa parte por meio da sua digitalização e do fato de que eles estão globalmente integrados, duas condições que se reforçam mutuamente".[102] A integração e o tamanho dos mercados financeiros faz que as políticas monetárias não possam ser decididas autonomamente nos marcos nacionais.[103] Mas, além da questão do tamanho do mercado global, há o problema da mobilidade do capital. Assim, a livre circulação de capitais diminui a liberdade dos Estados em adotar determinadas políticas, transformando o mercado em árbitro, em última instância, das políticas monetárias e fiscais.[104] Desse modo, "o mercado global de capitais agora tem o poder de disciplinar os governos nacionais".[105]

Mesmo que todos os Estados – "grandes e pequenos, fortes e fracos" – tenham enfraquecido por causa da acelerada integração das economias nacionais em uma única economia global de mercado,[106] vemos que a globalização financeira fere principalmente os países em desenvolvimento. Se a crescente volatilidade do mercado financeiro internacional acentua a perda de autonomia pelos Estados, os países em desenvolvimento, que têm maior vulnerabilidade externa, sofrem ainda mais com esse processo.[107] Em um mundo de grandes mercados de capitais abertos, os Estados menores não teriam condições de promover suas próprias políticas monetárias, já que eles não seriam ca-

---

[99] KEOHANE, Robert O.; NYE, Joseph S. (ed.). *Transnational Relations and World Politics...*, op. cit.; 1972. p. XIX.

[100] GRAY, John. *False Dawn...*, op. cit.; 1998, p. 63.

[101] KEOHANE, Robert O.; MILNER, Helen (ed.). *Internationalization and Domestic Politics*. Cambridge, U.K.: Cambridge University Press, 1996. p. 248.

[102] SASSEN, Saskia. On the Internet and Sovereignty..., op. cit.; 1998. p. 555.

[103] CASTELLS, Manuel. A necessidade de representação. *Folha S. Paulo*, São Paulo, 27 jan. 2002. Caderno Mais! Disponível em: <http://www.uol.com.br/fsp/mais/fs2701200208.htm>. Acesso em: 28 jan. 2002.

[104] DRUCKER, Peter F. The Global Economy..., op. cit.; 1997. p. 162-163.

[105] SASSEN, Saskia. On the Internet and Sovereignty..., op. cit.; 1998. p. 551.

[106] STRANGE, Susan. *The Retreat of the State...*, op. cit.; 1996. p. 14.

[107] GONÇALVES, Reinaldo. Investimento Internacional..., op. cit.; 1998. p. 160.

pazes de controlar os movimentos de capitais através de suas fronteiras.[108] Como os países em desenvolvimento dependem do capital estrangeiro para promover seu crescimento econômico, são obrigados a manter a liberdade de circulação de capitais e sofrer as possíveis conseqüências da volatilidade dos mercados.

6.2.2 Globalização e perda de autonomia dos Estados na adoção de determinadas políticas econômicas

> *Até recentemente, o cenário social, político, econômico e cultural era identificado com os Estados-Nação e com seu poder para realizar objetivos e implementar políticas públicas por meio de decisões e ações livres, autônomas e soberanas, sendo o contexto internacional um desdobramento natural dessas realidades primárias. Agora, o que se tem é um cenário interdependente, com atores, lógicas, racionalidades, dinâmicas e procedimentos que se intercruzam e ultrapassam as fronteiras tradicionais, não fazem distinções entre países, costumam colocar enormes dilemas para os governos, não hesitam em desafiar a autoridade dos* policy makers *quando lhes convêm e, em muitos casos, chegam ao ponto de ignorar as próprias identidades nacionais.*[109]
>
> José Eduardo Faria

O aumento da influência das transnacionais e dos mercados financeiros afeta em particular a soberania econômica dos Estados. Essa soberania econômica é um corolário da soberania política e implica o direito do Estado de adotar livremente o regime econômico de sua escolha.

A necessidade de respeitar a soberania econômica de cada Estado foi reafirmada diversas vezes no campo internacional.[110] Em conhecida sentença arbitral, afirmou-se ser "uma prerrogativa essencial da soberania, para as autoridades do Estado que são constitucionalmente encarregadas de exercê-la, escolher e edificar livremente um sistema econômico e social. Essa prerrogativa é reconhecida ao Estado pelo direito internacional ao mesmo título que a de determinar com toda independência seu regime político e suas instituições constitucionais".[111]

---

[108] Ver KRASNER, Stephen D. *Sovereignty*..., op. cit.; 1999. p. 12.

[109] FARIA, José Eduardo. *O direito na economia globalizada*. São Paulo: Malheiros, 1999. p. 14.

[110] Assim, os dois pactos de 1966 sobre os direitos do homem afirmam em seu artigo primeiro que "Todos os povos têm o direito de dispor deles mesmos. Em virtude deste direito eles determinam livremente seu estatuto político e asseguram livremente seu desenvolvimento econômico, social e cultural". TOUSCOZ, Jean. La souveraineté économique, la justice internationale et le bien commun de la humanité. In: MÉLANGES René-Jean Dupuy: Humanité et Droit International. Paris: A. Pedone, 1991. p. 318-319.

[111] Sentença do caso "Texaco", proferida pelo árbitro R.-J. Dupuy. Ver TOUSCOZ, Jean. La souveraineté économique, la justice internationale..., op. cit 1991. p. 318–319.

Depreende-se do princípio da soberania econômica que, além de poder decidir que sistema econômico se adapta melhor a suas próprias características, os Estados não deveriam sofrer nenhum tipo de discriminação em conseqüência dessa decisão.[112] Entretanto, é exatamente a possibilidade de discriminação por parte das transnacionais e dos operadores financeiros que inibe os Estados de adotar determinadas políticas. Ainda que políticas econômicas nacionais continuem a existir, elas devem cada vez mais ser compatíveis com o que pensam esses novos atores transnacionais, sob pena de ataques especulativos, fuga de capitais ou perda de investimentos privados em potencial. Logo, existiria hoje uma "diminuição na autonomia dos Estados na esfera da política econômica, e uma quebra entre a idéia de uma comunidade política determinando seu próprio futuro e a dinâmica da economia mundial contemporânea".[113]

Mesmo os autores mais descrentes para com os efeitos da globalização aceitam que o processo de internacionalização da economia afeta a autonomia dos Estados e admitem a existência de restrições crescentes à adoção de políticas macroeconômicas nacionais ambiciosas que divirjam de forma significativa daquelas consideradas aceitáveis, por exemplo, pelos mercados financeiros internacionais.[114] Nesse sentido, a globalização alterou a relação entre o custo e o benefício da adoção de determinadas políticas econômicas. A não-adoção do livre fluxo de capitais afasta os investidores estrangeiros. Mas, como vimos, sua adoção resulta em diminuição da efetividade das políticas monetárias. Assim, por influência dos mercados financeiros, as taxas de juros passaram a ser um dos únicos instrumentos econômicos disponíveis aos governos.[115]

No entanto, até as taxas de juros sofrem a influência do mercado financeiro mundial. A interdependência econômica global teria sido, quase certamen-

---

[112] A resolução 3201 da Assembléia Geral da ONU afirma que "A nova ordem econômica internacional deverá ser fundada sobre o pleno respeito aos seguintes princípios: [...] Direito de cada país de adotar o sistema econômico e social que ele julgar ser o melhor adaptado a seu próprio desenvolvimento e não sofrer nenhuma discriminação em conseqüência disso." Essa resolução surgiu no contexto político da Guerra Fria, quando, com o fim do colonialismo, os países em desenvolvimento procuraram se unir para aumentar sua força internacional e implementar uma nova ordem econômica mundial. Segundo Touscoz, cada povo, ao conquistar a independência e ao constituir um Estado, deveria poder escolher livremente o modo de organização econômica que melhor lhe convinha e, em particular, determinar, entre o modelo liberal e o centralizante então predominantes, qual variação lhe era mais apropriada, respeitando assim a grande diversidade social, econômica e cultural existente nas diversas partes do mundo. TOUSCOZ, Jean. La souveraineté économique, la justice internationale…, op. cit 1991.. p. 318-319.

[113] HELD, David. *Democracy and the Global Order*…, op. cit.; 1995. p. 90, 131, 133.

[114] Esses autores fazem, no entanto, a ressalva de que essa internacionalização está longe de acabar com a importância das economias nacionais dos países desenvolvidos ou de impedi-los de desenvolver novas formas de políticas econômicas. HIRST, Paul; THOMPSON, Grahame. *Globalization in Question*…, op. cit.; 1996. p. 4.

[115] Como observa Burdeau, com a globalização, o papel dos bancos centrais se viu reduzido ao de emprestador em última instância e à fixação das taxas de juros. BURDEAU, Geneviève. Le FMI et la surveillance…, op. cit.; 2000. p. 269.

te, uma das maiores razões para o declínio da adoção de políticas econômicas keynesianas em nível nacional.[116] Isso porque essas políticas poderiam causar uma indesejada fuga de capitais, já que os investidores temeriam as baixas taxas de juros, assim como a desvalorização ou a inflação que poderiam acompanhá-las. Além disso, o mercado internacional costuma cobrar um "prêmio de risco" sobre os empréstimos para os Estados que adotam políticas expansionistas, o que torna sua implementação ainda mais custosa.[117]

O chamado "risco país"[118] contribui para que a definição das taxas de juros nacionais se baseie no contexto global. Essa definição depende, em parte, da confiança dos mercados na capacidade de um determinado Estado de honrar os seus compromissos. O aumento no risco país – o índice que mede o grau dessa confiança – causa um impacto direto na expectativa dos investidores.[119] Quanto maior for o risco país de um determinado Estado, menores serão suas chances de atrair investimentos estrangeiros. Para tornar o investimento atraente, o país tem de elevar a remuneração – as taxas de juros – dos títulos de sua dívida pública.[120]

O risco país pode assim afetar as políticas públicas de um determinado Estado. Entretanto, ele é elaborado por certos bancos de investimento e agências de avaliação de risco – atores privados que, sem ter nenhuma legitimidade, acabam por exercer um poder global que pode ter graves conseqüências sobre a economia dos Estados soberanos.[121]

---

[116] GIDDENS, Anthony. *The Consequences of Modernity*. Stanford: Stanford University Press, 1990. p. 76.

[117] HELLEINER, Eric. Sovereignty, territoriality and the globalization of finance..., op. cit.; 1999. p. 145.

[118] O "risco país" é um indicador que procura determinar o grau de instabilidade econômica de cada país. Ele pode ser definido como "o risco de materialização de um sinistro, resultante do contexto econômico e político de um Estado estrangeiro, no qual uma empresa efetua parte de suas atividades". MAROIS, Bernard. *Le risque-pays*. Paris: Presses Universitaires de France, 1990. p. 5.

[119] Ver Risco mede humor do mercado nacional. *Folha de S. Paulo*, São Paulo, p. B3, 21 jun. 2002.

[120] Tecnicamente, o risco país é a sobretaxa que se paga em relação à rentabilidade garantida pelos bônus do Tesouro dos Estados Unidos – país em que se considera que o investidor possui o menor risco de não receber o dinheiro investido acrescido dos juros prometidos. A fim de determinar essa sobretaxa, são avaliados principalmente aspectos como o nível do déficit fiscal, as turbulências políticas, o crescimento da economia e a relação entre a arrecadação e a dívida de um país. O risco-país se expressa em pontos básicos: 100 unidades equivalem a uma sobretaxa de 1%. Ver O que é o "risco país". *BBC.com*, 4 nov. 2001. Disponível em: <http://www.bbc.co.uk/portuguese/economia/011103_ riscopais.shtml>. Acesso em: 22 out. 2003.

[121] Muitos autores têm criticado o poder que os bancos de investimento e as agências de classificação de risco, como o J. P. Morgan e a Moody's Investors Services, detêm. Acredita-se que esse fato comprova a influência crescente de atores não-soberanos na política mundial e a erosão da ordem mundial "Westfaliana". Ver HELLEINER, Eric. Sovereignty, territoriality and the globalization of finance..., op. cit.; 1999. p. 146.

A influência dos mercados globais não pode ser, portanto, desconsiderada. Os investidores internacionais têm o poder de causar um impacto destrutivo sobre a economia dos Estados. Como afirma Thomas Friedman, no novo sistema internacional representado pela globalização,[122] os Estados Unidos podem destruí-lo lançando bombas – *bombs* – e os mercados podem destruí-lo rebaixando seus títulos – *bonds*.[123]

Finalmente, a globalização afeta não só a efetividade como também a autonomia do poder estatal de tributar. Também nesse caso o capital internacional impõe suas regras, e sua taxação tenderia a decrescer, já que a liberdade de circulação do dinheiro impediria os Estados de atingi-lo de forma muito pesada, sob pena de fazê-lo fugir.[124] Logo, o livre fluxo de capitais e os avanços tecnológicos tornariam a tributação "significativamente mais desafiadora".[125] O mesmo ocorre com as empresas transnacionais, que, por sua própria forma de organização, são cada dia mais livres para instalar suas subsidiárias onde os impostos forem mais baixos e têm cada vez mais condições de partir, caso o valor desses impostos não lhes agrade. Com isso, o Estado passaria a ver-se em uma situação parecida com as empresas e se encontraria, nas palavras de René Jean Dupuy, "no mercado", competindo para atrair "os capitais e os talentos mais raros". Inspirado pela necessidade de seduzir os investidores estrangeiros, e desafiado pela dificuldade em tributar capitais dotados de uma mobilidade incontrolável, "o Estado não seria mais senhor de suas políticas fiscais".[126]

---

[122] Para Thomas Friedman, a globalização é o novo sistema internacional, que surgiu em substituição ao sistema da Guerra Fria. A estrutura desse novo sistema é muito mais complexa do que a do sistema da Guerra Fria. Enquanto esta se baseava exclusivamente nos Estados-Nação e encontrava seu equilíbrio na existência de duas superpotências, a globalização depende de outros fatores de equilíbrio diferentes. O equilíbrio entre os Estados é afetado, já que "os Estados Unidos são agora a superpotência única e dominante". Mas outro fator, de extrema importância no contexto atual, é a influência dos mercados globais, formados pelo conjunto de investidores, chamados pelo autor de "manada eletrônica", e pelos grandes centros financeiros mundiais, apelidados pelo autor "super mercados", que podem ter um grande impacto sobre os Estados. FRIEDMAN, Thomas L. *The Lexus and the Olive Tree*. New York: Ferrar Strauss and Giroux, 1999. p. 11-12.

[123] Essa afirmação se aplica em particular à crise do peso mexicano de 1994, aparentemente iniciada quando a agência de avaliação de riscos Moody's rebaixou os títulos daquele país. FRIEDMAN, Thomas L. *The Lexus and the Olive Tree...*, op. cit.; 1999. p. 11-12.

[124] MOREAU-DEFARGES, Philippe. Gouverner au temps de la mondialisation. *Défense Nationale*, Paris, p. 26, Avril 1998.

[125] Apesar de ser dessa opinião, Wolf acredita que as implicações que essa perda de poder tem são exageradas, já que seria a resistência dos eleitores, e não a globalização, o verdadeiro responsável por evitar o aumento dos impostos, e porque os tributos sobre o consumo e sobre os salários seriam os "pilares universais do sistema fiscal". No entanto, mesmo se a limitação à autonomia estatal em tributar se refere principalmente às empresas, ela não deve ser desprezada, já que tem efeitos sobre o poder estatal. WOLF, Martin. Will the Nation-State Survive Globalization..., op. cit.; 2001. p. 178-190.

[126] DUPUY, René-Jean. Le dédoublement du Monde. In: DUPUY, René-Jean. *Dialectiques du droit international*. Paris: A. Pedone, 1999. p. 304.

Mesmo os mais céticos quanto à intensidade dos efeitos que a globalização teria sobre o poder estatal admitem que nessa área a soberania haveria sofrido certa erosão, assim como os governos teriam perdido parte de sua liberdade de tributar.[127] Claro que, da mesma forma que ocorre com todos os outros instrumentos de política econômica examinados, os Estados permanecem tendo o direito de tributar – o que assegura sua soberania formal nesse caso. Porém, a efetividade e a autonomia do poder estatal de tributar – assim como de aplicar os demais instrumentos aqui analisados – são, na realidade, afetadas, limitando sua soberania de fato.

A limitação à autonomia dos Estados tem conseqüências que não se restringem ao campo da economia, mas são também políticas. Se os governos têm hoje reduzida capacidade de utilizar alguns instrumentos macroeconômicos, em particular aqueles de política monetária e fiscal necessários para estimular o crescimento econômico,[128] isso ocorre porque alguns desses instrumentos seriam condenados pelo mercado mundial. A globalização teria criado "obstáculos à atuação do poder público, no esforço de planejar e executar estratégias alternativas de desenvolvimento, em escala nacional ou regional".[129] As políticas públicas teriam de se adaptar ao consenso estabelecido pelos mercados,[130] e a alternativa preferida pelos investidores seria a do Estado mínimo. O liberalismo econômico surgiria assim como única opção, imposta pelos mercados.

Hoje, como observa Joe Verhoeven, seria difícil para os Estados exercer certos atributos tradicionais da soberania sem ter de ceder a algumas das exigências da globalização. O Estado não tem mais o direito de questionar as regras fundamentais de bom governo que lhe são impostas, e sua soberania não implica mais a liberdade absoluta de se organizar como melhor lhe parecer. Assim, o seu direito de dispor de si mesmo "deve ser exercido dentro do respeito das exigências da economia de mercado e da democracia liberal".[131]

---

[127] HELLEINER, Eric. Sovereignty, territoriality and the globalization of finance..., op. cit.; 1999. p. 148.

[128] SENARCLENS, Pierre de. *Mondialisation...*, op. cit.; 1998. p. 82.

[129] RATTNER, Henrique. Globalização e projeto nacional..., op. cit.; 1994. p. 104.

[130] A redução da autonomia decisória dos Estados é conjugada à expansão da "racionalidade de mercado" sobre âmbitos não especificamente econômicos, provocando graves repercussões sociais e trabalhistas. FARIA, José Eduardo. Democracia e governabilidade: os direitos humanos à luz da globalização econômica. In: FARIA, José Eduardo (org.). *Direito e globalização econômica*. São Paulo: Malheiros, 1996. p. 137, 143.

[131] Segundo Verhoeven, um dos maiores exemplos dessa situação seria a adoção por determinados Estados da moeda de outro Estado, caso em que esses correriam o risco de se submeter às políticas nacionais do Estado emissor. Esse fenômeno de substituição da moeda nacional (como no caso da chamada "dolarização") surge em geral, observa Helleiner, da necessidade de se estabelecer políticas que sejam "críveis aos olhos dos operadores do mercado financeiro global". VERHOEVEN, Joe. Souveraineté et mondialisation, libres propos. In: LOQUIN, Eric; KESSEDJIAN, Catherine. *La mondialisation du droit*. Dijon: Litec, 2000. p. 49; HELLEINER, Eric. Sovereignty, territoriality and the globalization of finance..., op. cit.; 1999. p. 151.

A própria democracia poderia ser afetada pela pressão das transnacionais e dos mercados. Nos países democráticos, em particular os em desenvolvimento, ainda que potencialmente os cidadãos conservem seu poder de votar como bem entendem, de fato sua liberdade de eleger determinados candidatos diminui, já que certas escolhas poderiam ser punidas pelo mercado.[132] Propostas de desenvolvimento que não correspondam às expectativas do mercado são malvistas pela comunidade internacional, o que daria a impressão de que esta apoiaria a democracia nos países em desenvolvimento "apenas enquanto não fizesse muito mais do que administrar eficientemente o *status quo*".[133] O fato de que as forças da globalização restringem a atividade dos governos democráticos poderia assim ser visto como o início de uma era de "democracia sem escolha".[134] Estas observações provocam a seguinte questão: "Seria realista considerar que a regra da livre escolha por cada Estado de seu sistema político e econômico é ainda uma regra efetiva do direito internacional, quando a globalização torna praticamente impossível a escolha de um sistema outro que o sistema combinando a economia de mercado e a democracia liberal?".[135]

Parece claro que não. Ainda que a globalização não afete a soberania de direito, afeta, de fato, a efetividade e a autonomia dos Estados em "determinar ou implementar a sua própria estratégia econômica".[136] Se o modelo do Estado soberano baseia-se na soberania, e se essa só faz sentido caso exista de fato, a perda de efetividade e de autonomia dos Estados na condução da sua econo-

---

[132] Em uma prova recente de que o livre-arbítrio do povo em matérias econômicas poderia ser ilusório, encontramos as declarações de George Soros, segundo o qual a vitória do candidato do Partido dos Trabalhadores, Luiz Inácio Lula da Silva, nas eleições presidenciais brasileiras de 2002 traria o caos econômico. Segundo ele, o caos viria nem que fosse por uma "profecia auto-realizável". A partir do momento em que os mercados acham que aquele candidato não honrará as dívidas do país ao assumir a presidência, passam a apostar contra a moeda brasileira. Caso o candidato em questão ganhe, assumirá com uma situação financeira tão dramática que não lhe restará outra alternativa a não ser dar o calote que o mercado antecipava que ele daria. Nesse caso específico, a vontade dos eleitores prevaleceu sobre as ameaças dos especuladores e Lula ganhou as eleições presidenciais, o que mostraria que, como ele mesmo afirmou em campanha, "a esperança teria vencido o medo". Após alguns meses de governo, a profecia auto-realizável não se concretizou, e o risco país do Brasil voltou ao nível em que estava antes das eleições. Ver Soros diz que EUA irão impor Serra e que Lula seria o caos. *Folha de S. Paulo*, São Paulo, p. A4, 08 jun. 2002.

[133] RUBIN, Jeffrey W. Brazil's Democracy Takes a Chance. *The New York Times*, New York, p. A23, Oct. 2002.

[134] FALK, Richard A; STRAUSS, Andrew. On the Creation of a Global Peoples Assembly: Legitimacy and the Power of Popular Sovereignty. *Stanford Journal of International Law*, Stanford, Calif., p. 192, Summer 2000.

[135] MAHMOUD, Mohamed Salah Mohamed. Mondialisation et souveraineté de l'État..., op. cit.; 1996. p. 619.

[136] HELD, David et al. *Global Transformations*: Politics, Economics and Culture. Stanford, Calif.: Stanford University Press, 1999. p. 443.

mia acarreta diminuição de sua soberania, alterando, assim, o modelo do Estado soberano.

Como pondera Susan Strange, isso não quer dizer que os Estados ficaram obsoletos, nem que as transnacionais ou os mercados substituíram os Estados, mas que as transformações na produção e nas finanças mundiais estão mudando o caráter do Estado e do sistema estatal – e o estão fazendo de forma rápida e fundamental.[137]

O poder dos Estados tem, dessa maneira, diminuído, e "sua autoridade sobre o povo e suas atividades dentro de seus limites territoriais tem se enfraquecido". Esse enfraquecimento ocorreria não tanto na quantidade, mas principalmente na "qualidade" da autoridade exercida. Ele resultaria "do fracasso da maioria dos governos em cumprir as funções mais básicas para as quais o Estado como instituição foi criado".[138]

Entre essas funções, está a de adotar políticas públicas. As dificuldades em implementar tais políticas aumentaram, não só pela globalização, mas pela necessidade surgida com a revolução tecnológica de se adotar decisões em tempo real. Como observa José Eduardo Faria: "Incompatível com a relação passado, presente e futuro, pela qual aprendemos a ver e organizar a História, o tempo real retira da política a tensão natural entre duração e inovação, continuidade e ruptura. Por princípio, a política é lenta, pois exige debates, consultas e eleições como condição de legitimidade de uma tomada de decisão de alcance coletivo. Já o sistema econômico-financeiro opera com base em cálculos de custo-benefício e expectativas do maior lucro possível, no menor prazo. Quanto mais rápida é a rotação dos capitais, menores são as possibilidades de reflexão sobre o futuro, pois tudo se reduz a uma análise fria das oportunidades do presente e ao desenvolvimento de estratégias destinadas a reduzir ao mínimo os riscos e as contingências. Na política, as ações e os esforços têm por objetivo um futuro encarado como construção compartilhada. No sistema econômico-financeiro, ao contrário, a referência é apenas o aqui-e-agora".[139]

Ao contrário dos casos que estudaremos a seguir, nos quais o consentimento dos Estados tem um papel preponderante, o enfraquecimento do poder estatal tal qual acabamos de analisar é normalmente imposto como a única opção existente no contexto da globalização. Os Estados, mesmo tendo sido criados a fim de comandar a vida em sociedade de forma legítima, perdem, de fato, parte de seu poder de fazê-lo, aceitando os limites impostos pelas empresas transnacionais e pelos mercados financeiros, que, por sua vez, não têm legitimidade para tanto. Constatar que "os poderes do Estado encolheram" é nesse ca-

---

[137] STRANGE, Susan. Wake up, Krasner..., op. cit.; 1994. p. 215.
[138] STRANGE, Susan. *The Retreat of the State*..., op. cit.; 1996. p. XI, XII.
[139] FARIA, José Eduardo. O futuro da política..., op. cit.; 1998. p. A2.

so preocupante porque, como os próprios investidores reconhecem, os Estados são os responsáveis pela proteção do interesse comum[140] – e "se os mercados financeiros internacionais estiverem acima do processo democrático, há algo de errado no sistema".[141] A possibilidade de que os interesses privados prevaleçam sobre os interesses públicos seria, assim, a grande ameaça da globalização.

---

[140] SOROS, George. *Open Society*: Reforming Global Capitalism. New York: Public Affairs, 2000. p. XII.
[141] SOROS, George. *Globalização*. Rio de Janeiro: Campus, 2003. p. 16.

Segunda Parte

Globalição jurídica

O papel da globalização jurídica e das organizações internacionais na alteração do modelo do Estado soberano e na ascensão do modelo da sociedade global

A globalização – fenômeno que tem uma vertente econômica predominante e um importante lado tecnológico – levou à globalização do direito. Essa, por sua vez, pode ser desdobrada em dois aspectos principais: aumento no número de regras internacionais e proliferação das organizações internacionais. Ambos os aspectos possuem caráter jurídico e político e contribuem para a construção da sociedade global. O primeiro, de caráter mais geral, será aqui tratado como globalização jurídica. O segundo pode ser visto sob dois ângulos principais: a cooperação internacional e a integração regional. A globalização jurídica e as organizações internacionais de cooperação e de integração regional criam novas normas e instituições de caráter internacional, transnacional e, muitas vezes, supranacional (Título III). Essas normas e instituições ampliam suas fronteiras, transformando o modelo do Estado soberano e modificando a forma de organização da humanidade (Título IV).

Título III

Interdependência e suas conseqüências: globalização jurídica e fortalecimento das organizações internacionais

Podemos identificar duas conseqüências principais que o aumento da interdependência dos Estados tem sobre o mundo do direito e da política. A primeira delas é o crescimento das regras internacionais que procuram regular essa interdependência, a chamada globalização jurídica (Capítulo 7). A segunda é o aumento do número e do campo de atuação das organizações internacionais, resultante dos processos de cooperação internacional e de integração regional (Capítulo 8). Ao estudar esses fenômenos, procuraremos entender os motivos pelos quais cada um deles ocorre – por exemplo, o que faz que tanto a cooperação internacional quanto a integração regional sejam vistas como uma necessidade –, no que consiste o fenômeno em questão – no mesmo exemplo, os casos mais emblemáticos de cooperação internacional e de integração regional, suas regras e instituições –, e como cada um desses processos transforma o poder do Estado soberano e contribui para o surgimento de uma sociedade global.

Capítulo 7

Interdependência e globalização jurídica

A interdependência gera uma necessidade de cooperação, tanto no âmbito internacional quanto no plano regional (7.1). Mais que isso, a interdependência leva os Estados a regulamentarem internacionalmente as áreas que são de seu interesse comum, em um processo que aqui será denominado globalização jurídica (7.2).

7.1 A INTERDEPENDÊNCIA E A NECESSIDADE DA COOPERAÇÃO INTERNACIONAL E DA INTEGRAÇÃO REGIONAL

Caberia inicialmente entender o significado da interdependência e o que leva os Estados a cooperarem, o que faremos por meio da aplicação da teoria dos jogos às relações internacionais (7.1.1). Em seguida, estudaremos um caso especial de cooperação internacional, que ganhou destaque nos últimos anos – a integração regional – a fim de entender as causas e as conseqüências desse processo e examinar se este pode ou não contribuir para maior integração mundial (7.1.2).

7.1.1 A necessidade da cooperação internacional – a teoria dos jogos aplicada às relações internacionais

Interdependência e cooperação internacional

> *Vivemos em uma era de interdependência. Essa frase vaga expressa um sentimento insuficientemente compreendido mas amplamente difundido de que a própria natureza da política mundial está mudando.*[1]
>
> **Robert Keohane e Joseph Nye**

Dependência significa a possibilidade de estar subordinado ou de ser significativamente afetado por influências externas. Interdependência é dependência mútua.[2] De modo mais preciso, a interdependência entre duas unidades consiste, na definição de Karl Deutsch, na probabilidade de que uma mudança em uma delas – ou uma operação em uma delas realizada – produza uma mudança previsível na outra, e vice-versa.[3] Dizer que o mundo está tornando-se cada vez mais interdependente equivale a dizer que os fatos ocorridos em uma de suas unidades – em um Estado – têm uma possibilidade cada vez maior de produzir efeitos em outra unidade. Logo, a interdependência se refere, nas relações internacionais, a situações caracterizadas pelos efeitos recíprocos entre os países ou entre atores em países diferentes.[4]

A globalização equivale à intensificação da interdependência dos Estados, que faz que acontecimentos locais sofram influência crescente de eventos

---

[1] KEOHANE, Robert O.; NYE, Joseph S. *Power and Interdependence*. Cambridge, U.S.: Harper Collins, 1989. p. 3.

[2] Idem. p. 8.

[3] DEUTSCH, Karl W. *The Analysis of International Relations*. New Jersey: Prentice-Hall, 1968, p. 158.

[4] Keohane e Nye apontam duas dimensões da interdependência: a sensibilidade e a vulnerabilidade. A sensibilidade é o grau de resposta às mudanças – quão rápido uma mudança em um país acarreta efeitos em outro, e quão grandes são esses efeitos. Nesse sentido, pode-se dizer que os Estados Unidos, por exemplo, eram menos sensíveis do que o Japão às mudanças no preço do petróleo causadas pela crise de 1973, uma vez que dependiam menos do petróleo importado. No entanto, os Estados Unidos também eram sensíveis, já que assistiram a um rápido aumento de preços e à escassez de combustível durante aquele período. Já a vulnerabilidade depende da disponibilidade e do custo das alternativas que um Estado possui. No mesmo caso, os dois países poderiam importar a mesma quantidade de petróleo, porém se um deles tivesse a capacidade de substituir, a um custo moderado, o petróleo importado pelo de fontes nacionais ou por outras formas de energia, isso o tornaria menos vulnerável. KEOHANE, Robert O.; NYE, Joseph S. *Power and Interdependence...*, op. cit.; 1989. p. 8.

ocorridos em lugares distantes.⁵ O aumento das atividades transnacionais torna os Estados mais e mais interdependentes,⁶ e faz que suas trajetórias estejam, mais do que nunca, fortemente entrelaçadas.⁷

Em um mundo em que as economias se relacionam de forma crescente pelos fluxos comerciais e de capitais, a interdependência é inevitável. O intercâmbio com outros países faria parte integral do bem-estar econômico interno e não haveria muros que pudessem impedir que as ações no interior de um Estado tivessem conseqüências além de suas fronteiras.⁸ Os efeitos de determinadas políticas de um Estado podem ser sentidos pelos demais países, afetando taxas de juros e câmbio destes últimos e, por meio delas, outras variáveis, como produção e preços.⁹ Assim, as decisões políticas em uma parte do planeta ramificam-se rapidamente, afetando outras regiões.¹⁰

O outro lado dessa situação é que um determinado governo não poderia adotar certas políticas sem levar em consideração a opinião do mercado ou mesmo de outros governos. Como vimos, isso acontece na hora de um governo atuar sobre a taxa de câmbio, na qual o mercado tem papel decisivo. Por

---

[5] Waltz acredita que a palavra "interdependência" obscureça as diferenças de capacidade que existem entre os Estados, por sugerir erroneamente que existiria uma dependência recíproca e que "todos Estados estariam jogando o mesmo jogo". Só estaríamos realmente próximos da interdependência quando cada Estado tivesse de tratar os atos de outro Estado como se esses acontecessem dentro de suas próprias fronteiras. Voltando à análise da vulnerabilidade, já mencionada, Waltz afirma que ter de contar com as importações nem sempre é sinal de dependência. Mais importante do que ver o quanto um país importa é verificar o quanto o acesso aos produtos importados é confiável, seja porque a interrupção do comércio entre o país importador e o país exportador é improvável, seja porque há muitos fornecedores para o produto importado. Esse autor, em geral, classificado como neo-realista, acredita que os Estados maiores e mais desenvolvidos sempre teriam condições de voltar rapidamente e com baixos custos a uma condição de autarquia. Por poderem contar com seus próprios recursos, abrindo mão das importações, tais países possuiriam baixa dependência. Logo, segundo esse autor, quanto mais alto o "custo relativo do fechamento", mais fraca a posição política do Estado. WALTZ, Kenneth N. The Myth of National Interdependence. In: KINDLEBERGER, Charles P. (ed.). *The International Corporation*. Cambridge, U.S.: The MIT Press, 1970. p. 21, 220.

[6] MORSE, Edward L. Transnational Economic Processes. In: KEOHANE, Robert O.; NYE, Joseph S. (ed.). *Transnational Relations and World Politics*. Cambridge, U.S.: Harvard University Press, 1972. p. 30.

[7] HELD, David et al. *Global Transformations*: Politics, Economics and Culture. Stanford, Calif.: Stanford University Press, 1999. p. 81.

[8] O que seria captado pelo velho ditado que diz "quando a América espirra, a Europa pega um resfriado", que, de forma atualizada, poderia dizer: "Quando a economia global está doente, o contágio espalha-se por todo o lado". SAMUELSON, Paul A.; NORDHAUS, William D. *Economia*. 14. ed. Lisboa: McGraw-Hill, 1993. p. 834.

[9] BRYANT, Ralph. International Cooperation in the Making of National Macroeconomic Policies: Where do we stand? In: KENEN, Peter B. (ed.). *Understanding Interdependence*: The macroeconomics of the open economy. New Jersey: Princeton University Press, 1995. p. 392.

[10] HELD, David et al. Jonathan. *Global Transformations*..., op. cit.; 1999. p. 49.

exemplo, se um governo resolve desvalorizar sua moeda, para aumentar suas exportações, ele estaria sujeito a retaliações por parte de outros governos, em mais um sinal de interdependência na área monetária. Portanto, a interdependência equivale também à idéia de que a capacidade de um Estado de atingir determinados objetivos a que ele se propõe também depende de atividades ocorridas fora desse Estado.[11] Nesse sentido, ela se relaciona com a autonomia. Estados mais interdependentes são Estados menos autônomos.

Nesse mundo crescentemente interdependente, a visão realista das relações internacionais em muitos casos deixa de ser adequada.[12] Os Estados se parecem cada vez menos a "bolas de bilhar", como previa o modelo que predominou por muito tempo na análise das relações internacionais. De acordo com esse modelo, cada país seria uma unidade independente, interagindo de forma parecida à que ocorre com as bolas de um bilhar: apenas a parte exterior se chocaria, e as bolas mais fortes ou mais rápidas tirariam as outras do seu caminho.[13] Nesse mundo, apenas os governos interagiriam, e o que acontece dentro das fronteiras de cada Estado não seria da conta dos demais.[14]

Hoje, mesmo os autores realistas admitem que o mundo se tornou mais interdependente, não só economicamente, nem apenas nas comunicações, mas também "nas aspirações humanas".[15] O realismo clássico não seria mais suficiente para entender como as mudanças na economia mundial estariam afetando os Estados.[16] A simples lógica do poder[17] é inapropriada

---

[11] MORSE, Edward L. Transnational Economic Processes..., op. cit.; 1972. p. 31-32.

[12] A corrente realista das relações internacionais considera que os Estados, por serem soberanos, estariam livres das restrições morais que se aplicam aos indivíduos. Os governantes procurariam defender os interesses de seus próprios povos sem se preocupar com os direitos dos demais, em um contexto de anarquia internacional. HONDERICH, Ted (ed.). *The Oxford Companion to Philosophy*. New York: Oxford University Press, 1995. p. 413.

[13] De acordo com a teoria realista, os Estados são os atores principais dos assuntos mundiais. A fim de assegurar sua sobrevivência e segurança, cada Estado tenta aumentar cada vez mais seu poder e, ao perceber que outro Estado em particular está aumentando seu poder e, de tal forma, tornando-se uma ameaça em potencial, cada Estado tenta se proteger fortalecendo-se ainda mais, se possível aliando-se a outros Estados. HUNTINGTON, Samuel P. *O choque das civilizações e a recomposição da ordem mundial*. Rio de Janeiro: Objetiva, 1997. p. 35.

[14] BURTON, John W. *World Society*. Cambridge, U.K.: Cambridge University Press, 1972. p. 28.

[15] Ver KEOHANE, Robert O.; NYE, Joseph S. *Power and Interdependence...*, op. cit.; 1989. p. 3.

[16] KEOHANE, Robert O. Problematic Lucidity: Stephen Krasner's State Power and the Structure of International Trade. *World Politics*, Princeton, v. 50, nº. 1, p. 166, Oct. 1997.

[17] Georg Schwarzenberger define *power politics* como "um sistema de relações internacionais em que grupos consideram-se como fins últimos". Nesse sistema, os Estados usariam os meios mais efetivos disponíveis, em especial a fim de assegurar sua própria sobrevivência. Lei, moralidade e instituições estariam em segundo plano, e os Estados seriam divididos de forma hierárquica, sendo classificados de acordo com seu peso em caso de conflitos reais ou potenciais. Schwarzenberger acredita que, se uma comunidade internacional não se afirmar como tal, e o peso individual de cada Estado continuar a se fazer sentir, tal quadro se caracterizaria como o de um sistema de *power politics* "disfarçado" (*power politics in diguise*). SCHWARZENBERGER, Georg. *Power Politics*: a Study of World Society. 3rd ed. London: Stevens & Sons, 1964. p. 14. Edição original de 1941.

para resolver diversos assuntos complexos – da regulação econômica à degradação ambiental – que levam à interconexão crescente dos destinos nacionais.[18]

O mundo encontra-se crescentemente em uma situação de "interdependência complexa", na qual o uso da força não seria útil para resolver muitos problemas. Esse modelo, proposto por Keohane e Nye, difere do "estado de guerra" descrito pelo modelo realista, já que nele a força é útil em alguns momentos, mas não é o fator predominante na determinação dos resultados. Além da ineficiência do recurso à força, esse modelo se caracteriza pela presença de múltiplos canais de contato entre as sociedades e pela falta de hierarquia entre os diversos assuntos – o que significa que os Estados não se limitam às preocupações militares com a segurança.[19] Com a globalização e com a revolução tecnológica, observamos que esse modelo, antes limitado a determinados assuntos e a algumas zonas do globo, passa a valer para um número cada vez maior de áreas e pode ser aplicado à maior parte das regiões do mundo.

A interdependência também não é um fenômeno novo,[20] sendo possível afirmar que ela representa um aspecto inerente do sistema internacional.[21] O Estado soberano sempre se relacionou em maior ou menor medida com outros Estados, porém, com a intensificação das relações internacionais, verificou-se uma tendência a que essas relações fossem institucionalizadas.[22] Podemos afirmar que estamos passando da era da competição para a era da cooperação, ou da integração. Se analisamos a Europa ocidental, verificamos que o que caracterizava o contexto institucional dessa região até a metade do século XX era a disputa entre Estados fragmentados, ainda mais acentuada do que em outros lugares do globo. Foi a competição que levou essa região a um maior desenvolvimento durante o período mencionado.[23] Após a Segunda Guerra Mun-

---

[18] HELD, David et al. *Global Transformations*..., op. cit.; 1999. p. 81.

[19] Entre as áreas analisadas por Keohane e Nye para avaliar se o modelo da "interdependência complexa" seria mais adequado do que o modelo realista estão: o regime dos oceanos, os assuntos monetários internacionais e as relações entre os Estado Unidos e o Canadá. Neste último caso, por exemplo, esses autores observam que as três condições necessárias a uma interdependência complexa se aplicam. KEOHANE, Robert O.; NYE, Joseph S. *Power and Interdependence*..., op. cit.; 1989.

[20] Já em 1919 o secretário-geral da Liga das Nações afirmava estar ciente da crescente interdependência do mundo como unidade econômica. Ver JAMES, Alan. *Sovereign Statehood*: the Basis of International Society. London: Allen & Unwin Publishers, 1986. p. 178.

[21] KRASNER, Stephen D. Economic Interdependence and Independent Statehood. In: JACKSON, Robert H; JAMES, Alan (ed.). *States in a Changing World*: A Contemporary Analysis. Oxford: Clarendon Press, 1993. p. 301.

[22] SÁ, Luís. *Soberania e integração na CEE*. Lisboa: Editorial Caminho, 1987. p. 79.

[23] Ver NORTH, Douglass C. Institutions. *Journal of Economic Perspectives*, St. Paul, Minn., v. 5, nº. 1, p. 108, Winter 1991.

dial, o crescimento europeu se dá com base em novas instituições, fundadas no princípio da cooperação entre os Estados.

A intensificação das relações internacionais após a Segunda Guerra deve-se a dois fatores fundamentais. O primeiro é a consciência por parte dos Estados de que eles não são auto-suficientes, de que o isolamento representa um retrocesso e de que o crescimento está vinculado à cooperação. O segundo fator é a coexistência de múltiplos Estados independentes. A combinação desses dois fatores ensejou a criação de um número inédito de tratados internacionais, com a finalidade de disciplinar a vida dos Estados.[24] Desse modo, ainda que a interdependência tenha sempre existido, com o tempo deixou de ser vista como um conceito simplesmente econômico, sociológico ou político, excessivamente genérico para ser levado em consideração pelo Direito. Ao contrário, a interdependência passou por um processo de cristalização, tornando-se uma noção essencial para o direito internacional contemporâneo.[25]

A interdependência confrontou os Estados com problemas que eles não conseguiriam resolver sozinhos, ou resolveriam melhor pela cooperação[26] – o Estado não poderia mais ser visto como o instrumento único de regulação da vida internacional,[27] já que, no contexto de uma ordem global altamente interconectada, haveria uma série de políticas públicas que não poderiam ser implementadas sem a cooperação com outros Estados, e várias das funções públicas tradicionais dos Estados não poderiam ser cumpridas sem se recorrer a formas internacionais de colaboração.[28]

Portanto, a cooperação internacional pode ser definida como um processo por meio do qual os Estados tornam mais fácil a realização de seus próprios objetivos pela coordenação de políticas com seus parceiros.[29] Ela existiria sempre que determinados atores ajustassem os seus comportamentos às preferências dos demais, buscando atingir expectativas comuns.[30]

---

[24] Fatores apontados por BASSO, Maristela. O Direito e as Relações Internacionais no Novo Cenário Mundial: o Fenômeno Crescente das Organizações Internacionais. *Estudos Jurídicos*, Rio de Janeiro, v. 25, n. 65, p. 109, set./dez. 1992.

[25] JENKS, C. Wilfred. Interdependence as the basic concept of contemporary international law. In: *Problèmes de droit des gens: Mélanges offerts à Henry Rolin*. Paris: A. Pedone, 1964. p. 147.

[26] KLEFFENS, E. N. Van. Sovereignty in International Law: Five Lectures. *RCADI*, t. 1, p. 108, 1953.

[27] ROCHE, Jean-Jacques. *Théorie des Relations Internationales*. Paris: Montchrestien, 1997. p. 64.

[28] HELD, David. *Democracy and the Global Order*: From the Modern State to Cosmopolitan Governance. Stanford, Calif.: Stanford University Press, 1995. p. 91.

[29] Ver BROWN, Seyom. *International Relations in a Global Changing System*: Toward a Theory of the World Polity. 2nd ed. Boulder, Colo.: Westview, 1996. p. 27.

[30] KARNS, Margaret P. The Changing Architecture of World Politics: Multilateralism, Cooperation, and Global Governance. In: THOMPSON, Kenneth W. *Community, Diversity and a New World Order*: essays in honor of Inis L. Claude, Jr. Boston: University Press of America, 1994. p. 272.

Os Estados interdependentes e o dilema do prisioneiro

Como acabamos de constatar, a cooperação internacional deriva da interdependência dos povos e da busca por soluções mais eficientes para os problemas comuns da humanidade. Muitas vezes, quando o comportamento dos Estados se resume à defesa de seus próprios interesses individuais, os resultados atingidos são inferiores ao ótimo que se poderia alcançar com a cooperação.[31]

Os ganhos trazidos pela cooperação econômica internacional podem ser demonstrados por meio de um modelo baseado na teoria dos jogos. Caberia então estudar essa teoria a fim de entender como pode ser aplicada às relações econômicas internacionais.

A teoria dos jogos fornece uma série de técnicas matemáticas para analisar situações nas quais os benefícios obtidos por um determinado agente dependem não apenas de suas próprias ações, mas também das ações de outros agentes, o que leva todos os agentes a considerarem essa interdependência na hora de decidirem como agir.[32] Em um jogo típico, os movimentos de um dos participantes dependem dos movimentos dos demais. Mesmo que cada participante tenha absoluto controle sobre suas ações, ele não sabe ao certo que resultados estas podem trazer, já que ele não tem conhecimento da capacidade de seus oponentes – estes podem ter cartas mais altas ou mais baixas que as suas –, ou das intenções dos demais participantes – estes podem apostar mais ou menos, ou ainda blefar. Tal incerteza leva cada jogador a basear suas ações em adivinhações o mais racionais possíveis da atitude que seus oponentes terão.[33]

Logo, a teoria dos jogos analisa a forma como os jogadores escolhem as ações ou estratégias que conjuntamente afetarão cada um dos participantes. O jogo, no caso, é a representação de uma situação comum na vida econômica: a interação entre pessoas, empresas, governos etc. Os jogadores podem obter diferentes resultados dependendo da estratégia adotada. Para obter o melhor resultado, ao elaborar sua estratégia, o jogador deve levar em conta seus próprios objetivos, mas também deve considerar os objetivos que o outro jogador pretende atingir, assim como o fato de que o outro jogador também estará fazendo o mesmo para elaborar sua própria estratégia. Admitindo-se que o opositor sempre escolherá a opção que lhe traga mais benefícios – já que, tratando-se de um jogo, é de se supor que cada jogador esteja jogando para ganhar, ou ao menos, para não perder[34] – o jogador deve adotar a estratégia que, dentro desse quadro, lhe seja mais favorável.[35]

---

[31] KRASNER, Stephen D. International political economy: abiding discord. *Review of International Political Economy*, London, v. 1, n°. 1, p. 17, Spring 1994.

[32] MCMILLAN, John. *Game Theory in International Economics*. Langhorne, Penn.: Harwood Academic, 1994. p. 1. Edição original de 1986.

[33] DEUTSCH, Karl W. *The Analysis of International Relations*..., op. cit.; 1968. p. 114.

[34] Idem. p. 115.

[35] SAMUELSON, Paul A.; NORDHAUS, William D. *Economia*..., op. cit.; 1993. p. 238.

O exemplo clássico da teoria dos jogos é o dilema do prisioneiro.[36] Imagine que Butch Cassidy e The Sundance Kid encontram-se encurralados pela polícia boliviana, depois de haverem cometido vários roubos naquele país. Em vez de sair atirando e tentar fugir, o que fatalmente acarretaria sua morte, os dois bandidos se entregam ao xerife boliviano, tornando-se seus prisioneiros. Este os interroga separadamente, afirmando a cada um deles ter provas suficientes para condenar ambos a dez anos de cadeia. Porém, ele oferece um acordo a cada um dos prisioneiros: "Se *somente* você confessar ser o culpado, será condenado a cinco anos de cadeia, enquanto seu companheiro será condenado à forca.[37] Se ambos confessarem, os dois serão condenados a vinte anos".

Qual a melhor solução para o dilema? A reação natural de Butch – deixando de lado a amizade e a lealdade possivelmente criadas entre os dois bandidos – é confessar. Primeiro, porque se ele confessar e The Kid não o fizer, ele pegaria apenas cinco anos de cadeia. Segundo, e o que conduz Butch definitivamente à sua decisão: caso ele não confesse e The Kid o faça sozinho, ele, Butch, seria condenado à forca. Logo, Butch prefere não correr o risco de ser o único a não confessar e ser enforcado, o que para ele é a pior das hipóteses. Sua decisão é se arriscar a ser condenado a vinte anos de prisão, caso ambos confessem, com a possibilidade ainda de escapar de uma punição mais severa, pegando apenas cinco anos de cadeia se apenas ele vier a confessar.

Levando-se em conta que, segundo o raciocínio da teoria dos jogos, The Kid estaria considerando as mesmas hipóteses e, assim, chegaria à conclusão de que Butch confessaria, e que a única forma de escapar da forca seria que ele também confessasse, ambos os prisioneiros confessariam, sendo condenados a vinte anos de cadeia. Ocorre que, como havia afirmado o xerife, caso nenhum dos dois confessasse, ambos seriam condenados a apenas dez anos de cadeia. Assim, a decisão tomada separadamente pelos prisioneiros lhes trouxe um resultado pior do que o que seria obtido por uma decisão tomada em comum – se os prisioneiros tivessem podido conversar e decidir em conjunto provavelmente teriam optado por não confessar e, assim, diminuir sua pena.

Logo, no caso, a estratégia dominante dos dois prisioneiros é confessar.[38] Em outras palavras, a decisão racional dos participantes do jogo os leva a não

---

[36] Adaptado do exemplo dado por SAMUELSON, Paul A.; NORDHAUS, William D. *Economia...*, op. cit.; 1993. p. 243.

[37] Claro que, nesse exemplo, nossa preocupação é apenas demonstrar o raciocínio contido na teoria dos jogos, e, para tanto, é descrita uma situação hipotética na qual o xerife pode adotar uma postura arbitrária de aliviar fortemente a pena do réu confesso e condenar à pena máxima o inconfesso, apenas a fim de obter as confissões por ele desejadas.

[38] Em jogos de soma zero (se um dos participantes ganha, o outro perde) envolvendo dois participantes prevalecem, por prudência, as estratégias do tipo "minimax" ou "maximin", pelas quais um jogador aceita o menor ganho disponível (o "mínimo do máximo") ou a menor perda possível e, conseqüentemente, o maior ganho relativo possível (o "máximo da mínima"). Por isso, segundo a teoria dos jogos, a estratégia mais segura para um participante é a de escolher como resultado "o melhor do pior" ou o "pior do melhor". Trata-se de uma estratégia defensiva, que protege o jogador de correr riscos desnecessários. DEUTSCH, Karl W. *The Analysis of International Relations...*, op. cit.; 1968. p. 116-117.

cooperar entre si, mesmo que essa decisão leve a um resultado inferior ao que seria obtido com a cooperação.

Esse exemplo torna clara a necessidade de cooperação na tomada de decisões de caráter interdependente. O raciocínio contido no dilema dos prisioneiros aplica-se também aos Estados.[39] Estes, ao tomar suas decisões, podem consultar ou não os demais a respeito de suas intenções. Ao fazê-lo, estarão aumentando suas chances de optar pela decisão mais acertada.

É possível apontar vários casos em que a teoria dos jogos se aplicaria às relações econômicas internacionais. Um deles é o da coordenação das políticas macroeconômicas entre os países, que obteriam melhores resultados no que se refere à redução de seus índices de inflação e desemprego caso suas decisões não fossem tomadas de forma unilateral, e sim em conjunto.[40] Outro caso que pode ser analisado com base na teoria dos jogos é o das reduções tarifárias.[41] Estas podem ser feitas de forma unilateral ou por meio de um acordo internacional. Essa última opção tem duas vantagens. Primeiro, ajuda a mobilizar o apoio ao livre comércio e, segundo, evita que os países se envolvam em uma guerra comercial destrutiva.[42]

A primeira vantagem deve-se ao fato de que os produtores domésticos cujos produtos competem com os importados são normalmente mais organizados do que os consumidores – o que os leva a pressionar o governo contra a redução tarifária, fazendo que este último muitas vezes ceda ainda que a abertura pudesse trazer maior benefício aos consumidores e, portanto, à maioria. Logo, acordos internacionais, que normalmente vêm acompanhados de reduções nas tarifas também dos demais países, têm o apoio dos produtores domésticos cujos produtos podem ser exportados, trazendo, assim, um contrapeso político e um apoio interno importante à decisão do governo.

A segunda vantagem tem uma explicação que se baseia no dilema do prisioneiro. Imagine que há somente dois países no mundo, Atlantis e Pangea, e que esses países têm duas possibilidades no que se refere à sua política econômica: livre comércio ou protecionismo. Nesse caso, tanto para Atlantis quanto para Pangea, o protecionismo, nem que seja pelas razões políticas internas anteriormente apontadas, pareceria sempre a melhor escolha: caso só Atlantis proteja seu mercado, ele ganhará mais, uma vez que exportará para Pangea

---

[39] Como observa Fernando Tesón, a teoria dos jogos se encaixa especialmente nas relações internacionais, uma vez que a ausência de uma autoridade superior aos Estados no plano internacional os coloca em uma situação de pura interação estratégica, na qual esses se preocupam apenas com os limites que o comportamento dos demais Estados impõe à busca de seu próprio interesse. TESÓN, Fernando R. *A Philosophy of International Law*. Boulder, Colo.: Westview Press, 1998, p. 75.

[40] Ver KRUGMAN, Paul; OBSTFELD, Maurice. *International Economics*: Theory and Policy. 4th ed. Reading, Mass.: Addison-Wesley, 1997. p. 609-611.

[41] MCMILLAN, John. *Game Theory in International Economics*..., op. cit.; 1994. p. 2.

[42] Vantagens apontadas por KRUGMAN, Paul; OBSTFELD, Maurice. *International Economics*..., op. cit.; 1997. p. 235-236.

sem tarifas e dificultará as importações provenientes de Pangea – estimulando duplamente sua produção interna. Além disso, com a decisão de proteger seu mercado, Atlantis evita correr o risco de ser o único a não aplicar tarifas de importação – e assim, ser inundado por produtos de Pangea sem poder exportar para esse país. O mesmo se aplica a Pangea. Assim, agindo unilateralmente de acordo com o que os dois países acreditam ser a melhor forma de defender seus interesses, ambos optam pelo protecionismo, que não representa a melhor escolha para nenhum deles, uma vez que, com isso, abrem mão dos benefícios trazidos pelo livre comércio.

Assim como ocorre com os prisioneiros, a desconfiança dos Estados sobre a ação dos demais os leva a não colaborar inicialmente entre si, aceitando um resultado inferior a fim de evitar o pior resultado.[43] Como garantir que os Estados não cometerão o erro de não optar pela cooperação? A teoria dos jogos tem uma resposta para esse problema. Para que a estratégia dominante seja a cooperação, três fatores teriam de ocorrer. Pelo primeiro deles, o jogo não deveria ser único, mas sim repetir-se várias vezes.[44] Além disso, cada jogador deveria ter informações detalhadas sobre as decisões e os resultados anteriores dos seus opositores. Por fim, seria conveniente que houvesse um número pequeno de participantes.[45]

---

[43] Para um exemplo de como a primeira reação dos Estados é não cooperar, baseado na análise da decisão entre dois Estados de promover um programa de desarmamento, ver TESÓN, Fernando R. *A Philosophy of International Law...*, op. cit.; 1998. p. 97-98.

[44] Robert Axelrod demonstrou que mesmo jogadores egoístas podem estabelecer uma cooperação durável. Para tanto, é preciso que estes se encontrem regularmente, o que lhes permite que descubram que é de seu interesse romper com seu isolamento estabelecendo relações cooperativas baseadas na reciprocidade. A perspectiva de interações freqüentes no futuro assegura, nesse caso, que a estratégia dominante dos participantes passe a ser a cooperação – nem que seja somente pela possibilidade de retaliações futuras por parte dos demais jogadores. A obra clássica desse autor é *The Evolution of Cooperation*, de 1984. Ver TESÓN, Fernando R. *A Philosophy of International Law...*, op. cit.; 1998. p. 77; ver também ROCHE, Jean-Jacques. *Théorie des Relations Internationales...*, op. cit.; 1997. p. 108.

[45] Douglass North afirma ser necessário enquadrar a interação humana dentro de determinadas instituições e, para comprovar isso, se baseia na teoria dos jogos. Segundo ele, os indivíduos que procuram maximizar a riqueza acharão sempre convidativo cooperar com outros jogadores quando o jogo é repetido, quando possuem uma informação completa sobre o desempenho passado dos outros jogadores, e quando há um pequeno número de jogadores. A fim de criar instituições que permitam diminuir os custos de transação e produção em um mundo de especialização e divisão do trabalho há que se atender a essas três condições – devendo-se ressaltar que os custos de transação, que são uma determinante crítica do desempenho econômico, são determinados pelas instituições e pela efetividade de suas regras, além de pela tecnologia empregada. Mas, se, ao contrário disso, o jogo não for do tipo que se repete, faltar informação sobre os demais jogadores e houver um número grande de jogadores, a cooperação será difícil de se sustentar, e, de tal forma, não se usufruirá dos benefícios trazidos pelas instituições, principalmente no que se refere à redução dos custos de transação e produção. NORTH, Douglass C. *Institutions...*, op. cit.; 1991. p. 97-98.

Logo, o primeiro fator nos diz que não deve haver cooperação se o jogo é jogado uma única vez. Nesse caso, na maior parte das vezes, não cooperar compensa, seguindo-se a lógica de minimização dos riscos. No entanto, se o jogo se repete, a estratégia dominante deixa de ser necessariamente a não-cooperação. Seja por medo de retaliações por parte dos demais participantes, seja porque se adquire a confiança de que o outro jogador também irá cooperar, permitindo que se alcance o resultado ótimo, os jogos repetidos normalmente levam à cooperação.

Ora, nas relações internacionais diversas situações se repetem várias e várias vezes, o que permite afirmar que, nos jogos entre Estados, a cooperação pode muitas vezes surgir como estratégia dominante de longo prazo. Além disso, os Estados normalmente têm conhecimento das ações e decisões tomadas pelos demais, e há um número razoavelmente restrito de Estados no mundo.[46] Todos esses fatores contribuem para facilitar a cooperação entre eles.

Os Estados não são prisioneiros trancafiados em celas escuras. Há uma forma de se evitar os efeitos de uma guerra comercial, e de atingir aquela que seria a melhor alternativa possível em suas relações comerciais: ambos podem celebrar um acordo de livre comércio. Cada Estado será beneficiado caso limite sua própria liberdade de ação, desde que o outro país também o faça. Um tratado pode fazer que todos se beneficiem. O exemplo da teoria dos jogos sugere, assim, a necessidade de se coordenar as políticas comerciais por meio de acordos internacionais.[47]

As normas internacionais surgem então como uma forma de solucionar problemas do tipo do "dilema do prisioneiro", resultantes da interdependência dos Estados.[48] As instituições internacionais são a resposta para os problemas de coordenação. Elas garantem a interação e a troca de informações que permitem aos Estados chegar a conclusões mais próximas do ótimo.[49]

Uma das funções das instituições é assegurar a coordenação das políticas econômicas dos Estados. Aplicando-se a teoria dos jogos às relações econômicas internacionais, cada país pode ser visto como um jogador com um número de objetivos a atingir no tabuleiro de sua política macroeconômica nacional, como metas de produto interno bruto, inflação e balanço de pagamentos. A fim de alcançar esses objetivos, os governos de cada país têm um pequeno nú-

---

[46] Mesmo assim, a necessidade de que existam poucos jogadores para que a cooperação prevaleça se constata pelo fato de que é mais fácil promover um acordo bilateral ou um acordo de integração regional do que concluir um grande acordo multilateral. Por envolver menos Estados, a integração regional é, como veremos mais adiante, um exemplo de sucesso no campo da cooperação internacional.

[47] KRUGMAN, Paul; OBSTFELD, Maurice. *International Economics...*, op. cit.; 1997. p. 236.

[48] TESÓN, Fernando R. *A Philosophy of International Law...*, op. cit.; 1998. p. 81.

[49] Ver KRASNER, Stephen D. *Sovereignty*: Organized Hypocrisy. Princeton: Princeton University Press, 1999. p. 71.

mero de instrumentos, por exemplo, um instrumento fiscal e um instrumento monetário. Atingir ou não as metas estabelecidas corresponde a um ganho ou a uma perda de bem-estar para cada país. Nesse contexto, verificou-se que, ao coordenar suas políticas macroeconômicas de maneira apropriada, os países ganham em bem-estar – independentemente de seus objetivos serem iguais ou completamente diferentes. As decisões tomadas de forma independente e não-cooperativa levam a resultados menos eficientes. Desse modo, os países procuram coordenar suas políticas econômicas, modificando-as de forma mutuamente benéfica.[50]

Além de permitir a coordenação das políticas econômicas estatais, as instituições internacionais têm importante papel na troca de dados entre os Estados. Como afirma Ralph Bryant, ganhos significativos "devem resultar da mera troca de informações pelos governos e por estes agirem de forma estratégica em vez de agir de forma insular ou míope". De fato, benefícios podem ser obtidos sem que se precise chegar a uma coordenação explícita das políticas econômicas. Bastaria, para atingir esse fim, simplesmente passar de um contexto em que as decisões são tomadas sem dar atenção à interdependência econômica internacional para outro no qual os governos discutam suas economias e políticas.[51]

Também para Currie e Levine, a troca de dados pode fornecer parte das melhorias trazidas pela coordenação de políticas.[52] Assim, a troca de informações seria parte fundamental do processo de coordenação. Quanto mais amplo o leque de políticas analisadas em conjunto, maiores os benefícios da troca de informações para as decisões posteriormente tomadas. Além disso, a adoção de consultas prévias certamente alertaria os governos sobre conflitos potenciais, como taxas de câmbio incompatíveis ou programas fiscais ou monetários inconsistentes. Outro benefício que as consultas prévias trariam seria ajudar os governos a evitar as perdas que poderiam resultar de decisões tomadas com base em informações errôneas sobre as intenções de outros governos. Logo, uma das mais importantes funções dos diversos foros internacionais de discussão econômica seria a troca de informações entre os governos no que diz respeito a suas políticas econômicas e ao estado de suas economias.

A comunidade internacional conta com diversas instituições em que a coordenação de políticas econômicas ou a troca de informações entre os Estados podem ser efetuadas. Podemos citar como exemplos de foros internacionais de discussão de política macroeconômica: as reuniões dos representantes do G7 ou

---

[50] Ver CURRIE, David; LEVINE, Paul. *Rules, Reputation and Macroeconomic Policy Coordination*. Cambridge, U.K.: Cambridge University Press, 1993. p. 43, 45.

[51] BRYANT, Ralph. International Cooperation..., op. cit.; 1995. p. 410.

[52] CURRIE, David; LEVINE, Paul. *Rules, Reputation and Macroeconomic Policy Coordination*..., op. cit.; 1993. p. 63.

do G8,[53] as reuniões periódicas da diretoria executiva do FMI, as reuniões da OCDE e as reuniões regulares de representantes dos bancos centrais no Banco de Compensações Internacionais, o BIS – *Bank for International Settlements*.[54] Esses foros, como observa Bryant, possuem atividade constante e, caso alguma crise ocorra, trazendo conseqüências para as políticas macroeconômicas nacionais, podem ser utilizados para a discussão e o gerenciamento desta.[55]

As instituições internacionais surgem, portanto, como uma necessidade, permitindo aos Estados alcançar resultados melhores do que os que teriam agindo isoladamente. Isso explica o crescimento da cooperação internacional. Porém um tipo específico de cooperação entre Estados tem-se destacado nos últimos anos. Trata-se da integração regional, que estudaremos a seguir.

7.1.2 A integração regional como necessidade e seus reflexos no continente americano e na ordem econômica mundial

> *Organizações internacionais específicas são usualmente limitadas em seu domínio a algo vagamente chamado uma "região" – ou seja, a alguns países unidos por associações geográficas, culturais ou históricas, ou por laços eco-*

---

[53] O G7 é o grupo que reúne os sete países capitalistas mais ricos do mundo – Estados Unidos, Japão, Alemanha, França, Inglaterra, Itália e Canadá. O G8 inclui a Rússia, que passou a participar das reuniões do grupo. Em 1997, o então G7 se reuniu para discutir o problema do desemprego, buscando analisar como a coordenação de políticas econômicas nacionais poderia ajudar a aumentar o nível de emprego daqueles países. Essa reunião teria reforçado a tendência do G7 de tratar de forma coletiva assuntos que antes eram vistos como exclusivamente "domésticos". HELD, David; et al. *Global Transformations...*, op. cit.; 1999. p. 52.

[54] Tome-se o BIS como exemplo: é possível observar que a internacionalização dos bancos tornou menos efetivas as proteções nacionais contra o colapso bancário. O alto nível de depósitos interbancários ao redor do globo implica que problemas afetando um banco determinado sejam altamente contagiosos, espalhando-se rapidamente para outros bancos com quem esse supostamente tenha negócios. De tal forma, um distúrbio localizado pode gerar um pânico bancário global em larga escala. Foi em resposta à crise bancária ocorrida em 1974 que os chefes dos bancos centrais de onze países industrializados formaram um grupo denominado o Comitê da Basiléia (cidade suíça onde está a sede do BIS), cujo objetivo era o de coordenar a supervisão do sistema bancário internacional exercida pelas autoridades nacionais. Em 1975, o Comitê chegou a um acordo, chamado a Concordata, prevendo formas de supervisionar e levantar e partilhar informações sobre os estabelecimentos bancários multinacionais. Segundo Paul Krugman, esse tipo de cooperação entre os supervisores dos bancos em diferentes países pode reduzir consideravelmente os riscos da instabilidade financeira. KRUGMAN, Paul; OBSTFELD, Maurice. *International Economics...*, op. cit.; 1997. p. 669–671.

[55] No entanto, Bryant acredita que, embora tais foros representem importantes canais de discussão, o regime de estabilização macroeconômica por eles representado é demasiadamente fraco e evoluiu muito pouco nos últimos anos. Para o autor, tal constatação se dá com mais força quando analisamos o caso do G7, em que os governos dos países mais ricos do mundo parecem se esforçar pouco para institucionalizar a cooperação entre eles. BRYANT, Ralph. *International Cooperation...*, op. cit.; 1995. p. 434.

nômicos e financeiros, ou pela inclinação política liberal e similaridade de instituições sociais, ou por alguma combinação de todos esses fatores. A experiência de criar e desenvolver tais associações "regionais" e/ou "funcionais", como se tem desejado, deve ensinar os governos e povos a apreciar os benefícios da integração internacional, e a desenvolver os hábitos e habilidades políticos integrativos necessários a praticar isso com sucesso em uma escala maior e para uma maior gama de tarefas.[56]

Karl Deutsch

Pular de economias nacionais para uma economia de um só mundo é um salto grande demais. Em conseqüência disso, estão surgindo blocos regionais como etapas naturais em um processo evolutivo na direção de uma economia verdadeiramente global.[57]

Lester Thurow

Estas duas citações revelam as três questões que serão analisadas a seguir. Inicialmente, caberia entender por que os Estados estão unindo-se em blocos econômicos, examinando as causas que os levam a participar de processos que afetam a sua soberania. Ao mesmo tempo, convém analisar quais as conseqüências desses processos, em particular sobre a redução ou o aumento do comércio mundial, para em seguida verificar como as organizações de integração regional podem representar um passo importante no caminho da globalização. Responder a essa última pergunta é fundamental para que se possa compreender se a integração regional prejudica ou favorece a formação de uma economia mundial sem fronteiras, essencial à idéia de sociedade global.

Causas e conseqüências da integração regional

As vantagens trazidas pelo comércio internacional são amplamente conhecidas. Sua essência é que, ao especializar-se nas áreas em que tem uma produtividade relativa maior, cada país pode consumir mais do que o que pode produzir por si só. O benefício do comércio internacional, dessa forma, é a utilização mais eficiente das forças produtivas mundiais. Isso ocorre graças ao ganho trazido pelas economias de escala. Essas economias se relacionam à eficiência na produção, já que, se cada país passa a produzir apenas uma gama limitada de mercadorias, cada uma dessas mercadorias pode ser produzida em uma quantidade maior, de forma mais eficiente do que ocorreria caso cada país tentasse produzir de tudo. Logo, quando o volume de produção se expan-

---

[56] DEUTSCH, Karl W. *The Analysis of International Relations...*, op. cit.; 1968. p. 181.
[57] THUROW, Lester C. *O futuro do capitalismo*: como as forças econômicas de hoje moldam o mundo de amanhã. Rio de Janeiro: Rocco, 1997. p. 159.

de – ou seja, quando se produz em larga escala – ocorre um decréscimo do custo médio de produção. E a melhor forma imaginável de se expandir a produção é vender o produto na "vastidão do mercado global", incentivando o comércio internacional.[58]

Mas, baseado nesse princípio, como definir que país produzirá o quê? A resposta, dada por David Ricardo no início do século XIX, é que essa divisão deve levar em conta as vantagens comparativas de cada país. Os países só praticam o comércio porque são diferentes uns dos outros. As nações, como os indivíduos, podem beneficiar-se de suas diferenças chegando a um acordo no qual cada um se ocupa das coisas que faz relativamente bem.

Um país tem uma vantagem comparativa na produção de um bem quando o custo de oportunidade de produzir aquele bem em termos de outros bens é mais baixo naquele país do que o é em outros países.[59] Na definição de Samuelson e Nordhaus: "Segundo o princípio da vantagem comparativa cada país especializa-se na produção e exportação dos bens que pode produzir com um custo relativamente menor – em que é relativamente mais eficiente do que os outros países; inversamente, cada país importa os bens que produz com um custo relativamente maior – em que é relativamente menos eficiente do que os outros países".[60] Essas vantagens comparativas se devem principalmente à variedade de recursos possuídos pelos países, como a abundância dos fatores de produção e o nível da tecnologia usada na produção das mercadorias.

Assim, o comércio entre dois países pode beneficiar a ambos se cada um deles exportar as mercadorias em que tem vantagem comparativa.[61] De tal forma, "todos ficam numa melhor situação quando existe comércio e cada país se concentra na sua área de vantagem comparativa. [...] Os trabalhadores de cada região podem obter uma maior quantidade de bens de consumo pela mesma quantidade de trabalho quando as pessoas se especializam nas suas áreas de vantagem comparativa e trocam a sua própria produção pelos bens em que têm uma desvantagem relativa. Quando as fronteiras se abrem ao comércio internacional, cada país que participa no comércio aumenta o seu rendimento nacional".[62]

Foi isso que se presenciou na prática durante a segunda metade do século XX, após a queda das tarifas de importação em todo o mundo. Porém, com o incremento do comércio internacional, outro fenômeno foi observado: a formação dos blocos econômicos regionais.

---

[58] SAMUELSON, Paul A.; NORDHAUS, William D. *Economia*..., op. cit.; 1993. p. 761, 764.
[59] O custo de oportunidade representa a quantidade de um determinado bem que se poderia produzir com os recursos utilizados para se produzir um outro bem. KRUGMAN, Paul; OBSTFELD, Maurice. *International Economics*..., op. cit.; 1997. p. 13, 14.
[60] SAMUELSON, Paul A.; NORDHAUS, William D. *Economia*..., op. cit.; 1993. p. 766.
[61] KRUGMAN, Paul; OBSTFELD, Maurice. *International Economics*..., op. cit.; 1997. p. 15.
[62] SAMUELSON, Paul A.; NORDHAUS, William D. *Economia*..., op. cit.; 1993. p. 769.

Convém então analisar as razões que levaram os países a se unir em blocos regionais.

Ao compará-la com a cooperação internacional, vemos que a integração regional tem algumas características específicas. É possível afirmar que a integração depende de uma efetiva ligação entre os Estados de uma região – do desenvolvimento de um "sentido de comunidade" que os tornaria mais próximos entre si do que em relação aos demais Estados. Para que a integração tenha sucesso, algumas condições seriam necessárias: os Estados que pretendem realizá-la devem ter importância recíproca, a integração deve trazer vantagens mútuas aos países que dela participam e seus valores não podem ser incompatíveis, devendo seus povos possuir certa identidade comum.[63]

Podemos afirmar que as mesmas razões que levam a concluir que o comércio internacional traz resultados positivos para os países que dele participam nos mostram que os Estados ganham com a eliminação de barreiras trazida com a integração regional.

O aumento do mercado consumidor, decorrente da integração, leva às chamadas economias de escala, permitindo vender mais e a um preço mais baixo, tornando assim os produtos mais competitivos. A ampliação do espaço geográfico resultante da soma dos territórios e a conseqüente expansão do tamanho do mercado, trazendo os benefícios da economia de escala, são a primeira conseqüência e a principal razão de ser dos processos de integração.[64] Além de contribuir para a redução dos custos de produção, a integração permite maximizar os investimentos em pesquisa e desenvolvimento, essenciais na economia atual.[65]

A integração regional também leva os países que dela participam a explorar melhor suas vantagens comparativas. Assim, nos processos de integração os países buscam tirar proveito da possível complementaridade de suas economias. Isso leva cada país a concentrar seus esforços nas áreas em que sua produção é mais eficiente, importando os produtos gerados com mais eficiência por seus vizinhos. Desse modo, se a produção de trigo é mais bem-sucedida na Argentina e o Brasil produz soja a um custo mais baixo, concentra-se a produção de trigo na Argentina e a de soja no Brasil, favorecendo o mercado integrado. Como a produção é realizada da maneira mais eficiente, e, portanto, com custos mais baixos, os preços dos produtos tendem a cair. Com custos e preços mais baixos o mercado se expande, incentivando os investimentos e, conseqüentemente, o aumento da produção.[66]

---

[63] Ver MELLO, Celso D. de Albuquerque. *Curso de direito internacional público*. 10. ed. Rio de Janeiro: Renovar, 1994. p. 519.

[64] GRIEN, Raúl. *La Integración Económica como Alternativa Inédita para América Latina*. México, D.F.: Fondo de Cultura Económica, 1994. p. 67.

[65] PEREIRA, Lia Valls. Integración del Cono Sur: algunas reflexiones. *Revista del Derecho Industrial*, año 13, n. 38, p. 293-301, mayo/agosto, 1991.

[66] Ver ATKINS, G. Pope. *Latin America in the International Political System*. 3rd ed. Boulder, Colo.: Westview, 1995. p. 173.

Além disso, o aumento da concorrência causado pela redução das tarifas entre os países que participam de um bloco econômico pode ser apontado como outro grande benefício trazido pela integração regional. Segundo Raúl Grien, todos os tradicionais efeitos da concorrência sobre a produção e a distribuição são conhecidos: melhor organização e eficácia, ambas em benefício do consumidor. Com a integração regional, a concorrência deixa de ser um princípio meramente teórico, impondo-se a utilização de métodos de produção tecnicamente mais eficientes, ajustando-os a novas dimensões produtivas, alcançando maior especialização manufatureira e comercial – com a positiva repercussão na redução dos custos – e possibilitando uma destinação mais apropriada dos recursos.[67]

Todas essas conseqüências da integração regional podem ser resumidas no que Lipsey chama de *eficiência forçada*, que representa uma fonte de ganhos potencialmente muito grande. Lipsey explica esses ganhos da seguinte forma: "As empresas podem não estar usando os métodos reputados como tecnicamente mais eficientes por inércia, por não gostarem de assumir riscos, por estarem satisfeitas com lucros moderados, ou por uma grande variedade de outras razões. Se essas firmas são lançadas na competição com outras firmas de outros países que não estão adotando essa política conservadora, então a eficiência do uso dos recursos deve aumentar, porque métodos de produção tecnicamente mais eficientes são impostos aos homens de negócios que agora enfrentam uma feroz competição estrangeira".[68]

Assim, a integração regional serve para ampliar o espaço competitivo dos países que participam desse processo,[69] permitindo que aumentem sua produtividade, reduzam seus custos e melhorem a qualidade de seus produtos, ajudando-os a inserir-se no mercado globalizado.[70]

---

[67] GRIEN, Raúl. *La Integración Económica...*, op. cit.; 1994. p. 75.

[68] LIPSEY, R. The Theory of Customs Union: A General Survey. In: BHAGWATI, Jagdish (org.). *International Trade*: selected readings. Middlesex, Engl.: Penguin Books, 1969. p. 239.

[69] Para Fernando A. Albuquerque Mourão "a emergência de espaços institucionais regionais justifica-se pela necessidade do alargamento de um espaço competitivo plausível, dando condições mínimas ao processo da mundialização da economia, através das normas de livre comércio preconizadas pela Organização Mundial do Comércio". MOURÃO, Fernando A. A. A União Européia e o Mercosul: um Relacionamento em Construção. In: CASELLA, Paulo Borba (org.). *Contratos internacionais e direito econômico no Mercosul*. São Paulo: LTr, 1996. p. 533.

[70] Analisando o caso da Argentina, Félix Peña afirma não ser a integração regional, e em especial o Mercosul, o único meio possível para conduzir um país à inserção competitiva no mercado mundial. Consiste, no entanto, em uma iniciativa eficaz, à medida que implique ações em escala sub-regional baseadas nos elementos integrantes do novo consenso social emergente na região, do qual fazem parte conceitos como os de produtividade, competitividade, qualidade e abertura ao comércio internacional. PEÑA, Félix. *Integración en las Américas*: el gran desafio, reprodução da palestra na Convención Internacional de Ejecutivos de Finanzas, Iguazú, 1991.

Vale observar que, embora para os Estados economicamente mais fortes as vantagens sejam menos significativas, praticamente todos os Estados têm a ganhar com a participação nos processos de integração. Podemos utilizar o exemplo dos Estados Unidos para comprovar essa afirmação. É sabido que a participação no Nafta tende a trazer um ganho pouco significativo para essa nação. Mesmo assim, Paul Krugman indica três benefícios que os Estados Unidos podem obter graças à integração: "Primeiro, cada país tenderá a aumentar sua produção nas indústrias em que é relativamente produtivo, elevando a eficiência da economia norte-americana como um todo. Segundo, mercados maiores permitirão uma melhor exploração das economias de escala. Finalmente, o mercado mais amplo levará a uma competição maior, reduzindo a ineficiência associada ao poder dos monopólios".[71]

No que se refere às conseqüências da integração regional, o que nos interessa aqui é saber se a formação de blocos econômicos tende a prejudicar ou a fortalecer o comércio global.

Para responder a essa questão, precisamos ter bem clara a diferença entre os conceitos de desvio de comércio e de criação de comércio. Esses conceitos foram criados por Jacob Viner ao analisar os efeitos das uniões aduaneiras. Segundo esse autor, ao constituir-se uma união aduaneira, devido às diferenças nas tarifas alfandegárias, o abastecimento de alguns produtos deslocava-se das suas fontes de produção habitual para ser fornecido de outras fontes, cuja produção resultasse mais ou menos custosa do que nas fontes anteriores. Desse modo, se tal deslocamento ocorresse de uma fonte externa para um país-membro da união – esse último com custos mais altos – a operação resultaria antieconômica, e o grau de bem-estar no mundo como um todo deveria ser menor.[72] Assim, se aderir a um acordo de integração regional leva um país à substituição de sua produção doméstica de alto custo pela importação de produtos de outros membros do acordo, teremos um caso de criação de comércio, com benefícios para o país em questão. Mas, se aderir ao acordo leva à substituição de importações de baixo custo de países que não participem do acordo por produtos mais custosos de países-membros, teremos um caso de desvio de comércio, prejudicando o mesmo país.[73]

Ou seja, no caso da criação de comércio, após a queda das barreiras tarifárias no bloco econômico, os produtores domésticos menos eficientes de cada país-membro são preteridos em favor de produtores mais eficientes de outros países-membros. No caso do desvio de comércio, há uma diminuição do comércio com os países não-membros, uma vez que produtos importados de fora da região passam a ser preteridos por produtos produzidos na região, em razão da estrutura da tarifa externa comum e da liberalização intra-regional.[74]

---

[71] KRUGMAN, Paul. *Pop Internationalism*. 2nd ed. Cambridge, U.S.: The MIT Press, 1996. p. 161.
[72] Ver explicação em GRIEN, Raúl. *La Integración Económica...*, op. cit.; 1994. p. 55.
[73] KRUGMAN, Paul; OBSTFELD, Maurice. *International Economics...*, op. cit.; 1997. p. 247.
[74] PRADO, Luiz Carlos. Comércio Internacional. In: GONÇALVES, Reinaldo et al. *A nova economia internacional*: uma perspectiva brasileira. Rio de Janeiro: Campus, 1998. p. 83.

Exemplificando esses conceitos, imagine que a tarifa argentina sobre a importação de petróleo seja alta o suficiente para impedir importações tanto da Venezuela quanto do Brasil. Consideremos que a Argentina produza petróleo por 30 pesos o barril, a Venezuela por 22 pesos e o Brasil por 25 pesos. Com uma tarifa de 10 pesos por barril, custaria aos argentinos 32 pesos para importar o petróleo venezuelano e 35 pesos para importar o petróleo brasileiro. Tais custos levariam os consumidores argentinos a comprar o petróleo nacional. Imagine-se que com o Mercosul – do qual a Venezuela não faz parte – a Argentina deixe de aplicar a tarifa de importação para o petróleo brasileiro. Com isso, os argentinos não mais produzirão petróleo e passarão a comprar o petróleo brasileiro por 25 pesos, trazendo um ganho para sua economia – um caso típico de criação de comércio.

Agora imagine que a mesma tarifa de importação seja mais baixa, equivalendo a 5 pesos por barril. Nesse caso, antes da criação do Mercosul, a Argentina compraria petróleo da Venezuela por 27 pesos, em vez de produzir seu próprio petróleo. Com a união aduaneira, somente o petróleo brasileiro seria beneficiado, passando a custar apenas 25 pesos. Dessa forma, os consumidores argentinos deixariam de comprar o petróleo venezuelano, que na realidade tem custo mais baixo, para comprar petróleo brasileiro, que é mais caro, no entanto é beneficiado pela isenção da tarifa. Essa situação, que traz prejuízo para os consumidores argentinos, representa um caso de desvio de comércio.[75]

Com base nesse raciocínio, podemos concluir que a união aduaneira traria um ganho de bem-estar sempre que fossem altos os níveis das tarifas nacionais anteriores – que desapareceriam após a criação da união –, e quanto mais baixa viesse a ser a tarifa que se aplicaria em comum para o restante do mundo.[76] Assim, é possível esperar que uma união aduaneira seja positiva quando ela crie comércio e não o desvie – e para isso é necessário que a integração não assuma um caráter protecionista, devendo a tarifa externa comum resultante ser menor do que as tarifas anteriores de cada país-membro.

Outra conclusão é que, "dado o volume de comércio internacional de um país, uma união aduaneira tende a incrementar o bem-estar quanto maior for a proporção de comércio com o parceiro do país na união aduaneira e menor a proporção com o mundo exterior".[77] Dessa maneira, cabe esperar melhores resultados da integração se os países que se unirem já mantiverem ou possam manter entre si a maior parte possível do total de seu comércio em relação ao comércio praticado com terceiros, e é de se esperar menor incidência do desvio de comércio quando a integração se der entre economias que já eram ou deveriam ser muito interligadas.

---

[75] Exemplo baseado em KRUGMAN, Paul; OBSTFELD, Maurice. *International Economics*..., op. cit.; 1997. p. 245.
[76] GRIEN, Raúl. *La Integración Económica*..., op. cit.; 1994. p. 79–81.
[77] LIPSEY, R. The Theory of Customs Union..., op. cit.; 1969. p. 234.

Convém notar que, como mostra o exemplo dado, a união aduaneira surge de qualquer forma como uma opção na maior parte das vezes positiva – sempre que traga criação e não desvio de comércio –, mas inferior ao livre comércio, razão pela qual a doutrina a considera um *second best*. A teoria do *second best* leva em conta a possibilidade de uma mudança na economia satisfazer apenas algumas das condições ótimas – em comparação a uma situação em que todas as condições ótimas seriam satisfeitas – o chamado *first best*.[78] O livre comércio multilateral representa o *first best* por trazer um aumento do bem-estar geral, permitindo melhor alocação dos recursos mundiais e propiciando maior especialização – de acordo com o princípio da divisão internacional do trabalho – e do conseqüente aumento da produtividade mundial. É exatamente porque as uniões aduaneiras limitam ao grupo de países-membros a redução das tarifas alfandegárias que elas representam um *second best*. Foi dessa limitação que surgiu o consenso teórico de reconhecer as uniões aduaneiras como uma opção de certa maneira inferior à política ótima do livre comércio generalizado, considerando-a uma segunda opção na busca de melhor distribuição do bem-estar.[79]

Portanto, caso os países do bloco econômico não sejam capazes de produzir com eficiência e a baixos custos, e mesmo assim deixem de comprar de fontes externas mais baratas em favor de fontes menos eficientes pertencentes ao mesmo bloco econômico, haverá desvio de comércio, prejudicando suas populações com produtos mais caros e às vezes de pior qualidade. Por outro lado, caso a integração regional viesse a provocar a criação de comércio, ela representaria um avanço na direção de uma economia globalizada, contribuindo, assim, para maior integração mundial e, conseqüentemente, para a construção da sociedade global.

Regionalização ou globalização? – relação entre a integração regional e a integração mundial

Chegamos assim ao terceiro ponto de nossa análise. Se a tendência das organizações de integração regional for a de provocar um desvio de comércio, essas não contribuem para o processo de criação de uma economia mundial. Se, em vez disso, essas organizações acarretarem a criação de comércio, elas podem ser consideradas um elemento importante no crescimento do movimento de globalização.

Historicamente, como ensina Luiz Carlos Prado, os argumentos que motivaram a proposição de projetos de integração têm raiz em concepções protecionistas – baseadas no desenvolvimento da indústria local por meio de economias de escala. Portanto, os movimentos de integração surgidos nas duas décadas posteriores à Segunda Guerra Mundial, entre eles a União Européia,

---

[78] LIPSEY, R.. The Theory of Customs Union..., op. cit.; 1969. p. 220.
[79] GRIEN, Raúl. *La Integración Económica*..., op. cit.; 1994. p. 52.

eram entendidos por seus formuladores como um instrumento político para a construção de estratégias regionais de desenvolvimento econômico. Como explica esse autor: "Embora a criação de comércio em decorrência de reduções tarifárias fosse o principal objetivo da integração, esta era vista como uma forma de ampliar a escala de produção para viabilizar uma estratégia de desenvolvimento que não era possível de ser implementada no espaço econômico de cada país isoladamente. Este era um projeto político com implicações econômicas, e não um *second best* para negociações multilaterais".[80]

De acordo com alguns autores, a busca da complementaridade leva diversos blocos econômicos à auto-suficiência, diminuindo assim o comércio entre países pertencentes a blocos diferentes. Nesse caso, estaríamos assistindo mais à formação de entidades e mercados regionais do que à verdadeira unificação do mercado mundial.[81] Para Helio Jaguaribe, que denomina os blocos econômicos de "megamercados", esses, "ainda que não pratiquem ativamente políticas protecionistas, incrementam bastante o comércio intramercado, em detrimento do comércio internacional". Segundo esse autor, os megamercados organizam-se sob um discurso liberal, mas para eles o liberalismo é uma política de exportação, "uma vez que se lança mão de instrumentos neomercantilistas de protecionismo contra não-membros competitivos, em benefício da produção e do emprego dos países-membros".[82]

Essa também é a posição Jagdish Bhagwati, que afirma que as áreas de livre-comércio, mesmo aquelas sancionadas pelo GATT e pela OMC, são de modo geral diferentes da liberalização multilateral negociada do comércio, já que elas "têm duas faces, trazendo o livre comércio para seus membros, mas significando uma proteção implícita contra os não-membros".[83]

O resultado desse raciocínio é que, em um contexto de formação de blocos, fazer parte de algum processo de integração regional torna-se uma necessidade premente para os Estados. Se antes estes competiam por pedaços de território, hoje competem por fatias de mercado.[84] Em um mundo de acordos comerciais regionais, vender seus produtos sem fazer parte de um dos blocos passa a ser cada vez mais difícil, já que o acesso aos mercados "será um privilégio a ser conquistado e não um direito concedido automaticamente".[85]

---

[80] PRADO, Luiz Carlos. Comércio Internacional. In: GONÇALVES, Reinaldo et al. *A nova economia Internacional*: uma perspectiva brasileira. Rio de Janeiro: Campus, 1998. p. 84-85.

[81] BENKO, Georges. Organização econômica do território: algumas reflexões sobre a evolução no século XX. In: SANTOS, Milton et al. (org.). *Território, globalização e fragmentação*. São Paulo: Hucitec, 1994. p. 70.

[82] JAGUARIBE, Helio. A nova ordem mundial. *Política Externa*, São Paulo, v. 1, n. 1, p. 8, jun. 1992.

[83] BHAGWATI, Jagdish. Preferential Trade Arrangements: the Wrong Road. *Law and Policy in International Business*, Washington D. C., v. 27, nº. 4, p. 865, Summer 1996.

[84] STRANGE, Susan. *The Retreat of the State*: the Diffusion of Power in the World Economy. Cambridge, U.K.: Cambridge University Press, 1996. p. 73.

[85] THUROW, Lester C. *O Futuro do capitalismo*..., op. cit.; 1997. p. 160.

O medo de que os acordos de integração regional viessem a prejudicar a globalização econômica foi compartilhado por muitos autores, principalmente no que se referia à criação de uma "Fortaleza Europa", fechada ao comércio com países não-membros da União Européia. Para esses autores, o regionalismo poderia não só significar barreiras mais elevadas para o comércio com países não pertencentes ao bloco econômico, mas também menos liberalização multilateral do comércio em escala global, uma vez que os governos voltam sua atenção para os assuntos regionais e as empresas existentes nos países que participam de um acordo de livre comércio interessam-se menos pela liberalização em escala global ao terem acesso a um mercado interno expandido.[86]

Nesse sentido, Bhagwati critica aqueles que acreditam que os acordos preferenciais de comércio tenham sempre um efeito benigno no curso das negociações multilaterais de comércio. Para ele, os efeitos dos acordos preferenciais de comércio sobre os multilaterais têm sido quase sempre malignos.[87]

Devemos observar, no entanto, que os efeitos da integração regional dependem das regras adotadas em cada processo. Uma união aduaneira, por exemplo, pode representar um passo na direção do livre comércio mundial uma vez que as barreiras comerciais entre os membros são removidas, mas pode ser considerada um passo atrás no sentido de que as restrições comerciais para com países não pertencentes à união se solidificam. Porém, sempre é possível acreditar que, uma vez formada a união aduaneira, novos membros podem ser aceitos, ou novas uniões podem ser formadas, até que o livre comércio mundial venha a ser alcançado.[88] Os blocos econômicos não são necessariamente estanques. Além de estarem sendo ampliados de modo constante com a entrada de novos membros, há também a possibilidade de união de dois ou mais blocos. O processo de aproximação entre a Comunidade Andina e o Mercosul, ou entre este último e a União Européia,[89] ainda incipiente, poderiam no futuro representar um movimento na direção de um mercado unificado ainda mais amplo.[90]

Cabe considerar, além disso, que a liberação do comércio entre vários países de uma determinada área geográfica não é diferente da eliminação de

---

[86] ANDERSON, Kym; BLACKHURST, Richard (ed.). *Regional Integration and the global trading system*. New York: Harvester Wheatsheaf, 1993. p. 4.

[87] Para reforçar essa idéia, Bhagwati cita Keynes, que afirmava ser uma loucura preferir um mundo dividido em blocos econômicos, com todos os atritos e as hostilidades que essa divisão poderia acarretar, ao multilateralimo comercial. BHAGWATI, Jagdish. Preferential Trade Arrangements..., op. cit.; 1996. p. 870, 867.

[88] Ver MCMILLAN, John. *Game Theory in International Economics...*, op. cit.; 1994. p. 67, 70-71.

[89] Em 15 de dezembro de 1995, Mercosul e União Européia assinaram um Acordo-Quadro de cooperação inter-regional. Ver DROMI, Roberto; DEL POZO, Carlos Molina. *Acuerdo Mercosur-Union Europea*. Buenos Aires: Ciudad Argentina, 1996; ver MOURÃO, Fernando A. A. A União Européia e o Mercosul..., op. cit.; 1996; ver também MOURÃO, Fernando A. A. et al. *O Mercosul e a União Européia*. Coimbra: Faculdade de Direito, 1994.

[90] Outros exemplos de aproximação entre blocos regionais podem ser mencionados. Assim, a União Européia estabeleceu diálogos diplomáticos com a ASEAN e discute com o Nafta a criação da AFTA (Atlantic Free Trade Area). HELD, David et al. *Global Transformations...*, op. cit.; 1999. p. 77.

barreiras entre estados ou províncias de uma mesma nação. Por esse motivo, os acordos de integração econômica regional não podem ser considerados uma ameaça inerente à integração econômica mundial, já que, como defendem Blackhurst e Henderson, os acordos de integração regional não são liberais ou protecionistas por natureza, sendo necessário analisar suas disposições detalhadas, a maneira como eles evoluem e sua influência em relação à política comercial para com países não participantes do acordo.[91]

A análise dos dados referentes ao comércio das regiões que participam de processos de integração reforça o entendimento de que a regionalização não prejudicou o aumento do comércio em nível global. O temor da formação de uma "Fortaleza Europa", por exemplo, parece em grande parte infundado.[92] Essa tendência é verificada também nas outras regiões do mundo. Ao examinar a influência dos processos de integração regional sobre o comércio internacional, notamos que cada região tende a comerciar uma parcela cada vez maior de seu produto interno bruto com as demais regiões. Isso quer dizer que os países se tornaram mais abertos com o tempo, de modo que mesmo que os acordos de integração regional tenham causado algum desvio de comércio, a integração entre regiões – medida pelo comércio de mercadorias – continuou para o mundo como um todo.

Com base no exemplo do continente americano, é possível verificar que o aumento do comércio entre os países-membros ocorreu paralelamente ao aumento do comércio com os países não-membros.[93] Isso se deve ao fato de

---

[91] BLACKHURST, Richard; HENDERSON, David. Regional Integration agreements, world integration and the GATT. In: ANDERSON, Kym; BLACKHURST, Richard (ed.). *Regional Integration and the global trading system*. New York: Harvester Wheatsheaf, 1993. p. 429.

[92] A integração econômica européia ocorreu concomitantemente ao crescimento também da parcela do PIB europeu que era comercializada com o restante do mundo (de 31% em 1958 a 45% em 1990). ANDERSON, Kym; NORHEIM, Hege. History, geography and regional economic integration. In: ANDERSON, Kym; BLACKHURST, Richard (ed.). *Regional Integration and the global trading system*. New York: Harvester Wheatsheaf, 1993. p. 30.

[93] Tome-se como exemplo o Mercosul. O comércio entre seus quatro integrantes era de 4 bilhões de dólares antes de sua criação, passou a 7,2 bilhões de dólares em 1992 e a 16 bilhões em 1996. Porém, ao mesmo tempo em que crescia o comércio interno da sub-região, aumentava o comércio de seus países com o restante do mundo. As exportações dos Estados Unidos para o Mercosul, por exemplo, como informa Michel Alaby, aumentaram de 6 bilhões de dólares em 1990 para 13,5 bilhões em 1996, representando um acréscimo de 104,5%. O Mercosul se mostra assim aberto ao comércio com todas as regiões, o que lhe permite, como observa Celso Lafer, manter relações diversificadas tanto no que se refere aos países de destino das exportações quanto em relação aos países de origem das importações. Assim, em 1995, por exemplo, as exportações do Mercosul se distribuíram na seguinte proporção: 26% para a União Européia, 17% para o Nafta, 29% para a América do Sul – dos quais 20% entre os países do Mercosul –, 13% para a Ásia-Pacífico e 14% para o restante do mundo. As importações, por sua vez, também indicam uma diversidade equilibrada: 30% da União Européia, 26% do Nafta, 25% da América do Sul – dos quais 20% intra-Mercosul –, 14% da Ásia-Pacífico e 12% do restante do mundo. Ver ALABY, Michel. A Alca e as divergências políticas e econômicas entre o Brasil e a Argentina. *Boletim Informativo Aduaneiras*, São Paulo, n. 32, p. 5, 1997; LAFER, Celso. *A OMC e a regulamentação do comércio internacional*: uma visão brasileira. Porto Alegre: Livraria do Advogado, 1998. p. 93.

que as organizações de integração do continente americano adotam a estratégia do "regionalismo aberto", definida como "um processo de crescente interdependência econômica em nível regional, impulsionado tanto por acordos preferenciais de integração como por outras políticas em um contexto de abertura e desregulamentação, com o objetivo de aumentar a competitividade dos países da região e de constituir, na medida do possível, um estímulo a uma economia internacional mais aberta e transparente".[94]

Esse é o sistema adotado, por exemplo, pela Comunidade Andina. O mesmo ocorre com o Mercosul, que para Celso Lafer possui a vocação de *"pólo aberto*, não tendo, inclusive, pela própria natureza de sua dimensão econômica, a possibilidade de ser um bloco ensimesmado, cabendo observar que o dinamismo do intercâmbio entre o Brasil e a Argentina, que o Mercosul já estimulou, não exclui a condição de *global traders* de ambos".[95] O Mercosul seria assim um claro exemplo de regionalismo aberto, por consistir em uma tentativa de implementar uma integração econômica que procurasse produzir apenas o efeito de criação de comércio, reduzindo-se ao máximo os efeitos de desvio de comércio.[96]

O regionalismo aberto – cujo lema seria "do nacionalismo ao internacionalismo pelo regionalismo"[97] – concilia, assim, a integração regional com a abertura econômica para o restante do mundo.[98] Essa postura, coerente com a busca da eficiência, se relaciona tanto à integração regional quanto à integração mundial, e não combina com o protecionismo, seja ele dentro de um determinado país, seja ele nos limites de uma determinada região. Desse modo, como afirma Albert Fishlow, os países que entraram no mercado internacional com sucesso vêm crescendo mais rapidamente, graças aos avanços na produtividade, possíveis devido à queda nos custos de produção. Os acordos comerciais regionais devem funcionar não como garantia de mercados de exportação seguros, mas como um caminho que leve a trocas multilaterais mais amplas.[99]

---

[94] PRADO, Luiz Carlos. Comércio Internacional..., op. cit.; 1998. p. 94.

[95] LAFER, Celso. Apresentação. In: BAPTISTA, Luiz Olavo; MERCADANTE, Araminta de Azevedo; CASELLA, Paulo Borba (org.). *Mercosul*: Das negociações à implantação. São Paulo: LTr, 1994.

[96] PRADO, Luiz Carlos. Comércio Internacional..., op. cit.; 1998. p. 93.

[97] DUPUY, René-Jean. Démocratie et société internationale. In: DUPUY, René-Jean. *Dialectiques du droit international*. Paris: A. Pedone, 1999. p. 83.

[98] De fato, esse conceito consiste, na concepção da Cepal, "no processo que surge de conciliar a interdependência nascida de acordos de caráter preferencial e a impulsionada basicamente pelos sinais do mercado resultantes da liberalização comercial". ZANIN, Gabriela. Mercosur, Pacto Andino y el Grupo de los Três en el Marco del Regionalismo Abierto. In: CARAMUTI, Ofelia Stahringer (coord.). *El Mercosur en el Nuevo Orden Mundial*. Buenos Aires: Ciudad Argentina, 1996. p. 152.

[99] FISHLOW, Albert. Lições da crise econômica. *Folha de S. Paulo*, São Paulo, 2 set. 1998. Caderno 1, p. 3.

Desse modo, no que se refere ao continente americano, o temor do fechamento das fronteiras econômicas da região para o restante do mundo é infundado. As duas vertentes da integração – a regional e a global – se apresentam como "aspectos complementares de um mesmo desafio: a ampliação de mercados como plataforma para a modernização e o aumento da eficiência em um mundo cada vez mais competitivo". O Mercosul, por exemplo, pode ser visto como "um campo de provas para enfrentar a globalização e um instrumento para a abertura econômica, busca da competitividade e investimentos produtivos, para criar um grande mercado e dar-nos força como interlocutores internacionais".[100]

Nesse contexto, podemos concluir que a justificativa para a integração passou por uma radical transformação. Se originalmente foi pensada como um instrumento para defender os países de determinada região contra as adversidades surgidas no setor externo, hoje tende a ser concebida como um fator adicional para permitir melhor inserção internacional dos países que dela participam.[101] Desse modo, para muitos autores, o novo regionalismo não representaria uma barreira à globalização, muito ao contrário, seria inteiramente compatível com ela, encorajando-a de modo indireto.[102]

Assim, globalização e regionalização são fenômenos fortemente relacionados, a partir do momento em que a integração econômica regional favorece a integração mundial. Como observa Celso Lafer, o regionalismo "pode e deve ser visto como processo complementar do sistema multilateral de comércio", já que "há matérias que, por sua complexidade e sensibilidade política, podem ser melhor equacionadas num âmbito associativo menor do que em escala universal".[103] Conforme mencionado, um número menor de par-

---

[100] AZAMBUJA, Marcos de. Uma moeda para o Mercosul. *Folha de S. Paulo*, São Paulo, 13 jul. 1999. Caderno 1, p. 3.

[101] Segundo Rubens Antônio Barbosa, "a escassa proporção do intercâmbio recíproco no total do comércio exterior dos países-membros da Aladi e do Grupo Andino (cerca de 12% e 5% respectivamente), parece indicar que essas relações ainda continuarão a seguir um duplo caminho: de um lado, a busca de uma crescente inserção competitiva no mercado mundial, como requisito e fator dinamizador da modernização produtiva; por outro lado, as próprias dificuldades antepostas a essa inserção levam a uma intensificação dos esquemas de concertação dentro da região, com base em cronogramas de liberação de comércio e no início de uma efetiva coordenação de políticas". BARBOSA, Rubens Antônio. *A evolução do processo de integração da América do Sul*. São Paulo: USP, Programa de Política Internacional e Comparada, Departamento de Ciência Política, 1991. Série Política Internacional; 2. p. 21.

[102] HELD, David et al. *Global Transformations*..., op. cit.; 1999. p. 77.

[103] De acordo com Lafer, essa visão de complementaridade corresponde conceitualmente a uma aplicação, no plano internacional, do *princípio da subsidiariedade*, vale dizer, a articulação entre a pluralidade das comunidades – representada, no caso por ele analisado, pela OMC – e as comunidades de escopo regional, mediante o reconhecimento da dualidade de regimes jurídicos, que devem ser compatíveis e congruentes, mas que não tendem, necessariamente, à convergência pela identidade. LAFER, Celso. *A OMC e a regulamentação do comércio internacional*..., op. cit.; 1998. p. 96.

ticipantes é mais conveniente para alcançar a cooperação. A integração regional pode contribuir de maneira construtiva para a integração econômica internacional, ao permitir que uma quantidade menor de países estabeleça níveis mais significativos de cooperação do que o que seria possível em um amplo acordo entre um número elevado de nações.[104] Os acordos regionais podem também ser utilizados para aprovar regras que respondam a necessidades específicas da região.[105] Finalmente, eles podem permitir algumas experiências que podem ser úteis posteriormente para os esforços multilaterais de cooperação, experimentando no âmbito regional soluções suscetíveis de generalização.[106]

Além disso, como recorda Francisco Grieco, a regionalização orienta suas políticas mediante instrumentos jurídicos internacionais que englobam princípios como o estímulo à livre competição e a circulação de capitais, pessoas, bens e serviços. Dessa maneira, a regionalização tornou-se um estágio da globalização, ambas tendendo a fortalecer-se mutuamente, em uma aparente convergência de longo prazo.[107]

Podemos considerar, portanto, a regionalização como um passo no caminho da globalização. Esses dois processos não devem ser entendidos como excludentes, mas sim como complementares.[108] Concluímos, com isso, que regionalização e globalização, embora aparentem em princípio possuir um caráter enganosamente contraditório, são, na verdade, fenômenos que se desenvolvem em paralelo, contribuindo cada um deles para que o outro se realize mais rápida e eficazmente.

---

[104] JACKSON, John H. Perspectives on regionalism in trade relations. *Law and Policy in International Business*, Washington D. C., v. 27, nº. 4, p. 874, Summer 1996.

[105] Observe-se que a integração regional não tem finalidades meramente econômicas. Ela pode também ajudar a superar rivalidades e tensões históricas, fomentar a democracia, ajudar a desenvolver uma infra-estrutura em comum e tentar resolver problemas sociais e ambientais entre os povos que dela participam. Ver COMISSION ON GLOBAL GOVERNANCE. *Our Global Neighborhood*. New York: Oxford University Press, 1995. p. 286.

[106] DUTHEIL de la ROCHÈRE, Jacqueline. Mondialisation et Regionalisation. In: LOQUIN, Eric; KESSEDJIAN, Catherine (dir.). *La mondialisation du droit*. Dijon: Litec, 2000. p. 444.

[107] GRIECO, Francisco de Assis. *O Brasil e a globalização econômica*. São Paulo: Aduaneiras, 1997. p. 162.

[108] Tanto a regionalização quanto a globalização visam a atender a necessidades parecidas, como aumentar a escala de produção e arcar com investimentos em tecnologia. Como argumenta Celso Amorim, a regionalização responde, entre outros fatores, à necessidade de investimentos cada vez maiores em pesquisa e desenvolvimento, com cujo ônus não pode arcar cada país isoladamente. A globalização, do mesmo modo, "decorre da necessidade cada vez mais presente da busca de mercados em escala mundial para a amortização dos pesados investimentos em novos processos e produtos". AMORIM, Celso Luiz Nunes. *O mercado comum do sul e o contexto hemisférico*. São Paulo: USP, Programa de Política Internacional e Comparada, Departamento de Ciência Política, 1991. Série Política Internacional; 2. p. 2.

A integração regional é um tipo de cooperação internacional. Conhecer as causas e as conseqüências da integração econômica permite entender por que os Estados concordam em participar de processos que podem limitar a sua soberania. Assim como a cooperação internacional, a integração regional afeta o modelo do Estado soberano e contribui para a formação de uma sociedade global.

7.2 A GLOBALIZAÇÃO JURÍDICA

A interdependência, como já analisado, acarreta a necessidade de instituições internacionais, necessárias para resolver problemas que os Estados não conseguem resolver senão pela cooperação. Essa necessidade tem resultado em uma série de acordos pelos quais os Estados buscam regulamentar os assuntos que lhes são comuns, em áreas tão diversas como a preservação ambiental e a proteção dos direitos humanos. Nessas áreas, o direito internacional assistiu ao surgimento de idéias como a de patrimônio comum da humanidade e a de um direito de ingerência, assim como de conceitos como o de *jus cogens* e o de obrigações *erga omnes*, que afetam profundamente alguns princípios essenciais do modelo do Estado soberano (7.2.1).

Além do fortalecimento das regras internacionais, Estados e atores privados colaboram para a criação de regras e instituições de caráter transnacional, sobretudo no campo do direito dos investimentos e do direito do comércio internacional. Muitas vezes os atores privados são os principais responsáveis pela criação dessas regras, que surgem independentemente da vontade dos Estados – caso da chamada *lex mercatoria* – e são adotadas por tribunais arbitrais que fogem ao controle estatal. Outras vezes, os próprios Estados celebram contratos com particulares nos quais aceitam submeter-se a tribunais arbitrais, que podem ter, inclusive, caráter institucionalizado, como é o caso do Cirdi – cada vez mais relevante devido à proliferação de tratados bilaterais de investimento nos quais os Estados se obrigam a submeter a esse Centro as disputas que vierem a ter com investidores privados (7.2.2).

Em ambos os casos, assiste-se à crescente valorização do indivíduo como sujeito de direitos e obrigações no plano internacional, seja na área dos direitos humanos e do direito penal internacional – em tribunais como a Corte Européia de Direitos Humanos e em casos como o do general Augusto Pinochet, seja na área do direito dos investimentos e do comércio internacional – com o fortalecimento da arbitragem transnacional. O resultado é a criação de um corpo de regras internacionais, transnacionais e até mesmo supranacionais que ganha espaço a cada dia e muitas vezes é protegido por jurisdições que fogem ao controle individual dos Estados, como veremos a seguir.

7.2.1 A regulamentação da vida internacional

O direito internacional e a necessidade da globalização jurídica

> Não há dúvida que nos dias que correm marcham os povos, cada vez mais, no sentido de uma associação bem mais ampla que a dos grupos nacionais: a sociedade internacional emerge como um fato da própria realidade mundial, fruto do intercâmbio cada vez maior dos povos de todas as latitudes e longitudes. De simples fato, vai, porém, a sociedade internacional se transformando em organização jurídica: pouco a pouco, regras, antes de âmbito moral, vão sendo reconhecidas pela consciência coletiva da humanidade como necessárias à vida comum de todos os povos, tomando, assim, feição jurídica predominante.[109]
>
> Machado Paupério

O reconhecimento de que os Estados possuem interesses comuns que devem ser tratados de forma conjunta não é, mais uma vez, um fenômeno recente. Como lembra Pierre-Marie Dupuy, a figura barbuda e legendária do pirata está historicamente vinculada a esse ganho de consciência por parte dos Estados. O navio do pirata não ostentava o pavilhão de nenhuma nação, apenas sua bandeira negra com uma caveira estampada, símbolo de sua "vontade sanguinária", mas, principalmente, de seu "anarquismo radical". O interesse comum dos Estados era destruir esse tipo de criminoso, cuja "simples existência já seria por si própria o sinal da transgressão sacrílega de uma ordem puramente interestatal".[110] A solução encontrada foi a de submeter os piratas à jurisdição de todos os Estados. Esse criminoso, por ser considerado hostil ao gênero humano, podia ser punido por qualquer Estado que o viesse a apreender.[111]

Em outro exemplo, John Maynard Keynes lembra que o princípio de que rios que fornecem a mais de um Estado acesso para o mar devem ser regulados internacionalmente havia sido afirmado há muito tempo no âmbito da comissão internacional que regulava o Reno e o Danúbio. Ao menos desde essa

---

[109] PAUPÉRIO, A. Machado. *O conceito polêmico de soberania*. 2. ed. Rio de Janeiro: Forense, 1958. p. 200.

[110] DUPUY, Pierre-Marie. Humanité, communauté, et efficacité du droit. In: MÉLANGES René-Jean Dupuy: Humanité et Droit International. Paris: A. Pedone, 1991. p. 139.

[111] JESSUP, Philip C. *A Modern Law of Nations*. New York: Archon Books, 1968. p. 10. Edição original de 1947.

época se reconhecia a necessidade de se criarem normas internacionais para as áreas em que os Estados atuam de forma interdependente.[112]

É fácil entender a importância do direito internacional na busca de soluções para os problemas comuns da humanidade. Na visão de Hugo Grotius, a sociabilidade, representada pelo desejo de uma vida pacífica que levaria as pessoas a estabelecer comunidades regidas pela lei e pela ordem, seria uma característica essencial da natureza humana. A mesma característica que leva as pessoas a formarem Estados leva estes a estabelecerem regras entre si, sendo a mais importante delas o respeito pela soberania de cada um sobre seu território. A essa regra principal somam-se as demais, formuladas para evitar conflitos e resolver disputas relativas a fronteiras e a áreas comuns, como os mares e os oceanos. Com o tempo, os Estados se conscientizam de que compartilham certos interesses e valores, o que os leva a ampliar essas regras comuns e a criar novas instituições internacionais. Esse senso de interesse comum pode provir de certos medos, como o da agressão violenta por parte de outro Estado, da violação de sua independência ou soberania ou do não-cumprimento dos tratados, ou pode resultar de uma decisão racional por parte dos Estados, ao verem na cooperação alguns benefícios mútuos.[113]

Hoje, como foi visto, a globalização parece uma tendência irrefreável, e a internacionalização dos mercados leva à crescente interdependência de todos os países do mundo.[114] Com a globalização, teriam aumentado os problemas comuns da humanidade. Muitas dessas questões não podem ser resolvidas pela ação individual dos Estados, que se mostra inadequada ou improdutiva.[115] Cresceu assim a busca de soluções globais para esses problemas, que teria hoje se acelerado, alcançando "uma velocidade jamais observada em outros tempos".[116]

Essas soluções se dão por meio da cooperação internacional. A globalização acarretaria, então, um fenômeno de "desterritorialização": os problemas e as soluções a ela relacionados não estão mais necessariamente vinculados a um território estatal determinado.[117]

A cooperação entre os Estados toma corpo com o surgimento de normas internacionais que a sustentam. A crescente interdependência tem por isso co-

---

[112] KEYNES, John Maynard. *The Economic Consequences of the Peace*. New York: Penguin Books, 1995. p. 108. Edição original de 1920.

[113] Ver BROWN, Seyom. *International Relations...*, op. cit.; 1996. p. 28.

[114] SÁ, Luís. *Soberania e integração na CEE...*, op. cit.; 1987. p. 22.

[115] MORAND, Charles-Albert (org.). *Le droit saisi par la mondialisation*. Bruxelles: Bruylant, 2001. p. 1.

[116] SOARES, Guido Fernando da Silva. *As responsabilidades no direito internacional do meio ambiente*. 1995. Tese (Provimento do cargo de Titular de Direito Internacional Público) – Departamento de Direito Internacional, Faculdade de Direito, Universidade de São Paulo, São Paulo, 1995. f. 15-34.

[117] EPINEY, Astrid. Européanisation et mondialisation du droit: convergences et divergences. In: MORAND, Charles-Albert (org.). *Le droit saisi par la mondialisation*. Bruxelles: Bruylant, 2001. p. 149.

mo resultado o fortalecimento do direito internacional.[118] Mesmo que os Estados estejam perdendo poder, os horizontes do direito que esses produzem em conjunto[119] continuam a se expandir.[120] Essa expansão, segundo Raymond Aron, demonstra a ampliação dos interesses coletivos da sociedade transnacional e a "crescente necessidade de submeter ao império das leis a coexistência das coletividades humanas, organizadas politicamente sobre uma base territorial, sob o mesmo céu, à margem dos mesmos oceanos".[121]

A expansão do direito internacional acentua-se com a globalização e com a revolução tecnológica, uma vez que os "avanços tecnológicos do século XX, especialmente no campo das comunicações e a maior interdependência que criaram, determinaram que a regulação internacional se estendesse a novos campos: o comércio, a indústria, as comunicações, a cooperação judicial, os intercâmbios culturais etc.; e a novos espaços: as zonas polares, o espaço exterior, os fundos marinhos e oceânicos etc.".[122] Logo, como afirma Luigi Ferrajoli, "a crescente interdependência econômica, política, ecológica e cultural realmente transformaram o mundo, apesar do aumento de sua complexidade e de seus inúmeros conflitos e desequilíbrios, numa aldeia global". Nessa aldeia, graças à rapidez das comunicações, "nenhum acontecimento do mundo nos é alheio e nenhuma parte do mundo nos é estranha". É precisamente a soma desses fatores que torna hoje "mais urgente e, simultaneamente, mais concreta do que em qualquer outro momento do passado, a hipótese de uma integração mundial baseada no direito".[123]

O reconhecimento da necessidade de cooperação entre os povos, portanto, torna cada dia mais evidente a necessidade de uma *globalização jurídica*, ou seja, de uma institucionalização crescente da interdependência das nações.

A globalização jurídica se dá principalmente pela celebração de tratados internacionais, que atingem níveis diferentes de regulamentação dependendo da área a que se referem. Nas novas circunstâncias, "as relações internacionais exigem mais coordenação, maior ordem, em alguns casos, certa cooperação e noutros, uma estrutura orgânica que harmonize os interesses e

---

[118] Direito internacional, segundo Philip Jessup, é "o termo que tem sido utilizado por mais de trezentos anos para registrar certas observações sobre a conduta dos seres humanos agrupados no que chamamos de Estados". JESSUP, Philip C. *A Modern Law of Nations*..., op. cit.; 1947. p. 5.

[119] Segundo outra definição, de Georges Scelle: "O direito internacional é a ordem jurídica normativa, construtiva e institucional da sociedade internacional global (ou de uma sociedade internacional particular)". SCELLE, Georges. *Manuel de droit international public*. Paris: Domat-Montchrestien, 1948. p.17.

[120] SCHACHTER, Oscar. The Decline of the Nation-State and its is Implications for International Law. *Columbia Journal of Transnational Law*, New York, v. 36, p. 23, 1997.

[121] ARON, Raymond. *Paz e guerra entre as nações*. 2. ed. Brasília: Unb, 1986. p. 168. Edição original de 1962.

[122] VIGNALI, Heber Arbuet. *O atributo da soberania*. Porto Alegre: ABEI, 1996. p. 46.

[123] FERRAJOLI, Luigi. *A soberania no mundo moderno*. São Paulo: Martins Fontes, 2002. p. 47.

as atividades dos Estados".[124] Logo, os tratados podem ter por finalidade a criação de uma organização internacional, caso específico que estudaremos mais adiante, podem visar à criação de um tribunal internacional,[125] ou simplesmente estabelecer regras que regulamentem determinadas questões de interesse mundial.

As áreas de regulamentação comum da vida internacional – o exemplo da proteção do ambiente e dos direitos humanos

As regras internacionais podem referir-se a diversas áreas que são de interesse comum dos Estados e, por esse motivo, merecem ser tratadas internacionalmente. Talvez a mais evidente dessas áreas seja a da proteção ambiental. Como lembra Guido Soares, os ventos e as correntes marítimas não conhecem fronteiras políticas, o que impossibilita que a poluição se circunscreva ao território de um Estado determinado. Além disso, os animais migratórios não necessitam de passaportes para atravessar fronteiras, o que demonstra que sua proteção só poderá se dar internacionalmente. Com isso, conclui o autor, "a globalidade, que é um traço imanente ao meio ambiente, dá às medidas jurídicas a ele relativas um caráter internacional, pela própria essência dos fenômenos correlatos à matéria que se pretende normatizar".[126]

De fato, as instituições internacionais têm entendido que a cooperação é a melhor forma de se resolver os problemas ambientais. Um exemplo é o caso da proibição pelos Estados Unidos da importação de camarões cuja pesca era nociva às tartarugas marinhas, que estudaremos mais adiante. Nele, o órgão de apelação da OMC concluiu que "a proteção e a conservação de espécies de tartarugas marinhas que são grandes migradoras [...] exige esforços concentrados e uma cooperação por parte dos numerosos países cujas águas são atravessadas pelas tartarugas marinhas no curso de suas migrações periódicas".[127] Além disso, o princípio 12 da Declaração do Rio, também mencionado pelo órgão de apelação, prevê que as "medidas de luta contra os problemas ecológi-

---

[124] VIGNALI, Heber Arbuet. *O atributo da soberania...*, op. cit.; 1996. p. 46.

[125] No final do século XX, eram contados ao menos 17 órgãos judiciais internacionais e 37 órgãos quase-judiciais, envolvendo aproximadamente 200 indivíduos em corpos permanentes formados por "juízes internacionais". ALVAREZ, José E. *The New Dispute Settlers*: (Half) Truths and Consequences. Columbia Law School, setembro 2002, texto cedido pelo autor.

[126] SOARES, Guido Fernando da Silva. *As responsabilidades no direito internacional do meio ambiente...*, op. cit.; 1995. f. 15–34.

[127] Com base na Convenção sobre a conservação das espécies migradoras pertencentes à fauna selvagem, que prevê que a preservação de tais espécies requer "uma ação concertada de todos os Estados". Ver OMC, WT/DS58 – Órgão de apelação, *Proibição à importação de certos camarões e de certos produtos à base de camarões* (Índia, Malásia, Paquistão e Tailândia contra Estados Unidos), 12/10/98, p. 73. As decisões do Órgão de Solução de Disputas da OMC estão disponíveis no *site* dessa organização: <http://www.wto.org>.

cos transfronteiras ou mundiais deveriam, tanto quanto possível, basear-se sobre um consenso internacional".[128]

Entre as tentativas de regulamentação internacional da proteção ambiental, podemos destacar primeiro a Conferência das Nações Unidas sobre o Meio Ambiente Humano, realizada em Estocolmo em 1972. Dessa conferência participaram quase todos os Estados e, embora seus resultados tenham sido modestos, "ela pode hoje ser vista como um pequeno marco no começo de uma mudança nos valores dominantes rumo a uma maior sensibilidade ecológica".[129] Outros esforços posteriores merecem destaque, como a Convenção de Viena sobre a Camada de Ozônio, de 1985, e o Protocolo de Montreal sobre Substâncias Diminuidoras da Camada de Ozônio, de 1987.[130]

A iniciativa mais importante que se presenciou até hoje na área de proteção ambiental, entretanto, foi a Conferência das Nações Unidas sobre Meio Ambiente e Desenvolvimento, a ECO 92, realizada na cidade do Rio de Janeiro em junho de 1992, na qual foram assinados dois acordos principais: o Tratado sobre a Biodiversidade, que obriga os signatários à proteção das espécies ameaçadas de extinção e à cooperação na área de tecnologia genética e biológica, e o Tratado sobre o Aquecimento Global, que pretendia reduzir as emissões de gases causadores do efeito estufa aos níveis que apresentavam em 1990.[131] O chamado "efeito estufa" foi rediscutido em dezembro de 1997 na Conferência de Kyoto, em que os representantes de 159 países assinaram um Protocolo[132] definindo que a emissão dos poluentes responsáveis pelo aquecimento global deverá ser reduzida, entre 2008 e 2012, em uma média de 5,2%

---

[128] Ver OMC, WT/DS 58 – Órgão de apelação, *Proibição à importação de certos camarões...*, op. cit.; p. 72.

[129] MILLER, Lynn H. *Global Order, Values and Power in International Politics*. 3rd ed. Boulder, Colo.: Westview, 1994. p. 219.

[130] Há vários outros tratados internacionais a respeito da proteção ambiental, versando sobre as mais diversas áreas. Podemos citar alguns deles: Convenção sobre a pesca de baleias – 1946 – 38 países signatários; Convenção sobre o despejo de resíduos marítimos – 1971 – 17 países signatários; Convenção sobre o comércio internacional de espécies ameaçadas – 1972 – 68 países signatários; Convenção sobre a poluição de navios – 1973 – 74 países signatários; Convenção sobre espécies migratórias de animais selvagens – 1979 – 39 países signatários; Convenção sobre a pronta notificação de acidentes nucleares – 1986 – 61 países signatários. COMISSION ON GLOBAL GOVERNANCE. *Our Global Neighborhood...*, op. cit.; 1995. p. 209.

[131] Participaram da ECO 92 as representações dos governos de 178 países, bem como aproximadamente 15 mil indivíduos representando ONGs. Além dos tratados mencionados, outro importante resultado da ECO 92 foi a chamada Agenda 21, em que se estabeleceram diversas medidas visando a incentivar a despoluição, a preservação florestal e o desenvolvimento ecologicamente sustentado, criando para isso uma nova agência da ONU, a Comissão de Desenvolvimento Sustentado, cuja função é fiscalizar o cumprimento dos diversos tratados ambientais existentes.

[132] Em 2002, os Estados Unidos anunciaram que, embora o tenham assinado, não ratificarão o Protocolo de Kyoto.

em relação aos níveis de 1990, cabendo aos países que poluem mais uma redução maior.[133]

O crescimento recente das regras internacionais relativas ao meio ambiente se justifica pelo aumento das atividades transfronteiras. Se no passado era praticamente impossível que um Estado causasse danos ambientais significativos aos demais, hoje essa capacidade existe, e todas as atividades da sociedade industrial moderna teriam, de forma mais ou menos intensa, repercussões além das fronteiras do Estado em cujo território tais atividades acontecem. Em um mundo em que manchas de óleo podem atravessar o oceano todos os povos teriam passado a ser de certa forma vizinhos uns dos outros. A tomada de consciência da unidade do mundo leva à globalização do direito ambiental: somente os esforços conjuntos de todas as nações do planeta podem enfrentar os problemas do meio ambiente.[134]

Portanto, como afirma Guido Soares, a necessidade de regulamentação internacional para a proteção do ambiente se justifica exatamente porque este consiste em um valor global, que ultrapassa as fronteiras políticas dos Estados. Sem essa internacionalização corre-se o risco de as regras não serem eficazes. Por esse motivo, as normas, de início aplicadas somente às relações de vizinhança, passaram com o tempo a levar em consideração fenômenos que atingem Estados distantes da fonte poluidora. Posteriormente, essas regras estenderam-se aos denominados espaços internacionais comuns, como o alto-mar, os fundos oceânicos, a Antártida e o espaço sideral, áreas que só podem ser protegidas mediante a cooperação internacional, uma vez que não são abrangidas pelas jurisdições nacionais. Hoje essas normas teriam-se estendido ainda mais e compreenderiam também outros fenômenos globais que se manifestam no território dos Estados, como a preservação de *habitats* de espécies protegidas, a emissão dos gases responsáveis pelo efeito estufa ou a proteção da camada de ozônio.[135]

Outra noção que ganha força é a de patrimônio comum da humanidade, segundo a qual haveria determinados bens que não poderiam ser apropriados

---

[133] Países da União Européia: 8%, Estados Unidos: 7%, Japão: 6%. Como observa Richard Falk, o fenômeno atual da globalização da cultura ocidental, inclusive de seu compromisso com a modernização, produziu uma crise mundial de dimensões múltiplas: "nuclearismo, industrialismo, materialismo e consumismo". Qualquer que seja o assunto, destruição da camada de ozônio, o efeito estufa ou a poluição oceânica e atmosférica, os principais agentes causadores estão concentrados no ocidente, sobretudo nos Estados Unidos, embora o padrão de desenvolvimento ocidental tenha sido adotado com entusiasmo pela maioria do mundo não ocidental. FALK, Richard A. *Explorations at the Edge of Time*: the Prospects for World Order. Philadelphia: Temple University Press, 1992. p. 48.

[134] CARRILLO-SALCEDO, Juan-Antonio. Droit International et souveraineté des États. *RCADI*, t. 257, p. 52-53, 1996.

[135] SOARES, Guido Fernando da Silva. *As responsabilidades no direito internacional do meio ambiente...*, op. cit.; 1995. f. 431-432.

por nenhum Estado ou indivíduo.[136] Cada vez mais, conflitos envolvendo a propriedade dos recursos da Terra devem resolver-se com base no princípio de que os produtos da biosfera devem servir à humanidade como um todo.[137] Esse princípio está presente em vários tratados internacionais, como a Convenção sobre a Lei do Mar, de 1982,[138] os Tratados sobre a Antártida,[139] e os tratados sobre o aquecimento global e sobre a biodiversidade, firmados na ECO 92. Além disso, esse conceito se estendeu ao espaço sideral, incluindo a Lua e os demais corpos celestes, que, desde o acordo celebrado em 1967, são considerados patrimônio comum da humanidade.[140]

Todos esses tratados são demonstrações importantes de que os recursos naturais tendem a tornar-se mais escassos e, por esse motivo, políticas públicas devem ser formuladas para fornecer uma proteção cada vez maior dessa herança comum.[141] É exatamente por ser uma herança necessária para o bem-estar das gerações futuras que o ambiente deve ser considerado um patrimônio comum, idéia que levou à criação do conceito de desenvolvimento sustentável, pelo qual o crescimento econômico não pode ocorrer em detrimento do ecossistema.[142] Cabe ao homem, portanto, encontrar, por meio da colaboração internacional, formas de preservar sua herança comum, para permitir à sua própria espécie uma longa vida sobre a Terra.[143]

---

[136] Ver SUCHARITKUL, Sompong. Évolution continue d'une notion nouvelle: le patrimoine commun de l'humanité. In: ESSAYS in Honour of Shabtai Rosenne: International Law at a time of perplexity. Dordrecht: Martinus Nijhoff, 1988. p. 891.

[137] MILLER, Lynn H. *Global Order*..., op. cit.; 1994. p. 247.

[138] O artigo 136 da Convenção de Montego Bay estipula que "a Zona e seus recursos são patrimônio comum da humanidade. Tal qualificação acarreta, para este espaço, um novo modo de gestão no interesse da humanidade como um todo". ALLAND, Denis et al. *Droit international public*. Paris: PUF, 2000, p. 713.

[139] Observe-se que a Antártida não é considerada patrimônio comum da humanidade, mas o Tratado de Washington, assinado em 1959, estabelece em seu preâmbulo que essa região deve ser administrada "no interesse da humanidade como um todo". O Protocolo de Madri, assinado em 1991, que entrou em vigor em 1998, objetiva a proteção ambiental da Antártida proibindo a exploração dos recursos minerais e mantendo o sistema de "congelamento" das reivindicações de soberania de alguns países sobre determinados territórios antárticos.

[140] SUCHARITKUL, Sompong. Évolution continue d'une notion nouvelle..., op. cit.; 1988. p. 900.

[141] MILLER, Lynn H. *Global Order*..., op. cit.; 1994. p. 247.

[142] CHEVALIER, Jacques. Mondialisation du droit ou droit de la mondialisation? In: MORAND, Charles-Albert (org.). *Le droit saisi par la mondialisation*. Bruxelles: Bruylant, 2001. p. 53.

[143] Nas palavras de Francis Bacon: "A natureza, para ser comandada, deve ser obedecida. Nós vivemos em um mundo desafiador com muitas incertezas, e detemos uma grande responsabilidade pelas futuras gerações. Nós devemos manter a fé em nossa capacidade e permanecer organizados para cumprir nossos objetivos, e nós devemos fazer uso do tremendo potencial da colaboração internacional. Comecemos agora mesmo a responder aos sinais que a natureza está nos enviando. Vamos obedecer a fim de comandar novamente". Ver CORDANI, Humberto G. As ciências da Terra e a mundialização das sociedades. *Estudos Avançados*, São Paulo, v. 9, n. 25, p. 26, set./dez. 1995.

A área em que muito provavelmente a influência das regras internacionais foi mais longe é a da defesa dos direitos fundamentais do ser humano. Nesse campo, destaca-se a aprovação pela Assembléia Geral das Nações Unidas, em 10 de dezembro de 1948, da Declaração Universal sobre os Direitos do Homem,[144] assim como dos Pactos das Nações Unidas de 1966 sobre os direitos civis e políticos e sobre os direitos econômicos, sociais e culturais.[145]

Para José Carlos de Magalhães, a Declaração Universal sobre os Direitos do Homem, ao contrário de outros documentos internacionais que figuram simplesmente como mera exortação de boas intenções, transformou-se "em princípio geral de direito internacional com caráter de *jus cogens*, cuja violação comporta condenação internacional, com aplicação de sanções pela comunidade internacional organizada pela ONU".[146]

Essa idéia de *jus cogens*, que está profundamente relacionada à proteção dos direitos humanos, tem ganhado força entre a comunidade internacional.[147] Trata-se de normas imperativas de direito internacional que não podem ser derrogadas.[148] O respeito aos direitos humanos fundamentais seria do interesse de todos os Estados, sendo assim considerado uma "obrigação essencial pe-

---

[144] De acordo com o artigo 28 dessa declaração: "Todo homem tem direito a uma ordem social e internacional em que os direitos e liberdades estabelecidos na presente declaração possam ser plenamente realizados". A nova ordem internacional que surge com a globalização deveria respeitar esse princípio, que pode servir de base a uma verdadeira "lei da humanidade". FALK, Richard A. *Law in an Emerging Global Village*: A Post-Westphalian Perspective. Ardsley, NY: Transnational, 1998. p. 40-41.

[145] Cabe observar que, além dos direitos humanos de primeira geração, representados principalmente pelos direitos civis e políticos – representando um limite ao poder do Estado –, e dos de segunda geração, sociais, econômicos e culturais – que demandam uma atuação positiva do Estado –, há também os direitos humanos de terceira geração, que englobam direitos coletivos, como a um meio ambiente sadio. Como lembra Luiz Olavo Baptista, a positivação desses direitos é fragmentária e incompleta. BAPTISTA, Luiz Olavo. Mundialização, Comércio Internacional e Direitos Humanos. In: PINHEIRO, Paulo Sérgio; GUIMARÃES, Samuel Pinheiro (org.). *Direitos Humanos no século XXI*. Rio de Janeiro: Instituto de Pesquisa de Relações Internacionais, 1998. p. 253.

[146] MAGALHÃES, José Carlos de. Direitos humanos e Soberania. *O Estado de S. Paulo*, São Paulo, p. A2, 5 jan. 1999.

[147] O artigo 53 da Convenção de Viena sobre o direito dos tratados estabelece que o *jus cogens* é "uma norma imperativa de direito internacional geral", o que significa "uma norma aceita e reconhecida pelo conjunto da comunidade internacional dos Estados como norma à qual nenhuma derrogação é permitida e que só pode ser modificado por uma nova norma de direito internacional geral do mesmo caráter". Ver comentários em WEIL, Prosper. Le droit international en quête de son identité. *RCADI*, VI, t. 237, p. 261, 1992.

[148] Artigo 51 do Projeto de artigos da Comissão de Direito Internacional, Genebra, 2000 (provisoriamente adotado pelo Comitê de redação em segunda leitura). A Comissão de Direito Internacional da ONU tem-se ocupado da redação de um Projeto de Artigos relativo à regulamentação da responsabilidade internacional. O projeto original, datado de 1996, foi revisto no ano 2000.

rante a comunidade internacional",[149] o que lhe confere um caráter *erga omnes* – o que significa que se trata de uma obrigação para com todos os demais Estados.[150]

Práticas como o genocídio, os crimes de guerra ou os crimes contra a humanidade[151] – que implicam a violação dos direitos humanos – poderiam, desse modo, dar origem a uma ação coletiva dos Estados contra aquele que as produziu.[152] Indo-se mais além no mesmo raciocínio, seria possível imaginar que todo e qualquer Estado poderia reagir, sozinho, a uma violação dos direitos humanos dentro do território de um outro Estado, mesmo que as vítimas fossem todas nacionais do Estado autor da violação. A reação desse Estado

---

[149] Artigos 41 e 42 do Projeto de artigos da Comissão de Direito Internacional, Genebra, 2000 (provisoriamente adotado pelo Comitê de redação em segunda leitura)

[150] O conceito de obrigações *erga omnes*, utilizado pela primeira vez pela Corte Internacional de Justiça na sentença do caso *Barcelona Traction*, de 1970, significa que há obrigações que um Estado pode ter para com todos os demais Estados, ou seja, para com "o conjunto da comunidade internacional". CIJ, 5 fevereiro de 1970.

[151] Pela definição adotada pela Comissão do Direito Internacional em 1950, crimes de guerra equivalem à "violação de leis e costumes da guerra compreendendo, mas não se limitando ao assassinato, maus-tratos ou deportação para trabalhos forçados ou para qualquer outro fim, das populações civis de/ou em territórios ocupados, assassinato ou maus-tratos de prisioneiros de guerra, de pessoas no mar, execução de reféns, pilhagem de propriedade pública ou privada, destruição sem motivo de cidades, vilas ou aldeias, ou devastação não justificada por necessidade militar". Crimes contra a humanidade, por sua vez, são o "assassinato, extermínio, redução à escravidão ou qualquer outro ato desumano cometido contra populações civis, ou perseguições por motivos políticos, raciais ou religiosos, quando estes atos ou tais perseguições são cometidos em execução ou conexão com qualquer crime contra a paz ou qualquer crime de guerra". Os crimes de genocídio foram definidos pela "Convenção para a prevenção e a repressão do crime de genocídio", aprovada pela ONU em 1948, que prevê, em seu artigo 2º, ser considerado genocídio: "qualquer dos seguintes atos cometidos com a intenção de destruir, no todo ou em parte, um grupo nacional étnico, racial ou religioso: a) matar membros do grupo; b) causar lesão grave à integridade física ou mental de membros do grupo; c) submeter intencionalmente o grupo a condições de existência capazes de ocasionar-lhe a destruição física, total ou parcial; d) adotar medidas destinadas a impedir os nascimentos no seio do grupo; e) efetuar a transferência forçada de crianças de um grupo para outro grupo". MELLO, Celso D. de Albuquerque. *Curso de direito internacional público...*, op. cit.; 1994. p. 733–734.

[152] Segundo o artigo 19 do Projeto de Artigos de 1996, a violação de uma obrigação *erga omnes* consistiria em um crime internacional e acarretaria a possibilidade de uma *actio popularis*. O Projeto de Artigos revisado do ano 2000 suprimiu o antigo artigo 19 e o termo "crime internacional", mas adotou, em seus artigos 41 e 42, o conceito de "grave violação de obrigações essenciais para com a comunidade internacional", que lhe é equivalente. Além disso, o novo projeto prevê, em seu artigo 54, parágrafo segundo, a possibilidade de uma *actio popularis* em caso de violação grave de uma obrigação para com o conjunto da comunidade internacional. Texto do projeto de artigos sobre a responsabilidade dos Estados adotado a título provisório pela Comissão de Direito Internacional em primeira leitura, Genebra, 1996 e do Projeto de artigos da Comissão de Direito Internacional, Genebra, 2000 (provisoriamente adotado pelo Comitê de redação em segunda leitura)

qualquer não se basearia em nenhum interesse particular, mas simplesmente no fato de que uma obrigação *erga omnes* – que portanto também lhe diz respeito – fora violada.[153] Desse modo, não seriam apenas a comunidade internacional ou os organismos internacionais os autorizados a atuar na repressão dos delitos contra a humanidade, mas também os Estados, como autoridades de direito internacional, que estariam legitimados a fazê-lo, diante do caráter universal da transgressão.[154]

Com o crescimento do número de tratados relativos aos direitos humanos, a possibilidade de intervenção por parte da comunidade internacional tornou-se cada vez maior.[155] Os instrumentos de proteção dos direitos humanos se transformaram em uma fonte de certa forma autônoma de autoridade, que pode vir a deslegitimar ações dos Estados que venham a violar as regras neles previstas.[156] Os crimes contra os direitos humanos ganham a dimensão de crimes contra a humanidade, o que permitiria a intervenção internacional quando fossem cometidos pelo governo de um determinado Estado.[157]

Assim, como conclui Moreau Defarges, "após ter prestado contas a Deus, depois ao seu povo, os príncipes que nos governam se tornam pouco a pouco responsáveis perante a comunidade internacional".[158] Decorrente dessa idéia, a possibilidade de intervenção humanitária[159] – e o conseqüente direito de in-

---

[153] Há numerosos exemplos de reações desse tipo, como o embargo dos Estados Unidos a Uganda em 1978 em reação a um ato de genocídio, as medidas tomadas contra a URSS em 1979, em resposta à invasão do Afeganistão por aquele país, ou contra a Argentina, quando essa invadiu as ilhas Malvinas. WEIL, Prosper. Le droit international en quête de son identité..., op. cit.; 1992. p. 289.

[154] MAGALHÃES, José Carlos de. Direitos Humanos e Soberania..., op. cit.; 1999. p. A2.

[155] Nesse sentido, é importante destacar a Segunda Conferência Mundial sobre Direitos Humanos, realizada em Viena em junho de 1993, que, embora não chegue a reconhecer o direito de ingerência, legitima a tutela internacional dos direitos humanos e limita a soberania estatal, que não pode ser utilizada para permitir violações àqueles direitos. LAFER, Celso. *Comércio, desarmamento, direitos humanos*: reflexões sobre uma experiência diplomática. São Paulo: Paz e Terra, 1999. p. 168.

[156] SASSEN, Saskia. *Losing Control?*: Sovereignty in an Age of Globalization. New York: Columbia University Press, 1996. p. 27.

[157] Ver LÓPEZ GARRIDO, Diego; GARCIA ARÁN, Mercedes. Para juristas, Espanha tem competência no caso: Princípio da "justiça universal" permite julgar atos de genocídio cometidos no exterior. *O Estado de S. Paulo*, São Paulo, p. A16, 21 out. 1998. Artigo tratando do caso Pinochet.

[158] MOREAU-DEFARGES, Philippe. Gouverner au temps de la mondialisation. *Défense Nationale*, Paris, p. 29, Avril, 1998.

[159] O direito de intervenção é definido por Hardt e Negri como "o direito ou o dever dos sujeitos dominantes da ordem mundial de intervir nos territórios dos outros sujeitos, com a finalidade de prevenir ou de resolver problemas humanitários, garantindo os acordos e impondo a paz". HARDT, Michel; NEGRI, Antonio. *Empire*. Paris: Exils, 2000. p. 42.

gerência por parte da comunidade dos Estados[160] – consiste em uma das evoluções mais importantes do direito internacional.[161]

Outra importante conseqüência da proliferação dos tratados internacionais de proteção aos direitos humanos e da consagração do combate sem fronteiras às violações desses direitos foi a queda de uma das grandes barreiras do direito internacional clássico, que entenderia que apenas os Estados seriam seus sujeitos.[162] Os tratados sobre os direitos humanos transformam o indivíduo em sujeito de direitos e obrigações no plano internacional, direitos e obrigações esses que estão acima daqueles estabelecidos pelo próprio Estado ao qual o indivíduo está subordinado.[163]

Essa mudança acarreta duas conseqüências. Primeiro, no plano dos direitos, em algumas situações os indivíduos passam a poder questionar os Estados em caso de violação dos direitos humanos. O grande exemplo dessa possibilidade se encontra na Convenção Européia sobre os Direitos Humanos, firmada em 1950, que desde 1998 possibilita a qualquer indivíduo sujeito à jurisdição de um Estado-parte o acesso direto à Corte Européia de Direitos Humanos.[164]

Em segundo lugar, no campo das obrigações, consolidou-se o princípio estabelecido após a Segunda Guerra Mundial nos tribunais de Nuremberg e Tóquio de que, quando determinadas leis nacionais estão em conflito com as regras internacionais de proteção aos direitos humanos, estas últimas devem

---

[160] Para uma análise aprofundada do chamado "direito de ingerência", ver BETTATI, Mario. *Le droit d'ingérence*: Mutation de l'ordre international. Paris: Ed. Odile Jacob, 1996.

[161] O movimento a favor do chamado direito de ingerência tem crescido, e já foi apoiado por lideranças importantes. O papa João Paulo II, por exemplo, posicionou-se a favor de intervenções humanitárias quando as populações civis se vissem afetadas por conflitos internos de seus países. O papa considerava que "os crimes contra a humanidade não podem ser considerados assuntos internos". Assim, nesses casos, seria possível passar por cima da soberania nacional e intervir no país que estivesse desrespeitando os direitos humanos, desde que estas intervenções, segundo o papa, fossem realizadas em pleno respeito ao direito internacional e garantidas por uma autoridade internacional. Ver Papa apóia intervenção humanitária. *Folha de S. Paulo*, São Paulo, 14 dez. 1999. Caderno 1, p. 12.

[162] O fato de que o direito internacional fosse limitado às relações entre Estados foi criticado por diversos juristas. Jessup considerava esse um dos defeitos do sistema jurídico internacional, um obstáculo ao progresso. Georges Scelle acreditava que a visão tradicional seria falsa, "uma abstração antropomórfica, historicamente responsável do caráter fictício e da paralisia da ciência tradicional do direito das gentes". JESSUP, Philip C. *A Modern Law of Nations...*, op. cit.; 1947. p. 8; SCELLE, Georges. Règles générales du droit de paix. *RCADI*, v. IV, t. 46, p. 343, 1933.

[163] Ver HELD, David. *Democracy and the Global Order...*, op. cit.; 1995. p. 101.

[164] Originalmente, o acesso à Corte não era direto. Os pedidos dos indivíduos e dos Estados-parte tinham que passar pela Comissão Européia de Direitos Humanos, que os encaminhava ou não à Corte. É importante ressaltar, ainda, a existência da Convenção Americana de Direitos Humanos, que entrou em vigor em 1978 e também estabelece uma Comissão e uma Corte. Ver ALLAND, Denis et al. *Droit international public...*, op. cit.; 2000. p. 596.

prevalecer, e os indivíduos têm a obrigação de, se preciso, transgredir as leis nacionais.[165] Foi afirmado, durante os julgamentos ocorridos nesses tribunais, que "os crimes contra as leis das nações foram cometidos por homens, não por entidades abstratas".[166] Dessa forma, tanto os líderes alemães e japoneses responsáveis pelos crimes cometidos durante a Guerra quanto aqueles que, mesmo não sendo oficiais do exército, ajudaram a perpetrá-los, foram responsabilizados naquela ocasião.[167]

A consolidação do princípio da responsabilidade penal das pessoas representa um passo importante no reconhecimento do indivíduo como sujeito do direito internacional.[168] De acordo com esse princípio, o indivíduo tem a obrigação de respeitar as regras internacionais de proteção dos direitos humanos, e aquele que não o fizer deve ser punido, seja pela justiça nacional, seja pela justiça internacional.

Com relação à justiça nacional, uma vez que o respeito às regras relativas à proteção dos direitos humanos consiste em uma obrigação *erga omnes*, seria possível supor que todos os Estados teriam o direito de agir em juízo contra o indivíduo que viesse a violar tais regras.[169] O exemplo mais marcante dessa possibilidade de ação em juízo em um tribunal nacional contra um indivíduo de outro país que violou uma norma de proteção aos direitos humanos é o do processo contra o general Augusto Pinochet,[170] cujo pedido de prisão baseou-se

---

[165] HELD, David. *Democracy and the Global Order...*, op. cit.; 1995. p. 101.

[166] Ver LÓPEZ GARRIDO, Diego; GARCIA ARÁN, Mercedes. Para juristas, Espanha tem competência..., op. cit.; 1998. p. A16.

[167] FALK, Richard A. *Law in an Emerging Global Village...*, op. cit.; 1998. p. 40.

[168] HOBE, S. Globalisation: a challenge to the nation state and to international law. In: LIKOSKY, Michael (ed.). *Transnational Legal Processes*. London: Butterworths, 2002. p. 386.

[169] Ver WEIL, Prosper. Le droit international en quête de son identité..., op. cit.; 1992. p. 289.

[170] Pinochet foi detido em uma clínica de saúde britânica em 16 de outubro de 1998, a pedido do juiz espanhol Baltasar Garzón, que o acusa do assassinato de cidadãos espanhóis no Chile durante seu regime (1976 a 1990). Em 20 de outubro, Garzón amplia sua investigação a fim de incluir a responsabilidade de Pinochet pelos crimes de genocídio e tortura. Em 28 de outubro, a Alta Corte da Inglaterra e Gales se pronuncia a favor da tese de que, como ex-chefe de Estado, Pinochet tem imunidade diplomática nos tribunais britânicos. O governo da Espanha pede a extradição de Pinochet em 6 de novembro. Garzón apela para a Câmara dos Lordes, instância máxima da justiça britânica, a qual, em 25 de novembro, decide que Pinochet não tem tal imunidade. Em 9 de dezembro, o ministro do Interior britânico, Jack Straw, dá o aval para a extradição. Em 10 de dezembro os advogados de Pinochet pedem a anulação da decisão da Câmara dos Lordes, alegando que um deles teria ligações com a Anistia Internacional. Em 17 de dezembro os Lordes anulam a sua decisão, mas em 24 de março de 1999 concluem que Pinochet não é imune em relação a crimes cometidos após 1988, o que leva o ministro do Interior Jack Straw a reafirmar em 15 de abril sua decisão de que os procedimentos de extradição devem prosseguir. Em 8 de outubro a justiça britânica conclui que Pinochet pode ser extraditado para julgamento na Espanha. O caso, no entanto, é tão jurídico quanto político, e no final a extradição não acontece e Pinochet volta ao Chile. General foi a Londres para cirurgia de hérnia. *O Estado de S. Paulo*, São Paulo, p. A28, 10 dez. 1998; Entenda o caso. *Folha de S. Paulo*, São Paulo, 10 dez. 1998. Caderno 1, p. 14; Um ano de custódia. *O Estado de S. Paulo*, São Paulo, p. A12, 9 out. 1999.

em documentos como os estatutos e a sentença do Tribunal de Nuremberg, a Convenção da ONU contra o Genocídio, de 1948,[171] as Convenções de Genebra de 1949 – que estabelecem o princípio da justiça universal –, os pactos das Nações Unidas de 1966, a resolução da Assembléia Geral da ONU sobre o processo de crimes contra a humanidade, de 1973,[172] e a Convenção da ONU contra a Tortura, de 1984.[173]

Foi principalmente com base nesta última convenção que a justiça inglesa se fundou para desconsiderar a imunidade do ex-ditador.[174] O advogado espanhol Juan Garces, responsável pela abertura do processo que resultou na prisão do general, explicou seu principal argumento: "Os chilenos não podem dizer que estamos interferindo em sua soberania, porque o Chile, a Espanha e a Grã-Bretanha assinaram o mesmo acordo internacional permitindo o julgamento de Pinochet em qualquer país".[175] A discussão em torno da prisão do ex-ditador chileno está diretamente relacionada à questão da soberania e ao problema, que será abordado mais adiante, de saber se o simples fato de um Estado ter manifestado seu consentimento na aprovação de um acordo internacional – concordando, portanto, com a limitação de sua autonomia – faz que sua soberania não seja afetada.

O juiz Baltasar Garzón, que iniciou o referido processo, justificou-o afirmando que "tratados internacionais obrigam a Espanha a combater crimes de genocídio e contra a humanidade, que seriam imprescritíveis e não poderiam ser anistiados".[176] O pedido de prisão do general chileno teve repercussão mundial e, mesmo no Chile, obteve apoios. O então presidente eleito daque-

---

[171] Em sentença de 1996, a Corte Internacional de Justiça afirmou que os direitos e obrigações consagrados pela Convenção da ONU contra o Genocídio eram "direitos e obrigações *erga omnes*". Ver CARRILLO-SALCEDO, Juan-Antonio. Droit International et souveraineté des États..., op. cit.; 1996. p. 143.

[172] Em 1992, a Assembléia Geral da ONU declarou que o desaparecimento forçado de pessoas precisaria ser incluído entre os crimes contra a humanidade, devendo ser qualificado como crime continuado, e, assim, imprescritível. LÓPEZ GARRIDO, Diego; GARCIA ARÁN, Mercedes. Para juristas, Espanha tem competência..., op. cit.; 1998. p. A16.

[173] Além disso, a Espanha incorporou, na Lei Orgânica do Poder Judiciário, de 1985 (artigo 23.4), o princípio da justiça universal, pelo qual os tribunais espanhóis são competentes para julgar atos de terrorismo, genocídio e tortura cometidos no estrangeiro, mesmo antes de 1985. LÓPEZ GARRIDO, Diego; GARCIA ARÁN, Mercedes. Para juristas, Espanha tem competência..., op. cit.; 1998. p. A16; Rezek propõe corte penal internacional. *Folha de S. Paulo*, São Paulo, 25 out. 1998. Caderno 1, p. 18.

[174] A imunidade de Pinochet foi desconsiderada com relação aos crimes cometidos entre 29 de setembro de 1988, data da entrada em vigor no Reino Unido da Convenção sobre a Tortura, e 11 de março de 1990, data em que esse deixou o poder. Ver MAHMOUD, Mohamed Salah Mohamed. Les leçons de l'affaire Pinochet. *JDI*, Paris, n. 4, p. 1033, 1999.

[175] Advogado que ajudou a prender o general reage de maneira fria. *O Estado de S. Paulo*, São Paulo, 5 jan. 1999. Caderno 1, p. 12.

[176] Garzón estuda processar brasileiros. *Folha de S. Paulo*, São Paulo, 4 nov. 1999. Caderno 1, p. 16.

le país, Ricardo Lagos, declarou que o caso Pinochet não era político e sim judiciário, tratando-se de simples aplicação do direito internacional, uma vez que o Chile havia assinado a Convenção da ONU sobre a Tortura. Para ele, esse seria "um passo em direção a uma nova forma de entender como se faz justiça no mundo, no final do século XX, uma forma na qual começamos por dizer: em qualquer lugar onde sejam violados os direitos humanos, existe outro ser humano que tem o direito de protestar, independentemente das fronteiras do país".[177]

Das declarações citadas podemos inferir dois princípios, que se desenvolveram a partir dos julgamentos de Nuremberg. Pelo primeiro, os crimes contra os direitos humanos seriam imprescritíveis. E, pelo segundo, que nos interessa especialmente aqui, o caráter universal dos crimes contra os direitos humanos "confere às instâncias judiciais pertinentes de qualquer país o direito de agir para julgar e, quando for o caso, punir aqueles que – quer sejam chefes de Estado ou subordinados – violam a vida e a segurança dos cidadãos nacionais, que juízes como Baltasar Garzón têm a obrigação de proteger".[178]

Logo, prevaleceria o princípio da justiça universal, segundo o qual, dependendo do tipo de delito, qualquer país seria competente para julgar alguém acusado de um crime, mesmo que esse não tenha acontecido em seu território e o criminoso não seja seu cidadão.[179] E, no caso em questão, o juiz espanhol processou o ex-ditador por crimes cometidos contra espanhóis e não-espanhóis.[180] O princípio que funda tal sistema é o de que há infrações que, por sua natureza e gravidade, justificam a atuação da jurisdição do Estado em que se situa, ainda que momentaneamente, aquele que as cometeu, independentemen-

---

[177] Lagos elogia justiça mundial. *Folha de S. Paulo*, São Paulo, 19 jan. 2000. Caderno 1, p. 11.

[178] Assim, para Carlos Fuentes, o "teto do poder ou o amparo do território nacional podem proteger um criminoso político contra a justiça. Mas o máximo a que o delinquente pode aspirar é ser um prisioneiro em sua própria pátria ou um fugitivo internacional da justiça. [...] Em todo caso, foi decidido que os crimes contra a humanidade não prescrevem. Não dependem da exceção territorial ou da invocação da soberania". FUENTES, Carlos. Chile tenta purificar seu passado. *Folha de S. Paulo*, São Paulo, 10 dez. 1998. Caderno 1, p. 14.

[179] É importante observar, no entanto, que caso o pedido tivesse sido baseado exclusivamente em crimes cometidos contra cidadãos espanhóis, valeria o princípio geral de direito internacional segundo o qual o Estado possui jurisdição extraterritorial para aplicar suas leis a delitos cometidos no exterior contra seus nacionais. Como afirma Magalhães: "O Brasil, a propósito, exerce essa prerrogativa, ao prever, no parágrafo 3º do artigo 7º do Código Penal, que 'a lei brasileira aplica-se também ao crime cometido por estrangeiro contra brasileiro fora do Brasil, se, reunidas as condições previstas no parágrafo anterior: a) não foi pedida ou foi negada a extradição; e b) houve requisição do Ministério da Justiça.' Disposição similar é encontrada em leis de outros países (Turquia, México, Suíça), a ratificar a legitimidade de um Estado submeter à sua jurisdição fato delituoso praticado contra seu nacional no exterior". MAGALHÃES, José Carlos de. Direitos Humanos e Soberania..., op. cit.; 1999. p. A2.

[180] BOLTON, John R. The Global Prosecutors: Hunting War Criminals in the Name of Utopia. *Foreign Affairs*, New York, p. 161, Jan./Feb. 1999.

te do lugar em que esse o fez, de sua nacionalidade, ou da nacionalidade de suas vítimas.[181]

Os crimes do general chileno, por consistirem em uma violação de obrigações *erga omnes*, concernem a toda a comunidade internacional e, assim, a todos os tribunais dessa comunidade, que teriam a missão de evitar a impunidade de atos que viessem a atentar contra a ordem pública internacional. O julgamento do ex-ditador não seria um assunto interno do Chile, mas uma questão "de nós todos, cidadãos do mundo".[182]

Teria a justiça, "tal como as informações que circulam sem fronteiras pela Internet, como os capitais que giram livres semeando pânico nas bolsas do mundo inteiro", também se tornado "nômade, viajante e sem fronteiras"? A possibilidade de uma justiça "dotada da ubiqüidade e aplicada aos antigos carrascos" poderia ser considerada uma das "conseqüências felizes da globalização".[183] Mesmo que, como se sabe, o caso em questão tenha se solucionado de forma política, com o retorno do general ao Chile, ao prender Pinochet os ingleses teriam proclamado que os crimes que um ditador comete em seu país não dizem mais respeito apenas a esse país. Desse modo, a globalização econômica teria um correspondente "na globalização do crime e da justiça".[184]

Vale lembrar que essa globalização da justiça não se limita à possível atuação transfronteiras dos juízes nacionais. Ela se reflete no surgimento de tribunais internacionais, criados para julgar os crimes de violação dos direitos humanos. Além dos tribunais de Nuremberg, de 1945, e de Tóquio, de 1946, já mencionados, podemos destacar mais recentemente a criação pela ONU de tribunais penais internacionais *ad hoc*, como aquele adotado em resolução do Conselho de Segurança de 1993 para julgar os crimes cometidos na ex-Iugoslávia, e aquele adotado em 1994 para julgar os crimes cometidos em Ruanda.[185]

O problema é que, assim como ocorre no caso da perseguição por tribunais nacionais de ex-ditadores como Pinochet, a criação de tribunais internacionais *ad hoc* como os mencionados depende do mero acaso, não havendo, como afirma Francisco Rezek, "regra uniforme que defina esse tipo de julgamento, nem que determine por que alguns casos são julgados e outros

---

[181] MAHMOUD, Mohamed Salah Mohamed. Les leçons de l'affaire Pinochet..., op. cit.; 1999. p. 1025.

[182] LÓPEZ GARRIDO, Diego; GARCIA ARÁN, Mercedes. Para juristas, Espanha tem competência..., op. cit.; 1998. p. A16.

[183] LAPOUGE, Gilles. Imunidade de tiranos foi quebrada para sempre. *O Estado de S. Paulo*, São Paulo, p. A26, 25 out. 1998.

[184] LAPOUGE, Gilles. Ingleses proclamam globalização da justiça. *O Estado de S. Paulo*, São Paulo, p. A29, 26 nov. 1998.

[185] O tribunal penal para a ex-Iugoslávia foi o primeiro a levar adiante um processo judicial internacional contra um chefe de Estado em exercício, Slobodan Milosevic. ALLAND, Denis et al. *Droit international public*..., op. cit.; 2000. p. 607.

não".[186] E, como lembra Kofi Annan, mesmo nos casos em que a justiça foi feita por meio desses tribunais, poderíamos dizer que isso ocorreu somente porque os ganhadores, tornando-se mais poderosos que os criminosos vencidos, usaram esse poder para julgá-los, no que representaria uma simples manifestação da "justiça do vencedor".[187] Ora, é possível argumentar que aceitar um tribunal "que não atue de forma isenta ou só julgue criminosos de países que caíram em desgraça talvez seja pior do que continuar a conviver com a impunidade de grandes criminosos".[188]

A solução para esse problema seria a criação de um tribunal penal internacional permanente, dotado de isenção para julgar os crimes cometidos em qualquer parte do mundo, o que permitiria reduzir "as preocupações com um eventual arbítrio ou abuso, ou com a eventual falta de qualidade dessa ou daquela máquina judiciária".[189] Pois bem, a partir de 2003 a comunidade internacional passou a contar com uma Corte Penal Internacional, de caráter permanente, conforme previsto no Tratado de Roma, de 1998.[190] Mesmo que os Estado Unidos, preocupados com as violações dos direitos humanos que lhes possam ser imputadas devido às suas intervenções militares no exterior, tenham recusado assinar o tratado de Roma,[191] a implementação da Corte pode ser vista como "o triunfo da 'sociedade civil internacional' em favor da 'judicialização' da última fortaleza da soberania, o direito criminal".[192]

---

[186] Juiz brasileiro defende criação de tribunal penal. *O Estado de S. Paulo*, São Paulo, p. A29, 26 nov. 1998.

[187] ANNAN, Kofi. Le droit n'est plus muet. *Le Monde*, Paris, p. 2, 4 oct. 1998.

[188] Juiz brasileiro defende criação de tribunal penal. *O Estado de S. Paulo*, São Paulo, p. A29, 26 nov. 1998.

[189] Rezek propõe corte penal internacional. *Folha de S. Paulo*, São Paulo, 25 out. 1998. Caderno 1, p. 18.

[190] Para uma análise do estatuto da Corte Penal Internacional, ver BOURDON, William. *La Cour pénale internationale*: Le statut de Rome. Paris: Du Seuil, 2000.

[191] A seguinte reflexão mostra a razão da relutância dos Estados Unidos em aderir à Corte Penal Internacional: "É significativo o fato de ser quase impossível acrescentar emendas ao direito internacional. Nas democracias, a lei evolui com as revisões regulares efetuadas por Legislativos democráticos. Mas isso não existe no direito internacional, que só pode receber emendas por consenso mundial, que inclua as vozes dos Estados que não são democráticos. Ironicamente, os precedentes estabelecidos no caso Pinochet poderiam ampliar o alcance do direito internacional para muito além dos abomináveis tiranos, fazendo-o chegar a áreas cinzentas, que poderiam incluir ações penais contra funcionários do governo dos EUA e de outras democracias. Não é difícil imaginar que um juiz zeloso de alguma parte do mundo pudesse concluir que as ações deles violam convenções internacionais. Recentemente as definições de 'crimes de guerra' foram ampliadas para incluir termos imprecisos, como 'humilhação e tratamento degradante'. Uma convenção internacional define tortura como 'infligir grande dor ou sofrimento de natureza física ou mental.'" KARATNYCKY, Adrian. Caso pode ampliar alcance do direito internacional. *O Estado de S. Paulo*, São Paulo, p. A16, 27 out. 1998.

[192] ALVAREZ, José E. The New Dispute Settlers: (Half) Truths and Consequences. p. 4. Texto cedido pelo autor, setembro 2002.

Como veremos mais adiante, mesmo que ela tenha um caráter profundamente positivo, a evolução na regulamentação internacional dos direitos humanos terá conseqüências sobre a soberania estatal.

Os direitos humanos não são postos em risco apenas pela ação criminosa de governos tirânicos, mas também por um outro tipo de crime, que ganhou importância nos últimos anos: o terrorismo.[193] A globalização tornou mais fácil a formação de redes terroristas internacionais,[194] assim como o acesso dessas organizações a armamentos com enorme poder de destruição. Como observa Luiz Olavo Baptista, "mísseis, explosivos plásticos com controle remoto, a arma atômica, as armas químicas e bacteriológicas, são todos instrumentos colocados nas mãos daqueles que o desespero atirou no terrorismo e na irracionalidade da violência ou nas ações do crime organizado, ou dos aventureiros que se apropriam do vácuo de poder para seus próprios propósitos". A resposta a esse problema, que não respeita as fronteiras estatais, tem de ser internacional, a fim de "assegurar a paz e a segurança dos povos, promovendo uma nova forma de ordem que assegure os direitos humanos assim ameaçados".[195]

A globalização e a revolução tecnológica favoreceram também a ação do crime organizado, já que os "mercados de capitais desregulados, os avanços nas tecnologias de informação e comunicações e os transportes mais baratos tornam os fluxos mais fáceis, rápidos e menos limitados, não só para o conhecimento médico, mas também para a heroína; não apenas para livros e sementes, mas para o dinheiro sujo e armas".[196]

O tráfico de drogas surge assim como uma questão que desafia o controle efetivo dos Estados ou até mesmo da comunidade internacional em conjunto.[197] Some-se a isso o tráfico ilegal de armas, a corrupção, a lavagem de dinheiro, en-

---

[193] O atentado às torres do World Trade Center em Nova York, em 11 de setembro de 2001, mostrou como o terrorismo pode atingir a sociedade indiscriminadamente, onde e quando ela menos espera. Embora esse atentado tenha despertado de certa forma o unilateralismo norte-americano – o que se comprovou posteriormente na Guerra do Iraque – ele também demonstrou o quanto a ação contra o terrorismo depende da cooperação internacional, fato comprovado pela colaboração policial internacional e pelas prisões efetuadas em vários países com a finalidade de tentar desmantelar a rede da Al-Qaeda.

[194] CHEVALIER, Jacques. Mondialisation du droit..., op. cit.; 2001. p. 45.

[195] BAPTISTA, Luiz Olavo. Mundialização, Comércio Internacional..., op. cit.; 1998. p. 269.

[196] O PNUD – Programa das Nações Unidas para o Desenvolvimento – calcula em US$ 1,5 trilhão por ano o volume movimentado pelos negócios do crime organizado, e só o comércio ilegal de drogas, em 1995, era estimado em 8% do total do comércio mundial, ou seja, mais do que o comércio de veículos motorizados ou de ferro e aço. Edição de 1999 do Relatório sobre o Desenvolvimento Humano preparado pelo PNUD. Ver Crime está globalizado. *Folha de S. Paulo*, São Paulo, 11 jul. 1999. Caderno Especial Qualidade de vida, p. 16.

[197] Como afirma Luiz Olavo Baptista: "o tráfico de substâncias estupefacientes representa grave ameaça ao tecido social, não só dentro dos países como na área internacional onde atua. Como trata-se de atividade tipicamente transnacional, desenvolvida à margem do direito, por fora das soberanias, envolve grave ameaça a estas e danos aos direitos humanos da primeira à terceira geração". BAPTISTA, Luiz Olavo. Mundialização, Comércio Internacional..., op. cit.; 1998. p. 266.

tre outros problemas, e veremos que os Estados estão ameaçados pelo crime transnacional de forma nunca antes vista.[198] A solução para todos esses desafios passa pela cooperação internacional,[199] e essa se dá principalmente por meio da elaboração de tratados internacionais – como a Convenção das Nações Unidas contra o Crime Organizado Transnacional[200] –, e pela criação de organismos internacionais – como a Interpol.

Há numerosas outras áreas – saúde, transporte, trabalho – que, por serem do interesse coletivo dos Estados, merecem regulamentação internacional. Mencionamos aqui apenas algumas delas, com o objetivo de mostrar que os Estados têm respondido à interdependência com a cooperação, bem como que tal atitude tem levado à globalização jurídica. Mas esse fenômeno não se limita à área pública. No âmbito privado, principalmente no comércio internacional, as regras de caráter transnacional se multiplicam, como notaremos a seguir.

7.2.2 O papel do direito dos investimentos e do direito do comércio internacional

A globalização jurídica também se dá no campo privado e, nesse caso, tal fenômeno não se resume à ação dos Estados na proliferação dos tratados em matérias de direito internacional privado, como os conflitos de jurisdição e os conflitos de leis.[201] Uma vez que, como já analisamos, a interdependência internacional é ainda mais marcante na área econômica, é natural que haja crescente necessidade de normas e instituições globais no ramo do comércio e dos

---

[198] SCHACHTER, Oscar. The Decline of the Nation-State..., op. cit.; 1997. p. 14.

[199] A luta contra a corrupção, por exemplo, se transformou em um assunto global, como mostra a Convenção de 1997 da OCDE que dentre outras medidas prevê que os signatários devem introduzir em suas legislações nacionais uma infração penal por atos de corrupção ativa de funcionários públicos estrangeiros. CHEVALIER, Jacques. Mondialisation du droit..., op. cit.; 2001. p. 58.

[200] A Convenção das Nações Unidas contra o Crime Organizado Transnacional foi adotada pela Assembléia Geral da ONU em 15 de novembro de 2000 e aberta para assinaturas em Palermo, na Itália, em dezembro do mesmo ano. Até fevereiro de 2003, 147 países haviam assinado a Convenção e 33 haviam-na ratificado, sendo necessárias 40 ratificações para que a mesma entre em vigor. Ver dados em <http://www.un.org>.

[201] Como, no âmbito da América Latina, os Tratados de Lima, de 1879, de Montevidéu, de 1889, e de Havana, de 1928, este último conhecido como Código Bustamante; na Europa as convenções de Bruxelas de 1928 e de 1998, de Roma de 1980 e de Lugano de 1988; ou, no âmbito universal, as convenções resultantes da Conferência da Haia de Direito Internacional Privado, instituída em 1893. Além disso, algumas convenções internacionais visam à criação de regras uniformes, por exemplo, no campo dos transportes (Convenção de Varsóvia de 1929 sobre o transporte aéreo) ou da venda internacional de mercadorias (as duas convenções da Haia de 1964, hoje substituídas pela Convenção das Nações Unidas, de 1980). Ver AUDIT, Bernard. Droit International Privé. 3ème ed. Paris: Economica, 2000. p. 5-6, 38-51.

investimentos internacionais. Logo, a globalização, ao mesmo tempo que implica a desregulamentação dos mercados, e o conseqüente "recuo do Estado em benefício de um mercado sem fronteiras",[202] acarreta também a produção de um corpo de regras jurídicas específicas.[203] E já que os principais atores econômicos internacionais estão no setor privado, era de se esperar que boa parte dessas novas normas e instituições tivesse sua criação a eles relacionada.

Isso é o que se verifica de fato. Os novos atores da globalização estão na origem de um direito privado que existe paralelamente ao direito internacional e aos direitos nacionais[204] e ganha força a cada dia. Além disso, esses atores estimulam instituições privadas, como a arbitragem, que além de evitar que os litígios entre eles sejam apreciados pelos tribunais estatais, permite basear sua relação no direito que eles mesmos produzem.[205]

Isso é possível graças aos contratos, que constituem o pilar sobre o qual se constroem essas regras globalizadas de origem privada. Esse seria hoje o principal instrumento de regulação do mercado globalizado. É o próprio contrato que determina quais são as regras jurídicas que lhe são aplicáveis, e essas regras podem muitas vezes se originar de "poderes privados",[206] pois a liberdade contratual permite que as partes venham a basear seu acordo não no direito estatal, mas em um conjunto de regras transnacionais,[207] normalmente designadas pela doutrina como *lex mercatoria*.[208]

A *lex mercatoria*[209] baseia-se em usos e costumes do comércio internacional, portanto, na atividade prática dos operadores dessa atividade. Além disso, algumas instituições contribuem para o desenvolvimento dessas regras transna-

---

[202] DELMAS-MARTY, Mireille. *Trois défis pour un droit mondial*. Paris: Du Seuil, 1998. p. 84.
[203] CHEVALIER, Jacques. Mondialisation du droit..., op. cit.; 2001. p. 38.
[204] EPINEY, Astrid. Européanisation et mondialisation du droit..., op. cit.; 2001. p. 159.
[205] CHEVALIER, Jacques. Mondialisation du droit..., op. cit.; 2001. p. 46.
[206] LOQUIN, Eric; RAVILLON, Laurence. La volonté des opérateurs vecteur d'un droit mondialisé. In: LOQUIN, Eric; KESSEDJIAN, Catherine. *La mondialisation du droit*. Dijon: Litec, 2000. p. 95.
[207] É interessante observar que já em 1956 Philip Jessup utilizava a palavra "transnacional" para qualificar o direito estabelecido por particulares sem levar em consideração as fronteiras estatais. Para ele, nos setores nos quais isso acontecia, o direito internacional privado não seria mais um direito de conflitos, mas um direito comum regendo certos tipos de transação. JESSUP, Philip C. *Transnational Law*. New Haven: Yale University Press, 1956; ver também comentário em MORAND, Charles-Albert. Le droit saisi par la mondialisation: définitions, enjeux et transformations. In: MORAND, Charles-Albert (org.). *Le droit saisi par la mondialisation*. Bruxelles: Bruylant, 2001. p. 98.
[208] Ver LOQUIN, Eric; RAVILLON, Laurence. La volonté des opérateurs..., op. cit.; 2000. p. 96.
[209] Era chamado de *lex mercatoria* o conjunto de regras criadas pelos comerciantes no final da Idade Média para disciplinar as trocas por eles promovidas. A discussão sobre a existência de uma nova *lex mercatoria* foi estimulada pela obra de Berthold Goldmann na década de 1960. GOLDMANN, Berthold. Frontières du droit et lex mercatoria. In: *Le droit subjectif en question*. *Archives de philosophie du droit*, 1964, t. 9, p. 177-192, 1964.

cionais. Nesse sentido, destacam-se, no campo privado, a Câmara de Comércio Internacional[210] – CCI –, com sede em Paris e, no campo intergovernamental, o Instituto Internacional para a Unificação do Direito Privado – Unidroit –, situado em Roma. A CCI produz os chamados *Incoterms* – definições padrão de termos relativos ao comércio – entre outros instrumentos.[211] Já os Princípios do Unidroit relativos aos contratos de comércio internacional consistem em uma importante referência para os Estados e para os operadores comerciais, ao fornecer regras uniformes aplicáveis à formação, ao conteúdo, à validade e à execução do contratos.[212]

As regras transnacionais consolidam-se por meio da sua incorporação aos contratos.[213] Além disso, cada vez mais essas normas de caráter privado são utilizadas pelos árbitros na análise dos casos a eles apresentados, o que gera uma jurisprudência baseada nesse direito transnacional.[214] Isso faz que, seja pela via contratual, seja pela via jurisprudencial, a prática dos operadores comerciais se transforme em fonte do direito do comércio internacional.[215]

Tanto a elaboração de regras quanto a solução de litígios em questões relativas ao comércio internacional podem passar a ocorrer fora do alcance do Estado. Isso reflete a vontade dos atores privados de definir sem interferências estatais as regras que regulam as suas atividades,[216] e de submeter a resolução

---

[210] Conhecida tanto por sua denominação em francês (*Chambre de Commerce International* – CCI) quanto em inglês (*International Chamber of Commerce* – ICC).

[211] Como as Regras e usos em matéria de crédito documentário, as Regras uniformes relativas às garantias sob demanda (1991) e as Regras uniformes sobre os "contract bonds" (1994). Ver AUDIT, Bernard. *Droit International Privé...*, op. cit.; 2000. p. 6; ver também ICC. *Incoterms 2000*: ICC Official Rules for the interpretation of trade terms. Paris: ICC, 2000.

[212] Os Princípios da Unidroit estabelecem regras gerais aplicáveis aos contratos mercantis internacionais. Eles podem ser aplicados quando as partes tenham acordado que o contrato seja regido pelos "princípios gerais do direito" ou pela "*lex mercatoria*". Além disso, os Princípios podem servir de modelo para a legislação em nível nacional ou internacional. Entre outras regras, os Princípios da Unidroit estabelecem o princípio da liberdade contratual – considerado um "princípio fundamental do comércio internacional". Por esse princípio, os operadores comerciais devem ter a liberdade de definir as disposições de seus contratos. Unidroit. *Principios sobre los Contratos Comerciales Internacionales*. Roma: Unidroit, 1995, p. 1, 7.

[213] É importante, no entanto, lembrar que, como observa Huck, é fundamental que os Estados, mediante seu poder jurisdicional ou legislativo, reconheçam a *lex mercatoria*, caso contrário não haverá forma de se impor a efetividade desta dentro dos limites territoriais do Estado. Além disso, cabe ressaltar que a *lex mercatoria* não prevalece contra as normas de ordem pública do Estado, e que os tribunais nacionais podem recusar a sua aplicação se ela for contrária ou incompatível com o disposto na lei interna. HUCK, Hermes Marcelo. *Sentença estrangeira e lex mercatoria*: horizontes e fronteiras do comércio internacional. São Paulo: Saraiva, 1994. p. 108.

[214] DELBRUCK, Jost. *Prospects for a World (Internal) Law?*: legal developments in a changing international system. *Indiana Journal of Global Legal Studies*, Bloomington, p. 422, Spring 2002.

[215] LOQUIN, Eric; RAVILLON, Laurence. La volonté des opérateurs..., op. cit.; 2000. p. 91, 124.

[216] EPINEY, Astrid. Européanisation et mondialisation du droit..., op. cit.; 2001. p. 159.

de conflitos resultantes do exercício dessas atividades a árbitros adaptados às características do comércio internacional. Essa vontade fez a arbitragem – que surge assim também pela necessidade de resolver os problemas de lentidão e de falta de especialização da justiça estatal[217] – ganhar uma importância crescente, transformado-a no procedimento normal de solução de controvérsias comerciais no âmbito internacional.[218]

Contudo, a importância da arbitragem comercial internacional – ou, mais precisamente, transnacional[219] – não se resume apenas a essa possibilidade de consolidar as normas criadas pelos atores privados da globalização.[220] Ela deriva também da capacidade que esses atores adquiriram de questionar os Estados em instâncias arbitrais.

Se, como vimos, consolida-se cada vez mais o princípio de que o indivíduo passa a ser sujeito do direito internacional no campo dos direitos humanos, também no direito do comércio internacional e dos investimentos os atores privados passam a gozar de posição privilegiada. Podemos considerar que, a partir do momento em que uma ordem jurídica confere direitos e obrigações a uma pessoa, essa ordem considera aquela pessoa seu sujeito. Hoje, no âmbito do comércio e do investimento, o direito internacional reconhece a determinados atores privados, como as empresas transnacionais, o direito de entrar em litígio diretamente com os Estados – principais sujeitos do direito internacional –, e de atraí-los perante jurisdições internacionais. Ora, a partir do momento em que são conferidos determinados direitos e obrigações aos atores privados, permitindo-lhes questionar outros sujeitos do direito internacional perante tribunais internacionais, poderíamos considerar que esses são tratados como sujeitos pelo direito internacional.[221]

---

[217] DELBRUCK, Jost. *Prospects for a World (Internal) Law...*, op. cit.; 2002. p. 421.

[218] CHEVALIER, Jacques. Mondialisation du droit..., op. cit.; 2001. p. 46.

[219] Como define Araminta Mercadante, a arbitragem comercial internacional, também designada transnacional, abrange o acordo de vontade das partes que convencionam submeter um litígio sobre matéria comercial ao juízo arbitral, delimitando o objeto do litígio e indicando a lei aplicável, inclusive princípios gerais do direito, usos e práticas do comércio internacional e *lex mercatoria*, nomeando para esse fim árbitro, árbitros ou uma instituição permanente de arbitragem, obrigando-se a acatar de boa fé a decisão prolatada. MERCADANTE, Araminta de Azevedo. Arbitragem Comercial Internacional: Características. In: MERCADANTE, Araminta de Azevedo; MAGALHÃES, José Carlos (org.). *Solução e prevenção de litígios internacionais*. São Paulo: Necin-Projeto Capes, 1998. p. 24.

[220] Ao se basearem na *lex mercatoria*, as arbitragens transnacionais podem reconhecer a existência de certos princípios gerais do direito internacional, contribuindo para a afirmação destes últimos. Isso ocorre, por exemplo, como demonstra Maurício Almeida Prado, com a máxima *rebus sic stantibus* – pela qual uma mudança fundamental e imprevisível nas circunstâncias sob as quais se celebrou o contrato faz que este possa perder seu caráter obrigatório. Ver ALMEIDA PRADO, Maurício. *Le hardship dans le droit du commerce international*. Bruxelles: Bruylant, 2003. p. 205.

[221] Ver LEBEN, Charles. Quelques réflexions théoriques à propos des contrats d'État. In: *Souveraineté étatique et marchés internationaux à la fin du XXème siècle: à propos de 30 ans de recherche du CREDIMI: Mélanges en l'honneur de Philippe Kahn*. Paris: Litec, 2000. p. 120.

Essa evolução no direito internacional reflete a própria estrutura da sociedade mundial no campo econômico, que não é formada apenas por Estados soberanos, mas tem crescente participação dos atores privados, em especial das empresas transnacionais. No dia-a-dia dos negócios internacionais essas empresas muitas vezes celebram contratos com Estados, prática tratada pela doutrina sob o nome de "contratos de Estado" – denominação que compreende os contratos celebrados entre Estados e pessoas privadas estrangeiras.[222] Nesses, as empresas buscam comumente se proteger da capacidade do Estado de, durante a execução do acordo, utilizar poderes que decorrem não da sua posição de parte no contrato, mas da sua condição de Estado soberano. Isso poderia acontecer caso este viesse a modificar algumas das características do ambiente jurídico no qual as atividades referentes ao contrato se desenrolam[223] – por exemplo, aumentando os impostos de forma a absorver a totalidade dos ganhos da empresa contratada, ou impondo proibição completa de repatriação de lucros por parte dela.

A fim de evitar que isso aconteça, as empresas procuram obter determinadas garantias de segurança jurídica. Para tanto, tentam neutralizar o poder normativo do Estado, que se vê impedido de aplicar ao seu co-contratante toda nova legislação que vier a ser adotada.[224] Isso pode ser feito de duas formas. A primeira é incluir uma cláusula de estabilização no contrato, por meio da qual a legislação nacional se "congela" para as partes na situação em que ela se encontra no momento da assinatura do contrato. A outra é fazer constar do contrato a chamada cláusula de intangibilidade ou de inoponibilidade, que consiste em colocar a empresa ao abrigo de possíveis mudanças na legislação, normalmente por meio de uma estipulação prevendo que os direitos e as obrigações das partes não poderão ser modificados sem seu consentimento mútuo.[225]

Além disso, como já analisamos, o princípio da liberdade contratual permite às empresas adotar como lei aplicável ao contrato um conjunto de nor-

---

[222] Trata-se normalmente de contratos celebrados entre países em desenvolvimento que querem explorar seus recursos naturais e não têm a tecnologia necessária para tanto e empresas transnacionais de países desenvolvidos. Historicamente, as discussões referentes a esse tipo de contrato se devem sobretudo aos processos de nacionalização de concessões petrolíferas no Oriente Médio, e à necessidade de se estabelecerem as indenizações resultantes das resilições unilaterais desses contratos pelo Estado receptor do investimento.

[223] WEIL, Prosper. Les clauses de stabilisation ou d'intangibilité insérées dans les accords de développement économiques. In: *Mélanges Charles Rousseau*. Paris: A. Pedone, 1974. p. 302.

[224] É importante ressaltar que se trata aqui do Estado soberano, e não do Estado-administração, já que somente o primeiro poderia dar garantias de que sua legislação não seria alterada ou que as alterações realizadas não se aplicariam ao contrato em questão, fugindo ao princípio "lex posterior derogat priori". LEBEN, Charles. Quelques réflexions théoriques..., op. cit.; 2000. p. 167.

[225] Ver MEYER, Pierre. La Neutralisation du pouvoir normatif de l'État en matière de contrats d'État. *JDI*, Paris, p. 5-78, 1986.

mas diferentes da lei do Estado contratante. Ao escolher o direito internacional como lei aplicável, as empresas procurariam os mesmos efeitos dos mecanismos mencionados, emancipando o contrato da ordem jurídica nacional[226] e protegendo-se do poder do Estado de alterar suas próprias leis. Como afirma Hermes Marcelo Huck, "a soberania do Estado é a grande ameaça ao particular que com ele contrata".[227] Os atores privados visam desse modo a se assegurar de que o Estado não será favorecido por uma alteração das "regras do jogo" que só ele é soberano para promover. Claro que o Estado não pode ser proibido de alterar sua legislação. No entanto, se uma alteração desse tipo vier a afetar um contrato que contém uma cláusula de estabilização, o Estado deverá responder por isso.

Porém, nesse caso, mais uma vez, o Estado poderia beneficiar-se de sua soberania, fazendo uso de sua imunidade. Esta impediria que ele fosse julgado pela jurisdição de outro Estado, o que levaria o litígio a ser obrigatoriamente analisado pelos tribunais do próprio Estado contratante, o que de modo evidente não seria conveniente para a empresa contratada.[228] Por esse motivo, a internacionalização, deslocamento ou "desterritorialização" do contrato só será eficaz se for complementada pela adoção de uma cláusula compromissória,[229] que evitará a competência dos tribunais do Estado contratante e permitirá a análise do contrato com base no direito internacional, caso este tenha sido escolhido como lei aplicável.[230] Ao incluir no contrato uma cláusula que preveja a arbitragem como forma de resolução de conflitos e permita que o Estado seja questionado perante uma jurisdição exterior a ele, a empresa aumenta suas chances de, ao menos eventualmente, receber uma indenização em caso de violação do contrato pelo Estado.

---

[226] Ver LOQUIN, Eric; RAVILLON, Laurence. La volonté des opérateurs..., op. cit.; 2000. p. 132.

[227] Huck acredita no entanto que os contratos com o Estado deveriam reger-se pelo direito do Estado contratante, e jamais pelo direito internacional. Segundo ele: "Ainda é válida a judiciosa decisão da CPJI no caso dos empréstimos sérvios e brasileiros, ao admitir o direito internacional unicamente para reger as relações entre Estados. HUCK, Hermes Marcelo. *Contratos com o Estado*: aspectos de direito internacional. São Paulo: Aquarela, 1989. p. 24, 155.

[228] Como observa José Carlos de Magalhães, o princípio da imunidade de jurisdição se adaptou de modo que hoje se entende que o Estado é imune à jurisdição de outro só quando atua em sua qualidade específica e própria de Estado e no exercício de sua competência política, enquanto nos atos em que o Estado participa objetivando um resultado econômico, a imunidade de jurisdição passou a ser questionada por diversos Estados. MAGALHÃES, José Carlos de. *O supremo Tribunal Federal e o direito internacional*: uma análise crítica. Porto Alegre: Livraria do Advogado, 2000. p. 130.

[229] Cláusula compromissória é a cláusula contratual por meio da qual as partes elegem a arbitragem como forma de solução de litígios futuros. HUCK, Hermes Marcelo. *Sentença estrangeira e lex mercatoria*..., op. cit.; 1994. p. 65.

[230] Segundo José Carlos de Magalhães: "A convenção arbitral não se confunde com o contrato, pois tem por finalidade resolver controvérsias que deste se originam. Daí poder-se considerar a cláusula arbitral destacável do contrato, submetendo-a até a outro direito, ou ao direito internacional, caso em que assume a característica de ato jurídico internacional. MAGALHÃES, José Carlos de. *Do estado na arbitragem privada*. São Paulo: Max Limonad, 1988. p. 131.

Os Estados não podem invocar sua imunidade de jurisdição no que se refere a um acordo arbitral.[231] As cláusulas compromissórias, além de obrigatórias, são intangíveis, o que significa que não são afetadas por mudanças ocorridas no restante do contrato. Por essa razão, um Estado obrigado por uma cláusula arbitral não pode liberar-se dessa obrigação por meio de mudanças em seu direito interno ou pela resilição unilateral do contrato.

Hoje, portanto, os atores privados podem contar com esse tipo de arbitragem "mista" ou "transnacional" de caráter *ad hoc* a fim de proteger seus direitos. Nem sempre foi assim. Antes, em uma situação equivalente, as empresas dependiam da chamada "proteção diplomática" para fazer valer seus direitos. Esse instituto do direito internacional permite a um Estado endossar as reclamações de seus nacionais para obter a reparação de danos que lhes tenham sido causados por um Estado estrangeiro. A proteção diplomática tem assim o efeito de transformar a disputa entre as partes contratantes em um litígio entre Estados, já que o Estado protetor "substitui pura e simplesmente o particular".[232] A proteção diplomática sujeita, desse modo, o direito dos atores privados à rigidez e à incerteza das relações interestatais, que costumam misturar o jurídico com o político. Além disso, esse tipo de proteção se aplica somente à violação de obrigações do Estado exteriores ao contrato, como a obrigação de assegurar aos estrangeiros um acesso satisfatório à justiça. Caso a violação se refira a uma obrigação contratual, a parte privada permaneceria desamparada, o que mostra a inconveniência desse instituto.[233]

A possibilidade conferida aos atores privados de não mais depender da proteção de seus próprios Estados e de figurar diretamente como partes nas arbitragens transnacionais representa uma evolução clara no sentido de transformar esses atores em sujeitos do direito internacional. Isso porque, como mencionamos, esses atores passam a gozar do direito de questionar outros sujeitos do direito internacional – os Estados – perante tribunais internacionais.[234]

---

[231] A jurisdição dos árbitros se origina da vontade das partes, e as obrigações nascidas de uma convenção arbitral têm um caráter fundamentalmente contratual. REYMOND, Claude. Souveraineté de l'État et participation à l'arbitrage. *Rev. Arb.*, Paris, n. 4, p. 520-525, 1985.

[232] COMBACAU, Jean; SUR, S. *Droit international public*. Paris: Montchrestien, 1999. p. 530.

[233] Outro aspecto pouco conveniente da proteção diplomática é que, em caso de reparação, esta seria obtida pelo Estado protetor, e não pelo particular. Mesmo que na prática o Estado em geral repasse ao particular a indenização recebida, descontados os custos em que esse tiver incorrido no exercício da proteção, o direito internacional não confere ao particular nenhuma garantia de que a indenização deverá ser repassada. VERHOEVEN, Joe. *Droit international public*. Bruxelles: Larcier, 2000. p. 636.

[234] Os tribunais arbitrais mistos podem ser considerados jurisdições internacionais, ainda que não sejam constituídos por tratado e não disponham de procedimentos e recursos específicos, já que funcionam segundo um procedimento regido pelo direito internacional e aplicam os princípios desse direito a litígios situados na esfera da ordem jurídica internacional. LEBEN, Charles. Quelques réflexions théoriques..., op. cit.; 2000. p. 152-156.

Atualmente, além das arbitragens de caráter *ad hoc*, os atores privados podem contar com numerosas instituições permanentes dedicadas à arbitragem, como a Câmara de Comércio Internacional, já mencionada, e a Associação Americana de Arbitragem – *American Arbitration Association* –, que, além de analisar muitos casos, possuem regulamentos adotados como modelo por árbitros em todo o mundo.[235] Observamos, no entanto, que no contexto dos contratos celebrados entre Estado e particulares, uma instituição se destaca. Trata-se do Centro Internacional para a Resolução de Disputas Relativas aos Investimentos – Cirdi.

O Cirdi foi criado pela Convenção de Washington, assinada em 1965 sob os auspícios do Banco Mundial, e sua jurisdição é hoje aceita pela grande maioria dos países.[236] O Centro é um sistema de arbitragem permanente, cuja competência se limita, *ratione materiae*, às disputas de ordem jurídica referentes a investimentos, e *ratione personae*, a litígios que opõem um Estado contratante a uma pessoa privada nacional de outro Estado signatário da Convenção de Washington. O consentimento dado pelos Estados ao aceitar a jurisdição do Cirdi é irrevogável e não pode ser retirado unilateralmente, e a aceitação da arbitragem do Centro implica renúncia a todo outro modo de solução de disputas.[237]

A Convenção de Washington prevê, no artigo 42, que o tribunal arbitral deve estatuir sobre a disputa conforme as regras de direito escolhidas pelas partes – o que abre espaço para que o contrato seja regido pelo direito internacional. Se as partes não tiverem chegado a um acordo sobre o direito aplicável, o tribunal deverá aplicar o direito do Estado contratante que é parte na disputa, bem como os princípios de direito internacional existentes na matéria em questão. Contudo, é importante observar que os tribunais do Cirdi só aplicam o direito interno caso este esteja em conformidade com os princípios do direito internacional, o que resulta em uma preponderância do direito internacional no âmbito das decisões tomadas por tribunais do Centro.[238]

---

[235] Ver KAUFMANN-KOHLER, Gabrielle. Mondialisation de la procédure arbitrale. In: MORAND, Charles-Albert (org.). *Le droit saisi par la mondialisation*. Bruxelles: Bruylant, 2001. p. 275.

[236] Em março do ano 2000, 147 Estados já haviam assinado a Convenção de Washington, e 131 haviam-na ratificado. Em 2003 os países-membros – entre os quais o Brasil não se inclui – já eram 134. Ver LEBEN, Charles. Quelques réflexions théoriques..., op. cit.; 2000. p. 148; para dados atualizados, ver página do Cirdi no *site* do Banco Mundial: <http://www.worldbank.org/>.

[237] O artigo 25 da Convenção de Washington prevê um consentimento duplo: o do Estado-parte na disputa e o do Estado do investidor, na ratificação prévia da Convenção, e o das partes em litígio, por meio de uma cláusula no contrato entre elas celebrado anteriormente ou por um compromisso estabelecido após o surgimento da disputa. Convenção de Washington para a resolução de disputas relativas aos investimentos entre Estados e nacionais de outros Estados, 1965, artigos 25 e 26.

[238] Nesse sentido, por exemplo, na sentença proferida pelo tribunal que julgou o caso "Amco Ásia contra Indonésia" se afirma: "Se existem disposições aplicáveis do direito do Estado receptor, elas devem ser apreciadas sob a óptica do direito internacional, que prevalece em caso de conflito". Ver LEBEN, Charles. Quelques réflexions théoriques..., op. cit.; 2000. p. 148.

Finalmente, é importante observar que a sentença proferida por um tribunal do Cirdi é obrigatória para as partes em litígio[239] e não pode ser objeto de nenhuma apelação ou recurso, exceto aqueles previstos pela própria Convenção, tendo o mesmo valor que as decisões dos órgãos judiciários estatais e constituindo título executório.[240] O Estado contratante é obrigado a reconhecer a sentença e assegurar sua execução em seu território como se essa fosse um julgamento definitivo de seus tribunais. Caso ele não venha a respeitar essa obrigação, se sujeitará às sanções previstas pela Convenção, incluindo medidas de proteção diplomática por parte do Estado de origem do investidor[241] e a possibilidade de que esse mesmo Estado leve a disputa à Corte Internacional de Justiça.[242]

O Cirdi garante o acesso dos atores privados a uma jurisdição que lhes permite questionar o principal sujeito do direito internacional – o Estado –, consolidando a situação que já existia no caso dos tribunais transnacionais *ad hoc*. Por serem criados por um tratado internacional, que prevê um procedimento e recursos específicos para a resolução de disputas que apresentam caráter internacional e por aplicarem a essas disputas o direito internacional, os tribunais do Cirdi constituem uma jurisdição internacional.[243] Ao garantir aos atores privados a possibilidade de questionar os Estados perante uma jurisdição internacional, o Cirdi consagra a idéia de que esses atores podem ser considerados sujeitos do direito internacional, ao menos no campo econômico.

Cada vez mais os atores privados da globalização vêem reforçada sua garantia de acesso ao Cirdi, o que aumenta a importância desse centro. Essa garantia passou a ser incorporada a vários acordos internacionais, como o Nafta, o Mercosul e a Carta Européia sobre Energia, que asseguram aos investidores a possibilidade de solicitar a constituição de um tribunal arbitral sob amparo do Cirdi.

---

[239] É importante ressaltar que o artigo 55 da Convenção remete ao direito em vigor nos Estados contratantes os assuntos relativos às imunidades de jurisdição. Em princípio, essa disposição poderia causar preocupações sobre a possibilidade de execução das sentenças do Cirdi. Todavia, a obrigação geral de respeitar o caráter obrigatório das sentenças do Centro e de dar-lhes efeito deve impedir os Estados de invocar sua imunidade de execução contra elas. Há uma tendência ao abandono progressivo da regra da imunidade absoluta dos Estados, e de questionamento do princípio de que o Estado sempre estaria certo – "the king can do no wrong". O direito internacional e o direito interno evoluíram no sentido de que suas regras se apliquem também aos Estados, que perdem seus privilégios e são em muitos casos colocados no mesmo nível das pessoas privadas.

[240] Convenção de Washington para a resolução de disputas relativas aos investimentos entre Estados e nacionais de outros Estados, 1965, artigos 53 e 54.

[241] A Convenção determina que os Estados não podem exercer a proteção diplomática nas disputas submetidas ao Cirdi, salvo nos casos em que o Estado-parte no litígio não acate a sentença proferida. Idem, artigo 27.

[242] Idem, artigo 64.

[243] Ver LEBEN, Charles. Quelques réflexions théoriques..., op. cit.; 2000. p. 145.

Mas o fenômeno que mais contribuiu para que o Centro ganhasse importância foi a sua crescente associação aos chamados tratados bilaterais de investimento. Estes consistem em acordos interestatais de promoção e proteção dos investimentos, por meio dos quais os Estados estabelecem regras relativas aos investimentos realizados por nacionais de um deles no território do outro.[244]

A impressionante expansão dos tratados bilaterais de investimento levou à formação de uma rede de proteção dos investimentos que se espalha por todo o mundo.[245] Em quase todos esses tratados há um artigo referente à solução de controvérsias em matéria de investimentos, no qual, normalmente, as partes comprometem-se a tentar resolver sua disputa por procedimentos amigáveis e, em alguns casos, a sujeitar-se a uma instância arbitral.[246] Neste último caso, as partes teriam duas opções. Uma seria submeter o litígio a um tribunal arbitral ad hoc, constituído, por exemplo, conforme o regulamento de arbitragem da Comissão das Nações Unidas para o Direito do Comércio Internacional – CNUDCI.[247] Outra seria submeter a disputa a tribunais institucionais permanentes. Neste último caso, cada vez mais freqüentemente[248] os tratados

---

[244] Assim como os contratos de Estado, os tratados bilaterais de investimento são muitas vezes celebrados entre um país industrializado e um país em desenvolvimento. Enquanto o primeiro procura ganhar novos mercados e garantir maior segurança jurídica para seus investidores, o segundo procura atrair o capital e os investimentos estrangeiros ao conferir-lhes essa mesma segurança. Para tanto, o Estado receptor do investimento procura assegurar que os investidores estrangeiros serão tratados com justiça e eqüidade, segundo um padrão mínimo que não pode ser inferior ao conferido aos investidores nacionais ou aos de outros países. A maior parte dos tratados bilaterais de investimento se baseia no Projeto de Convenção sobre a Proteção de bens estrangeiros, aprovado pela OCDE em 1967. Nesse modelo, as partes se comprometem a tomar todas as medidas necessárias a fim de estimular o fluxo de investimentos (cláusula de encorajamento).

[245] Em 1997 se contabilizavam 1.507 tratados bilaterais de investimento, e 169 Estados haviam concluído ao menos um tratado desse tipo. LEBEN, Charles. L'évolution du droit international des investissements. In: SFDI. Un accord multilatéral sur l'investissement: d'un forum de négociation à l'autre?: journée d'études. Paris: A. Pedone, 1999. p. 9; ver também LEBEN, Charles. Quelques réflexions théoriques..., op. cit.; 2000. p. 174.

[246] Nesse sentido, por exemplo, o Brasil e os Estados Unidos celebraram um "Acordo sobre Garantia de Investimentos" em 6 de fevereiro de 1965, pelo qual as divergências relativas ao acordo surgidas entre os governos deveriam ser resolvidas por negociação e, caso não houvesse uma solução para a controvérsia em seis meses, esta poderia ser submetida à arbitragem. MAGALHÃES, José Carlos de; BAPTISTA, Luiz Olavo. Arbitragem Comercial. Rio de Janeiro: Freitas Bastos, 1986. p. 134.

[247] Esse regulamento, elaborado em 1976, tem a vantagem de, sem ser administrado por uma instituição, oferecer um corpo de regras preestabelecidas. Além disso, a legitimidade da CNUDCI (também conhecida por sua denominação em inglês: United Nations Commission on International Trade Law – UNCITRAL), vinculada à ONU, faz que seu regulamento seja amplamente aceito. KAUFMANN-KOHLER, Gabrielle. Mondialisation de la procédure arbitrale..., op. cit.; 2000. p. 274.

[248] Segundo o boletim de informação do Cirdi, de 1998, existiam aproximadamente 900 tratados bilaterais de investimento que remeteriam possíveis litígios à arbitragem do Centro. LEBEN, Charles. L'évolution du droit international..., op. cit.; 1999. p. 17.

bilaterais de investimento remetem ao Cirdi, e muitas vezes esses tratados estabelecem um comprometimento incondicional do Estado receptor do investimento em aceitar, pelo simples pedido do investidor, submeter uma eventual disputa ao Centro, mesmo que não haja nenhum outro tipo de consentimento prévio por parte daquele Estado.

Essa breve análise de algumas das numerosas áreas em que normas de caráter internacional se multiplicam e se diversificam nos mostra o quanto o aumento da interdependência dos Estados teve influências sobre o mundo do Direito. Assim como no âmbito público, no campo privado há atividades que requerem normas e instituições que ultrapassem as fronteiras dos Estados. Os Estados participam, ativamente ou pelo simples consentimento, da formação de tais regras – sem eles não haveria o fenômeno da globalização jurídica. No entanto, ao aceitarem essa internacionalização e ao assistirem ao crescimento de um direito transnacional, os Estados vêem seu poder ser em boa parte limitado. E há um tipo de instituição – também no âmbito da globalização jurídica – no qual esse fato se acentua e se agrava. Trata-se das organizações internacionais.

Capítulo 8

As organizações internacionais – cooperação internacional e integração regional

> *Desde o tempo das grandes descobertas, mapas cada vez mais acurados tornaram-se disponíveis para criar uma imagem do mundo em termos de território. A partir dessa doutrinação da escola primária gerações têm sido treinadas para ver o mundo em termos de atores territoriais, em conflito e cooperação. O que foi deixado de fora daquela imagem é o continente esquecido, um continente invisível de atores não territoriais, as organizações internacionais.*[1]
>
> Johan Galtung

Um dos principais resultados do aumento da interdependência entre os povos, conforme acabamos de analisar, é a necessidade de maior cooperação internacional. Essa necessidade, por sua vez, acarreta um processo de institucionalização crescente da interdependência internacional – a globalização jurídica.

O processo de institucionalização – pelo qual os Estados unem seus recursos a fim de atingir um objetivo comum – encontra sua expressão máxima no fenômeno das organizações internacionais, que consistem em uma parte específica do processo de globalização do direito. São o mecanismo por meio do qual os Estados instituirão uma cooperação institucionalizada e permanente no domínio das competências que lhes forem atribuídas.[2]

---

[1] GALTUNG, Johan. Non-territorial actors: the invisible continent: Towards a typology of international organizations. In: ABI-SAAB, Georges (ed.). *The concept of international organization*. Paris: Unesco, 1981. p. 67.

[2] COLLIARD, Claude-Albert; DUBOUIS, Louis. *Institutions Internationales*. Paris: Dalloz, 1995. p. 169, 171.

As organizações internacionais são mais um reflexo do aumento da interdependência dos povos, a principal forma encontrada pelos Estados para reagir aos problemas decorrentes da atividade transnacional – de caráter eminentemente coletivo.[3] O crescimento do número[4] e da atividade[5] das organizações internacionais decorre dos numerosos benefícios por elas proporcionados.[6]

A definição de organização internacional não é encontrada em nenhum tratado ou convenção. Considera-se, no entanto, que essas organizações possuem alguns elementos tradicionais que as caracterizam. Para Michel Virally, cinco seriam esses elementos. O primeiro é o caráter interestatal dessas organizações.[7] O segundo é sua base voluntarista, ou seja, somente os Estados que expressaram sua vontade de tornar-se membros fazem parte delas. Isso equivale a dizer que as organizações internacionais geralmente fundam-se em tratados. A terceira característica é a existência de uma estrutura com órgãos permanentes – caso contrário, não se trataria de uma organização internacional propriamente dita, mas de uma conferência internacional. O quarto elemento é a autonomia. Esse elemento resulta da existência de um sistema de órgãos distintos daqueles dos Estados membros e depende da forma como as decisões são tomadas na organização – o sistema de tomada de decisões tem de permitir que a organização defina sua própria "vontade", autônoma e não necessariamente idêntica à vontade de cada membro. Essa possibilidade significa que a organização tem personalidade jurídica própria, completamente

---

[3] HELD, David. *Democracy and the Global Order*: From the Modern State to Cosmopolitan Governance. Stanford, Calif.: Stanford University Press, 1995. p. 107.

[4] As organizações internacionais se espalharam progressivamente no pós-guerra e eram 365 em meados da década de 1980, duas vezes mais que no início da década de 1970. Ver HOBSBAWM, Eric. *A era dos extremos*: o breve século XX: 1914-1991. 2. ed. São Paulo: Companhia das Letras, 1997, p. 419.

[5] Na metade do século XIX havia duas ou três conferências por ano promovidas por organizações intergovernamentais. No início da década de 1990 esse número se aproximava de 4 mil. Ver HELD, David; MCGREW, Anthony G.; GOLDBLATT, David; PERRATON, Jonathan. *Global Transformations*: Politics, Economics and Culture. Stanford, Calif.: Stanford University Press, 1999. p. 55.

[6] As organizações internacionais apresentam diversas virtudes, entre as quais podemos mencionar: a criação de meios para evitar conflitos entre os Estados; a de exercer influência quase sempre benéfica nas decisões internas de seus membros; a de criar um foro no qual os países menos desenvolvidos podem defender suas posições; a promoção do internacionalismo e da comunicação entre os Estados; a de contribuir para a criação de normas internacionais e, por meio de seus tribunais, desenvolver uma jurisprudência internacional. Ver REZEK, José Francisco. *Direito internacional público*: curso elementar. 3. ed. São Paulo: Saraiva, 1993. p. 253.

[7] Trataremos, nesta parte de nossa análise, de organizações internacionais *stricto sensu* – ou seja, que têm por membros os Estados. É importante lembrar que há também organizações não-governamentais de caráter internacional, compostas de pessoas físicas ou jurídicas nacionais de Estados diferentes, ou cuja missão se caracteriza como internacional. As ONGs serão abordadas na parte final deste livro. Ver distinção em COLLIARD, Claude-Albert; DUBOUIS, Louis. *Institutions Internationales*..., op. cit.; 1995. p. 169.

distinta da de seus membros,[8] e é graças a essa característica que elas podem ser hoje consideradas sujeitos de direito internacional.[9] Finalmente, o quinto elemento característico das organizações internacionais é que elas têm como objetivo básico atender à necessidade da cooperação internacional – sua verdadeira razão de ser.[10]

Destacam-se assim, entre esses elementos: a base, formada por um tratado que representa o desejo dos Estados de cooperar em determinadas áreas; a estrutura, que garante que a organização terá funcionamento permanente; e os meios, que são os poderes e as competências que refletem um certo grau de autonomia das organizações com relação a seus membros.[11] Esses elementos levam Virally a definir organização internacional como uma associação de Estados, estabelecida pelo acordo destes e possuidora de um conjunto de órgãos permanentes, cuja tarefa é perseguir objetivos de interesse comum por meio da cooperação entre seus membros.[12] Vários autores criaram a sua definição[13] a partir desses mesmos elementos, considerando a

---

[8] A personalidade jurídica das organizações internacionais surge com a criação de órgãos com competências próprias, denotando autonomia em relação aos Estados membros. Embora não seja necessário, algumas organizações ressaltam em seus Tratados constitutivos sua personalidade jurídica. É o caso da Organização Internacional do Trabalho. O artigo 39 da Constituição da OIT prevê: "A Organização Internacional do Trabalho deve possuir personalidade jurídica; ela tem, especialmente, capacidade: a) de contratar, b) de adquirir bens móveis e imóveis, e de dispor desses bens, c) de estar em juízo." Ver REZEK, José Francisco. *Direito internacional público...*, op. cit.; 1993. p. 253.

[9] Roberto Ago lembra que se consultarmos os livros de direito internacional do início do século XX, no capítulo sobre os sujeitos do direito internacional encontraremos o princípio de que os Estados e somente os Estados são sujeitos desse direito. Porém, na segunda metade desse mesmo século, ao consultar-se um livro atualizado dessa matéria, verificaríamos que além dos Estados uma categoria completamente nova, a das organizações internacionais, teria aparecido. AGO, Roberto. The State and International Organization. In: JENKS, C. Wilfred et al. *International Law in a Changing World*. New York: Oceana Publications, 1963, p. 12-13.

[10] VIRALLY, Michel. Definition and classification of international organizations: a legal approach. In: ABI-SAAB, Georges (ed.). *The concept of international organization*. Paris: Unesco, 1981. p. 51-53.

[11] ABI-SAAB, Georges. Introduction: The concept of international organizations: a Synthesis. In: ABI-SAAB, Georges (ed.). *The concept of international organization*. Paris: Unesco, 1981. p. 11.

[12] VIRALLY, Michel. Definition and classification of international organizations..., op. cit.; 1981, p. 51.

[13] Assim, por exemplo, para Ricardo Seitenfus uma organização internacional é uma sociedade entre Estados, constituída por um tratado, com a finalidade de buscar interesses comuns por uma permanente cooperação entre seus membros. Albuquerque Mello, por sua vez, cita Angelo Sereni, segundo o qual uma organização internacional pode ser definida como uma associação voluntária de sujeitos de direito internacional, constituída por ato internacional e disciplinada nas relações entre as partes por normas de direito internacional, que se realizam em um ente de aspecto estável com ordenamento jurídico próprio e dotado de órgãos e institutos próprios, por meio dos quais realizam as finalidades comuns de seus membros mediante funções particulares e o exercício dos poderes que lhes foram conferidos. SEITENFUS, Ricardo. *Manual das organizações internacionais*. Porto Alegre: Livraria do Advogado, 1997, p. 27; Ver MELLO, Celso D. de Albuquerque. *Direito internacional de integração*. Rio de Janeiro: Renovar, 1996, p. 95.

organização internacional como uma associação de Estados que dá origem a uma entidade nova dotada de permanência, órgãos próprios e personalidade internacional.[14]

As organizações internacionais podem ser classificadas de diversas maneiras. É possível dividi-las, segundo suas finalidades, em gerais e específicas. As primeiras apresentam funções normalmente políticas, como é o caso da Organização das Nações Unidas. As últimas podem apresentar objetivos diversos, por exemplo: econômicos, como o Fundo Monetário Internacional, ou sociais, como a Organização Internacional do Trabalho. Podem ser divididas, também, segundo seu alcance territorial, em universais,[15] como é o caso da ONU, ou regionais, como a Organização dos Estados Americanos.[16]

Ainda de acordo com seus objetivos, elas podem ser divididas em organizações internacionais de cooperação, caso da Organização Mundial de Comércio, ou organizações de integração regional, como a Comunidade Andina. As organizações do primeiro tipo apresentam um caráter especializado, uma vez que "não dispõem de uma competência geral, mas de uma simples competência atribuída para realizar a cooperação entre os Estados nos domínios por elas abrangidos".[17] Delas diferem as organizações do segundo tipo, cujo objetivo – a integração econômica dos países-membros – é mais aprofundado que o das primeiras.

Como lembra Virally, é para cumprir a função que foi atribuída à organização internacional que os Estados arcam com os custos e aceitam as limitações que inevitavelmente derivam da criação dessas instituições.[18] Exatamente porque as funções ou os objetivos da organização internacional consistem em sua razão de ser, é essa última classificação que marcará a divisão principal aqui estabelecida.

Mas a divisão entre organizações internacionais de cooperação ou de integração regional resultam em outras diferenças importantes. Devemos diferenciar coordenação e cooperação, de um lado, de solidariedade e integração, de outro. A coordenação baseia-se na premissa oculta de que os interesses

---

[14] COLLIARD, Claude-Albert; DUBOUIS, Louis. *Institutions Internationales...*, op. cit.; 1995. p. 169.

[15] Como lembra Virally, seria preferível falar em organizações internacionais de "vocação universal", já que essas muitas vezes possuem uma "universalidade" apenas virtual, uma vez que é difícil reunir todos os Estados, sem exceção, em uma mesma organização. VIRALLY, Michel. Definition and classification of international organizations..., op. cit.; 1981. p. 57.

[16] Um dos problemas dessa classificação é que há organizações que não têm vocação universal e não são estabelecidas em base regional, como a OCDE (Organização para a Cooperação e o Desenvolvimento Econômico) e a OPEP (Organização dos Países Exportadores de Petróleo). Idem. p. 57.

[17] LEBEN, Charles. *Les sanctions privatives de droit ou de qualité dans les organisations internationales spécialisées*: recherches sur les sanctions internationales et l'évolution du droit des gens. Bruxelles: Bruylant, 1979. p. 29.

[18] VIRALLY, Michel. Definition and classification of international organizations..., op. cit.; 1981. p. 59.

nacionais prevalecerão sobre quaisquer outras considerações em todas as etapas e, principalmente, em última instância, sendo a cooperação a forma de promover as relações interestatais sob esse princípio. Já a integração pressupõe o estabelecimento de um interesse comum entre dois ou mais Estados em uma área essencial, sendo realizada pela organização das relações entre os Estados com base em uma atitude de solidariedade, de forma que a proteção dos interesses comuns prevaleça sobre a defesa dos interesses nacionais.[19]

Logo, enquanto nas organizações internacionais de cooperação os Estados a todo momento procuram defender seus próprios interesses, sendo os acordos nelas estabelecidos o resultado do equilíbrio desses diversos objetivos, nas organizações de integração regional deve prevalecer, ao menos teoricamente, o interesse comum da comunidade formada pelos países em processo de integração.

Dessa forma, além da diferença de objetivo, cooperação e integração são marcadas por uma diferença de método. A fim de alcançar as metas mais ambiciosas relacionadas à integração, os métodos consensuais normalmente vinculados à cooperação não seriam suficientes. Para atingir a integração, os Estados têm de se submeter a uma limitação maior.[20] Por esse motivo, para alguns autores, ao contrário das organizações de integração regional, que normalmente afetariam as atribuições dos países que delas participam, as organizações internacionais de cooperação seriam um simples instrumento nas mãos dos Estados, não modificando em nada suas funções.[21] Essas se baseariam na própria soberania dos Estados membros, mantendo intacta a estrutura da comunidade internacional.[22]

Veremos mais adiante, no entanto, que ambos os tipos de organização internacional implicam uma limitação aos poderes do Estado e uma transferência de certas competências que esse anteriormente possuía. Caberia então estudar essas duas grandes áreas em que a globalização jurídica se divide – a cooperação internacional e a integração regional – bem como suas instituições mais marcantes: as organizações internacionais de cooperação (8.1) e as organizações de integração regional (8.2).

---

[19] Ver ZELADA CASTEDO, Alberto. *Derecho de la Integración Economica Regional*. Buenos Aires: Depalma, 1989. p. 26.

[20] COLLIARD, Claude-Albert; DUBOUIS, Louis. *Institutions Internationales...*, op. cit.; 1995. p. 171.

[21] VIRALLY, Michel. Definition and classification of international organizations..., op. cit.; 1981. p. 54.

[22] Analisando o caso da integração européia, Leontin Constantinesco sustenta que seu caráter a diferencia das organizações de cooperação, uma vez que ela modifica a estrutura dos Estados membros, não se limitando a meramente administrar um serviço internacional, mas aspirando integrar política e economicamente vários Estados de uma região. As organizações de cooperação consistiriam em modelos de "cooperação institucionalizada", enquanto as organizações de integração são formas de "integração constitucionalizada". Ver ZELADA CASTEDO, Alberto. *Derecho de la Integración...*, op. cit.; 1989. p. 27.

8.1 Organizações internacionais – a cooperação internacional

Embora o Concerto Europeu seja comumente apontado como a primeira tentativa da sociedade internacional de cooperar internacionalmente para manter a paz, tentativa essa que foi frustrada mais uma vez com o fim da Liga das Nações, só a ONU alcançou a meta de estabelecer uma organização internacional de vocação universal com esse objetivo. Durante o mesmo período, o mundo assistiu à proliferação de organizações internacionais de cooperação de caráter predominantemente técnico. Na área econômica, de modo específico, a segunda metade do século XX presenciou a consolidação de duas organizações internacionais – o FMI e o Banco Mundial – que têm importância acentuada no mundo globalizado (8.1.1). Porém, o melhor exemplo de organização internacional de cooperação na área econômica é o da OMC, cuja origem e funcionamento – em particular de seu sistema de solução de disputas – serão estudados mais adiante (8.1.2).

8.1.1 Evolução histórica da cooperação internacional

Cooperação técnica e cooperação política

> *O convite para realizar esta palestra me alcançou por carta em Buenos Aires graças aos arranjos feitos pela União Postal Universal. Eu telegrafei minha aceitação por meio de instrumentos operados de acordo com as regras da União Internacional das Telecomunicações. Mais tarde eu atravessei três continentes usando serviços aéreos que as regras e instrumentos da Organização Internacional da Aviação Civil e da Organização Mundial de Meteorologia tornaram possíveis. Fui dispensado de quarentena porque eu detinha um certificado de vacinação emitido pela Organização Mundial de Saúde. Sete organizações internacionais tiveram alguma participação para que eu esteja aqui.*[23]
>
> C. Wilfred Jenks

As organizações internacionais de cooperação surgiram a partir do século XIX.[24] A necessidade de sua criação teve origem na intensificação das relações internacionais e, em seu início, essas organizações tiveram um caráter marcadamente europeu.

---

[23] A palestra em questão foi proferida em um congresso realizado em Genebra sob a organização de duas outras organizações internacionais: a ONU e o Clube dos Advogados Internacionais, e está reproduzida em JENKS, C. Wilfred. Law, Freedom and Welfare in Action For Peace. In: JENKS, C. Wilfred et al. *International Law in a Changing World*. New York: Oceana Publications, 1963. p. 1.

[24] COLLIARD, Claude-Albert; DUBOUIS, Louis. *Institutions Internationales...*, op. cit.; 1995. p. 167.

A mais antiga delas foi a Comissão do Reno, de 1814, à qual se seguiu a Comissão do Danúbio, de 1856, ambas com a finalidade de assegurar a liberdade de navegação naqueles rios.[25] Foi, contudo, na segunda metade do século XIX que o mundo passou a assistir à proliferação de organizações internacionais com o objetivo de regular diversas áreas de atividade.[26] Entre 1865 e 1914, surgiram mais de trinta organizações internacionais de cooperação, como a União Telegráfica Universal, em 1865, a União Postal Universal, em 1874, o *Bureau* Internacional de Pesos e Medidas, em 1875, o *Bureau* da Organização Internacional Meteorológica, em 1878, e a União Radiotelegráfica Universal, em 1906.[27]

Com o tempo, a atividade das organizações internacionais de cooperação se expandiu, ultrapassando os limites da Europa. Já antes da Primeira Guerra Mundial essas organizações eram responsáveis pela regulação de aspectos significativos da vida mundial.[28]

No entanto, ainda que representassem um fenômeno com importância crescente, as organizações internacionais ainda agiam na esfera rigorosamente limitada da cooperação técnica. Isso se explicava principalmente porque, nessa área, haveria menos perigo de "ofender as suscetibilidades nacionais ou ir contra interesses vitais" do que haveria no campo da política.[29]

Apesar desses limites, alguns autores já viam aquelas "uniões", com seus escritórios internacionais, como os rudimentos de uma administração internacional centralizada. Em 1919, Joseph Jitta afirmava, ao analisar esse fenômeno: "podemos dizer, como Galileu, *eppur si muove*. Há um movimento".[30] Esse movimento, no entanto, ainda era lento. Lento no plano da cooperação técnica, porém mais lento ainda no plano da política.

É possível no entanto afirmar que "o sonho de uma organização internacional de caráter universal, que permitisse assegurar a paz do mundo, tem dominado há séculos o espírito dos homens".[31] Isso explica por que, mesmo antes da explosão do fenômeno das organizações internacionais, o mundo já buscava garantir a paz por meio da cooperação entre os Estados.

---

[25] Ver MELLO, Celso D. de Albuquerque. *Curso de direito internacional público*. 10. ed. Rio de Janeiro: Renovar, 1994. p. 527.

[26] HELD, David; MCGREW, Anthony G.; GOLDBLATT, David; PERRATON, Jonathan. *Global Transformations...*, op. cit.; 1999. p. 43.

[27] Ver ALMEIDA, Paulo Roberto de. *O Brasil e o multilateralismo econômico*. Porto Alegre: Livraria do Advogado, 1999. p. 68.

[28] HELD, David; MCGREW, Anthony G.; GOLDBLATT, David; PERRATON, Jonathan. *Global Transformations...*, op. cit.; 1999. p. 43.

[29] GERBET, Pierre. Rise and development of international organizations: a synthesis. In: ABI-SAAB, Georges (ed.). *The concept of international organization*. Paris: Unesco, 1981. p. 35.

[30] JITTA, Josephus. *La rénovation du droit international sur la base d'une communauté juridique du genre humain*. La Haye: Martinus Nijhoff, 1919. p. 23.

[31] COLLIARD, Claude-Albert; DUBOUIS, Louis. *Institutions Internationales...*, op. cit.; 1995. p. 167.

O primeiro exemplo significativo, que data do mesmo século XIX, foi o Concerto Europeu. Este foi instituído em 1815, no Congresso de Viena, após a derrota de Napoleão Bonaparte, e seu objetivo era manter o equilíbrio do poder na Europa a fim de preservar a paz. Foi nesse congresso que, pela primeira vez na diplomacia, o conceito de grande potência foi claramente aplicado, criando-se um comitê formado pelas nações vencedoras – Grã-Bretanha, Áustria, Prússia e Rússia – e pela França. O Congresso de Viena estabeleceu uma teia de acordos multilaterais entre os governos dessas grandes potências, facilitando a administração de uma ordem internacional em que nenhuma delas teria condições de se impor às demais.[32]

O Congresso previu que as grandes potências deveriam consultar-se freqüentemente para evitar conflitos que pudessem levá-las a uma nova guerra. A fim de alcançar esse objetivo, os países do Concerto Europeu passaram a realizar conferências periódicas. Se antes as conferências internacionais ocorriam apenas com o propósito de redigir acordos de paz, a partir do Congresso de Viena os países do Concerto passaram a se encontrar para tratar de qualquer assunto que viesse a surgir – o que consistia em uma nova forma de diplomacia.[33]

Ainda que esse sistema de conferências não tivesse acordos constitutivos, nem uma sede ou um secretariado permanentes, ele representava uma tendência que estaria, ao lado das organizações internacionais de cooperação técnica, na origem das organizações internacionais atuais. Assim como o desenvolvimento das organizações ou "uniões" de cooperação técnica, com suas secretarias ou *bureaus*, ajudou na formação de uma administração internacional, o sistema de conferências consolidou a técnica dos tratados multilaterais – que deixariam de ser utilizados só para celebrar acordos de paz e passariam a ser utilizados como instrumento de regulação internacional. Essa técnica, como se sabe, é essencial à criação das organizações internacionais.[34]

O Concerto Europeu, entretanto, não durou para sempre.[35] Mesmo que as consultas freqüentes e as conferências multilaterais representassem uma nítida evolução na organização das relações internacionais, o fato de essas não

---

[32] Ver SATO, Eiiti. *O papel estabilizador dos países periféricos na ordem internacional*: percepções e perspectivas. 1997. Tese (Doutorado) – Departamento de Sociologia, Faculdade de Filosofia, Letras e Ciência Humanas, Universidade de São Paulo, São Paulo, 1997. f. 38.

[33] GERBET, Pierre. Rise and development of international organizations..., op. cit.; 1981. p. 32.

[34] ABI-SAAB, Georges. Introduction: The concept of international organizations..., op. cit.; 1981. p. 10.

[35] O fim do Concerto Europeu pode ser atribuído à Guerra da Criméia, em 1854, na qual as grandes potências abandonaram a busca do consenso e decidiram pelas armas as disputas pela influência sobre os lugares santos, a passagem pelos estreitos na entrada do mar Negro e a liberdade de navegação no rio Danúbio, ou ainda à Primeira Guerra Mundial e ao posterior surgimento da Liga das Nações. Ver SATO, Eiiti. *O papel estabilizador dos países periféricos*..., op. cit.; 1997. f. 39.

serem permanentes fazia que sua eficiência fosse menor do que deveria, principalmente em tempos de crise.[36] Com a Primeira Guerra Mundial, a necessidade de uma organização internacional de caráter permanente com a finalidade de assegurar a paz tornou-se mais do que nunca evidente. A resposta, vinda mais uma vez da iniciativa da coalizão vitoriosa, foi a criação da Liga das Nações.

O Pacto da Liga das Nações foi assinado em 28 de abril de 1919. Dessa vez, o esforço pela paz não era mais exclusivamente europeu. Além do secretariado, encarregado das funções administrativas, a Liga contava com um Conselho, do qual as potências vencedoras eram membros permanentes mas não estavam sozinhas, já que as demais nações podiam ter assento como membros não-permanentes. Além disso, o Pacto da Liga criou uma Assembléia anual na qual cada membro, em pé de igualdade, detinha um voto.

Outra instituição importante criada pelo Pacto da Liga foi a Corte Permanente Internacional de Justiça, que começou a funcionar em 1922, na Haia. Esta era composta de quinze juízes, nomeados pelo Conselho e pela Assembléia, que tinham a função de resolver possíveis disputas entre Estados, porém sua jurisdição não era obrigatória[37].

Ao contrário do Concerto Europeu, a Liga tinha ambições de se tornar uma organização universal. Quando começou a funcionar, ela contava com a participação de mais de quarenta Estados, e em seu auge, na década de 1930, chegou a ter mais de sessenta membros.[38] No entanto, a Liga não conseguiu atingir a universalidade.[39] Apesar de o presidente norte-americano, Woodrow Wilson, ter participado de forma fundamental na criação daquela instituição, a não-aprovação pelo Congresso dos Estados Unidos da adesão daquele país à Liga foi um dos prováveis motivos do enfraquecimento da organização.

Paralelamente ao esforço pela paz, prosseguia a cooperação internacional em matérias de caráter não-político. Entre 1919 e 1939, organizações importantes, como a OIT, de 1919, viriam a surgir. A criação, naquela época, de outras organizações, como a Interpol, de 1923, e o Banco de Compensações Internacionais, de 1930, vem demonstrar que a necessidade de cooperação internacional em algumas áreas – como a criminal e a financeira – embora tenha sido agravada com a globalização, não vem de hoje.

---

[36] Ver GERBET, Pierre. Rise and development of international organizations..., op. cit.; 1981. p. 37.

[37] Antes disso, em 1899 e 1907, as Conferências da Haia haviam previsto o princípio da arbitragem compulsória e criado um código de procedimento arbitral, sem no entanto conseguir estabelecer uma verdadeira corte internacional de justiça. Idem. p. 41, 34.

[38] ALMEIDA, Paulo Roberto de. *O Brasil e o multilateralismo econômico*..., op. cit.; 1999. p. 79.

[39] A Liga conferia a seus membros a possibilidade de retirada, o que foi feito pelos Estados totalitários. Em 1939 apenas 44 Estados permaneciam na Liga. GERBET, Pierre. Rise and development of international organizations..., op. cit.; 1981. p. 42.

A própria Liga das Nações não se limitou à sua missão de procurar preservar a paz, havendo obtido bons resultados no desenvolvimento de uma cooperação de caráter administrativo, em áreas como a saúde, o transporte e as comunicações.[40] O sucesso dessas iniciativas contrasta, no entanto, com o fracasso político da Liga, evidenciado pela eclosão da Segunda Guerra Mundial.

Com o fim da Segunda Guerra, mais uma vez as nações vencedoras reuniram-se em torno de um projeto para preservar a paz mundial: a criação da Organização das Nações Unidas – ONU. Muitos autores vêem na repetição desse acontecimento um padrão. Após um conflito em larga escala, a preservação da paz estaria vinculada à manutenção de uma "estabilidade hegemônica". Isso porque iniciar uma guerra só faria sentido para uma parte que acreditasse poder ganhar com o rompimento de um equilíbrio existente que não lhe favorecesse. Um poder que acabasse de sair vitorioso em um conflito, assegurando sua hegemonia, não teria mais interesse na guerra, mas sim em manter a posição de superioridade com ela conquistada.[41]

A assinatura da Carta das Nações Unidas, em 26 de junho de 1945, na cidade de São Francisco, seria assim a terceira tentativa em dois séculos de conter a ameaça que a guerra representa para o equilíbrio estabelecido pelas potências vencedoras, o que se reflete na própria estrutura da ONU.

Mesmo que a ONU conte com uma Assembléia Geral, composta de todos os membros da organização com direito a um voto cada um, as resoluções desse órgão têm caráter de simples recomendação, diferentemente daquelas proferidas pelo Conselho de Segurança. Este, por sua vez, é composto de quinze países, cinco deles membros permanentes com direito a veto –Estados Unidos, Rússia, França, Reino Unido e China. Desse modo, ainda que a Carta afirme o princípio da igualdade entre os Estados,[42] refletido na própria estrutura da Assembléia Geral, essa igualdade é sacrificada no momento em que poderes e responsabilidades especiais são atribuídos às cinco grandes potências da época de sua assinatura.[43]

O Conselho é o principal responsável pelo cumprimento da maior missão da ONU: manter a paz e a segurança internacionais. Procura-se assim respeitar o disposto no artigo 2.4 da Carta, que estabelece a interdição do uso da força nas relações internacionais.[44]

Mas a "isolada declaração da ilegalidade da guerra seria inócua se a Carta das Nações Unidas não tivesse dotado a organização de instrumentos e

---

[40] GERBET, Pierre. Rise and development of international organizations..., op. cit.; 1981. p. 44.

[41] Ver ZOLO, Danilo. *Cosmopolis*: Prospects for World Government. Cambridge: Polity Press, 1997. p. 2.

[42] Um dos objetivos da ONU é o de desenvolver relações amistosas entre as nações, baseadas no respeito ao princípio da igualdade de direitos e da autodeterminação dos povos. Carta das Nações Unidas, artigo primeiro, parágrafo segundo.

[43] FLORY, Maurice. Souveraineté des États et coopération pour le développement. *RCADI*, v. 1, t. 141, p. 263, 1974.

[44] Exceto quando a força é usada em legítima defesa, como prevê o artigo 51 da Carta das Nações Unidas.

meios necessários para dar eficácia ao dispositivo".[45] Desse modo, o Conselho de Segurança pode aplicar sanções econômicas e militares aos países-membros, a título do Capítulo VII, artigos 41 e 42 da Carta. Essa aplicação deve ocorrer em resposta a uma ameaça à paz, podendo por exemplo consistir de embargos econômicos[46] ou da ação de forças militares aéreas, navais ou terrestres.[47] A fim de garantir tais operações, estabeleceu-se que cada país-membro deve deixar disponível à ONU parte de seu contingente militar.[48]

A ONU conta ainda com outros órgãos, como o Secretariado Geral, órgão administrativo, cujo titular é eleito pela Assembléia Geral, o Conselho Econômico e Social,[49] e a Corte Internacional de Justiça – CIJ. Esta última sucedeu a Corte Permanente de Justiça Internacional, que como vimos havia sido criada pela Liga das Nações. A CIJ é o principal órgão judicial da ONU, e o Conselho de Segurança é obrigado a executar as decisões por ela tomadas.[50] Sua competência para resolver disputas entre Estados depende, no entanto, do consentimento destes. A reticência dos Estados em aderir à chamada cláusula facultativa da jurisdição obrigatória – prevista no artigo 36, parágrafo segundo do estatuto da Corte[51] – leva a que, para a maioria dos Estados, esse

---

[45] HUCK, Hermes Marcelo. *Da guerra justa a guerra econômica*: uma revisão sobre o uso da força em direito internacional. São Paulo: Saraiva, 1996. p. 149.

[46] Como exemplo de ação do Conselho de Segurança na área econômica, podemos mencionar as sanções adotadas contra a Líbia devido à sua colaboração com o atentado terrorista que, em 1988, derrubou um vôo da Pan Am matando todos os seus passageiros e onze moradores da cidade escocesa de Lockerbie, atingidos pelos destroços. Em reação ao atentado, o Conselho ordenou a limitação do tráfico aéreo daquele país e o congelamento dos fundos financeiros líbios no exterior. Conselho de Segurança, Resolução 748 de 31 de março de 1992 e Resolução 883 de 11 de novembro de 1993.

[47] Como a autorização para a ação da coalizão liderada pelos Estados Unidos para liberar o território do Kuait, ocupado pelo Iraque. Conselho de Segurança, Resolução 678 de 1990.

[48] Artigo 43 da Carta das Nações Unidas.

[49] Atualmente composto de 54 membros, com direito a um voto cada, cujas decisões são tomadas por maioria. Ver COLLIARD, Claude-Albert; DUBOUIS, Louis. *Institutions Internationales...*, op. cit.; 1995. p. 207.

[50] O que seria uma das únicas concessões à supranacionalidade feita pela Carta das Nações Unidas. HAAS, Ernst B. *Why We Still Need the United Nations*: The Collective Management of International Conflict: 1945-1984. Berkeley: Institute of International Studies, 1986. p. 6.

[51] A cláusula facultativa da jurisdição obrigatória, como o próprio nome indica, é uma cláusula do estatuto da CIJ a que os Estados podem ou não aderir, o que torna obrigatória a jurisdição dessa corte apenas para os Estados que o fizerem. Pelo artigo 36, a competência da Corte se estende a todos os litígios que as partes lhe submetam e a todos os assuntos especialmente previstos na Carta das Nações Unidas ou nos tratados e convenções vigentes. O parágrafo segundo do mesmo artigo prevê, no entanto, que os Estados "poderão declarar a qualquer momento que reconhecem como obrigatória *ipso facto* e sem convenção especial, com respeito a qualquer outro Estado que aceite a mesma obrigação, a jurisdição da Corte em todas as controvérsias de caráter jurídico que versem sobre: a) a interpretação de um tratado; b) qualquer questão de direito internacional; c) a existência de todo fato que, se fosse estabelecido, constituiria violação de uma obrigação internacional; d) a natureza ou extensão da reparação que se tenha que fazer pela violação de uma obrigação internacional." O Estatuto da CIJ está disponível no *site* dessa instituição: <http://www.icj-cij.org/icjwww/ibasicdocuments/ibasictext/sstatute.htm>. Acesso em: 5 out. 2003.

consentimento tenha de ser dado caso a caso, o que faz a jurisdição da CIJ não ser universal.[52]

Como analisaremos na parte final deste livro, muitas críticas são feitas à ONU, principalmente no que se refere à legitimidade de sua estrutura e à efetividade de sua atuação na manutenção da paz. É importante ressaltar, no entanto, que essa organização conseguiu um feito que sua antecessora – a Liga das Nações – não chegou a atingir. Já no momento de sua criação, a ONU contava com mais de cinqüenta membros, dentre eles as duas grandes potências da época – os Estados Unidos e a União Soviética.[53] Com seu desenvolvimento, ela atingiu a meta de se tornar uma organização verdadeiramente universal, completando assim a evolução da ordem jurídica internacional que, se em seu início era exclusivamente européia, com o tempo transformou-se em mundial.[54] Hoje, a ONU reúne em sua Assembléia Geral os representantes de mais de 190 países.[55]

Cabe por fim ressaltar que, além da manutenção da paz, a ONU tem a finalidade de promover a cooperação internacional para resolver problemas de caráter econômico, social, cultural ou humanitário e para encorajar o respeito aos direitos humanos e às liberdades fundamentais, bem como a de ser um centro destinado a harmonizar a ação das nações para a consecução desses objetivos.[56] Ela acentuou assim a tendência que já era verificada na Liga das Nações, pela qual a organização não se limita à sua atuação política, mas visa a lidar com as mais diversas áreas de atividade, sejam elas de caráter técnico, econômico ou social.

Para tanto, a organização conta com a ajuda de diversos órgãos subsidiários e instituições especializadas. Os primeiros são criados pelos órgãos principais da organização para finalidades diversas, como o Alto Comissariado das Nações Unidas para os Refugiados – ACNUR, criado em 1951, a Conferência das Nações Unidas sobre Comércio e Desenvolvimento – CNUCED[57], iniciada em 1964, e o Programa das Nações Unidas para o Desenvolvimento – PNUD, criado em 1965.

As instituições especializadas não são órgãos das Nações Unidas, mas sim organizações intergovernamentais que, embora ligadas à ONU, nos termos do artigo 57 da Carta das Nações Unidas, têm personalidade jurídica própria, distinta da daquela organização. Elas englobam, dessa forma, organizações internacionais que, em muitos casos, têm existência anterior à da própria

---

[52] DUPUY, Pierre-Marie. *Droit international public.* 5ème ed. Paris: Dalloz, 2000. p. 533.
[53] GERBET, Pierre. Rise and development of international organizations..., op. cit.; 1981. p. 46.
[54] HARDT, Michel; NEGRI, Antonio. *Empire.* Paris: Exils, 2000. p. 26.
[55] Mais precisamente, 191 países em 2005, segundo o *site* da ONU: <http://www.un.org/Overview/unmember.html>. Acesso em: agosto 2005.
[56] Carta das Nações Unidas, artigo primeiro, parágrafos terceiro e quarto.
[57] Em inglês Unctad – *United Nations Conference for Trade and Development.*

ONU – como é o caso da OIT –, e podem contar com a participação de Estados que não são membros das Nações Unidas[58] – a Suíça, por exemplo, só passou a fazer parte da ONU em setembro de 2002 e, mesmo assim, antes disso participava de diversas instituições especializadas.

A ligação entre essas instituições e a ONU dá-se por meio de acordos celebrados principalmente com o Conselho Econômico e Social. Há várias organizações internacionais que, sendo autônomas, fazem parte do sistema das Nações Unidas. Podemos citar, por exemplo, a Organização das Nações Unidas para a Alimentação e a Agricultura – FAO – e a Organização das Nações Unidas para a Educação, Ciência e Cultura – Unesco, ambas criadas em 1945, e o Fundo das Nações Unidas para a Infância – Unicef, criado em 1946. Essas organizações internacionais atuam nas mais diversas áreas. É possível mencionar ainda a Organização Mundial da Saúde – OMS – e a Organização Meteorológica Mundial, ambas de 1946, a Organização Internacional da Aviação Civil, de 1947, e a Organização Mundial da Propriedade Intelectual, criada em 1967.[59]

Podemos perceber que muitas dessas instituições surgiram logo após a criação da ONU. Isso mostra que essa organização conferiu um impulso significativo à formação dessas instituições, que são, como se pôde perceber por suas características, organizações internacionais de cooperação, na terminologia aqui adotada.

A vasta rede de organizações internacionais de cooperação hoje existente – sejam elas ligadas ou não à ONU – demonstra o quanto avançou a institucionalização da interdependência e da cooperação internacionais. A globalização jurídica é hoje um fato, e isso é ainda mais marcante na área econômica, como analisaremos a seguir.

As instituições financeiras de Bretton Woods – FMI e Banco Mundial

Na visão de Keynes, a suposição de que existiria algum mecanismo de ajuste automático que, baseado no *laissez-faire*, funcionasse sem dificuldades e fosse capaz de preservar o equilíbrio da economia não contava com o apoio de nenhuma teoria sólida, e consistia em uma ilusão doutrinária que não levaria em conta as lições da experiência histórica.[60] Após uma grande recessão e mais uma guerra mundial, consolidou-se a visão de que um arranjo institucional era necessário para se alcançar e manter o equilíbrio econômico.

---

[58] COLLIARD, Claude-Albert; DUBOUIS, Louis. *Institutions Internationales...*, op. cit.; 1995. p. 207, 211.
[59] ALMEIDA, Paulo Roberto de. *O Brasil e o multilateralismo econômico...*, op. cit.; 1999. p. 89-90.
[60] Ver EICHENGREEN, Barry. *Globalizing Capital*: a History of the International Monetary System. Princeton: Princeton University Press, 1996. p. 93.

Assim, foi após a Segunda Guerra Mundial que os Estados realmente se conscientizaram de que a interdependência econômica, financeira e monetária tornava a cooperação uma necessidade. Para Dominique Carreau, isso se deveria a três motivos principais. O primeiro foi o fracasso evidente das políticas nacionalistas dos anos 1930 – após a grande recessão, o mundo assistiu a um crescente protecionismo que causou forte contração das trocas comerciais. O segundo foi a posição econômica esmagadoramente dominante dos Estados Unidos, que permitiu o triunfo das idéias liberais nos atos internacionais que marcaram o princípio da reconstrução. O terceiro foi que os Estados estavam convencidos de que o retorno ao padrão-ouro representaria uma perda de soberania ainda mais grave do que a adesão a um pacto internacional.[61]

O pacto surgiu em 1944, na Conferência de Breton Woods e, no campo financeiro, resultou na criação de duas instituições: o Fundo Monetário Internacional – FMI – e o Banco Internacional para a Reconstrução e o Desenvolvimento – BIRD, ou Banco Mundial. Ambas as instituições começaram a funcionar em 1947, mesmo ano em que se procurou solucionar, por meio do GATT, o problema do comércio entre os países.

O FMI teria assim surgido do reconhecimento da necessidade de uma ação coletiva global para se alcançar a estabilidade econômica, da mesma forma que a ONU fora fundada na crença de que uma ação coletiva era necessária para obter a estabilidade política.[62] A função inicial dessa instituição era encorajar as trocas econômicas internacionais, revertendo a contração resultante do protecionismo e da recessão. Sua segunda função era evitar que desequilíbrios no balanço de pagamentos de um país se propagassem internacionalmente e levassem a uma crise mundial.[63] Assim, pelo sistema criado em Bretton Woods, caberia ao FMI zelar pela manutenção da estabilidade das taxas de câmbio e pela provisão de liquidez sempre que necessário.[64]

---

[61] CARREAU, Dominique. *Souveraineté et coopération monétaire internationale*. Paris: Cujas, 1970. p. 133.

[62] STIGLITZ, Joseph E. *Globalization and its Discontents*. New York: W. W. Norton, 2002. p. 12.

[63] Ver BURDEAU, Geneviève. Le FMI et la surveillance de l'espace monétaire et financier mondial. In: LOQUIN, Eric; KESSEDJIAN, Catherine. *La mondialisation du droit*. Dijon: Litec, 2000. p. 264.

[64] A fim de alcançar tais objetivos foram criados, em 1969, os Direitos Especiais de Saque, que evitavam as variações bruscas na paridade ouro-dólar, tendo como vantagem em relação ao ouro o fato de não estarem vulneráveis a mudanças de preço por variações de estoque. Além disso, os DES, cujo valor é determinado por uma cesta básica de moedas, funcionam como moeda de curso internacional, utilizada por parte dos Bancos Centrais, como meio de pagamento e como reserva de valor. Ver BAUMANN, Renato. O Sistema Monetário Internacional. In: GONÇALVES, Reinaldo et al. *A nova economia internacional*: uma perspectiva brasileira. Rio de Janeiro: Campus, 1998. p. 282, 289; ver também STRANGE, Susan. *The Retreat of the State*: the Diffusion of Power in the World Economy. Cambridge, U.K.: Cambridge University Press, 1996. p. 161.

O FMI tem também a função de monitorar as políticas econômicas nacionais.[65] A fim de atingir esse objetivo, todos os Estados membros do Fundo devem apresentar-lhe sistematicamente relatórios sobre sua conduta na área econômica.[66] Essa atividade de supervisão – não apenas das políticas governamentais, mas também da atividade financeira privada[67] – é vista por muitos autores como essencial para o cumprimento da missão do Fundo.[68] Segundo eles, o FMI deveria deixar de ser principalmente um "bombeiro" e passar a ser mais um "policial", ou seja, em vez de correr em socorro uma vez ocorrido o desastre, o Fundo deveria policiar constantemente as economias nacionais para verificar se elas estão cumprindo as normas e os regulamentos internacionais.[69]

Finalmente, como prevê o estatuto do Fundo, essa instituição tem o objetivo de promover a cooperação monetária internacional fornecendo mecanismos permanentes de consulta e colaboração nessa matéria.[70] Além disso, os acordos de Bretton Woods estabelecem que o FMI deverá servir de centro co-

---

[65] EICHENGREEN, Barry. *Globalizing Capital...*, op. cit.; 1996. p. 93.
[66] BURDEAU, Geneviève. *Le FMI et la surveillance...*, op. cit.; 2000. p. 265.
[67] A preocupação com a supervisão das instituições financeiras é ressaltada por diversos autores. Para Maurice Obstfeld: "Os episódios asiáticos recentes realçam novamente a necessidade de um monitoramento e uma regulação mais efetivos das estruturas patrimoniais e obrigacionais das instituições financeiras." Outra proposta, mencionada por Haas e Litan, é a de que, para cumprir tal função, seja criado um "Conselho de Supervisores das Principais Instituições e Mercados Internacionais", que estabeleceria exigências mínimas de capital para todas as instituições, definiria padrões uniformes de contabilidade e empréstimos que deveriam ser por elas observados, e monitoraria sua performance. OBSTFELD, Maurice. *The Global Capital Market*: Benefactor or Menace? Berkeley, 1998. Disponível em: <http://emlab.berkeley.edu/users/obstfeld/jeprev.pdf>. Acesso em: maio 1999; ver HAAS, Richard N.; LITAN, Robert E. Globalization and its Discontents: Navigating the Dangers of a Tangled World. *Foreign Affairs*, New York, v. 77, n° 3, p. 3-4, May/Jun. 1998.
[68] Outra necessidade, defendida por vários investidores, é a de aperfeiçoar o sistema de avaliação de risco das economias mundiais. George Soros, por exemplo, acreditando que os movimentos internacionais de capital têm de ser supervisionados e a alocação do crédito, regulada, sugere a criação de uma espécie de "Corporação Internacional de Seguro de Créditos", que, além de funcionar como uma agência avaliadora do risco que cada um dos países representa, garantiria empréstimos do setor privado até um determinado valor. Segundo ele: "Precisamos criar algum tipo de instituição internacional que inspecione as autoridades supervisoras nacionais." Esse papel poderia ser exercido pelo próprio FMI, que controlaria as economias dos diversos países, alertando a comunidade internacional quanto a possíveis crises financeiras. Ora, embora tal solução pareça bastante razoável, a crise asiática mostrou como é difícil prever possíveis desastres na economia mundial. Pior que isso, um possível alerta dado pelo FMI pode provocar o pânico e a fuga descontrolada dos investidores, que é exatamente o que se está tentando evitar. Ver SANGER, David. O que fazer com a confusão da economia global? *O Estado de S. Paulo*, São Paulo, p. B6, 4 mar. 1999; SOROS, George. Crise só passa com ação dos governos. *O Estado de S. Paulo*, São Paulo, p. B11, 16 set. 1998.
[69] Ver SANGER, David. O que fazer com a confusão da economia global..., op. cit.; 1999. p B6.
[70] Artigo I-i do Estatuto do Fundo Monetário Internacional.

mum de documentação e de intercâmbio de informações sobre os problemas monetários e financeiros, facilitando desse modo a preparação de estudos destinados a ajudar os membros a pôr em prática uma política favorável aos objetivos do Fundo.[71] O FMI seria o centro apropriado para a realização de discussões não apenas sobre o sistema monetário internacional mas também sobre a situação financeira de cada país, sendo por isso uma "fonte insubstituível de informações e de conselhos".[72] Serve assim como fórum de intercâmbio de dados entre os países que dele participam, o que, conforme analisado anteriormente, traz grandes benefícios e constitui uma das funções mais importantes das organizações internacionais de caráter econômico.

Com o tempo, o FMI assumiu a posição de autoridade mundial encarregada de gerir as crises financeiras internacionais.[73] Essa é uma função necessária. Crises como a asiática de 1997 mostram que nem sempre as forças de mercado são capazes de encontrar a melhor solução, bem como que o papel regulador dos Estados e das instituições é muitas vezes indispensável para se evitar o colapso.[74] Assim, apesar das críticas feitas ao Fundo, sobretudo quando ele parece incapaz de controlar as turbulências dos mercados mundiais, essa organização permanece sendo fundamental para a estabilização e a recuperação econômica mundiais. Mesmo que não haja um consenso sobre a natureza exata de seu papel, todos acreditam que "alguma instituição financeira global tem de estar no centro da tempestade e que é mais sábio usar o FMI como ponto de partida do que construir alguma coisa inteiramente nova".[75] Esse seguiria dessa forma sendo "a melhor solução para um mundo imperfeito". Se esse não existisse, "os governos estariam hoje debatendo freneticamente como estabelecer uma organização como tal".[76]

O Banco Mundial, por sua vez, foi concebido como um instrumento para ajudar a reconstrução das economias européias afetadas pela Segunda Guerra Mundial. Sua função inicial era a de conferir empréstimos em última instância – *lender of last resort* – aos países que não tivessem condições de

---

[71] Artigo VIII, seção 5-c.

[72] CARREAU, Dominique. *Souveraineté et coopération monétaire internationale...*, op. cit.; 1970. p. 367.

[73] BURDEAU, Geneviève. Le FMI et la surveillance..., op. cit.; 2000. p. 262.

[74] Realidade essa que, para Gilberto Dupas, teria aberto uma fenda profunda no "arrogante discurso liberal". DUPAS, Gilberto. *Economia global e exclusão social*: Pobreza, Emprego, Estado e o Futuro do Capitalismo. São Paulo: Paz e Terra, 1999. p. 110.

[75] GARTEN, Jeffrey E. Lessons for the Next Financial Crisis. *Foreign Affairs*, New York, v. 78, nº 2, p. 81, Mar./April 1999.

[76] Para David Hale, "nenhuma outra organização pode servir como emprestadora em última instância para amainar distúrbios econômicos extremos durante tensões de mercado." HALE, David D. The IMF, Now More than Ever: the Case for Financial Peacekeeping. *Foreign Affairs*, New York, v. 77, nº 6, p. 7, 13, Nov./Dec. 1998.

atrair capitais privados.[77] Na prática, contudo, o Banco Mundial ocupa-se principalmente do crescimento econômico e atua nos países em desenvolvimento financiando investimentos que permitam elevar a produtividade, o nível de vida e as condições de trabalho locais. A materialização dessa ajuda dá-se por meio da elaboração de projetos ou pela negociação de empréstimos que visem aos objetivos negociados para cada operação financeira. Dessa forma, o Banco Mundial é indispensável para muitos Estados, detendo um papel importante tanto por moldar muitas vezes as políticas dos países que a ele recorrem quanto porque quase sempre influencia o comportamento dos demais investidores.[78]

Hoje, tanto o FMI quanto o Banco Mundial tornaram-se organizações internacionais de composição quase universal, contando cada um deles com mais de 180 membros.[79]

8.1.2 Organizações internacionais de cooperação – o exemplo da OMC

A Organização Mundial de Comércio – origem e funcionamento

> *Parece agora cada vez mais claro que a OMC, ainda que muito jovem, está se tornando uma das organizações internacionais multilaterais existentes mais significativas, e talvez a mais significativa para os assuntos econômicos.*[80]
>
> John H. Jackson

Se a interdependência dos Estados aumenta sua necessidade de cooperação, podemos dizer que, tradicionalmente, a área da economia mundial em que esse fenômeno é mais notado é a do comércio internacional.

Em razão da necessidade de reverter o protecionismo predominante no entre-guerras – considerado fonte também de instabilidade política – a comunidade internacional idealizou a criação de uma instituição que se somaria ao FMI e ao Banco Mundial e cujo objetivo seria o de promover a intensificação das trocas comerciais mundiais. Essa instituição se chamaria

---

[77] Os fluxos financeiros de caráter privado eram assim considerados a primeira alternativa no financiamento mundial. BOISSON de CHAZOURNES, Laurence. Banque Mondiale et développement social: les termes d'un partenariat. In: SENARCLENS, Pierre (org.). *Maîtriser la Mondialisation*: la régulation sociale internationale. Paris: Presses de Sciences, 2000. p. 203.

[78] Idem. p. 199.

[79] Em 2005, ambas possuíam 184 membros, de acordo com os *sites* dessas duas instituições na internet: <http://www.imf.org/external/about> e <http://www.worldbank.org/>. Acesso em: junho 2005.

[80] JACKSON, John H. *The World Trade Organization*: Constitution and Jurisprudence. London: The Royal Institute of International Affairs, 1998. p. 101.

Organização Internacional do Comércio – OIC –, e suas regras estavam contidas na Carta de Havana, de 1948.

Paralelamente ao processo de criação da OIC, a comunidade internacional se reunia em outra conferência, realizada em Genebra em 1947, que resultaria no Acordo Geral sobre Tarifas Aduaneiras e Comércio – *General Agreement on Tariffs and Trade* (GATT). Esse acordo teria caráter provisório e seria subordinado à OIC,[81] e seu objetivo era a redução progressiva das tarifas alfandegárias mundiais.

Contudo, a Carta de Havana nunca viria a entrar em vigor, entre outros motivos, pela recusa do Congresso Norte-americano em ratificá-la. A solução provisória tornou-se então definitiva. A partir de então, o GATT – que não era uma organização internacional, e sim um tratado – passaria a ser o palco das negociações visando à solução dos problemas comerciais internacionais.

Dessa forma, oito rodadas de negociação foram realizadas durante todo o período de existência do GATT.[82] A última dessas rodadas foi a Rodada Uruguai, iniciada em 1987, em Punta del Este, e concluída sete anos depois em Marrakesh, no Marrocos, envolvendo uma centena de países e abrangendo quase todos os aspectos do comércio de mercadorias e de serviços.[83] Essa rodada trouxe importantes resultados, em particular no que se refere à redução de tarifas, novas regras de comércio para a agricultura, aplicação aos serviços dos princípios de livre comércio, e proteção aos direitos de propriedade intelectual. O principal resultado da Rodada Uruguai, entretanto, foi a criação da Organização Mundial de Comércio – OMC –, que entrou em vigor em 1º de janeiro de 1995, com o objetivo de gerenciar os resultados daquela rodada e resolver as disputas entre os membros do GATT.

Para administrá-la, a OMC conta com uma Conferência Ministerial, que se reúne pelo menos a cada dois anos, e com quatro conselhos: o Conselho Geral, que exerce muitas das funções da Conferência Ministerial e se reúne ao menos a cada dois meses, o Conselho para o Comércio de Mercadorias, o Conselho para o Comércio de Serviços e o Conselho para os aspectos dos Direitos de Propriedade Intelectual Relativos ao Comércio.

A Rodada Uruguai produziu uma extensa série de documentos, que chegam a ocupar vinte e seis mil páginas. Ao acordo que constitui a OMC seguem-se quatro anexos que compõem os chamados "acordos da OMC". O

---

[81] Ver JACKSON, John H. Fragmentation or Unification Among International Institutions: the World Trade Organization. *New York University Journal of International Law and Politics*, New York, p. 826, Summer 1999.

[82] Rodada Genebra, em 1947, Rodada Annecy, em 1949, Rodada de Torquay, em 1950, segunda Rodada Genebra, em 1956, Rodada Dillon (nome do então secretário de comércio dos Estados Unidos), em 1960-1962, Rodada Kennedy (em homenagem ao presidente norte-americano que havia sido assassinado), em 1964-1967, e Rodada de Tóquio, em 1973-1979. ALMEIDA, Paulo Roberto de. *O Brasil e o multilateralismo econômico...*, op. cit.; 1999. p. 173.

[83] COSTA, Ligia Maura. *OMC*: Manual prático da Rodada Uruguai. São Paulo: Saraiva, 1996. p. 2.

Anexo I, que pode ser considerado o principal, divide-se em três partes. A primeira delas inclui o GATT 1994 – que incorpora o texto do GATT 1947 com pequenas modificações. Com isso, os princípios que norteavam o GATT, como o da cláusula da nação mais favorecida e o do tratamento nacional, são preservados pela OMC.[84]

Outro princípio que já era previsto pelo GATT e foi mantido na OMC é o de que as decisões devem ser tomadas pelo consenso. Há consenso, segundo as regras da OMC, quando uma decisão é tomada sem que nenhum membro presente se oponha formalmente a ela, o que significa que o simples fato de que um dos membros esteja ausente não impede a obtenção do consenso.[85] O objetivo desse princípio é preservar a soberania dos países-membros, fazendo que nenhum deles esteja obrigado por uma regra da qual discorda.[86] Além disso, a regra do consenso permite que se chegue a uma decisão nos casos em que um país, mesmo não sendo favorável a ela, opte por se silenciar, por acreditar que os demais países envolvidos têm maior interesse no assunto.[87]

A primeira parte do Anexo I contém ainda as diversas listas de concessões – que representam a maior parte do volume total de páginas –, assim como uma série de outros acordos como o Acordo sobre Barreiras Técnicas ao Comércio, o Acordo sobre os Subsídios e Medidas Compensatórias e o Acordo sobre Salvaguardas. A segunda parte desse anexo é composta do Acordo Geral sobre o Comércio de Serviços – *General Agreement on Trade in Services* (GATS), e a terceira parte pelo Acordo sobre Direitos de Propriedade Intelectual Relativos ao Comércio – *Agreement on Trade Related Intellectual Property Rights* (TRIPs).

O segundo anexo, fundamental para a nossa análise, contém o Memorando sobre a Solução de Disputas, cujos detalhes estudaremos adiante. O terceiro é composto do Mecanismo de Revisão de Políticas Comerciais, pelo qual a OMC passará a examinar regularmente as políticas comerciais de cada país-membro, e a relatar o resultado de tal revisão aos demais membros.[88] Esse mecanismo visa a preservar a coerência e a promover a transparência das

---

[84] Pela cláusula da nação mais favorecida todo signatário do GATT se obriga a estender, imediata e incondicionalmente, toda vantagem que ele conceder a um signatário do GATT a todos os demais países signatários. Pelo princípio do tratamento nacional todos os produtos estrangeiros, após sua entrada no mercado doméstico, devem ser tratados da mesma forma que os produtos nacionais. MESSERLIN, Patrick. *La nouvelle organisation mondiale du commerce*. Paris: Ifri-Dunod, 1995. p. 34-35.

[85] JACKSON, John H. *The World Trade Organization*..., op. cit.; 1998. p. 46.

[86] Como observa Celso Lafer, essa é uma forma de preservar a segurança jurídica de todos os membros da organização, uma "confidence building measure". LAFER, Celso. Réflexions sur l'OMC lors du 50ᵉ anniversaire du système multilatéral commercial. *JDI*, Paris, n. 4, p. 941, 1998.

[87] JACKSON, John H. *The World Trade Organization*..., op. cit.; 1998. p. 46.

[88] Esse mecanismo havia sido criado em 1988, no âmbito do GATT, e foi incorporado pelos acordos da OMC. Idem. p. 40.

políticas comerciais adotadas pelos membros em relação aos compromissos por eles assumidos multilateralmente. Além desse papel de supervisão que, como vimos, existe também no FMI, a OMC ainda procura servir de centro de intercâmbio de informações entre seus membros – outra função essencial das organizações internacionais de cooperação. Para atingir esse objetivo, também relacionado ao princípio da transparência, os Estados membros têm numerosas obrigações de notificar aos órgãos da OMC medidas relacionadas ao comércio por eles adotadas domesticamente.[89]

O quarto anexo, por fim, contém quatro acordos plurilaterais sobre mercados públicos, construção de aeronaves civis, laticínios e carne bovina.

Os acordos da OMC obedecem ao princípio do acordo único – *single undertaking* –, ou seja, com a única exceção dos quatro acordos plurilaterais, um país não pode escolher quais acordos ratifica e quais não. Ao ingressar nessa organização, o Estado se compromete a respeitar todos os seus acordos. Diferentemente do GATT, criticado exatamente por seu caráter "à la carte", que permitia aos países signatários a adesão a apenas algumas de suas regras[90] ou a realização de acordos bilaterais, a OMC é o resultado de um "compromisso global único"[91] – uma organização verdadeiramente multilateral, na qual a adesão de um Estado o identifica de modo automático a um núcleo duro de obrigações que esse passa a assumir.[92]

Desse modo, por força do princípio do acordo único, a OMC adquiriu a unidade de uma ordem jurídica.[93] Essa nova ordem jurídica, com regras e mecanismos específicos aplicáveis às relações comerciais internacionais, contribuiria para a construção de um novo espaço legal de caráter mundial.[94] A OMC estaria assim, nas palavras de seu primeiro secretário-geral, "escrevendo a Constituição de uma verdadeira economia global".[95]

Esse espaço jurídico está-se ampliando a cada dia, e essa expansão ocorre em dois planos: no das matérias por ele abrangidas e no das pessoas nele envolvidas. No que se refere aos assuntos que atingem, as regras da OMC têm alcance cada vez maior. Além de serem uma "Constituição" muito mais clara e melhora-

---

[89] RUIZ FABRI, Hélène. La contribution de l'Organisation Mondiale du Commerce à la gestion de l'espace juridique mondial. In: LOQUIN, Eric; KESSEDJIAN, Catherine. *La mondialisation du droit*. Dijon: Litec, 2000. p. 356, 355.

[90] O caráter "à la carte" do GATT trazia problemas ao permitir que um país deixasse de aderir a algumas de suas regras, "pegando carona" e usufruindo da adesão dos demais países às mesmas (*free rider problem*).

[91] LAFER, Celso, Réflexions sur l'OMC..., op. cit.; 1998. p. 943.

[92] RUIZ FABRI, Hélène. La contribution de l'Organisation Mondiale..., op. cit.; 2000. p. 358-359.

[93] LAFER, Celso, Réflexions sur l'OMC..., op. cit.; 1998. p. 938.

[94] RUIZ FABRI, Hélène. La contribution de l'Organisation Mondiale..., op. cit.; 2000. p. 351.

[95] Renato Ruggiero, citado por MORAND, Charles-Albert. Le droit saisi par la mondialisation: définitions, enjeux et transformations. In: MORAND, Charles-Albert (org.). *Le droit saisi par la mondialisation*. Bruxelles: Bruylant, 2001. p. 86.

da em comparação ao GATT, os acordos da OMC atribuem também um mandato extraordinariamente amplo a essa organização.[96] Desse modo, pela variedade dos temas por eles abordados, esses acordos representam um aprofundamento – *ratione materiae* – das regras relativas ao comércio internacional.[97]

Mas a OMC também estaria passando por um processo de "alargamento" – *ratione personae* – com a entrada de novos países-membros. Vale lembrar que esta é a primeira organização internacional de vocação universal surgida após o fim da Guerra Fria, e seu sucesso, como lembra Celso Lafer, estaria relacionado a uma série de fatores decorrentes do fim desse conflito, como a percepção generalizada de que, em uma economia globalizada, não haveria desenvolvimento autárquico possível.[98] Assim, hoje a OMC conta com mais de 145 países-membros, realizando, em grande parte, sua vocação.[99]

A solução de disputas na OMC

A maior evolução trazida pela OMC, entretanto, ocorreu no campo da solução de disputas. De uma maneira geral, o direito de um Estado de pôr fim ou suspender a execução de um tratado por violação substancial deste – *exceptio non adimpleti contractus* – está prevista na Convenção de Viena sobre o direito dos tratados, de 1969, em seu artigo 60. Assim, por esses consistirem em tratados internacionais, as partes tanto do GATT quanto dos acordos da OMC estariam protegidas por esse princípio geral do direito internacional.

O artigo XXIII do GATT-1947 já estabelecia um sistema de solução de disputas que permitia a um Estado membro suspender certas concessões caso outro membro viesse a violar uma obrigação prevista no acordo geral. Inicialmente, as partes tinham de proceder a consultas com o objetivo de chegarem a um acordo. Caso a negociação não fosse bem-sucedida, seria nomeado um "grupo especial" – *panel*[100] – que formularia suas recomendações sobre o caso. O relatório resultante do trabalho dos especialistas que compunham esse grupo deveria ser, então, aprovado pelo consenso das partes contratantes. Essa aprovação possibilitaria ao Estado lesado solicitar às demais partes contratantes autorização para suspender algumas das concessões que ele anteriormente tivesse feito.

---

[96] JACKSON, John H. *The World Trade Organization*..., op. cit.; 1998. p. 101.

[97] LAFER, Celso, *Réflexions sur l'OMC*..., op. cit.; 1998. p. 938.

[98] Além disso, o fim da Guerra Fria teria provocado uma "diluição dos conflitos de percepção", que levavam a um mundo dividido entre dois sistemas econômicos. Outros fatores seriam "a segurança do multilateralismo" e as "novas possibilidades de acesso ao mercado". LAFER, Celso, *Réflexions sur l'OMC*..., op. cit.; 1998. p. 937.

[99] 148 países em 2005, mais 33 países observadores. Ver *site* da OMC: <http://www.wto.org/english/thewto_e/whatis_e/tif_e/org6_e.htm>. Acesso em: junho 2005.

[100] A palavra *panel*, adotada pelos autores de língua inglesa, é traduzida em Portugal como "grupo especial", derivada da expressão utilizada em francês, "groupe spécial".

No entanto, o fato de o GATT exigir a aprovação consensual para a adoção dos relatórios dos grupos especiais assegurava um poder de veto à parte perdedora. O resultado dessa estrutura foi que, no universo de centenas de recursos estatais, a suspensão de concessões tenha sido autorizada apenas uma vez no âmbito do GATT.[101]

A OMC, por sua vez, possui um sistema de solução de disputas que, ainda que inspirado na experiência do GATT, é muito mais eficiente, o que se comprova pelo número de casos por ele analisados em seus primeiros anos de funcionamento – que chega a ser em média[102] mais de três vezes maior do que o número de casos iniciados no âmbito de seu predecessor.[103]

O funcionamento desse sistema está delineado no "Memorando de acordo sobre as regras e procedimentos regendo a solução de disputas", ou simplesmente Memorando sobre Solução de Disputas, que faz parte do Anexo II dos acordos da OMC.

De acordo com o artigo primeiro, parágrafo primeiro do Memorando, esse sistema se aplica a todos os acordos da OMC, o que tem grande significado, pois, essa organização engloba hoje praticamente todos os ramos do comércio internacional. Além disso, em razão do princípio do acordo único, todos os membros dessa organização estão sujeitos ao sistema de solução de disputas previsto no Memorando – e, pelo universo de Estados que a OMC abrange, isso também tem conseqüências significativas. Logo, a abrangência de seu sistema de solução de disputas está transformando a OMC em uma verdadeira "jurisdição mundial das trocas".[104]

O sistema previsto no Memorando sobre Solução de Disputas prevê que inicialmente o membro que se julgar lesado pode pedir a abertura de consultas bilaterais para o membro autor da possível violação, a fim de se chegar a um solução mutuamente aceitável. Se tais consultas não resolverem o litígio, o Órgão de Solução de Disputas[105] – composto de todos os membros da OMC – pode autorizar a formação de um grupo especial que analisará a controvérsia.

---

[101] Em um caso de 1951 envolvendo a Holanda e os EUA, relativo à restrição de importações de laticínios imposta pelos EUA. Ver BOISSON de CHAZOURNES, Laurence. *Les contre-mesures dans les relations internationales économiques*. Genève: I.U.H.E.I; Paris: A. Pedone, 1992. p. 94.

[102] Quarenta casos são apresentados por ano em média ao sistema de solução de disputas da OMC. CHEVALIER, Jacques. Mondialisation du droit ou droit de la mondialisation? In: MORAND, Charles-Albert (org.). *Le droit saisi par la mondialisation*. Bruxelles: Bruylant, 2001. p. 49.

[103] JACKSON, John H. The Great 1994 Sovereignty Debate: United States Acceptance and Implementation of the Uruguay Round Results. In: CHARNEY, Jonathan I.; ANTON, Donald K.; O'CONNELL, Mary Ellen (ed.). *Politics, Values and Functions*: International Law in the 21st Century: Essays in Honor of Professor Louis Henkin. The Hague: Martinus Nijhoff, 1997. p. 158.

[104] CHEVALIER, Jacques. Mondialisation du droit..., op. cit.; 2001. p. 49.

[105] A composição do Órgão de Solução de Disputas coincide com a do Conselho Geral da OMC. Ver JACKSON, John H. *The World Trade Organization*..., op. cit.; 1998. p. 41.

Esse grupo especial, que deverá ser formado por três membros, preparará um relatório contendo suas recomendações a respeito do caso.

As partes em litígio podem recorrer do relatório do grupo especial perante o Órgão de Apelação.[106] Esse órgão, formado por sete membros, tem caráter permanente, o que representa uma nítida evolução em relação ao sistema de solução de disputas do GATT.[107]

A maior evolução trazida pelos acordos da OMC, contudo, está no fato de que a adoção das recomendações contidas no relatório do Órgão de Apelação se dará automaticamente, salvo a existência de um consenso negativo. Isso quer dizer que, apenas se todos os Estados rejeitarem o relatório, este não será adotado. Desse modo, o simples fato de que o Estado reclamante concorde com o relatório é suficiente para descartar o consenso negativo necessário para rejeitar a decisão. A técnica do consenso negativo elimina assim a possibilidade de veto por parte de um Estado membro, assegurando aumento na efetividade do sistema.

A criação do Órgão de Apelação permanente e a adoção da técnica do consenso negativo fazem que, comparado ao do GATT, o sistema da OMC tenha evoluído em direção a uma maior "jurisdicionalização".[108] Convém observar, no entanto que, ainda que o consenso negativo seja necessário para rejeitá-lo, o relatório do Órgão de Apelação tem de ser adotado pelo Órgão de Solução de Disputas, um órgão político. Essa necessidade de adoção representa um último controle político da decisão do Órgão de Apelação, o que impede que o sistema de solução de disputas da OMC seja considerado completamente jurisdicional. A natureza jurídica desse sistema seria mais bem descrita como *sui generis*, já que ele se compõe de procedimentos que estão na metade do caminho entre a negociação diplomática e a resolução jurisdicional.[109] Esse sistema teria assim natureza "mista", que se encontra na fronteira entre o jurídico e o político.[110]

---

[106] Essa apelação só pode tratar de questões de direito – novos argumentos relativos aos fatos não podem ser levantados nessa etapa. COSTA, Ligia Maura. O sistema de solução de controvérsias da OMC e a globalização. In: GRISI, Celso Cláudio de Hildebrand; COSTA, Ligia Maura (coord.). *Negociações internacionais e a globalização*. São Paulo: LTr, 1999. p. 151.

[107] A existência de um órgão de apelação permanente contribui para a formação de uma jurisprudência mais uniforme dos casos analisados no sistema de solução de disputas da OMC. Nesse sentido, os participantes de grupos especiais têm observado com uma freqüência cada vez maior as decisões anteriores dos membros desse órgão a fim de redigir os seus relatórios. O órgão de apelação teria assim, segundo Ligia Maura Costa, o papel de dar maior segurança jurídica e uniformidade aos relatórios dos grupos especiais. COSTA, Ligia Maura. O sistema de solução de controvérsias da OMC..., op. cit.; 1999. p. 151.

[108] Ver CARREAU, Dominique; JUILLARD, Patrick. *Droit International Économique*. Paris: LGDJ, 1998. p. 71.

[109] FLORY, Thièbaut. *L'organisation mondiale du commerce*: Droit institutionnel et substantiel. Bruxelles: Bruylant, 1999. p. 21.

[110] Ver análise em CARREAU, Dominique; JUILLARD, Patrick. *Droit International Économique*..., op. cit.; 1998. p. 79-84.

No que se refere à execução das recomendações dos grupos especiais e do Órgão de Apelação, o sistema reforça a possibilidade de adoção de medidas de compensação e de suspensão de concessões – que são os principais tipos de sanção previstos no Memorando. É importante notar que o objetivo das sanções em uma organização internacional como a OMC é principalmente o de manter o equilíbrio de interesses atingido em dado momento e evitar que uma parte não venha a causar unilateralmente um distúrbio desse equilíbrio em benefício próprio.[111] É por isso que as respostas adotadas no contexto da OMC consistem em especial de medidas compensatórias. Elas não têm caráter punitivo, mas procuram impor a cessação da violação cometida. A suspensão de concessões tem caráter temporário, e a execução integral dos relatórios – e a conseqüente *restitutio in integrum* – é o objetivo almejado.[112]

Essas sanções devem obedecer a alguns princípios, como o da proporcionalidade e o da necessidade, os quais permeiam todos os acordos da OMC, e limitam a ação dos Estados. Dessa maneira, uma medida deve ser sempre proporcional ao objetivo que se quer alcançar ou à violação que se quer compensar. Além disso, sempre devem ser adotadas medidas que perturbem o mínimo possível a livre troca entre os Estados, sendo necessário demonstrar que as medidas adotadas eram as únicas ou as melhores possíveis para atingir os objetivos procurados.

O artigo 22 do Memorando enuncia regras detalhadas sobre os mecanismos de execução das recomendações dos grupos especiais e do Órgão de Apelação. Se um membro condenado por infringir uma regra prevista nos acordos da OMC não cumpre as recomendações adotadas pelo Órgão de Solução de Disputas em um prazo razoável, deverá oferecer uma compensação. Se nenhuma compensação satisfatória é oferecida, a parte reclamante poderá solicitar uma autorização ao Órgão de Solução de Disputas para suspender, em relação ao membro que cometeu a infração, a aplicação de concessões ou outras obrigações previstas no acordo em questão. Essa medida compensatória deve ser tomada no mesmo setor do acordo no qual se deu a violação. Caso isso não seja possível ou eficaz, a parte reclamante poderá adotar medidas compensatórias em outros setores do mesmo acordo; se também essa opção não se mostrar viável, e sempre que as circunstâncias forem suficientemente graves, a parte reclamante pode suspender concessões ou outras obrigações previstas em um acordo diferente daquele que foi violado. Essa regra torna possível, por exemplo, que um Estado membro suspenda concessões relativas ao setor de mercadorias a título de compensação de uma violação cometida por outro

---

[111] LEBEN, Charles. *Les sanctions privatives de droit...*, op. cit.; 1979. p. 140.
[112] Por esse motivo, podemos acrescentar que uma das falhas do sistema de solução de disputas da OMC está na inexistência de medidas provisórias que permitiriam compensar os efeitos de uma violação por meio de uma reconstituição do equilíbrio inicial, enquanto não se resolvesse o litígio.

membro no domínio dos serviços ou da propriedade intelectual.[113] Essa técnica, conhecida como "retorsão cruzada", é uma das reformas importantes introduzidas pelo Memorando, pois aumenta a eficiência do sistema de solução de disputas.

Existe, entretanto, a hipótese de que a suspensão de concessões adotada a título de compensação seja considerada excessiva pela parte perdedora. Assim, o Memorando prevê que, caso o nível ou a natureza da suspensão proposta sejam questionados, o assunto será submetido à arbitragem. O único objetivo dessa arbitragem é determinar se a suspensão é equivalente ao prejuízo causado pela violação, o que confirma que as medidas compensatórias adotadas no âmbito da OMC têm de respeitar determinados princípios – no caso, o da proporcionalidade.[114] A decisão do árbitro que julga o caso é definitiva, e o Órgão de Solução de Disputas só pode rejeitá-la por meio do consenso negativo.

Esse fato leva a uma constatação importante. Em geral, no direito internacional público, cabe aos próprios Estados interpretar a conveniência ou não tanto da adoção quanto do nível das medidas compensatórias. Na OMC, ao contrário, na hora de decidir que medidas adotar, vemos que o Estado não é *judex in causa sua*. A retaliação deve ser autorizada pelo Órgão de Solução de Disputas, e seu montante é suscetível de controle centralizado e institucionalizado, que ocorre por meio de uma arbitragem obrigatória. Isso faz o sistema da OMC se diferenciar da "justiça privada" que reina em outros domínios das relações internacionais.[115] Outra consideração que, como esta última, merecerá atenção mais adiante, é a de que o artigo XVI do acordo que constitui a OMC estabelece a primazia do direito dessa organização sobre o direito interno de cada Estado membro. Essas disposições têm conseqüências notáveis sobre a soberania estatal.

Podemos concluir, portanto, que hoje o mundo conta com uma "jurisdição obrigatória" no campo do comércio internacional, que pode ser acionada unilateralmente por qualquer Estado membro da OMC sem que os demais possam opor qualquer tipo de resistência.[116] Se, como ficou demonstrado pela Segunda Guerra Mundial, a turbulência econômica e os conflitos comerciais

---

[113] MESSERLIN, Patrick. *La nouvelle organisation mondiale du commerce*..., op. cit.; 1995. p. 307.

[114] É importante ressaltar que a proporcionalidade é um princípio de caráter geral do direito internacional público, sendo considerado uma condição de licitude das medidas compensatórias.

[115] Como voltaremos a analisar mais adiante, essa "justiça privada" resulta do próprio caráter descentralizado da ordem jurídica internacional, na qual predomina uma situação de anarquia jurídica que na maior parte das vezes permite aos Estados fazer justiça por conta própria. A idéia de justiça privada na ordem jurídica internacional é explorada em ALLAND, Denis. *Justice privée et ordre juridique international*: étude théorique des contre-mesures en droit international public. Paris: A. Pedone, 1994.

[116] RUIZ FABRI, Hélène. La contribution de l'Organisation Mondiale..., op. cit.; 2000. p. 356.

contribuem para a instabilidade política, a capacidade da OMC de assegurar as trocas internacionais e de resolver as disputas que nesse campo venham a ocorrer contribui, entre outras coisas, para a manutenção da paz. Pela solidez de sua "Constituição", que influencia de forma decisiva não apenas a economia internacional mas diversas outras áreas, a OMC pode ser atualmente considerada, como observa John Jackson, uma peça essencial da estrutura institucional mundial.[117]

Somando-se às demais instituições que acabamos de estudar, a OMC é mais uma prova de que as organizações internacionais de cooperação detêm um papel cada vez maior nas relações internacionais. Sua existência acarreta mudanças ao quadro da soberania estatal, e sua importância crescente leva a diversas questões quanto à efetividade e à legitimidade do poder por elas exercido. Porém, a cooperação internacional não é a única responsável pelas alterações recentes nas fronteiras tradicionais de organização da humanidade. Paralelamente a ela, profundas transformações são trazidas por um outro fenômeno: a integração regional.

8.2 Integração regional – o exemplo do continente americano

A integração regional é o melhor exemplo de como a cooperação internacional pode alcançar um grau de intensidade que altera algumas das premissas básicas do modelo do Estado soberano. É importante, por isso, conhecer as especificidades desse processo, que cria normas e instituições próprias a fim de alcançar seus objetivos.

Após analisar o conceito de integração e os tipos de organização de integração regional existentes, passaremos ao estudo da história do regionalismo na América, mostrando que em todas as partes desse continente regras e instituições comuns foram criadas a fim de atingir o ideal de integração (8.2.1). Em seguida examinaremos um dos exemplos de integração na região, muito provavelmente aquele que criou instituições mais significativas – a Comunidade Andina e seu Tribunal (8.2.2).

8.2.1 Integração regional – principais conceitos e evolução histórica no continente americano

Integração regional – conceitos e classificações

> Na concepção das relações internacionais, baseada na clássica dicotomia entre interações de conflito e interações de cooperação, a integração situa-se,

---

[117] JACKSON, John H. *The World Trade Organization*..., op. cit.; 1998. p. 102.

conseqüentemente, dentro desse segundo grupo de formas de relação entre os Estados. Sua função primordial, desde o ponto de vista dos fins da política internacional, consiste na identificação racional de matérias e procedimentos de relação entre os Estados de natureza preferentemente cooperativa, e na elaboração, sobre essa base, de um interesse comum destinado a dar sustentação a um conjunto de ações encaminhadas a eliminar as interações de conflito ou, pelo menos, atenuar seus efeitos.[118]

Alberto Zelada Castedo

A integração é, sem dúvida, uma forma de cooperação. A diferença entre esses dois fenômenos pode ser feita com base na intensidade que a colaboração atinge em cada um deles, critério que também pode servir para a classificação das organizações internacionais. Essa intensidade pode ser medida pela extensão das competências atribuídas aos órgãos da organização, o caráter mais ou menos obrigatório dos poderes a eles conferidos, e seu grau de independência para com os Estados membros.[119] Vemos, nesse caso, que as organizações de integração regional diferem das organizações internacionais de cooperação, porque nelas a intensidade da cooperação é nitidamente superior. O processo de integração pode assim ser entendido como um aprofundamento do movimento de cooperação internacional.

Analisando-se o termo integração, constatamos que esse provém do latim *integrare* – tornar um – e se refere aos processos pelos quais membros de diferentes grupos são incorporados em uma sociedade, organização, instituição ou Estado.[120] Integrar significa, como define Karl Deutsch, "constituir um todo com as partes, ou seja, transformar unidades previamente separadas em componentes de um sistema coerente".[121]

O fenômeno da integração verifica-se normalmente em uma dada região. Região, por sua vez, pode ser definida como um grupo de Estados situados em uma determinada área geográfica, que gozam de alto grau de interação em comparação com as relações extra-regionais, dividem certos interesses comuns e podem cooperar entre si por meio de organizações que abrangem um número limitado de participantes.[122] Dessa maneira, o conceito de região depende em grande parte da geografia e, nesse sentido, a contigüidade dos países que a formam tem papel relevante. Porém, assim como ocorre com a idéia de na-

---

[118] ZELADA CASTEDO, Alberto. *Derecho de la Integración...*, op. cit.; 1989. p. 4.
[119] COLLIARD, Claude-Albert; DUBOUIS, Louis. *Institutions Internationales...*, op. cit.; 1995. p. 171.
[120] MCLEISH, Kenneth. *Key Ideas in Human Thought*. New York: Facts On File, 1993. p. 383.
[121] DEUTSCH, Karl W. *The Analysis of International Relations*. New Jersey: Prentice-Hall, 1968. p. 158.
[122] HELD, David. *Democracy and the Global Order...*, op. cit.; 1995. p. 21.

ção, a noção de região depende principalmente da afinidade existente entre os países que a constituem.

Assim, embora seja difícil identificar um conceito preciso de região, é possível afirmar que os fatores necessários para o aparecimento do regionalismo são dois: a contigüidade geográfica e a comunhão de interesses.[123] No entanto, a contigüidade é menos importante do que a comunhão de interesses, já que é esta última o verdadeiro motor, a verdadeira "razão de ser", da integração regional. E entre os interesses que os Estados procuram promover e proteger com a integração, destacam-se os de caráter econômico. Conforme analisado anteriormente, é sobretudo a busca das vantagens econômicas que motivará os Estados a participar de organizações de integração regional.

Por isso, quando se fala em integração, pensa-se predominantemente na integração econômica.[124] Essa pode ser definida como "o processo de criação de um mercado integrado, a partir da progressiva eliminação de barreiras ao comércio, ao movimento de fatores de produção e da criação de instituições que permitam a coordenação, ou unificação, de políticas econômicas em uma região geográfica contígua ou não".[125] A integração econômica aprofunda os vínculos entre os Estados que dela participam, aumentando ainda mais a sua

---

[123] De fato, as inúmeras definições de região levam em conta esses dois elementos, ressaltando a importância do segundo. Para De Orúe y Arregui, por exemplo, as regiões seriam formadas por "uma constante afinidade étnica, histórica, econômica, cultural, etc. que conduz a uma sincera comunidade ideológica, à uma estreita solidariedade especialmente nos domínios políticos". Para Michel Virally, as regiões são formadas por Estados que têm afinidades particulares, e a aproximação entre esses Estados é normalmente favorecida pela geografia. Enfim, Charles Rousseau afirma que as alianças regionais repousam ao mesmo tempo na contigüidade geográfica e na comunidade de interesses políticos, enquanto Gonidec caracteriza as organizações regionais como aquelas em que os Estados se reúnem por afinidades geográficas, econômicas, militares etc. Ver MELLO, Celso D. de Albuquerque. *Direito Internacional de Integração...*, op. cit.; 1996. p. 108–110.

[124] O fenômeno da integração não se limita no entanto a seu caráter econômico. Segundo Joseph Nye, "o conceito de integração, definido verbalmente como o que transforma partes em um todo ou o que cria interdependência, pode ser desmembrado em integração econômica (formação de uma economia transnacional), integração social (formação de uma sociedade transnacional) e integração política (formação de interdependência política transnacional)". As linhas que separam essa diferenciação são muito tênues, concorrendo para explicar o fenômeno da integração. Assim, a integração política é definida para Wolfram Hanreider como um "processo acumulativo de mudança na natureza das relações existentes entre unidades políticas mais ou menos soberanas (tais como os Estados), durante o qual estas unidades aceitam voluntariamente uma espécie de autoridade central". Já a integração social resulta, para Zelada Castedo, das "cada vez mais amplas e intensas relações, através das fronteiras estatais, entre os diversos grupos sociais e outras entidades, como as empresas, as organizações de empresários, os sindicatos, as organizações profissionais, as entidades acadêmicas, as comunidades científicas, os grupos religiosos, as forças armadas, etc.". Ver ZELADA CASTEDO, Alberto. *Derecho de la Integración...*, op. cit.; 1989. p. 5-12.

[125] PRADO, Luiz Carlos. Comércio Internacional. In: GONÇALVES, Reinaldo et al. *A nova economia internacional*: uma perspectiva brasileira. Rio de Janeiro: Campus, 1998. p. 81.

interdependência[126]. O seu principal resultado é a intensificação da cooperação e o surgimento de um espaço econômico unificado.[127]

Se o objetivo da integração econômica é o aumento dos fluxos comerciais e financeiros entre os países que dela participam, e se o conceito de "regional" pode abranger, além de uma meta ou de um interesse comum, a questão da contigüidade, a integração econômica regional pode ser definida especificamente como o processo de redução da importância econômica das fronteiras nacionais em uma determinada área geográfica.[128] As fronteiras passariam a ter dois valores: "as fronteiras entre a região e o resto do mundo, que se tornam os limites importantes, e as fronteiras internas, cuja dimensão foi diminuída, até mesmo suprimida, ao menos para os produtos e fluxos financeiros, e que se tornam cada vez mais limites administrativos".[129]

Portanto, a integração que será aqui estudada é a integração econômica regional. Mais precisamente, o objeto de nossa análise é a personificação desse fenômeno: as organizações de integração regional, as quais reúnem um número limitado de Estados – em geral próximos geograficamente – em torno de um determinado objetivo[130].

As organizações de integração regional são, como foi visto, um tipo de organização internacional que se caracteriza pela intensidade da cooperação que se busca estabelecer em uma determinada região. Elas apresentam os elementos tradicionais que identificam as organizações internacionais, tendo normalmente como fundamento os tratados e criando uma estrutura com órgãos permanentes. Além disso, muitas delas têm personalidade jurídica própria, distinta da de seus membros, e algumas ressaltam esse fato em seus tratados constitutivos.[131]

---

[126] Para Senarclens, a integração designa o desenvolvimento de relações econômicas, sociais e políticas que criam uma interdependência crescente entre os Estados. SENARCLENS, Pierre de. *Mondialisation, souveraineté et théories des relations internationales*. Paris: Armand Colin, 1998. p. 57.

[127] A integração econômica normalmente envolve a criação de mercados, ou, como afirma Manuel Medina, "se refere à superação de entidades políticas menores mediante sua fusão em entidades de maior extensão superficial." Bela Balassa considera a integração econômica um processo que vem acompanhado de "medidas direcionadas a abolir a discriminação entre unidades econômicas pertencentes a diferentes economias nacionais". Isaac Cohen afirma que a integração econômica pode ser entendida como "o processo mediante o qual dois ou mais governos adotam, com o apoio de instituições comuns, medidas conjuntas para intensificar sua interdependência e obter assim benefícios mútuos". Ver ZELADA CASTEDO, Alberto. *Derecho de la Integración...*, op. cit.; 1989. p. 3-8.

[128] ANDERSON, Kym; BLACKHURST, Richard (ed.). *Regional Integration and the global trading system*. New York: Harvester Wheatsheaf, 1993. p.1.

[129] DOLLFUS, Olivier. *La Mondialisation*. Paris: Presse des Sciences, 1997. p. 82.

[130] DUTHEIL de la ROCHÈRE, Jacqueline. Mondialisation et Regionalisation. In: LOQUIN, Eric; KESSEDJIAN, Catherine (dir.). *La mondialisation du droit*. Dijon: Litec, 2000. p. 437.

[131] É o caso, por exemplo, do Mercosul, uma vez que o Protocolo de Ouro Preto estabelece, em seu artigo 34, que: "O Mercosul terá personalidade jurídica de Direito Internacional." "Protocolo Adicional ao Tratado de Assunção sobre a Estrutura Institucional do Mercosul", assinado em Ouro Preto em 17 de dezembro de 1994.

Uma das classificações mais importantes das organizações de integração regional baseia-se em seus aspectos econômicos.Por essa razão, podemos dividir essas organizações em zonas de livre comércio, uniões aduaneiras, mercados comuns e uniões econômicas.

A zona de livre comércio costuma ser a primeira etapa de um processo de integração. Nela, os Estados membros eliminam os impostos alfandegários e demais restrições comerciais anteriormente existentes entre si, mantendo tarifas e restrições próprias em relação a terceiros países. A união aduaneira acumula uma zona de livre comércio entre os Estados membros com a existência de uma tarifa e de uma regulamentação comercial comuns com relação a terceiros países.[132] O mercado comum, por sua vez, acrescenta à união aduaneira a liberdade de circulação de mercadorias, pessoas e capitais entre os Estados membros, com o estabelecimento de uma política econômica comum para com terceiros países. Por fim, na união econômica, acrescenta-se, ao estágio de mercado comum, a existência de órgãos e políticas econômicas supranacionais.

O interesse dessa classificação para a nossa análise é que, à medida que a organização de integração regional evolui de uma zona de livre comércio para uma união econômica, o Estado que dela participa vai de forma gradual limitando cada vez mais sua soberania, e cedendo algumas das competências que originalmente possuía em benefício dos órgãos comuns criados no processo de integração. Esse interesse torna-se ainda maior quando se verifica que os processos de integração tendem naturalmente a se aprofundar, como se cada uma de suas fases trouxesse em si as condições que determinam sua contínua evolução,

---

[132] Considerando os diferentes tipos de organizações de integração regional, vemos que alguns deles tendem a ser geralmente mais bem-sucedidos que outros, dependendo do tipo de regras que venham a adotar. É possível afirmar, por exemplo, que: "A diferença entre uma zona de livre comércio e uma união aduaneira é, em poucas palavras, que a primeira é politicamente clara mas uma dor de cabeça administrativa, enquanto a segunda é justamente o oposto". No caso de uma União Aduaneira, a administração das tarifas é relativamente simples: os bens devem pagar as tarifas quando eles atravessam as fronteiras da união, mas desse momento em diante eles podem ser transportados livremente entre os países. Para que esse sistema funcione é necessário, no entanto, que os países concordem quanto às alíquotas das tarifas. Já no caso da zona de livre comércio, um bem produzido em um dos países-membros poderá entrar livremente nos demais, sem que exista uma tarifa externa comum. Assim, é possível que um dos países-membros mantenha uma tarifa elevada para um determinado produto, e os demais não. O que impediria, nesse caso, que o produto fosse importado para um país-membro com tarifas mais baixas e exportado livremente desse para outro país-membro com tarifa mais elevada, burlando o desejo desse último de cobrar a alíquota maior? A resposta para essa pergunta é que, em uma zona de livre comércio, os bens provenientes de um país-membro devem de qualquer forma passar por uma inspeção alfandegária, por meio da qual se comprovará se os mesmos são de fato produzidos naquele lugar e não se tratam de importações de terceiros países que estão sendo reexportadas. Esse mecanismo das regras de origem, que determina qual bem poderá atravessar as fronteiras da zona de livre comércio sem estar sujeito a tarifas, traz inúmeros problemas, pelas dificuldades em se estabelecer qual a origem real dos produtos.
KRUGMAN, Paul; OBSTFELD, Maurice. *International Economics*: Theory and Policy. 4th ed. Reading, Mass.: Addison-Wesley, 1997. p. 243;

exigida e estimulada pelo próprio funcionamento da fase em questão – o que leva Raúl Grien a falar de uma "condição auto-incrementável" de todo processo de integração, pela qual esse, depois de criado, estaria fadado a crescer.[133]

A segunda classificação que nos interessa aqui é a que divide as organizações de integração regional, de acordo com a natureza dos poderes exercidos, em intergovernamentais e supranacionais.

Organizações de integração regional intergovernamentais são aquelas cujos órgãos são constituídos por representantes dos Estados que decidem normalmente pelo consenso, e cujas decisões dependem dos governos para serem aplicadas, exigindo algum tipo de ratificação ou homologação. Já nas organizações de integração regional supranacionais os órgãos são compostos de pessoas que atuam em nome próprio, no interesse da organização, e não em nome do Estado que as nomeou. Além disso, nestas últimas as decisões são em geral tomadas por maioria.[134]

Logo, as organizações de integração regional supranacionais se caracterizam pela independência das instituições da organização em relação aos governos nacionais. Além disso, são marcadas pela possibilidade de se estabelecerem relações diretas entre os particulares e os órgãos da organização, pois "seu ordenamento jurídico é diretamente aplicável na esfera interna dos Estados membros sem necessidade de nenhum ato de aceitação ou recepção por parte desses".[135]

Aqui, mais uma vez, fica claro que as organizações de integração regional de caráter supranacional representam uma ameaça maior à soberania estatal, razão pela qual nos concentraremos no estudo do melhor exemplo de processo de integração de caráter supranacional do continente americano, a Comunidade Andina.

Para poder usufruir das vantagens resultantes da integração regional os países criam determinados mecanismos e adotam diferentes regras. Essas constituem o que é chamado, de maneira geral, de "direito de integração", que pode ser definido como o conjunto de normas jurídicas que regulam um processo de integração entre dois ou mais países. Nesse processo, os países podem adotar formas de integração menos aprofundadas, com regras estabeleci-

---

[133] GRIEN, Raúl. *La Integración Económica como Alternativa Inédita para América Latina*. México, D.F.: Fondo de Cultura Económica, 1994. p. 49.

[134] É importante ressaltar que as organizações internacionais supranacionais diferem das federações já que "não têm poderes soberanos por titularidade própria, nem dispõem da 'competência das competências' em especial da possibilidade de, por si, sem os Estados e eventualmente contra uma parte destes, alterarem os seus órgãos, as atribuições e competências destes, a respectiva composição, etc." As organizações supranacionais se assemelhariam assim mais às confederações, já que também são instituídas por tratados, exercem atribuições e competências antes inerentes à soberania estatal e possuem órgãos que deliberam não necessariamente por unanimidade. Porém, segundo Luis Sá, as organizações supranacionais distinguem-se igualmente das confederações, exatamente "por disporem de órgãos cujos titulares não agem em representação dos Estados, enquanto os titulares dos órgãos da confederação dependem e representam os Estados, são os próprios Estados representados por quem designam." SÁ, Luís. *Soberania e integração na CEE*. Lisboa: Editorial Caminho, 1987. p. 95.

[135] Ver ZELADA CASTEDO, Alberto. *Derecho de la Integración*..., op. cit.; 1989. p. 29.

das pelo consenso, ou prever formas mais avançadas de direito de integração, em que as normas podem ser criadas por maioria e têm caráter supranacional. Quando a intenção dos países é levar adiante uma integração aprofundada, esse processo dá origem a uma espécie de direito comunitário.[136]

Esse direito conta com três tipos de normas: as normas constitutivas – ou de direito originário –, representadas pelos tratados que criam a organização de integração regional, seus anexos, protocolos e alterações posteriores; as normas internas, cuja finalidade seria regulamentar as atividades e o funcionamento dos órgãos da organização; e as normas de direito derivado, ou seja, aquelas que emanam desses mesmos órgãos.

As normas originárias estabelecem os objetivos das organizações de integração regional, os instrumentos com que essas irão contar, bem como a forma que a integração econômica adotará. Ou seja, as normas originárias procuram deixar claro desde o início se os países pretendem atingir uma zona de livre comércio, uma união aduaneira, um mercado comum etc.[137] As normas originárias serão normalmente as responsáveis também pela definição dos princípios que regerão o processo de integração econômica. São esses princípios que orientarão o comportamento dos Estados no processo, permitindo que o ordenamento jurídico da organização de integração regional seja mais facilmente interpretado e aplicado, dando maior coesão ao sistema.[138]

Além disso, em geral, os tratados criam órgãos encarregados da consecução dos objetivos neles previstos, estabelecendo, com isso, uma estrutura com capacidade de gerar, por si só, novas normas. Da atuação desses órgãos é que surge o direito derivado. Como a relação entre esses diversos tipos de normas ocorre de maneira coerente e sistematizada, pode-se falar que a criação de uma organização de integração regional usualmente acarreta o surgimento de um novo ordenamento jurídico. Esse novo sistema normativo que surge é auto-suficiente, já que nele se encontram todos os elementos para seu desenvolvimento, interpretação e aplicação.

Outra característica importante do direito de integração é que suas disposições costumam apresentar caráter nitidamente evolutivo, igualmente ao que ocorre com os próprios processos de integração. Esse direito começa com um "acordo-quadro" que prevê princípios e objetivos gerais, propõe metas

---

[136] O qual pressupõe a existência de um interesse comum que prevalece sobre os interesses particulares dos Estados. Ver ZELADA Castedo, Alberto. *Derecho de la Integración...*, op. cit; 1989. p. 26.

[137] Nesse sentido, por exemplo, o artigo quarto do Tratado de Montevidéu de 1980, que constitui a Aladi, dispõe que "os países-membros estabelecem uma área de preferências econômicas"; o artigo primeiro do Tratado Geral de Integração Econômica Centroamericana dispõe que os "Estados contratantes acordam estabelecer entre eles um mercado comum"; o artigo quarto do Tratado de Chaguaramas, que estabelece a Comunidade do Caribe, prevê como um de seus objetivos "a integração econômica entre os Estados membros através do estabelecimento de um regime de mercado comum".

[138] Podemos citar, por exemplo, o Tratado de Montevidéu de 1980, já mencionado, que estabelece alguns princípios em seu artigo terceiro, como o do pluralismo, e em seu artigo décimo quinto, como o da não-reciprocidade e o da cooperação comunitária no que se refere aos países com menor índice de desenvolvimento.

globais e estabelece a estrutura institucional encarregada de levar adiante os objetivos da integração. Com o tempo, suas regras possuem a tendência de passar por um processo de expansão, atingindo um número cada vez maior de áreas de atuação. O direito de integração tende, portanto, a ampliar seu alcance e abranger com o tempo ramos de atividade que no início não englobava – e essa característica também terá conseqüências sobre a soberania estatal.

Portanto, verificamos que as organizações de integração regional contam muitas vezes com um ordenamento jurídico próprio, que possui normas que vão tornando-se mais abrangentes com o tempo e que prevê os órgãos que asseguram sua aplicação. Essas características não são encontradas apenas nos processos de integração regional, mas se verificam também em algumas organizações internacionais de cooperação, como a OMC. É a existência de tais ordenamentos jurídicos e de tais órgãos com poderes de submeter os Estados membros a suas decisões que representa uma importante limitação à soberania estatal.

A evolução histórica da integração regional: o exemplo do continente americano

> *Os projetos de integração enfrentam a hostilidade dos céticos, a oposição dos nacionalistas exacerbados, o antagonismo dos eternos defensores da soberania absoluta, o que explica não só a lentidão do processo como os desvios que vem sofrendo ao longo de seu processo evolutivo.*[139]
>
> Jacob Dolinger

> *O discurso da integração entre os países latino-americanos é tão arraigado na cultura daqueles povos quanto são numerosas as demonstrações concretas de que a América Latina está fadada ao desencontro e ao isolamento. A marca da utilização para fins pontuais e imediatos da retórica integracionista está presente, como sempre esteve, há três séculos, na atuação política dos seus líderes nacionais. Ela confronta diretamente com a concepção de soberania predominante nestes Estados, cujos governantes preservam com ferocidade cada filigrana do exercício de poder em seu território.*[140]
>
> Ricardo Seitenfus

O surgimento dos blocos econômicos regionais é um dos mais importantes fenômenos da atualidade. Como foi visto, a formação desses blocos apresenta-se como uma solução, no contexto da globalização, para o aumento da

---

[139] DOLINGER, Jacob. Prefacio. In CASELLA, Paulo Borba (coord.). *Contratos Internacionais e Direito Econômico no Mercosul*. São Paulo: LTr, 1996. p. 12.

[140] SEITENFUS, Ricardo. A integração latino-americana em uma perspectiva multidisciplinar. In: VENTURA, Deisy de Freitas Lima (coord.). *O Mercosul em movimento*. Porto Alegre: Livraria do Advogado, 1995. p. 7.

produtividade e da competitividade dos Estados na economia mundial. Isso porque garante um aumento do mercado consumidor, propicia economias de escala e possibilita aos países que dela participam aproveitar a complementaridade de suas economias. A regionalização pode ainda ajudar os países-membros, quando os leva a superar rivalidades e tensões históricas, a fomentar a democracia, a ajudar a desenvolver uma infra-estrutura em comum e a resolver problemas sociais e ambientais da região.[141]

Contudo, um dos principais efeitos da integração regional é que esta acarreta uma limitação à soberania dos Estados que a promovem. Uma vez que as nações não abrem mão do poder com facilidade, a regionalização tende a ser "um processo confuso – dois passos à frente, um para o lado, muitas vezes, um ou dois passos para trás". Essa lentidão e essa dificuldade para avançar, "embora seu impulso seja irreversível", fazem os blocos regionais, "a onda do futuro", parecerem "a onda do passado".[142]

Apesar das dificuldades enfrentadas, o movimento rumo à regionalização é registrado em diversas partes do globo. Além do exemplo paradigmático da União Européia, temos organizações de integração na Ásia, na África e no Pacífico. O continente americano, por sua vez, é especialmente fértil em movimentos de integração regional, contando com uma longa história de tentativas de alcançar esse objetivo.

A idéia de autodeterminação floresceu cedo na América,[143] mas muito tempo se passou até que o continente conseguisse fazer que essa visão preva-

---

[141] A integração, assim como a cooperação internacional, traz inúmeros benefícios, que vão além dos aspectos simplesmente econômicos. Karl Deutsch aponta, dentre outras vantagens trazidas por esse processo, a manutenção da paz, o aumento das potencialidades de cada Estado e da possibilidade de realizar um determinado objetivo. Ver MELLO, Celso D. de Albuquerque. *Curso de Direito Internacional Público...*, op. cit.; 1994. p. 519.

[142] THUROW, Lester C. *O Futuro do capitalismo...*, op. cit.; 1997. p. 161.

[143] É importante ressaltar que os ensinamentos de Francisco de Vitória, professor da Universidade de Salamanca (1486-1546) iriam contribuir para tal florescimento. Este já defendia em suas conferências, há mais de 450 anos, algumas idéias essenciais para que a afirmação dos povos da região fosse possível. Como explica Aleixo, nas conferências de Vitória encontramos princípios muito caros aos povos latino-americanos, como o da igualdade jurídica dos Estados, independentemente de seu poderio econômico e militar, o da reciprocidade em suas relações e o da não-intervenção. Para Vitória, "os espanhóis não teriam mais direitos sobre os índios do que estes teriam sobre os espanhóis se eles por sua vez tivessem sido os descobridores da Europa". Para Vitória, os índios da América eram verdadeiros senhores de suas terras. Em Vitória encontramos também considerações a respeito do que ele denominou "a grandiosa idéia política do orbe, ou da comunidade dos povos de toda a Terra". Nessa comunidade, ensina Antonio Truyol y Serra, todos os povos estariam, por direito natural, chamados a constituir-se em Estado e a configurar livremente o seu destino histórico. Conseqüência lógica desse raciocínio seria o reconhecimento de personalidade jurídica internacional às comunidades políticas não cristãs. Com isso, como afirma Truyol y Serra, os ensinamentos de Vitória poriam em dúvida a legitimidade da ocupação da América pelos espanhóis, conferindo aos povos indígenas da região uma autoridade natural sobre suas terras. ALEIXO, José Carlos Brandi. Integração na América Latina. *Revista de informação legislativa*, Brasília, n. 81, p. 17, 1984; TRUYOL Y SERRA, Antonio. *Historia de la filosofia del derecho y del Estado*: Del Renacimiento a Kant. Madrid: Biblioteca de la Revista de Occidente, 1961. p. 55.

lecesse, rompendo os laços do colonialismo, afirmando sua independência, para, enfim, poder caminhar rumo à integração regional. Se na América do Norte as antigas colônias britânicas se aglutinaram em um processo de natureza centrípeta, com a formação de um Estado nacional, deu-se na América Latina "um fenômeno inverso, ou seja, um movimento de tendência centrífuga, que levou à sua fragmentação em numerosos países independentes e extremamente zelosos de sua soberania nacional".[144]

Apesar disso, o ideal de integração regional – seja de fundo romântico, seja de caráter pragmático – sempre esteve presente na América Latina. Ainda durante os movimentos de independência, alguns líderes tentaram reunir os povos da região em unidades políticas maiores, mas essas tentativas foram frustradas. Mais tarde, várias iniciativas de caráter predominantemente econômico também não alcançaram o sucesso. Os principais problemas que teriam prejudicado essas iniciativas de integração teriam sido "as grandes disparidades em tamanho, diversidade, nível de desenvolvimento e taxa de crescimento das diferentes economias; bem como o nacionalismo, as rivalidades nacionais e as ideologias concorrentes".[145]

As discussões a respeito da integração regional no continente americano passaram por diversas etapas, de caráter idealista e político em seu início, realista e comercial posteriormente. Enquanto os esforços de Simón Bolívar refletem a preocupação com a volta do domínio espanhol e um desejo idealista de união, os esforços integracionistas na América Latina após a Segunda Guerra Mundial expressaram a idéia de que a união política viria como resultado da integração econômica. Embora houvesse um continuado desejo latino-americano pela unidade política, o objetivo básico era claramente o desenvolvimento econômico.[146]

A integração continental passou, então, por várias etapas históricas. Convém destacar, inicialmente, o papel dos Estados Unidos preocupados desde o princípio do século XIX em assegurar seu domínio econômico sobre o continente. Em 2 de dezembro de 1823, o presidente norte-americano James Monroe dirigiu-se ao Congresso com a finalidade de enunciar certos princípios para a política externa norte-americana. Esses princípios, conhecidos como a "Doutrina Monroe", podem ser resumidos em três proposições básicas. A primeira afirmava que o continente americano não poderia ser objeto de futura colonização de nenhuma potência européia. A segunda declarava inadmissível qualquer intervenção européia nos negócios internos ou externos de qualquer dos países americanos. Por fim, pela terceira proposição, os Estados

---

[144] BASSO, Maristela. *O processo de integração na América Latina:* uma perspectiva histórica. 1987. Trabalho não publicado. p. 9.

[145] ATKINS, G. Pope. *Latin America in the International Political System*. 3rd ed. Boulder, Colo.: Westview, 1995. p. 175.

[146] Idem. op. cit.; 1995. p. 173.

Unidos não interviriam de forma alguma nos negócios pertinentes a nenhum país europeu.[147]

Essa doutrina podia ser resumida na frase mais famosa do discurso do presidente norte-americano: "A América é para os americanos". Seus princípios, muito bem aceitos pelos demais países da América, foram propostos em um contexto de ameaça de interferência européia nos assuntos do continente americano, e contribuíram para reforçar o poder norte-americano e justificar a supremacia daquele país na região.

No entanto, o primeiro movimento a se preocupar especificamente com a idéia da integração do continente americano foi o hispano-americanismo. Este se baseou em uma visão que favorecia o estabelecimento de uma comunidade de Estados ou de uma confederação, integradas pelas novas repúblicas surgidas das antigas colônias espanholas.[148] Embora no Brasil também houvesse demonstrações de apoio ao integracionismo, esse era um movimento predominantemente da América espanhola, pois resultava "da idéia de um espírito hispano-americano brotando de uma herança colonial com experiência revolucionária e cultura comuns".[149]

O hispano-americanismo originou-se na época da emancipação das ex-colônias e manteve sua força durante quase todo o século XIX, pela iniciativa de líderes como Miranda, San Martín e, em especial, Simón Bolívar.[150] Este estimulava o movimento em favor da unidade regional e procurava estabelecer uma confederação latino-americana. Em sua famosa Carta da Jamaica, de 1815, articulou a idéia da união dos Estados da região, que se realizaria pela formação de três federações hispano-americanas.[151]

Quando a Doutrina Monroe completou um ano de existência e, com base nos princípios nela contidos, Simón Bolívar teve a iniciativa de realizar o Congresso do Panamá, onde propôs, mediante um tratado, o estabelecimento de uma união, liga ou confederação de todas as nações latino-americanas. Para tornar possível a realização de tal Congresso, Bolívar, então presidente da Grande Colômbia – Colômbia, Equador, Venezuela e Panamá atuais –, expe-

---

[147] Ver ACCIOLY, Hildebrando. *Manual de Direito Internacional Público*. 11. ed. São Paulo: Saraiva, 1986. p. 48.

[148] SAMPEDRO, Carlos S. La integración americana: organismos internacionales. In: *Jornadas*: Organización de Universidades Catolicas de America Latina – Oducal. Buenos Aires, 13-16 set. 1992, material da conferência. p. 3.

[149] ATKINS, G. Pope. *Latin America in the International Political System*..., op. cit.; 1995. p. 169.

[150] Nas palavras de Simón Bolívar: "É uma idéia grandiosa pretender formar de todo o Novo Mundo uma só nação, com um só vínculo que ligue suas partes entre si e com um todo. Já que tem uma origem, uma língua, os mesmos costumes e uma religião, deveria, por conseguinte, ter um só governo que confederasse os diferentes Estados que venham a formar-se". Ver ALMEIDA, Elizabeth Accioly Pinto de. *Mercosul & União Européia*: estrutura jurídico-institucional. Curitiba: Juruá, 1996. p. 43.

[151] ATKINS, G. Pope. *Latin America in the International Political System*..., op. cit.; 1995. p. 170.

diu de Lima uma Circular-convite convidando os governos dos Estados Unidos Mexicanos, da Federação Centro-Americana – Costa Rica, Guatemala, Honduras, Nicarágua e El Salvador atuais –, do Peru, das Províncias Unidas do Rio da Prata – atual Argentina –, do Chile e do Brasil, a se fazerem representar em uma Assembléia que se reuniria no istmo do Panamá.[152] Porém, dos quatro países que participaram em 1826 do Congresso do Panamá – Estados Unidos Mexicanos, Peru, Federação Centro-Americana e Grande Colômbia – apenas o último ratificou o que nele foi acordado. Apesar do apelo de Simón Bolívar, a incerteza política da região e a desconfiança de seus dirigentes fizeram que a primeira iniciativa de integração latino-americana não fosse bem-sucedida. Outras três conferências hispano-americanas ainda viriam a ser realizadas nos anos seguintes, todas elas sem sucesso.[153]

Após o fracasso da última conferência hispano-americana, ocorrida em Lima, em 1864, os países da América Latina partiram para outros tipos de tentativa, deixando de insistir na idéia da integração das sub-regiões e participando de iniciativas que abarcassem todo o continente ou tratassem de outros assuntos que não a regionalização. Entre essas tentativas, destacam-se as

---

[152] Na carta enviada em 7 de dezembro de 1824 para convidar os líderes das nações vizinhas, Bolívar afirma que: "já é tempo que os interesses e as relações que unem entre si as Repúblicas Americanas, antes colônias espanholas, tenham uma base fundamental que eternize, se possível, a duração destes governos", e que para tanto essas nações deveriam se reunir em uma assembléia de plenipotenciários "reunidos sob os auspícios da vitória alcançada por nossas armas contra o poder espanhol". Tal assembléia serviria "de conselho nos grandes conflitos, de ponto de contato nos perigos comuns, de fiel intérprete nos tratados públicos quando ocorram dificuldades, enfim, de nossas divergências". E assim, conclui Bolívar: "No dia em que nossos plenipotenciários façam a troca de seus poderes, se fixará na história diplomática da América uma época imortal. Quando, depois de cem séculos, a posteridade procure a origem do nosso direito público e recorde os pactos que consolidaram seu destino, registrará com respeito os protocolos do Istmo. Neles encontrará o plano das primeiras alianças que traçará a marcha das nossas relações com o universo". Extraído de BASSO, Maristela. *O processo de integração na América Latina:* uma perspectiva histórica. 1987. Trabalho não publicado. p. 16-19.

[153] Em dezembro de 1847, em Lima, Bolívia, Chile, Equador e Peru se reuniram em uma segunda conferência, que resultou na assinatura de um Tratado de Confederação. A finalidade desse Tratado era predominantemente a defesa do território dos países signatários, finalidade que se repetiria nas conferências posteriores, visto que a ameaça da Espanha continuava existindo, e o poder dos Estados Unidos já começava a preocupar os países latino-americanos. As demais nações do continente recusaram o convite para participar dessa conferência, e as próprias nações participantes deixaram de posteriormente ratificar o Tratado dela resultante. Outra conferência foi realizada em Santiago do Chile, no ano de 1856. Dela participaram apenas o Chile, o Equador e o Peru, tendo mais uma vez os demais países da região recusado o convite. O Tratado Continental, resultante dessa conferência, também não foi ratificado por seus participantes. A Quarta Conferência Hispano-americana ocorreu em Lima, de novembro de 1864 a março de 1865. Participaram dessa conferência Bolívia, Chile, Colômbia, Equador, El Salvador, Guatemala, Peru e Venezuela. Foram aprovadas quatro convenções, entre elas o Tratado de União e Aliança Defensiva, mas nenhuma delas chegou a ser ratificada. Ver ATKINS, G. Pope. *Latin America in the International Political System...*, op. cit.; 1995. p. 172.

chamadas "etapas interamericanas", que consistiram em uma série de conferências realizadas entre os países do continente. Essas etapas marcaram a entrada dos Estados Unidos nas discussões sobre a integração propriamente dita, partindo desse país a iniciativa da Primeira Conferência Internacional Americana, realizada em Washington, em 1889. Nessa conferência foi criada a União Internacional das Repúblicas Americanas, precursora do que se tornaria, alguns anos mais tarde, a Organização dos Estados Americanos – OEA. A essa seguiram-se nove outras Conferências Interamericanas, entre as quais se destaca a Sexta Conferência Internacional Americana, realizada em Havana, em 1928, na qual foi aprovado o Código Bustamante, em uma tentativa de estabelecer normas comuns de Direito Internacional Privado para as Américas, e a Nona Conferência Internacional Americana, realizada na Colômbia, em 1948, na qual foi criada a OEA.[154] A Décima Conferência Internacional Americana, ocorrida em Caracas, em 1954, já foi realizada sob as regras da Carta da OEA.[155]

Contudo, foi em seu nível sub-regional que o fenômeno da integração no continente americano atingiu seu grau mais avançado, dando origem a um grande número de organizações de integração regional.

---

[154] A Carta da OEA foi assinada originariamente por: Argentina, Bolívia, Brasil, Colômbia, Chile, Costa Rica, Cuba, Equador, Estados Unidos, Guatemala, Haiti, Honduras, México, Nicarágua, Panamá, Paraguai, Peru, República Dominicana, El Salvador, Uruguai e Venezuela. O Canadá – que ingressou na OEA posteriormente, em 1º de janeiro de 1990 – e os territórios sob domínio francês, inglês e holandês não são membros originários, porém a Carta estabelece que todo Estado americano independente e membro da ONU pode compor a OEA. A OEA tem como principais objetivos: a) garantir a paz e a segurança no continente; b) consolidar a democracia representativa dentro do respeito ao princípio da não intervenção; c) antecipar-se às possíveis causas de dificuldades e assegurar a solução pacífica dos conflitos que surjam entre os países-membros; d) organizar a ação solidária de seus países-membros em caso de agressão; e) apresentar soluções aos problemas políticos, jurídicos e econômicos que surjam entre seus membros; f) promover entre seus membros uma ação cooperativa que promova o desenvolvimento econômico, social e cultural. A estrutura da OEA é composta dos seguintes órgãos principais: Assembléia Geral, Reunião de Consulta dos Ministros das Relações Exteriores, Comitê Jurídico Interamericano, Corte Interamericana de Direitos Humanos, Secretariado Geral, Conferências Especializadas e Organismos Especializados, sendo o órgão supremo a Assembléia Geral, da qual participam representantes de todos os Estados membros e à qual compete decidir a política geral da organização e determinar a estrutura e as funções de seus órgãos, além de examinar as questões relativas à coexistência pacífica e amistosa dos Estados americanos. Ver BASSO, Maristela. O Direito e as Relações Internacionais no Novo Cenário Mundial: o Fenômeno Crescente das Organizações Internacionais. *Estudos Jurídicos*, Rio de Janeiro, v. 25, n. 65, p. 114, set./dez. 1992.

[155] As demais conferências interamericanas foram: Segunda Conferência Internacional Americana, realizada no México, em 1901; Terceira Conferência Internacional Americana, realizada no Rio de Janeiro, em 1903; Quarta Conferência Internacional Americana, realizada em Buenos Aires, em 1910; Quinta Conferência Internacional Americana, realizada em Santiago do Chile, em 1923; Sétima Conferência Internacional Americana, realizada em Montevidéu, em 1933; Oitava Conferência Internacional Americana, realizada em Lima, em 1938.

Organizações de integração regional no continente americano

A característica mais marcante da integração no continente americano é a formação de diversas organizações de integração regional. Como vimos, uma das classificações importantes que se faz em relação às organizações de integração regional refere-se a seus aspectos econômicos, dividindo-as em zonas de livre comércio, uniões aduaneiras, mercados comuns e uniões econômicas. Muitos são os exemplos, no continente americano, desses tipos de organização de integração regional, sendo a criação de um mercado comum o objetivo historicamente dominante.[156] Há na região processos de integração com objetivos menos ambiciosos, como o da Alalc, que poderia ser caracterizada como uma zona de livre comércio, e processos em que a ambição pela integração foi mais longe, como o da Comunidade Andina, a qual, por prever mecanismos de caráter supranacional, poderia ser definida como um projeto de união econômica ou comunidade econômica.[157]

Além disso, as organizações de integração surgidas no continente americano podiam ter caráter sub-regional ou apresentar alcance geral, procurando englobar todos os países da região. Entre essas organizações de integração regional que procuravam abarcar todos os países da América Latina, destacam-se a Alalc e a Aladi.

Alalc e Aladi

A Associação Latino-Americana de Livre Comércio – Alalc – foi constituída pelo Tratado de Montevidéu, em 15 de fevereiro de 1960.[158] Seus membros

---

[156] O Tratado de Chaguaramas, por exemplo, que constituiu a Caricom, dispõe em seu artigo 4º que a Comunidade terá como objetivo, entre outros, "a integração econômica dos Estados Membros através do estabelecimento de um regime de Mercado Comum". Da mesma forma, o Tratado Geral de Integração Econômica Centro-Americana prevê em seu artigo 1º que os países-membros do MCCA deverão alcançar o mercado comum no prazo de cinco anos, e, para esse fim, deverão adotar, progressivamente, uma zona centro-americana de livre-comércio e uma tarifa centro-americana uniforme, conforme disposto em seu artigo 2º.

[157] Ver ZELADA CASTEDO, Alberto. *Derecho de la Integración...*, op. cit.; 1989. p. 37.

[158] Uma das possíveis influências na formação da Alalc foi a mudança de opinião da Cepal (Comissão Econômica para a América Latina, da ONU) a respeito da maneira como os países da região deveriam levar adiante a integração econômica. Segundo Pope Atkins, a proposta inicial da Cepal era a de que os Estados da região se organizassem em uma série de uniões aduaneiras sub-regionais, o que tornaria seus mercados mais coesos e viáveis do que em um único grande mercado, permitindo que esses, no momento em que se tornassem operacionais, se fundissem em uma entidade maior. A mudança de ênfase ocorreu em 1958, por razões econômicas mas também por razões políticas, já que, segundo Atkins, "os teóricos da Cepal visionaram a integração da América Latina como um contrapeso à hegemonia regional dos EUA". ATKINS, G. Pope. *Latin America in the International Political System...*, op. cit.; 1995. p. 174.

eram, inicialmente, Argentina, Brasil, Chile, México, Paraguai, Peru e Uruguai. A esses se juntaram posteriormente a Colômbia e o Equador, ainda em 1961, a Venezuela, em 1966, e, um ano depois, a Bolívia. A sede da organização era em Montevidéu.[159]

A rigidez do modelo adotado pela Alalc,[160] baseado no multilateralismo, e a falta de coordenação das políticas econômicas dos países-membros, conduziram essa organização ao fracasso.[161] Em 12 de agosto de 1980 procurou-se corrigir os problemas da Alalc substituindo-a pela Aladi – Associação Latino-Americana de Integração. Para tanto, foi celebrado um novo Tratado de Montevidéu, assinado pelos mesmos países que compunham a antiga associação, aos quais veio a juntar-se Cuba, em 1999.[162]

Talvez a principal diferença entre os dois tratados residisse no fato de que o Tratado de Montevidéu de 1980 permite a realização tanto de acordos de alcance regional quanto de alcance parcial, sendo estes últimos muito provavelmente os responsáveis pelo maior dinamismo da Aladi com relação à

---

[159] Em 1967, na Declaração dos Presidentes da América, afirmou-se que deveria ser criado, progressivamente, um Mercado Comum Latino-Americano, no prazo máximo de 15 anos a partir de 1970." MELLO, Celso D. de Albuquerque. *Direito Internacional de Integração...*, op. cit.; 1996. p. 290.

[160] A formação da Aladi se realizou conforme a Cláusula de Habilitação do GATT, instituída em 28 de novembro de 1979, durante a rodada Tóquio. Já a Alalc, anterior a esse dispositivo, tinha a desvantagem de se basear no artigo XXIV do GATT, o qual estabelecia que as uniões aduaneiras e zonas de livre comércio podiam constituir exceções ao princípio da cláusula da nação mais favorecida desde que cumprissem certas condições para garantir que esses acordos facilitariam o comércio entre os países integrantes sem interpor obstáculos ao comércio com o resto do mundo. Segundo John Jackson, o objetivo básico da cláusula XXIV do GATT é "permitir arranjos de comércio preferencial se eles constituírem uma tentativa genuína de desenvolver o livre comércio dentro do bloco. A lógica essencial à exceção do artigo XXIV é 'criar comércio', preferivelmente a 'desviar comércio'". A Cláusula de Habilitação reconheceu um tratamento especial aos países em desenvolvimento. Como afirma Arnaud, "esta Cláusula permite aos países (em desenvolvimento) da Aladi outorgar-se reciprocamente tratamentos preferenciais sem estar obrigados a estendê-los automaticamente às demais partes contratantes do GATT". Isso garantiria à Aladi uma ampla flexibilidade operacional que a Alalc não possuía. JACKSON, John H. Perspectives on regionalism in trade relations. *Law and Policy in International Business*, Washington D.C., v. 27, nº 4, p. 875, Summer 1996; ARNAUD, Vicente Guillermo. *Mercosur, Unión Europea, Nafta y los Processos de Integración Regional*. Buenos Aires: Abeledo-Perrot, 1996. p. 102.

[161] Por volta de 1968 o comércio entre os países-membros alcançava uma média de 10% do comércio total de cada um deles, contra 7% em 1960, evolução nada impressionante após oito anos de existência da Alalc. ATKINS, G. Pope. *Latin America in the International Political System...*, op. cit.; 1995. p. 185.

[162] Cuba faz parte também do Sistema Econômico Latino-Americano e da Associação dos Estados do Caribe. Informação disponível em: <http://www.agestado.com.br/redacao/integras/ago/25/31.htm>. Acesso em: 25 ago. 1999.

Alalc.[163] Acordos de alcance regional são aqueles que englobam todos os Estados membros, já os acordos de alcance parcial são aqueles dos quais só alguns Estados membros participam, representando, assim "uma restrição limitada ao princípio da multilateralidade". Isso porque os benefícios trazidos por tais acordos não se estendem automaticamente a todos os países-membros, devendo a multilaterização ser negociada.[164] Assim, a adoção pela Aladi do mecanismo de acordos de alcance parcial permitiu aos países da região efetuar uma aproximação sem o complicador de ter de adequar diversos interesses em uma negociação multilateral. Como resultado surgiram vários acordos desse tipo, bem como acordos de complementação econômica, versão ampliada dos primeiros.[165]

O novo tratado de Montevidéu não fixa um prazo para o estabelecimento de um mercado comum latino-americano, mas prevê sua criação de forma gradual e progressiva.[166] Seus objetivos incluem a promoção e a regulamentação do comércio recíproco dos países-membros, a complementação econômica e o desenvolvimento de ações de cooperação que possibilitem a ampliação de mercados. O tratado determina a concessão de preferências alfandegárias

---

[163] Como ensina Guido Soares, "são claras as diferenças das modalidades de integração propostas: no caso da Alalc, a pretensão era de criar-se uma zona de livre comércio, através de concessões de caráter comercial, negociadas caso a caso, e posteriormente consolidadas e extensíveis aos demais Estados membros, por força da aplicação da cláusula da nação mais favorecida, portanto, um sistema de cunho marcadamente comercialista, ao passo que na Aladi, o objetivo é a instituição de uma área de preferências mais amplas, a ser instituída através dos mecanismos do estabelecimento de uma preferência tarifária regional, da subscrição ou legitimação dos acordos de alcance regional e acordos de alcance parcial, cuja convergência possibilitará avançar-se nas etapas posteriores da integração". De fato, os Estados membros da Aladi, como afirma Arnaud, "podem concertar acordos de integração bilateral de forma paralela aos compromissos multilaterais que vão adquirindo em seu seio. Estes acordos podem não se referir apenas ao plano da liberação comercial, senão abarcar outras áreas que aumentem o inter-relacionamento regional. Estes seriam, em todos os casos, "amparados pela estrutura jurídica do organismo." A Aladi funcionaria assim como um grande "guarda-chuva" jurídico, sob o qual se dão os diversos acordos de integração. SOARES, Guido Fernando da Silva. A compatibilização da Aladi e do Mercosul com o GATT. *Boletim da Integração Latino-Americana*, Brasília, n. 16, 1995. Disponível em: <http://www.mre.gov.br/portugues/politica_externa/mercosul/aladi/gatt.asp>. Acesso em: 15 maio 2003; ARNAUD, Vicente Guillermo. *Mercosur, Unión Europea, Nafta...*, op. cit.; 1996. p. 102.

[164] ATKINS, G. Pope. *Latin America in the International Political System...*, op. cit.; 1995. p. 188.

[165] Até o ano de 1995 haviam sido celebrados 32 desses acordos de complementação econômica, sendo o mais importante provavelmente o que envolveu Brasil e Argentina em 1988, versando sobre a cooperação e a integração econômica, que plantou a semente do que viria a tornar-se o Mercosul. OEA. Unidade de Comércio. *Informe para la segunda reunión ordinaria de la Comisión Especial de Comercio*. Disponível em:<http://www.oas.org/SP/PROG/TRADE/frtrads.htm>. Acesso em: 1995.

[166] Diversas informações sobre a Aladi podem ser encontradas no *site* dessa associação: <http://www.aladi.org>.

regionais, a definição de listas de produtos que gozarão de benefícios especiais, e estabelece ainda um sistema de apoio aos países de menor desenvolvimento relativo, fundamentado nos princípios da não-reciprocidade e da cooperação comunitária.[167]

Estruturalmente a Aladi está organizada em três órgãos políticos: o Conselho de Ministros das Relações Exteriores, responsável pela condução da política geral da organização e pela eleição de seu secretário-geral; a Conferência de Avaliação e de Convergência, encarregada de examinar o funcionamento do processo de integração e de assegurar a multilateralização progressiva dos acordos de alcance parcial; e o Comitê de Representantes, órgão executivo de caráter permanente, composto de um representante de cada país-membro, cuja finalidade principal é dar continuidade ao processo de integração. A Aladi conta também com uma Secretaria, órgão técnico e administrativo regido por um secretário-geral eleito por um período de três anos. As decisões nos órgãos da Aladi são tomadas com o voto afirmativo de dois terços de seus membros, exceto nas matérias previstas no artigo 43 do Tratado de Montevidéu, para as quais pode haver abstenção, mas não votos contrários. Estas últimas compreendem, por exemplo, as emendas ou a regulamentação das normas do Tratado, a aceitação da adesão de novos membros, a determinação das porcentagens de contribuição ao orçamento, a fixação das normas básicas que regulem as relações da Associação com outras associações regionais, entre outras.[168]

---

[167] Assim, além dos princípios do pluralismo, que coloca a integração acima das divergências regionais, políticas e econômicas entre os países-membros, da flexibilidade, permitindo a celebração de acordos de alcance parcial, da convergência, caracterizada pela multilateralização progressiva e não-automática dos acordos de alcance parcial celebrados, e da multiplicidade, procurando facilitar todas as formas possíveis de acordos entre os países-membros que estejam em harmonia com o objetivo da integração, todos eles inscritos no artigo 3º do Tratado de Montevidéu, podemos citar também o do tratamento diferencial. O novo Tratado de Montevidéu reconheceu a existência de diferentes níveis de desenvolvimento dentro da região. Convém observar que o antigo tratado havia classificado o Equador e o Paraguai como nações menos desenvolvidas, merecedoras de tratamento especial, causando protestos dos demais membros, que reivindicavam também esse tipo de tratamento por se julgarem menos desenvolvidos com relação a Argentina, Brasil e México. Já na Aladi essa exigência foi atendida através da diferenciação entre três grupos de países: o grupo dos países de menor desenvolvimento relativo (Bolívia, Paraguai e Equador), o grupo dos países de desenvolvimento intermediário (Colômbia, Chile, Peru, Uruguai e Venezuela) e o grupo do Brasil, Argentina e México, sendo dispensados tratamentos diferenciados aos dois primeiros grupos, principalmente no que se referia a preferências tarifárias.

[168] Ver CASELLA, Paulo Borba. *Mercosul*: exigências e perspectivas de integração e consolidação de espaço econômico integrado. 1995. Tese (Provimento do cargo de Titular de Direito Internacional Público) – Departamento de Direito Internacional, Faculdade de Direito, Universidade de São Paulo, 1995. f. 121.

Apesar das críticas que podem ser formuladas ao tratado constitutivo da Aladi,[169] a possibilidade da celebração de acordos de alcance parcial permitiu a retomada dos movimentos de integração nas sub-regiões do continente.

Dentre as propostas de integração regional de caráter mais abrangente no continente americano, é possível ainda mencionar a da formação da Área de Livre Comércio das Américas – Alca. O objetivo dessa associação é a formação de uma zona de livre comércio que abrangeria todos os países do continente americano – com exceção de Cuba. Para tanto, esses países teriam de proceder a uma liberalização acelerada do comércio regional por meio da redução progressiva das tarifas existentes.[170]

Embora essas associações possam acarretar aumento no nível de integração econômica do continente americano, elas se resumem a zonas de livre comércio, e suas regras e instituições normalmente têm poucos efeitos sobre a autonomia estatal. É no nível sub-regional que os processos de integração costumam ocorrer de forma mais aprofundada, podendo limitar a soberania dos Estados que deles participam.

A integração na América Central

O ideal de integração está presente na América Central desde a independência dos Estados da região ocorrida em 1821. Entre 1823 e 1838 esses fizeram parte da Federação da América Central. Após a dissolução da federação, várias tentativas de unificação foram negociadas, e até mesmo uma Corte de Justiça foi criada, funcionando entre 1907 e 1918.

Em 1951 surgiu a Odeca – Organização dos Estados Centro-Americanos –, pela assinatura da Carta de San Salvador. Os membros da organização[171] pretendiam, com sua instituição, estabelecer a unidade política da região.

---

[169] Diversas críticas são feitas ao Tratado de Montevidéu de 1980, como a de que esse não contém nem metas quantitativas nem prazos para o cumprimento de objetivos precisos, de que suas disposições são meramente programáticas e, em conjunto, se caracterizam por uma forte dispersão normativa, de que se trata de um tratado marco de configuração maleável e de natureza extraordinariamente permissiva, de que seu texto não legisla sobre coordenação e harmonização de políticas nos diversos campos de atividades conjuntas inerentes a um processo de integração econômica, dentre outras considerações. ARNAUD, Vicente Guillermo. *Mercosur, Unión Europea, Nafta...*, op. cit.; 1996. p. 104.

[170] A idéia da formação da Alca foi lançada em 1994, em Miami, na Cúpula das Américas. As negociações para a sua formação, iniciadas em 1998, tem prazo para acabar até 2005. Em 2003, os 34 países que participariam da Alca possuíam uma população total de 800 milhões de pessoas, e um PIB somado de 12 trilhões de dólares. Ver 7 perigos de dar uma banana para a Alca. *Veja*, São Paulo, p. 40, 15 out. 2003.

[171] Nicarágua, Honduras, El Salvador, Guatemala e Costa Rica.

O Mercado Comum Centro Americano – MCCA – foi instituído pelo Tratado Geral de Integração Econômica Centro-Americana, ou Tratado de Manágua, em 13 de dezembro de 1960. Assinaram esse tratado Nicarágua, Honduras, Guatemala, El Salvador e Costa Rica, tendo esta última se incorporado à organização em 1963.[172] O Tratado previa a eliminação das barreiras alfandegárias ao comércio entre os países-membros e a adoção de uma tarifa externa comum, visando a alcançar a finalidade de estabelecer um mercado comum entre os países signatários. A estrutura institucional do MCCA era composta do Conselho Econômico Centro-Americano, formado pelos ministros da economia de cada país-membro, pelo Conselho Executivo e pelo Secretariado Permanente do Tratado de Integração Econômica Centro-Americana – Sieca –, com sede na Cidade da Guatemala. Foi ainda criado o Banco Centro-Americano de Integração Econômica – BCIE –, com a finalidade de encorajar investimentos e financiar projetos que promovessem a integração e o desenvolvimento da região.[173] Em julho de 1989, foi assinado pelos Estados participantes da organização o tratado constitutivo do Parlamento Centro-Americano – Parlacen –, que reúne vinte parlamentares de cada um deles.[174]

Os países da região sofreram com a instabilidade política durante as décadas de 1970 e 1980, o que impediu o MCCA de prosperar.[175] Somente com a melhoria nas condições políticas da região, no início dos anos 1990, o movimento pela integração econômica voltou a ganhar força.

Em 13 de dezembro de 1991 Nicarágua, Costa Rica, El Salvador, Guatemala, Honduras e Panamá assinaram o Protocolo de Tegucigalpa à Carta de San Salvador, instituindo o Sistema de Integração Centro-Americana – Sica –, o

---

[172] O MCCA foi bem-sucedido em seu início, eliminando a maior parte das barreiras alfandegárias ao comércio entre os países-membros em seus primeiros nove anos e registrando um aumento de aproximadamente 700% no comércio intra-regional e de 10% no comércio da região com os demais países. O crescimento do comércio veio acompanhado de um aumento dos investimentos nos países-membros, causando um surto de desenvolvimento industrial. Os benefícios não eram, no entanto, percebidos igualmente em todos os países-membros. Nicarágua e Honduras, os dois menos desenvolvidos, eram menos favorecidos que El Salvador e Guatemala, os quais ficavam com a maior parte dos investimentos, o que começou a provocar conflitos. ATKINS, G. Pope. *Latin America in the International Political System...*, op. cit.; 1995. p. 179.

[173] Para solucionar as controvérsias entre os Estados partes, bem como as divergências surgidas na interpretação e aplicação do Tratado que constituiu o MCCA, deveria negociar-se uma solução através do Conselho Econômico ou do Conselho Executivo. Caso não se chegasse a um acordo, a controvérsia deveria ser solucionada através da via arbitral, cujo tribunal deveria ser escolhido pelo Secretário Geral da Organização dos Estados Americanos com base em listas tríplices de integrantes das Cortes Supremas nacionais.

[174] O tratado constitutivo do Parlacen entrou em vigor em 1991 e esse parlamento teve sua primeira reunião na Cidade da Guatemala em 1992.

[175] Em 1969 Honduras e El Salvador entrariam em uma guerra por problemas de fronteira que se estenderia até 1992, aumentando ainda mais o nível de desentendimento na região.

qual começou a funcionar em fevereiro de 1993, com sede em San Salvador.[176] Essa organização, que substituiu a Odeca e passou a ser o marco jurídico e institucional da integração da América Central, tem por objetivo estabelecer a união econômica da região.

Para adequar as instituições criadas no âmbito do MCCA aos objetivos da Sica, foi assinado em 29 de outubro de 1993 o Protocolo ao Tratado Geral de Integração Centro-Americana – ou Protocolo da Guatemala.[177] Esse documento complementa o Protocolo de Tegucigalpa e substitui o Tratado de Manágua de 1960.[178] Ele mantém grande parte das instituições que compunham a estrutura do MCCA, criando ainda uma Secretaria Geral, um Conselho Executivo – composto dos ministros das relações exteriores dos países-membros –, Conselhos Ministeriais e a Reunião dos Presidentes Centro-americanos – órgão supremo da Sica. A maior inovação institucional trazida pela Sica é a criação da Corte Centro-Americana de Justiça, com sede em Manágua. Essa Corte começou a funcionar em 1994, e conta com um representante e um substituto de cada Estado membro, eleitos pelas cortes supremas destes para um mandato de dez anos. É importante observar que os estatutos da Corte exigem que seus juízes atuem com imparcialidade e independência. Além disso, assim como ocorre com o Tribunal Andino, que estudaremos mais adiante, a Corte Centro-Americana prevê ações de nulidade e de não-cumprimento, e suas decisões são obrigatórias para os órgãos da Sica e para os Estados membros, devendo-se cumprir como se fossem sentenças dos tribunais nacionais destes últimos.[179]

A integração na região do Caribe

No Caribe, a integração teve origem na utilização militar das então colônias daquela região por parte da Grã-Bretanha e dos Estados Unidos, durante a Segunda Guerra Mundial. Para esse fim, foi criada a Comissão Anglo-Americana do Caribe – *Anglo-American Caribean Comission* – em 1942, a qual, após ser bem-sucedida em lidar com as emergências econômicas e militares imedia-

---

[176] San Salvador já era a cidade sede do MCCA.

[177] Ainda não ratificado pelo Panamá. Ver *site* da Secretaria Geral da Sica: <http://www.sgsica.org>. Acesso em: 23 maio 2003.

[178] O Protocolo da Guatemala, assinado ao final do XIV Encontro Centro-Americano, em outubro de 1993, tem como objetivo básico "alcançar o desenvolvimento econômico e social eqüitativo e sustentável dos países centro-americanos, que se traduza no bem estar de seus povos e no crescimento de todos os países-membros, mediante um processo que permita a transformação e a modernização de suas estruturas produtivas, sociais e tecnológicas, eleve a competitividade e logre uma reinserção eficiente e dinâmica da América Central na economia internacional". ARNAUD, Vicente Guillermo. *Mercosur, Unión Europea, Nafta...*, op. cit.; 1996. p. 186, 189.

[179] As sentenças da Corte Centro-americana de Justiça, assim como seu estatuto, de 10 de dezembro de 1992, podem ser encontrados no *site* dessa instituição: <http://www.ccj.org.ni>.

tas, passou a atuar na elaboração de projetos econômicos de longo prazo e no estímulo da cooperação entre os países da região.[180]

Em 15 de dezembro de 1965, foi criada a Associação de Livre Comércio do Caribe – *Caribbean Free Trade Association*, a Carifta – por Antígua, Barbados e Guiana Inglesa, que começaria a funcionar em 1968, com a adesão de vários outros Estados da região, todos integrantes do Reino Unido. Sua finalidade era a eliminação de tarifas para a constituição de uma zona de livre comércio entre os países-membros. Sua estrutura organizacional contava com um Conselho de ministros, um secretariado e um banco, que criou fundos especiais para o desenvolvimento da região.

Em 4 de julho de 1973 a Carifta foi substituída pela Caricom – Comunidade do Caribe. Essa foi criada mediante a conclusão, em Trinidad e Tobago, do Tratado de Chaguaramas, que estabeleceu também o Mercado Comum do Caribe. Integram a Caricom: Antigua e Barbuda, Bahamas,[181] Barbados, Belize, Dominica, Granada, Guiana, Haiti, Jamaica, Montserrat, São Cristóvão e Névis, Santa Lúcia, São Vicente e Granadinas, Suriname, e Trinidad e Tobago.[182] Além disso, diversos Estados foram aceitos como observadores permanentes[183] e como membros associados.[184] A sede da organização situa-se na cidade de Georgetown, na Guiana.

A Caricom tem por objetivo coordenar a política exterior das partes contratantes e alcançar a integração econômica, pela instituição de um mercado comum. O tratado prevê ainda a remoção das tarifas sobre o comércio intra-regional e a

---

[180] Em 1946 a *Anglo-American Caribean Comission* – AACC – foi substituída pela Comissão do Caribe, da qual participavam também a França e os Países Baixos, em nome de suas colônias, bem como representantes dos próprios territórios caribenhos. Em 1959 as quatro metrópoles decidiram acabar com a Comissão. Em 1961 foi criado o Conselho do Caribe, que não durou mais de três anos. Dentre as principais causas de sua dissolução está a saída da Federação das Índias Ocidentais, seu mais importante membro. Essa Federação havia sido criada em 1958 pelo governo britânico, conferindo autonomia administrativa a dez de suas colônias (Granada, Dominica, Montserrat, São Vicente, Santa Lúcia, Antígua, Barbados, São Cristóvão-Nevis-Anguilla, Jamaica e Trinidad e Tobago) durante um período de transição que culminaria na independência total de seus integrantes. Essa, no entanto, foi dissolvida em 1962, com a opção de Jamaica e Trinidad e Tobago pela independência em separado. Com isso, o governo britânico teve de pensar em outra solução. Essa veio em 1966, com a transformação dos territórios da região em "Estados Associados à Grã-Bretanha", com autonomia administrativa interna mas dependendo do Reino Unido para assuntos de defesa e relações exteriores. Aos poucos os países da região foram ganhando sua independência total, sendo que hoje apenas Montserrat e Anguilla permanecem subordinados à Grã-Bretanha. Ver histórico em ATKINS, G. Pope. *Latin America in the International Political System*..., op. cit.; 1995. p. 180.

[181] Bahamas só participam da Comunidade, não do Mercado Comum.

[182] O Haiti foi o último país a ingressar na organização, em 2002. O Suriname faz parte da Caricom desde 1995. Ver site da Caricom: <http://www.caricom.org>.

[183] São observadores permanentes: Bermudas, Aruba, Colômbia, Antilhas Holandesas, Porto Rico, República Dominicana, México, Venezuela.

[184] São membros associados: Anguila, Ilhas Virgens Britânicas, Ilhas Cayman, Ilhas Turks e Caicos.

adoção de uma tarifa externa comum.[185] O órgão supremo da Caricom é a Conferência dos chefes de Estado, que determina as políticas da Comunidade, estipula a criação de órgãos para a consecução de objetivos específicos e promove a solução de litígios referentes à interpretação e à aplicação do Tratado. A Conferência é a autoridade máxima no que concerne à celebração de tratados em nome da Comunidade bem como ao relacionamento entre esta e outros Estados ou organizações internacionais. A Conferência é auxiliada pelo Conselho da Comunidade, formado por um ministro de cada país-membro. A organização conta ainda com um Secretariado, órgão administrativo com sede em Georgetown, e com quatro comitês permanentes de ministros, nas áreas de agricultura, finanças, trabalho e mineração.[186] Além disso, a Comunidade possui várias instituições associadas como o Banco de Desenvolvimento do Caribe e a Sociedade de Investimento do Caribe – *Caribbean Investment Corporation*, a CIC.[187]

A integração na América do Norte

Já na América do Norte, a integração é mais recente. Em 1988, os Estados Unidos e o Canadá assinaram um Acordo de Livre Comércio pelo qual se pretendia eliminar em um prazo de dez anos todas as barreiras comerciais entre eles existentes. O Acordo Norte-Americano de Livre Comércio – *North American Free Trade Agreement*, o Nafta – foi assinado em 17 de dezembro de 1992 e entrou em vigor em 1º de janeiro de 1994, formando uma associação entre Estados Unidos, Canadá e México.

---

[185] Em setembro de 1992 oito países-membros levantaram totalmente suas barreiras alfandegárias para os produtos industrializados provenientes de outros países-membros da Caricom, subsistindo algumas restrições para os produtos primários. A tarifa externa comum foi adotada de forma progressiva a partir de 1º de janeiro de 1994. MICALI, Isabella Soares. Le Marché Commun du Cône Sud: Mercosur et les autres mécanismes d'intégration et de coopération sur le continent américain: un panorama comparatif. In: BASSO, Maristela (org.). *Mercosul: seus efeitos políticos e econômicos nos Estados-membros*. Porto Alegre: Livraria do Advogado, 1995. p. 435.

[186] Em julho de 1997, na XVIII reunião da Conferência de Chefes de Governo da Comunidade do Caribe, celebrada em Montego Bay, na Jamaica, foram assinados os Protocolos emendando o Tratado de Chaguaramas. O primeiro protocolo tem por objetivo melhorar as instituições e as relações funcionais da organização, reestruturando os órgãos da Caricom. O segundo protocolo trata principalmente da liberdade de circulação de capitais, trazendo avanços para o livre movimento dos demais fatores de produção e dando aos nacionais dos países da Caricom o direito de estabelecer empresas em qualquer um dos Estados membros. Ver Publicaciones SELA. *Boletín sobre Integración de América Latina y el Caribe*, n. 6, jul. 1997. Disponível em: <http://www.lanic.utexas.edu/project/sela/integra/integr6.htm>. Acesso em: ago. 1997; ver também OEA. SICE. *Protocol II Amending the Treaty Establishing the Caribbean Community*. Disponível em: <http://www.sice.oas.org/root/trade/ccme/PROTOCOL2.STM>. Acesso em: ago. 1997.

[187] O Banco de Desenvolvimento do Caribe foi criado em 1970 e tem sede em Barbados. Sua finalidade é a de mobilizar recursos para financiar projetos que contribuam para o desenvolvimento da região. A CIC, criada em 1973, com sede em Georgetown, tem por finalidade a realização de investimentos e a prestação de assistência técnica para favorecer a industrialização dos países menos desenvolvidos da região.

O Nafta, dividido em oito partes, 22 capítulos e vários anexos técnicos, é um acordo bastante detalhado, contendo normas específicas sobre regras de origem, compras do setor público, serviços de telecomunicações, serviços financeiros, propriedade intelectual, direito de concorrência, mecanismos de solução de controvérsias e cláusulas de salvaguarda, entre outras. Ele estabelece uma zona de livre comércio entre os países signatários, visando à supressão progressiva em quinze anos de todos os obstáculos tarifários e não-tarifários. Seus objetivos, definidos em seu artigo 102, são, além da eliminação das barreiras ao comércio entre os países-membros, os de evitar a concorrência desleal na zona de livre comércio; aumentar as oportunidades de investimento na região; assegurar a proteção adequada dos direitos de propriedade intelectual; estabelecer procedimentos eficazes para sua aplicação e para a solução de controvérsias; e fomentar a cooperação trilateral, regional e multilateral, com a finalidade de ampliar as vantagens dele decorrentes.[188]

A estrutura organizacional da associação é bastante simples. Seu principal órgão é a Comissão de Ministros do Comércio, cuja finalidade abrange a supervisão da implementação do Acordo e a solução de controvérsias oriundas de sua interpretação ou aplicação. Essa Comissão é auxiliada por um Secretariado permanente, comitês, grupos de trabalho e grupos especiais. Além da atuação da Comissão de Ministros do Comércio, o Nafta prevê diversos outros mecanismos de solução de controvérsias como a cooperação, os bons ofícios, a conciliação, a mediação, a arbitragem, bem como os procedimentos nacionais, tanto judiciais quanto administrativos.[189]

A aprovação do Nafta encontrou muita resistência nos Estados Unidos, onde alguns setores da sociedade julgavam que o menor custo da mão-de-obra e a ausência de uma legislação ambiental no México levariam as indústrias norte-americanas a migrar em massa para aquele país. Para que tal aprovação se tornasse possível, foi necessária a assinatura de diversos acordos com disposições destinadas a preservar o meio ambiente e amparar os direitos dos trabalhadores.[190] Já no que se refere ao Canadá, vale lembrar que a economia desse

---

[188] Ver artigo 102 do Nafta. Disponível em: <http://www.sice.oas.org/trade/nafta/naftatce.asp>. Acesso em: jun. 2003.

[189] CASELLA, Paulo Borba. Mercosul..., op. cit.; 1995. p. 139.

[190] Observe-se que para os Estados Unidos interessa desenvolver o México não apenas por razões econômicas, beneficiando suas indústrias que exportam grandes quantidades de mercadorias para aquele país, mas também por motivos político-estratégicos, com o objetivo de conter migrações maciças de mexicanos rumo ao território americano. Vicente Guillermo Arnaud apresenta uma acertada análise do papel dos Estados Unidos da América no processo de integração da região. Para esse autor, a atitude dos governos norte-americanos com referência a acordos regionais de comércio tem variado segundo seus próprios interesses, apoiando a integração regional "quando consideraram que uma região precisava do desenvolvimento econômico para se defender de ameaças externas" como se deu no caso do Plano Marshall, ou para "evitar sua desestabilização interna," como no caso do México. Além disso, prossegue o autor, "os Estados Unidos se opuseram vigorosamente a acordos econômicos regionais quando tiveram a sensação de que os mesmos excluíam ou diminuíam suas exportações ou por meio do protecionismo tornavam mais difícil seu acesso aos mercados". ARNAUD, Vicente Guillermo. *Mercosur, Unión Europea, Nafta...*, op. cit.; 1996. p. 230.

país está extremamente vinculada à dos Estados Unidos, para o qual se destinam mais de quatro quintos de suas exportações, sendo a integração econômica uma decorrência natural da relação já existente entre ambos.[191]

A integração na América do Sul – o Mercosul

Finalmente, na América do Sul, destacamos a Comunidade Andina, que será estudada detalhadamente mais adiante, e o Mercosul.

O Mercosul teve origem essencialmente bilateral, e sua formação tornou-se possível apenas pela melhora do relacionamento entre o Brasil e a Argentina, até então tradicionais adversários, assim como pela possibilidade de celebração de acordos de alcance parcial no âmbito da Aladi.[192] Essa origem bilateral permitiu àqueles países aprofundar de forma mais acelerada e mais ambiciosa os planos de integração.[193] A intensificação do processo de aproximação entre Argentina e Brasil caminhou rumo à negociação para a criação de um bloco regional, à qual logo aderiria o Uruguai, preocupado "com o movimento que ameaçava deixá-lo num relativo isolamento econômico", e, pouco depois, o Paraguai, "haja vista a intensidade dos vínculos comerciais com seus vizinhos platinos".[194]

Em 26 de março de 1991, no Paraguai, foi firmado o Tratado de Assunção, que fixou as diretrizes para a constituição do Mercado Comum do Sul – o Mercosul – formado por Brasil, Argentina, Paraguai e Uruguai.[195]

---

[191] Ver dados em OEA – Unidade de Comércio. Disponível em: <http://www.oas.org/SP/PROG/TRADE/free32s.htm>. Acesso em: 25 set. 1996.

[192] O processo de integração econômica Brasil-Argentina se fortaleceu com os Acordos de 1980 sobre energia atômica, transporte marítimo e seguro social. O objetivo político de uma integração bilateral foi, no entanto, individualizado pela primeira vez somente em novembro de 1985 com a Declaração de Iguaçu, em que os presidentes José Sarney e Raúl Alfonsin afirmaram seu desejo de acelerar o processo de integração bilateral, criando a Comissão Mista de Alto Nível, integrada pelos Ministros das Relações exteriores dos dois países. Em 29 de julho de 1986 os mesmos presidentes assinaram a Ata para a Integração Argentino-Brasileira, estabelecendo o Programa de Integração e Cooperação Econômica entre Argentina e Brasil (Picab). Para consolidar o processo de integração foi assinado em 1988 entre os dois países o Tratado de Integração Cooperação e Desenvolvimento, que previa a formação de um mercado comum em um prazo de dez anos. Dando continuidade a esse processo, em 6 de julho de 1990 foi assinada pelos então presidentes da Argentina e do Brasil, Carlos Menem e Fernando Collor, a Ata de Buenos Aires, pela qual os dois países decidiram estabelecer um mercado comum até 31 de dezembro de 1994.

[193] Como afirma Félix Peña, "a integração binacional entre as duas principais economias da América do Sul parte do reconhecimento de que somente é possível avançar até objetivos mais ambiciosos reduzindo-se o número de países envolvidos em um processo dessa natureza. O que se perde em extensão pode se ganhar em profundidade, graças ao menor número de protagonistas nas decisões e à maior homogeneidade de condições". PEÑA, Félix. *El Mercosul y sus perspectivas:* una opción por la inserción competitiva en la economía mundial. Palestra proferida em Bruxelas em 5 nov. 1991.

[194] ALMEIDA, Elizabeth Accioly Pinto de. *Mercosul & União Européia...*, op. cit.; 1996. p. 54.

[195] O Tratado de Assunção e demais documentos do Mercosul podem ser encontrados no *site* dessa organização: <http://www.mercosur.org.uy>.

O Tratado de Assunção previa duas etapas, uma provisória e outra definitiva. O artigo 5° desse documento determina que durante o período de transição, que se encerrou em 31 de dezembro de 1994, deveriam ser adotados, como principais instrumentos para a constituição do Mercado Comum: um programa de liberação comercial, que consistiria em reduções tarifárias progressivas acompanhadas da eliminação de restrições não tarifárias; a coordenação de políticas macroeconômicas; uma tarifa externa comum;[196] e acordos setoriais, a fim de alcançar escalas operacionais eficientes.

Para cumprir essas metas, o Tratado de Assunção criou dois órgãos: o Conselho Mercado Comum, órgão supremo responsável pela condução política e por zelar pelo cumprimento dos objetivos previstos no Tratado; e o Grupo Mercado Comum, dividido em diversos subgrupos de trabalho, que exerceria as funções próprias de um órgão executivo. O primeiro é formado pelos ministros das Relações Exteriores e da Economia dos países-membros, e o outro é composto de representantes do Ministério das Relações Exteriores, da Economia e do Banco Central.[197]

No dia 17 de dezembro de 1994, ao final da sétima reunião do Conselho Mercado Comum, os países-membros assinaram o Protocolo de Ouro Preto, reforçando seu compromisso com o livre comércio e definindo a estrutura econômica e política do Mercosul.[198]

Em 25 de junho de 1996, na X Reunião dos Presidentes, o Chile e a Bolívia associaram-se ao Mercosul, com a finalidade de formar uma zona de livre comércio, limitando-se, portanto, à primeira etapa da integração.[199]

---

[196] Em 1º de janeiro de 1995 a Tarifa Externa Comum passou a vigorar para 85% dos produtos importados de terceiros países. Essa oscila entre zero e 20%, tendo sido estabelecida uma lista de exceções que deveriam ser eliminadas em cinco anos. Além disso, 90% dos bens comercializados na região passaram a circular livremente na mesma data. OEA. Unidade de Comércio. *Informe para la segunda reunión ordinária de la Comisión Especial de Comercio*. Disponível em: <http://www.oas.org/SP/PROG/TRADE/free42s.htm>. Acesso em: 25 set. 1996.

[197] Para uma análise mais detalhada dos órgãos e do sistema de solução de disputas do Mercosul, ver BAPTISTA, Luiz Olavo. *O Mercosul, suas Instituições e Ordenamento Jurídico*. São Paulo: LTr, 1998.

[198] Quanto à estrutura organizacional do Mercosul, o Protocolo de Ouro Preto manteve o Conselho Mercado Comum como órgão superior e o Grupo Mercado Comum como órgão executivo, somando a estes últimos a Comissão de Comércio, encarregada de zelar pela aplicação dos instrumentos de política comercial comum, a Comissão Parlamentar Conjunta, cuja finalidade é contribuir para o processo de harmonização das legislações, o Foro Consultivo Econômico Social, integrado por representantes do meio empresarial e sindical, e a Secretaria Administrativa, órgão de apoio operacional com sede em Montevidéu.

[199] O acordo com o Chile, que entrou em vigor em 1º de outubro de 1996, prevê redução tarifária de 40% para 90% dos produtos, que serão completamente isentos em oito anos. Os 10% restantes fazem parte da lista de exceções. Segundo explica Elizabeth Accioly, "nessa relação, constam produtos que terão prazo de três anos para entrar no processo de redução tarifária, devendo em dez anos zerar a tarifa; e, ainda, para produtos muito sensíveis, tais como o arroz, o azeite de oliva e o trigo, a queda de alíquotas se iniciará somente daqui a dez anos, e chegará à alíquota zero num prazo de quinze a dezoito anos". O pré-acordo com a Bolívia, assinado na mesma ocasião, previu seu ingresso no bloco em 1º de janeiro de 1997. Nessa data, mais de 90% dos produtos comercializados entre as partes teriam uma redução tarifária de 30%. Esse processo deve prosseguir gradativamente, até se chegar à isenção total em 1º de janeiro de 2006. ALMEIDA, Elizabeth Accioly Pinto de. *Mercosul & União Européia...*, op. cit.; 1996. p. 57.

O sistema de solução de controvérsias do Mercosul caminhou gradualmente para uma maior institucionalização. Esse sistema fundamentava-se de início no Anexo III do Tratado de Assunção dispondo que os Estados membros deveriam primeiro procurar resolver seus conflitos por meio de mecanismos predominantemente diplomáticos. Nesse Anexo está a origem do Protocolo de Brasília, de dezembro de 1991, que abria a possibilidade de que as controvérsias entre os países-membros fossem resolvidas por meio de um procedimento arbitral. Em 18 de fevereiro de 2002 foi assinado o Protocolo de Olivos, que revoga o Protocolo de Brasília.[200] Esse novo protocolo também estabelece que as partes em uma controvérsia "procurarão resolvê-la, antes de tudo, mediante negociações diretas".[201] Porém a essa disposição acrescenta-se um sistema mais complexo de solução de disputas, que prevê, além da atuação dos tribunais arbitrais *ad hoc*, a criação de um Tribunal Permanente de Revisão, ambos com jurisdição obrigatória.[202] Os laudos desses tribunais também são obrigatórios para os países-membros,[203] e, a fim de obter seu cumprimento, a parte prejudicada pode ser autorizada a aplicar medidas compensatórias temporárias, como a suspensão de concessões ou outras obrigações equivalentes.[204]

* * *

Como pudemos notar, as normas e as instituições resultantes dos processos de integração regional espalharam-se por todo o continente americano. De maneira geral, no entanto, as organizações de integração do continente não possuem um grau de institucionalização tão elevado quanto, por exemplo, a União Européia. Embora essas organizações contribuam para a proliferação de regras que limitam a autonomia dos Estados que delas participam, a maioria delas não apresenta os elementos característicos da supranacionalidade. Seus órgãos normalmente não são dotados de poderes executivos, e costuma não existir nessas

---

[200] O Protocolo de Olivos entrou em vigor em 1º de janeiro de 2004. No Brasil, foi aprovado pelo Congresso Nacional pelo Decreto Legislativo nº 712, de 14 de outubro de 2003, e promulgado pelo decreto nº 4.982, de 9 de fevereiro de 2004.

[201] Artigo 4º do Protocolo de Olivos para a solução de controvérsias no Mercosul. Disponível em: <http://www.sice.oas.org/trade/mrcsr/olivos/acta_501p.asp>. Acesso em: 22 out. 2003.

[202] De acordo com o artigo 33 do Protocolo de Olivos: "Os Estados Partes declaram reconhecer como obrigatória, *ipso facto* e sem necessidade de acordo especial, a jurisdição dos Tribunais Arbitrais *Ad Hoc* que em cada caso se constituam para conhecer e resolver as controvérsias a que se refere o presente Protocolo, bem como a jurisdição do Tribunal Permanente de Revisão para conhecer e resolver as controvérsias conforme as competências que lhe confere o presente Protocolo".

[203] Conforme estabelece o artigo 26 do Protocolo de Olivos: "1. Os laudos dos Tribunais Arbitrais *Ad Hoc* são obrigatórios para os Estados partes na controvérsia a partir de sua notificação e terão, em relação a eles, força de coisa julgada se, transcorrido o prazo previsto no artigo 17.1 para interpor recurso de revisão, este não tenha sido interposto. 2. Os laudos do Tribunal Permanente de Revisão são inapeláveis, obrigatórios para os Estados partes na controvérsia a partir de sua notificação e terão, com relação a eles, força de coisa julgada."

[204] Segundo previsto no artigo 31 do Protocolo de Olivos.

organizações nenhum poder judicial supranacional.[205] Essa ausência denota a existência de "um forte predomínio do princípio do centralismo estatal, imbuído da doutrina da soberania do Estado", o que significa que os signatários de certos desses tratados não tinham a intenção de compartilhar grande parte de seus poderes soberanos com as instituições por meio deles criadas.[206]

Porém, no mesmo continente, há exceções a essa regra.[207] É o caso, principalmente, da Comunidade Andina.

8.2.2 Integração regional – o caso da Comunidade Andina

Breve histórico e considerações gerais – os órgãos da Comunidade Andina

Comunidade Andina é a nova denominação do Pacto Andino, ou Grupo Andino, organização de integração regional criada pelo Acordo de Cartagena, celebrado em 26 de maio de 1969 entre Peru, Equador, Colômbia, Bolívia e Chile. Em 1973, a Venezuela veio a tornar-se membro do Grupo, do qual o Chile se retirou em 1976.[208]

Convém observar que o Pacto Andino surgiu não por um tratado autônomo, mas como um "acordo subregional", no âmbito da Alalc, vinculando-se portanto ao ordenamento jurídico desta última associação.[209] Essa situação prevaleceu até 1979, data em que foi assinado o tratado constitutivo do Tribunal de Justiça do Acordo de Cartagena, o qual, em seu artigo 38, parágrafo 2º, previu expressamente que: "Tanto este Tratado quanto o Acordo de Cartagena terão vigência de maneira independente da vigência do tratado de Montevidéu".

A Comunidade Andina tem sede em Lima.[210] Sua finalidade, prevista no artigo primeiro do Acordo de Cartagena, é promover o desenvolvimento equilibrado e harmônico dos países-membros em condições de eqüidade, mediante a cooperação econômica e social; acelerar seu crescimento e a geração de empregos; facilitar sua participação no processo de integração regional, tendo em vista a formação gradual de um mercado comum latino-americano; diminuir a vulnerabilidade externa e melhorar a posição dos países-membros no contexto econômico internacional; fortalecer a solidariedade sub-regional

---

[205] CASELLA, Paulo Borba. *Mercosul...*, op. cit.; 1995. p. 116.
[206] Ver ZELADA CASTEDO, Alberto. *Derecho de la Integración...*, op. cit.; 1989. p. 39.
[207] A Sica, depois das alterações promovidas pelo Protocolo da Guatemala, de 1993, e após a criação da Corte Centro-americana de Justiça – que como vimos começou a funcionar em 1994 –, passou a se situar também entre essas exceções.
[208] Podemos citar como principal antecedente na integração da região a Declaração de Bogotá, assinada em agosto de 1966 pelos países que viriam a integrar o Pacto Andino. Essa Declaração aprovou as bases do programa de ação imediata, compreendendo medidas de complementação e integração econômica, e criou uma Comissão Mista, cujos trabalhos culminariam na assinatura do Acordo de Cartagena.
[209] ZELADA CASTEDO, Alberto. *Derecho de la Integración...*, op. cit.; 1989. p. 39.
[210] Ver *site* da comunidade: <http://www.comunidadeandina.org>. Acesso em: junho 2005.

e reduzir as diferenças de desenvolvimento existentes entre os países-membros e procurar melhorar o nível de vida dos habitantes da sub-região.

Para atingir seus objetivos, o Acordo de Cartagena estabeleceu, em seu artigo terceiro, os seguintes mecanismos: a harmonização de políticas econômicas e sociais e a aproximação das legislações nacionais nas matérias pertinentes; a intensificação do processo de industrialização sub-regional e a execução de programas setoriais de desenvolvimento industrial; um programa de liberação do intercâmbio comercial entre seus membros mediante a eliminação automática, gradual, progressiva e irrevogável de tarifas; a instituição de uma tarifa externa comum; programas destinados a acelerar o desenvolvimento dos setores agropecuário e agroindustrial; a canalização de recursos dentro e fora da sub-região para fornecer o financiamento dos investimentos necessários ao processo de integração; e a integração física da sub-região. Foi previsto ainda o tratamento preferencial para Bolívia e Equador, considerados menos desenvolvidos.

Em janeiro de 1971, o Grupo adotou o Estatuto do Pacto Andino sobre Capital Estrangeiro – a chamada "Decisão 24" –, o qual representava a única tentativa multilateral latino-americana de controlar os investimentos estrangeiros na região. Esse estatuto previa a redução de investimentos controlados por estrangeiros, a regulação de transferências internacionais de tecnologia, a distribuição planejada de indústrias pela zona andina e restrições aos bancos estrangeiros existentes.[211] Após o golpe militar de 1973, o Chile passou a adotar uma política de livre mercado que se opunha diretamente à estratégia protecionista do Grupo Andino, baseada na substituição de importações. Esse conflito viria provocar a sua saída da organização três anos depois.

Os países do Pacto preocuparam-se em adotar programas para harmonizar suas políticas industriais, agrícolas e econômicas. O regime comum de tratamento do capital estrangeiro estabelecido pela Decisão 24 seria bastante flexibilizado pela "Decisão 220" de 1987. O novo regime estabelecia a liberdade de investimento estrangeiro em todos os setores da economia, tornava o crédito nacional acessível a esses investimentos e autorizava a transferência de dividendos, entre outras medidas – fazendo que o Pacto Andino abandonasse seu caráter protecionista, acompanhando a tendência mundial à abertura econômica e ao livre mercado.[212]

A crise econômica dos anos 1980 reduziu o comércio intra-regional a um terço do nível que apresentava em 1970. Para contornar esse problema, os países-membros celebraram, em 12 de maio de 1987, o Protocolo Modificador do Acordo de Cartagena, ou Protocolo de Quito.[213] Esse Protocolo revisou al-

---

[211] ATKINS, G. Pope. *Latin America in the International Political System...*, op. cit.; 1995. p. 186.

[212] MICALI, Isabella Soares. *Le Marché Commun du Cône Sud...*, op. cit.; 1995. p. 442.

[213] O Protocolo de Quito entrou em vigor em maio de 1988. A esse documento seguiram-se vários outros, como o Manifesto de Cartagena das Índias, de maio de 1989, a Declaração de Galápagos: Compromisso Andino de Paz, Segurança e Cooperação, de dezembro de 1989, a Ata de La Paz, de novembro de 1990, o Compromisso de Guayaquil, de setembro de 1991, referente à adoção de uma tarifa externa comum, a Ata de Barahona, de dezembro de 1991, e o Acordo de Caracas, de novembro de 1992, todos eles visando a aprofundar o processo de integração.

guns dos mecanismos do Pacto, como os Programas Setoriais de Desenvolvimento Industrial, que foram substituídos por três novos mecanismos, e a tarifa externa comum, cuja data limite de adoção originalmente estabelecida passou a ser deixada aberta, cabendo aos órgãos da organização fixá-la no momento oportuno. Além disso, o Protocolo de Quito incorporou novas áreas nas quais os países do Pacto deveriam cooperar, como as relações econômicas externas, o desenvolvimento científico e tecnológico, a integração fronteiriça, o desenvolvimento e o comércio de serviços e a preservação dos recursos naturais e ambientais.[214]

No início dos anos 1990, o Grupo passou por sucessivos desencontros decorrentes da instabilidade política da região, causada sobretudo pela dissolução do Parlamento peruano pelo presidente Alberto Fujimori, em abril de 1992. Como conseqüência desse ato podemos destacar o rompimento de relações diplomáticas entre o Peru e a Venezuela e a derrogação por parte do Peru dos acordos comerciais com os demais países andinos. Apesar disso, os países do Pacto superaram suas diferenças e em junho de 1993 a Junta do Acordo de Cartagena aprovou o Desenho Estratégico do Grupo Andino, propondo o estabelecimento de uma União Aduaneira.[215]

Vale ressaltar que, além de intensificarem o processo de integração da sub-região, os membros da Comunidade Andina têm buscado negociar individualmente acordos com outros blocos e Estados, como a aproximação da Bolívia com o Mercosul, e também coletivamente, com outras organizações de integração regional.[216] Isso faz dessa organização um claro exemplo de regionalismo aberto.[217]

---

[214] ZELADA CASTEDO, Alberto. *Derecho de la Integración...*, op. cit.; 1989. p. 69.

[215] Conforme metas definidas na Decisão 535 da Comissão da Comunidade Andina, datada de 14 de outubro de 2002.

[216] Em dezembro de 1991 os países-membros do então Pacto Andino enviaram uma mensagem ao Grupo Mercado Comum do Mercosul, demonstrando interesse em somar as duas iniciativas de integração. Em agosto de 1993, ao analisar uma proposta brasileira de cooperação econômica de julho do mesmo ano, a Comissão do Acordo de Cartagena convidou os demais países do Mercosul a participar das negociações, tendo em vista a possível integração entre os dois blocos. Além disso, no IX Conselho Presidencial Andino, celebrado em Sucre em abril de 1997, avançou-se na proposta de constituir uma Zona de Livre Comércio entre o Grupo Andino e o Mercosul, em um prazo máximo de dez anos. Em 16 de abril de 1998, os países dessas duas organizações celebraram um Acordo Quadro para a criação de uma zona de livre comércio entre a Comunidade Andina e o Mercosul, e, em 6 de dezembro de 2002, um Acordo de Complementação Econômica, visando à criação de uma área de livre comércio. Segundo estudos da Aladi, o comércio entre os países do Mercosul e do Grupo Andino cresceu 50% entre 1994 e 1995, alcançando a cifra máxima em sua história de seis bilhões de dólares. Ver Publicaciones Sela. *Boletín sobre Integración de América Latina y el Caribe*, n. 6, jul. 1997. Disponível em: <http://www.lanic.utexas.edu/project/sela/integra/integr6.htm>. Acesso em: ago. 1997; ver Publicaciones Sela. *Boletín sobre Integración de América Latina y el Caribe*, n. 3, abr. 1997. Disponível em: <http://www.lanic.utexas.edu/project/sela/integra/integr3.htm>. Acesso em: ago. 1997; ver também <http://www.sice.oas.org/agreemts /command_5Fp.asp>. Acesso em: ago. 1997.

[217] ZANIN, Gabriela. Mercosur, Pacto Andino y el Grupo de los Três en el Marco del Regionalismo Abierto. In: CARAMUTI, Ofelia Stahringer (coord.). *El Mercosur en el Nuevo Orden Mundial*. Buenos Aires: Ciudad Argentina, 1996. p. 152.

A estrutura organizacional da Comunidade Andina apresenta diversos traços de supranacionalidade, o que torna essa organização um ótimo modelo para a análise dos efeitos da integração regional sobre a soberania estatal.

Em sua origem, o Acordo de Cartagena previa que o então Pacto Andino possuiria os seguintes órgãos principais: a Comissão, a Junta, o Parlamento Andino e o Tribunal de Justiça.

A Comissão era o órgão supremo do Pacto, responsável pela formulação de sua política geral. Teria por isso capacidade de legislação exclusiva sobre as matérias de sua competência, o que abrangia as normas necessárias para alcançar os objetivos do acordo, como aquelas relativas à coordenação de planos de desenvolvimento e harmonização das políticas econômicas dos países constituintes. Esse órgão era composto de um representante de cada Estado membro e, como regra geral, adotaria as decisões aprovadas por ao menos dois terços de seus membros. Em alguns casos especiais, exigia-se a unanimidade de votos. A Comissão era responsável pela eleição da Junta e podia delegar a este último órgão parte de suas competências.

A Junta, por sua vez, era o órgão executivo do Pacto, apresentando funções técnicas e administrativas. Caberia à Junta velar pela aplicação do Acordo de Cartagena e pelo cumprimento das decisões da Comissão. Essa deveria ainda formular propostas à Comissão, com a finalidade de facilitar e acelerar o cumprimento do acordo. Era composta de três membros com mandato de três anos. Esses deveriam ser nacionais de qualquer país latino-americano, atuando com base no interesse comum, sem poder solicitar ou aceitar instruções de nenhum governo, entidade nacional ou internacional, e respondendo por seus atos perante a Comissão. O regulamento da Junta previa que essa expressaria sua vontade por meio de Resoluções, e segundo o Acordo de Cartagena os atos da Junta deveriam ser aprovados pela unanimidade de seus membros.

O Parlamento Andino foi criado por meio do tratado assinado em 25 de outubro de 1979, ainda que esse órgão já tivesse sido previsto pelo artigo 19 do Acordo de Cartagena. Sua sede é em La Paz. A finalidade do Parlamento Andino não é a de legislar, mas sim a de auxiliar na promoção e na orientação do processo de integração sub-regional, promover a participação dos povos como atores do processo de integração e fomentar o crescimento de uma consciência comunitária andina e o desenvolvimento e a integração da comunidade latino-americana. Além disso, o Parlamento Andino tem como função promover a harmonização ou a aproximação das legislações nacionais, de acordo com as necessidades do programa de integração econômica.[218] Para tanto, o Parlamento Andino pode emitir recomendações, dirigidas aos governos e aos demais órgãos do Pacto.

Em 6 de setembro de 1995, considerando que "a integração sub-regional constitui um dos principais meios para que os países da América Latina possam acelerar seu processo de desenvolvimento econômico e social", foi assina-

---

[218] Ver ZELADA CASTEDO, Alberto. *Derecho de la Integración*..., op. cit.; 1989. p. 108.

da, na VII Reunião do Conselho Presidencial Andino, a Ata de Quito, a fim de "adaptar o esquema sub-regional de integração às circunstâncias instáveis e dinâmicas das atuais relações internacionais, caracterizadas pela globalização e pela regionalização da economia mundial". Nessa reunião, alterou-se o nome da organização para Sistema Andino de Integração – SAI, ou, simplesmente, Comunidade Andina.[219]

Em 10 de março de 1996, na cidade de Trujillo, no Peru, os países da Comunidade Andina assinaram o Protocolo Modificativo do Acordo de Cartagena, que consolidou as mudanças previstas na Ata de Quito, alterando o quadro orgânico daquela organização.

O órgão máximo da Comunidade Andina é o Conselho Presidencial Andino, composto de chefes de Estado dos países-membros. Esse Conselho deverá reunir-se de forma ordinária uma vez por ano e será responsável por emitir diretrizes sobre as políticas a serem adotadas no processo de integração, que devem ser executadas pelos demais órgãos da organização.[220]

O Conselho Andino de Ministros das Relações Exteriores, outro órgão da organização, possui uma competência que engloba, entre outras coisas, a formulação da política exterior dos países-membros nos assuntos de interesse regional e a assinatura de acordos de cooperação com outros países ou organizações. Esse órgão se reúne ao menos duas vezes por ano, e suas decisões são tomadas de forma consensual. Ao lado desse Conselho, assumindo com ele as funções da antiga Comissão do Pacto Andino, está a Comissão da Comunidade Andina, constituída por um representante de cada Estado membro, que se reúne ordinariamente três vezes ao ano. Esse órgão, cujas decisões são tomadas na maior parte das vezes por maioria absoluta, é responsável, entre outras atribuições, por formular e executar a política de integração regional em matéria de comércio e investimentos.

A Secretaria Geral, que passou a exercer grande parte das funções da antiga Junta do Acordo de Cartagena, é o órgão executivo da Comunidade Andina; é dirigida pelo secretário-geral, eleito de forma consensual pelo Conselho Andino de Ministros das Relações Exteriores para um mandato de cinco anos, que pode ser renovado uma única vez. O secretário conta, no exercício de suas funções, com o apoio de Diretores Gerais.

Assim como ocorreu com o Tribunal de Justiça dessa organização, o Parlamento Andino foi mantido pelo Protocolo de Trujillo. Essa instituição deverá ser composta de representantes de cada Parlamento nacional dos países da Comunidade Andina, até o momento em que seus membros passem a ser elei-

---

[219] Ata de Quito, VII Reunião do Conselho Presidencial Andino, Quito, Equador, 5 de setembro de 1995. Disponível em: <http://www.sice.oas.org/Trade/Junac/VIIacta_s.asp>. Acesso em: 1997.

[220] As disposições referentes aos órgãos da Comunidade Andina estão contidas nos artigos 11, 15, 22 e 29 do Acordo de Cartagena, segundo a redação introduzida pelo Protocolo Modificativo do Acordo de Cartagena, celebrado em Trujillo em 10 de março de 1996.

tos diretamente.[221] Além disso, a Comunidade Andina conta com diversos outros órgãos, como os Conselhos Consultivos – empresarial e trabalhista –, a Corporação Andina de Fomento, e o Fundo Latino-Americano de Reservas.[222]

A Comunidade Andina, possui um ordenamento jurídico complexo. Além do Acordo de Cartagena, do Tratado de Criação do Tribunal de Justiça da Comunidade Andina e de todos os protocolos adicionais e modificativos relativos a esses dois instrumentos, esse ordenamento compreende também as Decisões do Conselho Andino de Ministros das Relações Exteriores e da Comissão da Comunidade Andina e as Resoluções da Secretaria Geral – antigas decisões da Comissão e Resoluções da Junta.[223] Essas Decisões e Resoluções obrigam os países-membros desde a data em que forem aprovadas, sendo diretamente aplicáveis a estes a partir de sua publicação na gazeta oficial do Acordo.[224] Além disso, os países-membros estão obrigados a adotar as medidas necessárias para assegurar o cumprimento das normas do ordenamento jurídico andino, não podendo editar regras que sejam contrárias ou criem obstáculos a esse cumprimento.[225]

Logo, em regra, como observa Luis Carlos Sáchica, as normas resultantes dos órgãos criados pelo Acordo de Cartagena, ao terem vigência imediata e serem quase sempre de aplicação direta nos países-membros, não estariam condicionadas a procedimentos especiais de aprovação, recepção ou incorporação nos ordenamentos jurídicos nacionais, o que, se ocorresse, poderia vir a afetar sua validade ou limitar sua eficácia. Elas consistem em um direito comum que se insere automaticamente naqueles ordenamentos, com preeminência sobre a legislação particular dos países-membros, suspendendo as disposições que lhes sejam contrárias e abrindo a possibilidade de utilizar os procedimentos internos de anulação contra aquelas que sejam expedidas para travar ou impedir seu cumprimento.[226]

---

[221] Artigo 42 do Acordo de Cartagena, segundo a redação introduzida pelo Protocolo de Trujillo.

[222] Além da Universidade Andina Simon Bolívar e determinados Convênios, como o Simon Rodríguez e outros convênios sociais, conselhos consultivos e órgãos que venham a ser adotados no processo de integração. Ver Artigo 6º do Acordo de Cartagena, segundo a redação introduzida pelo Protocolo de Trujillo.

[223] Além dos convênios de complementação industrial e outros que os países-membros adotem entre si e no âmbito do processo de integração sub-regional andino, nos termos do artigo primeiro do Tratado que constitui o Tribunal de Justiça do Acordo de Cartagena, segundo a redação introduzida pelo Protocolo de Cochabamba.

[224] Conforme já havia sido estabelecido nos artigos 2 e 3 do Tratado que constitui o Tribunal de Justiça do Acordo de Cartagena original, regras que foram mantidas pelo Protocolo de Cochabamba.

[225] Artigo 4 do Tratado que constitui o Tribunal de Justiça do Acordo de Cartagena segundo a redação introduzida pelo Protocolo de Cochabamba.

[226] SÁCHICA, Luis Carlos. El Ordenamiento Juridico Andino y su Tribunal de Justicia. In: *El Tribunal de Justicia del Acuerdo de Cartagena*. Montevidéu: BID-INTAL, 1985. p. 8.

Assim, se tomarmos em conta "as características dos órgãos da estrutura institucional estabelecida pelo Acordo de Cartagena, particularmente quanto a suas competências e procedimentos decisórios, assim como a qualidade dos compromissos assumidos, a natureza dos principais instrumentos do programa de integração e os efeitos das normas jurídicas referentes aos mesmos, pode sustentar-se que esse ordenamento se caracteriza por sua tendência ao emprego de técnicas supranacionais".[227]

A existência de um ordenamento jurídico superior ao dos países-membros e de um órgão com características de supranacionalidade traz conseqüências para a soberania dos Estados que participam de uma organização de integração regional. Entre os órgãos criados pelo processo de integração andino destaca-se, sem dúvida, o seu Tribunal de Justiça.

O Tribunal de Justiça da Comunidade Andina

A estabilidade do Acordo de Cartagena e dos direitos e obrigações que dele derivam devem ser salvaguardados por um órgão jurisdicional do mais alto nível, independente dos governos dos países-membros e dos outros órgãos do Acordo de Cartagena, com capacidade para declarar o direito comunitário, dirimir as controvérsias que surjam do mesmo e interpretá-lo uniformemente.

**Preâmbulo do Tratado de Criação do
Tribunal de Justiça do Acordo de Cartagena**

O Tribunal de Justiça do Acordo de Cartagena, hoje Tribunal da Comunidade Andina, previsto pelo artigo 19 do Pacto de 1969, veio a ser criado mediante tratado assinado em 28 de maio de 1979. Instalou-se somente em 2 de janeiro de 1984, após o depósito dos respectivos instrumentos de ratificação por todos os Estados signatários.[228]

Em 28 de maio de 1996, os países da Comunidade Andina assinaram o Protocolo Modificativo do Tratado de Criação do Tribunal de Justiça do Acordo de Cartagena – ou simplesmente Protocolo de Cochabamba –, que adapta o tratado constitutivo do Tribunal às mudanças sofridas por essa organização de integração regional, mantendo inalterada a maior parte das disposições do tratado original.[229]

---

[227] ZELADA CASTEDO, Alberto. *Derecho de la Integración...*, op. cit.; 1989. p. 40.

[228] Essas ratificações e depósitos ocorreram em diferentes datas: Bolívia – ratificou o tratado em 11 de julho de 1979, e depositou sua ratificação em 16 de julho de 1980; Colômbia – ratificou o tratado em 13 de fevereiro de 1980 e depositou sua ratificação em 28 de março do mesmo ano; Equador – ratificou o tratado em 16 de julho de 1979, com depósito efetuado no mesmo dia; Peru – ratificou o tratado em 18 de setembro de 1978, e depositou o instrumento de ratificação em 13 de dezembro de 1979; e Venezuela – ratificou o tratado em 7 de maio de 1983, efetuando o depósito no mesmo mês e ano. SÁCHICA, Luis Carlos. El Ordenamiento Juridico Andino..., op. cit.; 1985. p. 14.

[229] O Protocolo de Cochabamba entrou em vigor em agosto de 1999. Informação disponível em: <http://www.tribunalandino.org.ec>. Acesso em: maio 2005.

O Tribunal é o órgão jurisdicional da Comunidade Andina,[230] instituído para assegurar o respeito ao direito na aplicação e na interpretação do ordenamento dessa organização. Suas características reconhecidamente inspiram-se, conforme ficou demonstrado no anteprojeto de seu tratado constitutivo, na "experiência acumulada pela Corte de Justiça das Comunidades Européias".[231] É importante observar que o Tribunal da Comunidade Andina é um dos raros casos de cortes com competência obrigatória previstos em organizações internacionais, já que a adesão ao Acordo de Cartagena deve acompanhar-se, sem reservas, da assinatura do tratado que o institui.[232]

O Tribunal da Comunidade Andina tem sede em Quito e é composto de cinco juízes com mandato de seis anos. Esses devem ser nacionais dos países-membros, gozar de alta consideração moral, reunir as condições exigidas em seu país para exercer as mais altas funções judiciais ou ser juristas de notória competência. O Tribunal possui autonomia perante os países-membros, pois, segundo o artigo sexto de seu instrumento constitutivo "os magistrados gozarão de plena independência no exercício de suas funções". Esses não são, portanto, representantes do governo de seu país de origem, mas partes de um órgão da Comunidade Andina[233] – o que consiste, como já foi analisado, em uma das principais características da supranacionalidade.

A razão que justificou a criação do Tribunal, além da necessidade de garantir o cumprimento dos compromissos derivados direta e indiretamente do Acordo de Cartagena, é a complexidade do ordenamento jurídico da Comunidade Andina. Essa complexidade resulta da existência de dois níveis de normas, o primário e o secundário, além da já normalmente complicada relação entre esse ordenamento e os ordenamentos de cada um dos membros.

O direito andino primário – ou originário – é aquele que se depreende das disposições contidas nos instrumentos constitutivos da Comunidade Andina, ou seja, do Acordo de Cartagena, do tratado de criação do Tribunal de Justiça e do tratado constitutivo do Parlamento Andino, bem como de seus protocolos e documentos adicionais e modificativos.

Já o direito andino secundário – ou derivado – é aquele que resulta das Decisões do Conselho Andino de Ministros das Relações Exteriores e da Comissão da Comunidade Andina ou das Resoluções da Secretaria

---

[230] Artigo 40 do Acordo de Cartagena segundo a redação introduzida pelo Protocolo Modificativo do Acordo de Cartagena, de 10 de março de 1996.

[231] Ver ZELADA CASTEDO, Alberto. *Derecho de la Integración*..., op. cit.; 1989. p. 204.

[232] Ver PHILIP, Christian; DE CARA, Jean-Yves. Nature et evolution de la juridiction internationale. In: SFDI. *La juridiction internationale permanente*: Colloque de Lyon. Paris: A. Pedone, 1987. p. 20.

[233] SÁCHICA, Luis Carlos. El Ordenamiento Juridico Andino..., op. cit.; 1985. p. 16.

Geral.[234] Essas normas derivadas estão subordinadas às disposições do Acordo de Cartagena e demais instrumentos constitutivos de direito originário. Daí viriam, segundo Zelada Castedo, os fundamentos para os procedimentos de controle de legalidade desses atos, que podem tramitar no Tribunal de Justiça.[235]

Cabe, portanto, ao Tribunal decidir sobre a nulidade das decisões dos órgãos da Comunidade Andina tomadas em violação ao Acordo de Cartagena, resolver os conflitos entre os países-membros e entre esses e os órgãos do Acordo, no que se refere ao não-cumprimento pelos primeiros das normas do ordenamento jurídico sub-regional, bem como interpretar tais normas de maneira uniforme. Para tanto, dois tipos principais de ação podem ser interpostos perante o Tribunal: a ação de nulidade e a ação de não-cumprimento.

Segundo o artigo 17 do tratado de criação do Tribunal,[236] a ação de nulidade pode ser interposta contra Decisões do Conselho Andino de Ministros das Relações Exteriores e da Comissão da Comunidade Andina ou Resoluções da Secretaria Geral sempre que essas violarem as normas que configuram o ordenamento jurídico andino. Essa violação pode ser caracterizada, entre outras formas, pela incompetência desses órgãos em adotar o ato impugnado, pelo não-atendimento de formalidades previstas para a adoção das Decisões ou Resoluções, pela falta de motivação desses atos, ou pelo desvio de poder, que ocorrerá sempre que os atos do Conselho, da Comissão ou da Secretaria Geral tenham finalidades distintas das estabelecidas no Acordo de Cartagena.

A ação de nulidade pode ser proposta por um Estado membro, pelo Conselho Andino de Ministros das Relações Exteriores, pela Comissão da Comunidade Andina ou pela Secretaria Geral. Nos termos do artigo 18 do tratado que cria o Tribunal, os Estados membros não podem questionar os atos que tenham sido aprovados com seu voto afirmativo. Pode ainda ser interposta, nos termos do artigo 19 do mesmo instrumento, por pessoa física ou jurídica, desde que as Decisões ou Resoluções afetem seus direitos ou interesses. O prazo para interposição de ação de nulidade é de dois anos, a contar da data de entrada em vigor do ato a ser impugnado.[237] O pedido de anulação será julgado em única instância pelo Tribunal, devendo ser dirigido a seu presidente. O Tribunal tem a faculdade de declarar a nulidade total ou parcial da Decisão ou da Resolução impugnada, e o órgão que teve seu

---

[234] Antigas Decisões da Comissão e Resoluções da Junta.

[235] Ver ZELADA CASTEDO, Alberto. *Derecho de la Integración...*, op. cit.; 1989. p. 83.

[236] Conforme a numeração e a redação que foram introduzidas pelo Protocolo de Cochabamba, que serão aqui adotadas.

[237] Artigo 20 do Tratado de Criação do Tribunal de Justiça da Comunidade Andina segundo a redação introduzida pelo Protocolo Modificativo do Tratado de Criação do Tribunal de Justiça do Acordo de Cartagena, celebrado em Cochabamba em 28 de maio de 1996.

ato anulado deverá adotar as disposições necessárias para assegurar o cumprimento efetivo da sentença.

A ação de não-cumprimento tem por finalidade sancionar as infrações ao ordenamento jurídico andino. Pode ser interposta pela Secretaria Geral ou por um país-membro, devendo ser dirigida ao integrante da Comunidade que tenha deixado de cumprir uma obrigação prevista no ordenamento da organização. O procedimento da ação de não-cumprimento conta com duas fases, uma pré-judicial ou administrativa e outra judicial propriamente dita.[238]

A primeira fase se cumpre na Secretaria Geral, que pode atuar de ofício ou mediante reclamação de um país-membro. Essa envolve a formulação de observações pela Secretaria ao país não-cumpridor, que deverá oferecer sua resposta no prazo máximo de dois meses. Recebida a resposta, a Secretaria deverá emitir opinião motivada sobre a existência ou não do descumprimento. Caso a opinião afirme a existência do descumprimento e o país não-cumpridor persista em sua conduta, a Secretaria pode solicitar o pronunciamento do Tribunal.[239] Caso o Tribunal decida que o caso é de não-cumprimento, o país inadimplente estará obrigado a tomar as medidas necessárias ao cumprimento da sentença nos três meses seguintes à sua notificação. Se o país inadimplente não tomar as medidas necessárias, o Tribunal determinará os limites dentro dos quais o país reclamante ou qualquer outro dos países-membros poderá restringir ou suspender, total ou parcialmente, as vantagens de que o país inadimplente se beneficia em razão de sua participação na Comunidade Andina. É esse mecanismo – similar ao que, como vimos, foi criado no âmbito da OMC –, que faz do direito andino um instrumento de alta eficácia.[240]

Outro fator que torna o direito andino bastante eficaz é a disposição, prevista no artigo 31 do tratado constitutivo do Tribunal, segundo a qual os particulares – pessoas físicas ou jurídicas – têm direito de acudir aos tribunais nacionais competentes sempre que os países-membros não adotarem as medidas necessárias para assegurar o cumprimento das normas que formam o ordenamento andino.[241] Disso resulta a possibilidade de propor ação de não-cumprimento perante a Secretaria Geral diante da negativa do juiz nacional

---

[238] Artigo 23 e seguintes do Tratado de Criação do Tribunal de Justiça da Comunidade Andina segundo a redação introduzida pelo Protocolo de Cochabamba.

[239] Caso a Secretaria não cumpra suas obrigações dentro de determinados prazos, o país-membro afetado poderá dirigir-se diretamente ao Tribunal. Ver artigo 24 do Tratado de Criação do Tribunal de Justiça da Comunidade Andina segundo a redação introduzida pelo Protocolo de Cochabamba.

[240] SÁCHICA, Luis Carlos. El Ordenamiento Juridico Andino..., op. cit.; 1985. p. 22.

[241] Já prevista no Tratado de Criação do Tribunal de Justiça do Acordo de Cartagena original, em seu artigo 27.

em abrir um processo por violação de obrigações previstas naquele ordenamento.[242] O Protocolo modificativo veio tornar o ordenamento andino ainda mais eficaz, ao prever, no artigo 25 da nova redação do Tratado, que os particulares afetados em seus direitos por algum não-cumprimento por parte de um país-membro podem levar o caso diretamente à Secretaria Geral ou ao Tribunal, segundo o procedimento anteriormente descrito.

Outro mecanismo previsto pelo Tratado é o da consulta pré-judicial.[243] Segundo o artigo 33, os juízes nacionais que tenham de resolver processos nos quais se devam aplicar disposições do ordenamento jurídico andino poderão solicitar que o Tribunal as interprete. Esse procedimento se torna obrigatório caso não reste mais nenhum recurso contra a sentença a ser proferida no processo em questão. Neste caso, o processo é suspenso até que se obtenha a interpretação. Observe-se que, de acordo com o estabelecido no artigo 34 do mesmo tratado, a função do Tribunal na consulta pré-judicial se restringe a tornar preciso o conteúdo e o alcance das normas do ordenamento da Comunidade, não podendo atingir o mérito do processo. Deve-se ressaltar, finalmente, que a interpretação do Tribunal, segundo o artigo 35 do Tratado, deverá ser adotada de forma obrigatória.

O Protocolo de Cochabamba introduziu ainda três novos mecanismos. O primeiro é o recurso por omissão ou inatividade, que pode ser utilizado pelos países-membros ou pelos particulares caso o Conselho Andino de Ministros das Relações Exteriores, a Comissão da Comunidade Andina ou a Secretaria Geral deixem de cumprir uma atividade a que estejam expressamente obrigados pelo ordenamento jurídico andino.[244] O segundo é a chamada função arbitral, que torna o Tribunal competente para dirimir controvérsias que surjam da aplicação ou da interpretação de contratos ou acordos celebrados entre órgãos da Comunidade Andina, entre tais órgãos e terceiros, ou mesmo no caso de contratos entre particulares, desde que esses sejam regidos pelo ordenamento andino.[245] Por fim, o Tribunal é competente para resolver as

---

[242] O que ocorria já no Pacto Andino: "as omissões, os atos e os feitos dos países-membros que se oponham à ordem jurídica andina, ou seja, seus descumprimentos, desde que os afetem, podem ser denunciados diretamente pelos particulares perante suas jurisdições nacionais para obter as correspondentes indenizações, e indiretamente, a negativa dessas jurisdições a resolver a reclamação pode gerar uma ação de não-cumprimento perante a Junta". SÁCHICA, Luis Carlos. El Ordenamiento Juridico Andino..., op. cit.; 1985. p. 24.

[243] Assim como a ação de nulidade e a ação de não-cumprimento, a ação pré-judicial já era prevista pelo Tratado de Criação do Tribunal de Justiça do Acordo de Cartagena original, antes da assinatura do Protocolo de Cochabamba.

[244] Artigo 37 do Tratado de Criação do Tribunal de Justiça da Comunidade Andina segundo a redação introduzida pelo Protocolo de Cochabamba.

[245] Neste último caso, a Secretaria Geral também é competente para dirimir mediante arbitragem disputas entre particulares a respeito de contratos de caráter privado. Artigos 38 e 39 do Tratado de Criação do Tribunal de Justiça da Comunidade Andina segundo a redação introduzida pelo Protocolo de Cochabamba.

disputas trabalhistas que venham a surgir nos órgãos e instituições daquela organização.[246]

Como concluía Zelada Castedo já no tempo em que essa organização se denominava Pacto Andino, o sistema de controle da legalidade, solução de controvérsias e interpretação uniforme do direito desse projeto de integração econômica "é o mais completo entre os que foram desenvolvidos e se aplicam nos programas de integração entre países da América Latina". A precisão com que esse sistema foi desenhado "responde, em boa medida, à natureza do programa de integração do Acordo de Cartagena, assim como à índole dos poderes normativos conferidos aos órgãos de sua estrutura orgânica e ao efeito das disposições de direito derivado".[247]

Além de contar com mecanismos que asseguram o cumprimento de suas normas, a Comunidade Andina conta com um sistema de solução de controvérsias de caráter exclusivo. Segundo o artigo 42 do Tratado de Criação do Tribunal de Justiça da Comunidade Andina, os países-membros se obrigam a não submeter nenhuma controvérsia que surja devido à aplicação das normas que conformam o ordenamento jurídico do Acordo de Cartagena a nenhum tribunal, sistema de arbitragem ou procedimento distinto dos contemplados naquele instrumento.[248] Além disso, segundo o artigo 41 do mesmo Tratado, as sentenças do Tribunal não requerem *exequatur* ou homologação para seu cumprimento nos países-membros, tendo efeito direto, o que consolida o âmbito supranacional da jurisdição do Tribunal.[249]

Verifica-se, no entanto, que os órgãos da Comunidade Andina, entre eles seu Tribunal de Justiça, apesar de apresentarem uma estruturação sofisticada, enfrentaram diversos percalços desde sua criação e não foram até o momento tão bem-sucedidos quanto deveriam na realização de seus objetivos.[250] Seria possível dizer, em uma inversão das demais situações até aqui estudadas, que, assim como ocorre em diversos outros processos de integração, o ordenamen-

---

[246] Artigo 40 do Tratado de Criação do Tribunal de Justiça da Comunidade Andina segundo a redação introduzida pelo Protocolo de Cochabamba.

[247] ZELADA CASTEDO, Alberto. *Derecho de la Integración...*, op. cit.; 1989. p. 204.

[248] Disposição prevista também no artigo 33 do Tratado de Criação do Tribunal de Justiça do Acordo de Cartagena.

[249] O que também estava previsto no artigo 32 do Tratado de Criação do Tribunal de Justiça do Acordo de Cartagena. Ver SÁCHICA, Luis Carlos. El Ordenamiento Juridico Andino..., op. cit.; 1985. p. 17.

[250] Antes da assinatura do Protocolo de Cochabamba, o Tribunal de Justiça andino estava com suas atividades praticamente paralisadas. Haviam sido registrados somente dois casos de ação de nulidade, nenhum de ação de não-cumprimento e apenas dois casos de consulta pré-judicial. Na segunda metade da década de 1990 o Tribunal retomaria suas atividades, passando a analisar diversos casos. Ver MELLO, Celso D. de Albuquerque. *Direito Internacional de Integração...*, op. cit.; 1996. p. 295; ver novos casos em *site* do tribunal: <http://www.tribunalandino.org.ec>. Acesso em: maio 2003.

to jurídico andino apresenta uma ameaça apenas potencial – uma limitação à soberania de direito que ainda não se concretizou de fato. Isso se deveu, no entanto, mais a razões políticas e econômicas internas dos próprios países andinos – e de outras regiões do continente americano – do que a falhas estruturais do sistema idealizado pelo Acordo de Cartagena. Fossem outras as condições históricas da região após a constituição da Comunidade Andina, e a integração dos membros dessa organização poderia haver ido muito mais longe. Fica valendo, por isso, o exemplo de ousadia que essa organização representa para o ideal de integração da América Latina. Mais do que isso, fica valendo o exemplo – que se consubstanciou até hoje apenas na União Européia – de como os Estados, mesmo que por sua própria vontade, podem criar organizações internacionais cujos órgãos, por possuírem autoridade independente e superior a de seus membros, afetam a soberania destes últimos de forma intensa e inédita.

* * *

Além das organizações já mencionadas, há diversas instituições no continente americano cujos objetivos não se limitam à integração econômica, podendo abranger diversas outras finalidades, como a busca de soluções comuns para problemas específicos de determinadas sub-regiões e a cooperação política e estratégica para fortalecer os países participantes no cenário internacional.[251]

A integração econômica ganhou força na segunda metade do século XX, como observado anteriormente. Já no final da década de 1980, antes do florescimento do chamado "novo regionalismo", cerca de metade do comércio mundial ocorria sob regras de preferência.[252] No continente americano, especificamente, alguns fatores históricos e econômicos contribuíram para que a regionalização ganhasse importância no final dos anos 1990. A consolidação da democracia na região,[253] a superação do modelo de substituição de

---

[251] É possível citar diversas organizações no continente com objetivos que não a integração econômica. Além da OEA, já mencionada, cujo principal objetivo é garantir a paz e a democracia no continente, há o Sistema do Rio da Prata, que tem a finalidade de melhorar o aproveitamento dos recursos hídricos e da navegação naquele rio, o Pacto Amazônico cuja finalidade é promover o desenvolvimento, a utilização de recursos naturais e a integração da região amazônica, e o Grupo do Rio, que tem entre seus principais objetivos a cooperação política entre os países-membros, o exame das questões internacionais de interesse de seus governos e a defesa de posições comuns nos foros internacionais.

[252] BRAGA, Carlos Primo. Comments on the Proliferation of Regional Integration Agreements. *Law and Policy in International Business*, Washington D.C., v. 27, nº 4, p. 964, Summer 1996.

[253] Como afirma Rubens Antônio Barbosa: "No campo político, a experiência única vivida hoje na região de contar com todos os governos eleitos democraticamente, permitiu a unanimidade de vontades e decisões políticas seguidas de ações e medidas concretas por parte das Administrações em todos os países. Começa aos poucos a haver estreita coordenação entre os Ministérios econômicos e as Chancelarias permitindo a unificação da retórica e das ações governamentais em relação à integração regional". BARBOSA, Rubens Antônio. *A evolução do processo de integração da América do Sul*. São Paulo: USP, Programa de Política Internacional e Comparada, Departamento de Ciência Política, 1991. Série Política Internacional; 2. p. 19.

importações,[254] e a aplicação generalizada de políticas liberais nos países da região permitiriam uma convergência de ações voltadas para a integração regional.[255] Todos esses fatores levaram ao grande crescimento do comércio regional nesse período e à rápida aceleração do processo de integração econômica, com o fortalecimento das organizações de integração regional.

Se, no contexto internacional, a cooperação entre os Estados se intensifica resultando no fenômeno da globalização jurídica, pudemos perceber, por meio do exame do continente americano, que as regras e as instituições comuns espalharam-se também no âmbito regional – atingindo praticamente todos os países do continente. Nosso objetivo, ao estudar os acordos referentes a cada organização de integração da região e a estrutura por eles criada, foi demonstrar que os processos de integração prevêem normas, estabelecem princípios e constituem órgãos que afetarão de modo inevitável a forma de organização dos países que deles participam, contribuindo para limitar a sua soberania. Assim como a globalização jurídica, a integração regional estabelece novas fronteiras para a humanidade.

---

[254] O modelo de substituição de importações tinha por objetivo "desenvolver indústrias orientadas para o mercado doméstico por meio do uso de restrições como tarifas e quotas para encorajar a substituição de manufaturas importadas por produtos domésticos". Na definição de Krugman e Obstfeld, a substituição de importações era a "estratégia de encorajar a indústria doméstica pela limitação das importações de bens manufaturados". Como observa Lampreia, ao analisar o caso brasileiro, o modelo de substituição de importações teria se esgotado por não ser mais eficaz, e porque o consumidor haveria se cansado de não ter escolhas, já que nesse modelo os preços eram artificialmente altos e a qualidade dos produtos era inferior aos padrões internacionais. Ver KRUGMAN, Paul; OBSTFELD, Maurice. *International Economics...*, op. cit.; 1997. p. 256; ver também LAMPREIA, Luiz Felipe. O Brasil e o comércio internacional. In: MARCOVITCH, Jacques (coord.). *O futuro do comércio internacional*: de Marrakesh a Cingapura. São Paulo: FEA-USP, 1996. p. 14.

[255] Assim, segundo Rubens Antônio Barbosa: "A abertura das economias pela reforma do sistema tarifário e pela substancial redução das restrições não tarifárias explica a radical mudança ocorrida e está na origem dos acordos firmados pelos subgrupos regionais". BARBOSA, Rubens Antônio. *A evolução do processo de integração...*, op. cit.; 1991. p. 20.

Título IV

Efeitos da globalização jurídica e das organizações internacionais sobre o modelo do Estado soberano

Os fenômenos analisados nesta parte – a globalização jurídica e o fortalecimento das organizações internacionais de cooperação e de integração regional – afetam o poder estatal. A proliferação dos tratados e a regulamentação comum da vida internacional limitam a autonomia dos Estados (Capítulo 9). Isso ocorre com relação às organizações internacionais que, principalmente ao criarem órgãos de caráter supranacional, contribuem para um dos aspectos mais marcantes do paradigma da sociedade global (Capítulo 10).

Capítulo 9

Globalização jurídica e soberania – considerações gerais sobre a influência do direito internacional

Se a interdependência em si já é causa de diminuição da autonomia do poder estatal, a institucionalização dessa interdependência restringe ainda mais a liberdade dos Estados de se administrarem com independência de influências externas. Assim como a globalização econômica e a revolução tecnológica, a globalização jurídica tem conseqüências sobre a soberania estatal. Direito internacional e soberania têm uma relação que é paradoxal – o primeiro dá origem à segunda, mas os Estados soberanos são fundamentais no processo de criação desse direito (9.1). Porém, ainda que o Estado tenha participação essencial na criação das regras internacionais, a globalização jurídica consolida a existência de um ordenamento que é superior ao estatal e ganha espaço a cada dia, afetando o modelo do Estado soberano (9.2).

9.1 Direito internacional e soberania – uma relação paradoxal

A doutrina procurou solucionar o paradoxo da perda voluntária da soberania estatal por meio de teorias como a da autolimitação, que tenta preservar a idéia de que, ainda que os Estados se submetam ao direito internacional, sua soberania permaneceria intocada, pois tal submissão dependeria de sua própria aprovação (9.1.1). No entanto, as características do direito internacional e a análise da maneira pela qual os Estados tomam suas decisões e expressam um consentimento formado nem sempre de forma autônoma mostram que a idéia de autolimitação não preserva a soberania que, de fato, é afetada pelo direito internacional (9.1.2).

9.1.1 Direito internacional como origem da soberania e o paradoxo da perda voluntária da soberania estatal

> *O relacionamento entre direito e soberania é, por sua própria natureza, um dos eternos temas de especulação legal.*[1]
>
> C. Wilfred Jenks

A primeira questão pertinente quando se analisa a relação entre o direito internacional e a soberania resulta do fato aparentemente contraditório de que, por um lado, a soberania é de certa forma uma criação do direito internacional, mas, por outro, para que ela seja atribuída a um Estado, este deve reunir previamente as condições para tanto.[2] Uma entidade política com um poder supremo sobre seu território continua a existir objetivamente mesmo que não seja reconhecida como Estado.[3]

Esse primeiro paradoxo se resolve por três constatações. A primeira, de caráter histórico, resulta de que, apesar de a soberania originar-se da própria evolução do Estado, ela só se consolida com a concordância dos demais Estados. Conforme analisamos, o poder soberano surge de lutas internas, mas só se afirmou com os tratados de Westfália. Logo, a soberania do Estado moderno dependeu, em seu nascimento, das relações entre os Estados e do reconhecimento por parte de cada Estado da autonomia dos demais em suas próprias fronteiras.[4]

A segunda constatação, que se relaciona diretamente à primeira e possui caráter prático, mostra que um poder soberano só o é, de fato, quando o conjunto dos Estados o reconhece como tal. Nesse sentido, como observam Fowler e Bunck, ser reconhecido como um Estado soberano se assemelharia a associar-se a um clube exclusivo. Mesmo que não haja um procedimento determinado para tornar-se membro, os demais integrantes devem manifestar sua aprovação em número substancial antes que a aceitação seja legitimamente obtida. Essa aceitação pode derivar de forte demonstração, por parte da entidade a ser reconhecida como Estado, de sua independência de fato, mas "é a comunidade

---

[1] JENKS, C. Wilfred. The Thesis Restated. In: LARSON, Arthur; JENKS, C. Wilfred (org.). *Sovereignty Within the Law*. New York: Oceana Publications, 1965. p. 460.

[2] Ver JESSUP, Philip C. *A Modern Law of Nations*. New York: Archon Books, 1968. p. 13. Edição original de 1947.

[3] Paradoxo que, como se viu, faz que, para muitos autores, o reconhecimento não tenha caráter constitutivo – não seja ele o responsável pelo surgimento da soberania – mas apenas caráter declaratório, já que ele se limitaria a constatar que uma determinada entidade, por reunir as condições materiais necessárias para tanto, já seria soberana. Porém, mesmo nesse segundo caso o reconhecimento não deixa de ser fundamental, uma vez que permite a efetivação de direitos que já existiam. Ver COMBACAU, Jean; SUR, S. *Droit international public*. Paris: Montchrestien, 1999. p. 283.

[4] GIDDENS, Anthony. *The Consequences of Modernity*. Stanford: Stanford University Press, 1990. p. 67.

internacional que determina, em última instância, se uma entidade política em particular qualifica-se como Estado soberano".[5]

Qualificar-se como Estado soberano, por sua vez, traz vantagens à entidade política que passa a ser vista como tal. Sem o reconhecimento, o poder dessa entidade, mesmo que existisse internamente de maneira objetiva, no plano internacional restaria virtual. As conseqüências práticas disso seriam enormes. Sem ser reconhecido como tal, o Estado não pode exercer importantes direitos que lhe são em geral atribuídos quando se relaciona oficialmente com os demais Estados. Ao não possuir a qualidade de Estado, uma entidade política não teria, por exemplo, como agir legalmente contra possíveis violações da sua independência ou de sua integridade territorial.[6] Sendo a independência essencial à idéia de soberania, a uma independência tornada frágil corresponde uma soberania diminuída.

Dessa forma, ainda que objetivamente uma entidade possa deter um poder soberano, sem reconhecimento esse poder é, de fato, reduzido. O direito internacional tem um papel fundamental na formação da soberania. Seja essa considerada simplesmente a "formalização legal da independência de fato", ou "o direito à manutenção dessa independência",[7] sem o reconhecimento da comunidade internacional a soberania nunca seria o que a teoria prevê que ela deveria ser.

A terceira constatação que explica por que a soberania depende do direito internacional tem caráter lógico. Como conceito legal, ela só poderia ter origem no direito internacional. Como defende Hans Kelsen, regras como as que determinam que nenhum Estado pode ter jurisdição sobre um outro, ou que nenhum Estado pode ser obrigado contra a sua vontade, não são conseqüência da soberania, e sim esta última é conseqüência dessas regras de direito internacional.[8] Na idéia de soberania estão contidos alguns conceitos como o de igualdade e o de independência, cujos significados dependem de sua definição legal e de sua interpretação pelos tribunais internacionais. Por exemplo, os limites entre a jurisdição doméstica de um Estado, sujeita à sua soberania, e o plano internacional, em que o poder estatal não é supremo, são definidos, segundo os tribunais

---

[5] FOWLER, Michael Ross; BUNCK, Julie Marie. *Law, Power and the Sovereign State*: the Evolution and Application of the Concept of Sovereignty. Philadelphia: The Pennsylvania State University Press, 1995. p. 62.

[6] COMBACAU, Jean; SUR, S. *Droit international public...*, op. cit.; 1999. p. 283.

[7] Ver CARRILLO-SALCEDO, Juan-Antonio. Droit International et souraineté des États. *RCADI*, t. 257, p. 62, 1996.

[8] Segundo Hans Kelsen: "É uma ilusão crer que regras jurídicas possam ser deduzidas de um conceito como a soberania ou de qualquer outro conceito jurídico. Regras jurídicas somente são válidas se criadas pela legislação, pelo uso ou pelo tratado; as regras jurídicas estabelecendo a chamada igualdade dos Estados são válidas, não por serem os Estados soberanos, mas sim por serem essas regras normas do direito internacional positivo". KELSEN, Hans. O princípio da igualdade soberana dos Estados como base para a organização internacional. *Revista Direito*, Rio de Janeiro, ano V, vol. XXIX, p. 9, 1944.

internacionais, pelo direito internacional. Dessa forma, como observa Arthur Larson, os limites externos da soberania são determinados pelo direito internacional, logo, a soberania só existe no direito internacional.[9]

Mas dessa conclusão resulta outro paradoxo. Ainda que a soberania corresponda a "atos simultâneos de reconhecimento mútuo", sendo, por isso, "fundada pela comunidade das nações", esta reserva aos Estados "a disposição de aceitar ou não, exatamente porque são soberanos e examinam unilateralmente o que devem fazer, as normas que a mesma comunidade cria".[10]

Esse poder que os Estados detêm faz muitos autores ressaltarem que, ainda que as relações internacionais estejam passando por crescente institucionalização, o Estado continua sendo o fundamento do sistema internacional.[11] De fato, o sistema internacional atual é concebido da idéia de que "o Estado é o titular da soberania e os governos os únicos protagonistas legítimos autorizados a pactuar obrigações e direitos em seu nome". Todas as instituições desse sistema, cuja pedra angular é a ONU,[12] "estão concebidas a partir de uma organização *Estado-cêntrica*" e resultam de "acordos entre Estados administrados por seus representantes".[13] A Corte Internacional de Justiça, principal órgão judicial das Nações Unidas, ocupa-se exclusivamente de disputas envolvendo Estados[14]. Estes ainda são a instituição por excelência capaz de desenvolver uma política externa, relacionar-se com outros Estados e organizações internacionais, firmar tratados, entre outras atribuições.[15] Além disso, mantêm exércitos, praticam a diplomacia e travam guerras, o que leva a crer que os Estados "são e continuarão sendo as entidades predominantes nos assuntos mundiais".[16]

---

[9] LARSON, Arthur. Decisions of Tribunals. In: LARSON, Arthur; JENKS, C. Wilfred (org.). *Sovereignty Within the Law*. New York: Oceana Publications, 1965. p. 386.

[10] FONSECA JUNIOR, Gelson. *A legitimidade e outras questões internacionais*. São Paulo: Paz e Terra, 1998. p. 178.

[11] Ver CARRILLO-SALCEDO, Juan-Antonio. Droit International et souveraineté des États..., op. cit.; 1996. p. 62.

[12] Lembremos que a Carta das Nações Unidas, em seu artigo 2º, parágrafo 1º, estabelece o princípio da igualdade soberana de todos os seus membros, e em seu parágrafo 7º impede a organização de intervir em assuntos que se situem essencialmente dentro da jurisdição doméstica dos Estados.

[13] LANÚS, Juan Archibaldo. El Estado Nación Frente a la Globalización. *Archivos del Presente*, Buenos Aires, año 2, nº 5, p. 108, 114, Invierno Austral 1996.

[14] Por força do artigo 34 de seu estatuto. Ver JENNINGS, Robert. Sovereignty and International Law. In: KREIJEN, Gerard (ed.). *State, Sovereignty and International Governance*. Oxford: Oxford University Press, 2002. p. 34.

[15] SÁ, Luís. *Soberania e integração na CEE*. Lisboa: Editorial Caminho, 1987. p. 38.

[16] HUNTINGTON, Samuel P. *O choque das civilizações e a recomposição da ordem mundial*. Rio de Janeiro: Objetiva, 1997. p. 35.

Mesmo autores que acreditam que os Estados limitam sua soberania ao participar de tratados afirmam que tal conceito continua sendo "o princípio organizador da ordem mundial", e que, por maior que sejam as perdas de poder que os Estados tenham sofrido, as organizações internacionais não possuiriam poder autônomo, o que leva a crer que "o poder ainda reside primariamente nos Estados". Isso porque as instituições que adquiriram alguns "fragmentos da autoridade suprema às custas dos Estados são entidades interestatais".[17] A participação dos Estados nas organizações internacionais não faria que esses abdicassem de sua soberania, que se transformaria em sua essência, mas não desapareceria. E "embora a participação em organizações internacionais acarrete a mais séria e importante erosão do tradicional conceito de soberania que se possa razoavelmente imaginar, a soberania retém um lugar fundamental no direito internacional contemporâneo".[18]

Ao dizer que Estado e soberania continuam a ocupar o centro do palco das relações internacionais, todos esses autores – mesmo os que acreditam que cada vez mais o Estado divide esse palco com outros atores – estão constatando uma realidade inegável. Como se comprovará mais adiante, Estado e soberania ainda têm um papel fundamental na sociedade global e, mesmo que as transformações recentes no cenário internacional provoquem importantes alterações no modelo do Estado soberano, o consentimento dos Estados ainda é fator essencial na formação do direito internacional.

Dessa forma, o direito internacional reconhece aos Estados a faculdade de se engajar ou não, por exemplo, celebrando acordos internacionais. As vantagens que essa faculdade proporciona seriam, até mesmo, uma das explicações para a busca, por parte de determinadas entidades políticas, do reconhecimento como Estado pela comunidade internacional.[19] Essas entidades procuram ser reconhecidas como Estados exatamente para serem consideradas soberanas e assim poderem participar da vida internacional, entre outras formas, celebrando tratados.

A conclusão de que a celebração de tratados decorre da própria vontade dos Estados, logo, de sua soberania externa, não podendo, por isso mesmo, afetá-la, reflete os pensamentos contidos na teoria da autolimitação dos Estados, desenvolvida pela escola alemã que tinha em Jellinek seu maior expoente. Como vimos no início deste livro, de acordo com essa teoria, os Estados

---

[17] HOFFMANN, Stanley. Foreword. In: HASHMI, Sohail H. (ed.). *State Sovereignty*: Changes and Persistence in International Relations. Philadelphia: The Pennsylvania University Press, 1997. p. VII.

[18] MARTIN MARTINEZ, Magdalena M. *National Sovereignty and International Organizations*. The Hague: Kluwer Law International, 1996. p. 293.

[19] Sendo, portanto, um atributo de sua "soberania internacional legal", na terminologia adotada por Krasner, apresentada anteriormente. KRASNER, Stephen D. *Sovereignty*: Organized Hypocrisy. Princeton: Princeton University Press, 1999. p. 21.

aceitariam voluntariamente uma limitação à sua soberania, o que não estaria em contradição com este último conceito, mas resultaria do próprio fato de eles serem soberanos.[20]

Essa idéia de que os Estados nada mais fazem que exercer sua soberania ao celebrar tratados internacionais foi endossada pela Corte Permanente de Justiça Internacional, a qual, em sua primeira decisão, afirmou recusar-se a ver na conclusão de um tratado qualquer, pelo qual o Estado se engaja a fazer ou não alguma coisa, um abandono de sua soberania.[21] Segundo a Corte, toda convenção que gera uma obrigação desse gênero aporta sem dúvida uma restrição ao exercício dos direitos soberanos do Estado, no sentido de que ela imprime a esse exercício uma direção determinada, mas a faculdade de acordar compromissos internacionais é precisamente um atributo da soberania do Estado.[22] Além disso, tanto a CPJI quanto a CIJ sempre se preocuparam em ressaltar que a jurisdição de uma corte internacional depende da vontade das partes e só existe pela aceitação dos Estados, já que estes não poderiam ser obrigados a submeter-se a meios de solução pacífica de disputas sem seu próprio consentimento.[23]

A autolimitação seria a única forma de tornar aceitável a idéia do "soberano obediente" que, ao sujeitar-se a regras a que ele mesmo consentiu, obedece só a ele mesmo.[24] Procura-se, por meio dessa visão, compatibilizar a cooperação internacional com a soberania estatal. Ao decidir cooperar, seja por interesse próprio, seja por outras razões específicas, tal decisão, assim como o grau de cooperação a ser atingido, são determinados por ato voluntário do Estado, resultando, portanto, do exercício de sua própria soberania. Com isso, a cooperação não seria incompatível com a soberania, mas sim a "manifestação mais efetiva" desta última.[25]

---

[20] Para Jellinek, a soberania seria a capacidade exclusiva do Estado de determinar seu próprio ordenamento jurídico. Ao dizer-se que um poder soberano não tem limites, o que se quer indicar é que nenhum outro poder pode impedi-lo juridicamente de modificar seu próprio ordenamento jurídico. JELLINEK, Georg. *Teoria general del estado*. Buenos Aires: Albatros, 1954. p. 361.

[21] Caso do vapor Wimbledon – CPJI, 17 de agosto de 1923 – ver ANDRASSY, Georges. La Souveraineté et la Société des Nations. *RCADI*, t. 3, p. 661, 1937.

[22] Como observa Jean Combacau, essa posição representa um enunciado ultraformalista da autonomia da vontade. Seu caráter, por ser extremamente geral, sugere que um Estado teria a possibilidade de alienar no presente tão extensamente quanto o julgar oportuno sua liberdade futura, desde que o faça utilizando a sua liberdade atual. COMBACAU, Jean; SUR, S. *Droit international public...*, op. cit.; 1999. p. 250.

[23] Ver LARSON, Arthur. Decisions of Tribunais..., op. cit.; 1965. p. 391.

[24] COMBACAU, Jean. Pas une puissance, une liberté: la souveraineté internationale de l'État. *Pouvoirs*, Paris, n. 67, p. 51, 1993.

[25] LOEWENSTEIN, Karl. Sovereignty and International Co-operation. *AJIL*, Washington D.C., v. 48, p. 225, 1954.

Seguindo esse raciocínio, ao promover a globalização jurídica por meio da criação de regras internacionais, o Estado não estaria abrindo mão de sua soberania. Mesmo a participação em organizações internacionais não afetaria a soberania estatal, pois, ao delegar parte de suas competências, o Estado não estaria diminuindo seu poder, mas apenas procurando exercer de forma mais eficiente suas funções. Acredita-se assim que a cessão de alguns poderes antes exercidos de forma discricionária pelos Estados não conduziria à perda de suas respectivas soberanias, porque essa cessão não lhes teria sido imposta por um poder alheio, tratando-se simplesmente de uma conseqüência das novas circunstâncias e da vontade dos Estados de se adaptarem a elas.[26] No entanto, como se constatará em seguida, a teoria da autolimitação merece ser contestada.

9.1.2 A autolimitação questionada – a primazia do direito internacional e a possível falta de autonomia do consentimento estatal

O raciocínio da teoria da autolimitação dificilmente pode ser posto em xeque, principalmente quando utilizado para analisar a soberania de direito. Isso porque a soberania de direito é vista como a capacidade dos Estados de decidir que competências exercerão. Um Estado seria soberano quando fosse capaz de determinar a extensão de suas próprias obrigações legais, ou seja, quando só se obrigasse por seu próprio consentimento.[27] Porém, como observa Arthur Larson, a idéia de que a soberania fugiria à lei porque o direito internacional só existiria pelo consenso dos Estados soberanos é um sofisma frágil, que com o tempo foi tornando-se tão obsoleto quanto desacreditado.[28]

Isso ocorreria por vários fatores. O primeiro deles resulta de uma constatação que já foi feita, ao analisar-se a relação entre a origem da soberania e o direito internacional. Regras como as que estabelecem a independência e a igualdade entre os Estados, contidas no conceito de soberania, dependem da existência do direito internacional – a soberania não é alheia ao direito, ao contrário, só existe dentro dele.[29] Para Hans Kelsen, a validade da ordem jurídica nacional – e, assim, do próprio Estado – se basearia no direito internacional, e, exatamente por esse motivo, o segundo seria superior à primeira.[30]

---

[26] Ver VIGNALI, Heber Arbuet. *O atributo da soberania*. Porto Alegre: ABEI, 1996. p. 51.

[27] JAMES, Alan. *Sovereign Statehood*: the Basis of International Society. London: Allen & Unwin Publishers, 1986. p. 209.

[28] LARSON, Arthur. Decisions of Tribunals..., op. cit.; 1965. p. 390.

[29] Ver LARSON, Arthur; JENKS, C. Wilfred (org.). *Sovereignty Within the Law*. New York: Oceana Publications, 1965.

[30] KELSEN, Hans. *What is Justice?*: Justice, Law and Politics in the Mirror of Science. Berkeley: University of California Press, 1960. p. 264.

O resultado disso é o princípio, reconhecido pelos Estados, de que, nas áreas em que opera o direito internacional, este tem precedência sobre o direito interno. Essa primazia do direito internacional pode ser comprovada no preceito, consagrado pelo direito positivo e pela jurisprudência, de que um Estado não pode prevalecer-se de disposições de seu direito interno – mesmo aquelas de caráter constitucional – para justificar o não-cumprimento de obrigações no plano internacional.[31] E, logicamente, se o Estado tem acima de si o direito internacional como ordem jurídica superior, seu poder não seria mais totalmente supremo, razão pela qual a soberania do Estado representaria um poder relativo.[32]

E realmente, conforme pudemos constatar, a doutrina abandonou aos poucos a idéia de soberania absoluta.[33] A caracterização da soberania como um poder estatal incontrolável dos Estados, livres para recorrer em última instância à guerra, seria, como observava Philip Jessup, a areia movediça sobre a qual as fundações do direito internacional tradicional estariam construídas.[34] Seguir entendendo esse conceito como uma vontade ilimitada dos Estados conduziria, no plano internacional, a um "impasse total".[35] O direito internacional só poderia existir se os Estados se submetessem a ele, o que seria impossível caso a vontade estatal não possuísse limites. A soberania absoluta é, portanto, incompatível com a existência do direito internacional. Tudo isso leva à conclusão de que, na definição de Jenks, "a soberania do Estado consiste em sua competência tal qual definida e limitada pelo direito internacional, e não é um poder discricionário que sobrepuja o direito".[36]

O segundo fator a ser considerado é que, por mais que se possa admitir em teoria que o Estado tem de dar seu consentimento para ser obrigado pelo direito internacional, na prática essa aprovação não ocorre. Como observa Arthur Larson, o direito internacional é composto de milhares de regras e princípios, e nenhum Estado seria capaz de manifestar-se oficialmente e em detalhe sobre quais regras aceita ou não e em que termos.[37] Ora, como vimos, os

---

[31] Artigo 27 da Convenção de Viena sobre o direito dos tratados, de 1969. Para jurisprudência, ver LARSON, Arthur. Decisions of Tribunals..., op. cit.; 1965. p. 384.

[32] KELSEN, Hans. *Peace Through Law*. New York: The University of North Carolina Press, 1944. p. 36.

[33] A idéia de soberania absoluta foi questionada principalmente depois das experiências totalitárias do século XX, que reforçaram a impressão de que a soberania deveria ser limitada pelo direito internacional público. SENARCLENS, Pierre de. *Mondialisation, souveraineté et théories des relations internationales*. Paris: Armand Colin, 1998. p. 11.

[34] JESSUP, Philip C. *A Modern Law of Nations*..., op. cit.; 1947. p. 40.

[35] CARRILLO-SALCEDO, Juan-Antonio. Droit International et souveraineté des États..., op. cit.; 1996. p. 59.

[36] JENKS, C. Wilfred. The Thesis Restated..., op. cit.; 1965. p. 433.

[37] LARSON, Arthur. International Custom and Practice. In: LARSON, Arthur; JENKS, C. Wilfred (org.). *Sovereignty Within the Law*. New York: Oceana Publications, 1965. p. 333.

tribunais internacionais, aos quais os Estados se submetem por sua própria vontade, muitas vezes baseiam-se em normas e princípios gerais do direito internacional para tomar suas decisões. Dessa forma, embora dependam do consentimento prévio dos Estados, essas jurisdições internacionais podem aplicar regras a que eles não consentiram expressamente. Quando os Estados aceitam submeter uma disputa a uma corte internacional, concedem a essa corte uma vasta discrição que resulta em uma conseqüente limitação à sua liberdade.[38]

Em terceiro lugar, mesmo que o seu consentimento esteja na origem do direito internacional, isso não significa que o Estado que se obriga possa desobrigar-se a qualquer tempo.[39] Se o direito internacional resulta da vontade dos Estados, ele é conseqüência não do seu consentimento individual, mas de seu consentimento comum. Na visão de Triepel, mais adequada do que a de Jellinek, o direito internacional, ao ter origem na vontade coletiva dos Estados, é superior às vontades individuais destes, e por isso limita a soberania estatal[40]. De fato, o Estado não é livre para criar ou abolir individualmente as regras de direito internacional. E ainda que tenha colaborado para sua criação, ele é em seguida obrigado a respeitá-las estritamente.[41]

Por fim, há normas que o Estado tem de obedecer independentemente de seu consentimento. Essas normas, universalmente reconhecidas e respeitadas, em geral têm caráter costumeiro – e um Estado que acaba de ser reconhecido, mesmo que não tenha participado de sua criação, está por elas obrigado pelo simples fato de haver sido admitido na comunidade internacional.[42] O reconhecimento não asseguraria aos Estados apenas os direitos vinculados à soberania, mas também lhes imporia a obrigação de respeitar os princípios, as leis e os costumes vigentes na comunidade internacional.

As observações anteriores referem-se sobretudo à soberania de direito. No entanto, a análise da relação entre o consentimento dos Estados e a soberania gera também questões de caráter prático. Ainda que se entenda que os Estados só podem limitar sua soberania por sua própria vontade, é importante

---

[38] LARSON, Arthur. Decisions of Tribunals…, op. cit.; 1965. p. 406.

[39] Nesse caso, Larson observa que alguns dos defensores extremos da soberania absoluta chegaram a sustentar até mesmo esse grau de irresponsabilidade nacional, mas "desde a morte de Adolf Hitler seria difícil encontrar algum Estado ou publicista que fosse tão longe". LARSON, Arthur. International Custom and Practice…, op. cit.; 1965. p. 333.

[40] Para Triepel, o direito internacional, ao ser obrigatório para uma pluralidade de Estados, não pode ter origem na vontade de apenas um Estado. Somente uma vontade comum, nascida da união das vontades particulares dos Estados, pode ser fonte do direito internacional. TRIEPEL, Heinrich. *Droit international et droit interne*. Paris: A. Pedone, 1920. p. 32.

[41] SUKIENNICKI, Wictor. *La Souveraineté des États en Droit International Moderne*. Paris: A. Pedone, 1927. p. 7.

[42] KOROWICZ, Marek Stanislaw. *Organisations Internationales et souveraineté des États membres*. Paris: A. Pedone, 1961. p. 76.

notar que, no processo de formação dessa vontade, os Estados estão sujeitos a influências internas e externas que podem levar interesses particulares a prevalecerem sobre os públicos.

Conforme vimos, mesmo que formalmente os Estados expressem uma vontade única, cada um deles comporta interesses diversos em suas próprias fronteiras. Logo, ao expressar o seu consentimento na assinatura de um acordo que lhe impõe obrigações no plano financeiro, por exemplo, o Estado poderia estar cedendo às pressões do mercado. Ainda que a celebração do tratado fosse expressão de sua independência legal, a autonomia que os Estados teriam em decidir de forma diferente seria ilusória.

Internamente, as decisões dos Estados estão condicionadas à reação de sua população. É importante então verificar quem, dentro do Estado, beneficia-se de determinado acordo do qual este resolve participar – quem tem maior capacidade de influir na decisão do governo de se obrigar ou não por meio de um tratado – e normalmente as transnacionais e o mercado financeiro formam o grupo mais capaz de fazê-lo. E internacionalmente, como vimos, essa mesma história se repete. O medo de afastar o capital obriga os governos a satisfazer às demandas dos atores privados transnacionais, aderindo a acordos cujo maior objetivo é proteger os interesses comerciais e financeiros destes últimos.

Os acordos internacionais muitas vezes resultam em organizações internacionais de cooperação e de integração regional – que podem ter o objetivo de consolidar regras favoráveis às empresas transnacionais, como a queda de barreiras alfandegárias. Logo, não apenas a globalização, mas também a integração regional responderia não somente à iniciativa dos Estados, que a promovem por meio da conclusão de tratados internacionais, mas também à pressão das empresas transnacionais, que procuram incentivar um movimento que, "integrando sob regras únicas porções do mercado, representa um passo na otimização dos lucros".[43]

A segunda consideração importante, também no plano internacional, é que os mesmos Estados que tiveram papel preponderante na aceleração da globalização econômica comandam o processo de globalização jurídica. As mesmas pressões exercidas pelos principais países industrializados para que os demais Estados reduzissem barreiras alfandegárias e abrissem seus mercados de capitais, entre outras reformas, foram exercidas para que esses Estados aderissem a acordos que assegurassem aquelas mudanças.

Como lembra Susan Strange, esses fatores levam muitos autores a afirmar que, por trás do véu das organizações internacionais, pode-se notar a autoridade hegemônica dos Estados Unidos como economia dominante, assim como a influência dos operadores transnacionais, cujos interesses as organiza-

---

[43] BAPTISTA, Luiz Olavo. Empresa multinacional e integração latino-americana. *RDP*, São Paulo, v. 17, n. 71, p. 187, 1984.

ções internacionais também existiriam para proteger e defender. Desse modo, sob esse ponto de vista, na "suave luva de veludo" dos burocratas dessas organizações se poderia sentir o "punho de ferro do poder americano", exercido em nome das elites dominantes do capital transnacional.[44]

Além disso, analisando como funciona em alguns casos a cooperação internacional, notamos como é possível que o consentimento do Estado muitas vezes não seja dado de forma livre, mas sim resulte de uma situação em que não lhe restaria outra opção senão aderir a determinados acordos. Como se viu, participar de algum processo de integração regional torna-se uma necessidade para os Estados desde o momento em que vender seus produtos sem fazer parte de um dos blocos econômicos existentes passa a ser uma missão cada vez mais difícil. Nesse mesmo raciocínio, Lloyd Gruber demonstra que a vontade inicial do Estado nem sempre é a de aderir aos acordos de cooperação. Em determinadas circunstâncias, ele pode achar racional participar de tais acordos mesmo quando preferiria claramente a situação original, pré-cooperação. O que impediria esses Estados – que perdem com a cooperação – de optar por não participar do acordo? A resposta, para Gruber, é simplesmente "o medo que eles têm de serem deixados para trás".[45]

Na hipótese analisada por Gruber, três situações de equilíbrio seriam apresentadas a um determinado Estado, por exemplo, o Chile. Na primeira, a Argentina proporia um acordo de cooperação, que seria recusado tanto pelo Brasil quanto pelo Chile. Nessa hipótese de não-cooperação, o Chile não perderia nada – sua situação inicial não se alteraria. Em uma segunda hipótese, o Chile recusaria a proposta de cooperação, mas o Brasil a aceitaria. Imagine-se que se tratasse de um acordo de livre comércio, e Chile e Brasil exportassem um mesmo produto para a Argentina – nessa hipótese, Argentina e Brasil ganhariam mutuamente, e o Chile seria muito prejudicado. Os produtos brasileiros estariam agora isentos de tarifas de importação e seriam mais competitivos, levando o Chile a perder mercado. Na terceira hipótese, tanto o Brasil quanto o Chile aceitam a proposta. Imagine-se que, nesse último caso, o Chile ainda tem prejuízo. Mas como esse prejuízo é menor do que na alternativa anterior, e como, a partir do momento em que o Brasil aceitou a proposta, esta passa a ser sua melhor opção, o Chile também aceita o acordo.

Estados na mesma situação que a do Chile nesse exemplo não teriam, portanto, alternativa melhor do que aceitar esses acordos, e o interesse em cooperar resultaria do medo de se ver excluído dos regimes regionais e multilaterais que surgem a seu redor. Além disso, tais Estados "perdedores" sabem que esses regimes podem sobreviver perfeitamente sem sua presença, já que há

---

[44] STRANGE, Susan. *The Retreat of the State*: the Diffusion of Power in the World Economy. Cambridge, U.K.: Cambridge University Press, 1996. p. 162.

[45] GRUBER, Lloyd. *Ruling the World*: Power Politics and the Rise of Supranational Institutions. Princeton: Princeton University Press, 2000. p. 43-45.

outros Estados que se beneficiam com a cooperação, e continuariam a se beneficiar mesmo que os Estados perdedores não participassem do acordo. Essa faculdade conferiria aos Estados "ganhadores" uma espécie de poder de prosseguir sozinhos na negociação – um *"go-it-alone power"*.

Isso explicaria por que, mesmo que um Estado não possa ser impedido de se retirar de uma organização internacional que ele julgue estar-lhe prejudicando, essa opção normalmente não seria sequer levada em consideração pelo Estado prejudicado. Logo, "o fato de que a participação em um arranjo cooperativo seja voluntária não significa que esse arranjo seja necessariamente vantajoso para todas as partes".[46]

Richard Baldwin, estudando especificamente o caso da integração regional, chega a uma conclusão parecida. Segundo ele, em alguns casos países antes contentes com a condição de não-membros podem ver-se forçados a aderir a um bloco econômico. A lógica disso seria a de que a decisão de um governo de assinar ou não um acordo de integração depende do equilíbrio entre as forças contrárias à adesão e das forças pró-adesão, estas últimas em geral compostas de empresas que exportam para os países do bloco regional em questão.

Imagine-se que, no exemplo que acabamos de analisar, o Chile optasse por não aderir ao acordo firmado entre Argentina e Brasil, mesmo que isso significasse perdas para parte de sua população – notadamente, os exportadores que comerciam com os outros dois países. Se outros países da região resolvessem aderir ao bloco iniciado por Argentina e Brasil, o custo de oportunidade do Chile em não participar do processo de integração aumentaria, já que a perda de competitividade dos produtores chilenos dificultaria seu acesso a um número ainda maior de mercados. Aumentaria, assim, também a pressão exercida pelos exportadores chilenos sobre o governo daquele país, o que poderia vir a mudar o equilíbrio de forças existente, obrigando o Chile a aderir ao bloco. A mesma situação vivida pelo Chile é enfrentada por outros Estados da região e, à medida que o bloco se expande, aumenta ainda mais a pressão para que os países que a ele ainda não aderiram assim o façam – e na maior parte das vezes a evolução da integração regional se assemelha a um "efeito dominó".[47]

---

[46] GRUBER, Lloyd. *Ruling the World*..., op. cit.; 2000. p. XIII.

[47] Baldwin analisa o exemplo da União Européia e o do acordo de livre comércio celebrado na década de 1980 entre México e Estados Unidos, que segundo ele, foi o responsável pela aceleração do processo de integração no continente no final do século XX. Tal acordo teria abalado o *status quo* das relações comerciais das Américas, e colocado os demais países da região – que sempre dependeram fortemente do comércio com os Estados Unidos – diante de um fato consumado. A vantagem concedida a produtores mexicanos, que passariam a ter acesso preferencial ao mercado norte-americano, levou o Canadá a decidir participar das negociações, e impulsionou os esforços de integração dos demais países do continente. BALDWIN, Richard E. A Domino Theory of Regionalism. In: BHAGWATI, Jagdish; KRISHNA, Pravin; PANAGARIYA, Arvind. *Trading Blocs*: Alternative Approaches to Analyzing Preferential Trade Agreements. Cambridge, U.S.: The MIT Press, 1999. p. 487, 500.

Em conclusão, da mesma maneira que o Estado não é apenas vítima da globalização, dela participando ativamente, por exemplo, por meio da desregulamentação dos mercados, essa instituição é um ator essencial da globalização jurídica. Porém, interpretar esse fato de forma exclusiva como uma afirmação da soberania do Estado é limitar essa análise a seu aspecto formal. As normas e as instituições que surgem no contexto da globalização muitas vezes atendem a interesses dos atores privados da sociedade global, que, além disso, têm papel ativo na criação dessas novas regras.

Logo, assim como os Estados não seriam o "motor" da globalização, o aspecto jurídico desse fenômeno teria também uma participação essencial das transnacionais e dos operadores financeiros. A globalização jurídica tem fundamento no consentimento dos Estados, mas isso não quer dizer que ela aumente o poder dessas instituições – muitas vezes, o que ocorre é exatamente o contrário, ela limita a autonomia estatal e fortalece outros atores da sociedade global. O fato de que sem a vontade expressa dos Estados essas mudanças não ocorreriam não reduz o impacto que essas mesmas mudanças têm sobre o modelo do Estado soberano.

Podemos assim concluir que a teoria da autolimitação refere-se sobretudo à soberania de direito. Ao identificar a soberania simplesmente à capacidade do Estado de se auto-organizar e, em conseqüência, de só assumir as obrigações que ele se dispõe a assumir, aquele atributo do Estado não seria afetado nem pela interdependência, nem pela institucionalização crescente desta última – a globalização jurídica. No entanto, como questiona Sukiennicki, mesmo que o Estado mantenha seu poder exclusivo sobre algumas questões, seria ainda possível denominar soberania uma competência que existe apenas nos limites e em virtude do direito internacional, uma autoridade limitada, relativa e derivada?[48]

Quando a doutrina ou a jurisprudência afirmam que o Estado não perde sua soberania ao participar de tratados, elas estão certas do ponto de vista formal. O Estado permanece uma entidade soberana para o direito internacional, pois "continua capaz de guiar seu destino futuro dentro dos limites que ele mesmo tiver aceito". No entanto, "os Estados têm crescentemente usado seu poder de limitar o seu poder".[49] A contradição existente nesses dois argumentos fornece a resposta para o problema que examinamos até agora. O Estado continua sendo soberano de direito, já que seu engajamento depende na maior parte das vezes de seu consentimento. Mas, de fato, sua soberania se vê limitada por atos do próprio Estado – pelo crescimento do direito internacional.

Como explica Combacau, ao ingressar na comunidade internacional, os Estados deixam de gozar de uma liberdade natural e passam a usufruir de uma liberdade legal. A característica dessa liberdade é, exatamente, que eles

---

[48] SUKIENNICKI, Wictor. *La Souveraineté des États...*, op. cit.; 1927. p. 7.

[49] Ver JENNINGS, Robert. *Sovereignty and International Law...*, op. cit.; 2002. p. 32.

têm a faculdade de agir como bem entenderem desde que dentro dos limites do direito. Cabe ao Estado decidir o que fazer com a liberdade legal que lhe é atribuída inicialmente, pelo simples fato de ser reconhecido como tal – e, como vimos, essa liberdade inicial é limitada por regras, princípios e costumes que já se impõem ao Estado a partir de seu reconhecimento. Ao participar da criação de novas regras de direito internacional, o Estado contribui para que sua liberdade inicial se reduza ainda mais. O direito internacional não seria assim nada mais nada menos do que a soma dessas limitações à liberdade legal primitiva dos Estados.[50]

Contudo, os Estados abriram mão de grande parte de sua liberdade inicial, o que leva a questionar se o modelo do Estado soberano não teria sido afetado. Como nossa preocupação aqui não se limita à soberania de direito, a constatação de que um Estado consente com uma determinada limitação à sua própria soberania não anula o resultado que tal limitação provoca. Caberia então ver qual a extensão dessa limitação, e como isso afeta de fato a autonomia dos Estados.

9.2 A GLOBALIZAÇÃO JURÍDICA E A SOBERANIA ESTATAL

A transferência de "partes" de sua soberania para determinadas organizações internacionais produz efeitos sobre o poder do Estado, que tem seu escopo diminuído em benefício do direito internacional, o que limita inevitavelmente sua autonomia (9.2.1).

A regulamentação crescente da vida internacional restringe a esfera de competências estatais em áreas essenciais como a da proteção ambiental e, em especial, a dos direitos humanos. Neste último campo, o indivíduo passou a ser tratado como sujeito do direito internacional, contando com a proteção de tribunais cuja autoridade se sobrepõe à dos Estados que se submetem à sua jurisdição. Além disso, conceitos como o de *jus cogens* e o de obrigações *erga omnes* juntam-se à consagração de princípios como o direito de ingerência, fazendo que os indivíduos tornem-se sujeitos também de obrigações para com o respeito aos direitos humanos, fazendo que essa questão fuja definitivamente à competência exclusiva dos Estados. Por fim, no campo privado, o desenvolvimento de um direito que não se origina do consentimento dos Estados e a aceitação por parte destes últimos tanto dessas regras transnacionais quanto da jurisdição dos tribunais arbitrais, sujeitando a definição de suas obrigações legais a terceiros, têm claras conseqüências sobre o modelo do Estado soberano (9.2.2).

---

[50] COMBACAU, Jean. Pas une puissance, une liberté..., op. cit.; 1993. p. 52.

9.2.1 Os tratados e a limitação do escopo da soberania estatal

Conforme acabamos de estudar, parte da doutrina caracterizou a soberania como a simples potencialidade de ser titular de direitos soberanos – a essência jurídica da soberania seria a de essa se caracterizar como "competência das competências".[51] Assim, mesmo que o Estado distribuísse seus poderes soberanos entre diferentes entidades, seguiria possuindo a "titularidade nua" desses poderes, podendo eventualmente recuperá-los.[52] Nesse sentido, a expressão "limitação da soberania" significaria, estritamente, limitação do *exercício* da soberania, já que a substância desse atributo permaneceria inalterada. Esse é o tipo de raciocínio que, admitindo o fenômeno da limitação dos poderes soberanos, tenta assim mesmo salvar a utilização do conceito de soberania.[53]

A outra forma encontrada pela doutrina para adequar o crescimento do direito internacional à manutenção da validade do conceito de soberania foi a criação da noção de soberania "divisível". De acordo com essa visão, a soberania seria um feixe de competências conferido ao Estado pela ordem jurídica internacional e, ao participar de organizações internacionais, o Estado estaria apenas delegando algumas dessas competências. Essas seriam sobretudo relacionadas a certas áreas que não podem ser regulamentadas de forma eficaz por regras exclusivamente estatais, o que faria que a soberania estivesse passando por um processo de "desterritorialização".[54] Logo, ela não seria mais indivisível.[55]

Aplicadas à realidade, essas teorias apresentam sérios problemas. Como ressalta Luís Sá: "Rompida a idéia da indivisibilidade da soberania do Estado, procedeu-se à partilha dos seus poderes em particular com as organizações de que é parte. E tudo isto, maravilha das maravilhas, afirmando que o Estado mantinha a sua soberania – mera titularidade sem conseqüências práticas – inteiramente intocada!". Isso, obviamente, não é verdade. Uma das acepções da soberania é a de que essa equivaleria a um conjunto de poderes. Portanto, a idéia de soberania divisível – caracterizada, por exemplo, pelo reordenamento, pela fusão ou pelo exercício comum de diferentes soberanias em um processo de integração – traz implícito o reconhecimento de que houve perda real de poderes soberanos pelos Estados.[56] A realidade é que, se, por um lado, os

---

[51] CHEMILLIER-GENDREAU, Monique. Affaiblissement des États, confusion des normes. In: CHEMILLIER-GENDREAU, Monique; MOULIER-BOUTANG, Yann. *Le droit dans la mondialisation*: une perspective critique. Paris: Presses Universitaires de France, 2001. p. 163.

[52] SÁ, Luís. *Soberania e integração na CEE...*, op. cit.; 1987. p. 54-55.

[53] KOROWICZ, Marek Stanislaw. Some present aspects of sovereignty in International Law. *RCADI*, t. 1, p. 108, 1961.

[54] CHEMILLIER-GENDREAU, Monique. Affaiblissement des États..., op. cit.; 2001. p. 163.

[55] Ver MELLO, Celso D. de Albuquerque. *Direito internacional de integração*. Rio de Janeiro: Renovar, 1996. p. 123.

[56] SÁ, Luís. *Soberania e integração na CEE...*, op. cit.; 1987. p. 53-54.

Estados exercem sua soberania ao assinar os acordos que a reduzem, por outro, eles de fato a reduzem em tal processo.[57]

Todo compromisso internacional representaria assim uma limitação à soberania, e a concepção absoluta desse conceito teria deixado de existir a partir do momento em que os Estados começaram a regular suas relações por meio de tratados.[58] Ao limitar as competências dos Estados, a aceitação de qualquer tratado diminui, de certa forma, a liberdade de ação dos governos nacionais.[59]

Ao restringir a liberdade do Estado de agir conforme sua vontade em determinadas situações posteriores à sua celebração, os tratados afetam a soberania na outra concepção aqui estudada – a de qualidade do poder estatal, que seria supremo e independente. Construções jurídicas como as da autolimitação ou da soberania divisível não impedem que constatemos a realidade: na prática, os Estados perdem soberania ao aderir a tratados, pois estes restringem a autonomia do Estado signatário em regulamentar o objeto do tratado, e, uma vez cedida parte de sua soberania, fica muito difícil recuperá-la. A soberania é afetada desde o momento em que o Estado resolve transferir algumas de suas competências, por exemplo, para uma organização internacional.[60]

O direito internacional representa uma limitação de caráter geral à soberania, e isso ficou claro quando estudamos os motivos que levaram a doutrina de forma quase unânime à conclusão de que esse conceito tem valor relativo. Hans Kelsen acreditava que o Estado fosse apenas um estágio intermediário na série de formas jurídicas que culminaria na "comunidade universal do direito internacional".[61] Dessa forma, tanto o direito internacional quanto o direito interno seriam apenas partes diferentes de uma única ordem jurídica universal.[62]

Em uma abordagem quantitativa, poderíamos afirmar que, no momento em que ingressa na comunidade internacional, o Estado é cem por cento soberano e, ao limitar sua liberdade por meio da participação em tratados, o

---

[57] HOFFMANN, Stanley. Foreword..., op. cit.; 1997. p. VII.

[58] ANDRASSY, Georges. La Souveraineté et la Société des Nations..., op. cit.; 1937. p. 654.

[59] JACKSON, John H. The Great 1994 Sovereignty Debate: United States Acceptance and Implementation of the Uruguay Round Results. In: CHARNEY, Jonathan I.; ANTON, Donald K.; O'CONNELL, Mary Ellen (ed.). *Politics, Values and Functions*: International Law in the 21st Century: Essays in Honor of Professor Louis Henkin. The Hague: Martinus Nijhoff, 1997. p. 162.

[60] CHEMILLIER-GENDREAU, Monique. Affaiblissement des États..., op. cit.; 2001. p. 163.

[61] KELSEN, Hans. Théorie du droit international public. *RCADI*, t. 42, p. 201, 1932.

[62] Ver LEBEN, Charles. Quelques réflexions théoriques à propos des contrats d'État. In: Souveraineté étatique et marchés internationaux à la fin du XXème siècle: à propos de 30 ans de recherche du CREDIMI: Mélanges en l'honneur de Philippe Kahn. Paris: Litec, 2000. p. 127.

Estado reduz a "porcentagem de soberania" que possuía inicialmente.[63] Se o direito internacional equivale à soma das limitações que se impõem à liberdade legal primitiva dos Estados,[64] ao crescimento do direito internacional corresponderia uma redução da liberdade residual que os Estados possuem. Portanto, mesmo que a ordem jurídica universal comporte duas partes – direito interno e direito internacional –, na divisão entre elas existente, a segunda estaria ganhando espaço em relação à primeira.

As regras internacionais, inicialmente confinadas a um pequeno grupo de Estados europeus, ampliaram seus horizontes e adquiriram um caráter cada vez mais universal.[65] Além de atingir mais Estados, as normas internacionais se multiplicaram, em particular após a Segunda Guerra Mundial. Na metade daquele período, já era possível afirmar que "o escopo da soberania decrescia e o escopo do direito internacional aumentava grandemente por meio de uma rede de tratados internacionais de âmbito mundial em firme expansão, dos poderes legais de uma Organização das Nações Unidas quase universal e das organizações internacionais de caráter não-político".[66] Depois disso, nas três últimas décadas do século XX, o número de tratados internacionais mais que triplicou e, no final desse período, havia aproximadamente mil e quinhentos acordos multilaterais.[67] Com isso, a própria legislação interna dos Estados passou a ser cada vez mais influenciada por regras e instrumentos de origem internacional.[68]

O crescimento do direito internacional estaria provocando a diminuição da autonomia dos Estados, limitando, portanto, sua soberania. Boa parte da doutrina está de acordo com essa visão. A idéia é que, uma vez que a sobera-

---

[63] Essa abordagem quantitativa se aplica à soberania como liberdade legal, e não à soberania como "competência das competências". JAMES, Alan. *Sovereign Statehood*..., op. cit.; 1986. p. 207.

[64] COMBACAU, Jean. Pas une puissance, une liberté..., op. cit.; 1993. p. 52.

[65] Como observa Röling, cinco Estados participaram da Paz de Westfália em 1648, oito do Congresso de Viena em 1814, 26 da Primeira Conferência de Paz da Haia em 1899, 44 da Segunda Conferência de Paz da Haia em 1907 e 63 do Pacto de Paris – Pacto de Briand-Kellogg – em 1928. RÖLING, B.V.A. Are Grotius ideas obsolete in an expanded world? In: BULL, Hedley; KINGSBURY, Benedict; ROBERTS Adam. *Hugo Grotius and international relations*. Oxford: Clarendon Press, 1990. p. 291.

[66] KOROWICZ, Marek Stanislaw. Some present aspects of sovereignty in International Law..., op. cit.; 1961. t. 1, p. 108.

[67] Ver ALVAREZ, José E. The New Treaty Makers. *Boston College International and Comparative Law Review*, Boston, v. XXV, nº 2, p. 216-217, Spring 2002.

[68] A análise da evolução no século XX da legislação interna do Reino Unido e da Austrália revelou crescente aumento da influência de regras e instrumentos de origem internacional. Ver HELD, David; MCGREW, Anthony G.; GOLDBLATT, David; PERRATON, Jonathan. *Global Transformations*: Politics, Economics and Culture. Stanford, Calif.: Stanford University Press, 1999. p. 57.

nia pára onde o direito internacional – aceito ou criado em conjunto pelos Estados – começa, todo acordo internacional limitaria ou mudaria o escopo da soberania.[69] Para Roberto Ago, o velho direito internacional estaria sendo suplementado por uma rede ainda mais complexa de obrigações legais que os Estados estariam assumindo em campos onde teriam abandonado a liberdade absoluta de ação que anteriormente possuíam.[70] A lei internacional teria assim penetrado na cápsula da soberania, passando da margem das fronteiras ao centro das competências estatais e, como observa Juan Lanús, a tendência é que a complexidade dos problemas internacionais leve à crescente redução da liberdade regulatória soberana dos Estados.[71]

É possível defender que não foi apenas o valor quantitativo das normas internacionais que aumentou sensivelmente nesses últimos anos, mas também sua importância qualitativa.[72] Boa parte dessas normas está contida em convenções internacionais pelas quais o Estado signatário assume determinados compromissos referentes a questões de caráter doméstico – como a proteção dos direitos humanos ou a promoção de melhores condições de trabalho.[73] Se tradicionalmente as regras de direito internacional preocupavam-se sobretudo em regular a relação entre Estados, recentemente essas regras voltam sua atenção de modo crescente a assuntos que se passam dentro das fronteiras dos Estados, ou à forma como os governos se relacionam com seus próprios cidadãos e territórios.[74]

Logo, ainda que o sistema normativo internacional continue baseando-se nos Estados, seu conteúdo teria mudado. Se antes apenas uma soberania era capaz de parar uma outra soberania, hoje o poder estatal se veria limitado por direitos pertencentes a outros sujeitos que não os Estados – como os indivíduos. Com isso, como afirma Carrillo-Salcedo, o direito internacional penetra no "próprio coração da soberania: nas relações dos Estados com seus nacio-

---

[69] KOROWICZ, Marek Stanislaw. Some present aspects of sovereignty in International Law..., op. cit.; 1961. t. 1, p. 108.

[70] AGO, Roberto. The State and International Organisation. In: JENKS, C. Wilfred et al. *International Law in a Changing World*. New York: Oceana Publications, 1963. p. 19.

[71] LANÚS, Juan Archibaldo. El Estado Nación..., op. cit.; 1996. p. 111.

[72] EPINEY, Astrid. Européanisation et mondialisation du droit: convergences et divergences. In: MORAND, Charles-Albert (org.). *Le droit saisi par la mondialisation*. Bruxelles: Bruylant, 2001. p. 157.

[73] Krasner observa que, após a Segunda Guerra Mundial, o número de tais convenções aumentou de forma dramática – aproximadamente cinqüenta acordos envolvendo a relação entre governantes e governados haviam sido ratificados. KRASNER, Stephen D. *Sovereignty*..., op. cit.; 1999. p. 31.

[74] LYONS, Gene M.; MASTANDUNO, Michel. States Sovereignty and International Intervention: Reflections on the Present and Prospects for the Future. In: LYONS, Gene M.; MASTANDUNO, Michel (ed.). *Beyond Westphalia?*: State Sovereignty and International Intervention. Baltimore: The John's Hopkins University Press, 1995. p. 256.

nais e, mais geralmente, entre o aparelho do Estado e sua população, logo, entre dois elementos constitutivos do Estado", remodelando, assim, a face da soberania.[75]

Essas convenções internacionais podem limitar a autonomia dos Estados em adotar determinadas políticas internas. Isso leva a crer que mesmo a jurisdição doméstica ou o domínio reservado de competência exclusiva do Estado, conceitos correntemente utilizados nos tratados e na literatura jurídica, estariam "sob um constante impacto do sistema de direito internacional atual".[76] A competência soberana do Estado sobre seus assuntos internos, tendo sido invadida por normas e compromissos internacionais, estaria sofrendo crescente erosão.[77]

Muitas vezes, as competências estatais – ou o controle do seu exercício – são transferidas a órgãos de uma organização internacional. Jeremy Bentham já considerava que a soberania era limitada pelos tratados, e essa limitação se dava, por exemplo, quando os governos de alguns Estados eram obrigados a seguir as determinações de algum órgão, ainda que este se compusesse de membros por aqueles nomeados.[78] Ora, quando o tratado tem por objetivo a constituição de uma organização internacional, é normal que preveja a criação de órgãos cuja missão é assegurar o cumprimento do que foi acordado. E, nos últimos tempos, aumentaram os processos de transferência de competências dos Estados para órgãos de decisão conjunta ou majoritária.[79]

Um dos tipos de órgão que os tratados internacionais podem prever é um tribunal permanente. A existência de um tribunal restringe ainda mais o exercício das competências soberanas do Estado. Uma das características da soberania é a de representar um poder que, dentro de um determinado território, não está subordinado a nenhum outro. A existência de um órgão a cuja autoridade o Estado está sujeito afeta, portanto, a soberania em sua acepção de qualidade do poder estatal, já que na realidade este deixa de ser supremo e independente, pouco importando se o Estado consentiu com que essa situação surgisse. Isso porque, quando se trata de caracterizar a soberania como supremacia ou independência

---

[75] Ver CARRILLO-SALCEDO, Juan-Antonio. Droit International et souveraineté des États..., op. cit.; 1996. p. 70.

[76] Marek Korowicz especifica os direitos soberanos essenciais, que, segundo ele, seriam: a conduta independente das relações exteriores, a liberdade de legislação e administração internas, e a administração da justiça. As três últimas funções corresponderiam ao que alguns autores denominam jurisdição doméstica. Esse conceito se refere unicamente à competência interna exclusiva das mais altas autoridades legislativas, judiciárias e administrativas do Estado. KOROWICZ, Marek Stanislaw. Some present aspects of sovereignty in International Law..., op. cit.; 1961. t. 1, p. 36, 109.

[77] LANÚS, Juan Archibaldo. El Estado Nación..., op. cit.; 1996. p. 110.

[78] Ver BURNS, J. H. Bentham on Sovereignty: an Exploration. In: JAMES, M. H. (ed.). *Bentham and Legal Theory*. Belfast: Northern Ireland Legal Quarterly, 1973. p. 136.

[79] VIGNALI, Heber Arbuet. *O atributo da soberania...*, op. cit.; 1996. p. 51.

jurisdicional, o consentimento do Estado não deve ser levado em conta, já que o elemento a ser considerado não é a maneira pela qual uma autoridade jurisdicional superior foi estabelecida, mas o fato de que tal autoridade existe.[80]

Como foi possível constatar, os Estados muitas vezes optam por submeter-se a jurisdições internacionais, sejam de caráter transnacional – como ocorre no caso da arbitragem –, sejam de caráter supranacional – como ocorre no âmbito das organizações internacionais. Quando o fazem, os Estados se dispõem a aceitar decisões que vão contra seus próprios interesses e, muitas vezes, limitam sua autonomia de ação. Nesse sentido, o recurso à justiça internacional seria "o abandono da soberania".[81]

A idéia de que o Estado poderia limitar o quanto quisesse sua liberdade futura, desde que o fizesse por meio de seu consentimento, no exercício de sua liberdade inicial, definitivamente se aplica apenas à soberania como conceito formal – e diz muito pouco sobre a realidade das relações internacionais. Há, portanto, algumas perguntas que não podem deixar de ser feitas, caso se queira dar à soberania um significado real. Pode o Estado reduzir indefinidamente a esfera de sua liberdade residual? Pode renunciar a qualquer uma de suas competências, restringir qualquer um de seus poderes, e assim mesmo continuar possuindo a qualidade de Estado, da qual a soberania é um elemento essencial?[82]

Como veremos em seguida, cada vez mais o campo da soberania estatal se restringe, cedendo lugar a regras e a instituições internacionais, transnacionais e, até mesmo, supranacionais.

9.2.2 Regras internacionais, regras transnacionais, regras supranacionais e soberania estatal

A regulamentação da vida internacional e a soberania estatal – meio ambiente e direitos humanos

O direito internacional passou por uma evolução quantitativa e qualitativa que lhe fez invadir cada vez mais a esfera de competências estatais. Cresce, assim, a influência do direito internacional e "aumentam notavelmente as competências que deixam de se exercer discricionariamente e se submetem a regras comuns".[83] Essas se referem às áreas mais variadas de atividade do Estado.

---

[80] JAMES, Alan. *Sovereign Statehood*..., op. cit.; 1986. p. 228.
[81] GUILLAUME, Gilbert. Souveraineté et juridictions internationales. In: TORRELLI, Maurice (ed.). *La souveraineté à l'aube du IIIe millénaire*. Nice: Institut du Droit de la Paix et du Développement, Université de Nice Sophia-Antipolis, 1990. p. 71.
[82] COMBACAU, Jean. Pas une puissance, une liberté..., op. cit.; 1993. p. 57.
[83] VIGNALI, Heber Arbuet. *O atributo da soberania*..., op. cit.; 1996. p. 46.

Tradicionalmente, o direito internacional fundava-se no princípio da territorialidade – pelo qual cada Estado tem competência exclusiva pelos acontecimentos ocorridos em seu território – e o respeito a esse princípio era em regra suficiente para assegurar um funcionamento satisfatório das relações internacionais. Hoje as atividades transfronteiras exigem "grau maior de sofisticação do direito internacional".[84]

Realmente, conforme percebemos, a interdependência e a globalização jurídica são dois fenômenos intimamente ligados. Entre as áreas em que esse vínculo se destaca de forma mais evidente, está a da proteção ambiental. Atualmente, os Estados seriam, mais do que nunca, "ecologicamente interdependentes", e acordos que reconhecem esse fato limitam a autonomia de ação individual dos governos.[85]

Ao reforçar as normas internacionais de proteção ao ambiente, os Estados procuram combater a poluição e outros efeitos nocivos da modernização. No entanto, os métodos disponíveis de cooperação – como os acordos ou instituições internacionais, que serviriam para diminuir tais efeitos negativos – em geral apresentam uma falta de mecanismos coercitivos e raramente desafiam interesses econômicos poderosos. A adesão a esse tipo de acordos e instituições é voluntária, o que para Richard Falk leva a uma situação em que virtualmente não há capacidade de proteger o interesse público global.[86]

Mesmo que isso seja em grande parte verdade, vimos que, em muitos casos, a comunidade internacional encontrou formas de evitar que a soberania se sobrepusesse ao interesse coletivo, sobretudo nos chamados espaços internacionais comuns, como o alto-mar, os fundos oceânicos e o espaço sideral. O surgimento da idéia de "patrimônio comum" eleva a humanidade à condição de sujeito de direito internacional,[87] e cria áreas nas quais, por não poderem ser abrangidas pelas jurisdições nacionais, a soberania dos Estados não se aplica.

Além disso, notamos também que, no caso da proteção ambiental, algumas normas internacionais manifestam-se dentro do território dos Estados, como no caso da preservação de determinadas espécies protegidas e da proteção da camada de ozônio. Como observa Guido Soares, a cooperação internacional se reflete na tendência de mundializar as tentativas internas dos Estados de preservar seu meio ambiente doméstico, das quais são exemplos os estudos de impacto ambiental como condição prévia para a realização de grandes obras e os

---

[84] Ver CARRILLO-SALCEDO, Juan-Antonio. Droit International et souveraineté des États..., op. cit.; 1996. p. 52.
[85] Ver LYONS, Gene M.; MASTANDUNO, Michel. States Sovereignty and International Intervention..., op. cit.; 1995. p. 255.
[86] FALK, Richard A. *Explorations at the Edge of Time*: the Prospects for World Order. Philadelphia: Temple University Press, 1992. p. 48.
[87] BEDJAOUI, Mohammed. *Towards a new international economic order*. Paris: Unesco, 1979. p. 237.

deveres de notificação de acidentes ambientais a vizinhos. Isso faz que a proteção ao meio ambiente não se esgote no exame da responsabilidade por danos e encontre sua maior expressão na série de normas de cooperação que surgem para evitar condutas que possam causar um mal. E, segundo Soares, é nesse último aspecto que se pode visualizar a verdadeira vocação internacional dessas regras, em que a noção de fronteira e limites à jurisdição especial dos Estados sofre sua mais acentuada derrogação.[88]

Foi no caso dos direitos humanos, contudo, conforme demonstrado anteriormente, que a evolução do direito internacional trouxe conseqüências mais marcantes para o modelo do Estado soberano. As convenções relativas aos direitos humanos abrangem diversos assuntos como o genocídio, a tortura, a escravidão, os refugiados, os direitos da mulher, a discriminação racial e o trabalho infantil, e esses acordos, muitos deles tratando especificamente dos direitos dos indivíduos ou de determinados grupos de indivíduos, multiplicaram-se depois da Segunda Guerra Mundial.[89]

Se antes o indivíduo não era considerado um sujeito ativo do direito internacional, o tempo consolidou a idéia de que o ser humano possui direitos que podem ser opostos a seu próprio Estado. A Carta das Nações Unidas teria conferido uma dimensão constitucional aos direitos do homem na ordem internacional ao assegurar que a proteção desses direitos passa a ser obrigação internacional dos Estados,[90] e ao cuidar para que as violações a essas obrigações não sejam mais ocultadas "atrás do impenetrável manto da soberania nacional".[91]

Logo, o aspecto central desse fenômeno, como lembra Prosper Weil, é que a relação entre Estado e seus nacionais deixou de pertencer à categoria de assuntos que se referem essencialmente à competência nacional dos Estados. O direito internacional ampliou, assim, o seu campo de aplicação, provocando "um recuo espetacular da competência nacional exclusiva dos Estados e, portanto, de sua soberania".[92]

A evolução da proteção aos direitos humanos é revolucionária, porque vai de encontro à visão tradicional sobre a soberania pela qual um Estado não pode interferir nas políticas domésticas de outro Estado – inclusive as que este último adota com relação a seus cidadãos.[93] Ao permitir que os direitos de

---

[88] SOARES, Guido Fernando da Silva. *As responsabilidades no direito internacional do meio ambiente*. 1995. Tese (Provimento do cargo de Titular de Direito Internacional Público) – Departamento de Direito Internacional, Faculdade de Direito, Universidade de São Paulo, São Paulo, 1995. f. 431-432.

[89] KRASNER, Stephen D. *Sovereignty*..., op. cit.; 1999. p. 111.

[90] CARRILLO-SALCEDO, Juan-Antonio. Droit International et souveraineté des États..., op. cit.; 1996. p. 65.

[91] JESSUP, Philip C. *A Modern Law of Nations*..., op. cit.; 1947. p. 41.

[92] WEIL, Prosper. Le droit international en quête de son identité. RCADI, VI, t. 237, p. 116, 1992.

[93] KRASNER, Stephen D. *Sovereignty*..., op. cit.; 1999. p. 23.

cada indivíduo possam ser defendidos contra seu próprio Estado no plano internacional, tal evolução desafia a lógica do modelo do Estado soberano, que é a de que essa instituição possui um poder supremo sobre seu povo que, por sua vez, a ela deve obediência. Mais do que isso, ao estabelecer regras que se aplicam a todos os Estados, essa mudança aumenta a unidade mundial[94] e abre espaço para a subversão da sociedade de Estados soberanos em favor do que Hedley Bull vê como o princípio organizacional alternativo de uma comunidade cosmopolita.[95]

Claro que o respeito aos direitos humanos ainda varia muito de região para região, e que em determinadas partes do planeta os Estados parecem ignorar os limites existentes nessa matéria. Porém, em algumas partes do mundo, como na Europa, a quantidade de convenções assinadas sobre o assunto tornam possível afirmar que os Estados não podem mais tratar seus cidadãos da forma que bem entenderem.[96] Exemplo é a Declaração da Conferência de Helsinque sobre a Segurança e a Cooperação na Europa, de 1992, pela qual os trinta e cinco Estados signatários reconhecem sua responsabilidade mútua e ressaltam o direito dos cidadãos de exigir de seus governos o respeito aos direitos humanos e valores democráticos. Segundo se afirma nessa declaração, os problemas de direitos humanos em um Estado signatário não pertencem exclusivamente aos assuntos internos do Estado em questão, mas concernem direta e legitimamente a todos os Estados participantes da Conferência.[97]

A proteção dos direitos humanos pode dar-se também no nível regional. O continente americano conta com um instrumento de proteção dos direitos humanos, a Convenção Americana de Direitos Humanos, que estabeleceu a Corte Interamericana de Direitos Humanos.[98] Nesse campo, porém, é a Convenção Européia sobre os Direitos Humanos que, ao possibilitar o acesso direto dos indivíduos à Corte nela prevista, representa o avanço mais notável.[99] As decisões da Corte Européia de Direitos Humanos são obrigató-

---

[94] Ver KRASNER, Stephen D. *Sovereignty*..., op. cit.; 1999. p. 24.

[95] BULL, Hedley. *The Anarchical Society*: A study of order in world politics. 2nd ed. New Jersey: Columbia University Press, 1995. p. 146.

[96] HELD, David; MCGREW, Anthony G.; GOLDBLATT, David; PERRATON, Jonathan. *Global Transformations*..., op. cit.; 1999. p. 442.

[97] HELD, David. *Democracy and the Global Order*: From the Modern State to Cosmopolitan Governance. Stanford, Calif.: Stanford University Press, 1995. p. 105.

[98] Mesmo que a Convenção Americana não tenha alcançado a importância de sua equivalente européia, as atividades de sua Corte têm ganhado relevância nos últimos anos. Ver ALLAND, Denis et al. *Droit international public*. Paris: PUF, 2000. p. 595.

[99] Para Philip Jessup, o indivíduo foi reconhecido pelo direito internacional na Convenção de Roma de 1950, que estabeleceu a Corte Européia de Direitos Humanos. Isso porque nessa convenção, os onze países signatários conferirem jurisdição à Corte, aceitando que os indivíduos têm direitos que podem ser invocados diretamente, mesmo contra os Estados dos quais eles sejam nacionais. JESSUP, Philip C. *A Modern Law of Nations*..., op. cit.; 1947. p. VII.

rias para os mais de vinte Estados que aceitaram sua jurisdição, e já levaram a mudanças na legislação de vários países europeus.[100] Vemos, portanto, que hoje a comunidade internacional conta com órgãos que interferem diretamente em uma parte da esfera de competências dos Estados que antes era considerada inviolável – e a existência de autoridades superiores ao Estado, detentoras de tais poderes, representa clara limitação ao poder estatal, que deixa de ser supremo em seu interior, pelo menos no que se refere aos direitos humanos. O caráter supranacional de instituições como essas – que será analisado mais adiante – é um dos fatores essenciais que permitem afirmar que o mundo está passando do modelo do Estado soberano ao paradigma da sociedade global.

Mesmo os instrumentos internacionais sem caráter obrigatório – como é o caso da Declaração de Helsinque – podem provocar limitações de fato à atuação dos Estados que os assinam. Como lembra Krasner, um acordo internacional pode levar a população a alterar sua concepção do que seria um comportamento legítimo de seu Estado. Isso porque esses instrumentos podem criar expectativas para a população de que seu governo agirá da maneira que foi acordada, e o desrespeito ao instrumento internacional pode levá-la a manifestações que não existiriam se o acordo em questão não tivesse sido celebrado. Assim, mesmo quando um Estado acredita não estar obrigando-se por um acordo internacional, adere a fontes externas de legitimidade que limitam sua autonomia.[101]

Mas a proliferação de convenções e órgãos especializados não é o único fenômeno relacionado à proteção do indivíduo no campo internacional. Com o crescimento da interdependência das nações, aumentaram as possibilidades de pressão da comunidade internacional sobre um Estado que vier a desrespeitar as normas internacionais relativas aos direitos humanos. Essa influência da interdependência na proteção dos direitos humanos se dá em duas pontas. A revolução tecnológica permite que as notícias relativas a violações nessa área se espalhem rapidamente e sejam acompanhadas em tempo real, muitas vezes por imagens chocantes, em todo o mundo, provocando um clamor imediato para sua cessação – clamor que é reforçado pela atuação da sociedade civil transnacional organizada. E, por outro lado, a interdependência permite que a pressão exercida pelos demais Estados para que cessem essas violações seja mais efetiva.

O caso emblemático é o da África do Sul. Esse país, ao insistir em manter o sistema constitucional de segregação racial, foi compelido a alterá-lo pelo boicote imposto pelo Conselho de Segurança das Nações Unidas. As sanções aplicadas pela comunidade internacional ao regime do *apartheid* sul-africano estenderam-se ao comércio, às finanças, aos esportes e às atividades culturais.

---

[100] KRASNER, Stephen D. *Sovereignty...*, op. cit.; 1999. p. 31.
[101] Idem. p. 120.

Com o tempo, ficou cada vez mais difícil para o governo daquele país resistir à pressão internacional e manter o regime vigente. A soberania teve, naquela ocasião, que se curvar à interdependência.[102]

Nesse caso, parece claro que o uso de sanções econômicas pela comunidade internacional, forçando um Estado a adotar determinada estrutura política, afeta a soberania deste.[103] Nas palavras de José Carlos de Magalhães, "a propalada soberania da África do Sul, que lhe conferia o direito de estabelecer o regime que bem entendesse, não impediu que a pressão internacional a obrigasse a observar, dentro de seu território, princípios universalmente acolhidos".[104]

A soberania do Estado é afetada, também, quando este é obrigado a respeitar determinadas normas imperativas de direito internacional que não podem ser derrogadas – o chamado *jus cogens* –, e todo direito relativo à proteção dos direitos humanos tem caráter de *jus cogens*.[105]

A existência do *jus cogens* não está vinculada ao consentimento dos Estados. Nesse caso, como afirma Jean-Pierre Queneudec, "o Estado soberano constata, às vezes com assombro, que sua velha bússola voluntarista se enlouquece". Isso porque, reconhecendo-se a existência dessas normas, a vontade do Estado deixa de ser a única fonte de elaboração do direito internacional e, no momento em que ele acredita poder se colocar ao abrigo de uma regra que não crê ser satisfatória "fechando a porta do tratado", ele é cada vez mais freqüentemente surpreendido ao ver a mesma regra reaparecer "pela janela do costume oponível *erga omnes*".[106] A existência de normas que podem limitar a liberdade dos Estados, ainda que contra a sua vontade, afeta a autonomia dessas instituições e, portanto, a sua soberania.

Ao desrespeitar uma norma de proteção dos direitos humanos, o Estado estaria violando uma obrigação essencial que possui perante a comunidade internacional. Hoje, é claro que direito internacional não assegura ao Estado que este possa agir como bem desejar internamente.[107] Entender a soberania como um poder ilimitado resulta de uma visão antiquada – o poder estatal

---

[102] GRIECO, Francisco de Assis. *O Brasil e a Globalização Econômica*. São Paulo: Aduaneiras, 1997. p. 238.

[103] Dos 106 casos de sanções econômicas no século XX, 17 envolviam esforços para proteger os direitos humanos. KRASNER, Stephen D. *Sovereignty*... op. cit.; 1999. p. 124.

[104] MAGALHÃES, José Carlos de. Direitos Humanos e Soberania. *O Estado de S. Paulo*, São Paulo, p. A2, 5 jan. 1999.

[105] MAHMOUD, Mohamed Salah Mohamed. Les leçons de l'affaire Pinochet. *JDI*, Paris, n. 4, p. 1023, 1999.

[106] QUENEUDEC, Jean-Pierre. Conclusions. In: SFDI. *L'État souverain à l'aube du XXIème siècle*: Colloque de Nancy. Paris: A. Pedone, 1994. p. 310.

[107] JAMES, Alan. *Sovereign Statehood*..., op. cit.; 1986. p. 229.

não é o poder do príncipe, de livremente "violar virgens, decepar cabeças, confiscar a propriedade arbitrariamente, e todos outros tipos de ações excessivas e inapropriadas".[108]

Entretanto, tradicionalmente, predominava a idéia de que os direitos humanos faziam parte dos assuntos internos dos Estados. A visão de que os Estados devem sofrer restrições internacionais ao atuar nessa área só ganhou força realmente após a Segunda Guerra Mundial. E, nas últimas décadas, parcelas cada vez maiores de assuntos que tradicionalmente eram considerados de caráter exclusivamente doméstico e, por esse motivo, estavam além do alcance da comunidade internacional, tornaram-se sujeitas ao escrutínio, influência e, em alguns casos, intervenção desta última.[109]

Os direitos humanos deixam assim de se incluir entre os assuntos que, como determina a Carta das Nações Unidas em seu artigo 2º, parágrafo 7º, pertencem à competência exclusiva dos Estados. Os direitos fundamentais não seriam conferidos pelos Estados, mas consistiriam em uma característica básica da dignidade humana, tendo de ser por esses respeitados.[110] E, como observa Thomas Franck, mesmo aqueles que defendem a vitalidade da soberania provavelmente admitiriam que uma política de genocídio não se encaixa "essencialmente" no âmbito das atividades protegidas do Estado.[111] Quando este não consegue proteger os direitos humanos ou, pior que isso, quando o próprio aparato estatal promove políticas que ferem tais direitos, a comunidade internacional tem o direito – e alguns dirão, a obrigação – de intervir.[112]

Desse modo, a existência de obrigações *erga omnes* tem mais uma conseqüência para a soberania estatal. Sua violação poderia dar origem a uma reação legítima dos demais Estados contra aquele que a produziu. Caso o Estado passe a usar o monopólio da violência para violar os direitos de seus próprios cidadãos, a comunidade internacional poderia ignorar a independência desse Estado e se imiscuir em sua vida doméstica.

Philip Jessup já antevia, nas disposições da Carta das Nações Unidas referentes ao respeito aos direitos humanos fundamentais, a possibilidade de intervenção por parte da comunidade internacional. Segundo ele, tais disposições poderiam justificar que esta última "tomasse providências para evitar que qualquer Estado viesse a abusar de seus próprios nacionais, embora o

---

[108] JACKSON, John H. The Great 1994 Sovereignty Debate..., op. cit.; 1997. p. 151.

[109] LYONS, Gene M.; MASTANDUNO, Michel. States Sovereignty and International Intervention..., op. cit.; 1995. p. 253, 256.

[110] HOBE, S. Globalisation: a challenge to the nation state and to international law. In: LIKOSKY, Michael (ed.). *Transnational Legal Processes*. London: Butterworths, 2002. p. 386.

[111] FRANCK, Thomas M. *Fairness in International Law and Institutions*. Oxford: Clarendon Press, 1995. p. 122.

[112] Ver HOBE, S. Globalisation..., op. cit.; 2002. p. 385-386.

tratamento conferido por um Estado a seus próprios cidadãos costumasse ser considerado uma questão inteiramente doméstica".[113] E, de fato, o mundo, assistiu no final do século XX a uma série de intervenções promovidas pelo Conselho de Segurança da ONU, que, no caso de algumas tragédias humanitárias, passou a interpretar de forma ampla a idéia de ameaça à paz contida no capítulo VII, artigo 39 da Carta das Nações Unidas, aplicando-a também aos conflitos internos de um Estado.[114] Em um espaço de menos de cinco anos, o Conselho agiria para evitar violações dos direitos humanos no Iraque,[115] na Bósnia,[116] na Somália[117] e em Ruanda,[118] e para restabelecer a democracia no Haiti[119].

É sabido, no entanto, que a não-ingerência nos assuntos internos de um Estado é uma conseqüência direta e uma dedução lógica do próprio conceito de soberania.[120] Desse modo, a consolidação da existência de um direito de ingerência por parte da comunidade dos Estados representa uma das maiores transformações que o direito internacional sofreu nos últimos anos, e altera de modo profundo o modelo do Estado soberano – provocando, inclusive, dúvidas a respeito da legitimidade de algumas dessas intervenções, questão à qual voltaremos no final deste livro.

Finalmente, pudemos observar que a evolução dos direitos humanos fez que os indivíduos, além de se tornarem titulares de alguns direitos, passassem a estar sujeitos a determinadas obrigações. Os efeitos da violação dos direitos humanos estendem-se também aos indivíduos que a cometem. Como afirma José Carlos de Magalhães: "Soberania, pois, não significa mais o poder de o Estado ignorar, dentro de sua esfera territorial, direitos humanos universalmente consagrados em convenções internacionais, como as que tipificam como crimes contra a humanidade o genocídio, a tortura, o tráfico de mulheres e crianças, a escravidão, a pirataria, cujos responsáveis, por isso mesmo, estão sujeitos à jurisdição universal de qualquer Estado".[121]

De fato, em matéria de direitos humanos passou-se da competência territorial para a competência universal – que permite a qualquer Estado perseguir

---

[113] JESSUP, Philip C. *The International Problem of Governing Mankind*. Claremont, Calif.: Archon Books, 1947. p. 13.

[114] Ver ALLAND, Denis et al. *Droit international public...*, op. cit.; 2000. p. 592.

[115] Resolução 688 do CSNU, de 5 de abril de 1991, sobre a proteção de minorias, notadamente curdas, no Iraque.

[116] Resolução 757 do CSNU, de 30 de maio de 1992.

[117] Resolução 794 do CSNU, de 3 de dezembro de 1992.

[118] Resolução 929 do CSNU, de 22 de junho de 1994.

[119] Resolução 940 do CSNU, de 1994.

[120] BETTATI, Mario. *Le droit d'ingérence*: Mutation de l'ordre international. Paris: Ed. Odile Jacob, 1996. p. 9.

[121] MAGALHÃES, José Carlos de. Direitos Humanos e Soberania..., op. cit.; 1999. p. A2.

quem comete crimes graves como os de guerra ou contra a humanidade.[122] Nesse caso, mais uma vez, o final do século XX assistiu a um acontecimento emblemático – a prisão de Augusto Pinochet – que provocou reações diversas. No Chile, a decisão do ministro do Interior britânico, Jack Straw, de dar prosseguimento ao processo de extradição do general, foi definida pelo Exército como "abusiva, humilhante e incongruente", afirmando-se na época que "as gestões do presidente chileno Eduardo Frei para obter a liberdade do general não alcançaram seu objetivo de impedir que a soberania chilena fosse pisoteada". O então presidente chileno, por sua vez, afirmou que nenhum país estrangeiro teria o direito de julgar um chileno por delitos cometidos no Chile, e que o ministro do Interior britânico havia decidido contra a legislação chilena e contra os princípios da territorialidade, defendidos pelo Chile em todas as instâncias e em todos os foros internacionais.[123]

A reação oficial do Chile foi apoiada por alguns dos países latino-americanos. Após um encontro entre os presidentes do Chile e do Brasil, emitiu-se uma declaração conjunta na qual foi incluído um parágrafo condenando a extraterritorialidade na aplicação das leis, constando, no entanto, uma observação quanto ao "apoio ao desenvolvimento progressivo da norma internacional sobre a responsabilidade penal do indivíduo pela prática de certos crimes de transcendência internacional".[124] O então presidente argentino Carlos Menem, por sua vez, analisando a possibilidade de que o princípio da competência universal pudesse atingir antigos generais do regime militar daquele país, afirmou que, como Estado soberano, a Argentina não aceitaria o julgamento de seus cidadãos pela justiça de outro país por crimes cometidos em território argentino – só sua própria justiça teria essa competência.[125]

---

[122] BETTATI, Mario. *Le droit d'ingérence...*, op. cit.; 1996. p. 269.

[123] Ver Exército critica Frei por decisão humilhante. *O Estado de S. Paulo*, São Paulo, p. A28, 10 dez. 1998.

[124] A posição do Brasil, expressa na época pelo porta-voz da Presidência da República, foi a de que o presidente Fernando Henrique Cardoso não gostava de ditadores nem de ditaduras, mas entendia que os princípios de territorialidade deviam ser observados. Mercosul Condena aplicação unilateral de leis. *O Estado de S. Paulo*, São Paulo, p. A29, 10 dez. 1998; ver também Brasil faz concessão e dá apoio ao Chile. *Folha de S. Paulo*, São Paulo, 10 dez. 1998. Caderno 1, p. 15.

[125] Em 2003, a possibilidade de extradição de antigos membros do regime militar argentino voltou a ser motivo de controvérsia. Em 25 de julho, o presidente Néstor Kirchner derrogou o decreto 1581, que impedia a extradição de argentinos acusados de violações dos direitos humanos. Pela nova lei, os pedidos de extradição feitos por juízes estrangeiros, que antes eram negados sem maiores trâmites, passaram a ser analisados pelos juízes argentinos. Com isso, abriram-se novamente as portas para pedidos de extradição, como aqueles feitos pelo juiz espanhol Baltasar Garzón com relação a 46 antigos repressores argentinos – pedidos esses que, posteriormente, não foram levados adiante por decisão do governo espanhol. Ver declaração de Menem em: Garzón estuda processar brasileiros: Entenda a Legislação do caso. *Folha de S. Paulo*, São Paulo, 4 nov. 1999. Caderno 1, p. 16; ver também: Kirchner derogó el decreto que impedía extradiciones. *El Clarín*, Buenos Aires, 26 jul. 2003. Disponível em: <http://old.clarin.com/diario/ 2003/07/26/p-00315.htm>. Acesso em: 8 out. 2003; No habrá extradición y los militares quedarán libres. *El Clarín*, Buenos Aires, 30 ago. 2003. Disponível em: <http://old.clarin.com/diario/2003/08/30/p-00301.htm>. Acesso em: 8 out. 2003.

A discussão acerca da jurisdição universal, como se pode ver por todas essas reações, está intimamente relacionada ao problema da soberania. Desde os primórdios da comunidade internacional, o princípio da imunidade dos chefes de Estado está vinculado à idéia de soberania[126]. Esta impediria que um Estado exercesse sua jurisdição sobre atos do chefe de outro. Até então, as regras gerais referentes à imunidade diplomática determinavam que os chefes de Estado em exercício gozariam de imunidade *ratione personae*, a qual seria absoluta e somente cessaria quando eles deixassem de exercer sua função, assim como os antigos chefes de Estado se beneficiariam de uma imunidade residual, *ratione materiae*, com relação aos atos cometidos no exercício de seu mandato – imunidade essa que só poderia ser retirada por seu país de origem. Ora, as violações de direitos humanos atribuídas a Pinochet foram cometidas enquanto ele era chefe de Estado, e o Chile havia deixado clara sua decisão de manter a imunidade diplomática do general.[127]

Mas, como vimos, a proteção dos direitos humanos foge à competência estatal exclusiva, afetando também a imunidade dos chefes de Estado. Por tratar-se de matéria de *jus cogens*, o juiz nacional que se valesse do princípio da competência universal a fim de punir violações aos direitos humanos cometidas por chefes de Estado estrangeiros estaria atuando "como órgão subsidiário de aplicação de uma ordem pública internacional que se impõe a todos".[128]

Assim como ocorre com a atribuição de direitos aos indivíduos no plano internacional, permitindo-lhes ir de encontro a seus próprios Estados, o que os transforma em sujeitos do direito internacional, o surgimento de obrigações *erga omnes* que devem ser respeitadas pelo indivíduo, sem que se leve em consideração se ele está servindo ou é um cidadão de um determinado Estado, desafia a lógica do modelo do Estado soberano e abre espaço para uma nova forma de organização da comunidade internacional.[129]

Vale por fim lembrar que a globalização da justiça não se limita à atuação dos juízes nacionais em casos como o analisado. Os direitos humanos são hoje também protegidos por tribunais penais internacionais *ad hoc*, como o da ex-Iugoslávia e o da Ruanda, e, desde 2003, pela Corte Penal Internacional, de

---

[126] Assim como a idéia de imunidade de jurisdição – que visa a proteger um Estado da ação dos tribunais de outros Estados. Ver HELD, David. *Democracy and the Global Order*..., op. cit.; 1995. p. 103.

[127] MAHMOUD, Mohamed Salah Mohamed. Les leçons de l'affaire Pinochet..., op. cit.; 1999. p. 1030.

[128] No entanto, como observa Mahmoud, as jurisdições internas só podem intervir se o autor da infração se encontra dentro de seus limites territoriais ou no território de um Estado sensível à proteção dos direitos humanos – que aceite julgá-lo ou extraditá-lo. Elas são impotentes, no entanto, caso o suposto criminoso continue em seu país de origem, protegido "pela cortina da soberania". MAHMOUD, Mohamed Salah Mohamed. Les leçons de l'affaire Pinochet..., op. cit.; 1999. p. 1035, 1039.

[129] BULL, Hedley. *The Anarchical Society*..., op. cit.; 1995. p. 146.

caráter permanente, que consolida a idéia de que essa área está fora do campo de competências exclusivas dos Estados – fazendo parte de uma ordem jurídica superior, que se situa acima dos poderes estatais.

Podemos assim concluir que o crescimento do conjunto de normas e instituições internacionais "modifica de maneira importante o campo de ação do Estado soberano e, por conseguinte, o próprio conceito de soberania do Estado na ordem internacional". Como observa Queneudec, esse "corpo jurídico internacional cede um espaço cada vez maior a interesses extra-estatais, trate-se dos direitos humanos, do direito internacional penal, talvez em breve do direito internacional da responsabilidade". Junte-se a isso a tendência de se transformar a legitimidade democrática em requisito suplementar para o reconhecimento do Estado, que se somaria à exigência tradicional de efetividade, e haveria motivos mais do que suficientes para se perguntar se, nessas condições, o Estado soberano ainda é o mesmo que era em outros tempos, e se não seria hora de abandonar as vias tradicionais de análise jurídica antes percorridas.[130]

Direito dos Investimentos e Direito do Comércio Internacional – regras e tribunais transnacionais e soberania

A globalização jurídica não se limita, no entanto, aos aspectos predominantemente públicos de áreas como a proteção do ambiente e os direitos humanos. Como já pudemos observar, esse fenômeno tem também uma vertente de cunho privado, que não poderíamos deixar de mencionar antes de encerrar esta parte de nossa análise.

A interdependência econômica – talvez a mais marcante de todas as interdependências – gerou grande quantidade de normas e instituições no campo do comércio e dos investimentos internacionais, e esse corpo jurídico limita a atuação do Estado da mesma forma que o fazem as normas de direito internacional público. Nesse caso específico, foi possível perceber que, ainda que os Estados continuem ocupando o centro da criação das regras internacionais, esses não detêm mais o monopólio dessa atividade.[131] Hoje o Estado muitas vezes se vê obrigado a aceitar a existência de normas como as da chamada *lex mercatoria* – que tiveram origem não em seu consentimento, mas na atividade dos chamados atores transnacionais da globalização –, assim como a concordar com a presença de instituições privadas de solução de litígios, como a arbitragem, que não apenas podem evitar que os tribunais estatais apreciem uma disputa ocorrida entre os atores transnacionais, mas também permite que estes últimos baseiem sua relação no direito por eles mesmos produzido. Dessa forma, em alguns casos, o Estado vê afetadas tanto sua função normativa quanto sua função jurisdicional.

---

[130] QUENEUDEC, Jean-Pierre. Conclusions..., op. cit.; 1994. p. 310.

[131] DELMAS-MARTY, Mireille. Les processus de mondialisation du droit. In: MORAND, Charles-Albert (org.). *Le droit saisi par la mondialisation*. Bruxelles: Bruylant, 2001. p. 63.

A adoção das regras flexíveis da *lex mercatoria* no lugar das normas do direito positivo e a troca dos tribunais estatais pela arbitragem na resolução dos conflitos são indícios de que se estaria assistindo ao surgimento de uma nova ordem baseada na atividade dos agentes econômicos, cada vez mais auto-organizada e auto-regulada, ordem essa que tenderia a "transcender os limites e controles impostos pelo Estado".[132]

Além disso, no âmbito dos contratos celebrados entre um ator transnacional e o Estado, o primeiro encontra várias formas de limitar os poderes soberanos do segundo, por exemplo, neutralizando seu poder normativo por meio da adoção de cláusulas de estabilização ou de intangibilidade. Ao aceitar tais cláusulas, permitindo que o contrato fuja ao alcance de sua ordem jurídica,[133] o Estado inegavelmente limita sua autonomia e, portanto, sua soberania de fato. E essa não é a única forma de proteção com que contam os atores transnacionais que, nos contratos celebrados com o Estado, podem também buscar segurança na adoção do direito internacional como lei aplicável e da arbitragem como forma de solução de disputas.

Essa última possibilidade faz que os atores transnacionais passem a gozar do direito de questionar o principal sujeito do direito internacional – o Estado – perante tribunais internacionais.[134] Assim, da mesma forma como se consolida cada vez mais o princípio de que o indivíduo passa a ser sujeito do direito internacional no campo dos direitos humanos, também no direito do comércio internacional e dos investimentos os atores privados passam a gozar de uma posição privilegiada. Ao atribuir direitos e obrigações a esses atores, e permitir que eles entrem em litígio diretamente com os Estados, o direito internacional faz deles seus sujeitos.

Essa posição se consolida quando, além das arbitragens transnacionais de caráter *ad hoc*, os atores privados passam a contar com instituições permanentes, entre as quais se destaca o Centro Internacional para a Resolução de Disputas relativas aos Investimentos, o Cirdi. A extensa rede de tratados bila-

---

[132] FARIA, José Eduardo. *O direito na economia globalizada*. São Paulo: Malheiros, 1999. p. 35.

[133] Ver LEBEN, Charles. Quelques réflexions théoriques..., op. cit.; 2000. p. 166.

[134] É interessante lembrar aqui que alguns países latino-americanos adotaram a Doutrina Calvo – formulada pelo argentino Carlos Calvo em 1868 –, que tinha entre suas conseqüências a de permitir que esses países resistissem à arbitragem. Essa doutrina se fundamentava na idéia de que o estrangeiro não poderia gozar de mais direitos do que os nacionais daqueles países. A fim de garantir que isso acontecesse, se incluía nos contratos com investidores estrangeiros a Cláusula Calvo. Esta assegurava que os estrangeiros que contratavam com o Estado não poderiam invocar privilégios não disponíveis aos nacionais para dirimir questões provenientes da execução do contrato, tornando exclusiva a competência das cortes nacionais nesses casos. Além disso, a Cláusula Calvo levava alguns Estados latino-americanos a se recusarem a aceitar o instituto da proteção diplomática, prevendo que o estrangeiro renunciava o direito de pleitear tal proteção ao seu país. Ver MAGALHÃES, José Carlos de. *O Supremo Tribunal Federal e o direito internacional*: uma análise crítica. Porto Alegre: Livraria do Advogado, 2000. p. 32.

terais de investimento obriga os Estados a se submeterem à arbitragem em controvérsias nessa matéria. Ao aceitarem a arbitragem, eles sujeitam a definição da natureza e da extensão de suas obrigações legais a terceiros – o que afeta sua independência.[135]

Pouco importa se a vontade inicial do Estado é notada na celebração dos tratados bilaterais de investimento, na aceitação de determinadas cláusulas nos contratos que ele celebra com os particulares, em sua submissão à arbitragem, ou no fato de que a *lex mercatoria* não poderia se desenvolver se o próprio Estado não assegurasse a liberdade contratual. Muitas vezes, a criação ou a aceitação de determinadas regras, sobretudo no campo dos investimentos, é fortemente influenciada pelos atores transnacionais – da mesma forma que ocorre, como pudemos constatar, no caso da desregulamentação e da abertura dos mercados no contexto da globalização. Essa tendência do Estado – no momento de produzir as regras relativas aos investimentos – de simplesmente "mimetizar" a vontade dos operadores internacionais, por medo de afastar o capital, também pode ser vista como uma forma de "abandono da soberania".[136]

Nesse contexto, como observa José Eduardo Faria, em vez de uma "ordem soberanamente *produzida*, o que se passa a ter é uma ordem crescentemente *recebida* dos agentes econômicos".[137] O fato de que, em alguns casos, as regras a que os Estados se submetem não sejam necessariamente por eles produzidas, mas sim resultem da atividade dos próprios atores transnacionais, e a constatação de que têm de se sujeitar a essas regras ao aceitar a jurisdição de tribunais arbitrais transnacionais, só agravam os efeitos do crescimento do direito internacional sobre o modelo do Estado soberano.

Podemos concluir que a existência de um ordenamento jurídico que é superior ao do Estado tem conseqüências claras sobre a soberania dessa instituição. A soberania entendida como qualidade do poder do Estado faz que este deva deter uma autoridade suprema e independente em seu interior – o que a própria existência do direito internacional já impediria de fato. A expansão do direito internacional afeta não apenas a supremacia e a independência dos Estados, mas diminui suas competências exclusivas – reduzindo também sua soberania entendida como conjunto de poderes.

Além disso, a submissão do Estado a tribunais de caráter supranacional ou transnacional, como ocorre no caso dos direitos humanos e dos investimentos internacionais, representa uma limitação ainda maior à sua soberania. No processo de formação do Estado moderno, os soberanos concentraram o poder

---

[135] Nesse caso, sua independência jurídica. JAMES, Alan. *Sovereign Statehood*..., op. cit.; 1986. p. 214.

[136] DELMAS-MARTY, Mireille. *Trois défis pour un droit mondial*. Paris: Du Seuil, 1998. p. 82.

[137] Para Faria, essa ordem tende a substituir a política pelo mercado como instância máxima de regulação social. FARIA, José Eduardo. *O direito na economia globalizada*..., op. cit.; 1999. p. 35.

em suas mãos, e tal poder compreendia o poder jurisdicional, que deveria ser exercido exclusivamente pelo Estado. Na Inglaterra, Henrique VIII, buscando a anulação de seu matrimônio com Catarina de Aragão – que a Igreja Católica hesitava em conceder –, aboliu em 1533 a jurisdição do papa sobre os ingleses, afirmando o princípio de que seu reino estava livre de qualquer autoridade estrangeira. A doutrina consolidou esse princípio, que passou a fazer parte do próprio conceito de soberania. Já no século XVII, Hugo Grotius afirmaria ser soberano o poder cujos atos não estão sujeitos ao controle legal de outro poder, por não estarem expostos à anulação por outra vontade humana.[138] A proliferação de tribunais internacionais que não apenas afastam os litígios do alcance do poder judiciário estatal, mas também, em muitos casos, exercem sua jurisdição sobre o próprio Estado, não poderia deixar de ter efeitos sobre um modelo de organização da humanidade que se baseia na idéia de soberania.

Nos casos que serão analisados a seguir, repete-se a mesma situação, de forma ainda mais acentuada. Algumas organizações internacionais de cooperação e de integração regional criam ordenamentos jurídicos que são superiores aos do Estado e, muitas vezes, contam com tribunais cujo objetivo é fazer que essa primazia prevaleça. O aspecto supranacional de alguns dos órgãos dessas organizações junta-se aos elementos de caráter predominantemente transnacional até aqui estudados, compondo o quadro que retrata o paradigma da sociedade global.

---

[138] Ver JAMES, Alan. *Sovereign Statehood*..., op. cit.; 1986. p. 240.

Capítulo 10

Organizações internacionais e seus efeitos sobre a soberania estatal

Se a globalização jurídica afeta a soberania estatal, ao limitar a autonomia dos Estados, o surgimento de organizações internacionais com competências cada vez mais amplas agrava tais efeitos. Ainda que essa situação seja notada com mais clareza nas organizações de integração regional, nas quais em alguns casos o supranacional substitui o internacional, transformando o modelo do Estado soberano (10.1), algumas organizações internacionais de cooperação também produzem conseqüências expressivas sobre a soberania estatal (10.2), contribuindo para a formação da sociedade global.

10.1 Organizações internacionais e soberania — considerações doutrinárias e o exemplo da integração regional

A discussão sobre os efeitos que a participação dos Estados em organizações internacionais teriam sobre a soberania vem de longa data. Já na época da Liga das Nações procurava-se entender como o poder estatal poderia ser afetado pelo ingresso naquela organização, debate que se repetiu no momento de constituição da ONU. As organizações internacionais de cooperação de caráter técnico e as organizações de integração regional também eram objeto de discussão, e o funcionalismo surgiu como uma das teorias que procuravam explicar as transformações provocadas por essas instituições (10.1.1).

Mas é o fenômeno da supranacionalidade, verificado sobretudo em algumas organizações de integração regional, que causará maiores mudanças no modelo do Estado soberano. Se a expressão máxima desse fenômeno é encontrada na União Européia, o continente americano também assistiu à criação de ordenamentos jurídicos e órgãos supranacionais em processos de integração, como no caso da Comunidade Andina. A primazia dos ordenamentos dessas organizações de integração regional e o fato de que seus órgãos possuem caráter autônomo e autoridade que se sobrepõe a de seus Estados membros afetam tanto a supremacia quanto a independência destes últimos (10.1.2).

10.1.1 Organizações internacionais e soberania – considerações doutrinárias

A teoria do funcionalismo

A delegação pelos Estados do exercício de algumas de suas atribuições a outras instituições é um fenômeno que teve início no século XIX, mesma época do surgimento das primeiras organizações internacionais de cooperação. Poderes legislativos, administrativos e judiciários já haviam sido conferidos à Comissão Européia para o Danúbio em 1856 e, antes disso, em 1815, a Comissão Central para a Navegação do Reno havia recebido competências semelhantes.[1] Algumas dessas organizações internacionais adquiriram o poder de produzir decisões obrigatórias para seus Estados membros, sem o consentimento e mesmo contra a vontade desses.[2] Essas organizações, entretanto, não tinham fins políticos, apresentando caráter meramente técnico. Isso fazia que as discussões acerca de possíveis transferências de poder ou limitações à liberdade dos Estados que delas participavam não fossem tão relevantes.

Mesmo assim, vendo naquelas organizações internacionais grande potencial de mudança, uma parte da doutrina se dedicou a analisar os efeitos que elas teriam sobre as relações internacionais. Uma das teorias a se destacarem na análise daquelas organizações foi a do funcionalismo, cujo maior expoente foi David Mitrany.[3] Na visão dos funcionalistas, essas organizações não feririam a soberania dos Estados, já que meramente os associavam da maneira necessária à execução conjunta de uma tarefa particular. Organizações internacionais de cooperação teriam natureza técnica e tratariam de assuntos que não envolveriam decisões politicamente importantes para os países envolvidos, como no caso da União Postal Internacional, da União Telegráfica Internacional, da Organização Internacional do Trabalho ou das diversas comissões

---

[1] JESSUP, Philip C. *A Modern Law of Nations*. New York: Archon Books, 1968. p. 18.

[2] Como é o caso da Organização Internacional da Aviação Civil. Ver JENKS, C. Wilfred. The Thesis Restated. In: LARSON, Arthur; JENKS, C. Wilfred (org.). *Sovereignty Within the Law*. New York: Oceana Publications, 1965. p. 457.

[3] Ver BROWN, Seyom. *International Relations in a Global Changing System*: Toward a Theory of the World Polity. 2nd ed. Boulder, Colo.: Westview, 1996. p. 50-51.

marítimas e fluviais. Ao criarem as organizações internacionais de caráter técnico, os diferentes povos não queriam transformar-se em uma sociedade única, mas apenas estariam procurando atender a determinadas necessidades coletivas.[4] Haveria, sim, transferência de autoridade, mas seu grau e seu escopo seriam limitados a um fim específico, o que mitigaria seus efeitos.[5]

O objetivo dos funcionalistas, assim como o de tantas outras correntes das relações internacionais, era encontrar uma forma de alcançar a paz. A idéia dos funcionalistas era que as causas básicas da guerra seriam os problemas sociais e econômicos, e resolver esses problemas seria uma precondição para o estabelecimento da paz. A divisão arbitrária da sociedade em unidades territoriais não ajudaria a superar tais dificuldades – a divisão correta seria aquela cujas unidades se baseassem nos problemas a ser resolvidos.[6] Para Mitrany, se alguém visualizasse um mapa do mundo que ressaltasse suas atividades econômicas e sociais, esse surgiria na forma de uma intrincada rede de relações e interesses que atravessariam as divisões políticas – não um mapa de Estados e fronteiras, mas um mapa "pulsando com as realidades da vida diária". A tarefa das organizações internacionais seria valer-se da realidade constatada nesse mapa e criar formas de governá-la conjuntamente. O raciocínio básico do funcionalismo era, portanto, o de que haveria de se "organizar o mundo não pelo que divide, mas pelo que une".[7]

A repartição do mundo em Estados soberanos – ciosos de sua independência – seria um obstáculo para a consecução do objetivo de alcançar a paz. O aumento das atividades e dos interesses comuns além das fronteiras nacionais exigiria um crescimento concomitante das organizações internacionais que administrariam essa interdependência – os Estados já não representariam mais os marcos ideais para atender às necessidades das comunidades vivendo em seus territórios.[8]

Logo, as organizações internacionais de cooperação teriam uma origem pragmática: elas não surgiriam por idealismo, mas sim para atender à demanda por determinados tipos de regulação necessários[9] – em suma, seriam

---

[4] CORBETT, P. E. *The Individual and World Society*. Princeton: Princeton University Press, 1953. p. 7.

[5] MITRANY, David. *A Working Peace System*: An Argument for the Functional Development of International Organization. London: Oxford University Press, 1944. p. 28. Edição original de 1943.

[6] ALGER, Chadwick F. Functionalism and integration as approaches to international organization. In: ABI-SAAB, Georges (ed.) *The concept of international organization*. Paris: Unesco, 1981. p. 127.

[7] MITRANY, David. *A Working Peace System*..., op. cit.; 1944. p. 4.

[8] ABI-SAAB, Georges. Introduction: The concept of international organizations: a Synthesis. In: ABI-SAAB, Georges (ed.) *The concept of international organization*. Paris: Unesco, 1981. p. 18.

[9] HAAS, Ernst B. *Beyond the Nation-State*: Functionalism and International Organization. Stanford: Stanford University Press, 1964. p. 20, 92.

criadas apenas para exercer uma "função" específica. Porém, para os funcionalistas, com o tempo a cooperação técnica diminuiria a desconfiança entre os Estados e começaria a surgir uma coordenação entre as diversas organizações internacionais. A experiência cooperativa adquirida em uma área funcional poderia ser transferida para outra, e os padrões de colaboração aprendidos em uma função poderiam servir de exemplo para a cooperação em outros setores. Além disso, uma vez que as funções sociais e econômicas não são independentes, a cooperação em uma área geraria a necessidade de cooperação em outro setor – e a soma desses fatores faria que a cooperação internacional tivesse um efeito de "transbordamento" – *spillover effect*.[10]

A intensificação da cooperação técnica geraria a necessidade de criação de sistemas mais complexos de gestão e de tomada de decisões.[11] A longo prazo, as organizações funcionais deixariam de estar limitadas aos simples objetivos técnicos, e a integração política viria como uma conseqüência natural da cooperação – a rede de órgãos de administração conjunta acabaria por encobrir as divisões políticas, e a coordenação entre esses órgãos poderia eventualmente evoluir rumo à criação de uma autoridade unificada.[12]

Assim, o resultado do desenvolvimento das organizações internacionais de caráter funcional poderia ser a aceitação, em um certo espaço de tempo, de um governo mundial – os arranjos funcionais poderiam desse modo ser encarados como elementos de um "federalismo em prestações".[13] De certa forma, o processo descrito pelo funcionalismo possui várias semelhanças com o processo imaginado pelos idealizadores de um federalismo mundial – que acabaria resultando na criação de um governo mundial, da mesma forma como um Estado federal concentraria as suas funções em um governo central.[14] Assim como a organização social complexa que chamamos de Estado foi construída "pela acumulação gradual de peças", o acúmulo de mecanismos administrativos internacionais faria que "os clamores por uma direção unificada" se tornassem "crescentemente insistentes".[15]

As idéias funcionalistas foram retomadas posteriormente por alguns autores que se preocuparam em testar sua validade por meio do estudo de ex-

---

[10] ALGER, Chadwick F., Functionalism and integration..., op. cit.; 1981. p. 127.

[11] SENARCLENS, Pierre de. *Mondialisation, souveraineté et théories des relations internationales*. Paris: Armand Colin, 1998. p. 61.

[12] Ver ALGER, Chadwick F., Functionalism and integration..., op. cit.; 1981. p. 128.

[13] MITRANY, David. *A Working Peace System*..., op. cit.; 1944. p. 43.

[14] Ao analisar a evolução de um Estado federal, Kelsen afirma que, no campo econômico, este passaria naturalmente por um processo de centralização que culminaria na formação de um Estado unitário, por ser "quase inevitável que esta centralização no campo econômico leve também a uma centralização política". KELSEN, Hans. *Derecho y Paz en las Relaciones Internacionales*. México, D.F.: Fondo de Cultura Económica, 1996. p. 167.

[15] CORBETT, P. E. *The Individual and World Society*..., op. cit.; 1953. p. 7.

periências práticas específicas como o movimento de integração europeu.[16] Seguindo a tradição do funcionalismo, Ernst Haas, que pode ser considerado o principal autor dessa corrente "neofuncionalista", acreditava que a delegação de competências cada vez maiores às organizações funcionais levaria à integração internacional.

O mecanismo fundamental da integração seria a reorientação da lealdade das pessoas, que passaria dos Estados nacionais para as organizações funcionais, uma vez que essas passariam a atender boa parte de suas necessidades.[17] A adoção de sistemas mais amplos para resolver problemas que não podiam ser solucionados em âmbito nacional levaria assim, segundo Haas, a uma "espiral ascendente da integração".[18] O resultado final desse processo seria a criação de uma nova unidade política, uma espécie de federação mundial.[19]

Enquanto a doutrina procurava explicar as origens da cooperação e a que destino essa nos levaria, o mundo continuou assistindo à proliferação de organizações internacionais com as funções mais diversas. Mas não era apenas na área da cooperação técnica que as organizações internacionais prosperavam. Também no campo político, no qual a cooperação internacional era vista com desconfiança pelos defensores da soberania,[20] essas instituições viriam a se fortalecer.

---

[16] E, nesse sentido, como observa Alger, o funcionalismo foi usado pelo movimento de integração europeu liderado por Jean Monnet, que, no entanto, não confiava nos efeitos de "transbordamento" descritos por Mitrany, e propunha uma estratégia deliberada de uso da integração econômica como base para o desenvolvimento de instituições políticas supranacionais. Nas palavras de Nye, os neofuncionalistas seriam assim "federalistas em roupas de funcionalistas, perseguindo fins federais por meio do que pareciam ser meios funcionalistas". Ver ALGER, Chadwick F. Functionalism and integration..., op. cit.; 1981. p. 132.

[17] HAAS, Ernst B. *Beyond the Nation-State...*, op. cit.; 1964. p. 22.

[18] Aqui, mais uma vez, a integração européia serviu a alguns autores como ponto de partida para análises de caráter funcionalista. Para Leon Lindberg, por exemplo, a integração européia ocorreu quando os países da região tiveram de enfrentar uma série de questões que não poderiam ser resolvidas nacionalmente de forma satisfatória. O estímulo proveniente dessa necessidade levou à cooperação, a qual, por sua vez, levaria com o tempo a instituições internacionais mais abrangentes. Ver MELLO, Celso D. de Albuquerque. *Curso de direito internacional público*. 10. ed. Rio de Janeiro: Renovar, 1994. p. 520.

[19] Porém, como observa Roche, ainda neste caso não se trataria de contestar o papel da soberania e de diluí-la por meio deste fracionamento de lealdades, mas, pelo contrário, de criar uma nova soberania dedicada a um Estado do tipo federal, sob uma base territorial alargada, preservando as soberanias originais. ROCHE, Jean-Jacques. *Théorie des Relations Internationales*. Paris: Montchrestien, 1997. p. 61.

[20] LOEWENSTEIN, Karl. Sovereignty and International Co-operation. *AJIL*, Washington D.C., v. 48, p. 225, 1954.

Organizações internacionais e soberania, considerações doutrinárias – da Liga das Nações à ONU

A questão do conflito entre a soberania dos Estados e a criação de uma organização política universal remonta pelo menos à época da Liga das Nações. Na ocasião de sua criação, chefes de Estado e diplomatas procuraram não deixar dúvidas a respeito de que a soberania de seus Estados permanecia inalterada. O representante da Grã-Bretanha, por exemplo, na primeira sessão do Conselho da Liga, em 1920, preocupou-se em afirmar que, embora se houvesse dito algumas vezes que a Liga das Nações implicava a instituição de um super-Estado, ou de uma super-soberania, o próprio nome da Liga das Nações deveria ser suficiente para descartar essa falsa concepção. Logo, para os representantes dos Estados, a Liga deveria ser considerada uma simples associação de Estados soberanos.[21]

Boa parte da doutrina, no entanto, acredita que já naquela época estava se plantando a semente de uma nova forma de organização da sociedade internacional, na qual a soberania estatal ocuparia um lugar diferente do anteriormente por ela ocupado. Georges Andrassy, por exemplo, admitia que a participação na Liga das Nações acarretava restrições ao exercício da soberania por parte dos Estados, afirmando ser muito forte o argumento daqueles que diziam que os Estados não eram mais soberanos por causa de sua interdependência cada dia mais acentuada. Para ele, devido a essa interdependência, falar de uma soberania dos Estados seria defender uma ficção que não suportaria mais a realidade.[22] Van Kleffens, por sua vez, também acreditava que a Liga das Nações havia restringido a soberania de seus Estados membros além dos limites estabelecidos pelo direito internacional geral.[23]

Devido ao fracasso da Liga das Nações, é mais certo afirmar que, ao menos até 1945, apesar das tentativas de se organizar a comunidade internacional, os Estados agiam de forma predominantemente autônoma. O movimento pela cooperação surgido após a Segunda Guerra Mundial representaria uma reação contra o individualismo dos séculos anteriores – verificado sobretudo nos países europeus. "Na antiga Europa, os Estados não estavam ligados entre si por uma multiplicidade de vínculos como o estão hoje", escrevia René Dollot em 1947.[24]

---

[21] Ver ANDRASSY, Georges. La Souveraineté et la Société des Nations. *RCADI*, t. 3, 1937. p. 666.

[22] Idem. p. 756, 653.

[23] KLEFFENS, E. N. Van. Sovereignty in International Law: Five Lectures. *RCADI*, t. 1, p. 122, 1953.

[24] Segundo Dollot, do Tratado de Versalhes a 1939 a formação de uma rede mais e mais cerrada de interesses coletivos, ainda muito fraca em 1920, fez aumentar a interdependência dos Estados. DOLLOT, René. *L'Organisation politique mondiale et le déclin de la souveraineté*. Paris: A. Pedone, 1947. p. 29.

Para pôr fim à anarquia dominante nas relações internacionais, certos limites teriam de ser impostos à autonomia dos Estados. Como observa Martin Martinez, "o sacrifício do tradicional conceito de soberania, que fora o pilar da antiga sociedade internacional, emergiu como o primeiro passo significativo para acabar com uma situação política não mais compatível com as aspirações de solidariedade internacional".[25]

De fato, vemos que a partir das transformações iniciadas naquela época "nasceu uma nova situação caracterizada por uma interdependência crescente dos Estados, geradora de uma limitação paralela e progressiva de sua soberania".[26] A intensificação do desenvolvimento das organizações internacionais daria início a um processo de erosão da autonomia dos Estados. A consciência da crescente interdependência das nações, o aumento da cooperação nas esferas política e econômica, a determinação em se prevenir outro conflito mundial armado e o desejo de proteger os direitos fundamentais do ser humano foram os responsáveis pela aceleração dessa tendência. Contudo, para que esse processo tivesse sucesso, algumas modificações no campo legal fizeram-se necessárias.[27]

Essas modificações viriam com a Carta das Nações Unidas. Uma das maiores contribuições da ONU foi haver descartado a regra da unanimidade de votos para aprovação das decisões ocorridas em seu âmbito, o que causou uma limitação ainda maior à soberania de seus membros.[28]

É importante observar que, antes, as decisões por maioria eram aceitas no plano internacional apenas em assuntos de menor importância, de caráter procedimental. Com o tempo, os Estados passaram a regular alguns aspectos técnicos de suas relações – correios e telégrafos, rádio, transporte etc. – por meio de organizações administradas por quadros permanentes, cujas decisões eram tomadas pelo voto majoritário.[29]

Contudo, no que se referia a organizações internacionais de caráter político, as decisões eram tradicionalmente tomadas por unanimidade.[30] O Pacto

---

[25] MARTIN MARTINEZ, Magdalena M. *National Sovereignty and International Organizations*. The Hague: Kluwer Law International, 1996. p. 64.

[26] DOLLOT, René. *L'Organisation politique mondiale...*, op. cit.; 1947. p. 29.

[27] MARTIN MARTINEZ, Magdalena M. *National Sovereignty and International Organizations...*, op. cit.; 1996. p. 64.

[28] KLEFFENS, E. N. Van. *Sovereignty in International Law...*, op. cit.; 1953. p. 122.

[29] Para Jessup, uma das evoluções mais significativas nas instituições mundiais foi a gradual substituição da unanimidade ou do consenso pela maioria na tomada de decisões. JESSUP, Philip C. *The International Problem of Governing Mankind*. Claremont, Calif.: Archon Books, 1947. p. 21.

[30] Por isso, Jessup considerava que, diferentemente do que muitos pensavam na época, a criação do sistema de veto no Conselho de Segurança da ONU representava um avanço relativo. Segundo ele, muitos partiam do pressuposto errado de que a decisão por maioria seria a regra, e o veto representaria um retrocesso com relação a essa regra. Na verdade, as decisões por unanimidade eram a regra nas relações internacionais, e a adoção do voto por maioria em todos os casos exceto aqueles aos quais o veto se aplica representaram um avanço com relação à situação tradicional. Idem. p. 23.

da Liga das Nações previa, em seu artigo 5º, que qualquer Estado, do mais ao menos poderoso, tinha o poder de vetar uma resolução daquela organização – o que reforça o entendimento de que naquela ocasião os Estados signatários haviam se preocupado em preservar a sua soberania.[31]

O Pacto da Liga permitia a cada Estado membro decidir livremente se apoiaria ou não as sanções recomendadas pelo Conselho daquela organização. Já o Capítulo VII da Carta das Nações Unidas estabelece que os Estados membros estão obrigados a seguir as decisões do Conselho de Segurança.[32] Isso quer dizer que, se a maioria for obtida, e se não houver veto, o Conselho pode obrigar todo e qualquer membro da organização a agir ou deixar de agir de determinada forma em assuntos relacionados à manutenção da paz.

Ao aceitarem uma situação em que decisões de caráter obrigatório são tomadas não com base na unanimidade dos votos mas, sim, na vontade da maioria, os Estados estão diminuindo sua capacidade de determinar a extensão de suas próprias obrigações legais – igualmente ao que ocorre quando esses se sujeitam a costumes internacionais de cuja criação não participaram, ou a tribunais arbitrais ou supranacionais cujas sentenças não podem controlar.[33] Portanto, é claro que, ao serem obrigados a se submeter às decisões do Conselho de Segurança, os Estados passam a ser de certa maneira menos soberanos de fato.[34]

Nesse contexto, a interdição do uso da força pela Carta das Nações Unidas torna-se ainda mais significativa. Como observa Hermes Marcelo Huck, "a adoção de uma política que amplamente condenava o uso da força, tornando-o ilegal, importava uma radical mudança num conceito que o direito costumeiro internacional havia desenvolvido e burilado através dos séculos, qual seja, o de guerra justa".[35]

Levando-se em consideração as disposições do artigo 2.4 e do Capítulo VII da Carta das Nações Unidas, podemos dizer que os Estados membros –

---

[31] Ver FOWLER, Michael Ross; BUNCK, Julie Marie. *Law, Power and the Sovereign State*: the Evolution and Application of the Concept of Sovereignty. Philadelphia: The Pennsylvania State University Press, 1995. p. 131.

[32] JESSUP, Philip C. *A Modern Law of Nations...*, op. cit.; 1947. p. 41.

[33] Ver JAMES, Alan. *Sovereign Statehood*: the Basis of International Society. London: Allen & Unwin Publishers, 1986. p. 217, 219.

[34] As resoluções da Assembléia Geral, embora não tenham o mesmo caráter obrigatório daquelas proferidas pelo Conselho de Segurança, também não precisam da unanimidade dos votos para serem adotadas. Nesse último caso, a adoção da regra da maioria permite que os Estados menos poderosos se façam ouvir na Assembléia, o que, segundo Jessup, representaria "um progresso não negligenciável em relação aos dias em que o Concerto Europeu agia em nome do mundo civilizado". JESSUP, Philip C. *The International Problem of Governing Mankind...*, op. cit.; 1947. p. 25.

[35] HUCK, Hermes Marcelo. *Da guerra justa a guerra econômica*: uma revisão sobre o uso da força em direito internacional. São Paulo: Saraiva, 1996. p. 150.

com exceção dos detentores do poder de veto – transferiram para o Conselho de Segurança sua autoridade de declarar e travar guerras.[36] Essas disposições destroem a prerrogativa da soberania que historicamente talvez fosse a expressão mais extrema desse conceito,[37] e subordinam em uma matéria essencial todos os Estados membros da ONU a um poder que lhes é externo, o que, como já vimos, afeta sua supremacia e sua independência.

Junte-se à Carta das Nações Unidas a Declaração Universal dos Direitos do Homem, também aprovada pela Assembléia Geral da ONU, e teremos documentos que para Luigi Ferrajoli transformaram, ao menos no plano normativo, a ordem jurídica do mundo. Segundo ele, com esses documentos a soberania estatal, em princípio, deixa de representar uma liberdade absoluta e selvagem e passa a se subordinar a duas normas fundamentais: o imperativo da paz e a tutela dos direitos humanos.[38] Essas normas se sobreporiam ao princípio da não-intervenção,[39] o que permitiria afirmar que a soberania dos Estados seria limitada pela Carta das Nações Unidas.

É importante ressaltar que as limitações resultantes desses documentos aplicam-se a todos os níveis normativos estatais, já que "para conformar-se com as exigências da paz, da civilização e do bem comum internacional, os Estados são muitas vezes obrigados a modificar até mesmo a sua própria legislação constitucional".[40] Esse fenômeno se nota também em outras áreas de cooperação. Como lembra Martin Martinez, os Estados muitas vezes passam a incluir em sua Constituição provisões autorizando limitações de soberania em benefício de organizações internacionais – o que pressuporia o reconhecimento da impraticabilidade de um isolamento permanente e a necessidade de se substituir a noção clássica de soberania por um conceito mais flexível e realista.[41] A alteração da própria ordem constitucional dos Estados, para se conformarem a regras produzidas no contexto das organizações internacionais, mostraria o quanto a cooperação teria hoje se tornado um valor fundamental da sociedade internacional, em detrimento da soberania.

Atualmente, a maior parte da doutrina entende que – da mesma forma como foi constatado com relação ao direito internacional em geral – quando um Estado ingressa em uma organização internacional, ele se integra a um contexto que, em regra, tende a arrefecer sua soberania absoluta, dando lugar

---

[36] Ver HOFFMANN, Stanley. Foreword. In: HASHMI, Sohail H. (ed.). *State Sovereignty:* Changes and Persistence in International Relations. Philadelphia: The Pennsylvania University Press, 1997.

[37] LARSON, Arthur. International Organizations and Conventions. In: LARSON, Arthur; JENKS, C. Wilfred (org.). *Sovereignty Within the Law.* New York: Oceana Publications, 1965. p. 357.

[38] FERRAJOLI, Luigi. *A soberania no mundo moderno.* São Paulo: Martins Fontes, 2002. p. 39.

[39] Previsto no artigo 2º, parágrafo 7º da Carta das Nações Unidas.

[40] PAUPÉRIO, A. Machado. *O conceito polêmico de soberania.* 2. ed. Rio de Janeiro: Forense, 1958. p. 197.

[41] MARTIN MARTINEZ, Magdalena M. *National Sovereignty and International Organizations...,* op. cit.; 1996. p. 293.

a uma soberania relativa.[42] No entanto, comparadas às normas gerais de direito internacional, essas organizações tirariam algo mais "senão da soberania de seus próprios membros, então de seu livre exercício".[43]

A internacionalização causa "uma restrição de fato da soberania", que "passa a ser uma noção quase que formal, uma vez que seu conteúdo é cada vez mais diminuído pela criação e desenvolvimento das organizações internacionais".[44] A limitação ao escopo das atividades estatais atingiria até mesmo os Estados mais poderosos,[45] e todos os governos nacionais se veriam "trancados em um arranjo de sistemas de governança globais, regionais e multilaterais".[46]

Qualquer que seja a concepção de soberania adotada, diversos autores reconhecem que, no mínimo, a autonomia dos Estados é afetada pela participação nas organizações internacionais. Ao tornar-se membro de uma dessas organizações, um Estado pode ser obrigado a adotar uma posição consideravelmente diferente daquela que teria adotado caso aquela organização não existisse.[47] Atualmente, os "interesses dos Estados são moldados não apenas por seus valores e instituições domésticos, mas por normas e instituições internacionais", que "agora afirmam seu direito de julgar e de impor limitações ao que os Estados fazem em seus próprios territórios".[48] Ao concordarem em se submeter às decisões tomadas por qualquer organização internacional, os Estados "*de jure* e/ou *de facto* renunciam a seu direito absoluto de serem senhores de seus próprios assuntos – mesmo se, em sua maior parte, essas são transferências *parciais* de poderes estatais *específicos*".[49]

Claro que a limitação à autonomia dos Estados variará segundo os tipos de poderes que forem atribuídos à organização internacional em questão no momento de sua constituição. E há um caso mais profundo de cooperação, em que poderes mais extensos têm de ser conferidos aos orgãos da organização que os Estados criam para que seus objeivos sejam atingidos. A seguir, estudaremos então esse caso – o da integração regional – e como esse processo influencia a soberania estatal.

---

[42] MATTOS, Adherbal Meira. *Direito internacional público*. São Paulo: Saraiva, 1980. p. 4.

[43] KLEFFENS, E. N. Van. Sovereignty in International Law..., op. cit.; 1953. p. 117.

[44] MELLO, Celso D. de Albuquerque. *Direito internacional de integração*. Rio de Janeiro: Renovar, 1996. p. 122.

[45] HELD, David. *Democracy and the Global Order*: From the Modern State to Cosmopolitan Governance. Stanford, Calif.: Stanford University Press, 1995. p. 20.

[46] HELD, David et al. *Global Transformations*: Politics, Economics and Culture. Stanford, Calif.: Stanford University Press, 1999. p. 55.

[47] JAMES, Alan. *Sovereign Statehood*..., op. cit.; 1986. p. 181.

[48] HUNTINGTON, Samuel P. *O choque das civilizações e a recomposição da ordem mundial*. Rio de Janeiro: Objetiva, 1997. p. 35-36.

[49] EFRAIM, Athena Debbie. *Sovereign (In)equality in International Organizations*. The Hague: Martinus Nijhoff, 2000. p. 55.

10.1.2 Supranacionalidade e soberania – o caso da integração regional

> *Nação, Estado e soberania são idéias em crise, transbordadas pelas aceleradas mudanças do século XX. A essas mudanças respondem os novos ordenamentos jurídicos e os conceitos de interdependência, região e comunidade.*[50]
>
> Luis Carlos Sáchica

Antes de abordar a influência das organizações de integração regional sobre a soberania estatal, caberia fazer uma ressalva. Teoricamente, como argumenta Heber Vignali, seria possível que, caso essas organizações continuassem a se aprofundar, se chegasse a um ponto em que os Estados que as compõem, por uma decisão soberana conjunta, resolvessem submeter-se a uma autoridade comum, renunciando à sua soberania individual e constituindo-se em novo Estado soberano. Nesse caso, esses Estados perderiam sua soberania como atributo jurídico no campo internacional, "desaparecendo com ela os distintos Estados independentes para que surja um novo, que assumirá a qualidade de novo sujeito de direito internacional".[51]

Essa situação hipotética não é o objeto de nosso estudo. Ainda que ela viesse a ocorrer e, por exemplo, a União Européia avançasse até a unificação plena de seus membros, o mundo assistiria apenas ao nascimento de mais um Estado – e isso não alteraria em nada o modelo do Estado soberano. Se tal fenômeno se repetisse em várias regiões do mundo, e os membros de vários blocos de integração resolvessem aprofundar sua união a ponto de formarem novos sujeitos de direito internacional, a soberania continuaria existindo. Seu titular passaria a ser um novo tipo de Estado "ampliado" – talvez organizado de forma diferente daquela dos tradicionais, é verdade – mas, ainda assim, o modelo seguiria baseando-se em entidades cuja principal característica é a sua soberania.

Mesmo nesse caso, a extinção da soberania de cada Estado participante só poderia ocorrer, como afirma Van Kleffens, se a integração fosse incondicional, irrevogável e total – ou, ao menos, tão extensa que os direitos soberanos dos participantes se tornariam muito reduzidos. Se isso ocorresse, o poder estatal passaria a ser tão insignificante que não caberia mais levá-lo em consideração – o poder realmente soberano seria aquele da organização de integração regional.[52] A soberania, portanto, mesmo nesse caso, continuaria a existir. O poder perdido pelos Estados seria ad-

---

[50] SÁCHICA, Luis Carlos. El Ordenamiento Juridico Andino y su Tribunal de Justicia. In: *El Tribunal de Justicia del Acuerdo de Cartagena*. Montevidéu: BID-INTAL, 1985. p. 10.
[51] VIGNALI, Heber Arbuet. *O atributo da soberania*. Porto Alegre: ABEI, 1996. p. 54.
[52] KLEFFENS, E. N. Van. Sovereignty in International Law..., op. cit.; 1953. p. 120.

quirido – em igual proporção e com a mesma qualidade – pela organização de integração.[53]

Mas se a intenção dos Estados que participam desses processos fosse a de realmente constituir-se em nova unidade política, a análise da limitação à soberania faria pouco sentido – essa limitação seria uma necessidade lógica para a consecução do objetivo almejado. No entanto, os processos de integração são levados adiante por Estados que continuam afirmando seu caráter soberano e independente – os Estados membros de uma organização de integração regional não costumam demonstrar a mínima intenção de abandonar sua posição de sujeitos do direito internacional.[54] Nesse sentido, por exemplo, ainda que tenham procurado aprofundar sua integração nos últimos anos, os países andinos preocupam-se em deixar claro que sua Comunidade é formada por "Estados soberanos".[55] Mesmo no caso da União Européia – que muitos autores vêem não como um exemplo de perda de soberania, mas como a semente de um novo Estado, com características semelhantes às de uma federação[56] – os Estados, apesar de toda a distância já percorrida no caminho da integração, continuam vendo-se como entidades soberanas.[57]

---

[53] O mesmo problema existiria tanto no caso da confederação quanto no da federação de Estados. Nesses, haveria uma autoridade central, cujos poderes são mais ou menos amplos, de maneira que "podemos dizer, com a exatidão de uma fórmula algébrica, que no momento em que a autoridade federal tem um poder x, a soberania de cada membro é $S - x$". JITTA, Josephus. *La rénovation du droit international sur la base d'une communauté juridique du genre humain*. La Haye: Martinus Nijhoff, 1919. p. 19.

[54] CASELLA, Paulo Borba. Estado, Soberania e Integração. In: MOURÃO, Fernando A. A. et al. (coord.). *Federalismo mundial e perspectivas do federalismo no Brasil*: Seminário Internacional: São Paulo, 12 e 13 de setembro de 1996. São Paulo: Conselho Brasileiro de Relações Internacionais, 1997. p. 94.

[55] Ver artigo 5º do Acordo de Cartagena, segundo a redação introduzida pelo Protocolo Modificativo do Acordo de Cartagena, celebrado em Trujillo em 10 de março de 1996.

[56] Ver MOREAU-DEFARGES, Philippe. La fédération européenne est faite... ou presque. *AFRI*, Bruxelles, v. 2, p. 187-197, 2001.

[57] De fato, embora os Estados membros da União Européia apostem na integração, isso não significa que esses não sejam mais zelosos de sua soberania. Steve J. Boom analisa a decisão Maastricht da Corte Constitucional Federal Alemã, a qual, embora tenha sustentado a constitucionalidade do Tratado de Maastricht, defendeu que a "Corte Constitucional Federal examinará se os atos legais das instituições e órgãos europeus estão dentro ou excedem os poderes soberanos que lhes foram transferidos". Segundo esse autor, que traça um interessante paralelo entre a Alemanha e o estado americano da Virgínia, o conflito surgido precisamente sobre esse assunto – no caso, a divisão de competências entre as cortes estaduais e a corte suprema – foi um dos fatores que contribuiu para a Guerra de Secessão americana. Outros elementos contribuem para reforçar a idéia de que os Estados membros da União Européia ainda se preocupam em preservar parte de sua soberania, talvez o mais marcante entre eles seja a própria manutenção dos exércitos nacionais – cuja unificação, caso viesse um dia a ser aceita, consistiria provavelmente na última etapa do processo de integração. Por fim, recentemente, a recusa da França e Holanda em ratificar o projeto da Constituição da União Européia é mais uma prova de que a soberania nacional permanece viva na região. BOOM, Steve J. The European Union after the Maastricht Decision: is Germany the "Virginia of Europe"? 1995. Disponível em: <http://www.jeanmonnetprogram.org/papers/95/9505ftns.html #f_>. Acesso em: 31 out. 2003.

Observa-se no entanto que, ainda que até nos processos de integração mais ousados os Estados se preocupem em manter-se formalmente soberanos, todo processo de integração traz limitações à sua autonomia, afetando sua soberania de fato. A integração, como defende Van Kleffens, tem necessariamente um efeito decrescente na soberania – "de acordo com o maior ou menor grau de integração, a soberania dos Estados participantes pode tornar-se completamente dormente por um tempo especificado ou não especificado, ou pode ser meramente reduzida em uma extensão maior ou menor e por um período definido ou indefinido".[58] Os Estados, ao se reunirem em uma organização de integração regional, deixariam de ser "completamente soberanos".[59]

O objeto de nossa análise é, portanto, a alteração da soberania de fato em processos em que os Estados não desejam prejudicar sua condição de soberanos. A soberania – que é a base sobre a qual se funda a sociedade internacional – equivale, ao mesmo tempo, a um conjunto de competências e a uma qualidade do poder estatal. Que essas competências sejam transferidas ou que esse poder seja limitado não significa que a soberania tenha deixado de existir – da mesma forma que o Estado não deixa de existir – mas sim que ela está distribuída de um modo diferente e muda de teor. E o fato de que o poder estatal perde algumas de suas características essenciais tem conseqüências sobre o modelo do Estado soberano.

Organizações intergovernamentais, organizações supranacionais e soberania

As organizações internacionais – notadamente as de integração regional – podem ser classificadas, segundo a natureza dos poderes por elas exercidos, conforme já exposto, em intergovernamentais e supranacionais.

Uma vez que as organizações internacionais de caráter simplesmente intergovernamental possuem órgãos constituídos por representantes dos Estados, cujas decisões baseiam-se no consenso e dependem dos Estados para serem aplicadas, seria de se esperar que essas afetassem em menor grau a soberania estatal, e isso de fato ocorre.

Como observa André Lupi ao analisar o caso do Mercosul, essa organização caracteriza-se como intergovernamental e é orientada preponderantemente por critérios políticos e pelos interesses individuais de seus membros, em detrimento de um interesse comum do bloco. As competências atribuídas ao Mercosul são pontuais e reduzidas, o que permite grande margem de discricionariedade nas ações dos Estados que dele participam. Uma vez que tal "margem de discricionariedade" equivale à própria idéia de autonomia, a estrutura dessa organização revela um paradigma de integração que permite aos

---

[58] KLEFFENS, E. N. Van. Sovereignty in International Law..., op. cit.; 1953. p. 120.
[59] Ver ALGER, Chadwick F. Functionalism and integration..., op. cit.; 1981. p. 136.

Estados manter um alto grau de autonomia, contrariamente aos modelos de integração em que se criam instituições supranacionais.[60]

Isso não quer dizer, no entanto, que as organizações intergovernamentais não afetem em nada a soberania dos Estados. Quando analisamos essas instituições, observamos que, ainda que em grau diferente ao que ocorre em relação às organizações supranacionais, também elas limitam a autonomia estatal. Isso porque, de fato, do ponto de vista da liberdade de escolha de cada Estado, a existência de um sistema coletivo de tomada de decisões "que funcione com caráter regular e de forma efetiva, mesmo que baseado formalmente na necessidade do consenso, conduz a uma situação de dependência permanente dos Estados entre si e em relação a essa estrutura de decisão, que lhes retira autonomia e capacidade de iniciativa."[61]

Logo, mesmo em uma organização intergovernamental em que as decisões são tomadas por consenso, há uma limitação à autonomia dos Estados membros, que devem – ou pelo menos deveriam – obrigatoriamente consultar seus parceiros antes de tomar alguma decisão que pudesse afetar a relação existente entre eles.[62]

No caso específico dos processos de integração regional, a simples evolução de uma zona de livre comércio para uma união aduaneira já afetaria a autonomia dos países-membros – ainda que a organização mantenha caráter intergovernamental. De fato, a criação de uma união aduaneira implica que os países que dela participam concordem em cobrar as mesmas tarifas, e em não alterá-las de forma unilateral. Esses países estariam, de fato, cedendo parte de suas competências a uma entidade que está acima deles, a organização de integração regional.[63] Logo, uma decisão que poderia ser tomada livremente de forma unilateral passa a ser necessariamente tomada em conjunto. Limita-se, de fato, a soberania estatal.

É exatamente porque os Estados se mantêm zelosos de sua soberania, e porque temem expandir a autoridade de instituições que lhes são exteriores

---

[60] Lupi identifica três graus de autonomia. Esses podem situar-se nas seguintes faixas: arbitrariedade, discricionariedade e vinculação. A arbitrariedade é a zona de mais ampla liberdade de escolha para aquele que realiza o ato, que praticamente não encontra limites para sua atuação. Na vinculação, "suprime-se toda margem de escolha, desaparece a liberdade de ação". A discricionariedade se situa entre essas duas outras faixas, representando assim uma liberdade relativa de ação. LUPI, André Lipp Pinto Basto. *Soberania, OMC e Mercosul*. São Paulo: Aduaneiras, 2001. p. 312-314, 331-332.

[61] SÁ, Luís. *Soberania e integração na CEE*. Lisboa: Editorial Caminho, 1987. p. 66.

[62] Um exemplo recente seria o do Mercosul, e dos conflitos entre Brasil e Argentina com relação à desvalorização de suas respectivas moedas, que, segundo os governos desses dois países, não poderia ser feita sem uma consulta prévia aos demais Estados membros daquela organização. Ver Para FHC e UE, país não tem saída. *Folha de S. Paulo*, São Paulo, 12 jul. 2001. Disponível em: <http://www.uol.com.br/fsp/ dinheiro/ fi1207200121.htm>. Acesso em: 12 jul. 2001.

[63] KRUGMAN, Paul; OBSTFELD, Maurice. *International Economics*: Theory and Policy. 4th ed. Reading, Mass.: Addison-Wesley, 1997. p. 243.

que, mesmo admitindo a necessidade da cooperação, evitam caracterizá-la como supranacional.[64] Esse termo foi utilizado pela primeira vez em 1951, no contexto da integração européia, para caracterizar a Comunidade Européia do Carvão e do Aço – CECA –[65] que na época era vista como um processo que envolvia "restrições sobre a soberania nacional de proporções verdadeiramente revolucionárias".[66] "Supranacional", lembra Percy Corbett, seria visto como um termo perigoso em diplomacia.[67] No entanto, apesar dos efeitos que a supranacionalidade produz sobre o poder estatal, o mundo assistiria há algum tempo à tendência crescente[68] de que os Estados abram mão de parte maior ou menor de sua própria soberania, cedendo-a em alguns casos a organizações supranacionais.[69]

Seria importante então analisar como essas organizações podem afetar a soberania dos Estados que delas participam. Como foi visto, os órgãos supranacionais podem ser dotados do poder de legislar – de criar um novo direito, que pode ser chamado de direito comunitário. Esse poder deve ser exercido segundo o interesse comum, e não o interesse exclusivo dos Estados,[70] já que os órgãos das organizações supranacionais são compostos de pessoas que atuam não em nome do Estado que as indicou, mas em nome próprio, no interesse da organização. Além disso, nesses órgãos as decisões podem ser ado-

---

[64] Seria de se questionar se instituições que reúnem Estados que continuariam afirmando sua soberania poderiam ser vistas como supranacionais. Etzioni acredita que uma união de Estados só alcançaria "supranacionalidade completa" quando três atribuições fossem concentradas no nível supranacional: o controle legítimo dos meios de violência, que deveriam exceder àqueles dos Estados membros; a alocação de recursos entre as unidades que compõem a união; e um comando sobre um número de lealdades políticas que exceda aquele possuído por seus membros. Uma verdadeira união supranacional se aproximaria, assim, de uma federação. No entanto, essa denominação é utilizada aqui no seu sentido mais usual, caracterizado pelos elementos que já foram anteriormente descritos. ETZIONI, Amitai. *Political Unification Revisited*: on building supranational communities. Lanham: Lexington Books, 2001. p. XXII.

[65] VOLCANSEK, Mary L. Supranational Courts in a Political Context. In: VOLCANSEK, Mary L. (ed.). *Law Above Nations*: Supranational Courts and the Legalization of Politics. Gainessville: University Press of Florida, 1997. p. 1.

[66] LOEWENSTEIN, Karl. Sovereignty and International Co-operation..., op. cit.; 1954. p. 233.

[67] CORBETT, P. E. *The Individual and World Society*..., op. cit.; 1953. p. 8.

[68] Lloyd Gruber vê nessa tendência uma tentativa dos Estados que ganham com a cooperação internacional – aqueles que possuem um "go-it-alone power", conforme analisado anteriormente – de consolidar essa cooperação que lhes é favorável. Para tanto, tais países procurariam criar estruturas imparciais de decisão, de caráter supranacional. A criação de sistemas de solução de disputas, entre outros órgãos, teria assim o objetivo de dar voz a todos os Estados membros, fazendo com que os países "perdedores" tenham menos motivos para se retirar da organização. GRUBER, Lloyd. *Ruling the World*: Power Politics and the Rise of Supranational Institutions. Princeton: Princeton University Press, 2000. p. 82.

[69] KLEFFENS, E. N. Van. Sovereignty in International Law..., op. cit.; 1953. p. 128.

[70] Ver LUPI, André Lipp Pinto Basto. *Soberania, OMC e Mercosul*..., op. cit.; 2001. p. 317.

tadas por maioria.[71] Desses fatos resulta uma das mais importantes particularidades das supranacionais: seus órgãos podem possuir autoridade independente e suas decisões obrigam os Estados membros sem que esses tenham de aprová-las.

A noção de supranacionalidade corresponde principalmente à "transferência de algum grau de soberania dos Estados membros a um órgão executivo ou formulador de políticas situado acima deles".[72] Nessa idéia reside a característica mais importante das organizações supranacionais – refletida em sua própria denominação – que seria a existência de um poder que está acima daquele dos Estados que as compõem.[73]

Outro elemento importante associado às organizações supranacionais é que elas muitas vezes adotam a aplicabilidade direta das regras emanadas de seus órgãos, assim como a supremacia do direito por esses produzido sobre as leis dos países-membros.[74] Logo, como observa Alan James, nos assuntos relacionados à jurisdição da organização supranacional, é como se as fronteiras estatais não existissem.[75] O fenômeno da supranacionalidade consolida a existência de um ordenamento jurídico que não só é superior ao dos Estados membros, mas também aplica-se diretamente à vida de seus cidadãos.

Por fim, e esse é um elemento que se repetirá nos principais exemplos aqui analisados, as organizações internacionais supranacionais, em geral, contam com um tribunal que visa a assegurar o cumprimento de suas normas. É interessante observar que entre as primeiras instituições a merecerem a denominação de supranacional encontravam-se dois tribunais – a Corte Européia

---

[71] Além disso, como nota Etzioni, é importante que as decisões de tais órgãos se refiram a assuntos significativos, já que todas as organizações internacionais podem tomar algum tipo de decisão por conta própria. ETZIONI, Amitai. *Political Unification Revisited...*, op. cit.; 2001. p. xix.

[72] FOWLER, Michael Ross; BUNCK, Julie Marie. *Law, Power and the Sovereign State...*, op. cit.; 1995. p. 133.

[73] Ver VOLCANSEK, Mary L. *Supranational Courts in a Political Context...*, op. cit.; 1997. p. 1, 4.

[74] Como observa Grigera Naon, ao analisar os efeitos da supranacionalidade nos casos de integração regional, é claro que o grau de efetividade da integração dependerá da decisão dos Estados membros de aceitar sua submissão aos órgãos supranacionais e de permitir que as regras comunitárias tenham efeito direto. A mera criação de tais órgãos não constitui necessariamente uma delegação de poderes soberanos se, na prática, os Estados membros não recorrem a tais órgãos para resolver disputas ou se a execução das decisões desses órgãos é incerta, seja por razões legais, seja simplesmente porque os Estados membros não desejam executá-las. Logo, se, por um lado, as organizações supranacionais representam a maior forma de delegação de competências e poderes soberanos a órgãos regionais, na prática fatores como a exigência da aprovação unânime pelos Estados membros das decisões de tais órgãos pode tornar a organização refém da soberania dos Estados. GRIGERA NAON, Horacio A. Sovereignty and Regionalism. *Law and Policy in International Business*, Washington, D. C., v. 27, nº 4, p. 1079, 1084, 1996.

[75] JAMES, Alan. *Sovereign Statehood...*, op. cit.; 1986. p. 248.

de Justiça e a Corte Européia de Direitos Humanos.[76] A constituição de um tribunal cria uma autoridade que se situa em um plano superior ao do Estado. Da existência de um poder que está acima do poder estatal pode-se deduzir a conclusão de que o poder estatal não mais possui a qualidade de supremo, essencial ao conceito de soberania.

Logo, ao resultarem na criação de uma jurisdição superior às nacionais, as organizações supranacionais afetam claramente a soberania estatal. Como observava em 1825 o juiz presidente da Suprema Corte dos Estados Unidos, John Marshall, "toda exceção ao poder pleno e total de um Estado sobre o seu território deve ter origem no consentimento da própria nação". Segundo ele, a jurisdição de uma nação no interior de seu território deveria ser sempre exclusiva e absoluta, e toda limitação que tivesse origem em uma fonte estrangeira diminuiria a soberania do Estado em proporção igual a essa limitação. As restrições impostas à soberania estatal por um poder exterior não aboliriam o Estado em questão, mas o privariam da qualidade de um "corpo político plena e completamente independente".[77]

Além disso, o fato de que as organizações supranacionais possam deter uma autoridade independente de seus Estados membros traz mais uma conseqüência. Ainda que a celebração dos tratados que constituem essas organizações dependa do consentimento dos Estados, a possibilidade de que os órgãos criados por tais acordos sejam independentes faz que os poderes inicialmente a eles atribuídos possam evoluir. Para Van Kleffens, todos os tratados que constituem uma organização internacional são tratados no que se refere à forma, mas diferem de outros tratados quanto ao resultado. Enquanto outros resultam na aquisição direta pelas partes de certos direitos e deveres, o principal resultado dos tratados que criam uma organização é precisamente que a organização criada adquire ela própria direitos e obrigações, muitos desses representando restrições aos direitos soberanos de seus fundadores.[78]

A transferência de determinadas competências para as organizações internacionais não pode ser assim considerada um fenômeno estático, que ocorre em um momento do passado e não sofre nenhuma outra alteração com o decorrer dos anos, mas deve ser vista como um processo dinâmico, sujeito a uma evolução contínua. Como bem observa Martin Martinez, esse processo se assemelha a um filme, e não a uma fotografia. Ele começa com a autorização constitucional dada pelos Estados membros para efetuar a transferência de poderes para determinadas instituições internacionais, mas não termina nesse

---

[76] VOLCANSEK, Mary L. Supranational Courts in a Political Context..., op. cit.; 1997. p. 1.

[77] Ver KOROWICZ, Marek Stanislaw. *Organisations Internationales et souveraineté des États membres*. Paris: A. Pedone, 1961. p. 58.

[78] KLEFFENS, E. N. Van. Sovereignty in International Law..., op. cit.; 1953. p. 120.

momento, e sim se cumpre pela aplicação diária dos poderes que foram atribuídos a essas organizações em seus tratados constitutivos.[79]

Assim, embora os Estados pressuponham que o processo de transferência da soberania tenha uma natureza limitada, já que as organizações internacionais recém-criadas possuiriam apenas as funções e os poderes que lhes foram expressamente atribuídos de início, a prática prova que as organizações internacionais transformam-se em "seres vivos" com fortes tendências expansionistas, procurando ampliar seus poderes e funções além dos limites estabelecidos em seus tratados constitutivos.[80]

No caso específico das organizações supranacionais, a possibilidade de que seus órgãos, além de gozar de independência com relação aos Estados membros, sejam capazes de produzir um direito derivado que se aplica diretamente no território destes últimos é mais uma prova de como a transferência de poderes pode ter conseqüências imprevisíveis. Em sua sentença proferida no caso Lotus, a Corte Internacional de Justiça afirmaria que "as regras de direito que obrigam os Estados procedem da vontade destes, vontade manifestada nas convenções ou nos costumes aceitos geralmente como consagrando princípios de direito estabelecidos tendo em vista regular a coexistência dessas comunidades independentes ou a persecução de objetivos comuns".[81] O direito derivado das organizações supranacionais cria obrigações para os Estados membros que independem de sua vontade exclusiva, o que vai de encontro à noção tradicional de soberania.

Da mesma maneira, a existência de um tribunal com o poder de interpretar e fazer valer seja o tratado constitutivo, seja o direito derivado da organização – mesmo contra a vontade dos Estados membros – acrescenta mais um elemento a esse problema. Ainda que esses tribunais tenham muitas vezes que se ater às regras previstas nos instrumentos das organizações de que fazem parte, a interpretação do direito de uma organização internacional por parte de órgãos com características supranacionais pode ter efeitos sobre as obrigações dos Estados. A interpretação dos tratados é muitas vezes associada a teorias como a dos *"implied powers"*, a qual defende que uma organização possui poderes subsidiários que não são expressamente mencionados em seus tratados constitutivos, e a da *"effective interpretation"*, segundo a qual se deve interpretar o sentido do texto de um tratado de maneira que as provisões ali contidas sejam efetivas, ou seja, alcancem os efeitos desejados – sem, no entanto, ir além do previsto no texto. No caso da teoria dos *implied powers*,

---

[79] MARTIN MARTINEZ, Magdalena M. *National Sovereignty and International Organizations*..., op. cit.; 1996. p. 2, 287.

[80] Idem. p. 3.

[81] CPJI – 7 de setembro de 1927 – ver TCHIKAYA, Blaise. *Mémento de la jurisprudence du droit international public*. Paris: Hachette, 2000. p. 33.

a Corte Internacional de Justiça já afirmou, ao analisar um caso envolvendo a ONU, que: "No direito internacional, deve-se considerar que a Organização possui os poderes que, embora não expressamente determinados na Carta, lhe são conferidos por implicação necessária por serem essenciais ao cumprimento de suas obrigações".[82] A adoção de teorias como essas pelos tribunais das organizações internacionais pode de certa forma expandir os poderes detidos por tais organizações.

Na tentativa de limitar os efeitos que a atuação dos tribunais pode acarretar sobre as obrigações dos Estados, estes muitas vezes procuram restringir os poderes normativos de alguns daqueles órgãos. Isso ocorre, por exemplo, na OMC, na qual se prevê que os grupos especiais e o Órgão de Apelação não podem apresentar relatórios que venham a alterar os direitos e as obrigações dos Estados membros, o que, como lembra John Jackson, seria um aviso dos negociadores dos acordos daquela organização para que esses órgãos evitem o "ativismo judicial".[83] Contudo, a simples tarefa de interpretar os acordos da organização já representa uma espécie de poder que é capaz de "ter uma forte influência sobre a configuração do sistema, o que efetivamente se constata".[84] Essas comprovações vêm corroborar a idéia de que, no caso de algumas organizações internacionais, o simples consentimento inicial dos Estados não é suficiente para assegurar que esses só estarão obrigados por normas com as quais concordaram expressamente.

Podemos assim concluir que a participação em tratados afeta a soberania sempre que submete as instituições domésticas a influências externas, ou cria estruturas de autoridade não-estatais.[85] Essas estruturas afetam não apenas a supremacia do poder estatal, mas também a sua independência. Os efeitos que as organizações supranacionais têm sobre o modelo do Estado soberano poderiam ser resumidos em uma frase: "os Estados abdicam, em favor delas, de suas competências – soberania –, em sentido mais amplo do que nas organizações internacionais de modelo clássico".[86]

---

[82] CIJ – Reports 1949 – Reparation for Injuries Suffered on the Service of the United Nations – ver RIESENHUBER, Eva. *The International Monetary Fund Under Constraint*: Legitimacy of its Crisis Management. The Hague: Kluwer Law International, 2001. p. 346.

[83] JACKSON, John H. Fragmentation or Unification Among International Institutions: the World Trade Organization. *New York University Journal of International Law and Politics*, New York, p. 830, Summer 1999.

[84] RUIZ FABRI, Hélène. La contribution de l'Organisation Mondiale du Commerce a la gestion de l'espace juridique mondial. In: LOQUIN, Eric; KESSEDJIAN, Catherine. *La mondialisation du droit*. Dijon: Litec, 2000. p. 357.

[85] KRASNER, Stephen D. *Sovereignty*: Organized Hypocrisy. Princeton: Princeton University Press, 1999. p. 33.

[86] MELLO, Celso D. de Albuquerque. *Direito internacional de integração*..., op. cit.; 1996. p. 114.

Organizações de Integração Regional e soberania – o exemplo da Comunidade Andina

É possível afirmar que, "em toda instituição internacional, parte da soberania de seus membros é por eles cedida a órgãos internacionais", e que a "medida da intensidade daquela cessão determina o grau de integração atingido na instituição internacional".[87] O grau em que os Estados abdicarão de parte de suas competências ou limitarão seus poderes em favor de órgãos coletivos dependerá dos objetivos e das peculiaridades de cada processo de integração.[88]

Como se sabe, a organização de integração regional que até hoje estabeleceu objetivos mais ambiciosos é a União Européia. A vontade de alcançar essas metas faz daquela organização o paradigma da supranacionalidade, a "expressão máxima" dos processos de transferência de competências dos Estados para órgãos de decisão conjunta ou majoritária, cujas decisões são autônomas dos próprios governos dos países-membros.[89]

A União Européia é o grande exemplo da situação em que, mesmo procurando manter sua soberania formal, os Estados limitam sua soberania de fato. Essa realidade acentuou-se ainda mais a partir do momento em que o processo de integração europeu evoluiu para uma união monetária, o que acarretou a unificação das políticas monetárias e fiscais dos países-membros, e o estabelecimento de autoridades econômicas centrais. Com a adoção de uma moeda comum, o euro, os países da União Européia deixaram de controlar individualmente a moeda que circula em seus territórios e, com isso, abriram mão de um dos principais métodos utilizados na redução do desemprego e na absorção dos choques econômicos: a emissão de dinheiro e a regulamentação da economia por meio de ajustes nas taxas de câmbio e de juros.[90] Ao restringir suas possibilidades de resolver seus problemas econômicos de forma autônoma, os Estados abdicam de sua capacidade de usar a política monetária para responder a distúrbios macroeconômicos que lhes são específicos.[91] Nesse caso, no que se refere à administração de suas economias, "desaparece, portanto, a soberania de cada nação, que é totalmente transferida para a autoridade central".[92]

---

[87] KLEFFENS, E. N. Van. Sovereignty in International Law..., op. cit.; 1953. p. 119.

[88] GRIGERA NAON, Horacio A. Sovereignty and Regionalism..., op. cit.; 1996. p. 1078.

[89] VIGNALI, Heber Arbuet. *O atributo da soberania*..., op. cit.; 1996. p. 51.

[90] Ver Um Caminho sem Volta. *Folha de S. Paulo,* São Paulo, 7 maio 1998. Suplemento Time Magazine, v. 1, n. 6, p. 6.

[91] Além disso, os países em uma união monetária abrem mão da opção de usar a inflação para reduzir o peso de sua dívida pública. OBSTFELD, Maurice; ROGOFF, Kenneth. *Foundations of International Macroeconomics*. Cambridge, U.S.: The MIT Press, 1996. p. 633.

[92] PRADO, Luiz Carlos. Comércio Internacional. In: GONÇALVES, Reinaldo et al. *A nova economia internacional*: uma perspectiva brasileira. Rio de Janeiro: Campus, 1998. p. 83.

O que o exemplo da União Européia nos ensina é que dois fatores são os principais responsáveis pela limitação da soberania estatal em um processo de integração. O primeiro é a existência de um ordenamento jurídico próprio da organização de integração, com primazia sobre os ordenamentos jurídicos dos países que dela participam. O segundo é a existência de algum órgão – normalmente uma corte ou tribunal – que assegure a execução do ordenamento jurídico regional, mesmo que contra a vontade dos Estados membros.

A organização de integração regional do continente americano que mais se aproximou das instituições criadas no caso europeu foi a Comunidade Andina. Essa organização, cujos mecanismos foram analisados anteriormente, possui tanto um ordenamento jurídico próprio quanto um tribunal que assegura a primazia de tal ordenamento. Mesmo que dificuldades encontradas politicamente tenham feito esse processo de integração avançar pouco – em especial se comparado a seu equivalente europeu – o sistema institucional adotado pelos países andinos pode ser considerado o mais avançado entre as diversas organizações de integração que foram criadas no continente americano.[93]

A noção de ordenamento jurídico em um processo de integração traz consigo, como explica Luis Carlos Sáchica, a idéia de existência e funcionamento de um sistema legal auto-suficiente e operante, na área que se propõe integrar. Isso significa que, nesse caso, o ordenamento nascente conta com a capacidade de criar a unidade do novo espaço econômico proposto, sob o império de um regime legal uniforme. Três elementos concorreriam para que isso ocorresse. O primeiro seria a existência de uma normatividade específica, completa e autônoma. O segundo seria que houvesse uma organização própria que dinamizasse essa normatividade, ao servir-lhe de braço executivo em razão do processo integracionista. O terceiro seria a existência de mecanismos de controle jurídico eficazes que reproduzam e mantenham a legalidade do processo.[94]

No caso da Comunidade Andina verificamos que todos esses elementos se fazem nitidamente presentes, motivo pelo qual podemos falar em um ordenamento jurídico daquela sub-região. Ao analisarmos o sistema normativo an-

---

[93] É importante deixar claro que "avançado" é aqui utilizado com relação ao grau de supranacionalidade alcançado – sendo esse grau uma medida utilizada para avaliar a questão da limitação à soberania dos Estados que participam dos processos de integração. É de se questionar se outras organizações de integração regional não seriam mais avançadas no sentido de que, por serem mais flexíveis e se adaptarem melhor às características de sua região, funcionariam de forma mais eficaz. No caso do Mercosul, por exemplo, Luiz Olavo Baptista defende que as instituições inicialmente criadas para a solução de disputas, baseadas sobretudo na arbitragem, seriam mais adequadas a esse processo de integração – de caráter cooperativo – do que a criação de uma corte semelhante à da União Européia. Ver BAPTISTA, Luiz Olavo. *O Mercosul, suas instituições e ordenamento jurídico*. São Paulo: LTr, 1998. p. 170.

[94] SÁCHICA, Luis Carlos. El Ordenamiento Juridico Andino..., op. cit.; 1985. p. 5.

dino, comprovamos que "não se trata de uma acumulação qualquer de regras, mas sim de uma estrutura jurídica". Isso porque ele "tem um sentido dado por sua finalidade e uma disposição de seus elementos em alcançá-la". Ele "goza de identidade, de autonomia própria, é comum ou sub-regional, mas, ao mesmo tempo, faz parte dos ordenamentos jurídicos dos países-membros". É, além disso, "dinâmico e evolutivo, em função do contexto histórico, político e econômico dentro do qual atua".[95]

As principais características do ordenamento da Comunidade Andina – aplicabilidade direta e primazia sobre o direito dos países-membros – são reforçadas pela existência de um tribunal.

A existência de um ordenamento superior ao dos Estados membros, aliada ao estabelecimento de um tribunal com autoridade para fazer valer as normas da organização, representa não só uma delegação de competências soberanas, mas também a imposição de um limite às jurisdições nacionais – o que traz efeitos tanto à soberania entendida como conjunto de poderes do Estado quanto à soberania em sua acepção de qualidade do poder estatal.

No que se refere ao primeiro significado da soberania, é uma característica da formação dos blocos regionais que os países abdiquem de parte de suas funções, delegando-a a órgãos comuns por eles criados nos processos de integração. No caso da Comunidade Andina, pudemos comprovar que foram cedidas aos órgãos dessa organização competências importantes que eram originalmente exercidas de forma exclusiva pelos Estados membros.

Como ressalta Zelada Castedo, no momento da celebração do Pacto Andino, a "novidade mais importante foi a atribuição de poderes normativos tanto ao órgão intergovernamental, ou seja, a Comissão, como ao órgão não-intergovernamental, ou seja, a Junta. Também foram novos a norma de votação por maioria, como regra geral, no seio da Comissão, bem como o critério de composição da Junta como órgão colegiado. Por último, igualmente inovadores foram os critérios sobre o efeito dos atos jurídicos de ambos os órgãos, assim como as disposições sobre a participação da Junta nos processos decisórios da Comissão, mediante a faculdade da primeira de apresentar propostas".[96]

Desse modo, a Comunidade Andina possuía, desde a sua concepção, a maior parte dos elementos de uma organização supranacional. Seu principal órgão executivo, a Junta – hoje Secretaria Geral – era composto de indivíduos que atuavam no interesse da organização, e não em nome do Estado que os havia indicado – e hoje, a Secretaria Geral também deve atuar "unicamente em função dos interesses da sub-região".[97] As decisões daquele que então era seu principal órgão político, a Comissão, não tinham de ser neces-

---

[95] Ver ZELADA CASTEDO, Alberto. *Derecho de la Integración Economica Regional*. Buenos Aires: Depalma, 1989. p. 40.

[96] ZELADA CASTEDO, Alberto. *Derecho de la Integración...*, op. cit.; 1989. p. 105.

[97] Artigo 29 do Acordo de Cartagena segundo a redação introduzida pelo Protocolo Modificativo do Acordo de Cartagena, de 10 de março de 1996.

sariamente adotadas por unanimidade e atualmente, embora as Decisões do Conselho Andino de Ministros das Relações Exteriores sejam tomadas por consenso, a regra geral para a adoção das Decisões da Comissão Andina é a da maioria absoluta.[98] Não bastasse isso, as regras criadas pelos órgãos do sistema de integração eram, desde o início daquela organização, diretamente aplicáveis no território dos países-membros, e o direito derivado produzido por tais órgãos sempre foi considerado superior às leis dos Estados que participam da Comunidade.

Além disso – e esse é provavelmente o traço mais marcante dessa organização – a Comunidade Andina possui um tribunal. Como já se pôde demonstrar, uma grande autonomia foi conferida a esse tribunal, que é independente dos países-membros e possui uma jurisdição que abrange o território de toda a sub-região, contando com os instrumentos necessários para assegurar o cumprimento do ordenamento jurídico andino.

De modo geral, como observa Grigera Naon, "mecanismos de solução de disputas requerem que os soberanos nacionais limitem as competências ou jurisdições nacionais, e é essa a área onde a delegação de poderes nacionais soberanos para órgãos supranacionais resulta mais substancial, onde a aplicação e a efetividade das regras jurídicas parece depender menos – ou estar sujeita a menos interferência – da ação do Estado, e onde as recentes evoluções nessa direção são mais ricas e mais notáveis".[99] Assim, a existência de um sistema obrigatório de solução de controvérsias representa uma delegação substancial de poderes soberanos estatais – no caso, de poderes jurisdicionais –, já que os tribunais nacionais deixam de ter competência sobre determinados casos que envolvem o território e a população sob sua jurisdição.

Por tratar-se de uma organização de caráter supranacional, a transferência de competências estatais feita pelos países-membros para os órgãos da organização ocorreria "mediante tratados públicos que lhe servem de carta constitucional, com alguma semelhança com a união federal dos Estados, o que legitima o processo integracionista e explica a autonomia da comunidade fundada". Essa autonomia faz que os órgãos da Comunidade Andina possuam uma autoridade que não depende dos Estados. O resultado é que "o poder comunitário torna-se independente de cada membro em particular, e pode se impor a cada um sem seu consentimento, afirmando assim seu caráter supranacional".[100]

Esta última característica, por sua vez, afeta a soberania entendida como qualidade do poder estatal. A segunda acepção de soberania aqui adotada entende esse conceito como um grau do poder estatal, que seria supremo – ou seja, o mais elevado de todos – e independente – o que quer dizer que ele não so-

---

[98] Artigos 17 e 26 do Acordo de Cartagena segundo a redação introduzida pelo Protocolo Modificativo do Acordo de Cartagena, de 10 de março de 1996.
[99] GRIGERA NAON, Horacio A. Sovereignty and Regionalism..., op. cit.; 1996. p. 1180.
[100] SÁCHICA, Luis Carlos. El Ordenamiento Juridico Andino..., op. cit.; 1985. p. 10.

freria a influência de qualquer tipo de controle, legal ou de fato, por qualquer autoridade externa.[101] A Comunidade Andina estabelece órgãos supranacionais, cuja jurisdição está acima das nacionais – o que tem efeitos práticos sobre a soberania estatal. A simples existência do Tribunal da Comunidade Andina é capaz de dissuadir os membros daquela organização de agir de uma forma que poderia vir a ser questionada e, com isso, ocasionar retaliação por parte de seus parceiros. Além disso, uma decisão do Tribunal se impõe aos Estados membros, mesmo que contra a sua vontade.

Uma vez que a Comunidade Andina possui uma autoridade independente e se situa em um plano superior ao de seus membros, ao participar dessa organização um Estado veria afetadas tanto sua supremacia quanto sua independência. A existência de um ordenamento jurídico que tem primazia sobre o dos Estados membros e de um tribunal cuja autoridade é superior à deles retira dos Estados a sua qualidade de supremo e limita de fato a sua autonomia, à medida que restringe sua capacidade de agir livremente.

A integração pode assim resultar na aceitação de uma nova autoridade central pelos Estados que dela participam. O próprio termo integração poderia ser empregado "para especificar o resultado de um processo de erosão da autonomia".[102] A transição do modelo cooperativo para o sistema de integração "amputa a soberania dos Estados membros para sujeitá-los a um poder de superposição".[103] Ao se submeterem a um poder superior, e ao reduzirem a sua autonomia, os Estados que participam de um processo de integração deixam de deter um poder supremo ou independente. Sua soberania é diminuída de fato.

10.2 As organizações internacionais de cooperação e a soberania estatal

Os Estados limitam sua soberania ao participar de organizações de integração regional, conforme acabamos de comprovar. Essa limitação acontece pela transferência de alguns de seus poderes e pela limitação de sua autonomia. Se a participação dos Estados em organizações internacionais de caráter supranacional tem conseqüências profundas sobre sua soberania, isto nem sempre ocorre nas organizações de caráter intergovernamental. Como a cooperação internacional em geral se dá por meio de organizações intergovernamentais, e como é nos movimentos de integração que se encontra a maior par-

---

[101] Ver GRIGERA NAON, Horacio A. Sovereignty and Regionalism..., op. cit.; 1996. p. 1079.
[102] Ver ZELADA CASTEDO, Alberto. *Derecho de la Integración*..., op. cit.; 1989. p. 10.
[103] DUPUY, René-Jean. Le dédoublement du Monde. In: DUPUY, René-Jean. *Dialectiques du droit international*. Paris: A. Pedone, 1999. p. 305.

te dos casos de supranacionalidade, costuma-se acreditar que, ao contrário do que ocorre com as organizações de integração regional, as organizações internacionais de cooperação seriam um instrumento dos Estados, deixando intacta a estrutura fundamental da sociedade internacional.[104]

Esse segundo tipo de organização normalmente possui órgãos constituídos exclusivamente por representantes dos Estados, que só podem deliberar se todos seus componentes estiverem de acordo – logo, formalmente, não se pode afirmar que o Estado que participa de organizações internacionais de cooperação sofra sérias limitações à sua soberania.[105] Estudaremos em seguida, no entanto, um caso em que, embora as regras continuem sendo criadas pelo consenso entre os Estados membros, a existência de um órgão cujas decisões têm caráter obrigatório confere à organização um caráter que se aproxima da supranacionalidade – a OMC.[106]

Veremos que, ainda que os Estados tenham procurado preservar intocada sua soberania no momento da criação dessa organização, a OMC procura incentivar a cooperação como forma de resolução dos problemas internacionais, condenando a ação unilateral estatal – como se verifica pelo estudo de alguns casos relativos à proteção ambiental ou do caso referente à chamada "seção 301". Essa realidade, somada à amplitude do ordenamento jurídico da OMC, faz que essa organização restrinja a possibilidade de os Estados adotarem certos tipos de leis, afetando a soberania de seus membros (10.2.1).

Entretanto, este livro não estaria completo sem que fosse examinado o caso das instituições criadas para cuidar da ordem financeira internacional – que estão diretamente ligadas à questão da globalização econômica, primeiro objeto de nossa análise. Veremos como o FMI e o Banco Mundial, ao imporem determinadas condicionalidades para a realização de seus empréstimos, obrigam alguns países a adotar políticas econômicas que não adotariam fora das circunstâncias de crise. Essa capacidade de influir na política interna dos Estados – limitando sua autonomia – pode ser questionada, em particular quando se verifica que tanto o FMI quanto o Banco Mundial são dominados por determinados países, podendo representar interesses que não coincidem obrigatoriamente com os do país que sofre a influência dessas instituições (10.2.2).

---

[104] Ver MELLO, Celso D. de Albuquerque. *Direito internacional de integração...*, op. cit.; 1996. p. 94.

[105] SÁ, Luís. *Soberania e integração na CEE...*, op. cit.; 1987. p. 79.

[106] Algumas instituições, por possuírem um caráter que mescla a necessidade de consenso com órgãos cujas decisões independem dos Estados membros, seriam mais bem caracterizadas como "transnacionais", já que nem sempre estão de fato "acima" dos Estados, mas certamente transcendem as fronteiras estatais. No caso da OMC, vários traços de supranacionalidade são encontrados em seu sistema de solução de disputas, ainda que as decisões proferidas por seus órgãos não sejam diretamente aplicáveis em seus Estados membros. Ver considerações de caráter geral sobre o tema em VOLCANSEK, Mary L. *Supranational Courts in a Political Context...*, op. cit.; 1997. p. 4.

10.2.1 OMC e soberania – o sistema de solução de disputas e suas conseqüências

OMC e soberania – considerações gerais

Um dos argumentos que se apresenta quando se quer afirmar que a participação em qualquer organização internacional não afeta a soberania de um Estado é o de que este sempre tem a opção de se retirar da organização e assim recuperar os poderes que havia anteriormente delegado.[107] No caso da OMC, devemos lembrar que os acordos constitutivos dessa organização permitem a retirada dos países-membros, sendo para tanto necessário apenas um aviso prévio de seis meses. Logo, essa disposição reduziria as preocupações sobre possíveis violações à soberania dos Estados membros.[108]

No entanto, seria ingênuo imaginar que os Estados poderiam hoje abrir mão de sua participação na rede de organizações internacionais que regula áreas tão variadas como o transporte, as comunicações, a saúde e o ambiente.[109] Isso ocorre, em especial, com relação à OMC. Na prática, considerando-se a importância que atualmente o comércio internacional tem para os Estados,[110] o custo de oportunidade de não fazer parte dessa organização, com os benefícios tarifários nela obtidos, seria altíssimo, o que tornaria tal opção inviável.

Outra proteção à soberania estatal contida nos acordos da OMC consiste em que as regras dessa organização – ao contrário do que ocorre no caso de algumas organizações de integração regional – não possuem efeito direto. Se elas possuíssem efeito direto sobre o direito interno dos países-membros, seria possível utilizar os próprios tribunais nacionais do país que violou essas regras para obrigá-lo a respeitar suas obrigações. Esse fator, como lembra John Jackson, pode atuar como uma válvula de escape contra ações internacionais que possam ser consideradas exageradas ou inapro-

---

[107] COHEN, Marcelo G. Is the Notion of Territorial Sovereignty Obsolete? In: PRATT, Martin; BROWN, Janet Allison (ed.). *Borderlands Under Stress*. London: Kluwer Law International, 2000. p. 36.

[108] JACKSON, John H. The Great 1994 Sovereignty Debate: United States Acceptance and Implementation of the Uruguay Round Results. In: CHARNEY, Jonathan I.; ANTON, Donald K.; O'CONNELL, Mary Ellen (ed.). *Politics, Values and Functions*: International Law in the 21ST Century: Essays in Honor of Professor Louis Henkin. The Hague: Martinus Nijhoff, 1997. p. 163.

[109] Ver FRANCK, Thomas M. Can the United States Delegate Aspects of Sovereignty to International Regimes? In: FRANCK, Thomas M. (ed.). *Delegating State Powers*: The Effect of Treaty Regimes on Democracy and Sovereignty. New York: Transnational, 2000. p. 2.

[110] JACKSON, John H. *The World Trade Organization*: Constitution and Jurisprudence. London: The Royal Institute of International Affairs, 1998. p. 34.

priadas.[111] A inexistência de efeito direto faz que não haja maneira de obrigar o Estado que cometeu a violação a cumprir a sua obrigação – ele pode simplesmente optar por não fazê-lo e arcar com as conseqüências, no caso, as medidas compensatórias adotadas pelo país prejudicado.

A esse último fator acrescenta-se normalmente a constatação de que o processo de criação de normas na OMC obedece à regra do consenso entre as partes. Some-se a isso o fato de que ela não possui nada parecido com um "direito derivado", e se chegará à conclusão de que essa organização não apresenta características de supranacionalidade – a elaboração de novas regras exigiria sempre que os Estados chegassem a um novo acordo – exatamente como ocorre nas organizações intergovernamentais clássicas.[112]

Esses fatores, porém, podem ser contestados. Se, por um lado, eles visam a impedir que a OMC tenha conseqüências mais sérias sobre a soberania estatal, essas conseqüências mesmo assim não deixam de existir. Primeiro, é verdade que para estabelecer novas normas a OMC exige o consenso de seus membros. Um Estado não se veria assim obrigado por uma regra a que não tivesse dado seu consentimento. Porém, se posteriormente o Estado chegar à conclusão de que tal regra não mais lhe convém e quiser alterá-la, ele poderá fazê-lo só com a aprovação de todos os demais membros da organização.

Ora, como observa Robert Howse, os Estados contam com legislações que em geral podem ser revertidas, com um custo aceitável, caso haja uma mudança na vontade democrática a respeito de determinada regra. Quando um grau maior de irreversibilidade é desejado, como no caso de mudanças afetando a Constituição, os ordenamentos jurídicos nacionais costumam exigir maior escala de consentimento democrático. A exigência do consenso faz que as regras da OMC tenham um grau de irreversibilidade ainda maior do que as constitucionais, obrigando os Estados a optar entre permanecer amarrados à vontade que expressaram inicialmente no momento de assinatura dos acordos, ou pagar o preço da retirada da organização.[113]

No entanto, como foi visto, a retirada de uma organização que propicia certas vantagens comerciais apresenta custo muito elevado.

A denúncia de acordos de cooperação comercial multilateral como os da OMC possui efeitos semelhantes aos da retirada de um bloco de integração

---

[111] A existência da alternativa da compensação levaria as nações mais poderosas a se sentirem ainda mais protegidas contra a perda de sua soberania. Isso porque, se um Estado pode escolher entre cumprir sua obrigação ou compensar a nação prejudicada, ele pode chegar à conclusão, sobretudo quando o reclamante for um país pequeno, que a compensação seria uma alternativa pouco custosa e relativamente indolor. JACKSON, John H. The Great 1994 Sovereignty Debate..., op. cit.; 1997. p. 163.

[112] Ver RUIZ FABRI, Hélène. La contribution de l'Organisation Mondiale..., op. cit.; 2000. p. 378.

[113] HOWSE, Robert. From Politics to Technocracy and Back Again: the Fate of the Multilateral Trading Regime. In: ALVAREZ, José E. (ed.). *Symposium The Boundaries of the WTO*. Washington, D.C.: American Society of International Law, 2002. p. 107.

econômica. Ela significaria, como observa André Lupi, em um primeiro momento, "a ruptura de elos comerciais estabelecidos, com franco prejuízo para os exportadores nacionais", tanto pelo fim das facilidades à exportação antes oferecidas pelos demais países-membros como "pela decorrente necessidade de redirecionar as estratégias comerciais de alocação dos produtos, exigindo a busca por novos mercados". Essa busca, por sua vez, também sofreria os efeitos da ruptura. O descrédito internacional produzido pela denúncia do tratado poderia reduzir sensivelmente as possibilidades de acesso a outros mercados por parte do Estado denunciante. Além disso, esse mesmo descrédito poderia provocar uma fuga de investidores estrangeiros, que se traduziria em menores condições de liquidez para o financiamento das exportações do Estado denunciante.[114] Logo, a denúncia de um acordo comercial multilateral, assim como a retirada de uma organização de integração regional, poderiam equivaler a uma opção pelo isolamento – o que torna essas opções praticamente inviáveis.

Em segundo lugar, mesmo que a OMC ainda possua um caráter predominantemente intergovernamental, seu sistema de solução de disputas possui diversas características que fazem-no se aproximar da supranacionalidade. Mesmo que as normas da OMC não possuam efeito direto, e não tenham por isso condições de alterar as leis dos países-membros,[115] o caráter obrigatório do sistema de solução de disputas dessa organização traz sérias conseqüências para a autonomia dos Estados que dela participam. Ao optarem por ignorar essas regras, ou as decisões do Órgão de Solução de Disputas, os Estados se sujeitam a retaliações por parte dos demais – e estas costumam ser severas o suficiente para fazer que os Estados pensem duas vezes antes de desrespeitar essas normas e decisões.

O caso mais exemplar ocorrido recentemente é o das *Foreign Sales Corporations* – sociedades de venda ao estrangeiro –, sistema que permitia aos grandes exportadores norte-americanos economizar grande parcela de seu imposto de renda fazendo que parte de seu lucro transitasse por paraísos fiscais.[116] Nesse caso, ao julgar que esse sistema feria as regras da OMC, o Órgão de Solução de Disputas autorizou a União Européia a impor até 4 bilhões de dólares de medidas compensatórias contra os Estados Unidos.[117] Além do custo

---

[114] O raciocínio exposto se aplica a organizações de integração regional, como o Mercosul, o que leva Lupi a concluir que as conseqüências político-econômicas de um desligamento dessa organização por um de seus Estados membros acabam por condicionar a manutenção do acordo. LUPI, André Lipp Pinto Basto. *Soberania, OMC e Mercosul...*, op. cit.; 2001. p. 286.

[115] Ver SCHAEFER, Matthew. National Review of WTO Dispute Settlement Reports: in the Name of Sovereignty or Enhanced WTO Rule Compliance? *Saint John's Journal of Legal Commentary*, New York, p. 330, Spring 1996.

[116] OMC, WT/DS108/1 – Órgão de Apelação, *Tributação de "sociedades de venda ao estrangeiro"* (Comunidade Européia contra os Estados Unidos), 24 de fevereiro de 2000.

[117] BARFIELD, Claude E. Free Trade, Sovereignty, Democracy: the Future of the World Trade Organization. *Chicago Journal of International Law*, Chicago, p. 404, Fall 2001.

econômico da retaliação, os Estados Unidos teriam de arcar com o custo político. Isso porque, dependendo da forma de compensação que a União Européia viesse a escolher, os grupos afetados pelas medidas compensatórias não seriam obrigatoriamente os mesmos beneficiados pela manutenção das regras que violam os acordos da OMC – o que tende a provocar inevitáveis disputas internas.[118] Desse modo, é fácil perceber como, da mesma forma como a retirada da OMC não é vista pelos Estados como uma alternativa viável, o simples descumprimento das regras dessa organização não é uma opção que pode ser exercida sem incorrer em altos custos.

Constatações desse tipo levam muitos autores a defender que a ascensão das organizações internacionais de cooperação, como a OMC, contribuiria para o processo de limitação à soberania dos Estados, e que grande parte do poder de decisão no domínio do comércio internacional estaria passando do Estado para instâncias multilaterais. Celso Furtado, por exemplo, verificava uma atrofia dos mecanismos de comando dos sistemas econômicos nacionais, devido à prevalência de estruturas de decisão transnacionais voltadas para a internacionalização dos circuitos de decisão.[119] Jeremy Rifkin acredita que os novos acordos de comércio internacional são um sinal das mudanças na configuração de poder na comunidade global, permitindo questionar o Estado sempre que suas leis ponham em risco a liberdade de as empresas transnacionais se aproveitarem do comércio aberto.[120] Richard Falk, por sua vez, defende que o estabelecimento da OMC "sugeriu que os Estados queriam verdadeiramente transferir prerrogativas soberanas para obter uma forma mais confiável de governança global".[121]

De fato, do mesmo modo como ocorre com as organizações de integração regional, as organizações de cooperação internacional podem representar uma limitação à soberania estatal. Ainda que, no que se refere aos processos de tomada de decisão, a OMC prenda-se em grande parte à regra do consenso entre as partes, seu sistema de solução de controvérsias representa mais um passo em direção à criação de amplos órgãos internacionais de solução de disputas, independentes dos governos e das jurisdições locais.[122]

Tendo estudado o sistema de solução de disputas da OMC, chegamos à conclusão de que este acarretou grande transformação com relação ao antigo

---

[118] Ver A Civil War Within a Trade Dispute. *The New York Times*, New York, p. C1, 20 Sept. 2002.

[119] FURTADO, Celso. *Brasil: a construção interrompida*. São Paulo: Paz e Terra. 1992. p. 24.

[120] RIFKIN, Jeremy. *The End of Work*: the Decline of the Global Labor Force and the Dawn of the Post-Market Era. New York: G. P. Putnan's Sons, 1995. p. 237.

[121] FALK, Richard A. *Law in an Emerging Global Village*: A Post-Westphalian Perspective. Ardsley, NY: Transnational, 1998. p. 14.

[122] GRIGERA NAON, Horacio A. Sovereignty and Regionalism..., op. cit.; 1996. p. 1080.

sistema do GATT, sobretudo no que se refere à execução das decisões nele tomadas. Essa transformação se comprova por meio de dois exemplos de casos relativos à proteção ambiental.

No âmbito do GATT, um grupo especial foi criado para analisar as restrições impostas pelo governo norte-americano à importação de atum proveniente do México, implementadas com base na alegação de que este era pescado de uma maneira que causava danos aos golfinhos. Para justificar essa medida restritiva, os Estados Unidos se apoiavam em uma das exceções gerais previstas no artigo XX do GATT-1947, o qual estabelece que determinadas medidas restritivas são permitidas desde que estas não sejam aplicadas de forma a constituir seja um "meio de discriminação arbitrária ou injustificada" entre países onde as mesmas condições existem, seja uma "restrição disfarçada ao comércio internacional".

As exceções sobre as quais os Estados Unidos se basearam foram aquelas previstas na alínea b) do artigo XX – que permite a adoção de medidas "necessárias à proteção da saúde e da vida das pessoas e dos animais ou à preservação dos vegetais" –, e em sua alínea g) – que cobre as medidas "relativas à conservação dos recursos naturais não-renováveis, se tais medidas são aplicadas conjuntamente a restrições à produção ou ao consumo nacionais". Neste caso, o grupo especial decidiu que essas exceções se aplicavam apenas aos animais situados na esfera de competência do país importador. A conclusão foi que um Estado não poderia discriminar um recurso natural não-renovável importado com base na alegação de que a maneira pela qual ele foi capturado agrediria o ambiente.[123]

Depois disso, já sob as regras da OMC, uma medida norte-americana que proibia a importação de camarões e produtos derivados que fossem obtidos por meio de determinados métodos de pesca que poderiam matar tartarugas marinhas foi questionada perante o sistema de solução de disputas daquela organização.[124]

Os Estados Unidos mais uma vez basearam a sua defesa no artigo XX, alíneas g) e b) do GATT. Nesta ocasião, o órgão de apelação considerou que a alínea b) se aplicava às medidas restritivas adotadas pelos Estados Unidos, revertendo o entendimento do caso anteriormente mencionado e estabelecendo que algumas vezes a proibição de importações se justifica, mesmo que o propósito inicial seja proteger uma espécie ameaçada que se encontra fora do território do Estado que adotou a medida.[125] Apesar disso, o Órgão de Apelação

---

[123] PAYE, Olivier. La protection de l'environnement dans le système du GATT. *Revue Belge de Droit International*, Bruxelles, n. 1, p. 95, 1992.

[124] Para uma análise desse caso, ver MAVROIDIS, Petros C. Trade and Environment after the Shrimps-Turtles Litigation. *Journal of World Trade*, Dordrecht, v. 34. nº 1, p. 73-88, Feb. 2000.

[125] WEINSTEIN, Michael; CHARNOVITZ, Steve. The Greening of the WTO. *Foreign Affairs*, New York, p. 150, Nov./Dec 2001.

concluiu que as medidas adotadas pelos Estados Unidos eram contrárias ao *caput* do artigo XX, pois constituíam uma discriminação injustificável e arbitrária entre os países exportadores.[126]

Qual é a diferença entre esses dois casos? Os dois se referem a problemas similares – a adoção de medidas restritivas à importação baseadas em fatores de proteção ambiental. As argumentações jurídicas feitas em ambos, fundadas nas exceções previstas no artigo XX do GATT, são também similares, e a conclusão dos grupos especiais nos dois litígios e do órgão de apelação na segunda disputa condenam igualmente as medidas adotadas.

Mesma motivação para adoção das medidas restritivas, mesmos argumentos de defesa, condenações similares. Contudo, há grande diferença entre o caso decidido no âmbito do GATT e o litígio resolvido por meio do sistema de solução de disputas da OMC. No primeiro caso, a não-concordância dos Estados Unidos com a conclusão do grupo especial tinha o poder de impedir a adoção do relatório final – o que fez que a decisão jamais fosse implementada.[127] No segundo, a oposição norte-americana não teria mais nenhum efeito, já que o sistema de solução de disputas da OMC exige o consenso negativo dos membros da organização para rejeitar o relatório – e os Estados Unidos viram-se obrigados a adaptar a sua legislação a fim de se adequar à decisão do Órgão de Apelação.[128]

Desse modo, com as transformações trazidas pelo Memorando sobre Solução de Disputas da OMC, nenhum Estado membro é mais capaz de impedir a adoção de um relatório dessa organização. Essa mudança, obviamente, provocará discussões a respeito das conseqüências que acarreta sobre a soberania.[129]

Podemos dividir essa discussão em duas questões principais. A primeira delas é que, ao criar um mecanismo obrigatório de solução de disputas, a OMC leva os Estados a trazer para essa organização assuntos que podem não estar tão estreitamente relacionados ao comércio – como a proteção da propriedade intelectual –, buscando uma maior "positivação" de tais áreas ao sujeitá-las às sanções previstas no sistema da OMC. Voltaremos mais adiante a esse assunto – que tem como efeito uma ampliação do campo ocupado pelo ordenamento jurídico da OMC. O segundo efeito provocado pelo sistema de solução de disputas é que ele limita a autonomia dos Estados de agir de forma unilateral, como veremos em seguida.

---

[126] OMC, WT/DS58 – órgão de apelação, *Proibição à importação de certos camarões e de certos produtos à base de camarões* (Índia, Malásia, Paquistão e Tailândia contra EUA), 12 de outubro de 1998. p. 68-81.

[127] WEINSTEIN, Michael; CHARNOVITZ, Steve. The Greening of the WTO..., op. cit.; 2001. p. 150.

[128] Idem. p. 151.

[129] JACKSON, John H. The Great 1994 Sovereignty Debate..., op. cit.; 1997. p. 158.

OMC, a necessidade de cooperação e a limitação à autonomia dos Estados membros – meio ambiente e "seção 301"

O sistema de solução de disputas da OMC condena o unilateralismo por parte dos Estados membros. Nos casos que acabamos de analisar, os grupos especiais e o Órgão de Apelação reforçaram a idéia de que um Estado deve negociar com os demais antes de adotar medidas restritivas, e defenderam o princípio de que uma cooperação internacional maior deveria ser o objetivo de todos os Estados.

O grupo especial que analisou o caso das restrições norte-americanas à importação de atum proveniente do México concluiu que um país só poderia regular a forma de produção ou o consumo de um determinado recurso se este se localizasse em sua jurisdição. A razão dessa decisão foi que, caso as exceções ao artigo XX do GATT fossem interpretadas de maneira diferente, cada parte contratante poderia determinar de forma unilateral as políticas de proteção à vida e à saúde que as demais teriam de adotar, a fim de que estas últimas não comprometessem os direitos que possuem pelo Acordo geral.[130]

Posteriormente, no contexto da OMC, o Órgão de Apelação, ao julgar o caso das restrições norte-americanas à importação de camarões e produtos deles derivados, em uma deferência à proteção ambiental, viria a afirmar que medidas restritivas nessa área não deveriam ser consideradas por si sós inconsistentes com as regras da OMC.[131] No entanto, apesar de procurar assegurar a possibilidade de manutenção de uma diversidade regulatória entre os países-membros, o Órgão de Apelação reforçou no mesmo caso a idéia de que as ações unilaterais são condenáveis. Em seu relatório, esse órgão reprova que os Estados Unidos não tenham procurado promover negociações sérias com as demais partes com o objetivo de concluir acordos para a proteção das tartarugas marinhas.[132] Para reforçar essa reprovação, o Órgão de Apelação menciona diversos acordos internacionais de proteção ambiental que prevêem a necessidade de cooperação para resolver os problemas ecológicos transfronteiras – como o princípio de número 12 da Declaração do Rio, pelo qual "toda ação unilateral visando a resolver os grandes problemas ecológicos além da jurisdição do país importador deveria ser evitada".[133] A conclu-

---

[130] PAYE, Olivier. La protection de l'environnement dans le système du GATT..., op. cit.; 1992. p. 95.

[131] MAVROIDIS, Petros C. Trade and Environment after the Shrimps-Turtles..., op. cit.; 2000. p. 87.

[132] OMC, WT/DS58 – Órgão de Apelação, *Proibição à importação de certos camarões e de certos produtos à base de camarões* (Índia, Malásia, Paquistão e Tailândia contra EUA), 12/10/98, p. 72-76.

[133] Órgão de Apelação cita outros documentos que condenam o unilateralismo em matéria ambiental, como a Convenção sobre a Diversidade Biológica, a Convenção sobre a Conservação das Espécies Migratórias pertencentes à fauna selvagem, e até mesmo a Convenção Interamericana para a Proteção das Tartarugas Marinhas, cuja existência demonstraria de forma convincente que os Estados Unidos – signatários da convenção – poderiam optar por um outro método a fim de realizar o objetivo legítimo de suas medidas, "um método diferente do procedimento unilateral e não consensual utilizado para aplicar a proibição à importação" em questão. Idem. p. 75.

são do Órgão de Apelação é que o caráter unilateral da aplicação das medidas em questão "agrava o efeito perturbador e discriminatório da proibição à importação e evidencia o seu caráter injustificável".[134]

Ao final, a abordagem adotada pelo sistema de solução de disputas da OMC é a de condenar as ações unilaterais dos Estados, sobretudo as tentativas de que tais ações produzam efeitos extraterritoriais – reafirmando a necessidade de uma ação concertada dos Estados envolvidos antes da adoção de medidas restritivas.[135]

No entanto, foi no caso relativo às chamadas seções 301 e Super 301 que o problema do unilateralismo nas ações de um Estado membro da OMC foi discutido com maior intensidade. A seção 301 do *Trade Act* de 1974 dotou os Estados Unidos de uma legislação que lhes permitia sancionar outros países sempre que considerassem que algum deles houvesse violado obrigações de um acordo comercial que tivesse celebrado com os Estados Unidos – o que normalmente equivalia ao desrespeito às regras do GATT –, ou sempre que o governo norte-americano considerasse que as práticas do Estado estrangeiro não fossem razoáveis – caso da não-proteção de direitos de propriedade intelectual pertencentes a norte-americanos –, ou discriminatórias – como na adoção de medidas contrárias aos princípios do tratamento nacional ou da cláusula da nação mais favorecida.

A seção 301 conferia aos particulares o poder de ingressar com uma queixa perante o representante americano para o comércio – USTR, *United States Trade Representative* –, dando início a um procedimento que poderia culminar na decisão do presidente norte-americano de adotar medidas compensatórias contra o Estado estrangeiro. Em 1988, o *Omnibus Trade and Competitiveness Act* modificaria a seção 301, aumentando os poderes do USTR, que passa a ter a faculdade de se decidir pela adoção das medidas compensatórias. Além disso, essas medidas tornam-se obrigatórias nos casos de violação de um acordo comercial, e prazos mais restritos são estabelecidos. Para reforçar ainda mais essa arma comercial, o ato de 1988 cria um novo procedimento – a seção Super 301. Essa exigia que o Poder Executivo realizasse um levantamento anual de todas as práticas comerciais desleais por parte dos Estados. Com tais dados em mãos, o governo deveria apontar os Estados que mais regras houvessem violado, procurando eliminar as práticas desleais em cada um deles, e indicando, após um certo prazo, se adotaria ou não medidas compensatórias para corrigir o problema.

Dessa forma, as medidas compensatórias adotadas em resposta à violação de obrigações convencionais eram imperativas, e aquelas empregadas em reação ao tratamento não-razoável ou discriminatório tinham caráter discri-

---

[134] OMC, WT/DS58 – Órgão de Apelação, *Proibição à importação de certos camarões e de certos produtos à base de camarões* (Índia, Malásia, Paquistão e Tailândia contra EUA), 12 de outubro de 1998. p. 72.

[135] RUIZ FABRI, Hélène. La contribution de l'Organisation Mondiale..., op. cit.; 2000. p. 372.

cionário. São essas medidas discricionárias, que abrangem toda ação de um Estado estrangeiro que venha a ser considerada um entrave ao comércio exterior dos Estados Unidos, que provocaram a reação da comunidade internacional. Não há regra do direito internacional que determine que um Estado deva comerciar livremente. Logo, se não há violação do direito, não deveria ser possível aos Estados Unidos adotar medidas compensatórias.

A Comunidade Européia questionou esse mecanismo de defesa comercial norte-americano perante o Órgão de Solução de Disputas da OMC.[136] A Comunidade[137] considerava que o mecanismo americano era contrário aos acordos da OMC, uma vez que a existência de um sistema obrigatório de solução de disputas deveria implicar o abandono de práticas unilaterais de suspensão de concessões. Além disso, argumentava-se que os prazos excessivamente restritos impostos pela legislação norte-americana impediam a aplicação do sistema de solução de disputas conforme previsto no Memorando.[138]

A conclusão do grupo especial formado para analisar o caso foi que a seção 301 não era incompatível com as regras da OMC. Para chegar a esse resultado, o grupo especial partiu, por exemplo, do princípio de que ainda que o mecanismo norte-americano possuísse prazos mais restritos do que os do Memorando sobre a Solução de Disputas, nada impediria que as autoridades americanas esperassem a decisão final do Órgão de Solução de Disputas para adotar as medidas compensatórias a título da seção 301. Logo, a decisão do grupo especial fundou-se nas condições de aplicação da seção 301 pelos Estados Unidos, e no compromisso do Congresso e do governo daquele país de respeitar as regras da OMC na execução daquele mecanismo unilateral.

O dispositivo de defesa comercial norte-americano foi, portanto, considerado compatível com as regras da OMC, sob reserva da forma de sua aplicação. O grupo especial afirmou que, caso a administração dos Estados Unidos viesse mudar sua prática e rompesse o compromisso de respeitar as regras da OMC na aplicação da seção 301, as conclusões sobre a compatibilidade desse mecanismo não mais estariam asseguradas. Desse modo, a decisão do grupo especial permite que os demais Estados controlem, avaliem e questionem medidas adotadas pela administração norte-americana com base em uma legislação interna daquele país – o que representa uma clara limitação à autonomia dos Estados Unidos de agirem da forma que acreditam ser de seu melhor interesse – restringindo assim sua soberania de fato.

---

[136] OMC, WT/DS152 – Grupo especial – *Seções 301-310 do Trade Act de 1974 (Comunidades Européias contra Estados Unidos da América)*, 22 de dezembro de 1999.

[137] É importante ressaltar que a então Comunidade Européia havia também adotado um instrumento com a mesma natureza da seção 301 – o "Novo instrumento de política comercial" (Regulamento n. 2641/84), porém esse foi raramente utilizado. MESSERLIN, Patrick. *La nouvelle organisation mondiale du commerce*. Paris: Ifri-Dunod, 1995. p. 313.

[138] RUIZ FABRI, Hélène. Chronique du règlement des différends 1999: Organisation Mondiale du Commerce. *JDI*, Paris, n. 2, p. 422-426, 2000.

Outra conclusão importante do grupo especial foi que as disposições contidas na seção 301 poderiam ter efeito negativo sobre o mercado. Isso ocorreria porque a incerteza que elas trazem poderia causar um "resfriamento" das atividades econômicas dos particulares, ameaçados pela possibilidade da adoção de medidas unilaterais – em especial quando essa ameaça provém de um Estado economicamente poderoso como os Estados Unidos.[139]

A existência de um sistema de solução de disputas tem por finalidade exatamente eliminar a incerteza trazida pela ação unilateral dos Estados. Seu objetivo é o de consolidar a confiança dos Estados membros na OMC – trata-se, por isso, de uma *"confidence building measure"*.[140] A passagem de um sistema aberto a ações unilaterais para um sistema normativo tem por objetivo eliminar a arbitrariedade e "alcançar uma maior previsibilidade e estabilidade nas relações econômicas internacionais".[141] Por esse motivo, além de afirmar que as ações unilaterais dos Estados só são permitidas caso estejam de acordo com as regras da OMC, o grupo especial preocupou-se em mostrar que elas devem ser evitadas em princípio, uma vez que podem ter efeitos prejudiciais sobre o comportamento dos agentes econômicos.

No entanto, é importante acrescentar que esses efeitos não atingem somente o dinamismo do comércio internacional – afetam a própria legitimidade do sistema. A posição dominante ocupada na atualidade pelos Estados Unidos permite que este país, ao ser confrontado com determinados problemas, dedique uma "ênfase imediata na ação unilateral". De fato, pelo poder que os Estados Unidos possuem, muitas vezes a ação unilateral é suficiente para minimizar senão resolver o problema em questão. No entanto, mesmo quando essas ações são bem intencionadas, a longo prazo seus efeitos podem ser nocivos.[142] Como lembra Joseph Stiglitz, mecanismos como os da seção 301 permitem que os Estados Unidos ajam como promotores e juízes em um processo que, na verdade, é um jogo de "cartas marcadas", já que tanto as regras quanto os julgadores favorecem a que se encontre um culpado. Quando esse mecanismo é utilizado contra outros países desenvolvidos, eles têm os recursos para se defender, mas quando se trata de países em desenvolvimento, o jogo é injusto, e seu maior resultado é a hostilidade generalizada. Assim, esses

---

[139] Nesse caso, mais uma vez, o grupo especial julgou que a possibilidade de tal efeito negativo, atribuída aos dispositivos legislativos, era minimizada pelos elementos de ordem administrativa apresentados pelo governo dos Estados Unidos. OMC, WT/DS152 – grupo especial – *Seções 301-310 do Trade Act de 1974 (Comunidades Européias contra Estados Unidos da América)*, 22 de dezembro de 1999, p. 325-326.

[140] Ver LAFER, Celso. Réflexions sur l'OMC lors du 50ᵉ anniversaire du système multilatéral commercial. *JDI*, Paris, n. 4, p. 940, 1998.

[141] LUPI, André Lipp Pinto Basto. *Soberania, OMC e Mercosul...*, op. cit.; 2001. p. 325.

[142] KEOHANE, Robert O.; NYE, Joseph S. *Power and Interdependence*. Cambridge, U.S.: Harper Collins, 1989. p. 236.

mecanismos "fazem muito pouco para reforçar a confiança em um sistema justo de comércio internacional".[143]

Com isso, as ações unilaterais podem a longo prazo ser prejudiciais até para o país que as iniciou. Como observam Keohane e Nye, quando tais ações interrompem as relações internacionais de cooperação ou põem em dúvida as motivações americanas, elas podem "destruir a base para regimes internacionais legítimos". Por esse motivo, mesmo as ações dos Estados Unidos deveriam ser tomadas em um "contexto de discussões, barganhas e – sempre que possível – acordos internacionais, em vez de unilateralmente".[144]

Conseqüências da OMC sobre o unilateralismo e o poder dos Estados de legislar

O objetivo de mecanismos como os estabelecidos nas seções 301 e Super 301 era reagir à possível lentidão e ineficácia dos procedimentos de solução de disputas do GATT. A ameaça da adoção de medidas compensatórias tinha sobretudo uma função dissuasória, servindo aos Estados Unidos como meio de pressão para forçar os demais Estados a negociar.[145] Em teoria, o novo sistema de solução de disputas da OMC, que tem prazos estritos e cujas decisões não podem mais ser bloqueadas por um dos países-membros, deveria contribuir para a desaparição de instrumentos de defesa comercial desse tipo.

As transformações trazidas pelos acordos da OMC teriam, ao menos no campo comercial, o potencial de substituir por atos multilaterais a recente prática norte-americana de um "unilateralismo agressivo", que levava esse país a freqüentemente tentar fazer valer as regras do GATT por suas próprias mãos.

Isso porque a OMC obriga seus membros a recorrer a seus procedimentos de solução de disputas em vez de agirem unilateralmente.[146] Essa obrigação está prevista no artigo 23, parágrafo 1º do Memorando sobre a solução de disputas, estipulando que os Estados membros deverão se conformar às regras e procedimentos daquele instrumento sempre que buscarem a reparação em caso de violação de obrigações previstas nos acordos da organização. Em matéria de comércio internacional, isso coloca o Órgão de Solução de Disputas como o único habilitado a recomendar a suspensão de concessões – qualquer ação coercitiva unilateral tem que se dar sob sua autoridade, conferindo-lhe um caráter exclusivo.[147]

---

[143] STIGLITZ, Joseph E. *Globalization and its Discontents*. New York: W. W. Norton, 2002. p. 62.

[144] KEOHANE, Robert O.; NYE, Joseph S. *Power and Interdependence*..., op. cit.; 1989. p. 236.

[145] Ver BOISSON de CHAZOURNES, Laurence. *Les contre-mesures dans les relations internationales économiques*. Genève: I.U.H.E.I; Paris: A. Pedone, 1992. p. 85.

[146] Ver FRANCK, Thomas M. *Fairness in International Law and Institutions*. Oxford: Clarendon Press, 1995. p. 433.

[147] CARREAU, Dominique; JUILLARD, Patrick. *Droit International Économique*. Paris: LGDJ, 1998. p. 71.

Essa constatação traz conseqüências importantes. Como já tivemos a ocasião de mencionar, reinaria tradicionalmente na ordem internacional o princípio da "justiça privada", resultante da ausência de uma autoridade centralizada e do predomínio de uma situação de relativa anarquia jurídica. Essa situação permite que, na maioria das vezes, os Estados façam justiça por conta própria – valendo-se do princípio de que, sempre que um Estado se julgue lesado pelo comportamento ilícito de outro, dispõe da faculdade de não respeitar, por sua vez, obrigações que lhe incumbiriam normalmente. Isso significa que, em direito internacional geral, caberia aos próprios Estados interpretar a conveniência ou não tanto da adoção quanto do nível de possíveis medidas compensatórias.

Uma das exceções a essa regra geral seriam os sistemas auto-suficientes – denominados pela doutrina *"self-contained regimes"*.[148] O que caracteriza tais sistemas é a estipulação de obrigações regulamentando um domínio de atividades e a previsão dos meios de que um Estado dispõe para fazer respeitar seus direitos se estes vierem a ser violados por outro Estado sujeito às mesmas obrigações. Em um regime auto-suficiente, a existência de um sistema de solução de disputas limita a reação de um Estado que se considere prejudicado por outro. Essa é a conclusão a que se chega por meio da análise do litígio franco-americano relativo ao Acordo de 1946 sobre os serviços aéreos.[149] O tribunal arbitral designado para julgar esse caso reafirmou o direito, atribuído pelo direito internacional geral a um Estado, de apreciar por si próprio sua situação jurídica com relação aos demais Estados e de adotar medidas compensatórias sempre que achar que estas são apropriadas.[150] No entanto, o Acordo de 1946

---

[148] Além de ser defendida nas obras de alguns autores, como B. Simma, a noção de *self-contained regime* foi reafirmada pela Corte Internacional de Justiça em sua análise do direito diplomático no caso relativo à invasão da embaixada dos Estados Unidos no Irã. Personnel diplomatique et consulaire des États-Unis à Téhéran (Iran c. États-Unis), CIJ, 1979 – ver TCHIKAYA, Blaise. *Mémento de la jurisprudence du droit international public...*, op. cit.; 2000. p. 113.

[149] Essa disputa, envolvendo em 1978 a França e os Estados Unidos, ocorreu pela proibição imposta por autoridades francesas ao desembarque no aeroporto de Orly de passageiros de um vôo da Pan Am proveniente dos Estados Unidos, devido à troca de aeronaves que essa companhia havia realizado na escala anterior do vôo, em Londres. A França alegava que tal mudança de aeronaves não era permitida pelo Acordo relativo aos Serviços Aéreos, celebrado pelos dois países em 1946. Em resposta ao ato das autoridades francesas os Estados Unidos adotaram uma medida compensatória que consistia na proibição dos vôos franceses com destino a Los Angeles. A sentença arbitral de 1978 relativa a esse caso não apenas analisou a questão da troca da aeronave em um terceiro país – concluindo que o Acordo de 1946 a permitia –, mas também a retaliação dos Estados Unidos – reafirmando o direito de um Estado de adotar medidas compensatórias. Ver DUTHEIL de la ROCHÈRE, Jacqueline. L'interprétation de l'accord franco-américain relatif au transport aérien international changement d'appareil à Londres. *AFDI*, Bruxelles, xxv, p. 314-337, 1979.

[150] O tribunal afirmou nesse caso que na presença de uma situação que comporte em sua opinião a violação de uma obrigação internacional por um outro Estado, um Estado tem o direito – sob a reserva das regras gerais do direito internacional relativas ao uso da força – de fazer respeitar seu direito por meio de medidas compensatórias. LEBEN, Charles. Les contre-mesures interétatiques et les réactions à l'illicite dans la société internationale. *AFDI*, Paris, v. xxvii, p. 22, 1982.

continha várias disposições relativas à solução de disputas, e o tribunal analisou a influência dessa situação sobre a possibilidade de adoção de medidas compensatórias, concluindo que o direito de adotá-las existiria "abstraindo-se os compromissos específicos decorrentes de tratados particulares, notadamente de mecanismos instituídos no marco das organizações internacionais", e determinando que a adoção de medidas compensatórias pelo Estado lesado não seria aceitável sempre que existisse "uma certa garantia de execução das obrigações".

Desse modo, se um tratado estabelece um meio de resolução de controvérsias com caráter obrigatório, esse fator condicionaria a adoção de medidas compensatórias pelos Estados participantes. De fato, não poderia ser diferente. Caso não se privilegiasse as disposições previstas no tratado em detrimento dos mecanismos tradicionais do direito internacional geral, a criação dessas disposições especiais não teria razão de ser. Esse raciocínio se aplica em geral às organizações internacionais que, muitas vezes, além de estabelecerem um sistema de solução de disputas, podem prever reações centralizadas às violações de suas regras – por meio de medidas tomadas por um órgão institucional em relação ao Estado membro que cometeu a violação, cujo objetivo é privá-lo parcial ou totalmente dos benefícios de que ele usufrui por participar da organização.[151]

As idéias mencionadas aplicam-se à OMC, como pudemos constatar. Essa organização conta com um órgão institucional capaz de assegurar a execução das obrigações de seus membros por meio de medidas que podem privar um Estado participante de certos direitos a ele conferidos pelos acordos daquela organização. Vale recordar, além disso, que não apenas a adoção de medidas compensatórias por um Estado deve ser autorizada pelo Órgão de Solução de Disputas, mas também seu montante pode ser controlado por meio de uma arbitragem obrigatória. Com isso, a OMC pode ser considerada, ao menos no que se refere à solução de disputas, um *"self-contained regime"*.

A caracterização da OMC como um sistema auto-suficiente leva os princípios tradicionais do direito internacional relativos à adoção de medidas compensatórias a não se aplicarem mais no contexto dessa organização.[152] Ao prever um regime específico de reação às violações das obrigações previstas em seus acordos, a OMC limita a possibilidade de retaliação por parte de seus membros, reduzindo a sua autonomia. Ela privilegiaria, portanto, "o governo das leis nas relações internacionais econômicas e comer-

---

[151] Essas medidas são entendidas por Leben como verdadeiras sanções, adotadas no âmbito do que esse autor denomina de "organizações internacionais especializadas", conceito que corresponde ao que aqui foi chamado de "organizações internacionais de cooperação". LEBEN, Charles. *Les sanctions privatives de droit ou de qualité dans les organisations internationales spécialisées*: recherches sur les sanctions internationales et l'évolution du droit des gens. Bruxelles: Bruylant, 1979. p. 120.

[152] SCHAEFER, Matthew. National Review of WTO..., op. cit.; 1996. p. 337.

ciais", ao fazer prevalecer "regras e disciplinas universais sobre as tentações do unilateralismo e da lei da selva".[153]

Além disso, é importante lembrar que a criação do Órgão de Solução de Disputas da OMC não deve ser vista como um fenômeno isolado. Como pudemos constatar, o mundo assiste a uma multiplicação dos mecanismos de solução de controvérsias, em particular em matéria de direito internacional econômico, e esses mecanismos tendem a criar sistemas exclusivos de sanção.[154] O resultado é que, ao menos no campo do comércio internacional, altera-se o modelo até então predominante nas relações internacionais, comprovando a afirmação de Dennis Alland de que "a imagem das soberanias desenfreadas galopando livremente pelas planícies selvagens da justiça privada pertencem a uma outra época".[155]

As organizações internacionais contribuem para a centralização do processo de sanção do direito internacional. Se antes a regra era a auto-apreciação por parte dos Estados, na atualidade essas organizações constituem ordens jurídicas nas quais a função de interpretação do direito está muitas vezes concentrada em órgãos que também estão habilitados a controlar a aplicação de sanções pelos Estados membros. A centralização da reação aos atos ilícitos internacionais em matéria econômica mostra que os Estados reduziram sua independência e, assim, sua soberania, no que se refere à possibilidade de agir unilateralmente no campo do comércio internacional.

As limitações aos atos unilaterais dos Estados não se resumem, no entanto, à questão internacional das medidas compensatórias. No plano interno, elas se refletem nas restrições que esses encontram em adotar alguns tipos de leis.

Notamos como, nos dois casos relativos ao meio ambiente analisados, os Estados Unidos viram-se pressionados a revogar uma legislação de proteção ambiental que acreditavam ser necessária – e como, no segundo caso, já no contexto da OMC, tal pressão produziu efeitos. É possível mencionar diversas decisões do Órgão de Solução de Disputas que tiveram conseqüências parecidas. Assim, a lei francesa que proibia a importação de organismos geneticamente modificados, entre eles o milho transgênico, foi declarada contrária à liberdade de comércio e a certas disposições dos acordos da OMC; as restrições à importação aplicadas pelos europeus sobre a carne

---

[153] Como afirmou o rei Hassan II em Marrakesh, em 1994. Ver LUPI, André Lipp Pinto Basto. *Soberania, OMC e Mercosul...*, op. cit.; 2001. p. 323.

[154] Carreau e Juillard definem o direito internacional econômico como o conjunto de regras que regem a organização das relações internacionais econômicas, e se aplica especialmente às relações jurídicas que governam o intercâmbio de bens e serviços. Segundo esses autores, o direito internacional econômico em seu início era de certa forma "alérgico" à submissão de disputas a jurisdições internacionais, situação que hoje estaria mudando. CARREAU, Dominique; JUILLARD, Patrick. *Droit International Économique...*, op. cit.; 1998. p. 6-9.

[155] ALLAND, Denis. *Justice privée et ordre juridique international...*, op. cit.; 1994. p. 431.

americana tratada à base de hormônios de crescimento foram contestadas pelos Estados Unidos com sucesso perante a OMC, em virtude da ausência de provas científicas de sua nocividade;[156] o regime preferencial conferido a determinados países em desenvolvimento pela Comunidade Européia em virtude da IV Convenção de Lomé, baseado principalmente em licenças de exportação de bananas, foi condenado na OMC;[157] e, por fim, o mecanismo das *Foreign Sales Corporations* também foi condenado, dando origem ao maior valor de medidas compensatórias até então autorizado pelo Órgão de Solução de Disputas.[158]

Este último exemplo mostra mais uma vez que, graças à OMC, "instâncias de regulação podem obrigar um país tão poderoso quanto os Estados Unidos[159] a reformar o seu sistema fiscal".[160] Essa conclusão se aplica a todas as demais decisões mencionadas, que abrangem as áreas mais variadas, como defesa da saúde pública e ajuda a países em desenvolvimento. Em todos esses casos, os Estados tiveram de se conformar com as decisões do Órgão de Solução de Disputas ou arcar com os altos custos de não fazê-lo.[161]

É importante lembrar que a OMC procura se afirmar como um ordenamento jurídico superior aos ordenamentos jurídicos nacionais – e isso, por uma questão lógica, conforme previamente analisado, não poderia ser diferente, sob pena de essa organização perder sua razão de ser.[162] Assim, o artigo XVI

---

[156] Sobre esse caso, Élie Cohen observa que as sanções impostas aos países europeus pelos Estados Unidos repercutiram tanto no plano econômico quanto no plano simbólico. Os conflitos que se seguiram se assemelhariam mais a uma batalha cultural do que a uma disputa mercantil: os Estados Unidos aumentaram os tributos sobre produtos como o *foie gras*, o *roquefort* ou a mostarda, símbolos da gastronomia francesa. Os camponeses franceses, com José Bové, reagiram atacando a rede de *fast food* McDonald's. COHEN, Élie. *L'ordre économique mondial*: Essai sur les autorités de régulation. Paris: Fayard, 2001. p. 96; ver também OMC., WT/DS26, WT/DS48 – Órgão de Apelação, *Medidas tratando das carnes e produtos derivados (hormônios)* (Canadá, Estados Unidos contra Comunidade Européia), 16 de janeiro de 1998.

[157] OMC, WT/DS27 – Órgão de Apelação, *Regime aplicável à importação, à venda e à distribuição de bananas,* (Equador, Guatemala, Honduras, México e Estados Unidos contra Comunidade Européia), 9 de setembro de 1997.

[158] OMC, WT/DS108/1 – Orgão de Apelação, *Tributação de "sociedades de venda ao estrangeiro"* (Comunidade Européia contra os Estados Unidos), 24 de fevereiro de 2000.

[159] É interessante ressaltar que, até 2003, das 15 disputas em que os Estados Unidos se envolveram desde 2001, quando George W. Bush assumiu a presidência, os norte-americanos perderam 13. Ver É impossível ser feliz sozinho. *Valor Econômico*, São Paulo, 25-27 abr. 2003. Caderno Eu&, p. 10.

[160] COHEN, Élie. *L'ordre économique mondial...*, op. cit.; 2001. p. 100.

[161] No caso das restrições à importação de bananas, a recusa da União Européia em alterar seu regime fez que os Estados Unidos fossem autorizados a adotar um aumento de tarifas sobre produtos europeus em um total de 200 milhões de dólares. No caso da carne tratada com hormônios, as medidas compensatórias adotadas pelos Estados Unidos chegaram a 100 milhões de dólares. BARFIELD, Claude E. Free Trade, Sovereignty, Democracy..., op. cit.; 2001. p. 404.

[162] Ver RUIZ FABRI, Hélène. La contribution de l'Organisation Mondiale..., op. cit.; 2000. p. 363.

do acordo que constitui essa organização estabelece a primazia de seu direito sobre o de seus países-membros. A OMC coloca-se, portanto, como autoridade superior aos países que dela participam. A existência de uma autoridade superior à dos Estados, como se comprovou, afeta sua supremacia e independência e, assim, sua soberania.

Essa conclusão se agrava pela constatação de que essa nova autoridade internacional possui competências cada vez mais amplas. A variedade de domínios abrangidos pelas decisões referidas deve-se ao fato de que a OMC, em seu objetivo de regular o comércio internacional, é obrigada a analisar diversas áreas que, mesmo não estando diretamente ligadas ao comércio, podem vir a afetar a livre circulação de mercadorias – como é o caso da proteção ambiental.

E é provável que o campo de atuação do Órgão de Solução de Disputas da OMC aumente a cada dia. O motivo pelo qual isso ocorre é por verificar-se uma tendência a que outros acordos não tão estreitamente relacionados ao comércio sejam incluídos no sistema dessa organização – o que já ocorreu no momento de celebração dos próprios acordos da OMC, que passaram a abarcar domínios como os serviços, a propriedade intelectual e os investimentos internacionais.[163] Isso se explica pela efetividade desse sistema. A passagem de determinados assuntos pelo direito da OMC serviria como uma espécie de "alavanca" por meio da qual estes adquiririam um caráter positivo.[164] Seu objetivo é assegurar o cumprimento desses outros acordos, ao sujeitá-los ao mecanismo obrigatório de solução de disputas e às sanções comerciais nele previstas.[165]

O efeito dessa estratégia é a ampliação do espaço ocupado pelo ordenamento jurídico da OMC. Essa se soma aos atores privados transnacionais – os quais adquiriram certa relevância na produção de regras relativas ao comércio e ao investimento – contribuindo para romper o monopólio normativo dos Estados.[166] A fim de administrar a interdependência e promover os interesses internacionais comuns, as normas dessa organização passam, como observa Celso Lafer, a ir bem além da redução das barreiras alfandegárias, circunscrevendo a competência discricionária dos Estados e enquadrando políticas que antes eram de domínio reservado destes.[167]

---

[163] CARREAU, Dominique; JUILLARD, Patrick. *Droit International Économique*…, op. cit.; 1998. p. 6.

[164] RUIZ FABRI, Hélène. La contribution de l'Organisation Mondiale…, op. cit.; 2000. p. 374.

[165] O resultado disso, como observa Daniel Esty, é que o sistema de solução de disputas da OMC acaba por julgar assuntos que ultrapassam a sua competência central – decisões que foram apelidadas em inglês de *"trade and…" decisions*. Isso provoca o descontentamento daqueles que acreditam que os objetivos comerciais em alguns casos acabam por se sobrepor às metas estabelecidas em outras áreas, como o meio ambiente. Comentário de Daniel C. Esty em PORTER, Roger B. et al. *Efficiency, Equity and Legitimacy*: the Multilateral Trading System at the Millennium. Washington, D. C.: Brookings Institution Press, 2001. p. 303.

[166] RUIZ FABRI, Hélène. La contribution de l'Organisation Mondiale…, op. cit.; 2000. p. 350.

[167] LAFER, Celso, Réflexions sur l'OMC…, op. cit.; 1998. p. 938.

Assim, o desenvolvimento das regras da OMC limita a autonomia dos Estados em adotar determinadas leis. No entanto, o monopólio do poder legislativo – ou seja, o poder exclusivo do Estado de estabelecer as leis que serão aplicadas no interior de seus limites territoriais – é essencial ao exercício da soberania.[168] Ao impor limites ao exercício desse monopólio, a OMC restringe a soberania dos Estados.

O poder de impor a lei "a todos em geral e a cada um em particular" – atualmente banalizado por seu compartilhamento com os demais atores da vida internacional[169] – era visto por Jean Bodin como o principal elemento característico da soberania.[170] Bodin não admitia que se considerasse um Estado soberano aquele que "reconhece a justiça de alguém maior que ele", de alguém que "anula seus julgamentos, corrige as suas leis, que lhe castiga se ele comete abusos".[171] Como pudemos constatar no início deste livro, os autores que construíram o conceito de soberania eram dessa mesma opinião – para Kant, por exemplo, o Estado deveria ser, como legislador, irrepreensível em suas leis.[172] De fato, a noção de soberania sempre esteve vinculada ao exercício exclusivo dos poderes regulatórios pelo Estado dentro de seu próprio território – independentemente do controle e da influência de qualquer entidade externa. A participação na OMC faz que os Estados se sujeitem a um controle e a uma influência crescentes. Admitir que, por sua participação na OMC, os Estados diminuem a possibilidade de exercer seu poder normativo livremente equivale a reconhecer que eles são menos soberanos do que eram antes.

Logo, da mesma forma como concluímos que a limitação dos atos unilaterais e a subordinação das medidas compensatórias estatais ao sistema de solução de disputas da OMC afetam a soberania entendida como independência externa dos Estados, podemos concluir que a imposição de uma necessidade de cooperação e a obrigação de respeitar as regras da OMC na adoção de leis inter-

---

[168] Os outros dois monopólios essenciais ao poder estatal seriam, segundo Paul Isoart, o "monopólio da coerção sobre seus nacionais" dentro de seu território e o "monopólio jurisdicional". Ver ISOART, Paul. Souveraineté étatique et relations internationales. In: BETTATI, Mario et al. La souveraineté au XXème siècle. Paris: Librairie Armand Colin, 1971. p. 15.

[169] RUIZ FABRI, Hélène. La contribution de l'Organisation Mondiale..., op. cit.; 2000. p. 350.

[170] BODIN, Jean. Les six livres de la République. Paris: Le Livre de Poche, 1993. p. 160.

[171] Para Bodin, os duques do Império, como os de Milão, Mântova, Ferrara e Sabóia, ainda que se chamassem "Duques Príncipes Soberanos", eram na verdade investidos pelo Império, se submetiam a ele e a ele rendiam homenagens, eram originários de terras sujeitas ao Império e podiam por ele ser castigados caso abusassem de seus poderes. Todos esses fatores impediriam que esses duques fossem considerados soberanos. Com isso, Bodin concluiu que os duques, condes e todos aqueles que se sujeitassem à lei ou às ordens de outrem, seja por força, seja por obrigação, não seriam soberanos. BODIN, Jean. Les six livres de la République..., op. cit.; 1993. p. 154.

[172] Ver PAUPÉRIO, A. Machado. O conceito polêmico de soberania. ..., op. cit.; 1958. p. 93.

nas fere a soberania como autonomia dos Estados de agir livremente em seu próprio território nas matérias que possam afetar o comércio internacional.

A amplitude do ordenamento jurídico da OMC já levou alguns autores a ver essa organização como a única instituição internacional com chances de se tornar um órgão de governo mundial, regulamentando não apenas as trocas, mas também outros assuntos importantes, como o trabalho e o ambiente.[173] Por outro lado, decisões contrárias à adoção de determinadas políticas ambientais podem levar a crer que ela teria uma tendência a colocar o comércio acima de todos os demais assuntos, até mesmo a proteção do ambiente.[174] Quem define quais são as prioridades da sociedade internacional? Quem pode determinar quais assuntos e quais preceitos situam-se em um plano superior e, por isso, devem ser protegidos em detrimento de outras áreas e outros princípios?

A influência da OMC leva a questões que ultrapassam o problema da soberania, estendendo-se à discussão dos objetivos e da legitimidade do novo sistema de "governança global". No entanto, a influência das organizações internacionais de cooperação não se limita ao campo comercial. Também no domínio financeiro a existência de organizações internacionais pode afetar a soberania estatal – provocando ainda mais questões sobre o problema da legitimidade do novo modelo de organização do mundo.

10.2.2 Ordem financeira internacional e soberania – o papel do FMI e do Banco Mundial

> *No século XIX as potências ocidentais – muitas das quais haviam crescido utilizando políticas protecionistas – impuseram tratados de comércio injustos. O mais ultrajante, talvez, seguiu-se às Guerras do Ópio, quando o Reino Unido e a França uniram-se contra uma China enfraquecida, e juntamente à Rússia e aos Estados Unidos, forçaram-na, no Tratado de Tientsin em 1858, não apenas a fazer concessões comerciais e territoriais, assegurando que exportaria a preços baixos as mercadorias que o Ocidente queria, mas a abrir seus mercados ao ópio, a fim de que milhões de chineses se tornassem viciados. (Alguém poderia chamar isso de uma abordagem quase diabólica da "balança comercial".) Hoje, os mercados emergentes não são forçados a se abrir sob a ameaça do uso do poderio militar, mas pelo poder econômico, por meio da ameaça de sanções ou da retenção da assistência necessitada em tempos de crise.*[175]
>
> **Joseph Stiglitz**

---

[173] Ver MORAND, Charles-Albert. Le droit saisi par la mondialisation: définitions, enjeux et transformations. In: MORAND, Charles-Albert (org.). *Le droit saisi par la mondialisation*. Bruxelles: Bruylant, 2001. p. 86.
[174] STIGLITZ, Joseph E. *Globalization and its Discontents...*, op. cit.; 2002. p. 216.
[175] Idem. p. 62.

O último elemento de nossa análise da diminuição da soberania estatal é o papel da ordem financeira internacional, representada aqui por suas duas principais instituições, o Fundo Monetário Internacional e o Banco Mundial. Até agora, pudemos verificar as conseqüências que fenômenos diversos como a globalização, a revolução tecnológica, a globalização jurídica, as organizações de integração regional e as organizações internacionais de cooperação têm sobre o modelo do Estado soberano. Encerrar esta parte deste livro com o exame dos efeitos do FMI e do Banco Mundial sobre a soberania reúne duas virtudes. Além de acrescentarem mais dois exemplos de organizações internacionais de cooperação que afetam a soberania estatal, essas duas instituições têm influências muito parecidas às que a globalização – fenômeno com que se iniciou este estudo – exerce sobre os Estados.

Contudo, essas não são as únicas vantagens da análise dessas duas organizações internacionais. A atuação do FMI e do Banco Mundial não provoca apenas questões relativas à soberania dos Estados. Como bem observa Richard Falk, hoje os líderes políticos nacionais de todas as orientações ideológicas se veriam pressionados a promover a competitividade em detrimento de outras considerações relativas à proteção ambiental ou ao bem-estar de sua população – e os ajustes estruturais impostos pelo FMI e pelo Banco Mundial como condições para fornecer ajuda aos países em apuros financeiros estariam associados a tais pressões.[176] Logo, assim como acabamos de observar a respeito da OMC, a atuação das organizações internacionais de caráter financeiro nos leva a refletir também sobre a legitimidade da nova ordem que está surgindo – o novo modelo de organização da humanidade. Essas reflexões serão iniciadas aqui e levadas adiante na parte final deste livro.

A criação do FMI corresponde a um desenvolvimento notável nas relações internacionais por "representar um sólido acordo para a introdução do império da lei em uma área na qual, anteriormente, a discrição dos Estados de agir como eles quisessem era quase que totalmente ilimitada".[177] Ao aderir ao FMI, os Estados aceitam submeter-se às decisões do Fundo. No momento em que o Fundo analisa um pedido de admissão formulado por um Estado, ele pode exigir que este realize determinadas reformas a fim de poder se beneficiar das vantagens inerentes à sua participação.[178] Além disso, o FMI pode privar um membro que não respeite suas obrigações dos recursos que este teria normalmente à sua disposição. Neste caso, a suspensão dos serviços fornecidos pela organização – o direito de efetuar saques – pode ser utilizada como um forte meio de pressão para direcionar a conduta de um Estado em deter-

---

[176] FALK, Richard A. *On Humane Governance*: Towards a New Global Politics. Philadelphia: The Pennsylvania University Press, 1995. p. 104.

[177] Ver EFRAIM, Athena Debbie. *Sovereign (In)equality...* op. cit.; 2000. p. 196.

[178] CARREAU, Dominique. Les moyens de pression économique au regard du F.M.I., du G.A.T.T. e de l'O.C.D.E. *Revue belge de droit international*, Bruxelles, v. XVII, 1984-1985. p. 29.

minado sentido. Portanto, ao aderir ao Fundo, os Estados abrem mão de certa parcela de sua soberania, renunciando a práticas que possam ser consideradas nocivas ao bem-estar econômico dos demais países-membros.[179]

Empréstimos soberanos, condicionalidades e soberania

Se o FMI foi criado em 1944 com o objetivo de zelar pela estabilidade econômica mundial, posteriormente sua principal função passou a ser a de fornecer empréstimos para países em dificuldades financeiras, sobretudo no mundo em desenvolvimento.[180]

Esses empréstimos, chamados "soberanos" porque a parte devedora é um Estado, possuem características peculiares. Como explica Stephen Krasner, ao contrário do que ocorre com os empréstimos internos, os empréstimos soberanos não contam com a proteção da justiça em caso de não-pagamento, nem podem ser atrelados a bens do devedor que seriam apreendidos a fim de garantir a dívida.

A solução encontrada no século XIX para contornar esse problema afetava profundamente a soberania dos países devedores. Nessa época, os países credores chegavam a garantir o pagamento por meio de contratos prevendo o controle das atividades fiscais do país devedor, inclusive da arrecadação dos impostos. Em caso de não-pagamento, a violação da autonomia se acentuava, e os países credores chegavam a utilizar a força militar, ocupando e bloqueando os portos e aduanas dos países devedores para fazer valer seus direitos. Com o tempo, esquemas como esses foram tornando-se cada vez menos aceitáveis. A solução econômica para o problema seria a cobrança de juros muito altos, como forma de compensação para o risco de não-pagamento. Porém, essa alternativa também não é conveniente para os governos dos países devedores, que concordam em atar suas próprias mãos, violando sua autonomia doméstica e "diminuindo sua discrição a fim de que potenciais fornecedores de capital tenham mais confiança de que serão reembolsados".[181]

A maneira aceitável encontrada para resolver a questão dos empréstimos soberanos foi vincular sua realização à aceitação de determinadas condições ligadas à política econômica do país que toma emprestado. No caso do FMI, esse procedimento ficou conhecido como princípio da "condicionalidade", e sua função seria a de, ao promover as mudanças econômicas que essa organização considera necessárias, assegurar que o país ao qual se efetuou o empréstimo pudesse futuramente pagá-lo.[182]

---

[179] Ver EFRAIM, Athena Debbie. *Sovereign (In)equality...* op. cit.; 2000. p. 196.
[180] HELD, David. *Democracy and the Global Order...*, op. cit.; 1995. p. 109.
[181] KRASNER, Stephen D. *Sovereignty...*, op. cit.; 1999. p. 140, 128.
[182] Nesse sentido, as condicionalidades serviriam como uma espécie de garantia, do mesmo tipo das solicitadas pelas instituições financeiras privadas. TSAI, Mary C. Globalization and Conditionality: Two Sides of the Sovereignty Coin. *Law and Policy in International Business*, Washington D.C., p. 1328, Summer 2000.

As condicionalidades podem referir-se às áreas mais variadas, como alterações na estrutura tributária, restrições à expansão do crédito, diminuição dos gastos governamentais, desvalorização cambial, cortes no funcionalismo público, fim da indexação salarial, redução de subsídios, limitação dos investimentos governamentais e liberalização comercial, entre outras.[183] Como observa Krasner: "Ao entrar em negociações com o FMI, um país pode basicamente considerar qualquer aspecto de sua política econômica doméstica aberto à discussão".[184]

Esse mecanismo é incluído nos acordos celebrados com o Fundo, que em geral condicionam a liberação das parcelas do empréstimo a determinados níveis de desempenho a ser atingidos pelos Estados.[185] Desse modo, as condições impostas normalmente transformam o empréstimo em um instrumento para forçar a adoção de determinadas políticas. Assim, caso o FMI queira que determinado país liberalize seu mercado financeiro, ele condiciona o pagamento de cada parcela do empréstimo a um novo passo em direção a essa liberalização.[186]

Tivemos a oportunidade de estudar anteriormente a crise asiática de 1997. Analisando esse período, podemos encontrar vários exemplos de condicionalidades impostas pelo FMI. Ao requisitar um empréstimo naquela ocasião, a Tailândia viu-se obrigada a aumentar impostos, cortar gastos governamentais, aumentar as taxas de juros, abrir seus mercados à concorrência estrangeira e suspender ou reestruturar as atividades de instituições financeiras consideradas inviáveis. O governo daquele país procurou atender às condições impostas, realizando um corte de quase 20% em seu orçamento, aumentando a alíquota do imposto sobre o valor agregado de 7% para 10%, fechando instituições financeiras insolventes e abrindo pela primeira vez o mercado bancário aos investidores estrangeiros.[187]

No caso da Coréia, o FMI condicionou os empréstimos à realização de mudanças no Banco Central, a fim de torná-lo mais independente.[188] Além dis-

---

[183] Krasner apresenta o exemplo da carta de intenções apresentada por Uganda para o Fundo em 1998, na qual esse país se comprometia a vender empresas estatais, reduzir o número de funcionários públicos, reduzir os impostos sobre cervejas e refrigerantes, diminuir o número de ministros, entre outras medidas. KRASNER, Stephen D. *Sovereignty...*, op. cit.; 1999. p. 147.

[184] Um dos assuntos que foram objeto de condicionalidades foi o combate à corrupção. Como exemplifica Krasner, o FMI reteve empréstimos ao Quênia quando o governo desse país falhou em criar uma agência anticorrupção, ou condicionou seu empréstimo à Indonésia em 1998 ao fim dos subsídios e dos cartéis patrocinados pelo governo para empresas dirigidas por familiares do presidente daquele país. Idem. p. 146.

[185] TSAI, Mary C. Globalization and Conditionality..., op. cit.; 2000. p. 1322.

[186] STIGLITZ, Joseph E. *Globalization and its Discontents...*, op. cit.; 2002. p. 44.

[187] TSAI, Mary C. Globalization and Conditionality..., op. cit.; 2000. p. 1324.

[188] Mesmo que, como observa Stiglitz, não haja evidências de que países com bancos centrais independentes apresentam maior estabilidade ou crescimento. STIGLITZ, Joseph E. *Globalization and its Discontents...*, op. cit.; 2002. p. 45.

so, como explica Stiglitz, uma das grandes preocupações do Fundo sempre foi o controle da inflação. Assim, ele também pressionou o Banco Central coreano para que se concentrasse exclusivamente na inflação, mesmo que, como afirma esse autor, a inflação não fosse um problema na Coréia nesse período e não houvesse motivo para acreditar que a crise fosse gerada por má administração das políticas monetárias.[189] Desse modo, "o FMI simplesmente utilizou a oportunidade que a crise lhe deu para empurrar sua agenda política".[190]

Nesse mesmo contexto, também a Rússia solicitou um empréstimo ao FMI, que condicionou a liberação do dinheiro a cortes no orçamento, aumento nas taxas de juros e diversas outras reformas estruturais. Após a assinatura do acordo, no entanto, o parlamento russo recusou-se a atender às condições impostas – o que levou o Fundo a suspender o empréstimo, ainda que a Rússia tivesse atingido boa parte dos índices de desempenho requeridos.[191]

Podemos assim perceber que, ao impor suas condicionalidades, o FMI muitas vezes estabelece objetivos rigorosos[192] e, ao se recusarem a atingir tais metas – ou, ao não conseguirem fazê-lo – os Estados estão sujeitos a não receber o empréstimo, o que pode gerar graves conseqüências sobre suas economias. Além disso, pelos exemplos citados, fica claro que as condicionalidades impostas muitas vezes implicam alterações nas normas dos países que recorrem a essa instituição – que chega a estipular as leis que os Parlamentos nacionais têm de aprovar a fim de alcançar os objetivos acordados.[193]

O Banco Mundial não foge à regra das condicionalidades, normalmente vinculando seus empréstimos à realização de ajustes estruturais por parte

---

[189] A insistência do FMI em reformas estruturais faz que alguns autores acreditem que essa instituição muitas vezes ultrapassa as funções estabelecidas em seu instrumento constitutivo, agindo *ultra vires*. Um ato *ultra vires* é um ato praticado por uma instituição que não tem autoridade para praticá-lo, ou seja, um ato incompatível com os tratados constitutivos daquela instituição. Ao analisar o caso da Indonésia na crise asiática de 1997, Riesenhuber chega à conclusão de que, mesmo que naquela ocasião o FMI tenha constatado que a crise não era causada por má administração macroeconômica do governo indonésio, ele parece ter aproveitado a oportunidade para corrigir algumas fraquezas estruturais de caráter geral, algo que, para essa autora, não estaria subentendido no mandato do Fundo. Ver RIESENHUBER, Eva. *The International Monetary Fund Under Constraint...*, op. cit.; 2001. p. 277.

[190] STIGLITZ, Joseph E. *Globalization and its Discontents...*, op. cit.; 2002. p. 45.

[191] O que para Tsai é prova da crença obstinada do Fundo na exatidão de suas receitas econômicas, mesmo quando se trata de um país "grande demais para quebrar". TSAI, Mary C. *Globalization and Conditionality...*, op. cit.; 2000. p. 1324, 1327.

[192] Como observam Haas e Litan, recorrer ao FMI não parece muito convidativo para os governos, uma vez que normalmente o Fundo faz exigências severas de ajustes e reformas econômicas para os países que procuram sua ajuda – exigências essas que costumam levar à recessão, afetando também os investidores. Os países, em princípio, evitam portanto ir ao Fundo. HAAS, Richard N.; LITAN, Robert E. Globalization and its Discontents: Navigating the Dangers of a Tangled World. *Foreign Affairs*, New York, v. 77, nº 3, p. 3-4, May/Jun. 1998.

[193] STIGLITZ, Joseph E. *Globalization and its Discontents...*, op. cit.; 2002. p. 44.

do país devedor – o que leva alguns autores a defender que também essa instituição ajuda a propagar determinadas idéias de caráter liberal associadas à globalização.[194] Mais recentemente, as condicionalidades do Banco Mundial passaram a exceder as correções macroeconômicas receitadas pelo FMI, estendendo-se às exigências do que seria considerado uma "boa governança" – o que compreenderia o respeito aos direitos humanos, a criação de mecanismos democráticos de prestação de contas e uma administração pública efetiva.[195]

Vale por fim acrescentar que essa situação também ocorre com os bancos de desenvolvimento regionais. O Banco Europeu para a Reconstrução e Desenvolvimento, por exemplo, vai mais além e chega a incluir condições políticas em seus próprios atos constitutivos, que prevêem que as partes contratantes devam estar "comprometidas com os princípios fundamentais da democracia multipartidária, do Estado de Direito, do respeito aos direitos humanos e à economia de mercado".[196]

Ao interferir no poder do Estado de legislar o FMI afeta um poder que, como pudemos comprovar, é essencial à soberania. Que essa interferência tenha efeitos, depende, é claro, do consentimento do próprio Estado. O FMI não pode intervir em um país a menos que as autoridades deste país o solicitem. Logo, assim como ocorre com os tratados em geral, o fato de que os Estados aceitem expressamente as condicionalidades ao assinar acordos com o FMI pode levar a crer que não haveria interferência indevida nos assuntos internos estatais e, portanto, que a soberania permaneceria inalterada. Aqui, mais uma vez, podemos nos basear no exemplo da crise asiática de 1997 para demonstrar que essa conclusão é ilusória.

Ao analisar os efeitos daquela crise sobre a Indonésia, Eva Riesenhuber mostra que, durante aquele período, qualquer oposição daquele país às políticas propostas pelo FMI repercutiria de modo negativo no mercado, afetando sua moeda, e a necessidade de reestruturar a dívida privada, somada à pressão internacional, faziam que aquele país não tivesse outra alternativa senão aceitar o acordo do Fundo e as condicionalidades por ele impostas. Uma recusa significaria não apenas a não-reestruturação da dívida, mas o corte dos recursos fornecidos pelo Banco Mundial e a perda da confiança dos mercados.[197] No caso da Coréia, Joseph Stiglitz mostra como, na prática, o FMI acaba por impor sua vontade aos Estados. Segundo ele, caso a Coréia não aceitasse implementar as políticas sugeridas pelo Fundo, este poderia não apenas deixar

---

[194] Ver LEBEL, Georges A. *La Mondialisation: une hypothèse économique galvaudée aux effets dramatiques*. In: CRÉPEAU, François (org.). *Mondialisation des échanges et fonctions de l'État*. Bruxelles: Bruylant, 1997. p. 17-35.

[195] HELD, David. *Democracy and the Global Order...*, op. cit.; 1995. p. 110.

[196] KRASNER, Stephen D. *Sovereignty...*, op. cit.; 1999. p. 144.

[197] RIESENHUBER, Eva. *The International Monetary Fund Under Constraint...*, op. cit.; 2001. p. 307.

de fornecer seus próprios recursos, mas seria capaz de fazer uso de seu "púlpito ameaçador" para desencorajar investimentos privados, divulgando suas dúvidas a respeito da economia coreana. Nesta situação, um anúncio público do rompimento das negociações com o FMI seria encarado como um sinal altamente negativo pelos mercados.[198]

Assim, os técnicos do Fundo – e o mesmo ocorre com os do Banco Mundial – transformaram-se em uma espécie de analistas da saúde econômica de uma nação, e o "selo de aprovação" por eles conferido ao autorizar um empréstimo passou a ser visto como uma indicação de que o país que o obtém pode tornar-se o destino de investimentos razoavelmente confiáveis.[199]

Além disso, outros doadores, como o Banco Mundial, a União Européia e vários outros países, condicionam o acesso a seus fundos à mesma aprovação por parte do FMI. O fato de que praticamente todos aqueles que poderiam fornecer crédito ao país em crise – Estados, bancos de desenvolvimento e emprestadores privados – usam o FMI como referência, fazia que, na prática, a recusa do acordo com o Fundo não fosse uma alternativa para a Indonésia, e que, da mesma forma, a Coréia não tivesse outra opção senão aceitar as políticas indicadas por essa instituição. Por fim, também a Tailândia, com sua moeda desvalorizando-se 20% em um único mês e seu mercado de ações despencando, não teria outra escolha senão aceitar a única linha de crédito de emergência que lhe era acessível – um pacote financeiro do FMI com todas as suas condições.[200]

Esses exemplos mostram-nos como muitas vezes o consentimento dos Estados é mais o resultado de uma posição enfraquecida e da impossibilidade de resistir a pressões do que o reflexo de uma vontade real. Com isso, mesmo que não se possa afirmar que a soberania de direito do Estado que solicita o empréstimo seja afetada, a atuação do FMI leva a "levantar sérias questões sobre as condições que uma comunidade política tem de determinar suas próprias políticas e direções".[201]

Os autores que se detiveram na análise dessa questão estão de acordo com essa opinião. No caso da crise da Indonésia, Eva Riesenhuber acredita que as condicionalidades impostas pelo FMI "interferiram excessivamente na soberania da Indonésia".[202] Joseph Stiglitz, por sua vez, acredita que aqueles que dão valor aos processos democráticos viram como as condições que os emprestadores internacionais impunham em troca de sua assistência mina-

---

[198] STIGLITZ, Joseph E. *Globalization and its Discontents*..., op. cit.; 2002. p. 42.
[199] TSAI, Mary C. Globalization and Conditionality..., op. cit.; 2000. p. 1322.
[200] Idem. p. 1327.
[201] HELD, David. *Democracy and the Global Order*..., op. cit.; 1995. p. 110.
[202] RIESENHUBER, Eva. *The International Monetary Fund Under Constraint*..., op. cit.; 2001. p. 349.

vam a soberania nacional.[203] Para Stephen Krasner, as instituições financeiras internacionais violam com freqüência a autonomia dos Estados, quando elas oferecem fundos apenas aos países que aceitam promover "mudanças nas suas políticas domésticas e freqüentemente também em suas estruturas institucionais".[204] Assim, não seria mais possível, como observa Mary Tsai, "ignorar os efeitos das condicionalidades sobre a soberania". Essas teriam, como mínimo, o poder de muitas vezes forçar os Estados a abandonar os modelos de desenvolvimento econômico por eles adotados antes das crises e, sem dúvida, limitariam o leque de políticas econômicas à sua disposição.[205]

A questão da desigualdade de poderes no FMI

A comprovação de que a atuação do FMI pode ter conseqüências sobre a autonomia dos Estados leva a outras questões importantes. A primeira delas, de caráter econômico, refere-se à eficiência das condicionalidades propostas pelo Fundo. Nesse sentido, diversos autores contestarão a eficácia de algumas das receitas apresentadas e, de forma geral, defenderão que, embora aceitem adotar determinadas reformas, os governos tendem a diminuir sua convicção na conveniência das políticas que são forçados a aprovar – como observa David Dollar, é uma reação natural dos seres humanos a de se rebelar contra medidas que lhes são impostas por forças exteriores.[206]

No entanto, o que nos interessa aqui é outro problema, que se relaciona com a legitimidade dessa instituição e dos interesses que ela representa. Ainda que o FMI tenha estabelecido, entre as diretrizes que devem pautar as condicionalidades a ser cumpridas para a utilização de seus recursos, que, ao ajudar a desenvolver programas de ajuste, dará a devida atenção "aos objetivos sociais e políticos domésticos, às prioridades econômicas e às circunstâncias dos membros",[207] essa instituição é vista muitas vezes como "um agente de si mesmo, impelido principalmente pela ideologia da ortodoxia econômica neoclássica".[208] Essa ideologia se resumiria até pouco tempo atrás no que ficou co-

---

[203] Para Stiglitz, a escolha sobre que políticas econômicas adotar deveria caber sempre aos Estados. A missão das instituições econômicas internacionais deveria ser a de fornecer aos Estados os meios de tomar decisões *informadas*, entendendo as conseqüências e os riscos de cada opção, já que "a essência da liberdade é o direito de fazer uma escolha – e de aceitar a responsabilidade dela resultante". STIGLITZ, Joseph E. *Globalization and its Discontents*..., op. cit.; 2002. p. 9, 88.

[204] KRASNER, Stephen D. *Sovereignty*..., op. cit.; 1999. p. 34.

[205] TSAI, Mary C. Globalization and Conditionality..., op. cit.; 2000. p. 1329.

[206] DOLLAR, David. Fostering Equity through International Institutions. In: PORTER, Roger B. et al. *Efficiency, Equity and Legitimacy*: the Multilateral Trading System at the Millennium. Washington, D.C.: Brookings Institution Press, 2001. p. 220.

[207] Guidelines on Conditionality for the Use of the Fund's resources and for stand-by arrangements, diretriz n. 4, mar. 1979 – ver RIESENHUBER, Eva. *The International Monetary Fund Under Constraint*..., op. cit.; 2001. p. 301.

[208] CASTELLS, Manuel. *O poder da identidade*. São Paulo: Paz e Terra, 1999. p. 314.

nhecido como o "Consenso de Washington"[209] – o qual surgiu na década de 1980, quando o presidente norte-americano Ronald Reagan e a primeira-ministra do Reino Unido Margaret Thatcher passaram a pregar os princípios do livre mercado.

Os três pilares do Consenso de Washington eram a austeridade fiscal, a privatização e a liberalização dos mercados.[210] O princípio que o embasava era o de que o livre mercado funcionaria perfeitamente, sendo a intervenção governamental desnecessária, razão pela qual as políticas do Consenso eram chamadas de "neoliberais", ressuscitando "as políticas de *laissez-faire* que eram populares em alguns círculos no século XIX".[211]

Para os críticos dessas instituições, o FMI e o Banco Mundial teriam se tornado os "missionários" daquelas idéias, empurrando-as aos países pobres que de modo relutante as aceitavam, já que em geral dependiam severamente dos empréstimos conferidos.[212] A pressão política exercida pelo FMI e pelo Banco Mundial teria assim se somado à pressão econômica resultante da globalização, fazendo que determinadas reformas de caráter liberalizante se espalhassem pelo mundo.[213]

É importante, no entanto, lembrar que, ainda que o poder individual dessas instituições possa evoluir, as organizações internacionais não agem livremente; ao contrário, são criadas pelos Estados e não deixam de depender deles.[214] Nesse sentido, podemos afirmar que são os Estados membros

---

[209] A partir do início dos anos 2000, os organismos internacionais, particularmente o Banco Mundial, passaram a defender determinadas reformas estruturais que vão além do receituário do Consenso de Washington. Essa nova "agenda de Washington" baseia-se sobretudo no reforço das instituições, e em idéias como a focalização – que propõe a concentração dos gastos sociais sobre a parte mais pobre da população. Sua implementação passou a ser defendida por determinados governos nacionais, da mesma forma – e, muito provavelmente, pelos mesmos processos – como no final da década de 1990 alguns países incorporaram o antigo Consenso de Washington. Ver Lula reproduz a nova agenda de Washington: Consenso Clonado: Discurso do governo traz as mesmas idéias do receituário renovado do Banco Mundial para os países emergentes. *Folha de S. Paulo*, São Paulo, p. B4, 25 maio 2003.

[210] Como explica Joseph Stiglitz, as políticas recomendadas pelo Consenso de Washington foram elaboradas a fim de responder à crise latino-americana dos anos 1980, e faziam sentido naquele contexto. Nesse período, os governos latino-americanos possuíam enormes déficits, agravados pelos prejuízos causados pelas empresas estatais. As empresas privadas da região, isoladas da competição pelo protecionismo, eram ineficientes e forçavam os consumidores a pagar preços elevados. E as políticas monetárias pouco rígidas levaram à inflação descontrolada. STIGLITZ, Joseph E. *Globalization and its Discontents...*, op. cit.; 2002. p. 53.

[211] Idem. p. 74.

[212] O Consenso de Washington veio substituir a orientação keynesiana do FMI, a qual enfatizava as falhas de mercado e o papel dos governos na criação de empregos. STIGLITZ, Joseph E. *Globalization and its Discontents...*, op. cit.; 2002. p. 13.

[213] KEOHANE, Robert O.; MILNER, Helen (ed.). *Internationalization and Domestic Politics*. Cambridge, U.K.: Cambridge University Press, 1996. p. 255.

[214] STRANGE, Susan. *Casino Capitalism*. Oxford: Basil Blackwell, 1986. p. 170.

que ditam ao FMI que políticas ele deve adotar, em uma cadeia clara de comando que vai dos governos nacionais para o Fundo, e não vice-versa. Uma vez que este não possui uma vontade completamente autônoma e diferente da dos Estados que o compõem, é importante analisar como as decisões são tomadas no Fundo para entender porque determinadas políticas acabam prevalecendo sobre outras. Neste caso, verificamos que os mecanismos de decisão do FMI são controlados pelos países desenvolvidos. Examinando a forma como ele se organiza, verifica-se que a maior diferença que existe entre seus membros refere-se a seu poder de voto, e, portanto, ao papel que estes podem desempenhar nos processos de tomada de decisão daquela instituição.[215]

De fato, a desigualdade de recursos e de poder entre países ricos e países pobres se reflete nos mecanismos de direção e de voto do FMI.

No que se refere à sua direção, o Fundo é governado por três órgãos: a Assembléia de Governadores, a Diretoria Executiva e o Diretor-gerente.[216] A Assembléia de Governadores é composta de um representante titular e um substituto de cada um dos Estados membros. Os postos de governadores são normalmente ocupados pelos ministros das finanças dos Estados membros, que se reúnem anualmente. O Fundo é administrado pela Diretoria Executiva, composta de vinte e quatro diretores, responsáveis pela eleição do Diretor-gerente, que age como presidente da instituição.[217]

O problema da desigualdade entre os Estados membros manifesta-se já na eleição dos diretores que compõem a Diretoria Executiva. Dos vinte e quatro membros desse órgão, cinco são nomeados pelos países que mais detêm cotas do Fundo – Estados Unidos, Alemanha, Japão, França, e Reino Unido. Os postos restantes são eleitos entre os demais Estados,[218] o que significa, levando-se em consideração que o Fundo é composto atualmente de 184 membros, que os demais dezenove postos seriam escolhidos por 179 membros.[219]

---

[215] Ver EFRAIM, Athena Debbie. *Sovereign (In)equality...* op. cit.; 2000. p. 196, 198.

[216] Estatutos do FMI, artigo XII, seção 1. Disponível em: <*http://www.imf.org/external/pubs/ft/aa/index.htm*> Acesso em: maio 2005.

[217] EFRAIM, Athena Debbie. *Sovereign (In)equality...* op. cit.; 2000. p. 192.

[218] Dos dezenove diretores que restam, um pode ser nomeado pelos países que, pela pequena quantidade de cotas possuídas, normalmente não teriam direito a fazê-lo, e um pode ser indicado pelo país que foi o maior emprestador de recursos ao Fundo nos dois anos anteriores. Tais condições podem não ser preenchidas. Nesse caso, os dezenove diretores restantes serão escolhidos entre os demais países.

[219] O Brasil participa de um grupo de eleitores composto de mais oito países – Colômbia, Equador, Guiana, Haiti, Panamá, República Dominicana, Suriname e Trinidad e Tobago – que possui 2,63% dos votos do organismo. O governador do Brasil no Fundo é o ministro da Fazenda e o governador substituto é o presidente do Banco Central. Ao Brasil cabe a indicação do diretor-executivo de seu grupo, correspondendo a suplência atualmente à Colômbia. Informação disponível em: <*http://www.mre.gov.br/cdbrasil/itamaraty/web/port/relext/mre/orgfin/fmi/apresent.htm*>. Acesso em: maio 2005.

Com base nesses dados, é possível constatar que o fato de cinco países terem maior poder na formação da Diretoria Executiva – bem como que a grande maioria dos países tem de dividir as nomeações restantes – desrespeita o princípio da igualdade soberana entre os Estados.[220]

Além disso, a desigualdade entre os membros do FMI é notada também no seu sistema de votação. A quantidade de cotas que um Estado detém no Fundo determina a sua quantidade de votos.[221] Assim, por exemplo, as cotas que os Estados Unidos possuem lhes asseguram mais de trezentos e setenta mil votos, que equivalem a pouco mais de 17% do total de votos dos países-membros. Uma vez que algumas decisões do Fundo exigem maioria de votos de 85%, o número de votos que os Estados Unidos possuem lhes assegura um poder de veto de fato. Embora os Estados Unidos sejam o único país que pode impedir sozinho a adoção de determinada decisão pelo Fundo, outros países combinados podem ter o mesmo poder. Assim, somando-se por exemplo a porcentagem de votos da Alemanha (6%), da França (4,95%), e do Reino Unido (4,95%), esses três países alcançariam 15,9% dos votos, suficientes para também exercer uma espécie de veto sobre as decisões daquela instituição.[222] Essa desigualdade no número de votos, como observa Athena Efraim, representaria uma violação do princípio da igualdade soberana, já que atribuiria aos Estados mais ricos maior influência na adoção das políticas dessa organização, subordinando assim a vontade dos Estados mais pobres à dos desenvolvidos.[223]

Essa situação se repete no Banco Mundial, no qual os votos também são distribuídos de acordo com a contribuição financeira de cada país. A "força geoeconômica" estar integrada aos procedimentos de tomada de decisões é algo que gera freqüentes desconfianças sobre as reais intenções também dessa instituição, acusada de limitar o direito de autodeterminação dos países deve-

---

[220] EFRAIM, Athena Debbie. *Sovereign (In)equality...* op. cit.; 2000. p. 196.

[221] O Brasil possui hoje 1,47% do poder de voto do FMI. Informação disponível em: <http://www.mre.gov.br/cdbrasil/itamaraty/web/port/relext/mre/orgfin/fmi/apresent.htm>. Acesso em: maio 2005.

[222] As quantidades de cotas e os votos de cada país-membro podem ser conferidas no site do FMI na Internet: Informação disponível em: <http://www.imf.org/external/np/sec/memdir/members.htm>. Acesso em: 10 maio 2003.

[223] É importante, no entanto, fazer aqui uma observação pertinente à efetividade das ações do Fundo, já mencionada anteriormente. A quantidade de votos no FMI corresponde de fato à contribuição que cada país faz ao Fundo, ou seja, ao risco financeiro assumido por Estado. Desse modo, uma diminuição no número de votos dos países desenvolvidos – e a conseqüente redução na influência que estes teriam no destino do dinheiro emprestado – talvez fizesse que estes reagissem diminuindo suas contribuições. Assim, a adoção de um sistema de igualdade de votos talvez não seja a resposta, porque causaria uma redução na efetividade do FMI. Ver EFRAIM, Athena Debbie. *Sovereign (In)equality...* op. cit.; 2000. p. 203, 213, 215.

dores em benefício dos valores defendidos pelos países desenvolvidos, o que seria visto como uma estratégia de "recolonização".[224]

O poder detido por alguns dos Estados membros os tornaria assim imunes à influência do Fundo. Como ressalta Susan Strange, o FMI trata seus membros com dois pesos e duas medidas. Os países pobres e endividados são pressionados a reduzir seus déficits orçamentários cortando gastos governamentais, enquanto os ricos, cujos votos dominam a Diretoria Executiva do Fundo e, muitas vezes, têm déficits orçamentários ainda maiores e gastos governamentais ainda mais exagerados, não estão sujeitos à pressão daquela instituição – até porque eles têm mais facilidade de levantar empréstimos nos mercados internacionais.[225]

Exatamente para evitar a impressão de que o modelo do FMI cristaliza a dominação da maioria – formada pelos países pobres –, pela minoria – composta dos países ricos –, essa instituição passou a dar preferência ao consenso como forma de tomada de decisões em detrimento do voto ponderado. No entanto, a adoção de decisões por consenso não deve esconder que o número de votos que cada país possui pesa na hora de definir a posição consensual do conjunto dos membros. Como indica Athena Efraim, a voz única que se ouve pelo consenso normalmente acoberta uma desconfortável coalizão entre partes insatisfeitas reprimindo suas discordâncias.[226]

Podemos assim concluir que, se antes os Estados credores limitavam-se a tentar recuperar o dinheiro emprestado, com o tempo as finanças passaram a ser um instrumento político, e os países mais ricos passaram a usar os empréstimos internacionais para promover seus objetivos ideológicos. Desse modo, atualmente as condições incluídas nos acordos com as organizações financeiras internacionais em geral refletiriam as preferências dos países desenvolvidos, cujo maior objetivo muitas vezes parece ser alterar as políticas e as instituições domésticas dos países devedores. Mais que isso, aquelas organizações incorporaram os valores defendidos por esses países.[227]

Todas essas considerações tornam ainda mais importante refletir sobre os processos de formulação e aprovação de políticas e os mecanismos de prestação de contas das organizações internacionais.[228] A comprovada limita-

---

[224] HELD, David. *Democracy and the Global Order*..., op. cit.; 1995. p. 111.

[225] Isso fez que, quando os Estados Unidos foram criticados pelo FMI em 1990 por seu grande déficit fiscal, nada tenha sido feito – ou, como observa Strange, pudesse ter sido feito – para disciplinar o governo daquele país. STRANGE, Susan. *The Retreat of the State*: the Diffusion of Power in the World Economy. Cambridge, U.K.: Cambridge University Press, 1996. p. 169.

[226] As porcentagens de voto seriam assim o "pano de fundo" da formação desse consenso. Ver EFRAIM, Athena Debbie. *Sovereign (In)equality*... op. cit.; 2000. p. 207, 209.

[227] KRASNER, Stephen D. *Sovereignty*..., op. cit.; 1999. p. 148-149.

[228] HELD, David. *Democracy and the Global Order*..., op. cit.; 1995. p. 111.

ção à soberania estatal, como não poderia deixar de ser, provoca questões acerca da legitimidade da ordem financeira internacional. Se uma das características principais que o modelo do Estado soberano adquiriu com o tempo foi a de que suas unidades principais possuem um poder legítimo, seria importante que os novos atores que passam a dividir o palco global com os Estados não fujam dessa característica – e essa é uma das questões de que se tratará a seguir, na parte final desta obra.

PARTE FINAL

SOCIEDADE GLOBAL

As novas fronteiras da humanidade

    O processo de diluição do poder estatal até aqui analisado produz efeitos sobre o modelo do Estado soberano, a ponto de se poder afirmar que o mundo passa gradualmente a se organizar com base em um novo paradigma. Esse paradigma, que resultaria de um novo contrato social e de uma nova soberania (Capítulo 11), é aqui denominado de "modelo da sociedade global" (Capítulo 12).

Capítulo 11

O novo contrato social e a nova soberania

Se a concentração do poder estatal alcançou seu auge no período do absolutismo, o processo de diluição que se iniciou posteriormente prossegue até hoje. Várias transformações contribuíram para que a soberania fosse reduzida e limitada, e convém inicialmente aqui, a fim de encerrar este livro, retomar as conclusões a que até agora se chegou sobre quais seriam essas transformações. Em diversas áreas surgem novos atores e instituições que passam a dividir o palco mundial com os Estados. Porém, os Estados têm um papel ativo na redistribuição de alguns de seus poderes e na limitação de sua autonomia, e grande parte dessas mudanças pode representar a existência de um novo contrato social, celebrado para melhor atender à humanidade (11.1).

O surgimento de um novo contrato social está intimamente ligado à idéia de cooperação. Ao optarem por compartilhar algumas de suas competências os Estados estariam agindo em defesa de seu próprio interesse, a fim de aumentar a eficiência na resolução de determinados problemas. Assim, os ganhos da cooperação compensariam possíveis limitações à soberania, e os Estados estariam, na verdade, ampliando seus poderes ao participar de certos acordos internacionais. No entanto, a soberania se transforma, e algumas de suas características essenciais são alteradas, o que leva a questionar a própria validade desse conceito. Ela passa a ter outro sentido, no qual a interdependência passa a importar tanto quanto a independência, o que não poderia deixar de afetar o modelo do Estado soberano (11.2).

11.1 As transformações sofridas pelo modelo do Estado soberano e o novo contrato social

As transformações sofridas pelo modelo do Estado soberano – a diluição da soberania

Antes de concluir este livro, caberia relembrar aqui, resumidamente, quais foram as modificações sofridas pelo modelo do Estado soberano. A soberania tem, como vimos, dois significados principais. Pode ser entendida como o próprio poder estatal – ou seja, como o conjunto de competências que um Estado possui –, ou como uma qualidade desse poder, que deve ser supremo em seu interior e independente em seu exterior. Caso ela seja considerada um conjunto de competências estatais, a transferência de algumas dessas competências para outras entidades diminuiria de certa forma a soberania dos Estados – que perderiam a capacidade de exercer determinados poderes. Caso ela tenha o sentido de supremacia ou de independência, a existência de um poder interno ou externo que pudesse limitar o poder dos Estados também teria conseqüências sobre a soberania destes últimos, já que eles, embora não abrissem mão de suas competências, teriam de obedecer aos limites impostos por outro poder.

Isso só não acontece se entendermos a soberania apenas como a "competência das competências", como a capacidade do Estado de se auto-organizar. Conceituada dessa forma, ela situa-se sobre um pedestal teórico que a torna quase inalcançável. Nele, o Estado poderia limitar sua liberdade ou transferir suas competências indefinidamente, mas, desde que ele mantivesse essa "competência última", continuaria sendo soberano. No entanto, ainda que, de modo formal, as transformações aqui estudadas dificilmente possam afetar essa soberania de direito, elas de fato alteram o poder estatal.

Poder é a capacidade de impor sua própria vontade aos demais, produzindo um efeito desejado. A efetividade é uma medida dessa capacidade. A efetividade do poder estatal é essencial para o reconhecimento do próprio Estado como tal, o que a torna inseparável da idéia de soberania – entendida em sua primeira acepção, o poder a que essa se refere tem de ser efetivo. Desse modo, a partir do momento em que o poder do Estado perde efetividade – quando esse não consegue implementar internamente suas políticas públicas, por exemplo – a soberania dessa instituição se reduz de fato. Outra forma de perda de efetividade do poder do Estado é o enfraquecimento de seu controle sobre seu território e suas fronteiras, que também produz conseqüências sobre sua soberania de fato.

A soberania também vem sendo afetada em sua segunda acepção – a de supremacia interna e independência externa do poder estatal. Essas duas idéias estão inseparavelmente ligadas. A existência de outro poder com capacidade de limitar a liberdade do Estado de agir afeta não só sua independência, mas também sua supremacia. Isso porque, se o comportamento do

Estado é condicionado por outra vontade, e se o poder é a capacidade de impor sua vontade a outrem, seria possível afirmar que, neste caso, ele não apenas depende de uma autoridade externa como também se sujeita a outro poder. A limitação da capacidade do Estado de agir livremente, aqui chamada de autonomia, produz efeitos sobre a independência e a supremacia de seu poder.

Logo, tanto a efetividade quanto a autonomia são fundamentais para a soberania. Caso o Estado viesse a perder a capacidade de produzir determinados efeitos por ele desejados, curvando-se à vontade de outro poder, o poder estatal não apenas deixaria de ser efetivo, mas também não mais poderia ser considerado autônomo – o que reduziria sua soberania.

As transformações ocorridas no plano internacional a partir, sobretudo, da segunda metade do século XX fizeram que cada vez mais a soberania de direito não corresponda à soberania que de fato os Estados possuem. Já ao final da primeira década daquele período, era possível afirmar que só um "homem desinformado" poderia acreditar que os Estados ainda teriam o direito completamente soberano de agir como bem entendessem, e só um "observador não realista" poderia crer que os Estados possuiriam soberania no sentido de poderem "determinar seu próprio caminho, sem serem afetados por pressões e inibições, necessidades e influências, derivadas do ambiente internacional".[1]

De fato, o poder do Estado passa a ser cada vez menos efetivo e autônomo. Como verificamos na primeira parte deste livro, a globalização e a revolução tecnológica afetam o poder estatal. Tais processos, de caráter predominantemente transnacional, transformam a economia e a sociedade. Sem eles, não seria possível falar no surgimento do paradigma da sociedade global.

Ainda que não seja um fenômeno recente, a globalização – e, como vimos, é possível falar em várias globalizações, sendo a mais marcante delas a econômica – passou nos últimos anos por um processo de aceleração que contribuiu para que a interdependência dos povos alcançasse um grau de intensidade jamais visto.

A revolução tecnológica – outro fenômeno que tem raízes no passado, mas que marcou em particular o final do século XX – foi essencial para a aceleração da globalização. Ela resulta da evolução em determinadas áreas da ciência e da técnica, mas também de inovações como o surgimento do ciberespaço. A criação das redes de informática tem efeitos sobre a forma de organização da produção e da comercialização de bens, contribuindo para o advento de uma economia digital. Todas essas inovações tornam possível afirmar que estamos vivendo novos tempos, os da chamada era da informação.

Globalização e revolução tecnológica são, de certa forma, inseparáveis. Ambas têm conseqüências sobre o modelo do Estado soberano. Analisada de forma isolada, a revolução tecnológica afeta principalmente o poder de controle do Estado. O modelo do Estado soberano atribui ao Estado um poder

---

[1] CLAUDE, Inis L. *Power and International Relations*. New York: Random House, 1962. p. 211.

que só tem sentido se for efetivo de fato. Pois bem, a existência do ciberespaço contribui para a perda de efetividade do poder estatal. Ainda que, por sua capacidade de barganha, alguns Estados resistam melhor do que outros aos efeitos da revolução tecnológica, ao não conseguirem regular as atividades que ocorrem na rede, todos os Estados diminuem seu controle sobre seu território e sua população.

A maior contribuição da revolução tecnológica se dá, contudo, no contexto do fortalecimento das empresas transnacionais e dos mercados financeiros. No caso das primeiras, vimos como são verdadeiros os argumentos que defendem que determinadas companhias operam internacionalmente há muitos anos, bem como que boa parte das empresas ainda mantém forte base nacional. No entanto, a realidade é que o processo de internacionalização da produção e da comercialização acelerou-se nos últimos anos. A forma de atuação das transnacionais, baseada na adoção de uma estratégia global – que não seria possível sem a revolução tecnológica – acarreta uma perda de controle por parte dos Estados. A internacionalização dos mercados financeiros, por sua vez, consiste em um dos aspectos mais significativos do processo de globalização. Também nesse caso a revolução tecnológica colabora de forma decisiva para o crescimento do volume e da mobilidade dos fluxos financeiros internacionais, contribuindo assim para um dos efeitos mais notados da globalização – o aumento da instabilidade e da volatilidade dos mercados financeiros mundiais.

A globalização econômica atinge a efetividade do poder estatal.[2] É importante lembrar que um dos principais papéis que o Estado adquiriu ao longo dos anos foi o de regulador da atividade econômica em seu território. Se o poder de controle é essencial à efetividade do poder estatal, e se a efetividade é essencial à soberania, sempre que o Estado não conseguir controlar os atores transnacionais sua soberania é afetada. E, como pudemos constatar, com a globalização e a revolução tecnológica, tanto as transnacionais quanto os mercados adquiriram um tamanho e uma mobilidade que tornam difícil seu governo pelos Estados, diminuindo a capacidade mesmo das nações mais poderosas de obter os resultados desejados na área econômica[3] – o declínio do

---

[2] Assim, como observa Astrid Epiney, o poder regulamentar dos Estados se torna cada vez mais limitado de fato, e a soberania e a igualdade, embora não deixem de ser conceitos jurídicos relevantes, nem sempre correspondem à realidade no que se refere ao poder estatal. EPINEY, Astrid. Européanisation et mondialisation du droit: convergences et divergences. In: MORAND, Charles-Albert (org.). *Le droit saisi par la mondialisation*. Bruxelles: Bruylant, 2001. p. 149.

[3] Desse modo, Krasner acredita que, se antes os Estados economicamente mais fortes tinham condições de controlar unilateralmente suas políticas monetárias, hoje a quantidade de capital internacional é tão grande e pode ser transferida com tamanha facilidade que mesmo os Estados Unidos não teriam condições de conduzir sua política monetária doméstica sem levar em conta o impacto dos fluxos financeiros internacionais. KRASNER, Stephen D. Economic Interdependence and Independent Statehood. In: JACKSON, Robert H; JAMES, Alan (ed.). *States in a Changing World*: A Contemporary Analysis. Oxford: Clarendon Press, 1993. p. 319.

poder dos Estados de implementar regulações nacionais estaria diretamente vinculado à erosão das fronteiras nacionais e do conseqüente aumento dos fluxos de vários tipos.[4]

A globalização econômica também produz conseqüências sobre a autonomia do poder estatal. Essa afirmação poderia em princípio parecer contraditória uma vez que, como pudemos notar, os Estados exercem um papel ativo na promoção da globalização. Assim como Estado e capitalismo estão fortemente ligados um ao outro, a globalização econômica não existiria sem os Estados. São estes que asseguram a infra-estrutura necessária para o funcionamento tanto dos mercados financeiros quanto das empresas transnacionais, em muitos casos incentivando estas últimas a expandir suas atividades no exterior. São os Estados que, por meio da desregulamentação e da liberalização dos mercados, ou de acordos internacionais de livre-comércio, permitem que a globalização financeira e o comércio internacional ganhem força. Tal atitude se justifica pela necessidade que eles têm de atrair capital para seu território, o que leva as empresas transnacionais e os operadores financeiros a ter enorme poder de pressão – impedindo a adoção pelos Estados de certas políticas econômicas condenadas por esses atores privados.[5] O custo de oportunidade de fechar as portas para a globalização pode ser muito alto – e deixar de participar da economia mundial não é encarado como uma opção viável.

A limitação às alternativas dos Estados na adoção de determinadas políticas econômicas resulta assim diretamente do fortalecimento das empresas transnacionais e dos mercados financeiros.[6] E tanto as empresas quanto os operadores financeiros atuam de modo direto nos Estados, influindo fortemente em seu processo decisório. Seria por isso de se perguntar se a vontade estatal refletida nos processos de desregulamentação e de liberalização econômica não é muitas vezes, na verdade, a vontade desses atores transnacionais, cujos interesses privados podem vir a prevalecer sobre os interesses públicos que deveriam ser defendidos pelos Estados.

---

[4] SLAUGHTER, Anne-Marie. The Real New World Order. *Foreign Affairs*, New York, v. 76, nº 5, p. 192, Sept./Oct. 1997.

[5] Desse modo, como afirma Jackson, os Estados não poderiam mais implementar determinadas formas de regulamentação econômica porque muito freqüentemente haveria constrangimentos internacionais afetando as medidas nacionais. JACKSON, John H. Perspectives on regionalism in trade relations. *Law and Policy in International Business*, Washington D. C., v. 27, nº 4, p. 873, Summer 1996.

[6] Dessa forma, vista de outro ângulo, a perda de autonomia pode ser entendida como o fato de que nenhum Estado isoladamente pode proteger seus cidadãos contra os efeitos externos produzidos pelas decisões de outros atores ou contra as reações em cadeia suscitadas por processos cuja origem se encontra no exterior de suas fronteiras. HABERMAS, Jürgen. L'État-nation européen sous la pression de la mondialisation. In: HABERMAS, Jürgen. *Après l'État-nation*: une nouvelle constellation politique. Paris: Fayard, 2000. p. 131.

Na segunda parte deste livro, tivemos a oportunidade de examinar a globalização jurídica, refletida na cooperação internacional e na integração regional – que dependem de forma ainda mais direta do consentimento dos Estados. Ao acrescentarem elementos transnacionais e supranacionais à sociedade internacional, esses fenômenos contribuem para o surgimento do paradigma da sociedade global.

O aumento da interdependência dos Estados tem conseqüências sobre o mundo do direito e da política. Utilizando o raciocínio da teoria dos jogos, pudemos entender como a interdependência gera uma necessidade de cooperação, necessidade essa que é notada tanto no âmbito internacional quanto no regional.

No âmbito internacional, essa necessidade leva os Estados cada vez mais a regulamentar de forma coletiva assuntos que são de seu interesse comum – fenômeno que em seu sentido amplo foi aqui denominado globalização jurídica. Áreas como a preservação ambiental e a proteção dos direitos humanos assistiram ao surgimento de idéias e conceitos, como os de patrimônio comum da humanidade, direito de ingerência, *jus cogens* e obrigações *erga omnes*, que afetam alguns dos pilares do modelo do Estado soberano. O indivíduo passa a ser sujeito de direitos e obrigações no plano internacional, independentemente da vontade de seu Estado de origem. Essa nova situação é garantida por tribunais internacionais que talvez fossem mais bem caracterizados como transnacionais ou até mesmo supranacionais – como a Corte Européia de Direitos Humanos – e pela evolução do direito penal internacional – que pode ser comprovada em casos como o do general Augusto Pinochet –, que fazem a questão dos direitos humanos escapar quase definitivamente da competência exclusiva dos Estados.

Além do fortalecimento das regras internacionais propriamente ditas, surgem, sobretudo no campo dos investimentos e do comércio internacional, regras e instituições de caráter transnacional, cuja criação muitas vezes resulta da atividade dos atores privados, de forma independente da vontade dos Estados. Essa nova *lex mercatoria* pode ser adotada por tribunais arbitrais que, por sua vez, estão fora do alcance do controle estatal. Outras vezes, os próprios Estados celebram contratos com particulares nos quais aceitam submeter-se a tribunais arbitrais, muitos deles institucionalizados, caso do Cirdi. Essa possibilidade se torna ainda mais real já que, refletindo mais uma vez a necessidade dos Estados de atrair capital, assiste-se à proliferação de tratados bilaterais de investimento, nos quais os Estados aceitam determinadas regras e se obrigam a submeter à arbitragem as disputas que vierem a ter com investidores privados. O desenvolvimento de um direito que não se origina exclusivamente do consentimento estatal e a sujeição dos Estados a tribunais arbitrais capazes de definir os limites de suas obrigações legais são fenômenos que não poderiam deixar de alterar o modelo do Estado soberano.

A criação de um corpo de regras internacionais, transnacionais e, em alguns casos, até mesmo supranacionais, que ganha espaço a cada dia e, muitas vezes, é protegido por jurisdições que fogem ao controle individual dos Estados, limita a autonomia estatal. A globalização jurídica – definida como a crescente institucionalização da interdependência dos Estados – restringe a liberdade dos Estados de se administrar com independência de influências externas. Ainda que o Estado tenha uma participação essencial na criação das regras internacionais e supranacionais e na aceitação das regras transnacionais, a globalização jurídica afeta o modelo do Estado soberano.

Isso também se aplica às organizações internacionais, cujo número e campo de atuação aumentam a cada dia. A participação em organizações internacionais pode implicar limitação aos poderes do Estado ou transferência de competências que este anteriormente possuía. Neste caso, as conseqüências não se referem à efetividade do poder estatal – ao contrário, é a própria busca da efetividade que leva, na tentativa de responder a problemas que não poderiam resolver eficazmente sozinhos, os Estados a limitarem sua autonomia e, portanto, sua soberania de fato.

Essa limitação ocorre de forma mais acentuada no caso das organizações de integração regional que, embora sejam fruto da vontade dos Estados, podem também ser encaradas como uma reação necessária destes ao contexto econômico internacional.[7] Os efeitos das organizações de integração regional sobre a soberania são facilmente percebidos – ao criarem órgãos de caráter supranacional, tais organizações contribuem para um dos aspectos mais marcantes do paradigma da sociedade global. O continente americano presenciou a criação de ordenamentos jurídicos e de órgãos supranacionais em processos de integração – como no caso da Comunidade Andina. Pois bem, a primazia dos ordenamentos de algumas dessas organizações e a possibilidade de que seus órgãos sejam autônomos e possuam uma autoridade que se sobrepõe à dos Estados que delas participam produzem efeitos tanto sobre a supremacia quanto sobre a independência destes últimos. Os processos de integração regional constituem assim o melhor exemplo de como a cooperação internacional pode alcançar um grau de intensidade que altera algumas das premissas básicas do modelo do Estado soberano.

No entanto, não é apenas regionalmente que as organizações internacionais causam transformações. A cooperação internacional por meio das chamadas organizações internacionais de colaboração também produz conseqüências significativas sobre o poder estatal, tenha ela um caráter predominantemente técnico, tenha objetivos políticos. No campo econômico, o melhor

---

[7] Ao analisar o caso europeu, Senarclens observa que as mudanças institucionais nele ocorridas "foram a expressão de escolhas políticas", ainda que respondessem "a desafios econômicos e políticos exteriores". SENARCLENS, Pierre de. *Mondialisation, souveraineté et théories des relations internationales*. Paris: Armand Colin, 1998. p. 96.

exemplo de organização internacional de cooperação é o da OMC. Como pudemos constatar por meio do estudo de alguns casos relativos à proteção ambiental ou do caso da chamada "seção 301", a OMC procura incentivar a cooperação como forma de resolução dos problemas internacionais, condenando a ação unilateral dos Estados. Essa condenação, aliada à amplitude de seu ordenamento jurídico, fazem a OMC limitar a possibilidade de seus membros de adotar certos tipos de leis, afetando a autonomia e, por conseguinte, a soberania de fato dos Estados que dela participam.

Finalmente, na área financeira, FMI e Banco Mundial impõem determinadas condicionalidades para a realização de seus empréstimos, obrigando certos países a adotar políticas econômicas que não adotariam em outras circunstâncias. Assim, essas duas organizações têm a capacidade de influir na política interna dos Estados, limitando sua autonomia.

É possível assim concluir que a soberania, entendida como poder estatal ou como qualidade desse poder, pode ser afetada de três maneiras principais.

Primeiro, o poder estatal pode perder efetividade – conseqüência que está relacionada em especial aos fenômenos da globalização e da revolução tecnológica. Ainda que o Estado contribua para a promoção desses fenômenos, a redução do poder estatal nesse caso não é voluntária – resulta de uma perda de controle e de uma diminuição na capacidade de produzir certos resultados desejados.

Em segundo lugar, parte de seu poder pode ser transferida, o que ocorre quando o Estado abre mão de exercer determinadas competências – por exemplo, pela criação de uma moeda comum administrada por um banco central regional. Neste caso, a origem da perda de soberania é voluntária, dependendo de modo direto do consentimento do Estado, que se submete a uma autoridade superior e independente que ele mesmo ajuda a criar.

Em terceiro lugar, a autonomia do poder estatal pode ser limitada. Isso significa que, ainda que o Estado mantenha determinada competência, ele passa a encontrar restrições à sua liberdade de exercer seu poder da forma como desejar – o que quer dizer que ele até pode optar por agir de forma autônoma, mas, ao fazê-lo, incorre em um alto custo de oportunidade. A limitação depende de um ato do próprio Estado, mas é motivada pela ação de poderes que lhe são externos. Esses poderes podem ser, mais uma vez, criados pelos próprios Estados – como no Órgão de Solução de Disputas da OMC. Neste caso, os Estados expressam seu consentimento prévio em limitar sua soberania em determinadas áreas, e em sujeitar-se às conseqüências de não fazê-lo. Outra possibilidade é a de que certos atores tenham o poder de restringir as opções dos Estados a determinadas alternativas preferidas por esses atores, ainda que os Estados não estejam de acordo com essa limitação de sua autonomia – situação tanto da pressão exercida pelas empresas transnacionais e pelos mercados financeiros quanto das políticas impostas pelo FMI.

No primeiro caso, a perda de efetividade do poder estatal não acarreta a criação de novas fontes de autoridade. A capacidade de governar do Estado se reduz sem que haja, em contrapartida, a formação de um novo foco de poder. Porém, tanto no segundo quanto no terceiro, o poder estatal é diluído entre outras instituições. No segundo caso, o poder que é transferido para as organizações internacionais passa a ser por elas exercido. No terceiro, ainda que o Estado mantenha formalmente o poder em suas mãos, outras entidades ganham poder ao limitar as alternativas que os Estados possuem. Isso porque, como vimos, poder é a capacidade de impor sua própria vontade aos demais. Se, ainda que os Estados não abram mão de suas competências, transnacionais, mercados financeiros e determinadas organizações internacionais – como o FMI – adquirem a capacidade de impor sua vontade aos Estados, elas, de fato, se tornam novas fontes de poder.

Logo, os processos aqui estudados reduzem, transferem e limitam o poder estatal. A soberania que, em seu auge, chegou a se concentrar nas mãos de um único monarca absoluto, atualmente se dilui entre vários atores e instituições. A questão a se perguntar é até que ponto o Estado pode perder poder sem que sua posição de principal sujeito e peça fundamental do paradigma pelo qual a humanidade se organiza venha a ser alterada.[8] A redução, a transferência e a limitação do poder estatal em benefício dos demais atores e instituições da sociedade global podem fazer que o Estado perca sua supremacia e sua independência – características essenciais ao modelo do Estado soberano.

O novo contrato social

O processo de diluição da soberania – cuja titularidade já havia passado há muito tempo do monarca absoluto para o povo ou a nação – acelerou-se após a Segunda Guerra Mundial. Assim como Westfália marcou o início do desenvolvimento de um sistema de Estados soberanos, os acordos celebrados após 1945 marcaram "o gradual movimento rumo ao multilateralismo global".[9] Como pudemos constatar, as "carnificinas gigantescas" provocadas pe-

---

[8] Como argumenta Combacau, pode ser que existam, no poder do Estado, elementos fundamentais dos quais ele não pode se desfazer, sob pena de deixar de ser visto como Estado. A transferência e a limitação do poder estatal em benefício das organizações internacionais faria que o Estado "perdesse sua posição suprema e o rebaixaria um grau na escala de sujeitos". COMBACAU, Jean. Pas une puissance, une liberté: la souveraineté internationale de l'État. *Pouvoirs*, Paris n. 67, p. 58, 1993.

[9] REUS-SMIT, Christian. Changing Patterns of Governance: From Absolutism to Global Multilateralism. In: PAOLINI, Albert J.; PARVIS, Anthony P.; REUS-SMIT, Christian (ed.). *Between Sovereignty and Global Governance*: the United Nations, the State and Civil Society. London: McMillan Press, 1998. p. 11.

la guerra foram, em mais de uma ocasião, o fator que levou à criação de vastas organizações de caráter universal, com a ambição de "expulsar a violência do mundo".[10]

A Segunda Guerra representou, de certa maneira, um ponto de inflexão na história mundial.[11] Naquela ocasião, o homem mostrou ser capaz de atingir um estado de barbárie e desagregação como nunca se vira, chegando o mais perto possível do estado de natureza previsto por Hobbes.[12]

Para Hobbes, o estado de natureza teria existido antes do estabelecimento do direito e do governo. Nele, todo homem teria o direito de preservar sua própria existência, o que lhe permitiria valer-se de todos os meios – inclusive os violentos – para alcançar tal fim. Assim, em um mundo como esse, "onde os homens não têm nenhum senhor comum, o resultado inevitável é a guerra anárquica de todos contra todos". A cura para essa anarquia é o governo, estabelecido com base em um contrato social, limitando as liberdades individuais. Portanto, a principal fonte de legitimidade do Estado é a sua capacidade de proteger aqueles direitos que os indivíduos possuem como seres humanos. Para Hobbes, o direito humano fundamental era o direito à vida, ou seja, à preservação da existência física de toda pessoa, e o único governo legítimo era aquele que poderia manter adequadamente a vida e evitar o retorno da guerra generalizada.[13]

Hobbes já acreditava que também as relações internacionais poderiam ser representadas pela mesma idéia de um estado de guerra de todos contra todos.[14] Nessas relações, cada Estado soberano busca atender a seus próprios

---

[10] E, nesse sentido, o pacto da Liga das Nações já era visto pelo presidente Wilson como um novo contrato social, destinado a pôr fim à "selva interestatal". DUPUY, René-Jean. Démocratie et société internationale. In: DUPUY, René-Jean. *Dialectiques du droit international*. Paris: A. Pedone, 1999. p. 71-72.

[11] Ainda assim, é importante ressaltar que, como argumenta Claude, a passagem dos Estados da anarquia para a ordem não se dá por meio de um "salto apocalíptico" ou um "lampejo de criatividade", mas é o resultado de uma lenta evolução. CLAUDE, Inis L. *Swords into Plowshares*: The Problems and Progress of International Organization. 4th ed. New York: Random House, 1971. p. 418. Edição original de 1956.

[12] É possível argumentar que, como lembra Bull, a ausência de noções de certo e errado, característica do estado de natureza descrito por Hobbes, não se aplicaria às relações internacionais modernas, o que faria que a utilização da descrição do estado de natureza com um caráter menos rudimentar, na forma proposta por Locke, fosse mais adequada. O importante, no entanto, é observar que em ambas as situações a ausência de uma autoridade central capaz de interpretar e aplicar a lei leva à insegurança e à violência, como pode por vezes ocorrer na sociedade internacional. BULL, Hedley. *The Anarchical Society*: A study of order in world politics. 2nd ed. New Jersey: Columbia University Press, 1995. p. 46.

[13] Ver FUKUYAMA, Francis. *The End of History and the Last Man*. New York: Avon Books, 1992. p. 156.

[14] Ver BULL, Hedley. *The Anarchical Society*..., op. cit.; 1995. p. 23

interesses, sem que haja nenhuma autoridade superior capaz de definir o interesse geral e de fazer que este seja respeitado.[15] Os Estados poderiam então ser comparados aos indivíduos, e a sociedade internacional se encontraria em um estado de natureza pois, segundo Hobbes, "qualquer soberano tem o mesmo direito, ao procurar a segurança de seu povo, que qualquer homem privado precisa ter para conseguir a segurança de seu próprio corpo" – isso porque as atribuições de um soberano para com outro e a lei da natureza "são uma e a mesma coisa", e "a mesma lei que dita aos homens destituídos de governo civil o que devem fazer e o que devem evitar no que se refere uns aos outros dita o mesmo aos Estados".[16]

Logo, para Hobbes, na base do estado de natureza estaria a liberdade que cada pessoa possui de usar seu próprio poder para sua preservação – liberdade essa que deveria ser entendida como a ausência de impedimentos externos que limitem o poder que cada um tem de fazer o que quer conforme seu próprio julgamento[17]. O fato de que, no estado de natureza, os indivíduos fossem totalmente livres não significa que eles não se impusessem restrições, que não calculassem o custo de oportunidade de agir de certa forma, limitando sua autonomia pelas possíveis conseqüências que teriam de suportar. Com o surgimento do Estado, no entanto, os indivíduos passam a um novo patamar em que são obrigados a respeitar determinadas regras, e sua autonomia passa a ser limitada não apenas por sua própria vontade, mas também por essas regras.

As limitações que os Estados sofriam até pouco tempo atrás equivaliam às limitações que os indivíduos sofriam no estado de natureza. Entre os Estados, o estado de natureza é o estado de guerra – não no sentido de que as guerras ocorram constantemente, mas sim que, como cada Estado pode decidir por si mesmo se irá ou não fazer uso da força, guerras podem acontecer a qualquer momento.[18] E, assim como as pessoas, os Estados buscam sair do estado de liberdade selvagem. Hoje, também os Estados talvez estejam alcançando um novo patamar. O custo de oportunidade de não respeitar a determinadas regras internacionais não só passa a ser muito elevado, mas é institucionalizado. O caminho que os leva do estado de natureza para o estado de direito passa de modo obrigatório pela restrição de sua liberdade, ou seja, co-

---

[15] No entanto, o fato de que, diferentemente dos indivíduos, os Estados disporiam dos meios necessários para assegurar sua própria defesa, faria que, na visão de Hobbes, um contrato social entre Estados talvez não fosse necessário. O medo recíproco seria assim o fundamento da coexistência internacional. Ver BOBBIO, Norberto. *L'État et la démocratie internationale*: De l'histoire des idées à la science politique. Bruxelles: Complexe, 2001. p. 25.

[16] O direito das gentes seria por isso equivalente, para Hobbes, à lei de natureza. HOBBES, Thomas. *Leviatã*. São Paulo: Nova Cultural, 1997. p. 262.

[17] Idem. p. 113, 171 e 175.

[18] WALTZ, Kenneth N. *Theory of International Politics*. New York: McGraw-Hill, 1979. p. 102.

mo afirma Charles Leben, pela possibilidade de que instâncias a eles superiores lhes apliquem sanções.[19]

Ao limitarem sua liberdade em favor do Estado – o que pode também ser entendido como a criação de uma nova liberdade, legalmente protegida – os indivíduos visam a garantir sua própria segurança. Logo, as pessoas só se submeteriam aos soberanos por sua livre vontade, a fim de assegurar seus próprios direitos, conservando tanto quanto possível sua liberdade.

E, assim como os indivíduos buscam preservar ao máximo sua liberdade ao constituírem o Estado, os Estados procuram conservar sua soberania no momento em que aderem às instituições internacionais.[20] Isso leva a sociedade internacional a se organizar com base nos princípios liberais. Um de seus pilares é o princípio da autodeterminação, que se relaciona à própria idéia de liberdade – no caso, a liberdade negativa que cada membro da sociedade tem de cuidar de seu próprio destino. Como observa Robert Jackson, "a independência política baseada na soberania estatal é o tipo geograficamente mais extenso de liberalismo: o liberalismo internacional". Esse liberalismo assume que a população local é quem melhor pode determinar o que é melhor para si, uma vez que conhece as circunstâncias do lugar melhor do que ninguém mais, estando por isso mesmo em uma posição privilegiada no que se refere à tomada de decisões que lhe dizem respeito.[21]

É natural que os Estados procurem preservar ao máximo sua soberania. Apesar disso, é possível afirmar que, em alguns aspectos, o novo contrato social vai além da organização liberal da sociedade internacional. Como pudemos examinar, segundo as idéias liberais, refletidas no pensamento de Stuart Mill, o único fim para o qual o poder poderia ser exercido sobre um indivíduo seria o de evitar que este causasse danos aos demais. Dessa forma, no que concerne meramente a si mesmo, a independência do indivíduo seria absoluta – sobre si próprio, o indivíduo seria soberano.[22] Na atualidade, o novo contrato social ultrapassa em alguns casos a visão liberal – e o Estado passa a encontrar limites com relação ao que faz "consigo mesmo", em suas fronteiras.

Assim, ainda que o princípio da autodeterminação seja essencial ao modelo do Estado soberano – que se basearia na idéia de que "cada um cuida do

---

[19] LEBEN, Charles. *Les sanctions privatives de droit ou de qualité dans les organisations internationales spécialisées*: recherches sur les sanctions internationales et l'évolution du droit des gens. Bruxelles: Bruylant, 1979. p. 16.

[20] Ver DUPUY, René-Jean. Démocratie et société internationale..., op. cit.; 1999. p. 73.

[21] Como afirma Jackson: "As pessoas querem fazer as suas próprias coisas de seu próprio jeito em seu próprio lugar". JACKSON, Robert H. *The Global Covenant*: Human Conduct in a World of States. New York: Oxford University Press, 2000. p. 403, 410.

[22] STUART MILL, John. *Utilitarism, On Liberty and Considerations on Representative Government*, reunião das principais obras de Mill: Sobre a liberdade (1859), Considerações sobre o Governo Representativo (1861) e Utilitarismo (1863). Extraído de WEFFORT, Francisco W. (org.). *Os clássicos da política*. São Paulo: Ática, 1991. v. 2, p. 206.

seu pedaço de terra"[23] – hoje haveria alguns valores e direitos fundamentais que estariam acima desse princípio e justificariam a invasão do "pedaço de terra" daqueles que viessem a violá-los. Em alguns casos, a soberania e o princípio da não-ingerência seriam apenas um dever-ser que, na prática, poderia não ser respeitado. A possível consolidação de conceitos, como os de *jus cogens* e de obrigações *erga omnes*, assim como de um direito de intervenção, consolidariam a idéia, por certo antiga,[24] de que a comunidade internacional se preocupa não só com as obrigações que um Estado tem para com os outros, mas também com as obrigações desse para com seu próprio povo – sobrando pouco espaço para a autoridade absoluta dos Estados sobre seus cidadãos, princípio essencial da soberania.[25]

A idéia de que hoje um novo contrato social é celebrado por meio dos Estados[26] é ainda mais factível do que a própria idéia de um contrato social celebrado pelas comunidades existentes no planeta em um período distante.[27] Esta última imagem pode ser questionada por meio de observações como a feita por David Hume no século XVII, de que "quase todos os governos que existem no presente, ou dos quais resta qualquer registro na História, fundaram-se originalmente na usurpação, na conquista, ou em ambas".[28] De fato, a teoria do contrato social pode ser questionada não somente por essa

---

[23] JACKSON, Robert H. *The Global Covenant*..., op. cit.; 2000. p. 410.

[24] Francisco de Vitória acreditava que, internamente, os Estados teriam soberania sobre seu território e cidadãos, e externamente, teriam independência política, o que excluiria agressões injustas, mas não suprimiria o direito de intervenção tendo em vista um interesse superior ou a proteção de um bem comum universal. Logo, Vitória já defendia o princípio da intervenção coletiva, que poderia ser realizada pelos Estados em determinados casos. VITORIA, Francisco de. *Leçons sur les Indiens et sur le droit de guerre*. Genève: Librairie Droz, 1966. p. XLIX.

[25] JENKS, C. Wilfred. *A New World of Law?*: A study of the creative imagination in international law. London: Longmans, 1969. p. 137.

[26] Para David Mitrany, os Estados têm papel semelhante na sociedade mundial ao dos indivíduos nas sociedades locais, e as regras internacionais se assemelham às Constituições nacionais, regulando a vida da coletividade dos Estados – o direito internacional emergindo assim gradualmente como uma Constituição para esse universo político. MITRANY, David. *A Working Peace System*: An Argument for the Functional Development of International Organization. London: Oxford University Press, 1944. p. 8. Edição original de 1943.

[27] Idéia essa que é questionada por aqueles que afirmam que não há provas de tal contrato social, assim como que o mais provável é que o Estado tenha surgido pela dominação e subjugação de uns povos pelos outros – onde os grupos vencedores imporiam aos demais determinada ordem. Para Hans Kelsen, ambas as concepções apresentam problemas e são difíceis de se comprovar, uma vez que a primeira transição de grupos primitivos altamente descentralizados para uma organização em Estados é um evento que ocorreu em tempos pré-históricos, e a determinação da origem dos Estados não é feita por pesquisa científica, devido à falta de fontes históricas, recorrendo normalmente a hipóteses baseadas na psicologia geral. KELSEN, Hans. *Peace Through Law*. New York: The University of North Carolina Press, 1944. p. 7.

[28] Ver JACKSON, Robert H. *The Global Covenant*..., op. cit.; 2000. p. 378.

constatação histórica, mas também porque seria difícil entender como um determinado grupo de indivíduos poderia celebrar um contrato que, sem ter base em nenhuma ordem jurídica anteriormente existente, pudesse obrigar as gerações que o sucedessem.[29]

Por outro lado, os acordos internacionais criando organizações internacionais são estabelecidos, como lembra Kelsen, com base em uma ordem legal existente há centenas de anos. O número de partes contratantes neste caso, comparado com o número fictício de contratantes na hipótese do contrato social, é muito pequeno. Além disso, as partes contratantes seriam os Estados, que não mudariam necessariamente a cada geração – sendo um princípio em geral aceito do direito internacional que os Estados são obrigados pelos tratados internacionais independentemente das mudanças de gerações em suas populações. Assim, conclui Kelsen: "O fato de que o Estado não se originou em um contrato social não é um argumento contra a possibilidade de estabelecer por meio de um tratado internacional uma ordem que assegure a paz".

Portanto, a idéia de pacto é capaz de explicar o processo de diluição da soberania e de limitação à liberdade estatal. Como saída para uma situação internacional anárquica, a humanidade desenvolveu uma série de acordos e instituições, alcançando algo próximo do que seria a idéia de um novo contrato social, celebrado, dessa vez, não entre pessoas, mas pelos Estados.[30] A idéia de contrato social implica a renúncia de alguns direitos por parte dos homens, que limitam de modo voluntário a sua liberdade a fim de escapar do estado de natureza. Logo, os Estados, como os indivíduos, optam por impor regras que cerceiam seu próprio comportamento, aderindo a acordos que têm por objetivo não apenas defender a paz, como também regulamentar de forma mais eficiente suas atividades.

---

[29] Como explica Hans Kelsen, comparando a doutrina do contrato social com a produção do direito internacional pelos Estados: "O estabelecimento por um tratado internacional de uma organização internacional para a manutenção da paz é um processo totalmente diferente daquele a que se refere a doutrina do contrato social. Essa doutrina é tão problemática porque é dificilmente possível que em um estado de natureza anterior à existência de qualquer lei um contrato pudesse ser celebrado por milhares de sujeitos contratantes, contrato esse legalmente obrigatório não apenas para eles mas também para suas mulheres e filhos e para as gerações do futuro, ainda não nascidas. Nenhum contrato celebrado por indivíduos poderia ter tal efeito, especialmente se não for feito com base em uma ordem legal pré-existente. O contrato social da doutrina do direito natural é na verdade o ato pelo qual o direito, o direito nacional, primeiro vem à luz; e não é muito provável que o direito como tal tenha sido criado por contrato". KELSEN, Hans. *Peace Through Law*..., op. cit.; 1944. p. 7, 8.

[30] Como lembra Senarclens, a vontade de fazer que os Estados saíssem do estado de natureza por meio da adoção de regras de direito internacional público motivou, ao menos desde o século XVII, a obra de diversos autores, como Hugo Grotius e Samuel Pufendorf. SENARCLENS, Pierre de. *Mondialisation*..., op. cit.; 1998. p. 24.

11.2 A NOVA SOBERANIA

Cooperação e soberania

Os Estados participam de forma ativa do processo de diluição de sua própria soberania – a nova soberania é resultado do novo contrato social. O que levaria os Estados a adotarem regras internacionais que restringem sua liberdade? Como pudemos constatar ao longo deste livro, o novo contrato social é realizado para obter as vantagens trazidas pela cooperação. A ausência da cooperação teria efeitos nocivos para a sociedade internacional. Como defendia Kant, da mesma forma que o Estado sem lei retardou o desenvolvimento máximo das potencialidades humanas – que só puderam realmente florescer com o advento de uma constituição civil –, a liberdade selvagem também retarda o desenvolvimento das nações. Essas, nas palavras de Kant, por se manterem constantemente preparadas para a luta, despendendo recursos para se armarem umas contra as outras, e pela devastação causada pela guerra quando essa acontece, impedem o progresso em direção ao desenvolvimento total das capacidades humanas.[31]

Contudo, o que motiva os Estados a intensificar os processos de cooperação é a defesa de seus interesses particulares e o desejo de evitar novos conflitos, e não o idealismo ou o fato de que esses tenham atingido a harmonia universal.[32] É importante notar que cooperação tem um sentido diferente da harmonia. Se há harmonia não há razão para disputa ou coordenação, bastando aos Estados procurar atingir isoladamente seus próprios objetivos. O interesse pela cooperação surge quando há objetivos conflitantes ou quando metas consideradas importantes não podem ser atingidas a não ser pelo esforço conjunto. Assim, "no caso da existência de objetivos conflitantes, a cooperação terá por objetivo resolver o conflito sem o uso da força; no caso de objetivos gerados pela interdependência, a cooperação será necessária para viabilizar o esforço conjunto".[33] Logo, devem ser procuradas as raízes da cooperação não no altruísmo, mas no conflito.[34]

---

[31] KANT, Immanuel. Idea of a Universal History on a Cosmo-political plan. *The Sociological Press*, Hanover, p. 35, 1927. Artigo original de 1784.

[32] A cooperação pode algumas vezes não resultar do conflito ou do desejo de evitá-lo. O Plano Marshall, destinado a ajudar a reconstrução da Europa após a Segunda Guerra Mundial, é um exemplo disso. Esse não foi empreendido por europeus e norte-americanos para evitar conflitos entre si, mas, principalmente, para usufruir dos benefícios mútuos que resultariam da recuperação da economia européia. BROWN, Seyom. *International Relations in a Global Changing System*: Toward a Theory of the World Polity. 2nd ed. Boulder, Colo.: Westview, 1996. p. 27.

[33] SATO, Eiiti. *O papel estabilizador dos países periféricos na ordem internacional*: percepções e perspectivas. 1997. Tese (Doutorado) – Departamento de Sociologia, Faculdade de Filosofia, Letras e Ciência Humanas, Universidade de São Paulo, São Paulo, 1997. f. 16, 18.

[34] Ver KARNS, Margaret P. The Changing Architecture of World Politics: Multilateralism, Cooperation, and Global Governance. In: THOMPSON, Kenneth W. *Community, Diversity and a New World Order*: essays in honor of Inis L. Claude, Jr. Boston: University Press of America, 1994. p. 271.

Para Kant, a característica humana que leva à formação de uma ordem regida pelo direito na sociedade é o antagonismo, o que ele chamou também de "sociabilidade anti-social", ou seja, a tendência humana a entrar na sociedade, combinada com uma forte resistência a essa decisão, que permanece existindo. Isso ocorre, segundo Kant, porque o homem tem, por um lado, uma propensão a viver em sociedade, por acreditar ser essa a única forma de desenvolver todas as suas potencialidades, o que quer dizer que ele é naturalmente sociável, mas, por outro, tem também a tendência a isolar-se por normalmente querer que as coisas sejam feitas de acordo com seus desejos – o que o torna anti-social.[35]

Essa oposição existe também no caso dos Estados. Estes tampouco vivem em harmonia e possuem interesses antagônicos e diferentes – para entender os efeitos que tais diferenças podem causar e a maneira de administrar os interesses conflitantes dos Estados, nos baseamos aqui na teoria dos jogos. Para Ralph Bryant, as aplicações da teoria dos jogos tornam mais precisas duas idéias. A primeira, reconhecida na teoria política e econômica por séculos, é que os resultados de decisões descentralizadas e não-cooperativas são decididamente inferiores aos de decisões obtidas coletivamente com a cooperação. A outra idéia – que vai ao encontro do que foi até aqui exposto – é que a cooperação internacional não é sinônimo de altruísmo ou benevolência. Ao contrário, a cooperação e a coordenação podem resultar de um comportamento completamente egoísta. A coordenação não requer que os governos nacionais tenham objetivos comuns ou mesmo compatíveis, ou que alguns governos sacrifiquem seus próprios objetivos em benefício dos demais. Cooperação e coordenação implicam meramente o ajuste mútuo de comportamentos por interesse próprio.[36]

Logo, como argumenta Charles Leben, a constituição de uma organização internacional, mesmo que responda a uma necessidade sentida pelos Estados, não transforma estes em uma comunidade de seres desinteressados preocupados unicamente com a realização de um bem comum – a organização não faria nada além de reunir egoísmos particulares que possuem certa convergência, mas que não renunciam a explorar as ocasiões que a eles venham se oferecer.[37] O antagonismo leva, assim, a que tanto as relações individuais quanto as relações entre Estados acabem por ser regidas pelo direito. Ao terem necessidades que não conseguem suprir adequadamente sozinhos, os indiví-

---

[35] Ver KANT, Imannuel. *Perpetual Peace and Other Essays*. Indianópolis, Ind.: Hackett, 1983. p. 12-13, 32-33. Artigos escritos entre 1784 e 1795.

[36] Desse modo, o potencial de se obter grandes ganhos pela cooperação pode ser até maior quando os objetivos são inconsistentes e a discordância é alta. BRYANT, Ralph. International Cooperation in the Making of National Macroeconomic Policies: Where do we stand? In: Kenen, Peter B. (ed.). *Understanding Interdependence*: The macroeconomics of the open economy. New Jersey: Princeton University Press, 1995. p. 407.

[37] LEBEN, Charles. *Les sanctions privatives de droit...*, op. cit.; 1979. p. 359

duos são forçados a se relacionar com outros indivíduos, o que também ocorre com os Estados. Porém, nessa nova relação que se estabelece, as necessidades e os interesses próprios de cada indivíduo – e de cada Estado – fazem que cada um deles tente obter o máximo possível em detrimento dos demais, o que acarreta o surgimento do conflito. Para evitar ou resolver os conflitos, indivíduos e Estados procuram criar normas e instituições.

Portanto, a cooperação internacional, assim como seus dois fenômenos correlatos – a globalização jurídica e a integração regional – decorrem diretamente da interdependência crescente dos povos. Mais ainda, é possível dizer que tais processos e a interdependência vivem em constante retroalimentação. A interdependência torna esses processos mais necessários, e a intensificação desses processos torna os Estados mais interdependentes.

Já há algum tempo é possível notar que, em uma era tecnológica, com alta interpenetração econômica, "um Estado individual poderia existir em uma soberania isolada não mais do que um indivíduo isolado poderia fazê-lo em sociedade". Porém, ainda que voluntária, a submissão às exigências da cooperação internacional pode ter como resultado um aumento da influência de fatores externos sobre as políticas dos Estados, influência essa que, "pelos padrões tradicionais do direito internacional, deveriam ser qualificadas como não permissíveis".[38]

Os Estados limitam cada vez mais sua soberania – como vimos, eles usam seu poder para limitar seu poder. Com essa limitação voluntária eles objetivam alcançar maior eficiência na execução de suas tarefas e na resolução de seus problemas. As organizações internacionais podem ser vistas como estruturas que prestam serviços para os Estados, como um meio que seus membros têm de alcançar alguns objetivos que sozinhos não alcançariam.[39] Nesse sentido, a criação de instituições internacionais poderia ser vista como uma forma de restabelecer ou, até mesmo, aumentar o controle estatal.[40] Isso faz que alguns autores acreditem que os Estados ampliam sua soberania ao participar de organizações internacionais – se estas criam obrigações para um Estado que delas participa, também criam direitos, que devem ser respeitados pelos demais membros.[41] Como observa Robert Jennings, os Estados estariam trocando parte de seu "poder paroquial" por um

---

[38] LOEWENSTEIN, Karl. Sovereignty and International Co-operation. *AJIL*, Washington D.C., v. 48, p. 223, 244, 1954.

[39] Nesse sentido, como argumenta Claude, não caberia perguntar se as organizações internacionais competiriam com os Estados, mas sim o quanto elas teriam se tornado indispensáveis – e hoje, de fato, elas o teriam se tornado. CLAUDE, Inis L. *States and the Global System*: Politics, Law and Organization. New York: St. Martin's Press, 1988. p. 125, 129.

[40] KRASNER, Stephen D. Economic Interdependence..., op. cit.; 1993. p. 313

[41] Ver JAMES, Alan. *Sovereign Statehood*: the Basis of International Society. London: Allen & Unwin Publishers, 1986. p. 207.

"poder internacional".[42] Ao transpor o marco territorial de suas atividades, eles ampliariam sua influência sobre a sociedade internacional em áreas como o comércio e a proteção ambiental.[43]

Assim, os Estados têm interesse em participar de movimentos como os de integração regional e de cooperação internacional. Os regimes a que eles aderem nesses processos comportam, por definição, além de obrigações que podem restringir a soberania, direitos que podem ampliar o seu domínio.[44] A idéia é que "a ação concertada entre os Estados diminui em alguns aspectos a soberania das nações envolvidas, mas, ao combinar seu poder de outras formas, aumenta a sua influência sobre o sistema estatal".[45]

Esse raciocínio se aplica sobretudo aos países com menos poder no cenário internacional. Como lembra John Jackson, a participação em organizações internacionais faz que esses países "sintam-se menos ameaçados por outras nações muito maiores e mais poderosas".[46] Essa é a razão pela qual, historicamente, os países que faziam parte do então chamado Terceiro Mundo sempre apresentaram a tendência de ver o crescimento das organizações internacionais de forma favorável.[47]

A existência de um mecanismo de solução de disputas reforça a idéia de que as organizações internacionais são positivas para os Estados menos poderosos, pois permitir que o direito seja ditado por uma autoridade independente seria uma forma de transformar a igualdade de direito em igualdade de fato.[48] O fortalecimento das organizações internacionais e de seus mecanismos

---

[42] Por esse motivo, Jennings defende que tomar parte em decisões internacionais não configura um abandono da soberania, mas sim um aumento da mesma. JENNINGS, Robert. Sovereignty and International Law. In: KREIJEN, Gerard (ed.). *State, Sovereignty and International Governance*. Oxford: Oxford University Press, 2002. p. 36, 42.

[43] CHARPENTIER, Jean. Le phénomène étatique à travers les grandes mutations politiques contemporaines. In: SFDI. *L'État souverain à l'aube du XX*^{ème} *siècle*: Colloque de Nancy. Paris: A. Pedone, 1994. p. 31.

[44] SENARCLENS, Pierre de. *Mondialisation...*, op. cit.; 1998. p. 66.

[45] GIDDENS, Anthony. *The Consequences of Modernity*. Stanford: Stanford University Press, 1990. p. 73.

[46] JACKSON, John H. The Great 1994 Sovereignty Debate: United States Acceptance and Implementation of the Uruguay Round Results. In: CHARNEY, Jonathan I.; ANTON, Donald K.; O'CONNELL, Mary Ellen (ed.). *Politics, Values and Functions*: International Law in the 21st Century: Essays in Honor of Professor Louis Henkin. The Hague: Martinus Nijhoff, 1997. p. 153.

[47] A tentativa dos países pobres de utilizar as organizações internacionais para aumentar sua influência e transformar a estrutura de poder internacional se refletiu historicamente no movimento por uma nova ordem econômica internacional, que se seguiu à independência de alguns desses países após a Segunda Guerra Mundial. Ver ABI-SAAB, Georges. Introduction: The concept of international organizations: a Synthesis. In: ABI-SAAB, Georges (ed.). *The concept of international organization*. Paris: Unesco, 1981. p. 23.

[48] Ver GUILLAUME, Gilbert. Souveraineté et juridictions internationales. In: TORRELLI, Maurice (ed.). *La souveraineté à l'aube du IIIe millénaire*. Nice: Institut du Droit de la Paix et du Développement, Université de Nice Sophia-Antipolis, 1990. p. 56.

de solução de controvérsias pode ser, por isso, interessante para os países pobres e em desenvolvimento, ao tornar possível que esses questionem os atos de um país mais poderoso, com o respaldo da própria organização, sem medo de serem retaliados por fazê-lo.[49]

Os mesmos efeitos se notam no caso das organizações de integração regional.[50] Nestas, os Estados ganham não apenas por estender sua influência aos demais membros, mas também em termos estratégicos, ao permitir que aumentem seu peso no cenário internacional.[51] Assim, a integração regional permite, principalmente aos países pobres e em desenvolvimento, adquirir maior poder de barganha, o que é necessário para o equilíbrio político mundial. De fato, como afirma Gunnar Myrdal: "Mísera seria a integração internacional do mundo democrático que deixasse tão pouco poder de barganha nas mãos da grande maioria de seus povos".[52]

No entanto, embora seja correto concluir que a cooperação aumenta a capacidade geral de cumprir determinadas tarefas, seria equivocado afirmar que os Estados ampliam o seu poder ao participarem de organizações internacionais. O poder que surge com essas organizações não pertence ao Estado individualmente – ele é exercido ou de forma coletiva ou por órgãos de caráter supranacional. Em ambos os casos, o poder estatal ou é cedido em parte ou deixa de ser completamente autônomo. Se o direito internacional já é por sua própria natureza coletivo, o direito que deriva das atividades dos órgãos supranacionais combina ainda menos com o princípio de que os Estados devem ser de forma obrigatória os autores das regras a que se sujeitam ou ao menos devem a elas consentir individualmente – a chamada *auto*nomia, como ressalta Combacau.[53] Ao aprofundarem seus vínculos, assumindo o compromisso de solucionar de-

---

[49] O fortalecimento das regras comerciais internacionais interessaria assim aos países pobres e em desenvolvimento. Como observa Celso Lafer, o Brasil, por ser um pequeno *"global trader"* mas não um grande *"global player"*, teme o unilateralismo dos grandes, o que o leva a se interessar pelas normas que garantem o acesso aos mercados. LAFER, Celso. Réflexions sur l'OMC lors du 50e anniversaire du systeme multilatéral commercial. *JDI*, Paris, nº 4, p. 937, 1998.

[50] Como afirma Marcos de Azambuja: "O Mercosul funciona como um reforço das nossas soberanias: soma dos poderes nacionais, atuando como indutor de racionalidade e convergência política, econômica e diplomática, potencializador dos mercados, porta de entrada para a globalização e instrumento de prestígio, credibilidade e confiabilidade para os países-membros. É, em resumo, uma alavanca econômica e diplomática inigualável para nós". AZAMBUJA, Marcos de. Uma moeda para o Mercosul. *Folha de S. Paulo*, São Paulo, 13 jul. 1999. Caderno Brasil, p. 3.

[51] Ver CASELLA, Paulo Borba. Estado, Soberania e Integração. In: MOURÃO, Fernando A. A. et al. (coord.). *Federalismo mundial e perspectivas do federalismo no Brasil*: Seminário Internacional: São Paulo, 12 e 13 de setembro de 1996. São Paulo: Conselho Brasileiro de Relações Internacionais, 1997. p. 98.

[52] MYRDAL, Gunnar. *An International Economy*: Problems and Prospects. New York: Harper & Row Publishers, 1956. p. 3.

[53] COMBACAU, Jean. Pas une puissance, une liberté..., op. cit.; 1993. p. 51.

terminados problemas em conjunto, os Estados passam a exercer em comum certas competências que tradicionalmente exerciam com total autonomia, cedendo parte de sua capacidade de agir de forma independente.[54]

Se o Estado, nesses processos, cede poderes que antes exercia individualmente, e se isso afeta sua soberania, seria importante entender quais são as vantagens que tal cessão lhe traz. Tivemos a oportunidade de analisar as razões que levam os Estados a participar da cooperação internacional e da integração regional. Eles se beneficiam desses processos, mesmo que estes possam acarretar transferência de competências e perda de autonomia. Esse benefício dá-se em particular por meio de um aumento de efetividade em lidar com determinados assuntos. Observe-se que esse aumento se deve não a uma ampliação do poder estatal, mas à formação de um novo poder compartilhado, que surgiria sempre que os Estados entendessem que seria apropriado abrir mão de parte de sua soberania a fim de alcançar resultados positivos na implementação de determinadas políticas.[55] O novo contrato social só se justifica caso seus ganhos compensem a perda de autonomia por parte dos Estados.[56]

A ineficiência das instituições estatais na economia globalizada seria uma das principais causas pelas quais novos arranjos institucionais seriam criados pelos próprios Estados.[57] A ineficiência dos Estados – nesse caso a ineficiência econômica na geração de riquezas – explicaria também por que eles muitas vezes adotam de forma voluntária regras que lhes impedem de manter o controle sobre suas próprias economias, como a livre circulação de capitais.[58] A busca

---

[54] A expressão máxima de tais processos, como se teve a oportunidade de constatar, é a União Européia, em que os membros não apenas cederam a capacidade de decidir autonomamente, mas se avançou para a criação de órgãos supranacionais, cujas decisões são autônomas dos próprios governos dos países-membros, criando-se um Direito Comunitário. Ver VIGNALI, Heber Arbuet. *O atributo da soberania*. Porto Alegre: ABEI, 1996. p. 52.

[55] JACKSON, John H. The Great 1994 Sovereignty Debate..., op. cit.; 1997. p. 161.

[56] Ver HABERMAS, Jürgen. La constellation postnationale et l'avenir de la démocratie. In: HABERMAS, Jürgen. *Après l'État-nation*: une nouvelle constellation politique. Paris: Fayard, 2000. p. 62.

[57] Nesse sentido, como observam Hardt e Negri, os Estados representariam antes de mais nada uma estrutura jurídico-econômica cuja eficácia estaria sendo afetada pela globalização, e o declínio do Estado poderia ser visto como um processo irreversível que se comprovaria pela evolução de uma série de estruturas mundiais. HARDT, Michel; NEGRI, Antonio. *Empire*. Paris: Exils, 2000. p. 407.

[58] Ao optar por deixar o mercado atuar livremente em algumas áreas, o Estado busca maior eficiência na administração de sua economia. Isso leva Paul Fabra a concluir que não haveria nada mais equivocado do que ver uma contradição *a priori* entre a abertura da economia e a soberania do Estado no sentido de esse comandar o seu próprio destino. Observe-se, no entanto, que se entendermos a autonomia como essencial para a soberania, a abertura econômica afeta de fato, como vimos, a soberania. FABRA, Paul. Les marchés et leur régulation. In: LENOIR, René; LESOURNE Jacques (ed.). *Où va l'État?*: la souveraineté économique et politique en question. Paris: Le Monde Éditions, 1992. p. 287.

da eficiência econômica seria uma das causas da redução do poder estatal,[59] já que, em virtude da força dos mercados, a necessidade de atrair a riqueza tem sido vista como incompatível com a manutenção de uma soberania econômica integral.[60]

A crescente influência das organizações internacionais mostra, portanto, que "a soberania nacional está sendo gradualmente mas firmemente sacrificada pela afluência". Para Lester Brown, determinadas organizações internacionais no campo comercial ou financeiro restringem a soberania econômica dos Estados, que aceitam essa limitação a fim de alcançar um padrão de vida mais elevado. O melhor exemplo dessa afirmação encontra-se na Europa – curiosamente a região onde o Estado-Nação teve origem. Para esse autor, a troca da soberania pela afluência virá a afetar "não somente virtualmente todos os países, mas eventualmente a organização da própria sociedade global".[61] De fato, a valorização da cooperação internacional em um mundo interdependente deu origem a uma nova forma de soberania.

A soberania em um mundo interdependente

> *Os abusos de uma palavra grande demais se revelam em conseqüências paralisantes: o conflito da Soberania e do Direito se apresenta em termos que não permitem mais à antiga noção da* **suprema potestas** *erguer-se frente ao Estado como uma proteção sem se elevar contra o Direito das Nações como*

---

[59] Em muitos casos, como argumenta Strange, o FMI seria rechaçado pelos governos em público, mas bem recebido em caráter privado, já que esses governos usariam o Fundo como desculpa para legitimar determinadas mudanças de políticas impopulares que gostariam de promover de qualquer modo a fim de se adaptar à realidade da economia mundial. Logo, em muitos casos, poderia se argumentar que a atuação do FMI não afeta a soberania dos Estados já que estes teriam de qualquer forma de adotar as medidas sugeridas pelo Fundo se quisessem melhorar sua situação econômica. Esse é um argumento difícil de se provar. Como observa Tsai, ao analisar o caso da Tailândia durante a crise asiática, outras nações enfrentando os mesmos problemas econômicos que os daquele país puderam implementar programas alternativos àqueles sugeridos pelo FMI – o que de fato ocorreu, por exemplo, com a Malásia. Mesmo que isso não prove que a Tailândia, sem a pressão do Fundo, não teria seguido o caminho que seguiu, tal realidade mostra que países que, sem a influência do Fundo, puderam escolher uma rota diferente, o fizeram e foram bem-sucedidos. STRANGE, Susan. Wake up, Krasner! The world *has* changed: International political economy: abiding discord. *Review of International Political Economy*, London, v. 1, nº 2, p. 215, Summer 1994; TSAI, Mary C. Globalization and Conditionality: Two Sides of the Sovereignty Coin. *Law and Policy in International Business*, Washington D.C., p. 1328, Summer 2000.

[60] Um Estado pode optar por manter sua soberania econômica praticamente intacta, não abrindo mão de seu controle sobre toda a economia nacional, mas o preço a pagar pode ser demasiadamente alto. Historicamente, a União Soviética serve de exemplo de como a manutenção da soberania em detrimento da eficiência econômica e da abertura dos mercados pode acabar sendo duramente castigada.

[61] BROWN, Lester R. *World Without Borders*. New York: Random House, 1972. p. 187-188.

um obstáculo. Mas do Estado à Sociedade dos Estados ou das Nações o poder passa. Ele passa em um longo deslizamento. A Competência exclusiva diminui; não haverá em breve outra Soberania que aquela do Direito.[62]

A. de Lapradelle

Como demonstra essa citação, datada da época da Liga das Nações, e conforme pudemos comprovar, já há mais de meio século o mundo assiste a uma nova transformação do conceito de soberania. O sentido original dessa palavra mostra-se de fato muito exagerado, atualmente não mais refletindo a realidade. Em determinado momento da História, o poder a que se refere a soberania passou dos feudos para os Estados, e hoje parte desse poder passa dos Estados para as demais instituições da sociedade global.

A constatação de que nem o Estado soberano nem o próprio termo soberania sejam mais o que eram antes[63] já havia provocado a afirmação de que "muitos juristas, ainda que reduzindo a idéia de soberania até o extremo, conservam escrupulosamente o termo sem ousarem reconhecer para si mesmos que eles o despojaram de seu sentido" – o que levou Sukiennicki a se perguntar qual a utilidade de denominar "soberania" uma noção que, de fato, não mais corresponde ao aspecto lógico e literal do termo.[64] Esse raciocínio levou muitos autores a defender o abandono do uso da palavra soberania. Como ensina Marotta Rangel: "Não é pois de causar espécie que Foulke, há quatro décadas, asseverando não lhe competir 'perseguir sombras', reclamava a substituição do termo por outro menos impreciso e polêmico. Daí ter Ranelletti proposto a expressão 'poder de império', Kelsen insistir em 'competência', Charles Rosseau e Foulke optar por 'independência', e Duverger propor 'supremacia'".[65]

Mas a posição mais acertada talvez seja a que prega que o vocábulo continue a ser empregado, porém em seu sentido moderno, ou seja, relativo.[66] A soberania, como afirma Carrillo Salcedo, "hoje não é mais percebida como um poder absoluto e incondicionado". Como tivemos a oportunidade de demonstrar, a simples existência do direito internacional faz que o concei-

---

[62] LAPRADELLE, A. de. Lettre-Préface. In: SUKIENNICKI, Wictor. *La Souveraineté des États en Droit International Moderne*. Paris: A. Pedone, 1927. p. 3.

[63] E, como argumenta Salcedo, é provável que o poder absoluto descrito em teoria no conceito de soberania jamais tenha se constatado na prática. CARRILLO-SALCEDO, Juan-Antonio. Droit International et souveraineté des États. *RCADI*, t. 257, p. 56, 1996.

[64] Ver SUKIENNICKI, Wictor. *La Souveraineté des États en Droit International Moderne*. Paris: A. Pedone, 1927. p. 321.

[65] RANGEL, Vicente Marotta. A soberania dos povos na era astronáutica. *Revista dos Tribunais*, São Paulo, ano 49, v. 291, p. 29, jan. 1960.

[66] Ver MELLO, Celso D. de Albuquerque. *Curso de direito internacional público*. 10. ed. Rio de Janeiro: Renovar, 1994. p. 314.

to de soberania absoluta perca o sentido – e essa é a opinião da maior parte da doutrina.[67]

A autonomia e a efetividade do poder estatal vêm sofrendo profundas mudanças, as quais devem ser levadas em conta por qualquer análise da soberania, ainda que isso represente um reconhecimento de que os Estados estão enfraquecendo. Na atualidade, a soberania de direito permanece logicamente inatacável, e o interesse dos próprios Estados continua sendo o de se apresentar como unidades detentoras de um poder efetivo e autônomo. Porém, na realidade, o poder estatal perde efetividade e autonomia, e enxergar tal realidade é o primeiro passo para decidir se a soberania deve ser revalorizada ou repensada em outros termos. Esse é o maior desafio que todas as transformações aqui estudadas nos propõem. Como afirma Gérard Mairet: "Esta é sem dúvida a missão, hoje, do pensamento: pensar a comunidade do futuro fora do modelo da soberania".[68]

O essencial não é tanto redefinir a soberania – o conceito de soberania, como vimos, sofreu diversas alterações ao longo da História, e certamente continuará a sofrê-las –, mas analisar como o poder antes concentrado nas mãos dos Estados é hoje redistribuído, e quais as conseqüências dessa redistribuição.

Para Richard Falk, estaríamos atravessando um período de transição, da geopolítica, baseada na soberania estatal, para a "geogovernança", que pressupõe a existência de um mundo cada vez mais integrado econômica, cultural e politicamente. A tendência verificada nesse período é a da diminuição do papel do Estado e da importância da soberania. Falk ressalta, no entanto, que diminuição não quer dizer eliminação, e que "a soberania permanecerá relevante, até mesmo decisiva em alguns cenários, mas os direitos, o *status* e o papel dos Estados será distribuído de uma maneira mais complexa, mais confusa, e menos territorial".[69] Isso equivale a dizer que, embora o poder estatal continue a existir, ele se dilui e passa a ser dividido com outras instituições. A soberania "permanece sendo uma característica do sistema, mas ela agora se situa em uma multiplicidade de arenas institucionais",[70] como os novos regimes legais transnacionais privados e as novas organizações supranacionais. Partes da soberania deixariam de se concentrar nos Estados em particular, sendo assim transferidas para outras entidades.[71]

---

[67] Nesse mesmo sentido, por exemplo, Francisco Giner considera que a soberania é um "valor relativo", e Bigne de Villeneuve, vê na soberania "uma noção relativa, e não absoluta". Ver PAUPÉRIO, A. Machado. *O conceito polêmico de soberania*. 2. ed. Rio de Janeiro: Forense, 1958. p. 176, 186.

[68] MAIRET, Gérard. Présentation. In: BODIN, Jean. *Les six livres de la République*. Paris: Le Livre de Poche, 1993. p. 38.

[69] FALK, Richard A. *On Humane Governance*: Towards a New Global Politics. Philadelphia: The Pennsylvania University Press, 1995. p. 85.

[70] SASSEN, Saskia. *Losing Control?*: Sovereignty in an Age of Globalization. New York: Columbia University Press, 1996. p. 29.

[71] SASSEN, Saskia. On the Internet and Sovereignty. *Indiana Journal of Global Legal Studies*, Bloomington, p. 554, Spring 1998.

Para David Held, a soberania hoje já poderia ser encarada como um poder dividido entre as diversas instituições da sociedade global, sendo a autonomia estatal limitada pela própria natureza dessa pluralidade de fontes de poder.[72] O poder político não mais se localiza apenas nos governos nacionais, mas se distribui entre novas estruturas organizacionais e administrativas, sendo "reposicionado, mudado de contexto e, em certa medida, transformado pela importância crescente de outros sistemas de poder de caráter menos territorial".[73]

Não se trata aqui da perda de efetividade do poder estatal causada pela globalização e pela revolução tecnológica – caso em que o Estado é entendido em essência como ordem jurídica estatal. Trata-se, nesse caso, da repartição de algumas das funções do Estado entre instituições internacionais, transnacionais ou supranacionais. Se em seu conceito tradicional o Estado conta com um território, um povo e um governo, é principalmente esse terceiro elemento que sofre as alterações causadas pela ascensão de um modelo de "governança global" – *global governance*.[74]

Assim como a própria soberania, a função de governo teria evoluído em direção à maior difusão, e não à concentração.[75] A tendência – graças à emersão de "um mundo complexo, multicêntrico, de atores diversos e relativamente autônomos, repleto de estruturas, processos e regras de decisão próprias" – seria de que a autoridade fosse realocada em diversos níveis de governo.[76]

A governança global não se limita à ação exclusiva dos Estados. Engloba a atividade das instituições interestatais – como as organizações internacionais de cooperação e de integração regional –, mas também mecanismos informais e não-governamentais. Ela surge muitas vezes de baixo para cima,

---

[72] HELD, David. *Democracy and the Global Order*: From the Modern State to Cosmopolitan Governance. Stanford, Calif.: Stanford University Press, 1995. p. 135.

[73] HELD, David; et al. *Global Transformations*: Politics, Economics and Culture. Stanford, Calif.: Stanford University Press, 1999. p. 447.

[74] Vale ressaltar que a expressão *global governance* poderia perfeitamente ser traduzida como "governo" global. Diferentemente do inglês, em português a palavra governo abarca os dois sentidos, de "corpo governamental" e de "ato de governar". Hoje o mundo conta com um governo global – não se trata de um Estado mundial – que abrange diversas áreas. No entanto, utilizaremos aqui a expressão governança global, a fim de ressaltar que, ao contrário do governo entendido como aparato burocrático, essa possui um caráter descentralizado e informal. Idem. p. 52.

[75] CASSESSE, Sabino. The Rise and Decline of the Notion of State. *International Political Science Review*, v. 7, nº 2, p. 124, April, 1986.

[76] ROSENAU, James N. Sovereignty in a Turbulent world. In: LYONS, Gene M.; MASTANDUNO, Michel (ed.). *Beyond Westphalia*: State Sovereignty and International Intervention. Baltimore: The John's Hopkins University Press, 1995. p. 209.

como uma necessidade resultante da interação contínua entre os diversos atores da sociedade global.[77]

Os atores transnacionais, que conseguem fugir muitas vezes ao controle e à autoridade dos Estados, são peças importantes da nova estrutura de governança global. O caráter descentralizado e muitas vezes informal dessa nova forma de governo faz que ela seja identificada com a idéia de "governança sem governo" – *governance without government* –, na qual a autoridade estaria cada vez mais sendo transferida de entidades territoriais para entidades não-territoriais. O resultado, para alguns autores "neomedievalistas", seria que estaríamos vivendo em uma nova ordem, na qual os Estados passariam a repartir seu poder com outros atores que se situariam acima e abaixo deles, da mesma forma como, na Idade Média, o poder era dividido entre diferentes níveis de autoridade.[78]

É importante ressaltar que a maior transformação institucional a que o mundo assistiu nos últimos anos foi a proliferação e a consolidação das organizações internacionais. Hedley Bull acreditava que a idéia de que instituições internacionais e supranacionais poderiam ser consideradas sujeitos do direito internacional trazia consigo as sementes da subversão da sociedade de Estados soberanos em favor de uma forma de organização na qual essas entidades substituiriam os Estados como principais repositórios de direitos e obrigações no palco político mundial.[79] De fato, a existência de organizações internacionais capazes de limitar a soberania estatal altera profundamente o modelo do Estado soberano.

Os acordos e as instituições internacionais criados pelos Estados transformam a soberania e o poder que ela representa. Certos dos aspectos da soberania, anteriormente privativos de cada Estado, passam a ser partilhados no plano internacional.[80] O cenário político do mundo de hoje seria assim caracterizado por uma soberania compartilhada.[81]

---

[77] ROSENAU, James N. Governance and Democracy in a Globalizing World. In: ARCHIBUGI, Daniele; HELD, David; KÖHLER, Martin (ed.). *Re-imagining Political Community*: Studies in Cosmopolitan Democracy. Stanford: Stanford University Press, 1998. p. 36; ver também ROSENAU, James N. Changing States in a Changing World. In: CARLSSON, Ingvar; RAMPHAL, Shridath (ed.). *Issues in Global Governance*: Papers Written for the Commission on Global Governance. London: Kluwer Law International, 1995. p. 265-294.

[78] De acordo com Bull, isso ocorre se considerarmos que o governo do Reino Unido divide sua autoridade com os autoridades da Escócia, do País de Gales etc, com as autoridades européias em Bruxelas, e com as autoridades mundiais em Nova York e Genebra. BULL, Hedley. *The Anarchical Society*..., op. cit.; 1995. p. 246.

[79] Idem. p. 147.

[80] Esse compartilhamento da soberania aconteceria de forma ainda mais acentuada nos processos de integração regional. BAPTISTA, Luiz Olavo. Mundialização, Comércio Internacional e Direitos Humanos. In: PINHEIRO, Paulo Sérgio; GUIMARÃES, Samuel Pinheiro (org.). *Direitos Humanos no século XXI*. Rio de Janeiro: Instituto de Pesquisa de Relações Internacionais, 1998. p. 264; ver também BAPTISTA, Luiz Olavo. Solução de divergências no Mercosul. In: BAPTISTA, Luiz Olavo (coord.). *Mercosul*: a Estratégia Legal dos Negócios. São Paulo: Maltese, 1994. p. 127.

[81] CASTELLS, Manuel. *O poder da identidade*. São Paulo: Paz e Terra, 1999. p. 353.

O fenômeno das organizações internacionais seria, desse modo, como conclui Roberto Ago, "a mais importante característica social e jurídica de nossa época". Ao final da primeira metade do século XX, "o Estado soberano e independente, que nos séculos precedentes tanto havia feito para absorver outras entidades políticas dentro de suas fronteiras, foi por sua vez obrigado a admitir a existência de organizações mais amplas que ele mesmo, a seguir as instruções dessas organizações, a procurar sua assistência, e mesmo algumas vezes a ficar de lado e permitir, por sua própria e admitida incapacidade, que essas agissem em seu lugar". A noção tradicional de independência, expressa no termo soberania, está gradualmente dando lugar a um novo conceito. Por um lado, os Estados continuam sendo soberanos, uma vez que continuam ciosos de sua independência e de sua igualdade jurídica e não estão dispostos a tolerar uma situação em que esses princípios não sejam respeitados. Porém, por outro lado, eles estão cada vez mais desejosos de reconhecer a interdependência existente entre toda a comunidade das nações, compreendendo que "as organizações internacionais estão aí para oferecer-lhes a cooperação sem a qual a marcha do progresso seria detida para eles".[82]

É importante lembrar que a independência é um dos pilares fundamentais do modelo do Estado soberano. Em 1927, no caso Lotus, já mencionado, a Corte Permanente de Justiça Internacional estabeleceu que "as limitações à independência dos Estados não se presumem". Esse princípio se baseava na idéia de que "o direito internacional rege as relações entre Estados independentes".[83] No entanto, como afirma Jenks, se na época dessa decisão ainda era possível afirmar sem sombra de dúvida que o direito internacional era a expressão da independência antes que da interdependência dos Estados, alguns anos depois a presunção de que estes eram interdependentes estaria presente nas tendências mais significativas do direito – a interdependência teria se tornado um elemento básico do direito internacional contemporâneo.[84] Não haveria mais uma "coexistência de comunidades independentes", mas comunidades cuja coexistência dependeria do completo reconhecimento de sua interdependência mútua. Teríamos assim evoluído rumo a uma situação na qual é a negação da interdependência que "não mais se presume".[85]

---

[82] AGO, Roberto. The State and International Organisation. In: JENKS, C. Wilfred et al. *International Law in a Changing World*. New York: Oceana Publications, 1963. p. 20.

[83] CPJI – 7 de setembro de 1927 – ver TCHIKAYA, Blaise. *Mémento de la jurisprudence du droit international public*. Paris: Hachette, 2000. p. 33.

[84] Ver KOROWICZ, Marek Stanislaw. Writings of Twentieth Century Publicists. In: LARSON, Arthur; JENKS, C. Wilfred (org.). *Sovereignty Within the Law*. New York: Oceana Publications, 1965. p. 427.

[85] JENKS, C. Wilfred. Interdependence as the basic concept of contemporary international law. In: Problèmes de droit des gens: Mélanges offerts à Henry Rolin. Paris: A. Pedone, 1964. p. 148.

A gradual substituição da independência pela interdependência como princípio organizador da sociedade internacional produz profundas alterações sobre a noção de soberania. Ao Estado soberano contemporâneo não é mais permitido usar a força nas relações internacionais, ou tratar seus cidadãos abaixo de um padrão mínimo de proteção aos direitos humanos, entre outras prescrições que mostram que "a necessidade de uma cooperação internacional institucionalizada tornou-se um ingrediente central da comunidade de Estados".[86] O direito internacional seria cada vez menos um "direito internacional de coexistência" – baseado em normas de mútua abstenção –, adquirindo cada dia mais um caráter de "direito internacional de cooperação" – com a função de promover interesses comuns.[87] Graças às necessidades que unem os membros da sociedade internacional, essa teria deixado de ser marcada pela simples justaposição de Estados soberanos.[88]

Portanto, a soberania não é mais o conceito inatacável sobre o qual foi construída a sociedade internacional. A interdependência afeta a capacidade do Estado de decidir exclusivamente com base em sua vontade, o que reduz sua autonomia e modifica sua soberania – de fato, o tempo das tomadas de decisão autônomas parece, para a maioria dos Estados e em diversos assuntos, parte do passado.[89] Como afirma Dominique Carreau: "O direito internacional moderno encontra o seu fundamento no conceito de interdependência e não mais naquele – destruidor – da soberania dos Estados".[90]

---

[86] Hobe propõe assim uma nova abordagem para o conceito soberania, que ele denomina "soberania esclarecida" (*enlightened sovereignty*), a qual levaria em conta o fato de que estar na "espaçonave Terra" acarreta que se viva em uma comunidade de Estados responsáveis e também que se leve em consideração os interesses não-estatais. HOBE, S. Globalisation: a challenge to the nation state and to international law. In: LIKOSKY, Michael (ed.). *Transnational Legal Processes*. London: Butterworths, 2002. p. 387.

[87] LAFER, Celso. *A OMC e a regulamentação do comércio internacional*: uma visão brasileira. Porto Alegre: Livraria do Advogado, 1998. p. 19.

[88] CARREAU, Dominique. Souveraineté et coopération monétaire internationale. Paris: Cujas, 1970. p. 510.

[89] Assim, entendida como independência política, e não independência constitucional, a interdependência afetaria a soberania. JAMES, Alan. *Sovereign Statehood...*, op. cit.; 1986. p. 179.

[90] CARREAU, Dominique. *Souveraineté et coopération monétaire internationale...*, op. cit.; 1970. p. 510.

Capítulo 12

O modelo da sociedade global

No modelo do Estado soberano o poder era exercido predominantemente pelo Estado e em dois planos, o nacional e o internacional. As transformações sofridas pela soberania estatal estão levando à ascensão de um novo paradigma, o modelo da sociedade global. Esse é mais complexo do que o modelo do Estado soberano e reflete a existência de outros dois níveis de poder além do nacional e do internacional: o transnacional e o supranacional. O primeiro passo, portanto, é examinar os elementos que compõem esse novo paradigma (12.1).

O aumento da interdependência dos povos torna necessária a criação de novas instituições, que atendam às demandas resultantes da globalização econômica e dos demais fenômenos aqui estudados. A resposta tem sido a criação de regimes internacionais, em um sistema que pode ser denominado "governança global". Na sociedade global, os Estados dividem parte de seu poder com outras entidades transnacionais e supranacionais. Essa redistribuição do poder estatal pode significar uma oportunidade, mas também um risco. Como foi visto na parte introdutória, os Estados exercem algumas funções essenciais como a manutenção da paz e da segurança e a promoção da justiça, do desenvolvimento econômico e da justiça social, sendo portanto necessário que a sociedade global e suas instituições sejam capazes de assumir total ou parcialmente tais funções nas áreas em que os Estados abrem mão, limitam ou vêem limitado seu poder. Além disso, os Estados evoluíram de forma que seu poder é um poder legítimo, cuja legitimidade se baseia sobretudo em seu caráter democrático, sendo importante que esse mesmo requisito seja preenchido pelas instituições da sociedade global (12.2).

Por fim, veremos qual o papel do indivíduo e da comunidade internacional no processo de redistribuição do poder estatal, examinando como esses dois fatores poderiam levar a uma nova forma de organização do mundo (12.3).

12.1 A ASCENSÃO DA SOCIEDADE GLOBAL

Um dos fenômenos mais importantes relacionados à ascensão da sociedade global é o surgimento de uma sociedade civil transnacional. As organizações não-governamentais são essenciais para a formação de uma consciência global e para o combate a determinados problemas comuns da humanidade – e o poder de pressão por elas exercido também tem conseqüências sobre a soberania estatal (12.1.1). A sociedade civil transnacional junta-se aos demais fenômenos de caráter transnacional e supranacional até aqui estudados, contribuindo para que o modelo do Estado soberano não seja mais suficiente para explicar a maneira como a humanidade se organiza nos tempos atuais (12.1.2).

12.1.1 A contribuição da sociedade civil transnacional para o surgimento da sociedade global

As organizações não-governamentais e a sociedade civil transnacional

A sociedade civil consiste em "grupos, indivíduos e instituições que são independentes dos Estados e das fronteiras estatais, mas que estão, ao mesmo tempo, preocupados com os assuntos públicos".[1] Logo, a sociedade civil não abrange todos os grupos independentes dos Estados, pois não inclui associações que agem em interesse próprio ou visando ao lucro, como organizações criminais ou empresas transnacionais. Ela se diferencia tanto dos governos quanto dos mercados,[2] pois se situa em um campo intermediário entre o Estado e a esfera privada, sendo formada por "cidadãos agindo coletivamente em uma esfera pública para expressar seus interesses, paixões e idéias", trocar informações e alcançar fins mútuos.[3] Com isso, a idéia de sociedade civil exclui

---

[1] KALDOR, Mary. Transnational civil society. In: DUNNE, Tim; WHEELER, Nicholas J. *Human Rights in Global Politics*. Cambridge, U.K.: Cambridge University Press, 1999. p. 210.

[2] Diferentemente do governo, voltado para o interesse público, ou dos negócios, voltados para os interesses privados, os atores da sociedade civil se voltariam para os interesses de determinados grupos sociais. BROWN, L. David; et al. Globalization, NGOs, and Multisectoral Relations. In: NYE, Joseph S.; DONAHUE, John D. (ed.). *Governance in a Globalizing World*. Cambridge, Mass.: Brookings Institution Press, 2000. p. 275.

[3] Ver FALK, Richard A; STRAUSS, Andrew. On the Creation of a Global Peoples Assembly: Legitimacy and the Power of Popular Sovereignty. *Stanford Journal of International Law*, Stanford, Calif., p. 220, Summer 2000.

a vida familiar e as atividades voltadas para o próprio grupo – como as atividades esportivas e espirituais.[4]

A utilização dessa expressão ganhou força durante a década de 1980, quando foi usada para descrever os movimentos populares em luta contra os regimes comunistas. Como resquício desse uso, tal expressão teria conservado o sentido positivo com o qual normalmente é utilizada, pelo qual ela refletiria a vontade popular de forma mais genuína do que os governos.[5] Com isso, prevaleceria a noção generalizada de que a sociedade civil está relacionada à idéia da sociedade organizando-se de forma separada do Estado e muitas vezes contra este último.[6] A sociedade civil se contraporia assim à "perpétua Santa Aliança entre os governos dos Estados".[7]

Destacam-se na sociedade civil as chamadas organizações não-governamentais – ONGs –, que podem ser locais ou internacionais. Essas podem ser definidas com base nos mesmos elementos que a própria sociedade civil – embora independam dos Estados, defendem interesses que podem ser considerados públicos.[8]

As ONGs podem possuir os objetivos mais variados, concentrando-se principalmente em áreas como a proteção ambiental, o desenvolvimento, a saúde, a educação e a defesa dos direitos humanos.[9] Em algumas áreas, como a da defesa dos direitos da mulher e a do combate à escravidão, organizações com base na sociedade civil têm atuado no âmbito internacional por vários anos – assim, historicamente, as ONGs não são consideradas uma novidade. No entanto – e nisso está a novidade – recentemente assistiu-se a uma "explo-

---

[4] Claro que, em uma visão mais ampla, associações esportivas ou religiosas podem também exercer atividades na esfera pública, caso em que farão parte da sociedade civil. A sociedade civil pode assim compreender os atores mais variados, como sociedades beneficentes, igrejas, associações de bairro, clubes sociais, associações de pais e mestres, sindicatos e associações comerciais, entre outros. BROWN, L. David; et al. Globalization..., op. cit.; 2000. p. 275.

[5] SCHACHTER, Oscar. The Decline of the Nation-State and its is Implications for International Law. *Columbia Journal of Transnational Law*, New York, v. 36, p. 13, 1997.

[6] BROWN, Chris. Cosmopolitanism, World Citizenship and Global Civil Society. In: CANEY, Simon; JONES, Peter (ed.). *Human Rights and Global Diversity*. London: Franck Cass, 2001. p. 11.

[7] MERLE, Marcel. Le concept de transnationalité. In: MÉLANGES René-Jean *Dupuy: Humanité et Droit International*. Paris: A. Pedone, 1991. p. 231.

[8] As ONGs podem ser definidas como "toda organização que se propõe a representar o Povo e a trabalhar em seu interesse, independentemente das estruturas estatais (e freqüentemente contra elas)." HARDT, Michel; NEGRI, Antonio. *Empire*. Paris: Exils, 2000. p. 380.

[9] Rifkin cita vários exemplos de organizações de caráter voluntário na América Latina, como as Comunidades Eclesiais de Base e o Movimento dos Sem-Terra, no Brasil, ou as Organizações Econômicas Populares, no Chile, chamando a atenção para seu veloz crescimento. RIFKIN, Jeremy. *The End of Work*: the Decline of the Global Labor Force and the Dawn of the Post-Market Era. New York: G. P. Putnan's Sons, 1995. p. 241.

são em números, atividade e visibilidade das iniciativas internacionais de atores da sociedade civil em uma variedade de assuntos".[10]

O número de ONGs com atuação transnacional cresceu de forma acelerada após a Segunda Guerra Mundial e, em especial, nas últimas décadas do século XX.[11] Em 1909 havia pouco mais de cento e setenta organizações não-governamentais, em 1951 elas eram mais de oitocentas, em 1960 somavam mais de mil e duzentas, chegando a mais de duas mil e cem em 1972.[12] Depois disso, como lembra Eric Hobsbawm, a necessidade de coordenação global fez que, em meados da década de 1980, o número de organizações internacionais não-governamentais chegasse a aproximadamente cinco mil, mais do que o dobro das existentes uma década antes.[13] Durante a década de 1990, esse número cresceu a uma velocidade ainda maior, aumentando mais de quatro vezes, de seis mil para vinte e seis mil ONGs ao final daquele período.[14]

Além de existirem em número cada vez mais expressivo, as ONGs empregam cada vez mais gente – quase vinte milhões de pessoas no início deste século – e contam com um poder financeiro cada dia maior – a soma dos orçamentos dessas instituições já ultrapassaria um bilhão de dólares.[15] Várias delas contam com estruturas sofisticadas, próximas das possuídas pelas empresas transnacionais, estando presentes em diversos Estados – o *Greenpeace*, por exemplo, dispõe de quarenta escritórios em mais de trinta países, e possui um orçamento de cento e trinta milhões de dólares,[16] e o *World Wildlife Fund* está presente em vinte e oito países e seu orçamento ultrapassaria os trezentos e cinqüenta milhões de dólares.[17]

Todas essas características fazem das ONGs os atores mais importantes da sociedade civil. E, tendo em vista o caráter transnacional de várias dessas organizações, elas são também o componente mais importante da chamada sociedade civil transnacional. Esse caráter transnacional das ONGs está pro-

---

[10] BROWN, L. David; et al. Globalization..., op. cit.; 2000. p. 272.

[11] O mesmo ocorreu em cada país. Nos Estados Unidos, por exemplo, há mais de 1,4 milhão de organizações sem fins lucrativos, cujos objetivos são fornecer um serviço ou defender uma causa. Essas organizações voluntárias formam o que comumente se denomina o "terceiro setor" da economia, o qual tem se ampliado duas vezes mais rapidamente que os setores público e privado daquele país. RIFKIN, Jeremy. *The End of Work*..., op. cit.; 1995. p. 241.

[12] SENARCLENS, Pierre de. *Mondialisation, souveraineté et théories des relations internationales*. Paris: Armand Colin, 1998. p. 46.

[13] HOBSBAWM, Eric. *A era dos extremos*: o breve século XX: 1914-1991. 2. ed. São Paulo: Companhia das Letras, 1997. p. 419.

[14] NYE, Joseph S.; DONAHUE, John D. (ed.). *Governance in a Globalizing World*. Cambridge, Mass.: Brookings Institution Press, 2000. p. 22.

[15] Tudo que é sólido se desmancha no ar. *Veja*, São Paulo, 25 jul. 2001.

[16] SENARCLENS, Pierre de. *Mondialisation*..., op. cit.; 1998. p. 47.

[17] Tudo que é sólido se desmancha no ar. *Veja*, São Paulo, 25 jul. 2001.

fundamente ligado ao fenômeno da globalização – e essa ligação ocorre de forma paradoxal. Por um lado, uma das principais bandeiras de diversas ONGs tem sido o combate à globalização. Membros dessas organizações têm se manifestado com freqüência para protestar contra determinados aspectos desse fenômeno, principalmente nos locais onde ocorrem encontros do G8, da União Européia, da OMC, do Banco Mundial ou do FMI.[18] Por outro, é graças à globalização e à revolução tecnológica que as ONGs podem expandir suas atividades, atravessando fronteiras e criando vínculos entre pessoas que, estando em diversas partes do mundo, aderem às mesmas causas.

O maior crescimento das ONGs coincide com o período de aceleração do processo de globalização. Nesse sentido, seria possível afirmar que elas surgem como reação a esse processo. A aparição de problemas transnacionais, por exemplo os de caráter ambiental – como o aquecimento global, a destruição da camada de ozônio e a poluição transfronteiras –, levam ao surgimento de ONGs transnacionais e de alianças entre diversas ONGs em todo o mundo.[19] Essas seriam a resposta da sociedade civil à intensificação da interdependência dos povos,[20] que estaria na origem da formação da sociedade civil transnacional.

Por outro lado, alguns aspectos da globalização favorecem a expansão das atividades das ONGs. O aumento da facilidade com que a informação e as pessoas passaram a circular tornou o funcionamento das ONGs transnacionais e das alianças entre ONGs mais simples e mais barato. A evolução das comunicações e dos transportes tende a acentuar o caráter transnacional dessas organizações, permitindo que grupos de diversos países se unam em torno dos mesmos objetivos. Hoje, a relação entre as ONGs não se resumiria a algumas interações isoladas, sendo possível identificar redes globais de ONGs de várias partes do planeta interagindo de modo constante.[21] Isso faz que alguns autores, como Richard Falk, acreditem que estejamos assistindo ao surgimento de "uma forma rudimentar da primeira sociedade civil global na história humana", caracterizada por atitudes mundialmente constituídas, conexões sociais, redes de informação, colaboração transnacional e associa-

---

[18] Como foi o caso da reunião da OMC em Seattle em 1999, da discussão entre líderes da União Européia em Gotemburgo em 2001 e, no mesmo ano, dos líderes do G8 em Gênova. Tudo que é sólido se desmancha no ar. *Veja*, São Paulo, 25 jul. 2001.

[19] BROWN, L. David; et al. Globalization..., op. cit.; 2000. p. 281.

[20] Nesse sentido, seria possível afirmar que "grupos como o *Greenpeace* derivam parte de seu sucesso precisamente dessa habilidade de mostrar a interconexão dos problemas que eles procuram resolver nas nações e regiões". HELD, David. *Democracy and the Global Order*: From the Modern State to Cosmopolitan Governance. Stanford, Calif.: Stanford University Press, 1995. p. 124.

[21] POLLACK, Mark A.; SHAFFER, Gregory C. *Transatlantic Governance in the Global Economy*. New York: Rowman & Littlefield, 2001. p. 31.

ções de cidadãos.²² Essa afirmação pode parecer prematura. As ONGs ainda representam uma parcela pequena das atividades e das populações dos Estados que as abrigam, e boa parte delas se concentra nos países desenvolvidos.²³ A verdade, no entanto, é que essa "globalização da sociedade civil", embora incipiente, ganha força a cada dia, e hoje a sociedade civil já apresenta características ao menos transnacionais em diversas áreas.

Uma das conseqüências desse processo é o fortalecimento de determinados valores considerados "universais" – os quais são defendidos pela sociedade civil transnacional, mas adotados também pela chamada "comunidade internacional". ONGs de defesa dos direitos humanos, grupos pacifistas e ecologistas, associações caritativas e de médicos, entre outras, procuram proteger antes de mais nada a vida humana, o que faz que as idéias por elas defendidas tenham apelo moral universal.²⁴ Em áreas como essas, seria possível afirmar que os interesses defendidos por determinadas ONGs não seriam exclusivamente os interesses dos grupos que elas representam, mas sim os interesses da humanidade.

Sociedade civil transnacional, Estados e soberania

No âmbito local, as ONGs exercem uma função cada dia maior. Mesmo que os Estados ainda tenham um papel essencial no funcionamento da sociedade – uma vez que sua estrutura ainda é incomparavelmente superior à da sociedade civil organizada –, as ONGs colaboram muitas vezes com o governo no exercício de suas funções, antecipando-se às medidas oficiais na solução de muitas questões. Além disso, as ONGs são cada vez mais importantes no cenário mundial, em especial graças à sua capacidade de alertar para os problemas mundiais e coordenar os esforços para resolvê-los.²⁵

As ONGs teriam o poder de, em alguns casos, ditar a agenda mundial. Tal capacidade viria do domínio que têm da informação. Seus relatórios – sobre o estado da corrupção, da deterioração ambiental, ou das violações aos di-

---

[22] FALK, Richard A. The Pathways of Global Constitutionalism. In: FALK, Richard A; JOHANSEN, Robert C.; KIM, Samuel S. (ed.). *The Constitutional Foundations of World Peace*. Albany: State University of New York Press, 1993. p. 14.

[23] Ver HOFFMANN, Stanley. Le triste état du monde. *Le Monde*, Paris, 23 jan. 2002. Disponível em: <http://www.lemond.fr/imprimer_article_ref10.91873232−259786,00.html>. Acesso em: 24 jan. 2002.

[24] HARDT, Michel; NEGRI, Antonio. *Empire*..., op. cit.; 2000. p. 381.

[25] Algumas contribuições que merecem ser mencionadas são as das agências internacionais com fins humanitários, como a Cruz Vermelha, existente desde a metade do século XIX, assim como as de outros grupos com finalidades diversas, como a de criar regras internacionais a serem voluntariamente seguidas, como a *International Standards Organization*, ou a de promover o intercâmbio científico, como o *International Council of Scientific Unions*. Ver COMISSION ON GLOBAL GOVERNANCE. *Our Global Neighborhood*. New York: Oxford University Press, 1995. p. 153.

reitos humanos no mundo, por exemplo – são o primeiro passo para a criação de um discurso global unificado sobre esses temas.[26] Esse poder é ainda maior graças à capacidade daquelas organizações de usar com eficiência os recursos da revolução tecnológica a fim de espalhar sua mensagem pela mídia e pressionar os governos em assuntos como as tragédias humanitárias ou a preservação ambiental.[27]

Graças a esse poder, as ONGs estariam adquirindo a capacidade de participar, direta ou indiretamente, na chamada "governança global".

Indiretamente, as ONGs teriam condições de "ensinar" novas normas aos Estados, alterando o comportamento destes.[28] Um exemplo de como a sociedade civil transnacional pode influir no mundo interestatal é o tratado para banir as minas terrestres, assinado por mais de 120 países no final de 1997, celebrado em grande parte graças aos esforços de uma coalizão de ONGs que depois viria a receber o prêmio Nobel da Paz.[29]

Em muitas áreas, os Estados e as organizações internacionais dependem da "expertise" das ONGs, que se transformaram em "parceiras privilegiadas nas relações internacionais".[30] Uma vez que os assuntos tratados nos tribunais e nas conferências internacionais passam a ser cada vez mais técnicos, essas exercem a função de fornecer as informações e o conhecimento necessários para melhorar a qualidade das decisões tomadas pelas instituições da sociedade global.[31] A capacidade de fornecer informações faz delas "grupos de pressão muito ouvidos" durante as conferências internacionais,[32] o que permite concluir que as organizações internacionais envolvidas com a produção de normas "tornaram-se cada vez mais abertas à influência de entidades não-governamentais".[33] Como observa Pierre de Senarclens, as ONGs têm um peso inegável na elaboração dos instrumentos jurídicos adotados pelos Estados. Por meio da articulação dos valores e das normas, mo-

---

[26] BROWN, L. David; et al. Globalization..., op. cit.; 2000. p. 283.
[27] SENARCLENS, Pierre de. *Mondialisation...*, op. cit.; 1998. p. 47.
[28] POLLACK, Mark A.; SHAFFER, Gregory C. *Transatlantic Governance in the Global Economy...*, op. cit.; 2001. p. 32.
[29] Ver FALK, Richard A. *Law in an Emerging Global Village*: A Post-Westphalian Perspective. Ardsley, NY: Transnational, 1998. p. xxv.
[30] SUY, Eric. New Players in International Relations. In: KREIJEN, Gerard (ed.). *State, Sovereignty and International Governance*. Oxford: Oxford University Press, 2002. p. 386.
[31] As ONGs teriam assim, ao longo dos anos, "fornecido uma assistência vital à ONU na condução do seu trabalho", prestando serviços de monitoramento e de compilação de informações, entre outros. COMISSION ON GLOBAL GOVERNANCE. *Our Global Neighborhood...*, op. cit.; 1995. p. 254.
[32] OST, François. Mondialisation, globalisation, universalisation: s'arracher, encore et toujours, à l'état de nature. In: MORAND, Charles-Albert (org.). *Le droit saisi par la mondialisation*. Bruxelles: Bruylant, 2001. p. 29.
[33] SCHACHTER, Oscar. The Decline of the Nation-State..., op. cit.; 1997. p. 13.

dificam as orientações políticas dos governos, em particular as dos Estados democráticos.[34]

É importante ressaltar que só se permite que as ONGs participem do processo de tomada de decisões internacionais por acreditar-se que elas aliariam a informação e o conhecimento técnico ao apoio popular.[35] Com isso, ajudariam "mais a fortalecer do que a enfraquecer o sistema interestatal", uma vez que, ao contribuírem com as visões da sociedade civil, confeririam a legitimidade muito necessitada pelo sistema internacional.[36] O apoio público conferido pelas ONGs colaboraria assim para implementar as decisões interestatais.[37]

Ainda que essas observações sejam verdadeiras, sua influência no processo de criação de normas internacionais acrescenta um novo elemento à forma como a sociedade global se organiza. Ao buscarem legitimidade e eficácia, permitindo que entidades não-governamentais afetem suas decisões, os Estados estariam abrindo mão de parte de sua autonomia. O sistema que se fortalece não é o sistema interestatal, mas sim um outro sistema, no qual outros atores passam a exercer parte do poder anteriormente exclusivo dos Estados.

Além disso, as ONGs têm grande influência sobre a opinião pública mundial, o que lhes possibilita exercer uma pressão política capaz de afetar o comportamento dos demais atores do cenário global. Elas podem constranger as empresas transnacionais[38] a alterar determinadas práticas, valendo-se de campanhas na mídia e boicotes dos consumidores, mesmo quando tais práticas são consideradas legais nos Estados em que se situam aquelas empresas.[39]

---

[34] SENARCLENS, Pierre de. *Mondialisation...*, op. cit.; 1998. p. 48.

[35] Ver STRANGE, Susan. *The Retreat of the State*: the Diffusion of Power in the World Economy. Cambridge, U.K.: Cambridge University Press, 1996. p. 94.

[36] A Segunda Conferência Mundial sobre Direitos Humanos, realizada em Viena em junho de 1993 – já mencionada – é um exemplo disso. Para Lafer, a abrangência da representatividade das 813 organizações não-governamentais acreditadas como observadoras e a mobilização de duas mil organizações no fórum paralelo das ONGs conferiu legitimidade inédita a essa Conferência. LAFER, Celso. *Comércio, desarmamento, direitos humanos*: reflexões sobre uma experiência diplomática. São Paulo: Paz e Terra, 1999. p. 169.

[37] Além disso, uma vez que a informação produzida por essas organizações é normalmente gratuita, ela traz ainda economias ao sistema interestatal. KAMMINGA, Memmo T. The Evolving Status of NGOs under International Law: A Threat to the Interstate System? In: KREIJEN, Gerard (ed.). *State, Sovereignty and International Governance*. Oxford: Oxford University Press, 2002. p. 404.

[38] As empresas transnacionais podem também sofrer os efeitos da influência da opinião pública mundial. Um exemplo recente foi o caso dos remédios para a AIDS na África do Sul, no qual os laboratórios farmacêuticos multinacionais se viram obrigados a desistir de defender seus direitos de propriedade industrial devido à reação das ONGs e da sociedade civil.

[39] Ver POLLACK, Mark A.; SHAFFER, Gregory C. *Transatlantic Governance in the Global Economy...*, op. cit.; 2001. p. 32.

Desse modo, como observa John Gray, "as corporações globais não são agentes livres que podem desafiar a opinião publica sem risco ou custo".[40]

Também graças à revolução tecnológica, as ONGs transnacionais adquirem a capacidade de agir no plano mundial de forma muito parecida à dos *lobbies* no plano nacional, exercendo "pressões muitas vezes irresistíveis sobre os Estados, que não podem se desinteressar da imagem que apresentam para o mundo".[41] A reação coletiva da opinião pública mundial pode assim representar uma espécie de sanção moral que inibiria a violação de determinadas regras.[42]

Os efeitos que os avanços nas comunicações teriam sobre a consolidação de uma opinião pública global já puderam ser notados no início do século passado. Para Sukiennicki, a opinião pública mundial seria, já naquela época, um dos maiores inimigos da soberania absoluta dos Estados, que não poderiam impedir a livre circulação de pessoas e idéias.[43] O papel dessa opinião pública só fez crescer nos últimos anos, aumentando ainda mais a influência da sociedade civil transnacional que, ao reduzir a autonomia dos Estados, afeta a soberania de fato destes últimos.

Entretanto, as ONGs não atuam apenas de forma indireta, como grupos de pressão junto aos governos nacionais. Atuam também de modo direto, assumindo algumas funções que naturalmente seriam dos governos.[44] Dessa forma, como argumentam Hirst e Thompson, organizações como o *Greenpeace* ajudam a monitorar o cumprimento dos acordos internacionais referentes à caça de baleias e, em particular, em Estados nos quais a capacidade de governar é reduzida – como em alguns países da África –, organizações como a *Oxfam*[45] fornecem alguns serviços básicos como o auxílio contra a fome.[46]

---

[40] Nesse sentido, uma empresa do porte da Shell teria deixado de utilizar uma plataforma costeira em Brent Spar graças a uma campanha do *Greenpeace* que se valeu da mídia para alcançar seus objetivos. GRAY, John. *False Dawn*: The Delusions of Global Capitalism. New York: The New Press, 1998. p. 75.

[41] MORAND, Charles-Albert. La souveraineté, un concept dépassé à l'heure de la mondialisation? In: BOISSON de CHAZOURNES, Laurence; GOWLLAND-DEBBAS, Vera (ed.). *The International Legal System in Quest of Equity and Universality*: Liber Amicorum Georges Abi-Saab. The Hague: Martinus Nijhoff, 2001. p. 171.

[42] LEBEN, Charles. *Les sanctions privatives de droit ou de qualité dans les organisations internationales spécialisées*: recherches sur les sanctions internationales et l'évolution du droit des gens. Bruxelles: Bruylant, 1979. p. 46-48.

[43] SUKIENNICKI, Wictor. *La Souveraineté des États en Droit International Moderne*. Paris: A. Pedone, 1927. p. 107.

[44] Como lembra Rosenau, no caso da distribuição de ajuda em situações de desastre ao redor do mundo, por exemplo, diversas organizações privadas têm assumido um papel fundamental. ROSENAU, James N. Governance and Democracy in a Globalizing World. In: ARCHIBUGI, Daniele; HELD, David; KÖHLER, Martin (ed.). *Re-imagining Political Community*: Studies in Cosmopolitan Democracy. Stanford: Stanford University Press, 1998. p. 41.

[45] *Oxford Committee for Famine Relief* – Comitê de Oxford para o auxílio à fome.

[46] HIRST, Paul; THOMPSON, Grahame. *Globalization in Question*: The International Economy and the Possibilities of Governance. Cambridge, U.K.: Polity Press, 1996. p. 191.

Muitas das ONGs transnacionais, como a Anistia Internacional, o *Greenpeace* e os Médicos sem Fronteiras, arrecadam mais recursos e têm melhor desempenho no exercício de suas atividades do que as iniciativas intergovernamentais nas mesmas áreas. Segundo Manuel Castells, isso demonstraria que a incapacidade cada vez maior dos Estados de tratarem dos problemas globais estaria levando a sociedade civil a assumir gradativamente a solução desses problemas. Essa "privatização" do humanitarismo global estaria, segundo Castells, "minando lentamente um dos últimos princípios lógicos que justificam a necessidade da existência do Estado-Nação".[47] O fortalecimento da sociedade civil transnacional é, assim, mais um dos fatores que leva a crer que o poder estatal vem sendo reduzido e, em muitos casos, substituído, em um processo no qual uma nova forma de organização da sociedade passa a tirar o lugar de forma gradual do modelo do Estado soberano.

12.1.2 Novos atores, novo paradigma – da sociedade internacional à sociedade global

A política mundial está mudando, e nossos paradigmas conceituais não têm acompanhado o ritmo.[48]

Joseph S. Nye Jr. e Robert O. Keohane

Como pudemos constatar ao longo deste livro, o mundo passa por determinadas transformações que podem ser comparadas a um novo contrato social.[49] O principal efeito desse novo contrato é a diluição do poder estatal, diluição essa que afeta a sociedade internacional tradicional, a qual se baseia principalmente na idéia de soberania. O novo contrato social dá então origem a um novo paradigma – o da sociedade global.[50] Nesta, os Estados limitam ou

---

[47] CASTELLS, Manuel. *O poder da identidade*. São Paulo: Paz e Terra, 1999. p. 313.

[48] KEOHANE, Robert O.; NYE, Joseph S. (ed.). *Transnational Relations and World Politics*. Cambridge, U.S.: Harvard University Press, 1972. p. 371.

[49] Essas transformações tornam necessária não somente a adoção de um novo paradigma, mas também a formulação de uma nova agenda. Como afirma Fernando Henrique Cardoso, ao propor um "pacto entre as nações": "O novo século está ávido por uma nova agenda. Não porque o tempo transcorreu, mas porque neste transcurso o mundo mudou, a economia mudou, as forças sociais e políticas mudaram e a própria cultura mudou". CARDOSO, Fernando Henrique. Nova agenda. *O Estado de S. Paulo*, São Paulo, p. A2, 9 ago. 2003.

[50] Richard Falk é um dos autores que acreditam que é tempo de se formular um novo paradigma que leve em conta as transformações sofridas pela sociedade global: "Hoje, como no século XVII, é hora dos esforços preliminares para dar forma jurídica a um novo paradigma das relações globais, um que corresponda mais proximamente do que o pensamento estatal às necessidades, tendências e valores da situação presente da política global". Ver citação em JACKSON, Robert H. *The Global Covenant*: Human Conduct in a World of States. New York: Oxford University Press, 2000. p. 381.

transferem parte de seu poder em benefício de outros atores ou instituições, alterando profundamente o modelo do Estado soberano.

Assim, o novo contrato social não é o contrato que forma a sociedade internacional. Esta existiria, para alguns autores, desde o século XVII. Já nessa época, Hugo Grotius defendia que os Estados possuíam obrigações mútuas e formavam uma sociedade entre si,[51] impressão que seria reforçada pelos tratados de Westfália.

No entanto, para Hedley Bull, uma sociedade internacional só existiria a partir do momento em que os Estados se considerassem obrigados por um sistema coletivo de normas, partilhando instituições comuns.[52] É exatamente o caráter embrionário das instituições coletivas na época de Grotius que faz que sua idéia de que naquela época a humanidade já haveria alcançado o estágio de uma sociedade internacional representasse mais um ideal do que uma realidade concreta.[53]

No final do século XX, o mundo se organizava com base em uma série de regras verdadeiramente internacionais.[54] A existência de normas e instituições comuns é suficiente para que se acredite que agora, sim, vivemos em uma sociedade internacional. Essa pode ainda não ser tão desenvolvida quanto as sociedades encontradas nos Estados, mas a simples presença de um sistema jurídico internacional comprova a sua existência.[55]

Esse sistema jurídico seria reconhecido pelos Estados, que obedeceriam às suas regras, mesmo na ausência de uma autoridade superior capaz de obrigá-los a fazê-lo. O comportamento dos Estados tenderia a se orientar em um

---

[51] Para Grotius, no entanto, os Estados não eram os únicos integrantes dessa sociedade internacional, que abrangia também os indivíduos. A sociedade internacional imaginada por Grotius era a grande sociedade de toda a humanidade – *magna communitas humani generis*. BULL, Hedley. The Importance of Grotius in the Study of International Relations. In: BULL, Hedley; KINGSBURY, Benedict; ROBERTS, Adam. *Hugo Grotius and International Relations*. Oxford: Clarendon Press, 1990. p. 72.

[52] BULL, Hedley. *The Anarchical Society*: A study of order in world politics. 2nd ed. New Jersey: Columbia University Press, 1995. p. 13.

[53] BULL, Hedley. The Importance of Grotius..., op. cit.; 1990. p. 90.

[54] O desenvolvimento das instituições internacionais européias a partir do século XVII até o século XVIII permite afirmar que essa região assistiu à formação de uma verdadeira sociedade internacional, semelhante à de seus predecessores sumério, helênico, chinês, indiano e islâmico. Porém, igualmente às demais sociedades internacionais anteriormente registradas, a sociedade internacional européia se restringia a uma determinada região. Somente nos séculos XIX e XX algumas instituições e práticas européias passaram a ser exportadas para sociedades de outras civilizações. HUNTINGTON, Samuel P. *O choque das civilizações e a recomposição da ordem mundial*. Rio de Janeiro: Objetiva, 1997. p. 63.

[55] AREND, Anthony Clark. *Legal Rules and International Society*. New York: Oxford University Press, 1999. p. 193.

grau substancial por essas regras.[56] O direito internacional é quase sempre respeitado pelos Estados, e esse é, como observa Thomas Franck, um de seus aspectos mais surpreendentes.[57]

Estados verdadeiramente soberanos sempre seriam capazes de se desobrigar de tratados que tivessem anteriormente celebrado. No entanto, isso não acontece; em geral, eles vêem-se compelidos pelos tratados que assinaram e agem como tal. Seria errado por isso pensar que a obrigatoriedade dos tratados está relacionada à vontade dos Estados, ou a regras primárias que estabelecem que os acordos devem ser honrados – *pacta sunt servanda*. Este último princípio, previsto na Convenção de Viena de 1969, não poderia ser a única explicação para o fato de que os Estados agem como se fossem obrigados pelos tratados. Isso porque, se assim fosse, os Estados que não assinaram a Convenção de Viena ou viessem a denunciá-la se sentiriam livres para desrespeitar todos os demais tratados dos quais fazem parte, e "sabemos, intuitivamente, que esse não é o caso".[58] Logo, ao se submeterem de modo voluntário ao direito internacional, os Estados demonstram reconhecer que vivem em sociedade – sendo exatamente o seu ingresso nessa sociedade, na qual a santidade dos tratados é uma norma essencial, que lhes permite celebrar esses tipos de acordo.[59] A proliferação de normas e instituições internacionais e o respeito que os Estados demonstram ter para com elas é o que nos permite concluir que vivemos em uma sociedade internacional cada vez menos anárquica e cada dia mais ordenada.

No entanto, paralelamente à evolução das relações entre Estados, o mundo assistiu ao desenvolvimento de novas formas de interação entre outros atores, alguns deles não-estatais. Isso leva certos autores a acreditar que cada vez menos a palavra "internacional" se aplica à realidade da vida mundial. É importante ressaltar que esse termo, de qualquer forma, era pouco preciso, já que seu uso sempre designou relações que na verdade eram interestatais.[60] Atualmente, mais do que nunca, como argumenta James Rosenau, a expressão "relações internacionais" pareceria obsoleta por não levar em conta a tendência

---

[56] JACKSON, William. Thinking About International Community and Its Alternatives. In: THOMPSON, Kenneth W. *Community, Diversity and a New World Order*: Essays in Honor of Inis L. Claude, Jr. Boston: University Press of America, 1994. p. 14.

[57] FRANCK, Thomas M. Legitimacy in the International System. *AJIL*, Washington D.C., p. 705, Oct. 1988.

[58] FRANCK, Thomas M. *Fairness in International Law and Institutions*. Oxford: Clarendon Press, 1995. p. 42.

[59] Franck utiliza a expressão "comunidade internacional" ao expor sua teoria. Acreditamos, no entanto, pela diferenciação entre comunidade e sociedade que faremos em seguida, que ao aceitarem a obrigatoriedade dos tratados os Estados demonstram apenas reconhecer que vivem em sociedade. Ver FRANCK, Thomas M. Legitimacy in the International System..., op. cit.; 1988. p. 755–758.

[60] MERLE, Marcel. Le concept de transnationalité..., op. cit.; 1991. p. 224.

segundo a qual "mais e mais das interações que sustentam a política mundial se desdobram sem o envolvimento direto das nações ou dos Estados".[61]

Essas interações englobam atividades que não estão confinadas às relações entre as autoridades dos Estados, ultrapassando esses limites. O mundo não poderia mais ser explicado pelo modelo das "bolas de bilhar", no qual apenas os governos – a parte exterior dos Estados – se chocariam em busca de seus próprios interesses.[62] Haveria cada vez mais transações sobre as quais os Estados teriam pouco controle, o que levou autores como John Burton a imaginar novos paradigmas, baseados na análise dessas transações que formam uma espécie de "teia" que atravessa as fronteiras dos diversos países.[63]

A sociedade passou a ter um elemento "transnacional" cada vez mais acentuado. Esse termo se refere, segundo Richard Falk, ao "movimento de bens, informações e idéias através das fronteiras nacionais, sem uma participação direta significativa de atores governamentais".[64] Ele engloba tanto os atores públicos quanto os privados, mas com uma ênfase na atividade dos últimos. Além das relações internacionais, seria também importante analisar as relações transnacionais, que podem ser definidas como "interações regulares através das fronteiras estatais nas quais ao menos um ator é um agente não-estatal ou não opera em nome de um governo nacional ou de uma organização intergovernamental".[65]

Da intensificação das relações transnacionais resultaria a formação progressiva de uma verdadeira sociedade transnacional, a qual poderia ser definida como "o conjunto social resultante das interações diretas entre atores pertencentes a sociedades de diferentes Estados". Seus atores seriam sobretudo os "indivíduos ou entidades cujas ações eventual ou permanentemente transcendam as fronteiras de seus Estados". A sociedade transnacional é, portanto, diferente da nacional, já que ultrapassa os limites dessa última, e é também diferente da sociedade internacional no sentido clássico desse conceito, pois seus atores não são, em princípio, os Estados, nem as organizações internacionais.[66]

---

[61] Rosenau sugere, em substituição, a expressão *"postinternational politics"*. ROSENAU, James N. *Turbulence in World Politics*: a Theory of Change and Continuity. Princeton: Princeton University Press, 1990. p. 6.

[62] Com base nesse fato, John Burton propôs uma análise que ia além da simples política de poder – *power politics*. Ver ROCHE, Jean-Jacques. *Théorie des Relations Internationales*. Paris: Montchrestien, 1997. p. 66-68.

[63] A existência dessa verdadeira "teia de aranha" – *cobweb* – é o motivo que leva John Burton a propor o uso da expressão "sociedade mundial", denominação que seria preferível à "relações internacionais". BURTON, John W. *World Society*. Cambridge, U.K.: Cambridge University Press, 1972, p. 19-21.

[64] FALK, Richard A. *A study of Future Worlds*. New York: The Free Press, 1975, p. 74.

[65] Ver POLLACK, Mark A.; SHAFFER, Gregory C. *Transatlantic Governance in the Global Economy...*, op. cit.; 2001. p. 29.

[66] Ver ZELADA CASTEDO, Alberto. *Derecho de la Integración Económica Regional*. Buenos Aires: Depalma, 1989. p. 13.

Um dos primeiros autores a chamar a atenção para a existência de uma sociedade transnacional foi Raymond Aron,[67] que já a definia como "a sociedade formada por indivíduos que pertencem a unidades políticas distintas e que mantêm relações recíprocas enquanto pessoas privadas". Segundo ele, a sociedade helênica do século V a.C. e a sociedade européia do século XX, constituíam realidades transnacionais, que se manifestariam "pelo intercâmbio comercial, pelos movimentos de pessoas, pelas crenças comuns, pelas organizações que ultrapassam as fronteiras nacionais, pelas cerimônias e competições abertas aos membros de todas as unidades políticas". Para Aron, a sociedade transnacional "é tanto mais viva quanto maior é a liberdade de comércio, de movimentação e de comunicação; e quanto mais fortes forem as crenças comuns, mais numerosas serão as organizações não-nacionais, mais solenes as cerimônias coletivas".[68]

É interessante observar que as relações transnacionais existiram em maior ou menor grau em diversos momentos da História.[69] No entanto, todos os elementos que Aron afirma darem vida à sociedade transnacional só cresceram na segunda metade do século XX. As relações transnacionais podem não ser inéditas, mas passaram a afetar de modo crescente os Estados, dando origem a poderosos atores capazes de tentar moldar o mundo aos seus interesses.[70] A atividade das empresas transnacionais e dos operadores financeiros foge muitas vezes ao controle dos Estados, o que torna cada vez mais impreciso definir a sociedade contemporânea – em particular no campo econômico – como exclusivamente interestatal.[71]

Logo, como argumenta Jürgen Habermas, a globalização econômica transforma o sistema econômico internacional em transnacional, e seus efeitos sobre

---

[67] Vale lembrar que Jessup já apontava para a existência de uma sociedade transnacional, o que o levou a criar, em substituição a "direito internacional", o termo "direito transnacional", que incluiria todo direito que regulasse ações ou eventos que transcendessem as fronteiras nacionais. JESSUP, Philip C. *Transnational Law*. New Haven: Yale University Press, 1956, p. 2.

[68] ARON, Raymond. *Paz e guerra entre as nações*. 2. ed. Brasília: UnB, 1986. p. 166. Edição original de 1962.

[69] Como argumenta Renato Ortiz, nos séculos XVI e XVIII, "as unidades existentes eram extraterritoriais, transnacionais – muitas vezes pequenas, como os Estados holandeses – e ultrapassavam suas determinações locais". No século XIX, essa dinâmica passa a se confinar a uma dimensão *internacional*, porém, a partir da Segunda Guerra Mundial, "ocorre a retomada do fluxo anterior, reforçando-se o caráter global do mercado. O "século das nações" surge assim como uma "afirmação entre duas eras transnacionais". ORTIZ, Renato. Cultura, modernidade e identidades. In: SCARLATO, Francisco Capuano; et al. (org.). *Globalização e espaço latino-americano*: o novo mapa do mundo. São Paulo: Hucitec, 1993. p. 24.

[70] KEOHANE, Robert O.; NYE, Joseph S. (ed.). *Transnational Relations and World Politics*..., op. cit.; 1972. p. 375.

[71] Ver TOUSCOZ, Jean. La souveraineté économique, la justice internationale et le bien commun de la humanité. In: MÉLANGES René-Jean *Dupuy: Humanité et Droit International*. Paris: A. Pedone, 1991. p. 322.

as fronteiras estatais "afetam as condições sobre as quais repousa o sistema dos Estados europeus, erigido sobre bases territoriais desde o século XVII".[72] A territorialidade seria cada vez menos importante em um mundo no qual há mais interações ocorrendo entre atores não-governamentais do que aquelas envolvendo os Estados.[73] A globalização transformaria o modelo westfaliano da sociedade internacional, exprimindo o surgimento de uma ordem transnacional.[74]

Desse modo, o modelo do Estado soberano não mais descreve perfeitamente o mundo, que passa a ter um forte componente transnacional. Mas a intensificação das relações transnacionais não é o único fenômeno que nos leva a afirmar que analisar a sociedade com base apenas em suas características interestatais não é suficiente. Além disso, haveria dois outros fenômenos que, somados ao da transnacionalidade, fazem-nos pensar na necessidade de se adotar um novo paradigma.

O primeiro envolve a forma como a própria idéia de "internacional" é atualmente encarada. A necessidade crescente de cooperação faz que cada vez mais os Estados passem a agir coletivamente. A busca constante do consenso, a consolidação de determinados princípios universais, a reiterada condenação do unilateralismo estatal, tudo isso vai na direção do estabelecimento de uma vontade comum. A idéia da existência de uma verdadeira "comunidade internacional" – que abordaremos mais adiante – vai contra a visão clássica de um mundo de Estados independentes agindo cada um em busca de seu próprio interesse.

O segundo fenômeno que acrescenta um elemento importante à forma como o mundo se organiza é a supranacionalidade. Essa também ultrapassa as relações meramente interestatais e se caracteriza pela transferência de soberania a órgãos decisórios.[75] A autoridade desses órgãos – que surgem sobretudo nos processos de integração regional – está acima da autoridade dos Estados, limitando o poder desses. Dessa maneira, como foi constatado, dois dos principais pilares do modelo do Estado soberano – a supremacia e a independência – são enfraquecidos pelo crescimento do fenômeno da supranacionalidade.

Todas essas transformações alteram, portanto, as características fundamentais do modelo do Estado soberano. Interdependência e cooperação fizeram que a soberania, base desse modelo, fosse crescentemente compartilhada.

---

[72] HABERMAS, Jürgen. L'État-nation européen sous la pression de la mondialisation. In: HABERMAS, Jürgen. *Après l'État-nation*: une nouvelle constellation politique. Paris: Fayard, 2000. p. 130.

[73] MITCHELL, C. R. World Society as Cobweb: States, Actors and Systemic Processes. In: BANKS, Michael (ed.). *Conflict in World Society*: A new perspective on international relations. New York: St. Martin's Press, 1984. p. 60.

[74] OST, François. Mondialisation, globalisation, universalisation..., op. cit.; 2001. p. 19.

[75] MERLE, Marcel. Le concept de transnationalité..., op. cit.; 1991. p. 223-231.

O poder estatal diminuiu sua efetividade e sua autonomia, sendo diluído entre vários atores em três diferentes níveis – internacional, transnacional e supranacional –, e essa diluição do poder entre atores públicos e atores privados, entre atores nacionais e atores internacionais, transnacionais ou supranacionais pode representar a mudança mais significativa nesse campo desde a afirmação do princípio da tripartição dos poderes nos Estados.

Claro que o plano nacional e o internacional ainda têm um peso bastante superior ao dos demais níveis de poder aqui mencionados. Como observamos no início deste livro, vivemos em uma era de transição em que os Estados continuam sendo os principais atores mundiais, mas alguns elementos de um novo paradigma de organização da humanidade cada dia ganham mais importância e se fazem notar. Os principais elementos seriam a globalização, a revolução tecnológica e a ascensão dos atores privados transnacionais; a crescente institucionalização da interdependência entre os povos – aqui denominada globalização jurídica – e o fortalecimento das organizações internacionais; a valorização do indivíduo e a ascensão de uma sociedade civil transnacional. Economia, instituições e sociedade são afetados pela globalização, dando origem, gradualmente, a uma sociedade global.

12.2 Questões sobre a institucionalização da sociedade global – funções do Estado e legitimidade na governança global

A necessidade da institucionalização da sociedade e a "governança global"

O direito é uma necessidade humana – os romanos já reconheciam que, onde há sociedade, há direito – *ubi societas ibi ius*.[76] Se admitimos a existência de uma sociedade global, reconhecemos a necessidade de regras que regulem a vida dessa sociedade.

Governança é o processo pelo qual uma organização ou uma sociedade se dirigem.[77] A decisão sobre como se governar sempre foi essencial na história da humanidade. Ela é, como observa Christian Reus-Smit, uma questão perene, confrontada por todos os grupos sociais, em todos os cenários históricos e culturais, uma questão que sempre provocou os maiores debates e as disputas mais acaloradas.[78]

---

[76] JESSUP, Philip C. *A Modern Law of Nations*. New York: Archon Books, 1968. p. 3.

[77] ROSENAU, James N. Governance and Democracy in a Globalizing World..., op. cit.; 1998. p. 30.

[78] REUS-SMIT, Christian. Changing Patterns of Governance: From Absolutism to Global Multilateralism. In: PAOLINI, Albert J.; PARVIS, Anthony P.; REUS-SMIT, Christian (ed.). *Between Sovereignty and Global Governance*: the United Nations, the State and Civil Society. London: McMillan Press, 1998. p. 3.

O aumento da interdependência dos povos deu origem a vários problemas que não se limitam às fronteiras estatais.[79] A fim de administrar tais problemas, tornam-se necessárias novas formas de regulação e, com vimos, para atender a essa necessidade as funções de governo têm sido reorganizadas em um sistema que tem se denominado governança global.[80]

A resposta encontrada para as questões de um mundo que vive uma situação de interdependência complexa tem sido a formação de diferentes "regimes internacionais",[81] os quais podem ser entendidos como um "conjunto explícito ou implícito de princípios, normas, regras e processos decisórios em torno dos quais as expectativas dos atores convergem numa determinada área das relações internacionais".[82]

Esses regimes são a "expressão da necessidade de se encontrar novos modos de cooperação e de regulação",[83] de governar além do Estado. Eles representam, dessa forma, as "soluções normativas e administrativas necessárias para os problemas transnacionais".[84] Numerosos regimes internacionais foram criados para esse fim, regulando áreas tão diversas como o comércio internacional, a aviação civil, os direitos humanos ou a exploração do fundo dos oceanos. Por meio deles, os Estados pretendem compensar, ao menos em parte, sua perda de capacidade em lidar com algumas dessas áreas.[85]

---

[79] Problemas como o tráfico de drogas, a AIDS, a doença da "vaca louca", o uso dos recursos não-renováveis, o manejo do lixo radioativo e o aquecimento global. HELD, David; et. al. *Global Transformations*: Politics, Economics and Culture. Stanford, Calif.: Stanford University Press, 1999. p. 81.

[80] Nesse sentido, a história das comunidades políticas estaria repleta de diferentes estruturas e formas de organização – dos impérios aos Estados-Nação, e desses para as estruturas regionais emergentes e as organizações de governança global. Idem. p. 444.

[81] Como observa Bobbio, a relação entre as instituições políticas e o sistema social global tem-se caracterizado como uma relação do tipo demanda-resposta (*input-output*). A função das instituições seria dar respostas às demandas que provêm do meio social. BOBBIO, Norberto. *L'État et la démocratie internationale*: De l'histoire des idées à la science politique. Bruxelles: Complexe, 2001. p. 197.

[82] Em outra definição também apresentada por Sato, regime internacional é "um conjunto de expectativas mútuas, regras e regulamentos, planos, energias organizacionais e compromissos financeiros, que tenham sido aceitos por um grupo de Estados". Ver SATO, Eiiti. *O papel estabilizador dos países periféricos na ordem internacional*: percepções e perspectivas. 1997. Tese (Doutorado) – Departamento de Sociologia, Faculdade de Filosofia, Letras e Ciência Humanas, Universidade de São Paulo, São Paulo, 1997. f. 16-17.

[83] HELD, David. *Democracy and the Global Order*..., op. cit.; 1995. p. 108.

[84] Para Franck, tais regimes devem aumentar sua importância como forma de governar a humanidade, não importando se os amamos ou os odiamos. FRANCK, Thomas M. Can the United States Delegate Aspects of Sovereignty to International Regimes? In: FRANCK, Thomas M. (ed.). *Delegating State Powers*: The Effect of Treaty Regimes on Democracy and Sovereignty. New York: Transnational, 2000. p. 2.

[85] Ver HABERMAS, Jürgen. La constellation postnationale et l'avenir de la démocratie. In: HABERMAS, Jürgen. *Après l'État-nation*: une nouvelle constellation politique. Paris: Fayard, 2000. p. 61.

Os regimes internacionais situam-se entre os principais meios de regulação utilizados para dirigir a sociedade global. Logo, a governança global possui importantes aspectos interestatais e intergovernamentais. A esses se somariam ainda as chamadas relações "transgovernamentais" – que representam o conjunto de interações que, embora se dêem entre diferentes unidades de certos governos nacionais, não são controladas pelos chefes do Poder Executivo desses mesmos países.[86] Este último tipo de relação daria origem, na opinião de Anne-Marie Slaughter, a uma verdadeira "ordem transgovernamental", na qual não apenas os Poderes Executivos mas também os tribunais, as agências reguladoras e mesmo os legisladores teriam passado a interagir com seus equivalentes no exterior, criando uma densa rede de relações para tratar de problemas como o terrorismo, o crime organizado, a lavagem de dinheiro e a degradação ambiental.[87]

No entanto, como já tivemos a ocasião de examinar, a governança global não se limita à atividade dos Estados. Ela se distingue também pela existência de uma infinidade de atores, muitos deles não-estatais, que contam com suas próprias estruturas e processos de decisão. É esse caráter descentralizado da governança global que faz ela se identificar com a noção de "governança sem governo" e com a idéia de uma "ordem neomedieval".[88]

O sistema de governança global possui aspectos internacionais, transnacionais e supranacionais. Suas instituições não são apenas governamentais. Elas podem ser criadas pelos Estados, pelos atores transnacionais ou por ambos, em conjunto. Fenômenos como a globalização econômica, por exemplo, são em geral acompanhados da criação de novos regimes legais e práticas,[89] trazendo consigo novos institutos para reger as relações econômicas internacionais, muitos deles de caráter privado, como a arbitragem transnacional.[90]

---

[86] Esse fenômeno foi inicialmente observado por Joseph Nye Jr. e Robert O. Keohane, na década de 1970. Ver POLLACK, Mark A.; SHAFFER, Gregory C. *Transatlantic Governance in the Global Economy*..., op. cit.; 2001. p. 25.

[87] Slaughter acredita que esse tipo de relação "está rapidamente se transformando na mais difundida e efetiva forma de governança internacional". SLAUGHTER, Anne-Marie. The Real New World Order. *Foreign Affairs*, New York, v. 76, nº 5, p. 184-185, Sept./Oct. 1997.

[88] Nessa ordem "neomedieval", o Estado seria apenas um ator entre tantos, e a lealdade dos indivíduos estaria dividida entre esse diversos atores. AREND, Anthony Clark. *Legal Rules and International Society*..., op. cit.; 1999. p. 184.

[89] É possível por isso afirmar que a globalização tem sido acompanhada de um "extraordinário crescimento das arenas institucionalizadas e das redes de mobilização política, monitoramento, tomada de decisões e atividade regulatória transfronteiras". HELD, David; et. al. *Global Transformations*..., op. cit.; 1999. p. 444.

[90] Como observa Saskia Sassen, as empresas que operam transnacionalmente precisam muitas vezes assegurar as funções tradicionalmente exercidas pelo Estado no setor nacional da economia, como garantir os direitos de propriedade e os contratos e, nesse sentido, a arbitragem comercial internacional seria uma das mais importantes soluções encontradas no setor privado. SASSEN, Saskia. *Losing Control?*: Sovereignty in an Age of Globalization. New York: Columbia University Press, 1996. p. 14.

Além disso, as organizações não-governamentais também colaboram para a governança global, influenciando comportamentos por meio da mídia, pressionando as empresas transnacionais, contribuindo em certa medida para definir como determinados assuntos deverão ser tratados no plano mundial.[91]

Examinar quais são as instituições que compõem o sistema de governança global é essencial para entender a natureza da sociedade atual. O direito indica os caminhos da sociedade ou da História.[92] Ao compreender o conjunto de regras – formais ou informais, jurídicas ou morais – que condicionam o comportamento dos indivíduos, as instituições fornecem a estrutura na qual os seres humanos interagem[93], elas são as responsáveis por delinear as "regras do jogo" que coordenam as relações entre os diversos atores de uma sociedade.[94]

São exatamente suas instituições – as organizações, tradições e regras fundamentais[95] – que caracterizam uma sociedade em determinado momento.[96] Dessa forma, as instituições internacionais, transnacionais e supranacionais hoje existentes consistem em mais uma prova de que vivemos em uma sociedade que não é meramente interestatal.[97] A sociedade global possui as suas próprias instituições, que se especializam em realizar determinadas decisões coletivas em assuntos do interesse comum de seus diferentes atores.[98]

---

[91] Ver POLLACK, Mark A.; SHAFFER, Gregory C. *Transatlantic Governance in the Global Economy*..., op. cit.; 2001. p. 32.

[92] Nesse sentido, como observa Celso Lafer, a análise do direito pode mostrar, por exemplo, como uma sociedade passa de primitiva a moderna. LAFER, Celso. Direito e poder: notas sobre um itinerário de pesquisa. In: FALCÃO, Joaquim de Arruda (org.). *Pesquisa científica e Direito*. Recife: Ed. Massarangana, 1983. p. 30.

[93] Ao estruturarem as interações econômicas e sociais, as instituições definem os custos de produção e de transação, e, assim, a lucratividade e a conveniência de se engajar em atividades econômicas, determinando por isso mesmo o desempenho das economias. Isto leva North a ver a história como, em grande parte, uma história da evolução institucional. NORTH, Douglass C. Institutions. *Journal of Economic Perspectives*, St. Paul, Minn., v. 5, n° 1, p. 97, Winter 1991.

[94] REUS-SMIT, Christian. Changing Patterns of Governance..., op. cit.; 1998. p. 6.

[95] De acordo com a definição de instituição apresentada por Reuter. REUTER, Paul. *Institutions internationales*. Paris: Presses Universitaires de France, 1963. p. 5.

[96] Podemos apresentar diversas outras definições de instituição. O mais importante é observar que, como define Bull, uma instituição não se resume a uma organização ou a um aparato administrativo. Ela consiste em um conjunto de hábitos e práticas direcionados à consecução de um objetivo comum. Eiiti Sato, por sua vez, define instituição como "um termo aplicado tanto para significar uma organização formalmente estabelecida quanto para designar práticas e costumes que traduzem o ordenamento econômico, político ou social". BULL, Hedley. *The Anarchical Society*..., op. cit.; 1995. p. 71; ver SATO, Eiiti. *O papel estabilizador dos países periféricos*..., op. cit.; 1997. f. 16.

[97] Uma sociedade exclusivamente internacional – como a que serve de base ao modelo do Estado soberano – também se caracterizaria por determinadas instituições, como o balanço de poderes, os mecanismos diplomáticos e a guerra. BULL, Hedley. *The Anarchical Society*..., op. cit.; 1995. p. 71.

[98] Ver REUS-SMIT, Christian. Changing Patterns of Governance..., op. cit.; 1998. p. 5.

Contudo, a impressão generalizada é a de que as instituições hoje existentes não são suficientes. E, entre os diversos fenômenos de caráter transnacional que causam essa impressão, destaca-se mais uma vez a globalização econômica. Para que esta pudesse funcionar de forma adequada seriam necessárias instituições globais que a regulassem.[99] No entanto, esse fenômeno seria marcado pela existência de "um quadro regulamentar e institucional ainda muito inadaptado", já que não possuímos mecanismos que permitam "controlar em escala planetária a interdependência econômica e política".[100] O desenvolvimento das instituições internacionais não acompanhou o desenvolvimento dos mercados financeiros mundiais[101] e os mecanismos políticos ficaram "na rabeira da globalização da economia"[102] – como observa George Soros, o desenvolvimento da sociedade global ficou atrasado em relação ao crescimento da economia global.[103]

A necessidade de melhorar a efetividade da governança global não se limita aos aspectos econômicos – ela é percebida também em diversas outras áreas como a ambiental e a da proteção dos direitos humanos.[104] Para atender a essa necessidade geral, é preciso fortalecer as instituições já existentes, mas é necessário também imaginar novos arranjos institucionais capazes de administrar o mundo globalizado. Devemos ir além dos padrões de pensamento herdados de nossas experiências passadas – como argumenta Jenks, o mundo é muito mais complexo do que a mais complexa das comunidades políticas existentes, assim, a estrutura política da comunidade mundial tem de ser, inevitavelmente, mais complexa do que as que foram até hoje viven-

---

[99] De acordo com Stiglitz, as arenas que possuem um impacto global requerem uma ação coletiva global. Nelas, os sistemas de governança global são essenciais. STIGLITZ, Joseph E. *Globalization and its Discontents*. New York: W. W. Norton, 2002. p. 222-223.

[100] BENKO, Georges. Organização econômica do território: algumas reflexões sobre a evolução no século XX. In: SANTOS, Milton et al. (org.). *Território, globalização e fragmentação*. São Paulo: HUCITEC, 1994. p. 69.

[101] Fishlow, por exemplo, ressalta o fato de que, em meio a uma globalização financeira cada vez maior, parece não haver nenhuma autoridade central que governe o sistema. FISHLOW, Albert. Lições da crise econômica. *Folha de S. Paulo*, São Paulo, seção 1, p. 3, 02 set. 1998.

[102] SOROS, George. *Globalização*. Rio de Janeiro: Campus, 2003. p. 35.

[103] Para Soros, nós "podemos ter uma economia de mercado, mas não uma sociedade de mercado". Além dos mercados, a sociedade precisaria de instituições para servir a objetivos sociais, como a liberdade política e a justiça social, instituições essas que existiriam em alguns países isolados, mas não na sociedade global. SOROS, George. Por uma sociedade aberta. *Veja*, São Paulo, p. 88, 24 dez. 1997; ver também SOROS, George. *Open Society*: Reforming Global Capitalism. New York: Public Affairs, 2000.

[104] Louis Henkin acredita que a governança global ainda é muito primitiva. Para ele, maior governança global seria necessária ao menos "para manter a paz internacional e para evitar o genocídio e outras violações brutais e maciças dos direitos humanos". HENKIN, Louis. The Mythology of Sovereignty. *American Society of International Law Newsletter*, Mar./May 1993. Disponível em: <http://www.asil.org./pres.htm>. Acesso em: 16 jan. 1998.

ciadas.[105] Devemos assim aperfeiçoar e fortalecer as organizações internacionais existentes,[106] mas também buscar novas formas de governança para tentar resolver alguns dos problemas que afligem a humanidade.[107]

Esses problemas provavelmente não serão solucionados por uma mera repetição do que foi feito no passado ou pelo retorno a um mundo de Estados-Nação vivendo isoladamente. Como já se afirmou, o "globalismo" veio para ficar. Como ele será governado, é outra questão.[108]

A maior preocupação atualmente não seria a de construir um governo mundial, mas a de garantir que as instituições adequadas para governar o planeta sejam criadas e fortalecidas. Essas instituições devem ter condições de assumir em escala global as funções que os Estados assumiram, e em grande parte cumpriram, com sucesso.[109] Cabe então perguntar se as novas instituições da sociedade global são capazes de chamar para si, ao menos em parte e de forma legítima, esse importante papel.

As funções do Estado e o problema da legitimidade na sociedade global

Antes de analisar se algumas das instituições da sociedade global estão aptas a cumprir de modo adequado o papel do Estado em determinadas áreas, convém recapitular brevemente algumas das observações feitas neste livro sobre a evolução do poder e das funções do Estado.

A soberania é um conceito histórico ligado ao nascimento e ao desenvolvimento do Estado moderno. O poder soberano é o poder estatal, e este evoluiu, ao longo dos tempos, de absoluto a predominantemente democrático.

---

[105] JENKS, C. Wilfred. *A New World of Law*?: A study of the creative imagination in international law. London: Longmans, 1969. p. 217.

[106] Como observa Guido Soares ao estudar o meio ambiente, a solução dos problemas comuns da humanidade só se torna realizável à medida que foros internacionais mais dinâmicos e informais que os hoje existentes se encontrem vigentes e suficientemente atuantes, seja pelo exercício continuado da diplomacia multilateral, seja de maneira institucional, no seio das organizações internacionais já existentes ou por meio da criação de novas organizações internacionais especializadas. SOARES, Guido Fernando da Silva. *As responsabilidades no direito internacional do meio ambiente*. 1995. Tese (Provimento do cargo de Titular de Direito Internacional Público) – Departamento de Direito Internacional, Faculdade de Direito, Universidade de São Paulo, São Paulo, 1995. f. 15–34.

[107] A importância do fortalecimento das instituições mundiais é apontada também por Juan Lanús, para quem: "O fundamento territorial dos Estados que vem sendo há séculos o conceito central da organização social está sendo superado por formas novas de interconexão entre países. Frente a essa realidade a arquitetura institucional parece não ser adequada para responder os desafios do mundo que se avizinha". LANÚS, Juan Archibaldo. El Estado Nación Frente a la Globalización. *Archivos del Presente*, Buenos Aires, año 2, nº 5, p. 117, Invierno Austral 1996.

[108] NYE, Joseph S.; DONAHUE, John D. (ed.). *Governance in a Globalizing World*..., op. cit.; 2000. p. 38.

[109] CLAUDE, Inis L. *Swords into Plowshares*: The Problems and Progress of International Organization. 4th ed. New York: Random House, 1971, p. 434.

Desde seu surgimento, o poder estatal passou por um processo de concentração. O período que vai do colapso do feudalismo à paz de Westfália assistiu à consolidação do modelo do Estado soberano. A idéia de soberania, essencial a esse modelo, delineou-se inicialmente graças à obra de Jean Bodin, mas foram as idéias de Hobbes e a ascensão do absolutismo que representaram o auge teórico e prático da concentração do poder estatal.

Depois disso, o poder estatal sofreu um processo de diluição. Hobbes não havia se limitado a analisar o caráter do poder possuído pelo Leviatã por ele imaginado. Ele se preocupara também em procurar entender a origem do Estado. A explicação por ele oferecida se baseava nas noções de estado de natureza e de contrato social, que seriam retomadas por Locke e Rousseau. As idéias de liberdade e de soberania popular que esses dois últimos autores ajudaram a desenvolver e se materializaram na época da Revolução Francesa, assim como a conseqüente valorização do indivíduo e de seus direitos fundamentais, foram incorporadas à noção de Estado, a ponto de se tornarem características essenciais dessa instituição.

A evolução doutrinária levou a soberania a ser atribuída ao Estado e, com o tempo, o poder estatal deixaria de ser visto como um atributo absoluto, que só poderia ser limitado pela vontade do próprio Estado. A idéia da limitação da soberania estatal, defendida por alguns filósofos do Direito, como Kelsen, se consolidaria no século XX e culminaria na submissão do Estado à lei e no fortalecimento do requisito da legitimidade democrática.

O respeito à autoridade está ligado à sua legitimidade, e a evolução do Estado levou ao predomínio do poder do tipo legal-racional associado à noção de Estado de Direito – cujo principal objetivo é garantir as liberdades fundamentais do indivíduo. Além disso, o Estado evoluiu de maneira que a forma pela qual o governo é escolhido passou a ter importância crescente – a democracia representativa passou a se associar à legitimidade e, hoje, predomina a idéia de que o poder legítimo deve ser, necessariamente, democrático.

Os indivíduos, contudo, só se submetem de modo voluntário ao poder estatal porque vêem no Estado a capacidade de cumprir determinadas funções – que também evoluíram ao longo da História.

O objetivo que justificou a criação do Estado foi o de assegurar a liberdade e a segurança dos indivíduos e garantir a paz pública; para isso, foi-lhe concedido o monopólio do exercício da força. A administração da justiça era uma função indissociável dessa missão – o bom funcionamento da justiça é essencial para assegurar a paz e a segurança. Ao permitir que as pessoas contem com um órgão impessoal que decida e puna em caso de violação das leis e dos direitos individuais, a justiça estatal torna desnecessário que cada um faça justiça pelas próprias mãos, tirando o homem do estado de natureza.

Com o tempo, entretanto, além da missão de assegurar valores de caráter "negativo" como a paz, a liberdade e a justiça, o Estado foi tornando-se o defensor de alguns valores de caráter "positivo". Atualmente ele tem um papel importante também na busca da justiça social. Ele passa a ter um aspecto adicional, de promoção da igualdade de oportunidades e do desenvolvimento econômico e humano de sua população – e essa preocupação dá origem ao chamado Estado social. Ao promover a redistribuição da renda, assistir os cidadãos incapacitados e prestar serviços públicos essenciais, o Estado não apenas procura fazer que os direitos fundamentais sejam realmente respeitados, como também alivia as tensões causadas pelas desigualdades, o que contribui igualmente para cumprir a sua missão primordial, de assegurar a paz.

Ainda que, com o tempo, os Estados tenham ampliado suas funções, pudemos constatar que esses se vêem cada vez mais limitados no exercício de suas atribuições.[110] A limitação às atribuições estatais é, em grande parte, resultado da globalização econômica. O Estado tem um papel fundamental na promoção desse processo – é ele quem promulga as leis que autorizam a liberalização e a desregulamentação dos mercados – o que levaria a minimizar o problema da diminuição de suas funções, uma vez que é o próprio Estado quem opta por essa redução. Porém, a globalização favorece principalmente os mercados financeiros e as empresas transnacionais, e os Estados, ao aprovarem as regras que aumentam o poder desses atores, estão apenas demonstrando sua necessidade de atrair capital, que os leva a satisfazer às demandas desses atores mesmo que, em princípio, preferissem agir de outra forma.

Logo, a vontade de certos agentes da sociedade global está na origem do processo de limitação das funções estatais. Alguns deles apenas restringem a ação dos Estados, sem obrigatoriamente assumir as suas atribuições – é o caso dos mercados financeiros e das empresas transnacionais. Neste caso, as responsabilidades que os Estados deixam de cumprir de forma efetiva muitas vezes não são assumidas por nenhuma outra instituição – eles por exemplo perdem de forma progressiva sua capacidade de arrecadar impostos e de estimular o crescimento, sem que essa perda seja compensada por nenhum equivalente funcional.[111] O controle perdido nessas situações não é ganho por ninguém – a diluição do poder estatal resultaria simplesmente em um vácuo de autoridade na economia política internacional.[112]

Em outros casos, no entanto, os Estados cedem parte de suas atribuições a outras entidades como as organizações internacionais. É exatamente a redistribuição de suas funções entre outras instituições que provoca as maio-

---

[110] Autores como Samuel Huntington acreditam que, mesmo que os Estados continuem sendo os atores principais nos assuntos mundiais, eles têm reduzido não apenas sua soberania e seu poder, mas também suas funções. HUNTINGTON, Samuel P. *O choque das civilizações...*, op. cit.; 1997. p. 36.

[111] HABERMAS, Jürgen. La constellation postnationale..., op. cit.; 2000. p. 74.

[112] STRANGE, Susan. *The Retreat of the State*..., op. cit.; 1996. p. 14.

res discussões sobre o tema da soberania. No caso das organizações internacionais, como argumenta John Jackson, essas discussões em geral se referem à alocação de poderes – à limitação da esfera de decisão dos governos nacionais. Ao condenar-se um determinado tratado por acreditar que ele fere a soberania estatal, na verdade o que se está querendo dizer é que alguma espécie de decisão deveria continuar sendo tomada em nível estatal, e não no internacional.[113] Em outras palavras, o que se está questionando é se uma determinada competência, considerada por alguma razão essencial ao exercício da função do Estado, deveria ser transferida para uma organização internacional.[114]

Aqui, mais uma vez, pareceria que a discussão faz pouco sentido já que a cessão para as organizações internacionais de determinadas atribuições dos Estados só é possível graças ao consentimento destes. Porém, também neste caso, a análise das razões que levam os Estados a manifestar determinada vontade faz que a limitação de suas funções seja contestada.

A análise dos mecanismos de cooperação internacional e de integração regional permite concluir ser possível que o Estado dê seu consentimento não de livre e espontânea vontade, mas como resultado de uma situação em que não lhe reste melhor alternativa senão aderir a determinados acordos. O que explicaria esse comportamento seria o medo de se ver excluído dos regimes regionais e multilaterais que surgem a seu redor, o que impediria um Estado de vender seus produtos em outros mercados e, mais uma vez, de atrair riquezas para seu território. Esse mesmo temor também explicaria porque, tendo aderido a um desses regimes, a opção de posteriormente deles se retirar torna-se praticamente inviável. Esse problema pode acontecer no quadro da integração regional – que em alguns casos possui um "efeito dominó", conforme anteriormente analisado – e pode ser notado também no plano mundial. Neste segundo caso, é possível que, ao aderirem a determinadas organizações internacionais de cooperação, os Estados

---

[113] Perda de soberania significaria, desse modo, qualquer diminuição no poder de um Estado de adotar certas políticas domésticas sem interferência externa – inclusive nos casos em que as normas do tratado, mesmo podendo ser ignoradas, podem resultar em retaliações, compensação ou outras reações por parte dos demais Estados. JACKSON, John H. The Great 1994 Sovereignty Debate: United States Acceptance and Implementation of the Uruguay Round Results. In: CHARNEY, Jonathan I.; ANTON, Donald K.; O'CONNELL, Mary Ellen (ed.). *Politics, Values and Functions*: International Law in the 21st Century: Essays in Honor of Professor Louis Henkin. The Hague: Martinus Nijhoff, 1997. p. 151, 161.

[114] Por isso, os Estados devem verificar que tipos de poder são transferidos para a organização internacional em questão. Quanto mais os países se voltam para instituições de cooperação internacional, mais estes devem prestar atenção às "constituições" de tais instituições, da mesma forma que os cidadãos devem observar suas constituições nacionais. JACKSON, John H. Perspectives on regionalism in trade relations. *Law and Policy in International Business*, Washington D.C., v. 27, nº 4, p. 873, Summer 1996.

vejam-se obrigados a aceitar regras que não aceitariam em outras circunstâncias. Isso ocorre ao menos em duas das organizações internacionais de cooperação aqui analisadas.

A primeira delas é a OMC. Como foi visto, essa organização estabelece a necessidade do *single undertaking* – princípio que faz que seus acordos componham um "pacote único". Por essa razão, um Estado, ao ingressar nessa organização, compromete-se a respeitar todos os seus acordos, sem poder escolher quais ratifica e quais não. Uma vez que os Estados não desejam abrir mão dos benefícios tarifários trazidos por essa organização – alternativa que teria alto custo – eles são obrigados a aceitar certas regras que, em outra situação, talvez optassem por não aprovar. Assim, na área da proteção da propriedade intelectual, por exemplo, diversos países, sobretudo os em desenvolvimento, viram-se obrigados, ao aderir à OMC e, portanto, ao TRIPs,[115] a se comprometer a respeitar um grande número de obrigações que até então haviam se recusado a assumir.[116]

A outra instituição da sociedade global em que esse problema acontece é o FMI – assim como o Banco Mundial, uma vez que essas organizações possuem mecanismos similares. Na maior parte das vezes, recusar um acordo com o FMI não é uma alternativa viável para os países em dificuldades financeiras. Com isso, quando as limitações às funções estatais resultam da imposição de determinadas condicionalidades pelo Fundo, a consideração de que esses acordos dependem do consentimento dos Estados pouco conta. Esse consentimento, em tais casos, resulta antes de uma debilidade momentânea e da impossibilidade de resistir a pressões em uma situação de crise do que de uma vontade real.

É interessante observar que a forma como o FMI e o Banco Mundial afetam o modelo do Estado soberano é muito parecida com a maneira pela qual a globalização econômica o faz. Ao exercerem seu poder de pressão sobre Estados que precisam atrair capital, essas organizações atuam como as empresas

---

[115] Como demonstra Daniela Zaitz, os Estados industrializados privilegiavam a autonomia da vontade dos contratantes no que se referia à transferência de *know-how*, enquanto os países em desenvolvimento procuravam, na mesma matéria, restringir práticas contratuais que fossem contrárias aos interesses nacionais, procurando combater eventuais abusos que os exportadores de tecnologia pudessem vir a cometer. O TRIPs limita as possibilidades de os Estados imporem restrições aos contratos de transferência de tecnologia, refletindo os valores dos países industrializados e atendendo, assim, principalmente aos interesses destes últimos. ZAITZ, Daniela. *Know-how*: Fato, valor e norma: a busca de um equilíbrio no direito internacional. Tese (Doutorado) – Faculdade de Direito, Universidade de São Paulo, São Paulo, 2003. f. 48, 199-200.

[116] RUIZ FABRI, Hélène. La contribution de l'Organisation Mondiale du Commerce a la gestion de l'espace juridique mondial. In: LOQUIN, Eric; KESSEDJIAN, Catherine. *La mondialisation du droit*. Dijon: Litec, 2000. p. 374.

transnacionais e os mercados financeiros, restringindo as opções estatais muitas vezes a uma única alternativa. Assim como ocorre no caso da globalização, a análise da forma pela qual os Estados tomam suas decisões permite constatar que seu consentimento expresso nem sempre é construído de forma autônoma. O problema dessa constatação é que tanto a globalização quanto a globalização jurídica parecem favorecer os interesses de certos atores privados ou de determinados países.

A globalização se enquadra, para alguns autores, em um sistema de regras estabelecido pelos centros de poder mundial. Desse modo, os países desenvolvidos protegem seus mercados para os produtos que consideram sensíveis, como os agrícolas e, ao mesmo tempo, criam severas restrições à migração internacional de pessoas. Com isso, Aldo Ferrer conclui que a globalização é seletiva, privilegiando os interesses dos países mais poderosos. De acordo com esse autor: "A *globalização seletiva* é o novo nome do nacionalismo dos países avançados e implica um *desnível no campo de jogo* no qual operam os diversos atores do sistema internacional. Os países centrais seguem *inclinando* o campo de jogo em seu favor".[117]

Isto também ocorreria com a globalização jurídica, assim como com as organizações internacionais, que são parte específica desse processo. Os Estados que tiveram um papel preponderante na aceleração da globalização econômica são os mesmos que de certa maneira lideram o processo de globalização jurídica. Os principais países industrializados esforçaram-se para que as barreiras alfandegárias mundiais fossem reduzidas e os mercados de capitais fossem abertos, e hoje esses Estados incentivam a participação nos acordos que asseguram essas conquistas.

Alguns autores vêem as instituições como uma forma de estabilizar uma determinada ordem, por criarem uma estrutura que, sendo encarada como legítima pelos mais fracos, permitiria aos mais fortes resolver os conflitos sem fazer uso de sua força.[118] Logo, seria possível ver na tendência de institucionalização da sociedade global uma tentativa dos Estados que ganham com a cooperação internacional – e possuem um *go-it-alone power*, conforme analisado anteriormente – de consolidar uma cooperação que lhes é favorável. Para tanto, esses países procurariam criar estruturas imparciais de decisão, de caráter supranacional, o que de fato ocorre. A criação de sistemas de solução de disputas, por exemplo, teria o objetivo de dar voz a todos os Estados membros, fazendo que os países "perdedores" tenham menos motivos para se retirar de determinada organização.[119]

---

[117] FERRER, Aldo. *De Cristóbal Colón a Internet*: América Latina y la globalización. Buenos Aires: Fondo de Cultura Económica de Argentina, 1999. p. 17.

[118] ROCHE, Jean-Jacques. *Théorie des Relations Internationales...*, op. cit.; 1997. p. 101.

[119] GRUBER, Lloyd. *Ruling the World*: Power Politics and the Rise of Supranational Institutions. Princeton: Princeton University Press, 2000. p. 82.

Outra hipótese possível é que a globalização jurídica tenha por objetivo perpetuar a posição dominante exercida pelos Estados Unidos.[120] Desse modo, o aumento da cooperação internacional não resultaria de um equilíbrio multipolar surgido após o fim do modelo bipolar da Guerra Fria,[121] mas sim da existência de uma única potência dominante. Essa idéia de "estabilidade hegemônica", isto é, a noção de que a ordem internacional – e, em conseqüência, a cooperação internacional – surge da existência de uma potência

---

[120] Essa hipótese se enfraqueceria caso fosse levada adiante a tendência dos Estados Unidos a desconfiar do multilateralismo global, não apenas no campo da segurança e do meio ambiente, mas também no âmbito do comércio. De acordo com Krugman e Obstfeld, diversos grupos políticos norte-americanos reagiram à OMC, que foi vista na época de sua criação como "um símbolo de uma suposta conspiração para minar a soberania norte-americana e colocar seus cidadãos sob o poder de um governo mundial". Essa desconfiança levou o Congresso dos Estados Unidos a criar uma comissão (*Dole Comission*) encarregada de analisar a conveniência para os interesses nacionais norte-americanos dos relatórios do órgão de solução de disputas da OMC. Como informa Lupi, essa comissão pode julgar adequada a retirada dos Estados Unidos da OMC se, em um período de cinco anos, três decisões do órgão de solução de disputas vierem a contrariar o interesse nacional daquele país. KRUGMAN, Paul; OBSTFELD, Maurice. *International Economics*: Theory and Policy. 4th ed. Reading, Mass.: Addison-Wesley, 1997. p. 240; LUPI, André Lipp Pinto Basto. *Soberania, OMC e Mercosul*. São Paulo: Aduaneiras, 2001. p. 288; ver também JACKSON, John H. The Great 1994 Sovereignty Debate..., op. cit.; 1997. p. 149-176.

[121] Na definição de Raymond Aron, no sistema bipolar de relação de forças "duas unidades políticas ultrapassam todas as outras em importância, de tal forma que o equilíbrio geral do sistema só é possível com duas coalizões; todos os demais Estados, pequenos ou grandes, ficam obrigados a aderir a um dos dois campos". Já no sistema multipolar "a rivalidade diplomática de desenvolve entre um certo número de unidades políticas, que pertencem à mesma classe. Diversas combinações de equilíbrio são possíveis: as reversões de alianças são normais no processo diplomático". Logo, no sistema multipolar os atores principais são relativamente numerosos e as alianças entre eles tendem a ser menos duradouras do que no sistema bipolar, não sendo nenhum dos aliados líder dos demais e podendo muitos dos países não participar de nenhuma aliança. No caso do equilíbrio bipolar, para Aron, "todas as unidades, bem ou mal, são obrigadas a aderir a um dos chefes, a um dos blocos". Isso faria que o equilíbrio no sistema de forças bipolar dependesse da geopolítica e fosse mais sólido. Por outro lado, no sistema multipolar o direito internacional tenderia a se fortalecer, com o surgimento de novos tratados e organizações internacionais para acomodar as diversas forças políticas mundiais, sendo as alianças, no entanto, mais frágeis. O período da Guerra Fria – em que as diversas nações, com algumas exceções, se agruparam em um bloco capitalista e outro comunista – se caracterizava como bipolar. Alguns autores acreditam que, com a derrocada do comunismo, teríamos saído do modelo bipolar de equilíbrio de forças entre a antiga União Soviética e os Estados Unidos e caminhado para a consolidação de um modelo de equilíbrio multipolar das forças mundiais, o que explicaria o crescimento da cooperação internacional após a queda do muro de Berlim. ARON, Raymond. *Paz e guerra entre as nações*..., op. cit.; 1986. p. 157, 206.

que procura impor regimes que lhe sejam favoráveis é comum no pensamento realista.[122]

Qualquer que seja a interpretação adotada, o que importa é que os Estados podem vir a concordar com uma limitação de sua autonomia mesmo que esta não ocorra necessariamente em seu interesse próprio, mas sim no interesse de outros Estados e de outros atores da sociedade global. A adesão dos Estados aos regimes criados no processo de globalização jurídica, ainda que voluntária, mereceria por isso ser posta em dúvida.

O segundo motivo pelo qual o fato de que os Estados tenham expressado seu consentimento ao ceder parte de suas atribuições para organizações internacionais não impede que tal cessão mereça ser contestada também já foi analisado aqui. Como observa Pierre de Senarclens, os Estados não são capazes de determinar *a priori* os custos e os benefícios resultantes dos movimentos de integração regional e de cooperação internacional.[123] Essa imprevisibilidade se aplica também à questão das funções do Estado.

Algumas organizações internacionais – notadamente aquelas resultantes de processos de integração regional baseados na idéia de supranacionalidade – possuem órgãos que configuram autoridades independentes dos Estados que as constituem. Nesses casos, ainda que a celebração dos tratados que criam essas organizações dependa da vontade dos Estados, a atividade desses órgãos independentes faz que os poderes de início atribuídos à organização possam evoluir. É importante ressaltar também que, como todas as burocracias, aquelas pertencentes às organizações internacionais procuram ampliar as suas fun-

---

[122] A corrente realista das relações internacionais defende a idéia de que a existência de um poder hegemônico contribui para o crescimento da cooperação internacional. Como lembra Gustafson, o período de paz e prosperidade vivido na época do Império Britânico, bem como o desenvolvimento da cooperação internacional no pós Guerra Fria sob a hegemonia norte-americana e as iniciativas por parte desse país no início da década de 1990 para o estabelecimento de uma nova ordem mundial seriam uma prova disso. Nessa visão, tanto o livre-comércio quanto o liberalismo internacional só prosperariam caso houvesse um poder hegemônico. Processos de abertura seriam mais prováveis em períodos nos quais houvesse um poder hegemônico ascendente, já que esse poder teria interesse em tarifas menores a fim de expandir os mercados para seus produtos, tecnologicamente mais avançados. Além disso, o papel do poder dominante seria com freqüência aceito pelos demais países da comunidade internacional porque ele forneceria certos bens coletivos, tais como a estabilidade – uma ordem econômica benéfica – ou a segurança internacional. Verificamos, no entanto, que não há nenhuma razão para acreditar que os Estados tenham mais motivos para cooperar em uma situação em que há uma potência dominante. Ao contrário, os motivos que levam os Estados a cooperar se acentuam quando existe entre eles uma situação de relativa igualdade. Isso pode se verificar historicamente, já que, de acordo com Seyom Brown, "foi a exaustão dos poderes da Europa nas guerras de religião e o declínio da hegemonia dos Habsburgo, e não a emergência de um novo poder hegemônico capaz de impor sua vontade sobre todos os demais, que resultou na Paz de Westfália em 1648". Ver SATO, Eiiti. *O papel estabilizador dos países periféricos...*, op. cit.; 1997. f. 19; GUSTAFSON, Lowell. Interdependence and World Order. In: THOMPSON, Kenneth W. *Community, Diversity and a New World Order*: Essays in Honor of Inis L. Claude, Jr. Boston: University Press of America, 1994. p. 81; BROWN, Seyom. *International Relations in a Global Changing System*: Toward a Theory of the World Polity. 2nd ed. Boulder, Colo.: Westview, 1996. p. 39.

[123] SENARCLENS, Pierre de. *Mondialisation...*, op. cit.; 1998. p. 66.

ções além dos objetivos que lhes foram inicialmente designados.[124] Esses fatores fazem que a transferência de competências para certas organizações não deva ser vista como um fenômeno estático, e sim como um processo dinâmico.

A questão da transferência de certas funções do Estado ganha relevância quando se verifica que cada vez mais o poder estatal vem perdendo efetividade e autonomia, assim como o mundo está se organizando em um novo modelo, global. É essencial então perguntar se essa nova forma de organização conta com instituições capazes de cumprir os papéis exercidos pelas instituições estatais, e se o requisito da legitimidade democrática é por ela atendido. As funções do Estado estão na origem da existência dessa instituição, e não podem ser abandonadas. Em vez disso, elas têm de ser aperfeiçoadas pelas novas instituições da sociedade global.

* * *

Nesse sentido, o primeiro problema que se apresenta é o da manutenção da segurança e da paz social. Não basta o Estado garantir a paz internamente se esta é posta em perigo por forças externas. É necessário, portanto, que as instituições da sociedade global garantam a paz mundial, contribuindo assim para que o estado de paz interna não seja ameaçado. A solução para essa questão, mais uma vez, está na cooperação internacional. Se o Estado surgiu para combater o estado de natureza, é possível também afirmar que as organizações internacionais "são o produto da repugnância causada pela guerra".[125]

Seria de se esperar que a globalização e o aumento da interdependência trouxessem efeitos positivos sobre essa questão – Karl Polanyi foi um dos autores a defenderem que a manutenção da paz estava relacionada ao comércio internacional, uma vez que o sistema econômico mundial dependia da paz para funcionar. Esse mesmo autor, contudo, já argumentava que a fórmula liberal "paz mundial por meio do comércio mundial" não era suficiente, sendo necessário o desenvolvimento de instituições sólidas para atingir tal fim.[126]

Isso teria ficado provado quando o mundo, após haver atingido níveis até então jamais vistos de integração comercial, sofreu com a violência da Primeira Guerra Mundial. A reação institucional foi imediata. Como lembra Raymond Aron: "Tantas mortes e tão grande destruição material não podiam ser aceitas como algo normal. A guerra não podia mais ser vista como um episódio das relações entre os Estados, senão que devia ser posta fora da lei – no sentido próprio do termo". Foi assim que surgiu a Liga das Nações e, anos depois, foi assinado o Pacto Briand-Kellog,[127] proclamando solenemente a ilegalidade da guerra como instrumento de política. Mas nenhuma dessas soluções

---

[124] STIGLITZ, Joseph E. *Globalization and its Discontents*..., op. cit.; 2002. p. 41.
[125] JENKS, C. Wilfred. Law, Freedom and Welfare..., op. cit.; 1963. p. 1.
[126] POLANYI, Karl. *A grande transformação*: as origens da nossa época. Rio de Janeiro: Campus, 2000. p. 33, 11. Edição original de 1944.
[127] O Pacto Briand-Kellogg, celebrado em 1928, era muito vago e não possuía mecanismos institucionais que pudessem torná-lo verdadeiramente efetivo. GERBET, Pierre. Rise and development of international organizations: a synthesis. In: ABI-SAAB, Georges (ed.). *The concept of international organization*. Paris: Unesco, 1981. p. 42.

atingiu seus objetivos, visto que a humanidade ainda teria de enfrentar uma Segunda Guerra Mundial.[128]

A questão que surgiu desde cedo é que, assim como o Estado só é capaz de garantir a paz e a segurança dos indivíduos que nele habitam graças a seu monopólio do exercício da força, apenas uma instituição que tivesse esse mesmo monopólio em relação aos Estados poderia cumprir a missão de assegurar a paz entre eles. A solução dos conflitos dependeria da presença de um terceiro acima das partes, capaz não só de julgar quem tem razão senão também de impor em última instância sua decisão.[129]

A função do direito, como observa Philip Jessup, seria a eliminação da força como forma de solução dos conflitos humanos, e essa só seria cumprida no momento em que o mundo alcançasse alguma forma de governo internacional, no qual a vontade coletiva tivesse precedência sobre a vontade individual de cada Estado soberano. Não bastaria assim a existência de instituições com poder de formular regras, deveriam existir também órgãos judiciais para interpretar e aplicar essas regras e órgãos com poder para assegurar o seu cumprimento.[130] Desse modo, a primeira instituição necessária seria uma instância superior capaz de arbitrar os conflitos entre os Estados, a qual deveria ser reconhecida por todos e capacitada a proceder a revisões nos tratados entre eles celebrados, "guiando-se por critérios indiscutíveis de justiça".[131]

A necessidade da existência de uma instância superior para a consecução da paz mundial foi apontada por vários autores em diversos momentos da História.[132] Francisco de Vitória, por exemplo, defendia a organização da comunidade internacional com base em uma verdadeira democracia e a criação de uma autoridade com competência universal e com uma força militar permanente.[133] Outros

---

[128] ARON, Raymond. *Paz e guerra entre as nações...*, op. cit.; 1986. p. 174.

[129] BOBBIO, Norberto. *De senectute y otros escritos biográficos*. Madri: Taurus, 1997. p. 201.

[130] JESSUP, Philip C. *A Modern Law of Nations...*, op. cit.; 1947. p. 2.

[131] É o que pensa Raymond Aron, para quem a estabilização de uma ordem jurídica mundial, baseada nos compromissos recíprocos dos Estados, seria satisfatória apenas se essa instância superior existisse ou se "os Estados concluíssem tratados que todos considerassem eqüitativos". ARON, Raymond. *Paz e guerra entre as nações...*, op. cit.; 1986. p. 169.

[132] Essa necessidade foi apontada até mesmo em encíclicas como a *Pacem em Terris*, que na década de 1960 previa que "o bem comum universal coloca problemas de dimensão mundial. Não podem ser resolvidos a não ser por uma autoridade pública cujo poder, estrutura e meios de ação tomem também dimensões mundiais e que possa exercer a sua ação na Terra inteira". Ver SÁ, Luís. *Soberania e integração na CEE*. Lisboa: Editorial Caminho, 1987. p. 22.

[133] Como já foi visto, Francisco de Vitória defendeu a idéia política da comunidade de povos de toda a Terra. Segundo ele, "a organização de uma comunidade internacional baseada em uma verdadeira democracia e a criação de uma autoridade tendo realmente uma competência universal teriam por resultado tirar definitivamente dos Estados o direito de fazer a guerra, mesmo para se defender; os Estados não teriam mais que sustentar exércitos, nem armazenar armamentos, sua defesa seria assegurada pela própria comunidade mundial, que deveria dispor de uma força permanente". Ver VITORIA, Francisco de. *Leçons sur les Indiens et sur le droit de guerre*. Genève: Librairie Droz, 1966. p. 1 xxxi.

autores, como o abade de Saint-Pierre, com seu "Projeto de Paz Perpétua", de 1713,[134] e Immanuel Kant, com seu ensaio "Paz Perpétua", de 1795,[135] também viriam a propor a criação de sistemas que permitissem aos Estados resolver seus litígios sem guerras, e de autoridades centralizadas que detivessem um poder militar suficiente para assegurar a paz.[136]

Portanto, não precisaríamos apenas de um poder judiciário mundial. Seria imprescindível também a existência de uma força policial mundial. Essas duas instituições pareceriam ser inseparáveis. A segunda tampouco poderia existir sem a primeira, já que, como concluía Hans Kelsen, quanto mais efetivo fosse o poder conferido à organização internacional, mais garantias deveriam ser dadas por sua constituição de que esse poder seria exercido somente para a manutenção da lei. E a única garantia séria para o exercício legal do poder seria a previsão de que as Forças Armadas à disposição da organização internacional – sejam elas uma verdadeira força policial internacional ou simplesmente as Forças Armadas de um ou vários Estados membros – deveriam ser empregadas não sob as ordens de um órgão político, mas sim para a execução da decisão de uma corte.[137]

Ora, atualmente a instituição da sociedade global encarregada de assegurar a paz mundial é a ONU. Na época de sua criação, existia a consciência da

---

[134] SAINT-PIERRE, Charles Irene Castel de. *Projet pour rendre la paix perpétuelle en Europe*. Paris: Garnier, 1981. Abade de Saint-Pierre. Edição original de 1713.

[135] KANT, Immanuel. To Perpetual Peace: a Philosophical Sketch: (1795). In: KANT, Imannuel. *Perpetual Peace and other essays*. Indianapolis, Ind.: Hackett, 1983. p. 107-143.

[136] Em seu projeto, o abade de Saint-Pierre imaginou um "Senado da Paz", de caráter permanente, composto de dois representantes de cada Estado membro, presidido por um "príncipe da paz", escolhido por revezamento entre os países-membros. Quaisquer tratados ou questões de fronteira entre os Estados membros deveriam ser aprovados por três quartos dos votos do Senado, e os Estados que se recusassem a cumprir as decisões do Senado estavam sujeitos à ação do poder militar combinado da união. Kant, por sua vez, sugeria a criação de um parlamento mundial permanente de Estados soberanos, no qual eles negociariam para resolver seus problemas de forma não-violenta, comprometendo-se a respeitar territórios, valores e cidadanias de cada nação. Ver BROWN, Seyom. *International Relations*..., op. cit.; 1996. p. 41-42.

[137] Hans Kelsen atribuiu o fracasso da Liga das Nações ao fato de se ter definido como o órgão mais importante dessa organização não a Corte Permanente de Justiça Internacional, mas sim o Conselho da Liga das Nações, um órgão de caráter político. Isso ocorreu porque a missão da Liga não se limitava à manutenção da paz mundial pela resolução de disputas e restrição à proliferação dos armamentos, mas englobava também o dever de proteger os Estados membros de agressões externas. Essa missão por sua vez se fazia necessária, uma vez que um dos principais objetivos da Liga era o desarmamento de seus países-membros. No entanto, a obrigação de desarmar é contraditória à necessidade de defesa contra a agressão. Como lembra Kelsen: "A constituição de uma comunidade internacional pode obrigar um Estado membro a restringir seu armamento até um grau considerável somente se esse Estado puder contar com a ajuda eficaz da comunidade caso ele seja atacado por um outro Estado que não participe da comunidade e portanto não seja obrigado a se desarmar". Porém, essa hipótese só é possível se o desarmamento dos membros for acompanhado por um armamento da comunidade, se uma força armada é formada e posta à disposição do órgão central. KELSEN, Hans. *Peace Through Law*. New York: The University of North Carolina Press, 1944. p. 49, 51.

necessidade de uma corte e de uma força policial mundiais. No que se refere a esta última, por exemplo, é interessante observar que, em um discurso de 1944, Winston Churchill chegou a afirmar: "Nós pretendemos estabelecer uma ordem mundial e uma organização equipada com todos os atributos de poder necessários a fim de prevenir futuras guerras". Essa organização mundial deveria, segundo ele, aproveitar boa parte da estrutura da Liga das Nações, mas contar com um "poder militar irresistível".[138]

No entanto, as idéias de criação de uma força militar unificada e de uma corte a que todos os Estados se submetessem obrigatoriamente não se concretizaram. As tropas a serviço da ONU são fornecidas pelos Estados membros, que mantêm completo controle sobre seus exércitos – o que leva muitos autores a defender que essa organização só terá uma atuação realmente efetiva quando puder contar com uma força cujo poderio permita executar suas decisões sem depender do auxílio das grandes potências. Além disso, a competência da Corte Internacional de Justiça, órgão judicial da ONU, depende do consentimento dos Estados e grande parte destes não aderiu à cláusula facultativa da jurisdição obrigatória, o que faz que a jurisdição da CIJ não seja universal.

Esses são apenas alguns dos motivos que levariam à incapacidade da ONU de alcançar seu principal objetivo. O outro problema seria o do veto que alguns países possuem no Conselho de Segurança, o que afetaria não apenas a eficiência, mas também a legitimidade dessa instituição.

No que se refere à eficiência, a possibilidade do veto leva todas as ações da ONU a terem de ser indiretamente sancionadas pelos cinco membros permanentes de seu Conselho de Segurança, e qualquer fracasso em que esses cheguem a um acordo acarreta a inatividade da organização.[139] Historicamente, em especial na Guerra Fria, os membros permanentes abusaram do direito de veto na defesa de seus interesses, com preocupações ideológicas que pouco tinham a ver com a manutenção da paz mundial.[140]

Com isso, é possível afirmar que a própria forma como a ONU foi concebida é a causa da ineficiência dessa organização. Ela depende dos Estados – em especial dos membros permanentes de seu Conselho de Segurança – que

---

[138] Ver Kelsen, Hans. *Peace Through Law*. New York: The University of North Carolina Press, 1944. p. 67.

[139] HAAS, Ernst B. *Why We Still Need the United Nations*: The Collective Management of International Conflict: 1945-1984. Berkeley: Institute of International Studies, 1986. p. 5.

[140] Para Richard Butler, isso é o contrário do que deveria ocorrer. O direito de veto foi atribuído aos membros permanentes do Conselho de Segurança por um motivo muito limitado e específico: impedir que o Conselho tome uma decisão autorizando o uso da força contra um deles. Fora desse contexto, os membros permanentes deveriam ater-se somente ao princípio da manutenção da paz e da segurança internacionais na tomada de suas decisões. BUTLER, Richard. Bewitched, Bothered and Bewildered. *Foreign Affairs*, New York, v. 78, nº 5, p. 10, Sept./Oct. 1999.

colocam seus interesses domésticos acima dos interesses mundiais.[141] Esses mesmos Estados dificilmente se dispõem a participar de ações militares caras e sangrentas para defender princípios de direito internacional em questões que não lhes afetem diretamente.[142]

Esse problema se agrava quando nos damos conta de que cada dia mais o poder de polícia no plano mundial é exercido por apenas um país do planeta – os Estados Unidos seriam na atualidade a única nação com capacidade e disposição para exercer essa função. As últimas ações desse país mostram que os Estados Unidos estão procurando assumir o papel que deveria ser da ONU, criando, como ressalta Habermas, um novo contexto em que o que importa é a política unilateral "conduzida por um país hegemônico que se autoriza a si mesmo". Essa é uma realidade preocupante, não só porque vai contra a tendência ao multilateralismo e à cooperação internacional que, como pudemos demonstrar, impera em outras áreas,[143] mas porque atenta contra a legitimidade de todo o sistema, já que "mesmo o país hegemônico que se projeta como fiduciário dos interesses universais não poderia *saber* absolutamente se o que ele afirma fazer no interesse dos outros é de fato *igualmente* bom para todos".[144]

Diante dessa alternativa de um poder de polícia unilateral que pode facilmente ceder à tentação de atender de forma exclusiva a seus próprios interesses, a ONU parece ainda ser, apesar de todos os seus defeitos, a melhor solução institucional para a manutenção da paz mundial. A legitimidade do sistema de segurança coletiva é posta em xeque quando uma única nação chama para si a responsabilidade de decidir o que é certo e o que é errado no plano internacional – solução que se distancia cada vez mais daquela que, como se acaba de ver, seria considerada a ideal. Convém, no entanto, ressaltar que mesmo a ONU é alvo de críticas quanto à sua legitimidade.

É importante recordar que a legitimidade é a qualidade, encontrada em determinadas instituições ou em determinadas regras, pela qual as pessoas obedeceriam voluntariamente ao comando dessas instituições ou regras, seja

---

[141] E, nesse sentido, é possível se perguntar, como o faz Haas ao analisar o comportamento das superpotências no sistema da ONU, se seria razoável "culpar o leopardo por ter manchas?". HAAS, Ernst B. *Why we Still Need the United Nations*..., op. cit.; 1986. p. 1.

[142] O fato de que o sistema da ONU segue organizando-se com base em Estados-Nação leva Brown a concluir que essa organização é apenas uma variação do malsucedido sistema da Liga das Nações. E, de fato, como demonstração relativamente recente desse raciocínio na prática, podemos apontar a demora do sistema em reagir aos massacres na Bósnia ou em Timor Leste. BROWN, Seyom. *International Relations*..., op. cit.; 1996. p. 44-45.

[143] Convém lembrar que o governo norte-americano do presidente George W. Bush parece ir contra a corrente não apenas na questão da paz e da segurança internacionais, como ficou demonstrado na Guerra do Iraque de 2003, mas também em outras áreas, como a do meio ambiente.

[144] HABERMAS, Jürgen. A guerra e seus juízos contraditórios. *Folha de S. Paulo*, São Paulo, p. A30, 27 abr. 2003.

porque estão de acordo com o conteúdo dessas regras, seja porque aceitam como válido o exercício da autoridade pela instituição que as criou. A legitimidade seria assim o "rótulo genérico que teríamos colocado nos fatores que afetam a nossa vontade de obedecer voluntariamente a comandos".[145]

Dessa forma, como argumenta Hans Morgenthau, o poder legítimo tende a obter melhores resultados em influenciar os atos alheios do que o poder ilegítimo. Se aplicarmos essa idéia às relações internacionais, veremos que "o poder exercido em legítima defesa ou em nome das Nações Unidas tem mais chance de ser bem-sucedido do que o poder equivalente exercido por uma nação 'agressora' ou em violação do direito internacional".[146]

Convém, por isso, notar que uma das razões da pouca eficiência da ONU está na sua falta parcial de legitimidade. Muitos autores a criticam por esse motivo,[147] reclamando da composição do Conselho de Segurança[148] e chegan-

---

[145] FRANCK, Thomas M. *The Power of Legitimacy Among Nations*. New York: Oxford University Press, 1990. p. 150.

[146] MORGENTHAU, Hans J. *Politics Among Nations*: the Struggle for Power and Peace. Boston: McGraw-Hill, 1993. p. 32.

[147] Para Ohmae, por exemplo, os delegados, que possuem o mesmo peso no que se refere a direito de voto, "representam Estados-Nação variando em tamanho da China, com seus 1,2 bilhão de habitantes, e Rússia, com seus 6,5 milhões de milhas quadradas de território se estendendo por 11 fusos horários, a Nauru, com menos de 8.000 pessoas em um atol insular com pouco mais de oito milhas quadradas de extensão". O autor faz ainda críticas à não-inclusão na ONU de alguns povos sem Estado, como os curdos, com mais de 20 milhões de habitantes, bem como dos blocos econômicos. Ver OHMAE, Kenichi. *The end of the Nation-State*: the rise of regional economies. New York: The Free Press, 1995. p. 117.

[148] Ao comentar o problema do Conselho de Segurança, Samuel Huntington ressalta a importância do peso e da representação das diferentes civilizações mundiais. Segundo esse autor, uma vez que a maioria das organizações internacionais surgiu pouco após a Segunda Guerra Mundial, essas foram formuladas para atender aos interesses das nações vencedoras, integrantes da civilização ocidental. À medida que o poderio ocidental venha a se reduzir diante das demais civilizações, é natural que haja pressões por mudanças nas organizações internacionais. Nessa discussão, o assunto provavelmente mais controvertido é o dos membros permanentes do Conselho de Segurança da ONU, hoje ocupado pelas potências vitoriosas da Segunda Guerra, que guarda cada vez menos relação com a realidade da distribuição do poder no mundo. Segundo Huntington, em um mundo multicivilizacional seria de se esperar que cada civilização principal tivesse ao menos um assento permanente no Conselho de Segurança. Na divisão proposta por ele, hoje apenas três civilizações estariam representadas: a Ocidental (Estados Unidos, França e Reino Unido), a Ortodoxa (Rússia) e a Sínica (China), faltando representantes das demais civilizações: a Africana, a Islâmica, a Hindu, a Latino-americana e a Japonesa. Segundo este autor, o Japão e a Índia deveriam ser membros permanentes, e a África, a América Latina e o mundo islâmico deveriam ter assentos permanentes ocupados em base rotativa. Huntington propõe, ainda, que os postos hoje ocupados por Reino Unido e França sejam consolidados em um só assento ocupado em base rotativa pela União Européia, de tal forma que todas as civilizações se encontrem representadas no Conselho de Segurança; a civilização ocidental teria dois assentos permanentes, numa divisão, segundo ele, "amplamente representativa da distribuição das pessoas, da riqueza e do poder no mundo". HUNTINGTON, Samuel P. *O choque das civilizações...*, op. cit.; 1997. p. 404-405.

do até a sugerir maior participação das organizações de integração regional em sua estrutura a fim de sanar esse defeito.[149]

De acordo com Ernst Haas, a ordem promovida pela Carta das Nações Unidas preocupou-se com a preservação do novo *status quo* surgido após a Segunda Guerra Mundial. Em vez de se dedicarem à construção de uma ordem na qual todos os Estados – grandes e pequenos – possuíssem direitos iguais e participassem de forma eqüitativa, os redatores da Carta preferiram criar uma oligarquia dos poderosos, concentrados no Conselho de Segurança da organização.[150]

Desse modo, só poderíamos ver o advento da ONU como o nascimento de uma nova ordem internacional se uma condição fundamental fosse atendida: "que aqueles que têm o poder de impor essa ordem submetam-se a ela da mesma forma".[151] Ao fazerem valer seu poder de veto, não se sujeitando à ordem da qual são os participantes mais poderosos, os membros permanentes do Conselho de Segurança contribuem para minar a legitimidade da ONU. Ao ser vista como um poder menos legítimo do que poderia ser, ela diminui sua capacidade de impor sua vontade – e se torna uma instituição menos efetiva.

A manutenção da paz e da segurança não é, contudo, a única função do Estado que se relaciona com as instituições da sociedade global. Assim como o Estado evoluiu, ampliando suas funções, as instituições da sociedade global também têm diversos objetivos. Hoje, "a política global não estaria ancorada apenas nas preocupações geopolíticas tradicionais envolvendo assuntos militares e de segurança, mas também em uma grande diversidade de

---

[149] No que se refere à inclusão dos blocos econômicos, a Comissão pela Governança Global chegou à conclusão de que a ONU: "deveria rever seus procedimentos a fim de oferecer uma participação crescente para os órgãos regionais. Isso criaria um incentivo para que eles fortalecessem sua coesão interna, e também os comprometeria com as estruturas globais. Um processo dinâmico seria então posto em movimento, o qual poderia ajudar a tornar a governança mais eficiente e representativa. A voz de países com pouca influência seria ouvida por meio de organizações falando com o peso agregado de um grupo representando interesses regionais comuns. Eventualmente, isto poderia levar à representação dos países de uma região, através de um assento regional único, em órgãos restritos tais como o Conselho de Segurança...". A consolidação das organizações de integração regional poderia levar a blocos cada vez maiores, que deveriam sem dúvida participar de alguma forma da estrutura da ONU, uma vez que possuiriam mais legitimidade do que as nações que hoje têm poder de veto. Ver COMISSION ON GLOBAL GOVERNANCE. *Our Global Neighborhood*..., op. cit.; 1995. p. 288.

[150] HAAS, Ernst B. *Why We Still Need the United Nations*..., op. cit.; 1986. p. 5.

[151] Além disso, quatro dos cincos membros do Conselho de Segurança da ONU – China, Estados Unidos, França e Rússia – não aceitaram a jurisdição obrigatória da Corte Internacional de Justiça. CHEMILLIER-GENDREAU, Monique. Affaiblissement des États, confusion des normes. In: CHEMILLIER-GENDREAU, Monique; MOULIER-BOUTANG, Yann. *Le droit dans la mondialisation*: une perspective critique. Paris: Presses Universitaires de France, 2001. p. 171.

questões econômicas, sociais e ecológicas", que dependeriam da cooperação internacional para serem resolvidas.[152]

E, também nesse caso, as instituições da sociedade global que surgem para esses fins diversos apresentam problemas tanto de efetividade quanto de legitimidade. Boa parte das instituições que participam da governança global não possui obrigatoriamente um caráter democrático. É o que ocorre, por exemplo, com os dois principais atores transnacionais aqui estudados.

Os mercados financeiros e as empresas transnacionais limitam crescentemente a autonomia estatal em adotar determinadas políticas econômicas – o que equivale a dizer que esses atores adquirem um poder cada vez maior. Mas esses atores agem em interesse próprio, e o poder que eles possuem de influenciar a ação dos Estados não é um poder legítimo.[153] As ONGs, por sua vez, muitas vezes defendem interesses que podem ser considerados públicos – como a proteção ambiental e a defesa dos direitos humanos. Mas isso não quer dizer que essas organizações sejam "louváveis por definição" – elas podem muitas vezes representar interesses restritos de determinados grupos da sociedade, nem sempre dignos de elogios.[154] Além disso, as ONGs nem sempre são democráticas[155] – poucas delas realizam eleições internas regulares e suas políticas não costumam ser determinadas democraticamente por seus membros, o que faz que a maior parte dessas organizações não possua um poder estabelecido de modo legítimo.

Seria de se esperar que as organizações internacionais de cooperação escapassem às acusações de falta de legitimidade. Em princípio, uma vez que as pessoas que compõem os órgãos dessas organizações são nomeadas pelos Estados, sua autoridade deveria ser considerada legítima a menos que essas ultrapassassem os poderes contidos em seus mandatos. Mesmo essas organizações, contudo, são constantemente acusadas de falta de legitimidade, problema apontado nas freqüentes manifestações antiglobalização organizadas pela sociedade civil – que, como vimos, são muitas vezes realizadas durante as reuniões dos dirigentes de algumas dessas organizações, como a OMC e o FMI. Igual acusação é feita em relação às organizações de integração regional – o que

---

[152] HELD, David; et. al. *Global Transformations*..., op. cit.; 1999. p. 50.

[153] Para James Rosenau, enquanto seria possível discernir uma certa responsabilidade na difusão da autoridade estatal para as organizações supranacionais, é de causar perplexidade a mudança ocorrida nessa mesma autoridade com relação aos assuntos econômicos, nos quais os Estados foram trocados pela "anarquia dos mercados globais". ROSENAU, James N. *Along the Domestic-Foreign Frontier*: Exploring Governance in a Turbulent World. Cambridge, U.K.: Cambridge University Press, 1997. 409.

[154] KAMMINGA, Memmo T. The Evolving Status of NGOs..., op. cit.; 2002. p. 405.

[155] Como observam Keohane e Nye, mesmo que essas organizações aleguem defender a sociedade civil, tendem a reunir elites que se auto-elegem e são pouco representativas. NYE, Joseph S.; DONAHUE, John D. (ed.). *Governance in a Globalizing World*..., op. cit.; 2000. p. 34.

faz que os encontros dos líderes da União Européia, por exemplo, também sejam alvo de protestos da sociedade civil. Neste caso, igualmente, prevaleceria a idéia de que atribuir poder a burocratas internacionais não eleitos seria pouco atraente do ponto de vista democrático.[156]

A reação da sociedade civil é compreensível. Os indivíduos precisam de uma garantia de que suas liberdades serão respeitadas e de que os poderes que são por eles atribuídos aos governantes serão exercidos de acordo com a sua vontade. No plano interno, a melhor solução até hoje encontrada para essa questão foi a adoção de democracias representativas. No entanto, as principais instituições democráticas da sociedade global são os Estados. Nas organizações internacionais, a distância entre as pessoas que são nomeadas pelos Estados para tomar as decisões e os indivíduos que seriam indiretamente responsáveis por seus mandatos é muito maior. Surge assim a dúvida dos indivíduos sobre a capacidade dessas organizações de defender seus interesses, o que gera o temor de que essas instituições apresentariam um déficit democrático.

Analisando o exemplo das organizações internacionais de cooperação no campo econômico, vemos que esse temor se justifica, porque falta-lhes a legitimidade democrática resultante de processos eleitorais – a OMC, por exemplo, não responde diretamente aos cidadãos, mas sim aos governos nacionais. A fim de aumentar sua legitimidade – fazendo que suas decisões fossem vistas como merecedoras de serem obedecidas – essas instituições deveriam incrementar a sua transparência. A forma pela qual as decisões são tomadas é essencial para a legitimidade. Como observa Joseph Stiglitz, se a maior parte das discussões ocorre atrás de portas fechadas, os resultados serão questionados, mas se o processo decisório é transparente, os mesmos resultados tendem a ser mais bem aceitos.[157]

Em geral, organizações internacionais de cooperação, como a OMC, o FMI e o Banco Mundial, seriam "mais opacas que transparentes" – muito pouca informação irradiaria de dentro delas para fora, e talvez ainda menos informação de fora seria capaz de penetrar nessas organizações.[158] Ao fazerem que boa parte de suas decisões seja tomada em reuniões fechadas, essas instituições aumentam a possibilidade de que grupos de pressão influam nos resulta-

---

[156] Para John Braithwaite, o processo de criação de regulamentações comuns na União Européia envolveu um déficit democrático, tendo a soberania parlamentar de cada país-membro sido erodida "nas mãos dos empregados não eleitos da Comissão Européia". BRAITHWAITE, John. Prospects for win-win international rapprochement of regulation. In: OCDE. *Regulatory Co-operation for an Interdependent World*. Paris: OCDE, 1994. p. 206.

[157] STIGLITZ, Joseph E. Adressing Developing Countries Priorities and Needs in the Millennium Round. Discurso proferido no Harvard University for Business and Government, 29 de novembro 1999. Texto cedido pelo autor.

[158] STIGLITZ, Joseph E. *Globalization and its Discontents...*, op. cit.; 2002. p. 33.

dos obtidos.[159] Caso as decisões tomadas resultassem de processos abertos, elas estariam sujeitas ao escrutínio público, o que aumentaria as chances de refletirem o interesse geral.[160]

Assim como a forma pela qual as decisões são tomadas tem importância, importa como as decisões são implementadas. Outro objetivo que os indivíduos pretendem atingir, ao abrir mão da sua liberdade em favor do Estado, é o de garantir a justiça, submetendo-se a tribunais. Do mesmo modo, uma das conseqüências do novo contrato social é que os Estados se sujeitam cada vez mais a tribunais independentes. Nesse sentido, algumas das novas instituições da sociedade global contribuem para que maior grau de justiça seja alcançado. No entanto, os mecanismos criados para fazer cumprir as regras da sociedade global são muitas vezes imperfeitos, o que mais uma vez provoca críticas.

O mecanismo de solução de disputas da OMC, por exemplo, consiste, como foi visto, na adoção de medidas compensatórias por parte do país lesado, na proporção do dano sofrido. Ora, como observa François Ost, é evidente que esse sistema é "simplesmente impraticável para os países mais fracos".[161] Isso ocorre porque uma série de fatores de ordem política e econômica influi na margem de ação de um Estado que queira exercer medidas compensatórias e, por isso, em muitos casos, a possibilidade de adoção dessas medidas é restrita, senão inexistente.[162] Quando um país pobre ganha um processo na OMC, sua capacidade de adotar represálias, suspendendo concessões que sejam importantes o suficiente para intimidar os países ricos, é limitada. Comparados aos desenvolvidos, os países em desenvolvimento possuem um mercado menos significativo e exportam menor variedade de produtos – muitas vezes, a pauta exportadora desses países se resume a três, dois, ou até mesmo a um único produto. Quando um país desenvolvido suspende concessões referentes a um dos poucos produtos exportáveis de um país em desenvolvimento, ele está praticamente proibindo o acesso desse produto a um grande mercado, limitando severamente a capacidade exportadora do país em desenvolvimento. No entanto, quando este último o faz, sobretaxando determinado produto de um país desenvolvido, ele está apenas restringindo o acesso de um

---

[159] A tentativa de se construir um consenso (*consensus-building*) na hora de decidir seria positiva para a legitimidade. Ao refletir interesses de grupos específicos ou dos países ricos, a legitimidade das decisões diminui. Dessa forma, decisões do FMI que reflitam os interesses da comunidade financeira serão vistas como dotadas de uma legitimidade reduzida. STIGLITZ, Joseph E. Adressing Developing Countries Priorities and Needs in the Millennium Round. Discurso proferido no Harvard University for Business and Government, 29 de novembro de 1999. Texto cedido pelo autor.

[160] STIGLITZ, Joseph E. *Globalization and its Discontents...*, op. cit.; 2002. p. 227.

[161] OST, François. Mondialisation, globalisation, universalisation..., op. cit.; 2001. p. 26.

[162] BOISSON de CHAZOURNES, Laurence. *Les contre-mesures dans les relations internationales économiques*. Genève: I.U.H.E.I; Paris: A. Pedone, 1992. p. 132.

dos muitos itens de exportação do país desenvolvido a um mercado pouco importante. Assim, um país pobre teria mais dificuldades em retaliar um país rico do que o inverso e, nessa disputa, fica claro quem teria maior poder de barganha.

Além disso, nada impede um país de se recusar a cumprir as determinações do Órgão de Solução de Disputas da OMC, desde que se proponha a arcar com as conseqüências de seu ato. Neste caso, mais uma vez, os países desenvolvidos têm mais condições de resistir aos efeitos de sua recusa do que os em desenvolvimento. A União Européia, por exemplo, preferiu arcar com o alto custo das medidas compensatórias adotadas pelos Estados Unidos a alterar sua proibição à importação de carne tratada com hormônios. Essa possibilidade reduz-se muito para os países pobres, o que os torna mais sujeitos a ter de alterar as suas legislações do que os países ricos.

Todos esses fatores fazem esse sistema, que prevê a adoção de medidas compensatórias apenas pelo país afetado, ter um caráter desigual.[163] Ainda que a OMC tenha contribuído para reduzir a "justiça privada" na área do comércio internacional, estabelecendo limites para as retaliações adotadas pelos Estados, apenas um mecanismo coletivo de sanção poderia garantir a justiça na aplicação de suas regras.

As instituições que cuidam da ordem financeira global sofrem de defeitos semelhantes. Como foi visto, muitas vezes os Estados em crise não têm outra alternativa senão aceitar as condicionalidades impostas pelo FMI. Também nesse caso pode ocorrer uma limitação às funções do Estado imposta por uma organização internacional. Aqui, entretanto, esse fato ganha ainda mais relevância. O FMI é dominado por certos países, podendo representar interesses que não são obrigatoriamente os mesmos do Estado que sofre a influência dessa instituição. Isso acontece porque a desigualdade existente entre países ricos e pobres se reflete nos mecanismos de direção e de voto do FMI. A possibilidade de que certas funções estatais sejam limitadas por determinação de uma instituição que decide de forma desigual que políticas deverão ser adotadas leva a legitimidade dessa instituição a ser questionada.

Além disso, o poder detido por alguns dos Estados membros do FMI – refletido em seu número de votos – os tornaria imunes à influência dessa organização. O fato de que apenas os países pobres sejam vulneráveis às pressões do Fundo fere o princípio da igualdade, contribuindo para que as ações dessa instituição sejam vistas como injustas – o que também colabora para que sua legitimidade seja posta em dúvida.

Podemos concluir que os mecanismos previstos por algumas das instituições da sociedade global para assegurar o cumprimento de suas normas

---

[163] Ver BOISSON de CHAZOURNES, Laurence. *Les contre-mesures dans les relations internationales...*, op. cit.; 1992. p. 133.

são frágeis, assim como que os países mais ricos são capazes de simplesmente ignorar as decisões que não lhes agradarem.[164] Ao resolverem apenas de forma parcial o problema do predomínio da lei do mais forte – característica de uma sociedade anárquica – algumas das instituições da sociedade global permanecem sujeitas à reprovação. Uma justiça que não é igualmente obedecida não é, como já se observou, verdadeiramente justa. Quando um Estado tem condições de escapar às determinações de uma organização internacional da qual faz parte, os outros membros podem passar a acreditar que toda a estrutura daquela organização, ainda que estabelecida de forma legítima, seja injusta. E a justiça, no sentido de tratar igualmente situações iguais, é essencial para a legitimidade. Repete-se aqui um problema parecido àquele observado na estrutura da ONU, que, ao estabelecer um direito de veto para alguns de seus membros, permite que esses estejam fora do alcance do sistema de segurança coletiva: reduzindo a legitimidade daquela organização, diminui-se a efetividade de seu poder.

A última função do Estado que merece ser aqui analisada é a do combate à desigualdade. Como foi mostrado, com o tempo o Estado adquiriu o papel de promotor do desenvolvimento, transformando-se em Estado social. Instituições que exerçam essa mesma função em nível mundial são mais do que nunca necessárias, em uma sociedade global na qual se vive em condições injustas.

Na metade do século XX, Gunnar Myrdal já alertava que as nações ricas avançavam enquanto as pobres ou estagnavam ou cresciam a um ritmo mais lento, bem como que havia uma tendência em direção a uma desigualdade mundial maior. O fato de que tantos países, com populações tão significativas, fossem relativamente tão pobres, era por ele apontado como um dos principais sintomas do fracasso da integração internacional, que deveria ser perseguida se um dia se quisesse alcançar "o velho ideal ocidental da igualdade de oportunidades".[165]

Quase duas décadas após Myrdal haver chamado a atenção para a crescente desigualdade entre as nações, o problema continuava sem solução. As economias desenvolvidas e as subdesenvolvidas passaram a ocupar posições distintas na estrutura global do sistema capitalista, a partir do momento em que, como afirmavam Fernando Henrique Cardoso e Enzo Faletto, não mais existiria entre elas "uma simples diferença de etapa ou de estágio do sistema

---

[164] Ver STIGLITZ, Joseph E. Adressing Developing Countries Priorities and Needs in the Millennium Round. Discurso proferido no Harvard University for Business and Government, 29 de novembro de 1999. Texto cedido pelo autor.

[165] Gunnar Myrdal dá outro sentido à palavra "integração". Essa se relacionaria também ao desenvolvimento econômico, ao rompimento do isolamento das regiões menos privilegiadas do planeta e à maior inserção dessas nações no mundo moderno e nos benefícios resultantes dessa integração. MYRDAL, Gunnar. *An International Economy*: Problems and Prospects. New York: Harper & Row Publishers, 1956. p. 1, 11.

produtivo, mas também de função ou posição dentro de uma mesma estrutura econômica internacional de produção e distribuição". Essa diferença, para a qual contribuíam muitas vezes determinados grupos sociais internos, supunha uma relação de dominação ou de dependência – situação que podia levar a que em casos extremos as decisões que afetassem a produção ou o consumo de determinada economia subdesenvolvida fossem tomadas de acordo com os interesses das economias desenvolvidas.[166]

A recente aceleração da globalização econômica só fez ampliar essa tendência. Enquanto para alguns países a revolução tecnológica é uma realidade, para grande parcela do planeta a chamada era da informação é apenas uma miragem. Essa situação – que, como observa Cardoso, é ainda mais cruel do que a da dependência, constatada há mais de trinta anos – pode levar a que o Hemisfério Sul se torne em parte "desimportante, inexplorado e inexplorável".[167]

O aumento do abismo econômico entre os países desenvolvidos e os pobres torna ainda mais claro o contraste entre a proposta de igualdade formal do direito e a realidade de desigualdade da economia, que leva a uma situação em que "a mera igualdade formal entre os Estados serve, tão só, para esconder e garantir a existência de uma desigualdade substancial".[168] E já há algum tempo o imenso grupo de Estados em desenvolvimento não mais se contentaria com uma igualdade soberana fictícia.[169]

O reconhecimento pelos Estados da existência de uma verdadeira "comunidade internacional" – assunto a que se voltará mais adiante – faz que os membros mais privilegiados dessa comunidade tenham a responsabilidade de ajudar os membros mais pobres. Da mesma forma como nas comunidades nacionais os Estados adquiriram com o tempo a função de redistribuir renda e

---

[166] Para Cardoso e Faletto: "Há que se analisar, com efeito, como as economias subdesenvolvidas vincularam-se historicamente ao mercado mundial e a forma em que se constituíram os grupos sociais internos que conseguiram definir as relações orientadas para o exterior que o subdesenvolvimento supõe. Tal enfoque implica reconhecer que no plano político-social existe algum tipo de dependência nas situações de subdesenvolvimento e que essa dependência teve início historicamente com a expansão das economias dos países capitalistas originários". Esses autores procuram demonstrar, por meio da análise do conceito de dependência, que "não existe uma relação metafísica de dependência entre uma Nação e outra, um Estado e outro. Essas relações se tornam possíveis concretamente por intermédio de uma rede de interesses e de coações que ligam uns grupos sociais aos outros, umas classes às outras". CARDOSO, Fernando Henrique; FALETTO, Enzo. *Dependência e desenvolvimento na América Latina*: Ensaio de Interpretação Sociológica. 7. ed. Rio de Janeiro: LTC, 1970. p. 26, 140.

[167] CARDOSO, Fernando Henrique. Relações Norte-Sul no Contexto Atual: Uma Nova Dependência? In: BAUMANN, Renato (org.). *O Brasil e a economia global*. Rio de Janeiro: Campus, 1996. p. 12.

[168] BAPTISTA, Luiz Olavo. *Investimentos internacionais no direito comparado e brasileiro*. Porto Alegre: Livraria do Advogado, 1998. p. 47.

[169] Ver FLORY, Maurice. Souveraineté des États et coopération pour le développement. *RCADI*, v. 1, t. 141, p. 263, 268, 314, 318, 1974.

promover o desenvolvimento da parte menos favorecida de sua população, as instituições da comunidade internacional deveriam ser capazes de melhorar as condições de vida dos países subdesenvolvidos.[170]

A fim disso seria necessária uma "cooperação para o desenvolvimento", que levasse em consideração a desigualdade de fato entre os Estados, o que levou à criação de uma categoria jurídica dos países em desenvolvimento que conferiria a seus membros o direito à ajuda financeira e a benefícios como a aplicação de regimes derrogatórios.[171] A justificativa para esse tratamento diferenciado seria a mesma daquela utilizada para a adoção da chamada "ação afirmativa" em alguns países. Os Estados em desenvolvimento que experimentaram o colonialismo seriam o equivalente internacional aos grupos raciais cujos ancestrais sofreram com a escravidão ou com alguma forma de discriminação. Ambos seriam vítimas de situações desfavoráveis no passado que hoje mereceriam atenção e tratamento especiais.[172]

Contudo, muitas vezes o que ocorre é o oposto. Ainda que algumas instituições da sociedade global levem em conta a necessidade de tratar de forma diferenciada os países pobres, a maioria dos Estados está longe de atingir um progresso satisfatório. E quando esses países conseguem atingir um certo grau de desenvolvimento, vêem-se prejudicados pela impossibilidade de vender seus produtos nos mercados mais ricos – alguns países em desenvolvimento, que teriam condições de melhorar sua situação econômica por seus próprios meios,[173] vêem-se impedidos de fazê-lo uma vez que os países desenvolvidos continuam subsidiando fortemente seus produtores locais e impondo barreiras para produtos equivalentes vindos do exterior. O prote-

---

[170] Esse raciocínio levou os países do então denominado Terceiro Mundo – por meio do chamado Grupo dos 77 – a invocar, nas décadas de 1960 e 1970, a existência de uma comunidade internacional a fim de forçar os países ricos a assumir o compromisso de ajudar os países em desenvolvimento. DUPUY, René-Jean. Communauté Internationale. In: DUPUY, René-Jean. *Dialectiques du droit international*. Paris: A. Pedone, 1999. p. 313.

[171] Ver FLORY, Maurice. Souveraineté des États..., op. cit.; 1974. p. 263, 268, 314, 318.

[172] Essa tendência está presente nas propostas de perdão da dívida dos países pobres e na isenção temporária conferida a esses países em relação a certas regras gerais de algumas organizações internacionais. Robert Jackson identifica essa tendência a uma "ação afirmativa internacional", porém vê nela uma incompatibilidade com a independência dos Estados soberanos que a reivindicam. JACKSON, Robert H. *Quasi-States*: Sovereignty, International Relations and the Third World. Cambridge, U.K.: Cambridge University Press, 1990. p. 133, 135.

[173] Em maio de 2003, o presidente brasileiro Luiz Inácio Lula da Silva declarou que diria aos líderes do G7, que se reuniriam no mês seguinte em Evian, na França, que "a melhor ajuda que deles podemos receber para acabar com a fome e a miséria em nossos países não é esmola ou tapinhas nas costas, mas o fim das barreiras à entrada de nossos produtos". Lula pede fim de barreira, e não "esmola". *Folha de S. Paulo*, São Paulo, 13 maio 2003. Disponível em: <http://www1.folha.uol.com.br/fsp/dinheiro/fi1305200334.htm>. Acesso em: 8 out. 2003.

cionismo dos países ricos, nas palavras do presidente do Brasil ao abrir a 58ª Assembléia Geral da ONU,[174] "penaliza injustamente os produtores eficientes das nações em desenvolvimento" e, além disso, "é hoje o maior obstáculo para que o mundo possa ter uma nova época de progresso econômico e social".[175] Assim, com o tempo, a luta pelo acesso aos mercados dos países ricos – principalmente no campo agrícola – juntou-se às reivindicações de ajuda econômica e de tratamento diferenciado feitas pelos países em desenvolvimento.[176]

Portanto, é possível concluir, como nota Robert Kaplan, que atualmente parte do globo é habitada pelo "último homem" descrito por Fukuyama – saudável, bem-alimentado e mimado pela tecnologia. A outra parte, muito maior, é habitada pelo "primeiro homem" analisado por Hobbes – condena-

---

[174] O discurso do presidente Lula aconteceu após a 5ª Conferência Ministerial da OMC em Cancún, na qual mais uma vez o comércio agrícola foi motivo de divergências entre os países em desenvolvimento e os países desenvolvidos – ainda que essas divergências não tenham sido a causa do fracasso da Conferência. Nela, o Brasil liderou o grupo de países em desenvolvimento que ficou conhecido como G-22, cuja finalidade era ganhar força nas negociações com os países desenvolvidos. No mesmo discurso, ao falar do protecionismo dos países desenvolvidos, Lula afirmaria: "O Brasil e seus parceiros do G-22 sustentaram na reunião da OMC em Cancún que essa grave questão pode ser resolvida por meio da negociação pragmática e mutuamente respeitosa, que leve à efetiva abertura dos mercados. Reafirmo nossa disposição de buscar caminhos convergentes, que beneficiem a todos, levando em conta as necessidades dos países em desenvolvimento. [...] Somos favoráveis ao livre comércio, desde que tenhamos oportunidades iguais de competir. [...] As negociações comerciais não são um fim em si mesmo. Devem servir à promoção do desenvolvimento à superação da pobreza. O comércio internacional deve ser um instrumento não só de criação, mas de distribuição de riqueza". Reunião da OMC em Cancún termina em fracasso. *O Estado de S. Paulo*, São Paulo, 15 set. 2003. Disponível em: <http://www.estado.estadao.com.br/jornal/03/09/15/news142.html>. Acesso em: 8 out 2003; Está na hora de chamar a paz de justiça social. *Folha de S. Paulo*, São Paulo, p. A10, 24 set. 2003.

[175] De fato, de acordo com o Banco Mundial, se a rodada de Doha da OMC – em cujo contexto a Conferência de Cancún de 2003 se inseria – vier a ser bem-sucedida, ela poderá aumentar em US$ 500 bilhões as receitas tanto no mundo em desenvolvimento como no mundo desenvolvido, e deverá tirar da pobreza mais de 144 milhões de pessoas até 2015. Depois de Cancún. *O Estado de S. Paulo*, São Paulo, 01 out. 2003. Disponível em: <http://www.estado.estadao.com.br/jornal/03/10/01/news217.html>. Acesso em: 8 out. 2003.

[176] Essa mudança na posição dos países em desenvolvimento pode ser notada há algum tempo. Na primeira vez em que um presidente brasileiro – João Figueiredo – subiu à tribuna da Assembléia Geral da ONU, no início da década de 1980, ele enfatizou as queixas contra o protecionismo, afirmando que: "Anos de paciente investimento na criação de uma infra-estrutura exportadora, que vinha permitindo aos consumidores dos países desenvolvidos adquirir produtos do Sul em condições vantajosas, são desbaratados por barreiras protecionistas intransponíveis". Discurso não muda desde Figueiredo. *O Estado de S. Paulo*, São Paulo, 24 set. 2003. Disponível em: <http://www.estado.estadao.com.br/jornal/03/09/24/news169.html>. Acesso em: 8 out. 2003.

do a uma vida "pobre, repugnante, brutal e curta".[177] De fato, é possível constatar que as vantagens que a globalização e a revolução tecnológica poderiam trazer não são notadas em boa parte do planeta. Todo um continente – o africano – sofre com essa realidade. Milhões de pessoas ao redor do globo estariam esperando para ver se a globalização poderá vir a ser aprimorada de maneira que seus benefícios sejam repartidos de forma melhor.[178] Essa é uma missão necessária, que deve ser levada adiante pelas instituições da sociedade global. Conforme prevenia Jenks, nem a paz nem a liberdade podem resistir se a economia falhar em prover o bem-estar geral.[179] Da mesma forma como os Estados, ao promover a justiça social, reduzem os conflitos causados pelas desigualdades, ajudando a garantir a paz interna, as instituições por eles criadas para atender à necessidade da cooperação internacional devem procurar promover a igualdade entre as nações, contribuindo para assegurar a paz mundial.

O papel do Estado na sociedade global

A sociedade global continua e continuará a ser um todo povoado de províncias e nações, povos e etnias, línguas e dialetos, seitas e religiões, comunidade e sociedade, culturas e civilizações. As diversidades que floresceram no âmbito da sociedade nacional, quando esta absorveu feudos, burgos, tribos, etnias, nacionalidades, línguas, culturas, tradições, sabedorias e imaginários podem tanto desaparecer como transformar-se e florescer, no âmbito da sociedade global. Os horizontes abertos pela globalização comportam a homogeneização e a diversificação, a integração e a contradição.[180]

Octavio Ianni

Diversas funções do Estado não são assumidas de forma satisfatória pelas demais instituições da sociedade global, como acabamos de ver. Mais do que isso, é possível afirmar que boa parte dos atores que compõem o sistema de governança global não tem por objetivo fazê-lo – substituir o Estado não

---

[177] KAPLAN, Robert D. The Coming Anarchy: How scarcity, crime, overpopulation, tribalism, and disease are rapidly destroying the social fabric of our planet. *The Atlantic Monthly*, Boston, Mass., v. 273, nº 2, p. 44-76, Feb. 1994.

[178] STIGLITZ, Joseph E. *Globalization and its Discontents...*, op. cit.; 2002. p. 250.

[179] De acordo com Jenks, a declaração da OIT de que "a pobreza em qualquer lugar constitui um perigo para a prosperidade em todo lugar" seria o equivalente moderno, reformulado em termos mundiais e transposto para a linguagem econômica, à antiga verdade de que nenhuma sociedade pode durar permanentemente sendo meio escrava e meio livre. JENKS, C. Wilfred. *A New World of Law...*, op. cit.; 1969. p. 58.

[180] IANNI, Octavio. Nação: Província da sociedade global? In: SANTOS, Milton et al. (org.). *Território, globalização e fragmentação*. São Paulo: Hucitec, 1994. p. 83.

é o "negócio" dos mercados financeiros e das empresas transnacionais, por exemplo[181] – e que outra parte não está estruturalmente capacitada para fazê-lo – caso de algumas das organizações internacionais aqui examinadas.

Os Estados soberanos continuam por isso sendo peças essenciais da sociedade global. Eles são ainda os principais responsáveis por assegurar a paz e a segurança dentro e fora de seus territórios, por garantir a justiça e a coercitividade das normas nacionais e internacionais, por buscar alcançar o bem-estar de sua população e a justiça social. Além disso, são a maior garantia de que um poder legítimo será exercido sobre a sociedade.

A primeira função de um sistema de governança é garantir a segurança de seus membros, fornecendo as regras e os procedimentos que previnem – ou ao menos reduzem – os conflitos internos, assim como os mecanismos capazes de responder a ameaças externas.[182] É importante notar que os Estados mantêm o monopólio do exercício da força legítima em seus territórios. Esse monopólio é a razão original da existência do Estado e consiste em uma espécie de "núcleo duro" de suas atribuições. Exatamente por esse motivo eles não abrem mão de sua capacidade militar, nem nos casos mais avançados de integração regional. Enquanto os demais poderes, de caráter mais periférico, são compartilhados no âmbito internacional, o monopólio do exercício da força é possivelmente a característica do Estado menos afetada pelas transformações recentes.

Desse modo, paz e segurança continuam sendo assuntos tratados essencialmente pelos Estados. Embora os atores privados da sociedade global aumentem sua importância a cada dia, seu poder é econômico. Conforme observado por Anthony Giddens, as transnacionais não são organizações militares – ainda que algumas delas o tenham sido durante o período colonial – o que faz que elas não sejam capazes de se estabelecer como entidades jurídicas e políticas capazes de governar determinada área territorial.[183] No que se refere às organizações internacionais, como acabamos de constatar, a ausência de uma força coletiva que supere o poderio individual dos Estados faz estes serem os verdadeiros responsáveis pela manutenção da paz mundial.

No que se refere à promoção da justiça – essencial para a consecução da paz – vemos que os Estados têm fornecido historicamente "as estruturas de autoridade necessárias para lidar com as reivindicações incessantes de grupos sociais e de prover a justiça pública essencial para a ordem social".[184] Com isso, garantem a segurança de sua população e a justiça como um todo.

---

[181] Ver SASSEN, Saskia. On the Internet and Sovereignty. *Indiana Journal of Global Legal Studies*, Bloomington, p. 545-559, Spring 1998. p. 555.

[182] REUS-SMIT, Christian. Changing Patterns of Governance..., op. cit.; 1998. p. 5.

[183] GIDDENS, Anthony. *The Consequences of Modernity*. Stanford: Stanford University Press, 1990. p. 71.

[184] SCHACHTER, Oscar. The Decline of the Nation-State..., op. cit.; 1997. p. 22.

E, no que se refere a fazer cumprir as leis, é importante lembrar que o Estado é o garantidor do respeito à lei em seu território – o que vale tanto para as normas que ele mesmo produz quanto para as emitidas pelas demais instituições da sociedade global.

Como bem observa Oscar Schachter, embora os atores transnacionais tenham importância crescente na governança global, eles são parciais, servindo a certos interesses, a determinados grupos. Eles não podem garantir o que o Estado promete assegurar – "uma arena na qual todos em um território definido têm acesso a instituições comuns e à igual proteção da lei". Na realidade, portanto, é mais provável que os mais fracos e vulneráveis recebam proteção e benefícios por meio do Estado do que por meio dos mercados ou de organizações não-governamentais que não possuem autoridade efetiva.[185]

Além disso, o Estado ainda tem um papel essencial na busca do bem-estar de sua população – hoje, alguns Estados desenvolvidos são os responsáveis por que seus povos usufruam de um padrão de vida que é o mais alto da história humana.[186] No que se refere à justiça social, os Estados são as únicas instituições capazes de utilizar os tributos a fim de redistribuir renda,[187] e são os principais responsáveis pela implementação de políticas sociais de saúde, emprego e educação. São eles que asseguram a existência de uma rede de proteção para os menos favorecidos, função na qual a sociedade não pode depender dos mercados.[188] As instituições internacionais, por sua vez, controlam uma fração muito pequena dos recursos públicos e dependem da aceitação dos principais Estados para utilizar efetivamente os meios que possuem.[189]

Finalmente – e é provável que esse seja o maior motivo pelo qual os Estados permanecem sendo instituições essenciais da sociedade global – a idéia de que uma sociedade possa agir de modo democrático sobre ela mesma só foi posta em prática de maneira convincente até hoje no âmbito nacional. As novas formas de cooperação internacional não dispõem, como argumenta Habermas, de uma legitimidade que satisfaça, nem que seja de forma aproximada, às exigências dos procedimentos institucionalizados existentes nos Estados.[190] A legitimidade democrática seria ainda um "monopólio dos Estados democráticos

---

[185] SCHACHTER, Oscar. The Decline of the nation-state..., op.cit.; 1997. p. 23.

[186] Os cidadãos de alguns países da OCDE vivem em média mais, com mais saúde, de forma mais confortável e mais enriquecida do que qualquer outro grande grupo populacional na História. JACKSON, Robert H. *The Global Covenant...*, op. cit.; 2000. p. 382.

[187] SENARCLENS, Pierre de. *Mondialisation...*, op. cit.; 1998. p. 87.

[188] STIGLITZ, Joseph E. *Globalization and its Discontents...*, op. cit.; 2002. p. 218.

[189] Além disso, como lembra Falk, as pessoas ainda dependem principalmente dos governos domésticos para obter proteção contra todas as formas de violência política, epidemias e desastres ambientais. FALK, Richard A. The Pathways of Global Constitutionalism..., op. cit.; 1993. p. 23.

[190] HABERMAS, Jürgen. La constellation postnationale..., op. cit.; 2000. p. 47, 63.

constitucionalmente construídos".[191] Com isso, os Estados passam a ter, no novo quadro institucional da sociedade global, a função de conferir legitimidade aos mecanismos de administração que estão acima e abaixo deles.[192] Sem eles, algumas das novas instituições de governança global não teriam um poder legítimo, o que comprometeria sua efetividade.

Seria possível, por isso, concluir que os Estados representam, "em razão de sua aptidão em tratar dos problemas de maneira democrática, coerente e global, uma forma insubstituível de organização do poder".[193] Eles são responsáveis por um território e por uma população e é a eles que cabe fazer valer, nas negociações que criam as normas internacionais, os interesses da coletividade que representam.[194] Não se encontrou substituto na sociedade global para o Estado democrático, da mesma forma que não o há até o momento para o Estado social. Enquanto o mundo não se transformar em uma improvável "democracia global", os Estados continuarão sendo a única forma de garantir que o clamor de cada um dos povos do mundo se fará ouvir.

Dessa forma, o outro papel essencial que esses possuem é o de garantir a pluralidade e a diversidade na governança global. Kant já argumentava que a existência de vários Estados independentes, ainda que porte em si os germes da guerra, seria preferível à fusão de todos pelas mãos de uma potência que invadisse todas as outras e se transformasse em uma monarquia universal[195]. A globalização – que também pode vir a ter o efeito de afetar a pluralidade – só aumenta a responsabilidade dos Estados que "não podem deixar de salvaguardar o que é próprio e peculiar a cada nação".[196] A pluralidade é uma característica da própria condição humana – os seres humanos seriam, por sua própria natureza, diferentes,[197] e o sistema de governança global precisa res-

---

[191] BARFIELD, Claude E. Free Trade, Sovereignty, Democracy..., op. cit.; 2001. p. 410.

[192] Desse modo, mesmo em um mundo marcado economicamente pela existência de blocos e acordos mundiais, os Estados manteriam sua importância como representantes do povo de um determinado território e como detentores de poderes legitimamente constituídos. HIRST, Paul; THOMPSON, Grahame. *Globalization in Question*..., op. cit.; 1996. p. 171, 191.

[193] MORAND, Charles-Albert. La souveraineté, un concept dépassé à l'heure de la mondialisation..., op. cit.; 2001. p. 164.

[194] MOREAU-DEFARGES, Philippe. Gouverner au temps de la mondialisation. *Défense Nationale*, Paris, p. 32, Avril, 1998.

[195] Ver KOHEN, Marcelo G. Internationalisme et mondialisation. In: MORAND, Charles-Albert (org.). *Le droit saisi par la mondialisation*. Bruxelles: Bruylant, 2001. p. 121.

[196] Para Miguel Reale, "os Estados constituem entidades histórico-culturais dotadas de identidade própria, insuscetíveis de aniquilamento, como pensam os anarquizantes e precipitados cidadãos do mundo". REALE, Miguel. Ainda o social-liberalismo. *O Estado de S. Paulo*, São Paulo, p. A2, 15 nov. 1997.

[197] Todos os seres humanos dividiriam uma natureza comum: a de que ninguém jamais seria igual a qualquer outra pessoa que já tivesse vivido, vivesse ou viesse a viver. Ver JACKSON, Robert H. *The Global Covenant*..., op. cit.; 2000. p. 407.

peitar essa característica se quiser assegurar a sua validade. Para isso, ele ainda necessita dos Estados.

Assim, um dos resultados da necessidade de se preservar a pluralidade é que o Estado-Nação mantém ainda a sua importância. Atualmente, convivem no mundo dois sistemas contraditórios, "o primeiro que vai na direção da globalização, impulsionado por *forças centrípetas*, e o segundo, que favorece a fragmentação, movido por *forças centrífugas*".[198] Porém, enquanto o "globalismo" "ainda está por gerar entusiasmo, seja nas elites, seja nas massas", o nacionalismo "continua a ser a mais potente força de mobilização no mundo".[199] Isso faz que a nossa imagem do mundo ainda seja a dos mapas que dividem a Terra em Estados soberanos, com suas bandeiras e hinos, símbolos fundamentais que os diferenciam no âmbito mundial.[200]

Ser reconhecido como Estado ainda equivale a "uma poderosa definição do que significa ser livre e estar no controle do seu próprio destino – mesmo se tal controle é em alguns ou mesmo em muitos casos, severamente reduzido por fatores internacionais ou transnacionais que também são um traço distintivo do mundo contemporâneo".[201] É o reconhecimento de uma entidade política como Estado que permite que esta consolide suas fronteiras, que assegura sua soberania internacional.[202] E essa soberania muitas vezes representa a úni-

---

[198] Para Lafer, as forças de fragmentação se manifestam em fenômenos como a secessão de Estados, os conflitos étnicos, os fundamentalismos religiosos etc. LAFER, Celso; FONSECA JÚNIOR, Gelson. Questões para a Diplomacia no Contexto Internacional das Polaridades Indefinidas. In: FONSECA JÚNIOR, Gelson; CASTRO, Sérgio Henrique Nabuco de (org.). *Temas de política externa brasileira II*. São Paulo: Paz e Terra, 1994. v. 1, p. 55; ver também LAFER, Celso. *Comércio, desarmamento, direitos humanos...*, op. cit.; 1999. p. 165.

[199] FALK, Richard A. The Pathways of Global Constitutionalism..., op. cit.; 1993. p. 23.

[200] Segundo Falk: "A persistência da vitalidade da soberania como ideal normativo reflete o poder do nacionalismo como base decisiva da comunidade política. Esse poder se expressa por meio do fervor patriótico, que se estende da vitória nos esportes organizados como competições entre os países até a participação na guerra para a defesa da terra natal". FALK, Richard A. *On Humane Governance*: Towards a New Global Politics. Philadelphia: The Pennsylvania University Press, 1995. p. 80, 89.

[201] O que leva Robert Jackson e Alan James a concluir que a sociedade internacional formada por Estados independentes "continua a ser um traço marcante da organização política global, que não dá nenhum sinal de desaparecer ou mesmo declinar em um futuro previsto". JACKSON, Robert H.; JAMES, Alan. The Character of Independent Statehood. In: JACKSON, Robert H.; JAMES, Alan (ed.). *States in a Changing World*: A Contemporary Analysis. Oxford: Clarendon Press, 1993. p. 11.

[202] A vontade de determinados grupos de assegurar essa soberania internacional leva a um fenômeno curioso, observado por Eric Hobsbawm: "As próprias unidades básicas da política, os 'Estados-Nação' territoriais, soberanos e independentes, inclusive os mais antigos e estáveis, viram-se esfacelados pelas forças de uma economia supranacional ou transnacional e pelas forças infranacionais de regiões e grupos étnicos secessionistas, alguns dos quais – tal é a ironia da história – exigiram para si o status anacrônico e irreal de 'Estados-Nação' em miniatura. O futuro da política era obscuro, mas sua crise, no final do Breve Século, patente". HOBSBAWM, Eric. *A era dos extremos...*, op. cit.; 1997. p. 20.

ca forma de um grupo livrar-se da opressão e poder expressar sua própria cultura.[203] Ela confere o direito de se autogovernar, o que levou diversos povos ao longo da História a lutar por obtê-la[204] – como ocorreu, por exemplo, no período de descolonização.[205]

A situação é, no entanto, paradoxal – enquanto os governos dos Estados estabelecidos sofrem progressiva perda de autoridade real, a fila das sociedades que querem possuir seu próprio Estado segue aumentando.[206] Novos Estados continuam a surgir – o que se comprovou após a desintegração da União Soviética e da Iugoslávia.[207] Os processos de fragmentação desencadeados nesses dois casos foram causados por sentimentos nacionalistas dos quais o mundo acreditava estar livre, mostrando que a "História, antes de parecer haver chegado ao fim, estaria dando, dessa forma, indicações claras não só de continuar, mas até de poder voltar atrás".[208]

Reforça-se com isso a impressão de que o Estado permanece "a entidade básica das relações internacionais, e o meio pelo qual os povos encontram uma

---

[203] JAMES, Alan. *Sovereign Statehood*: the Basis of International Society. London: Allen & Unwin Publishers, 1986. p. 278.

[204] Nesse sentido, o sistema da soberania estatal ainda consistiria na melhor maneira de se garantir a liberdade necessária para proteger a diversidade de culturas e sociedades no mundo. Esse sistema deixaria as pessoas livres para determinar seu próprio destino, de acordo com suas crenças e seus valores. Ver JACKSON, Robert H. *Quasi-States*..., op. cit.; 1990. p. 200.

[205] A soberania representaria portanto uma garantia de sobrevivência para os Estados mais fracos, já que, como observa Robert Jackson: "A sobrevivência dos Estados é vista hoje em dia mais como uma questão de direito do que de poder". JACKSON, Robert H. Continuity and Change in the States System. In: JACKSON, Robert H.; JAMES, Alan (ed.). *States in a Changing World*: A Contemporary Analysis. Oxford: Clarendon Press, 1993. p. 358.

[206] Essa fila inclui até mesmo povos vivendo em Estados democráticos, que lhes concedem certa autonomia, como os bascos e os córsicos. STRANGE, Susan. *The Retreat of the State*..., op. cit.; 1996. p. 5.

[207] Analisando esses casos, é possível concluir que a globalização e a fragmentação não são processos excludentes. Ao contrário, o recente fortalecimento dos sentimentos nacionalistas, causa da fragmentação, decorreria em parte da aceleração da globalização. Isso porque, como explica Octavio Ianni, "à medida que essa debilita o Estado-Nação, reduz os espaços da soberania nacional, transforma a sociedade nacional em província da sociedade global, nessa medida reflorescem identidades pretéritas e presentes, novas e anacrônicas". O enfraquecimento do Estado estaria na raiz da desagregação de alguns povos. Quando o Estado é totalitário, como ocorria na União Soviética, a ligação entre os diferentes povos não se dá pelo consenso, mas sim, pela força. Se o Estado perde sua força, a união se desmancha. Uma vez que o enfraquecimento do poder estatal é uma das conseqüências mais marcantes da globalização, é possível afirmar ser essa última uma das causas da fragmentação. IANNI, Octavio. Globalização: novo paradigma das ciências sociais. *Estudos Avançados*, São Paulo, v. 8 n. 21, p. 159, 1994.

[208] BATISTA, Paulo Nogueira. Nova ordem ou desordem. *Política Externa*, São Paulo, v. 1, n. 1, p. 36, jun. 1992.

unidade e uma voz na comunidade mundial".[209] A proliferação de novos Estados consiste em uma amostra de que, se estes têm dificuldades, eles ainda não estão "fora de moda". Como defende Inis Claude Jr., o Estado é uma instituição "valiosa e indispensável", não havendo substituto à vista, o que faz que, em um futuro próximo, os homens devam viver em "um mundo de Estados".[210]

Contudo, o fato de que os Estados possuam funções essenciais que hoje não são assumidas de maneira suficientemente efetiva pelas demais instituições de governança global não implica que eles existirão para sempre.[211] A importância do Estado está no cumprimento de suas funções e em suas características de legitimidade e de respeito à pluralidade. Caso a sociedade global consiga imaginar instituições que cumpram essas funções de maneira mais eficiente e respeitem essas mesmas características, seria possível imaginar um mundo sem Estados. O Estado – como qualquer outra instituição humana – foi criado para atender a algumas necessidades específicas. Ele surgiu em um momento particular a fim de garantir a segurança, atingir certos objetivos e, em troca, os cidadãos lhe dedicaram sua lealdade. Quando o Estado deixar de atender às necessidades dos cidadãos, estes deixarão de lhe ser leais e ele desaparecerá, como aconteceu com os feudos, impérios e cidades-estado que o precederam.[212]

O próprio Hans Morgenthau – um dos papas do realismo nas relações internacionais – admitia que o Estado, como forma de organização da sociedade, poderia deixar de existir um dia. Para ele, mesmo que os realistas acreditem que a ação política será sempre motivada pelo interesse, o vínculo atual entre interesse e Estado-Nação é produto da História, podendo assim desaparecer no futuro. Assim, segundo ele: "Nada na posição realista milita contra a

---
[209] Em 1992, por exemplo, ingressaram na ONU: Armênia, Azerbaijão, Bósnia-Herzegóvina, Croácia, Geórgia, Cazaquistão, Quirguistão, Moldova, San Marino, Eslovênia, Tadjiquistão, Turcomenistão e Uzbequistão. BOUTROS-GHALI, Boutros. Empowering the United Nations. In: DIEHL, Paul F. (ed.). *The Politics of Global Governance*: International Organizations in an Interdependent World. Boulder, Colo.: Lynne Rienner Publishers, 1997. p. 370.

[210] Por isso, segundo esse autor, é melhor se concentrar em aprender a entender e a administrar os problemas do sistema de Estados do que "sonhar em aboli-lo". CLAUDE, Inis L. *States and the Global System*: Politics, Law and Organization. New York: St. Martin's Press, 1988. p. 26.

[211] Para Gérard Soulier, o Estado nem sempre existiu e não existirá eternamente. Além disso, o Estado não deixou de evoluir após seu surgimento na Idade Média, transformando-se profundamente desde essa época, o que faz que o tempo há que Estado-Nação existe com as características que possui hoje seja "historicamente irrisório". SOULIER, Gérard. Le déperissement de l'État dans la mondialisation: le cas européen. In: CHEMILLIER-GENDREAU, Monique; MOULIER-BOUTANG, Yann. *Le droit dans la mondialisation*: une perspective critique. Paris: Presses Universitaires de France, 2001. p. 189.

[212] É importante, no entanto, ressaltar que a desaparição dos Estados seria provavelmente compensada pelo surgimento de uma nova fonte de autoridade – mesmo que o Estado possa nem sempre ter existido, as relações de autoridade e subordinação são uma constante na história humana. GILPIN, Robert. *Global Political Economy*: Understanding the International Economic Order. Princeton: Princeton University Press, 2001. p. 22.

assunção de que a atual divisão do mundo político em Estados-Nação será substituída por unidades maiores com um caráter um tanto quanto diferente, mais adequadas às potencialidades técnicas e às exigências morais do mundo contemporâneo".[213]

É verdade que os Estados haverem resistido por mais de quatrocentos anos[214] mostra que eles constituem instrumentos flexíveis de governança, capazes de responder a diferentes conjunturas.[215] Cada período histórico introduz inovações e determina a criação de novas regras que afetam mais ou menos profundamente o Estado, e este, de maneira geral, "se transforma gradativamente, adaptando-se às novas circunstâncias".[216] Essa característica do Estado poderia fazer que ele não viesse a perder tão cedo sua proeminência, apesar da emergência de novos atores e da desterritorialização das relações econômicas e financeiras. No entanto, como se teve a oportunidade de examinar ao longo deste livro, diversas transformações levam os Estados a perder poder, reduzindo seu papel na sociedade. Embora o Estado ainda seja o principal garantidor de suas funções, algumas delas passam a ser exercidas por outros atores da sociedade global.

Mudanças como o fortalecimento das organizações internacionais permitem sustentar que, se, sob uma perspectiva jurídica, até recentemente uma fotografia "estado-cêntrica" do mundo parecia acurada, tal imagem torna-se hoje menos nítida.[217] Ainda que a natureza fundamental do modelo segundo o qual o mundo se organiza possa não ter mudado completamente – os componentes nacional e interestatal ainda têm um peso fundamental na sociedade global – o sistema internacional está sofrendo modificações que podem indicar que em um futuro não muito distante ele será alterado.[218] O Estado-Nação, como produto de um processo histórico, é suscetível de ser substituído por outras formas de organização política. As organizações internacionais podem vir a dar sua contribuição para o surgimento de uma nova forma de organização da sociedade.[219]

---

[213] MORGENTHAU, Hans J. *Politics Among Nations*..., op. cit.; 1993. p. 12.

[214] Embora, como lembra Reus-Smit, o sistema de Estados territoriais só tenha sido espalhado por todo o mundo na segunda metade do século XX, depois que a descolonização desmantelou os impérios europeus, produzindo grande quantidade de Estados independentes na Ásia e na África. REUS-SMIT, Christian. Changing Patterns of Governance..., op. cit.; 1998. p. 7.

[215] Ver KRASNER, Stephen D. Economic Interdependence and Independent Statehood. In: JACKSON, Robert H; JAMES, Alan (ed.). *States in a Changing World*: A Contemporary Analysis. Oxford: Clarendon Press, 1993. p. 321.

[216] DALLARI, Dalmo de Abreu. *O futuro do Estado*. São Paulo: Saraiva, 2001. p. 177.

[217] FALK, Richard A. Re-framing the legal agenda of world order in the course of a turbulent century. In: LIKOSKY, Michael (ed.). *Transnational Legal Processes*. London: Butterworths, 2002. p. 368-369.

[218] AREND, Anthony Clark. *Legal Rules and International Society*..., op. cit.; 1999. p. 165.

[219] Ver MELLO, Celso D. de Albuquerque. *Curso de direito internacional público*. 10. ed. Rio de Janeiro: Renovar, 1994. p. 313, 308.

Podemos concluir que já há algum tempo o Estado deixou de ser a única instituição que importa na configuração mundial de forças. Na sociedade global, os Estados dividem parte de seu poder com outras entidades transnacionais e supranacionais. Essa redistribuição do poder estatal pode significar uma oportunidade, mas também pode representar um risco. É necessário que a sociedade global e suas instituições sejam capazes de assumir com eficiência as funções estatais nas áreas em que os Estados abrem mão, limitam ou vêem limitado o seu poder, e é importante que o requisito da legitimidade democrática seja por elas preenchido.

Não há nada de sacrossanto na idéia de soberania,[220] e, da mesma forma, o Estado não é a única resposta possível para os problemas e as necessidades da humanidade. O fato de os Estados estarem perdendo eficiência no exercício de suas funções – e, como foi visto, um dos efeitos da globalização e da revolução tecnológica é a perda de efetividade do poder estatal – faz que a criação de novas instituições para a sociedade global possa representar a melhor saída para esses problemas e necessidades. A intensificação da cooperação internacional e a proliferação dos movimentos de integração regional parecem indicar que esse é o caminho escolhido.

12.3 Indivíduo e comunidade internacional na sociedade global – rumo a uma humanidade sem fronteiras?

O modelo do Estado soberano não consegue mais explicar com precisão a forma pela qual o mundo se organiza, sendo preferível adotar um novo paradigma que leve em consideração as transformações sofridas pela soberania estatal – o modelo da sociedade global.

Porém, duas últimas questões se apresentam, e essas se referem à origem da sociedade global e à direção que ela poderia seguir. O objetivo aqui não é o de prever o futuro – como bem lembrou uma vez René-Jean Dupuy, a futurologia não é o terreno de predileção do jurista, levado, por sua formação, a reconstituir de bom grado o passado, com base na análise de regras autenticadas por um texto ou consagradas por um longo uso.[221] Além disso, conforme também já se observou, o problema de todas as ciências sociais é que os eventos por elas analisados caracterizam-se por uma grande diversidade de causas – é impossível antecipar o comportamento dos indivíduos e, por conseguinte, a evolução da História. Assim, os indivíduos são "os autores de uma história cujo curso é incerto".[222]

---

[220] JAMES, Alan. *Sovereign Statehood*..., op. cit.; 1986. p. 278.
[221] DUPUY, René-Jean. L'avenir du droit international dans un monde multiculturel. In: DUPUY, René-Jean. *Dialectiques du droit international*. Paris: A. Pedone, 1999. p. 243.
[222] SENARCLENS, Pierre de. *Mondialisation*..., op. cit.; 1998. p. 30.

É possível, no entanto, por meio da análise das transformações aqui estudadas – e, sobretudo, das mudanças ocorridas no direito e nas instituições –, encontrar sinais que indiquem para qual rumo, levada adiante a diminuição do poder estatal, a sociedade global deverá dirigir-se.

Atualmente, dois dos fenômenos mais importantes do direito internacional são a ascensão dos indivíduos como sujeitos e o fortalecimento da comunidade internacional. Caberia então analisar, de início, qual o papel dos indivíduos no processo de diluição do poder estatal e no surgimento da sociedade global, para, em seguida, entender no que consiste a comunidade internacional, como esta se relaciona com o paradigma da sociedade global e como ela pode representar na verdade a semente de outro modelo de organização da sociedade, baseado na idéia de uma humanidade sem fronteiras.

Poder estatal e indivíduo

A participação estatal é essencial para a celebração do novo contrato social. Mas qual seria o sentido de os Estados celebrarem um pacto que dilui seus próprios poderes? A resposta para essa questão é simples. O poder estatal seria na verdade derivado. Na origem da soberania, estariam os indivíduos.

Não poderia ser diferente. Como observa Georges Scelle, não haveria sociedade que não fosse composta de indivíduos,[223] sendo eles, e somente eles, que constituiriam a realidade de toda sociedade.[224] Os indivíduos formam uma sociedade universal e, ao mesmo tempo, fazem parte de diversas outras sociedades políticas, como a estatal,[225] o que faz que uma sociedade internacional[226] – assim como uma sociedade estatal – seja uma sociedade de indivíduos.[227]

Dessa maneira, todas as formas de organização social – inclusive os Estados – têm caráter abstrato. O indivíduo é a única realidade palpável e o único titular possível daquele conjunto de poderes que costumamos chamar de so-

---

[223] SCELLE, Georges. Règles générales du droit de paix. *RCADI*, v. IV, t. 46, p. 342, 1933.

[224] Ver BERLIA, Georges. *Les principaux thèmes de la doctrine de Georges Scelle*. Paris: Cours des Hautes Etudes Internationales, 1961-1962. p. 6.

[225] SCELLE, Georges. *Précis de droit de gens*: principes et systématique. Paris: Libraire du Recueil Surey, 1932. p. VII.

[226] A verdadeira natureza da sociedade internacional, para Scelle, seria que essa não resultaria da coexistência e da justaposição dos Estados, mas, pelo contrário, da interpenetração dos povos pelo comércio internacional. Para esse autor: "Seria bem curioso que o fenômeno da sociabilidade, que está na base da sociedade estatal, parasse nas fronteiras do Estado". SCELLE, Georges. *Manuel de droit international public*. Paris: Domat-Montchrestien, 1948. p. 18-19.

[227] Os Estados são por isso definidos por esse autor como "as circunscrições nacionais da sociedade internacional global", da mesma forma que os estados membros de uma federação seriam divisões territoriais das sociedades estatais. SCELLE, Georges. Règles générales du droit de paix..., op. cit.; 1933. p. 343.

berania. É ele quem abre mão de sua liberdade natural para formar o Estado. É ele a realidade anterior ao contrato social, que cria o Estado. Essa realidade pode ser comprovada, na opinião de Paul Reuter, por uma constatação bastante simples: "Quando opomos Estado e particulares, um dos vocábulos parece mais ou menos constante no tempo histórico de nossa civilização: são os indivíduos, os seres humanos. Mas não deveríamos dizer o mesmo do Estado. O Estado é inteiramente uma criação da vida social".[228]

Todos os contratualistas viam o indivíduo como a unidade fundamental de onde derivaria todo o poder, e mesmo Hobbes não deixaria de ressaltar que o Leviatã por ele imaginado teria no homem sua matéria e seu artífice.[229] Rousseau, por sua vez, afirmava não ser o Estado mais que uma pessoa moral, cuja vida consistiria na união de seus membros.[230] Essa idéia foi reforçada pela Revolução Francesa, que consolidou a visão de que, na relação entre governados e governantes, são os primeiros os titulares do poder soberano.[231] E, como se teve a oportunidade de analisar, foi com base nessa visão que o Estado tal qual o conhecemos hoje assentou suas fundações.

Os Estados existem em virtude da vontade dos indivíduos, sendo os indivíduos a fonte última de autoridade.[232] Apesar disso, como observa Jessup, o sistema internacional estatal tem raízes tão profundas que estamos acostumados a raciocinar que o Estado é a autoridade final e o único ator.[233] A explicação para isso estaria na própria maneira pela qual a humanidade organizou-se nos últimos séculos. A ausência de um governo mundial leva as funções com relevância internacional a ser exercidas principalmente pelas autoridades estatais.[234]

Embora os indivíduos sejam a fonte última de autoridade, apenas por meio da vontade dos Estados, expressa por tratados ou por uma autoridade

---

[228] REUTER, Paul. Quelques remarques sur la situation juridique des particuliers en droit international public. In: ÉTUDES en l'honneur de Georges Scelle: La technique et les principes du droit international public. Paris: Librairie Générale de Droit et de Jurisprudence, 1950. t. 1, p. 538.

[229] HOBBES, Thomas. *Leviatã*. São Paulo: Nova Cultural, 1997. p. 27.

[230] ROUSSEAU, Jean-Jacques. *Do contrato social*. São Paulo: Nova Cultural, 1997. p. 95.

[231] BOBBIO, Norberto. *L'État et la démocratie internationale...*, op. cit.; 2001. p. 133.

[232] Como argumentava Westlake, as obrigações e direitos dos Estados nada mais são do que as obrigações e direitos dos indivíduos que os compõem. Os Estados não formariam um "todo orgânico" nem deveriam ser considerados "uniões místicas". Ver POGGE, Thomas W. Cosmopolitanism and Sovereignty. In: BROWN, Chris (ed.). *Political Restructuring in Europe*: Ethical Perspectives. London: Routledge, 1994. p. 116.

[233] JESSUP, Philip C. *A Modern Law of Nations...*, op. cit.; 1947. p. 18.

[234] Essas autoridades teriam assim um duplo papel. Seriam agentes nacionais ao funcionar dentro das fronteiras estatais, e internacionais ao agir na ordem jurídica internacional, fenômeno que Scelle denominou de "dédoublement fonctionnel". SCELLE, Georges. Règles générales du droit de paix..., op. cit.; 1933. p. 358.

internacional por estes criada, é que o direito pode tornar-se aplicável aos indivíduos. Assim, para Jessup, a realidade da qual não poderíamos escapar é a de que mudanças fundamentais na forma pela qual o mundo se organiza só poderiam ocorrer por meio da ação estatal.[235]

Como foi visto, mudanças fundamentais ocorreram e os Estados nelas tiveram um papel essencial. O novo contrato social não existiria sem a ação dos Estados – estes não são apenas vítimas inocentes da globalização, mas têm uma participação ativa neste processo, e as organizações internacionais, por sua vez, só são formadas pela vontade dos Estados. Assim, mais do que a existência de forças terríveis ou ocultas que estejam minando o papel dos Estados, constata-se uma decisão política destes em compartilhar parte de seu poder ou em subordinar seu poder a outras autoridades por eles criadas. E essa decisão só se explica caso, em sua origem, esteja a vontade dos indivíduos.

A transformação da sociedade internacional em sociedade global é conseqüência natural do próprio contratualismo liberal em que a primeira se baseia. Ela se relaciona com a evolução do direito internacional, que tem efeitos sobre o modelo do Estado soberano.

O modelo clássico do direito internacional pode ser visto como "uma réplica da teoria liberal do Estado".[236] O contratualismo liberal, ao pregar o governo dos indivíduos por eles mesmos, possui um caráter anárquico. Porém, o contratualismo também vê o Estado como um mal necessário, que tem por objetivo evitar maiores conflitos.[237] Da mesma forma, o direito internacional funda-se na independência dos Estados – dando origem a uma sociedade internacional anárquica –, mas cria instituições que acabam por limitar a independência estatal. É a passagem, prevista por René-Jean Dupuy, de uma "sociedade relacional", desprovida de autoridades reguladoras, para uma "sociedade institucional", na qual progressivamente os Estados passariam a se subordinar a autoridade desse tipo.[238]

É interessante observar que o Estado liberal, ao construir suas bases sobre o individualismo político, já carregava em si as forças que viriam a minar no futuro o seu próprio poder. Isso porque, ao se vincular a legitimidade do Estado à preservação dos direitos individuais, se abriria "espaço para a crítica transnacional das práticas internas dos Estados e para o desenvolvimento de instituições e mecanismos internacionais destinados a monitorar, se não policiar, tais práticas". É um fenômeno parecido com o que notamos estar relacio-

---

[235] Segundo Jessup, só quando viesse a existir alguma espécie de parlamento mundial, representando a humanidade como um todo, com poderes legislativos, seria possível afirmar que o direito internacional derivaria sua autoridade de uma fonte diferente dos próprios Estados. JESSUP, Philip C. *A Modern Law of Nations*..., op. cit.; 1947. p. 17.

[236] KRASNER, Stephen D. *Sovereignty*: Organized Hypocrisy. Princeton: Princeton University Press, 1999. p. 14.

[237] ÖZER, Atila. *L'État*. Paris: Flammarion, 1998. p. 22.

[238] Ver DUPUY, René-Jean. *Le droit international*. Paris: PUF, 1963. p. 19.

nado ao capitalismo. Este é essencial durante a formação do Estado, mas, por ser inerentemente transnacional, não pode ser contido dentro das fronteiras estatais e acaba por contribuir para o processo de redução da soberania. Da mesma forma, sem a consolidação da idéia do individualismo político, o Estado liberal não teria surgido. No entanto, essa mesma idéia carrega os elementos transnacionais que, com o passar do tempo, podem alimentar a "progressiva delegação de poder e autoridade dos Estados soberanos para instituições e organizações transnacionais não territoriais".[239]

Logo, o individualismo político prevê que a soberania entendida como "poder constituinte" pertence aos indivíduos. O poder estatal é um poder derivado que o Estado, como agente dos indivíduos que o formam, recebe a fim de cumprir suas funções.

No entanto, o raciocínio construído pelos contratualistas leva a que essas funções possam ser exercidas de diversas formas. O próprio Rousseau já reconhecia que, quando o povo constitui um governo, a forma que ele dá à administração é provisória, "até quando lhe aprouver ordenar outra".[240] Essa lógica abre a possibilidade de que os Estados não sejam o único agente possível escolhido pelos indivíduos – como observa David Post, a teoria liberal da soberania não leva inevitavelmente ao Estado liberal; em vez disso, pressupõe que os indivíduos têm o poder de constituir, à sua própria escolha, diferentes agentes para diferentes propósitos e circunstâncias.[241]

Isso explicaria como o poder estatal poderia ser transferido, repartido ou limitado. Os poderes do Estado seriam contingentes e, como tal, responderiam às mudanças nos objetivos da sociedade e na maneira pela qual esta pretende alcançá-los. Novas tecnologias alterariam, técnica e estruturalmente, os meios de alcançar esses objetivos, o que faria que muitas vezes fosse melhor que o poder concentrado no Estado fosse espalhado entre outras unidades abaixo ou acima dele.[242]

Concluímos, assim, que a diluição do poder estatal é um desenvolvimento natural da própria teoria liberal sobre a qual a sociedade internacional está constituída. E, a partir do momento em que o mundo passa a se organizar segundo um novo paradigma, é natural que outros níveis de poder surjam para alcançar os objetivos e resolver os problemas decorrentes dessa mudança. Uma sociedade global exige instituições globais.

Mas a história da concepção individualista da sociedade não termina aí.[243] O outro desenvolvimento natural da teoria liberal é a ascensão do indivíduo

---

[239] REUS-SMIT, Christian. Changing Patterns of Governance..., op. cit.; 1998. p. 19-20.

[240] ROUSSEAU, Jean-Jacques. *Do contrato social*..., op. cit.; 1997. p. 195.

[241] POST, David G. The Unsettled Paradox: the Internet, the State, and the Consent of the Governed. *Indiana Journal of Global Legal Studies*, Bloomington, p. 535, Spring 1998.

[242] TRACHTMAN, Joel P. Cyberspace, Sovereignty, Jurisdiction, and Modernism. *Indiana Journal of Global Legal Studies*, Bloomington, p. 564, Spring 1998.

[243] Ver BOBBIO, Norberto. *L'État et la démocratie internationale*..., op. cit.; 2001. p. 136.

como titular de direitos e obrigações no plano internacional. Assim como uma sociedade global não pode se basear apenas em instituições interestatais, os sujeitos dessa sociedade não podem ser apenas os Estados. E, realmente, os direitos humanos, antes defendidos exclusivamente no plano nacional, passaram a ser protegidos por instituições internacionais ou até mesmo supranacionais.

A evolução da sociedade internacional, além de levar ao surgimento de instituições não apenas internacionais mas também globais, produziu um novo sujeito do direito internacional – o indivíduo. Como observava Bourquin, ao debruçar-se mais sobre os problemas humanos e ao preocupar-se mais diretamente com os interesses individuais, seria normal que o direito internacional concedesse ao indivíduo um lugar mais considerável em seus mecanismos – sendo por isso possível presumir que a intervenção do indivíduo se tornaria mais freqüente e mais ativa.[244] De fato, o indivíduo ganhou importância não apenas isoladamente, como detentor de direitos fundamentais, mas também coletivamente. O direito internacional passou a proteger valores que seriam de todos os indivíduos. Qual seria então a forma adequada de se ver esse conjunto de indivíduos? A resposta está em outro fenômeno que ganha importância a cada dia, a valorização da chamada "comunidade internacional".

Indivíduo e comunidade internacional

A proliferação de normas e instituições internacionais permite concluir que vivemos em uma sociedade internacional.[245] Mas seria possível defender que a evolução das relações internacionais alcançou um estágio que possibilitaria afirmar que vivemos em uma comunidade internacional? Ao enfatizar a existência de regras coletivas em detrimento da de valores, procura-se em geral fugir à controvérsia que envolve o conceito de comunidade.[246]

A comunidade é uma forma de relacionamento humano baseada na comunhão de valores fundamentais, na "unidade na busca de um objetivo

---

[244] BOURQUIN, Maurice. L'humanisation du droit des gens. In: ÉTUDES en l'honneur de Georges Scelle: La technique et les principes du droit international public. Paris: Librairie Générale de Droit et de Jurisprudence, 1950. t. 1, p. 42.

[245] Fazendo-se uma analogia entre Estados e indivíduos, podemos dizer que os primeiros formam uma sociedade à medida que vivem de forma ordenada, respeitando determinadas regras. Para Hans Kelsen, a vida em conjunto dos indivíduos se caracteriza pelo fato de que seu comportamento mútuo é regulado. Logo, o fato de os seres humanos viverem em conjunto é um fenômeno natural que se transforma em fenômeno social a partir do momento em que passa a ser regulado, e a sociedade seria, assim, o fato de os indivíduos viverem em conjunto de forma ordenada. KELSEN, Hans. *What is Justice?*: Justice, Law and Politics in the Mirror of Science. Berkeley: University of California Press, 1960. p. 231.

[246] Ver JACKSON, William. Thinking About International Community..., op. cit.; 1994. p. 13.

comum".[247] O que a diferencia da sociedade[248] é exatamente essa ênfase nos valores comuns que fazem que seus membros acreditem formar um grupo coeso, e se vejam como um único "nós" em relação a quem não faz parte da comunidade.[249] Assim, enquanto a sociedade seria uma criação racional e deliberada, fruto da vontade de seus membros que constituem uma ordem jurídica, a comunidade seria um fenômeno espontâneo, resultante da identidade existente entre aqueles que a compõem.[250]

Como tivemos a oportunidade de constatar, um dos fenômenos mais marcantes da sociedade global é a condenação das ações unilaterais dos Estados. Essa condenação, que pode ser percebida em diversas áreas[251] – seria um dos indícios de que os Estados decidiram abrir mão de grande parte da liberdade que originalmente possuíam a fim de poderem alcançar os ganhos obtidos com a cooperação.[252] A "soberania perdida" teria por contrapartida, como argumenta Carreau, uma "cooperação reencontrada", em uma nova forma de organização do mundo que seria "coroada por um controle internacional que impõe restrições importantes aos Estados para assegurar a supremacia dos interesses da comunidade internacional".[253]

Jessup já acreditava que a análise do desenvolvimento da organização da comunidade internacional sugeriria que a "velha soberania do Estado individual" poderia ser substituída por "algum tipo de soberania conjunta, a supremacia da vontade comum".[254] Essa possibilidade hoje se reflete na valorização

---

[247] Nesse sentido, o exemplo mais importante de comunidade política seria o Estado-Nação. Para Jackson, ainda não existiria uma única *universitas* política. JACKSON, Robert H. *The Global Covenant...*, op. cit.; 2000. p. 336.

[248] Essa diferenciação, de caráter sociológico, foi estabelecida por Ferdinand Tönnies em seu livro *Comunidade e sociedade*, de 1887. Ver ROCHE, Jean-Jacques. *Théorie des Relations Internationales...*, op. cit.; 1997. p. 119.

[249] JACKSON, William. Thinking About International Community..., op. cit.; 1994. p. 8.

[250] DUPUY, René-Jean. Communauté Internationale..., op. cit.; 1999. p. 312.

[251] Para Wilfred Jenks, a substituição da ações unilaterais por ações coletivas no comércio, investimento e outras áreas mostra que a soberania econômica está sendo substituída pela solidariedade econômica. JENKS, C. Wilfred. *A New World of Law...*, op. cit.; 1969. p. 137.

[252] Para alguns autores estaríamos passando por um processo de "globalização da soberania", no qual os Estados teriam de tratar determinados assuntos "sob uma perspectiva global, e trabalhar no nível internacional para cumprir suas responsabilidades". Ver EFRAIM, Athena Debbie. *Sovereign (In)equality in International Organizations*. The Hague: Martinus Nijhoff, 2000. p. 55.

[253] CARREAU, Dominique. *Souveraineté et coopération monétaire internationale*. Paris: Cujas, 1970. p. 14.

[254] Para Jessup, uma vez que reconhecemos que a soberania é divisível, e não absoluta, várias restrições e renúncias à soberania passariam a ser consideradas normais e deixariam de ser estigmatizadas. A soberania, com sua velha conotação de liberdade irrestrita da vontade estatal, não é compatível com os princípios de interesse da comunidade e com o *status* do indivíduo como sujeito do direito internacional. JESSUP, Philip C. *A Modern Law of Nations...*, op. cit.; 1947. p. 13, 41.

da vontade coletiva dos Estados, afetando o próprio sentido da idéia de "internacional" – fato que consiste em um dos principais elementos da sociedade global.

Logo, a forma como o mundo evoluiu faria que a idéia de soberania estatal passasse a fazer pouco sentido – "*the world has outgrown sovereignty*", segundo Jenks. O conceito que fora necessário para transformar os feudos nos Estados modernos pode ser considerado um "veneno mortal" para a formação de uma comunidade que vá além dos Estados.[255] Como foi visto, soberania e legitimidade são conceitos inseparavelmente relacionados, e hoje a noção de que os Estados formam uma comunidade contribui para que "os mecanismos de legitimidade se desprendam dos interesses exclusivamente estatais".[256] A diluição da soberania seria acompanhada da idéia de que a legitimidade passaria a ser conferida por uma entidade diferente dos Estados: a comunidade internacional.[257]

Em seu sentido mais usual, a expressão "comunidade internacional"[258] é utilizada para designar o conjunto de Estados – caso em que poderia ser considerada "mais um jargão na moda do que uma noção específica".[259] Além desse sentido, como lembra Prosper Weil, verifica-se uma tendência a adotar essa expressão como sinônimo das instituições que organizariam tal comunidade ou, em outras palavras, como equivalendo à ONU ou ao seu Conselho de Segurança.[260] Há, contudo, um terceiro sentido que é mais exato, uma vez que se relaciona à questão dos valores, essencial à idéia de comunidade. A comunidade internacional, nessa terceira acepção, se confundiria com a própria idéia de humanidade, e a afirmação de valores comuns a todos os Estados –

---

[255] Ver JENKS, C. Wilfred. *A New World of Law*..., op. cit.; 1969. p. 133.

[256] FONSECA JUNIOR, Gelson. *A legitimidade e outras questões internacionais*. São Paulo: Paz e Terra, 1998. p. 237.

[257] A impressão de que só o conjunto de Estados teria legitimidade suficiente para tomar determinadas decisões foi reforçada pela reação internacional à Guerra do Iraque, exigindo que o assunto fosse tratado pelo Conselho de Segurança da ONU. Ainda que o governo de George W. Bush tenha ao final ignorado os apelos da comunidade internacional, mesmo dentro dos Estados Unidos a condenação ao unilateralismo parecia clara: 81% dos americanos apoiavam um ataque daquele país ao Iraque desde que este ocorresse "com o pleno respaldo das Nações Unidas". George, vá com calma, a paciência compensa. *O Estado de S. Paulo*, São Paulo, p. A14, 26 jan. 2003.

[258] Uma das primeiras vezes que a expressão "comunidade internacional" foi utilizada em um texto normativo de vocação geral foi no artigo 53 da Convenção de Viena sobre o direito dos tratados. Ver DUPUY, Pierre-Marie. *Droit international public*. 5ème ed. Paris: Dalloz, 2000. p. 374.

[259] Como observa Weil, essa expressão foi utilizada diversas vezes pela Assembléia Geral da ONU e pela CIJ, na maior parte delas querendo designar apenas todos os Estados ou a maioria deles. WEIL, Prosper. Le droit international en quête de son identité. *RCADI*, VI, t. 237, p. 307, 1992.

[260] Idem. p. 308.

como os direitos humanos – é o que permitiria defender a existência de uma verdadeira comunidade internacional.[261]

Mas os interesses dessa comunidade, como também pudemos perceber, não são exclusivamente internacionais – no sentido de interestatais. Por trás deles não estão apenas os Estados, mas também os atores transnacionais, sobretudo os que integram a sociedade civil transnacional. Em alguns casos – como no do *jus cogens* – esses valores estão acima da própria vontade dos Estados, o que faz que eles não mais se situem no plano internacional, mas sim no plano supranacional.

A explicação dessa evolução está na própria concepção liberal de soberania. É possível defender que o Estado nada mais é senão a entidade constituída pela comunidade nacional que lhe delegou poderes, sendo "imprescindível que os seus atos traduzam aspirações, valores e princípios eleitos pela comunidade nacional que o constituiu".[262] Se o conjunto de indivíduos está na origem do poder do Estado, os interesses e os valores defendidos pelos Estados devem refletir os interesses e os valores dos indivíduos. Caso pesemos os valores que cada indivíduo possui, é provável que cheguemos à conclusão de que acima de todos ele coloca sua liberdade. O indivíduo só aceita abrir mão de parte de sua liberdade em nome de sua própria segurança e, ao fazê-lo, permite que ideais como a justiça e a igualdade, que só podem realizar-se de forma coletiva, sejam alcançados. O conjunto de indivíduos é então o verdadeiro titular da soberania, que limita sua liberdade em favor de uma determinada forma de organização política – e, entre essas formas, o Estado liberal se destaca exatamente porque é aquela que mais preserva a liberdade original dos indivíduos.[263]

No entanto, em uma sociedade global, o Estado deixa de ser a única forma possível de organização política capaz de proteger a liberdade individual.

---

[261] Nesse sentido, Inis Claude Jr. observava que a organização internacional representaria algo mais do que um conjunto de governos nacionais: haveria uma comunidade internacional, ainda que rudimentar, que se responsabilizaria por tratar dos assuntos que recusam a permanecer confinados aos limites estatais, e a própria ONU muitas vezes agiria em nome da humanidade. CLAUDE, Inis L. *Swords into Plowshares*..., op. cit.; 1971. p. 447.

[262] MAGALHÃES, José Carlos de. O Controle pelo Estado da Atividade Internacional das Empresas Privadas. In: BAPTISTA, Luiz Olavo; HUCK, Hermes Marcelo; CASELLA, Paulo Borba (coord.). *Direito e comércio internacional*: tendências e perspectivas: Estudos em homenagem ao Prof. Irineu Strenger. São Paulo: LTr, 1994. p. 29.

[263] Conforme defende Bobbio, as idéias de democracia e de direitos humanos seriam indissociáveis – a proteção das liberdades individuais passa obrigatoriamente pela limitação do poder do Estado em favor do indivíduo. A melhor definição de democracia seria assim aquela segundo a qual nesse sistema todos os indivíduos participam da soberania. Como afirma esse autor: "Elimine a concepção individualista da sociedade, e você não conseguirá mais justificar a democracia como forma de governo". Todas as doutrinas reacionárias, tanto de direita quanto de esquerda, teriam passado pelo antiindividualismo. BOBBIO, Norberto. *L'État et la démocratie internationale*..., op. cit.; 2001. p. 135-136.

Hoje, assistimos ao fortalecimento de instituições supranacionais e de organizações não-governamentais de caráter transnacional capazes de fazê-lo direta ou indiretamente, muitas vezes de maneira mais eficiente do que os próprios Estados. No caso de algumas dessas instituições supranacionais – como a Corte Européia de Direitos Humanos – os direitos individuais podem ser assegurados ainda que isso signifique ir contra o próprio Estado do qual os indivíduos fazem parte.[264]

Esse desenvolvimento se justifica na medida em que ele aumenta a garantia para os indivíduos de que sua liberdade será respeitada. A mesma lógica que está na origem da limitação da liberdade dos indivíduos em favor dos Estados, a fim de garantir a sua segurança, está na origem da diluição do poder estatal. Ao limitarem sua própria liberdade em favor de determinadas organizações internacionais, os Estados estariam apenas refletindo os interesses dos indivíduos. É a vontade do conjunto de indivíduos que compõem a sociedade global, manifestada por meio dos Estados, seus representantes, que leva parte do poder estatal a ser transferida para organizações internacionais cujo objetivo é proteger os direitos individuais fundamentais.[265]

Portanto, a proteção dos direitos humanos não é um valor estatal – é um dos valores, provavelmente o maior deles, de vários dos grupos de indivíduos que habitam diversos Estados. Porém, à medida que a globalização e a revolução tecnológica avançam, as fronteiras estatais perdem significado. Cada vez mais, valores que antes poderiam restringir-se a um ou a outro desses grupos de indivíduos passam a ser os valores do conjunto de todos esses grupos – o que equivale a dizer que esse conjunto assemelha-se cada vez mais a uma comunidade. Esta, surgida pela vontade dos indivíduos, não é uma comunidade "internacional" propriamente dita. Os valores que lhe são característicos não se restringem ao plano internacional. Primeiro, porque eles são também defendidos e garantidos nos planos transnacional e supranacional. Em segundo lugar, até por uma questão lógica, porque uma comunidade que reunisse todos os povos da Terra não poderia ser internacional, no sentido de interestatal. Se ela permanecesse sendo internacional, muito provavelmente não seria ainda uma verdadeira "comunidade" – sendo o "internacional" exatamente o que mostraria que os povos que a formam ainda possuiriam diferenças consideráveis entre si que os fariam não se ver como um grupo único e coeso.

---

[264] Claro que os Estados continuam sendo imprescindíveis na proteção dos direitos humanos. As instâncias internacionais ou regionais que defendem esses direitos só existem porque os Estados em um determinado momento as criaram, e as "normas humanitárias nas relações internacionais são uma construção específica da *societas* dos Estados". JACKSON, Robert H. *The Global Covenant...*, op. cit.; 2000. p. 342.

[265] Se a fonte fundamental de autoridade política são os cidadãos, quando um Estado decide de forma soberana que quer participar de uma organização internacional, essa é uma decisão dos cidadãos em nome dos quais age o Estado. FALK, Richard A; STRAUSS, Andrew. On the Creation of a Global Peoples Assembly..., op. cit.; 2000. p. 209.

Assim, da mesma maneira pela qual se pode afirmar, pelas características das regras e das instituições existentes, que atualmente a realidade corresponde mais à de uma sociedade global do que à de uma sociedade exclusivamente internacional, é possível defender que, caso o planeta assista um dia à formação de uma comunidade "transfronteiras", esta seria não uma comunidade internacional, mas sim uma comunidade global. Atualmente, da mesma forma como a globalização jurídica e o fortalecimento das organizações internacionais estão levando à formação de uma sociedade global, seria possível cogitar que uma comunidade global – ainda embrionária – estaria surgindo. Como ocorre normalmente em relação às comunidades, a global não surgiria de uma ação deliberada de seus membros, mas seria o resultado espontâneo da globalização e da revolução tecnológica – que, aos poucos, iriam consolidando valores e criando uma identidade comum para todos os seres humanos.[266]

Se o indivíduo está na origem do novo contrato social e da diluição do poder estatal que resultam em uma nova soberania, é possível afirmar que o conjunto de indivíduos – que depende cada vez menos dos limites territoriais estatais – seria indiretamente responsável pela ascensão da sociedade global.[267] Ora, o conjunto de todos os indivíduos que habitam o planeta é o que se denomina humanidade – o indivíduo é a célula elementar desse conjunto.[268] Caso uma comunidade global viesse de fato a surgir, em seu último estágio ela não seria, muito provavelmente, uma comunidade de Estados. Ao contrário, corresponderia ao ideal kantiano de uma comunidade cosmopolita.[269] Exatamente por ser o resultado de fenômenos que transpõem os limites territoriais estatais, e por se basear em valores que podem vir a ser comuns ao conjunto de

---

[266] Roberto Ago, por exemplo, acredita que: "Apesar de todos os obstáculos, todas as divisões e todos os choques de interesse, o movimento do mundo rumo à unidade está progressivamente ganhando velocidade". AGO, Roberto. The State and International Organisation. In: JENKS, C. Wilfred et al. *International Law in a Changing World*. New York: Oceana Publications, 1963. p. 21.

[267] Scelle afirmava que o indivíduo era membro da vasta sociedade ecumênica a que chamamos humanidade, uma vez que não haveria indivíduo membro de um grupo humano que não pudesse, já naquela época, relacionar-se com qualquer indivíduo de qualquer um dos demais grupos. SCELLE, Georges. Règles générales du droit de paix..., op. cit.; 1933. p. 342.

[268] Ver DUPUY, Pierre-Marie. Humanité, communauté, et efficacité du droit. In: MÉLANGES René-Jean Dupuy: Humanité et Droit International. Paris: A. Pedone, 1991. p. 148.

[269] Kant defendia que o objetivo supremo da natureza seria alcançar um "Estado cosmopolita universal". A história da raça humana, vista como um todo, poderia ser considerada a realização de um plano oculto da natureza de criar uma constituição política perfeita, na qual toda a capacidade da humanidade poderia desenvolver-se em sua plenitude. Ver KANT, Immanuel. Idea of a Universal History on a Cosmo-political plan. *The Sociological Press*, Hanover, p. 12, 1927. Artigo original de 1784; reproduzido também em KANT, Imannuel. *Perpetual Peace and Other Essays*. Indianópolis, Ind.: Hackett, 1983. p. 38; ver também DURANT, Will. *A história da filosofia*. Rio de Janeiro: Nova Cultural, 1996. p. 270. Edição original de 1926.

todos os indivíduos da Terra, essa comunidade seria a consubstanciação da idéia de humanidade. Uma humanidade sem fronteiras.

Comunidade global e humanidade

Portanto, os valores da chamada "comunidade internacional" são na verdade os valores da humanidade.[270] Primeiro, porque alguns deles, como os direitos humanos, teriam-se tornado "um 'tema global' à maneira kantiana"[271] – esses valores seriam hoje comuns ao conjunto de indivíduos que habitam o planeta. Porém – e mais ainda do que nesse sentido anterior – esses seriam valores da humanidade por representarem o reconhecimento do homem como valor supremo[272] – o reconhecimento do ser humano como fim e não como meio.[273]

A aparição da noção de humanidade representaria a consciência, "ainda balbuciante, mas cada dia mais nítida na mentalidade dos governantes", de que a interdependência os teria levado "às portas de uma nova época".[274] Como ensina Carrillo-Salcedo, o conceito de humanidade, "mito profético, portador de esperança e fator de progresso", já teria deixado o campo do discurso ético, começando a encontrar seu lugar no mundo do direito.[275] Essa realidade se refletiria em especial na defesa dos direitos fundamentais do ser humano, que engloba a condenação dos crimes contra a humanidade, mas também na preservação ambiental e na idéia de patrimônio comum, que levam a que a humanidade passe a ser vista como sujeito passivo e ativo do direito internacional.[276] O resultado é o surgimento de uma ordem pública internacional[277] baseada em fórmulas, como a do *jus cogens* e a das obrigações *erga omnes*, que exprimem uma "ideologia que consiste principalmente em encarar a comunidade internacional como uma coletividade humana única".[278]

---

[270] René-Jean Dupuy diferencia a comunidade internacional da humanidade, afirmando que a primeira reúne os contemporâneos, enquanto a segunda é "interespacial e intertemporal, é feita não somente dos presentes mas também daqueles que virão". DUPUY, René-Jean. L'avenir du droit international..., op. cit.; 1999. p. 245.

[271] LAFER, Celso. *Comércio, desarmamento, direitos humanos...*, op. cit.; 1999. p. 149.

[272] A comunidade internacional seria então um sinônimo de humanidade, e estaria "penetrada de axiologia". Ver GOMÉZ ROBLEDO, Antonio. Le jus cogens international: sa genèse, sa nature, ses fonctions. *RCADI*, v. III, t. 172, p. 205, 1981.

[273] LAFER, Celso. *Comércio, desarmamento, direitos humanos...*, op. cit.; 1999. p. 149.

[274] DUPUY, Pierre-Marie. Humanité, communauté, et efficacité du droit..., op. cit.; 1991. p. 133.

[275] CARRILLO-SALCEDO, Juan-Antonio. La Cour Pénale Internationale: L'humanité trouve une place dans le droit international. *RGDIP*, Paris, p. 27, 1999.

[276] DUPUY, René-Jean. Communauté Internationale..., op. cit.; 1999. p. 314.

[277] Ver DUPUY, Pierre-Marie. *Droit international public...*, op. cit.; 2000. p. 375.

[278] CARRILLO-SALCEDO, Juan-Antonio. La Cour Pénale Internationale..., op. cit.; 1999. p. 25.

É claro que os Estados continuam desempenhando um papel essencial na produção e na aplicação das regras que asseguram a proteção dos valores da humanidade. Como lembra Benedetto Conforti, são eles que asseguram que a exploração dos oceanos, do espaço extra-atmosférico ou da Antártida seja feita no interesse da humanidade. E são eles, individualmente, que devem assegurar o respeito aos direitos humanos em seus territórios.[279] Os valores defendidos pelos Estados, entretanto, não são interestatais, mas sim universais.[280]

No centro de todos esses valores, estaria a vida humana. E, ao se estabelecer que esse valor essencial prevalece sobre os interesses dos Estados, abre-se caminho para que as atividades estatais passem a ser controladas. Esse controle afeta diretamente o poder estatal de legislar. Embora o Estado mantenha sua jurisdição – que pode ser entendida em sentido amplo como sua capacidade de declarar o direito –, esta passa a ser condicionada por certos princípios acolhidos pela comunidade internacional. Caso venha a violar esses princípios, é possível que ele tenha de se sujeitar a medidas de coerção impostas por outros Estados.[281] Assim, muitas vezes, o conflito que surge quando a atuação do Estado desrespeita os valores da comunidade internacional acaba por ser resolvido "no interesse do homem, ou mesmo da humanidade".[282]

As normas que procuram proteger os valores da humanidade fazem parte em especial do corpo de regras conhecido como direito internacional. O fato de que certos atores não-estatais passem a influir cada vez mais na formação dessas regras leva muitos autores a sugerir a substituição da expressão direito internacional por outras expressões, como "direito global", "direito cosmopolita", "direito mundial", "direito da humanidade", ou mesmo a volta da expressão *jus gentium*.

No entanto, a denominação direito internacional ainda se justifica. É verdade que há motivos para acreditar que ela estaria ultrapassada. Hoje, contaríamos com três níveis diferentes de poder na sociedade global, e apenas um deles é "internacional" propriamente dito – e, ainda assim, rigorosamente ele deveria

---

[279] Assim, a idéia de *dédoublement fonctionnel*, imaginada por Scelle, não deixou totalmente de se aplicar no contexto internacional. CONFORTI, Benedetto. Humanité et renouveau de la production normative. In: MÉLANGES René-Jean Dupuy: Humanité et Droit International. Paris: A. Pedone, 1991. p. 119.

[280] Os valores sustentados pela humanidade seriam desse modo trans ou supraculturais, postulando a cooperação entre os povos. DUPUY, René-Jean. L'avenir du droit international..., op. cit.; 1999. p. 245.

[281] MAGALHÃES, José Carlos de. *O Supremo Tribunal Federal e o Direito Internacional*: uma análise crítica. Porto Alegre: Livraria do Advogado, 2000. p. 32–33.

[282] Como observa José Carlos de Magalhães, começa a tomar corpo a tendência de fazer prevalecer o interesse da comunidade internacional sobre o da comunidade nacional, como se infere pelas tentativas de controle do meio ambiente, combate à poluição, proibição de experimentos de armas nucleares em alto-mar etc. MAGALHÃES, José Carlos de. O Controle pelo Estado da Atividade Internacional das Empresas Privadas..., op. cit.; 1994. p. 29; ver também MAGALHÃES, José Carlos de. Empresa Multinacional: descrição analítica de um fenômeno contemporâneo. *LTr*, São Paulo, v. 39, p. 494, maio 1975.

ser designado como interestatal.²⁸³ Os outros níveis de poder, essenciais para a proteção dos valores da humanidade, são transnacionais ou supranacionais.²⁸⁴ Porém, esse direito ainda possui um caráter predominantemente interestatal,²⁸⁵ o que faria que passar a chamá-lo de outra forma significasse "meramente uma mudança superficial de nome".²⁸⁶ Mais importante do que isso é atentar para as mudanças que o direito internacional vem sofrendo, que levam alguns autores a acreditar que, a longo prazo, a sociedade internacional clássica seria substituída pela idéia de uma comunidade interdependente e solidária.²⁸⁷

Já no meio do século passado, Jenks acreditava que o direito internacional deveria ser encarado como uma espécie de direito comum a toda a humanidade – o direito de uma comunidade organizada, constituída com base nos Estados, mas que cumpriria suas funções por meio de instituições comuns que garantiriam os direitos e imporiam obrigações às pessoas.²⁸⁸ Realmente, a partir daquela época, o direito internacional passaria cada vez mais a ser criado no âmbito das organizações internacionais e aplicado em benefício dos indivíduos.²⁸⁹ Com o tempo, esse direito aumentou mais e mais sua abrangência, e hoje seria possível afirmar que consiste em "um corpo de normas verdadeiramente global, que se aplica diretamente a todo Estado independente ao redor do mundo e indiretamente a todo ser humano sobre a Terra considerado cidadão de um Estado em particular".²⁹⁰ Assim, a forma como o direito internacional passou a ser criado e aplicado, aliada à sua abrangência crescente, fazem que ele se transforme em "direito interno da humanidade"²⁹¹ ou "direito inter-

---

[283] Nesse sentido, como ressalva Falk: "O direito internacional, na realidade, nunca foi um direito internacional!" FALK, Richard A. *Law in an Emerging Global Village*..., op. cit.; 1998. p. XXVI.

[284] Claro que, a rigor, esses níveis também seriam mais bem descritos, respectivamente, pelas expressões "transestatais" e "supraestatais".

[285] Como lembra Morand: "No plano universal, o direito internacional ainda é fundamentalmente um direito feito pelos Estados e para os Estados". MORAND, Charles-Albert. *La souveraineté, un concept dépassé à l'heure de la mondialisation*..., op. cit.; 2001. p. 167.

[286] JESSUP, Philip C. *A Modern Law of Nations*..., op. cit.; 1947. p. 17.

[287] Essa transformação ocorreria principalmente devido à penetração de alguns valores morais no direito internacional contemporâneo e à referência que se faz à humanidade. CARRILLO-SALCEDO, Juan-Antonio. *La Cour Pénale Internationale*..., op. cit.; 1999. p. 26.

[288] JENKS, C. Wilfred. *The Common Law of Mankind*. London: Stevens, 1958. p. 8.

[289] A análise de Jenks concentrava-se sobretudo no fato de que, ao contrário do direito internacional clássico, o direito internacional moderno não resultaria somente da atividade estatal, mas seria muitas vezes produzido por organizações internacionais, com a participação de grupos de interesse e não só de diplomatas. Além disso, o direito internacional não se preocuparia mais apenas com os direitos dos Estados, mas também com o bem-estar das pessoas. Ver HAAS, Ernst B. *Beyond the Nation-State*: Functionalism and International Organization. Stanford: Stanford University Press, 1964. p. 41.

[290] JACKSON, Robert H. *The Global Covenant*..., op. cit.; 2000. p. 416.

[291] ABI-SAAB, Georges. Humanité et communauté internationale dans la dialectique du droit international. In: MÉLANGES René-Jean Dupuy: Humanité et Droit International. Paris: A. Pedone, 1991. p. 11.

no do mundo", estendendo-se aos Estados, às organizações governamentais e não-governamentais, empresas, grupos e indivíduos.[292]

A concepção de que o direito internacional seria não um direito dos Estados, e sim um direito da humanidade, foi defendida em diversos momentos da História. As idéias de autores como Francisco de Vitória podem ser apontadas como a base de um constitucionalismo mundial que serviria, por exemplo, para aperfeiçoar a defesa dos direitos humanos.[293]

Vitória talvez tenha sido o primeiro a identificar a humanidade como sujeito do direito. Em sua *Lição sobre o Poder Civil*, de 1528, Vitória defendia a unidade da humanidade, reconhecendo que essa teria o direito natural de escolher um governo único que se estenderia não somente a um país ou a um grupo de nações, mas a todos os seres humanos e povos sem exceção.[294] A idéia de *totus orbis* – da humanidade concebida como pessoa jurídica que, com base no direito natural, englobaria todos os Estados – é provavelmente o conceito mais inovador proposto por Vitória.[295] Depois dele, autores como Francisco Suárez, Alberico Gentili e Hugo Grotius também defenderiam a unidade política da humanidade e a existência de um direito comum a todos os povos.[296]

No princípio do século passado, alguns autores voltariam a afirmar tais idéias.[297] Josephus Jitta, por exemplo, acreditava que o gênero humano for-

---

[292] DELBRUCK, Jost. *Prospects for a World (Internal) Law?*: legal developments in a changing international system. *Indiana Journal of Global Legal Studies*, Bloomington, p. 401, Spring 2002.

[293] Ferrajoli acredita que a hipótese do *totus orbis* (mundo inteiro) – a da humanidade, no lugar dos antigos Estados, como referencial unificador do direito – pode ser realizada por meio da elaboração de um *constitucionalismo mundial*, capaz de oferecer às várias cartas dos direitos fundamentais que a comunidade internacional já possui as garantias jurídicas que aumentariam a sua eficácia. FERRAJOLI, Luigi. *A soberania no mundo moderno*. São Paulo: Martins Fontes, 2002. p. 54.

[294] A comunidade política mundial não resulta assim, para Vitória, do comum acordo entre os Estados, mas de um direito natural que sempre existiu. Esse direito natural permite que se busque de forma realista a organização de uma verdadeira comunidade internacional com um governo mundial, de caráter democrático, encarregado de zelar pelo bem comum da humanidade. Ver VITORIA, Francisco de. *Leçons sur les Indiens et sur le droit de guerre...*, op. cit.; 1966. p. xxvIII.

[295] É graças a ela que o direito internacional moderno tem um caráter universal, e é por ela que Vitória deve ser considerado a justo título o fundador do direito internacional moderno. Ver GOMÉZ ROBLEDO, Antonio. *Le jus cogens international...*, op. cit.; 1981. p. 189-190.

[296] Segundo Francisco Suárez: "Apesar de dividido em diversos povos e reinos, o gênero humano tem sempre uma certa unidade não somente específica, mas também por assim dizer política e moral... Por esse motivo, embora cada cidade, cada Estado e cada reino forme por si só uma comunidade perfeita, constituída por seus próprios membros, cada um deles é também de uma certa maneira membro do universo, uma vez que pertence ao gênero humano... Por essa razão, eles têm então necessidade de um direito que os dirija e os governe convenientemente nesse gênero de relações e de sociedade". Ver VITORIA, Francisco de. *Leçons sur les Indiens et sur le droit de guerre...*, op. cit.; 1966. p. xLI.

[297] Ver ANDRASSY, Georges. *La Souveraineté et la Société des Nations*. RCADI, t. 3, p. 651, 1937.

maria uma comunidade de fato, cuja vida em comum imporia a cada membro do grupo alguns deveres para com cada um dos demais e para com o grupo como um todo. Mas, além disso, o gênero humano formaria uma comunidade jurídica – qualidade que não poderia lhe ser negada, uma vez que ele possuiria autoridades sociais com capacidade de sanção, sendo o Estado a principal delas . Para ele, a comunidade dos Estados não seria, no entanto, a verdadeira base do direito internacional. Mesmo se não restassem dúvidas sobre a existência de relações jurídicas entre os Estados, essas relações não seriam "primitivas ou fundamentais", mas sim "derivadas", precisamente, da comunidade jurídica do gênero humano, que seria o fundamento de todo organismo social. A soberania pertenceria então ao "gênero humano personificado", e só este teria direito de exercer a direção suprema da comunidade.[298] Os Estados, por sua vez, teriam deveres para com o gênero humano.[299] Robert Lansing, por sua vez, acreditava que a totalidade da raça humana formaria "uma comunidade única", o que o levava a defender a idéia de uma "soberania mundial", resultante da soma do poder de todos os indivíduos do planeta.[300]

Essas opiniões, no entanto, expressavam muito mais um desejo de seus autores do que a realidade internacional de suas épocas. Só no final do século XX algumas características essenciais necessárias para que se chegasse às mesmas conclusões a que eles haviam chegado passariam a existir.[301] Somente com

---

[298] Jitta define a soberania como "o mais alto poder social na comunidade jurídica, que engloba toda a espécie humana". JITTA, Josephus. *La rénovation du droit international sur la base d'une communauté juridique du genre humain*. La Haye: Martinus Nijhoff, 1919. p. 2-4, 184, 9.

[299] Ainda que o poder supremo seja exercido pelos Estados, a autoridade destes seria uma autoridade derivada, sendo possível denominar a autoridade dos Estados de soberania, no sentido de um "poder emanado diretamente do gênero humano". Além disso, a soberania estatal seria limitada, porque se exerceria apenas sobre uma parte do globo e sobre uma parte da espécie humana – limites territoriais e limites pessoais. Logo, os Estados têm "deveres e direitos na sua qualidade de soberanos locais, cujos poderes emanam diretamente do gênero humano, mas eles têm também deveres comuns para com o gênero humano e eles exercem em comum, sobre todos os seus membros, a autoridade que corresponde a seus deveres comuns." O Estado tem um duplo dever, de se abster e de agir. Ele deve se abster de atentar contra "a ordem razoável da vida social universal", e deve agir quando a preservação de tal ordem razoável exija uma ação. Esses deveres existem não em relação aos outros Estados, mas para com o gênero humano, obrigando cada Estado isoladamente, sem condição de reciprocidade. JITTA, Josephus. *La rénovation du droit international...*, op. cit.; 1919. p. 9, 184.

[300] Essa comunidade única esperaria maior desenvolvimento da civilização, para completar sua organização e fazer de toda humanidade um grande Estado político universal. LANSING, Robert. *Notes on Sovereignty*: from the Standpoint of the State and of the World. Washington, D.C.: Carnegie Endowment for International Peace, 1921. p. 56.

[301] Para Kelsen, a suposição de que a soberania pertenceria à comunidade jurídica internacional seria tão possível quanto a de que essa pertenceria aos Estados, já que esta última suposição não seria o resultado da análise científica do fenômeno estatal, mas de determinada filosofia baseada na individualidade dos Estados. KELSEN, Hans. *What is Justice...*, op. cit.; 1960. p. 286.

a ascensão da sociedade global passaria a ser possível vislumbrar o advento da humanidade como uma comunidade única sobre a qual toda a organização da sociedade poderia se basear. Essa possibilidade ainda parece remota. Como defende Robert Jackson, as relações internacionais contemporâneas já não podem ser definidas em termos de um mundo maquiavélico regido pela política do poder, mas ainda estariam longe de ser caracterizadas como uma "comunidade da humanidade" no sentido kantiano. Viveríamos em um mundo intermediário entre esses dois extremos, um mundo de Estados no qual o ser humano ganha importância a cada dia.[302]

Se a formação de uma comunidade global hoje parece um destino possível, o caminho que levaria a esse destino só existe graças aos fenômenos aqui estudados. Sem a globalização e a revolução tecnológica seria difícil imaginar como a humanidade poderia um dia vir a formar uma comunidade de fato.[303] Sem a globalização jurídica e o fortalecimento das organizações internacionais, os valores da humanidade não teriam como se firmar, muito menos como prevalecer em um mundo dividido em Estados soberanos. Só com o aumento da interdependência o sentimento de se pertencer a uma comunidade global poderia ganhar força.[304] O surgimento de uma sociedade de indivíduos, gozando de uma identidade e de uma ética comuns, em escala planetária, jamais seria possível sem tais transformações.[305]

Para Milton Santos, ao contrário do que tanto se disse, a História não teria acabado, ela teria apenas começado.[306] Apenas agora, graças à globalização e aos avanços tecnológicos – e justamente porque enfim teríamos um só conjunto de técnicas reinando sobre a Terra – a História universal estaria iniciando seu percurso.[307] Antes o que havia era uma "história de lugares, regiões, países",

---

[302] Situação que tal autor caracteriza pela expressão "pacto global". JACKSON, Robert H. *The Global Covenant*..., op. cit.; 2000. p. 16.

[303] Segundo José Carlos de Magalhães, "a crescente integração da comunidade internacional, o desenvolvimento dos meios de comunicação e transporte e a crescente interligação das economias têm feito o mundo cada vez mais perto do homem, enfraquecendo o sentido da identificação do homem com o Estado ou com sua nacionalidade". As recentes mudanças no cenário internacional teriam levado, para esse autor, ao surgimento de um novo tipo de cidadão, o "cidadão mundial". MAGALHÃES, José Carlos de. *Empresa Multinacional*..., op. cit.; 1975. p. 494.

[304] Ver ROCHE, Jean-Jacques. *Théorie des Relations Internationales*..., op. cit.; 1997. p. 70.

[305] A idéia de uma "sociedade de indivíduos" foi desenvolvida por Norbert Elias no final da década de 1980. Ver ELIAS, Norbert. *The Society of Individuals*. Cambridge: Basil Blackwell, 1991. Edição original de 1987.

[306] SANTOS, Milton. *Por uma outra globalização*: do pensamento único à consciência universal. Rio de Janeiro: Record, 2000. p. 170.

[307] Para Milton Santos, a globalização separou a técnica da política. Enquanto a primeira avançou rápida e continuamente, o progresso social foi interrompido. Porém, da mesma forma como a globalização causou essa separação – danosa à sociedade – ela carrega o germe da unificação, e o avanço tecnológico cria as condições para que ambas voltem a caminhar juntas. Tempo livre será a oportunidade do século. *O Estado de S. Paulo*, São Paulo, p. X28, 1 jan. 2000.

mas hoje, o "mundo", como realidade histórica unitária, estaria sendo criado.[308] Pela primeira vez se produziria "o fenômeno da Humanidade".[309]

Mas o que seria necessário para que o desenvolvimento de uma comunidade global, hoje apenas uma perspectiva, fosse levado adiante? A análise do Estado-Nação, ainda o principal tipo de comunidade existente no mundo atual, pode nos ajudar a encontrar algumas respostas.

O caminho para a formação dos Estados-Nação modernos passou pela mobilização contra um inimigo externo. Ora, fora dos filmes de ficção, nos quais as nações juntam-se para repelir ataques extraterrestres ou meteoros prestes a se chocar contra a Terra, essa ameaça externa não está presente no imaginário dos habitantes do planeta.[310] Por isso, a maior parte dos autores acredita que projetos que fossem além da organização do mundo em Estados só seriam possíveis em um futuro distante, e somente uma catástrofe, como uma mudança brutal e repentina do clima global ou a proliferação de armas de destruição em massa entre organizações terroristas internacionais, poderia forçar as elites e os governos a abrir mão dos privilégios que lhes são garantidos pelo sistema atual.[311]

No entanto, é possível acreditar que outras ameaças reais como a pobreza, a doença ou a própria guerra poderiam preencher esse papel de inimigo comum da humanidade.[312] Como adverte René-Jean Dupuy, os riscos resultantes da degradação ambiental, da desordem demográfica e da corrida armamentista mostram que o "perigo comum não é um perigo exterior, pois não há risco maior para a humanidade do que o próprio homem".[313] A consciência desse risco aumenta a cada dia, sobretudo graças à atividade da sociedade civil transnacional, e a intensificação da pressão exercida por esta sobre os governos poderia levar a humanidade a se unir no combate a determinados problemas universais. O papel da sociedade civil transnacional seria portanto fundamental, a fim de direcionar a agenda mundial para aquele que seria, segundo Lester Brown, seu item mais urgente – "a criação de um mundo sem fronteiras, que reconheça o destino comum de toda a humanidade".[314]

---

[308] De acordo com Santos, só agora, com a acentuação da interdependência, a humanidade pode identificar-se como um todo e reconhecer a sua unidade, fazendo a entrada na cena histórica como um bloco. SANTOS, Milton. *Por uma outra globalização...*, op. cit.; 2000. p. 170-173.

[309] Tempo livre será a oportunidade do século. *O Estado de S. Paulo*, São Paulo, p. X28, 1 jan. 2000.

[310] Ver WRIGHT, Quincy. Building a Social System for Mankind. In: LANDHEER, B.; LOENEN, J. H. M. M.; POLAK, Fred L. (ed.). *World Society*: How is an Effective and Desirable World Order Possible?: A Symposium. The Hague: Martinus Nijhoff, 1971. p. 188.

[311] Ver BROWN, Seyom. *International Relations...*, op. cit.; 1996. p. 49.

[312] WRIGHT, Quincy. Building a Social System for Mankind..., op. cit.; 1971. p. 188.

[313] DUPUY, René-Jean. L'avenir du droit international..., op. cit.; 1999. p. 250.

[314] BROWN, Lester R. *World Without Borders*. New York: Random House, 1972. p. 364.

Outro elemento essencial à formação das nações foi a integração cultural de populações que, em seu início, tinham um caráter singular. A criação de uma nova forma de identidade coletiva era o que fazia que indivíduos, cuja lealdade antes se voltava para suas famílias, clãs, aldeias ou regiões, passassem a ser leais à sua nação.[315] Mas a sociedade global ainda não possui um grau de identidade cultural que permita que ela seja vista como uma comunidade.[316] Culturalmente, vivemos em um mundo em que as fronteiras estatais seguem importando na divisão entre o "nós" e o "eles". Essa distinção é essencial para a constatação de que os indivíduos que habitam o planeta não formaram até o presente uma unidade. Como já se observou, o mesmo soldado que jogou a primeira bomba atômica em Hiroshima provavelmente teria se recusado a jogá-la em um estado americano diferente do seu estado de origem. O que o levaria a agir de modo diferente nos dois casos seria o fato de que, embora ele pudesse não conhecer ninguém naquele outro estado americano, o povo que nele habitava faria para ele parte do "nós", enquanto os habitantes de Hiroshima eram parte do "eles".[317]

Essa realidade se reflete na atitude dos líderes nacionais. Como lembra Habermas, uma vez que esses líderes dependem da população local para ser eleitos, sem uma mudança nos valores dessa população nenhuma alteração do comportamento dos governantes se fará possível. É o simbolismo cultural de se fazer parte de um mesmo povo com uma origem e uma história comuns que criaria entre os habitantes de um mesmo território o sentimento de solidariedade. No plano internacional, a superação da defesa pura e simples dos interesses nacionais passa pela mudança de mentalidade da população e pela implantação da consciência de uma "solidariedade cosmopolita". Sem ela, não se pode esperar que passemos das "relações internacionais" para uma "política interior planetária" na qual os países mais ricos se sentiriam responsáveis pelo que acontece nas partes mais pobres do planeta.[318]

Da mesma forma como a educação e a propaganda ajudaram a fojar o sentimento de nação, para que haja uma efetiva integração da humanidade é necessário que as pessoas adquiram maior consciência de que fazem parte de um sistema social único.[319] Para tanto, seria necessário ensinar-lhes desde ce-

---

[315] HABERMAS, Jürgen. La constellation postnationale..., op. cit.; 2000. p. 52.

[316] Como afirma William Jackson, o termo "comunidade", no sentido de um grupo unido de maneira próxima por sentimentos de identidade comum "é inapropriado para caracterizar o contexto nas relações internacionais contemporâneas". JACKSON, William. Thinking About International Community..., op. cit.; 1994. p. 12.

[317] Ver CLAUDE, Inis L. *Swords into Plowshares*..., op. cit.; 1971. p. 419.

[318] HABERMAS, Jürgen. La constellation postnationale..., op. cit.; 2000. p. 52, 123.

[319] Sistema social é definido como "um conjunto organizado de pessoas, atividades ou forças interdependentes". WRIGHT, Quincy. Building a Social System for Mankind..., op. cit.; 1971. p. 178.

do que a formação de uma sociedade humana é possível, desejável e mesmo necessária para se alcançar a segurança, o bem-estar e o progresso de todos.[320]

O grande desafio é fazer que todos passem a ser vistos como "nós".[321] O papel da sociedade civil transnacional é, também nesse caso, fundamental. Os compromissos dessa sociedade não coincidem com as fronteiras estatais, sendo determinados por suas crenças e lutas comuns. Isso faz os territórios deixarem de ser a única forma de se determinar quem integra o "nós".[322] Os diversos grupos da sociedade civil transnacional se unem em torno de preocupações que não se resumem a seus problemas locais e, internacionalmente, vão além do medo da guerra, permitindo-lhes trabalhar por uma ordem mais fraterna.[323]

Podemos concluir que as transformações de caráter econômico, tecnológico e institucional aqui analisadas contribuem para a formação de uma comunidade global. Elas permitem a intensificação das trocas – comerciais, mas sobretudo culturais – entre os indivíduos dos diversos países, condição necessária, mas não suficiente, para se alcançar a paz mundial.[324] Somente no momento em que os indivíduos de cada nação viessem a compartilhar um amplo conjunto de valores e interesses seria possível esperar que os conflitos hoje provocados pela divisão do mundo em Estados pudessem deixar de existir.

O direito tem um papel fundamental nesse processo.[325] A expansão de instituições comuns na sociedade global ajuda a reforçar o sentimento de comunidade. Essas instituições adotam normas e defendem valores que, caso correspondam de fato aos anseios da população mundial, podem servir de base para a formação de uma comunidade verdadeiramente global. Se isso não ocorrer, sua legitimidade – e, portanto, o grau em que serão apoiadas – não será suficiente para unir os indivíduos de todo o planeta em torno dos mesmos objetivos.

---

[320] Essa seria uma das metas da Unesco, que em sua Constituição estabelece que: "Como as guerras têm início na mente das pessoas, é na mente das pessoas que a defesa da paz deve ser construída". Idem. p. 196.

[321] CLAUDE, Inis L. *Swords into Plowshares...*, op. cit.; 1971. p. 419.

[322] FALK, Richard A. *On Humane Governance...*, op. cit.; 1995. p. 100.

[323] DUPUY, René-Jean. Démocratie et société internationale. In: DUPUY, René-Jean. *Dialectiques du droit international*. Paris: A. Pedone, 1999. p. 86.

[324] Para Aron: "Não basta que os indivíduos se conheçam e se freqüentem, que troquem mercadorias e idéias, para que reine a paz nas unidades políticas soberanas, embora essa intercomunicação seja provavelmente indispensável à formação ulterior de uma comunidade internacional ou supranacional". ARON, Raymond. *Paz e guerra entre as nações...*, op. cit.; 1986. p. 166.

[325] Como argumenta Jacob Dolinger, "antes que se alcance o universalismo no plano político, haver-se-á de consolidá-lo no plano econômico, e isto só será possível se o plano jurídico preparar o caminho pela superação dos nacionalismos". DOLINGER, Jacob. *Direito internacional privado*: parte geral. 2. ed. Rio de Janeiro: Renovar, 1993. p. 246.

É importante, no entanto, ressaltar que é exatamente nessa questão – a da legitimidade dos valores ditos "globais" – que reside um dos maiores perigos que o mundo pode enfrentar em sua possível evolução rumo à formação de uma comunidade global.

Mesmo que alguns valores comecem a despontar como "valores da humanidade", ainda não contamos com mecanismos suficientes para assegurar que esses valores correspondam de fato à vontade geral da população mundial. A sociedade global não possui formas centralizadas e democráticas de aferir seu interesse coletivo, não sendo possível afirmar que tal interesse exista, quanto mais qual seria ele em cada caso.

Encontrar a melhor forma de se resolver qual seria o bem comum é um dos grandes desafios de toda a comunidade. Se a vontade geral for determinada por uma maioria de atores agindo em nome próprio, ela pode equivaler a um predomínio dos interesses egoístas dessa maioria, e não ao verdadeiro bem comum. A melhor maneira até hoje encontrada de se identificar a vontade geral é por meio de instituições representativas, compostas de atores que se vêem realmente na missão de identificar o bem comum, e não na de defender seus interesses particulares. Assim, se um dia uma comunidade global viesse a existir, é possível que só uma instituição que se assemelhasse a um "parlamento mundial", com caráter supranacional, formado por representantes independentes de seus Estados de origem, fosse adequada para identificar qual seria a vontade geral dessa comunidade.

Hoje, contudo – e provavelmente por muito tempo –, a determinação do bem comum em um mundo dividido em diversas comunidades nacionais ainda deve depender da unanimidade ou do consenso, mesmo que isso signifique perda de efetividade na tomada de decisões.[326] Na ausência de instituições moldadas para determinar o bem comum de forma legítima, a melhor maneira de se avaliar o interesse da sociedade global continua sendo por meio dos Estados. É a vontade desses, refletida nos tratados, o único modo hoje existente de se verificar que normas devem prevalecer sobre as outras, qual direito deve ser considerado *jus cogens*.

Levar esses fatores em consideração faz-se ainda mais essencial à medida que a idéia de comunidade internacional é muitas vezes utilizada como uma ficção legal que visa a legitimar os atos de apenas alguns dos atores da sociedade global.[327] É possível que, sob o disfarce da vontade geral da comuni-

---

[326] Em uma sociedade ainda marcada pelo papel dos Estados, a unanimidade seria preferível à maioria como forma de tomada de decisões, por representar a única forma de se evitar que se apresente como vontade geral o que, na realidade, seria o triunfo das vontades particulares. Além disso, embora sejam mais difíceis de se alcançar, as decisões por unanimidade tendem a ser mais sólidas e, por isso, são mais bem cumpridas. DUPUY, René-Jean. L'organisation internationale et l'expression de la volonté générale. In: DUPUY, René-Jean. *Dialectiques du droit international*. Paris: A. Pedone, 1999. p. 40-41, 45.

[327] Ver JACKSON, William. Thinking About International Community..., op. cit.; 1994. p. 6.

dade internacional, possa esconder-se o interesse de um determinado grupo de Estados. E, por mais que determinados valores tenham se consolidado no plano internacional, os Estados ainda são instrumentos destinados basicamente a defender os interesses nacionais – sendo compreensível que, por não termos alcançado o estágio de comunidade global, os governos continuem concentrando-se na defesa do interesse de suas populações.[328]

Logo, permitir que um determinado grupo de Estados chame para si a responsabilidade de definir os valores da comunidade internacional é conferir a esse grupo um poder que pode ser usado em defesa de seus próprios interesses. Essa é uma observação importante, porque o grupo de Estados que domina os mecanismos que legitimariam a ação da chamada comunidade internacional – o Conselho de Segurança da ONU, por exemplo – costuma ser o grupo dos Estados mais poderosos. Ao se acreditar na existência de normas imperativas da comunidade internacional – mesmo aquelas referentes à defesa dos direitos humanos – que se sobreponham à vontade dos Estados, abre-se uma brecha para que determinados povos possam intervir e impor seus valores, tornando possíveis certas formas de imperialismo cultural.[329]

Esse problema se nota na questão do direito de ingerência. Atualmente, a possibilidade de intervenção seria legitimada pela defesa de determinados valores universais.[330] Essas intervenções em geral são realizadas pelos Estados dominantes, despertando a suspeita dos países pobres que as vêem como a expressão coercitiva dos interesses daqueles, em alguns casos antigos poderes coloniais. Os Estados mais poderosos alegam, em sua defesa, estar agindo como vigilantes do bem comum, o que apenas reforça a suspeita dos menos poderosos, que não poderiam deixar de se perguntar: quem estaria vigiando os vigilantes?[331]

Ao ser aplicado apenas em alguns casos, e somente contra os países mais fracos, o direito de ingerência – em princípio, um instituto digno de louvor – pode passar a ser visto como uma instituição injusta. Ao ser usado para impor

---

[328] Pierre-Marie Dupuy, ao analisar as idéias de Georges Scelle, afirma que na sociedade internacional clássica os Estados agiriam antes de mais nada para satisfazer seus próprios interesses e só de maneira fortuita as ações de um ou de vários deles seriam exercidas de forma que nelas se pudesse ver um substituto aproximado das carências orgânicas da sociedade interestatal. DUPUY, Pierre-Marie. Humanité, communauté, et efficacité du droit..., op. cit.; 1991. p. 139.
[329] Ver JACKSON, Robert H. *Quasi-States...*, op. cit.; 1990. p. 200.
[330] HARDT, Michel; NEGRI, Antonio. *Empire...*, op. cit.; 2000. p. 42.
[331] LYONS, Gene M.; MASTANDUNO, Michel. States Sovereignty and International Intervention: Reflections on the Present and Prospects for the Future. In: LYONS, Gene M.; MASTANDUNO, Michel (ed.). *Beyond Westphalia?: State Sovereignty and International Intervention*. Baltimore: The John's Hopkins University Press, 1995. p. 259.

uma determinada visão de mundo, ele diminui sua legitimidade,[332] o que pode levar a que até as intervenções de caráter humanitário passem a ser vistas como "um neocolonialismo disfarçado".[333]

Logo, ao procurar impor, em nome de uma comunidade ainda não alcançada, normas que possam na verdade refletir apenas os interesses de determinados países ou os valores da civilização ocidental,[334] as instituições da sociedade global só afastam a possibilidade de que o mundo venha a assistir ao nascimento de uma comunidade global. Não basta afirmar que determinados valores seriam universais, é preciso estabelecer os mecanismos pelos quais tanto a definição quanto a defesa desses valores sejam feitas de maneira justa e legítima. Qualquer alternativa que fuja disso causará desconfiança e ressentimentos, minando toda e qualquer possibilidade de se alcançar a unidade mundial.

* * *

Levando em conta esses fatores, a soberania ainda seria necessária durante este período de transição. Abandoná-la antes de superar o lado negativo da geopolítica seria, conforme defende Richard Falk, remover "um dos poucos meios de proteção disponíveis para os Estados fracos e vulneráveis".[335]

A ausência de uma instituição global que seja capaz não só de julgar de forma imparcial mas também de impor suas decisões a todos os Estados, faz que estes procurem preservar seu monopólio do exercício da violência, única forma de garantir que interesses externos não prevalecerão pela força sobre seus próprios interesses. Isto ocorreria também com os indivíduos – se esses sentissem que o contrato social não garantiria sua segurança de forma imparcial, provavelmente não teriam limitado a sua liberdade inicial em favor do Estado.

A globalização, o aumento da interdependência e a intensificação da cooperação afetam o poder estatal. Porém, ainda que a cooperação possa enfraquecer a soberania, esta última pode, como ensinava Maurice Flory, ser usada como uma arma contra a cooperação desigual.[336]

---

[332] Ainda que muitas vezes o direito de ingerência represente uma reação contra o fato de que o fim do sistema colonial tenha permitido a alguns países impor sofrimentos a seus povos, Cheysson afirma: "Eu tremo quando vejo a resposta dada a certas situações, quando se subtrai a direção de um país a seu governo, seu Estado, para confiá-la, sob a cobertura das Nações Unidas, a Estados estrangeiros." Evolução dos países pobres, definidos como "inúteis", é vista com pessimismo. *O Estado de S. Paulo*, São Paulo, p. X23, 1 jan. 2000.

[333] Ver BETTATI, Mario. *Le droit d'ingérence*: Mutation de l'ordre international. Paris: Ed. Odile Jacob, 1996. p. 9.

[334] Nesse sentido, como ressalta Jackson, a tendência dos países ocidentais a ver como "mundiais" alguns valores que são só seus leva ao desrespeito à pluralidade e a comportamentos parecidos com os verificados no tempo das Cruzadas quando se procurava impor a fé cristã. JACKSON, Robert H. *The Global Covenant*..., op. cit.; 2000. p. 410, 344.

[335] FALK, Richard A. *On Humane Governance*..., op. cit.; 1995. p. 92.

[336] Para Flory, o Estado que se considerar em posição de inferioridade em um quadro de cooperação, sentindo-se vítima de uma posição dominante por parte de seu parceiro, sempre poderá recorrer à sua soberania como arma defensiva. FLORY, Maurice. Souveraineté des États..., op. cit.; 1974. p. 291, 298.

Com base nisso, caberia fazer aqui uma última observação. Conforme se demonstrou no início deste livro, a soberania é um conceito mutável que serviu para justificar o poder de determinados grupos ao longo da História. O surgimento de uma "soberania compartilhada" é um fato altamente positivo, por basear-se no reconhecimento da interdependência e no princípio da cooperação internacional. Essa nova forma de se entender a soberania não pode, no entanto, ser manipulada, como o foram outras formas em ocasiões diversas, a fim de se promover a troca de um poder legítimo – o poder estatal – por um poder ilegítimo. A governança global não pode ser dominada por certos Estados, muito menos por determinados grupos políticos ou econômicos que se concentrem na defesa de seus próprios interesses. Celebrar um novo contrato social, a fim de transferir o poder estatal para outra forma de organização cujas instituições não têm base democrática, equivaleria a assinar um cheque em branco que seria sem dúvida utilizado pelos atores mais poderosos do planeta.

Aqui, mais uma vez, o exame da evolução do Estado-Nação é útil para se determinar os requisitos necessários para a formação de uma comunidade global. Ao celebrarem o contrato social que dá origem ao Estado, os indivíduos procuram assegurar que interesses particulares não se sobreporão ao interesse geral – o que se faz por meio da democracia. Além disso, eles se preocupam em garantir que suas liberdades fundamentais serão respeitadas – e a forma encontrada no contexto estatal para que a vontade democrática da maioria não se impusesse de forma tirânica sobre os direitos da minoria foi a adoção do Estado de Direito. Os Estados, em nome dos indivíduos que representam, teriam de obter garantias semelhantes das instituições que viessem a ser responsáveis pela definição da vontade geral da comunidade global. O fortalecimento da democracia e o respeito às liberdades individuais são características que, como foi possível constatar, tornaram-se indissociáveis da própria idéia de poder legítimo. Assim, se uma comunidade global vier um dia a existir, ela deve ser acompanhada de instituições democráticas e do respeito à pluralidade, para assegurar a legitimidade de seu poder. Que o modelo segundo o qual a humanidade se organiza reflita valores verdadeiramente coletivos e seja construído respeitando os princípios de legitimidade e justiça é condição da qual os indivíduos, hoje divididos em diversas comunidades nacionais, jamais poderiam abrir mão.

Conclusão

A ascensão da sociedade global coincide com a intensificação da interdependência dos povos. O aumento da interdependência e a conseqüente diminuição da importância das fronteiras estatais são causa ou efeito de todos os fenômenos aqui estudados: a globalização econômica e a revolução tecnológica, a globalização jurídica e o fortalecimento das organizações internacionais. A humanidade responde à globalização com uma globalização de seu direito e de suas instituições.

O caráter transnacional ou supranacional de vários desses fenômenos leva a imaginar que o futuro da sociedade global seja alcançar um outro modelo, no qual o processo de redução e de limitação da soberania estatal avançaria até o fim das fronteiras e surgiriam novas instituições que viriam a substituir o Estado como peça fundamental de organização da sociedade.

A sociedade global ainda está longe, no entanto, de ser uma comunidade sem fronteiras – sobretudo no que se refere à mobilidade das pessoas pelos diferentes territórios do planeta. Os Estados, apesar de sofrerem as conseqüências da globalização e de apostarem na cooperação, não dão sinais de que poderiam deixar de existir em um futuro próximo.

A importância do Estado está fortemente ligada às funções que justificam a sua existência e o tornam essencial, e às exigências de legitimidade que essa instituição ainda cumpre melhor do que qualquer outro ator da sociedade global.

Logo, a sociedade global não é uma sociedade sem Estados. Estes ainda são o principal instrumento por meio do qual os indivíduos manifestam a sua vontade. É exatamente nos indivíduos que se deve procurar a fonte última da legitimidade e do poder. Por isso, o fato de que os Estados, instrumentos da vontade dos indivíduos, têm trabalhado de forma ativa na formação de uma sociedade global é algo que merece atenção. Os aspectos transnacionais e supranacionais desse novo paradigma são aceitos e muitas vezes incentivados pelos Estados, o que demonstra a vontade dos indivíduos de caminhar em uma determinada direção. As fronteiras de separação transformam-se cada vez mais em fronteiras de cooperação.[1] Valores universais – como a proteção dos direitos humanos – unem-se à crescente colaboração mútua internacional, criando um novo contexto no qual o que une passa a importar mais do que o que separa.[2]

No entanto, ainda que a direção em que caminha a humanidade pareça bem definida, é possível que um ou outro país resolvam andar na contramão da História – e, se o país em questão for poderoso o suficiente, por alguns momentos parecerá que o mundo resolveu seguir um novo caminho, ou mesmo regredir, voltando pela mesma trilha que já havia sido percorrida. Assim, por mais clara que possa parecer a direção a ser seguida, mais claro ainda é o quanto é longo e tortuoso o caminho a se percorrer.

O direito tem um papel fundamental na construção desse caminho, que passa por diversos desafios. O maior deles talvez seja fazer que o processo de diluição do poder estatal em favor de outras instituições da sociedade global traga mais benefícios que prejuízos. A redistribuição da soberania estatal não é algo em si negativo. Como argumentava Sukiennicki: "Renunciando oficialmente e legalmente àquilo que eles já não possuem mais atualmente e àquilo que, talvez, eles jamais tenham possuído – sua qualidade soberana – os Estados não perderão nada, eles ganharão muito. Eles ganharão a ordem, a tranqüilidade e a justiça, que reinarão em uma organização jurídica universal".[3]

De fato, se os Estados cedem ou limitam em parte seu poder, notadamente seu poder de criar e aplicar o direito, devem ganhar algo em troca – e esse algo deve exceder os simples ganhos da cooperação. Assim como, ao renunciar ao poder que possuíam no estado de natureza, os indivíduos viram-se recompensados pelas numerosas vantagens resultantes da criação do Estado, a formação de um novo paradigma para a soberania deve ser atrelada a uma nova utopia – a um novo projeto de sociedade. E, nesse exato momento, como afirma Wallerstein: "Nós estamos de fato sendo chamados para construir nossas utopias, não meramente para sonhar com elas. Algo será construído. Se não participarmos na construção, outros a determinarão por nós".[4]

---

[1] Usando a terminologia adotada por Lafer ao analisar a diplomacia brasileira em LAFER, Celso. Política Externa Brasileira: Reflexão e Ação. In: MARCOVITCH, Jacques (org.). *Cooperação internacional*: estratégia e gestão. São Paulo: Edusp, 1994. p. 25.

[2] Ver CARRILLO-SALCEDO, Juan-Antonio. La Cour Pénale Internationale: L'humanité trouve une place dans le droit international. *RGDIP*, Paris, p. 27, 1999.

[3] SUKIENNICKI, Wictor. *La Souveraineté des États en Droit International Moderne*. Paris: A. Pedone, 1927. p. 390.

[4] WALLERSTEIN, Imannuel. The Inter-state Structure of the Modern World System. In: SMITH, Steve; BOOTH, Ken; ZALEWSKY, Marysia (ed.). *International Theory*: Positivism and Beyond. Cambridge, U.K.: Cambridge University Press, 1996. p. 106.

Hoje assistimos ao surgimento de diversos movimentos contrários ao que se convencionou chamar de globalização, mas boa parte deles parece não saber ao certo contra o que está lutando. O sentimento que prevalece é o de que há algo errado com esse processo, sentimento que vem principalmente da impressão de que, nele, grande parte da população mundial está ficando para trás. De fato, a riqueza concentra-se cada vez mais não só dentro de cada país, mas, em especial, no plano internacional, em determinadas regiões do mundo. Os países pobres são a classe desfavorecida do mundo globalizado – e nenhuma classe desfavorecida pode esperar que sua situação mude sem algum tipo de luta. O bom combate, que merece ser travado, é aquele em favor da justiça social na sociedade global.

Uma nova utopia deveria envolver a luta para que as instituições que recebem o poder resultante da limitação da liberdade dos Estados sejam legítimas e atendam de fato aos interesses gerais da população mundial, defendendo o bem comum. Deve ser a luta para que as políticas adotadas por essas instituições sejam não apenas justas, mas socialmente justas, para que a parte do planeta que pouco ou nada tem seja resgatada por aqueles que conseguiram alcançar grau maior de desenvolvimento – seja por seu mérito próprio, seja por uma história desigual. As utopias que varreram a Terra no passado – na independência americana, na Revolução Francesa, na ascensão do comunismo – estavam baseadas ou na idéia de liberdade, ou na idéia de igualdade. Talvez a intensificação da cooperação venha acompanhada do reconhecimento de que, em uma sociedade global, todos são responsáveis pela diminuição da exclusão social. Talvez esse reconhecimento represente o surgimento de uma nova utopia, levando-nos a uma nova era, baseada na idéia de fraternidade.

Caso contrário, a celebração de um novo contrato social e o compartilhamento da soberania fariam pouco sentido. Somente o dia em que as instituições globais possam assegurar a paz e a segurança, promover a justiça, o desenvolvimento econômico e a justiça social em cada canto do planeta, de forma mais eficiente do que o fazem os Estados, os indivíduos poderiam aceitar que o poder estatal deixasse de existir. Somente no momento em que houvesse uma verdadeira identidade global, em que cada indivíduo se sentisse representado por uma nova soberania que viesse a substituir em definitivo a soberania estatal, reconhecendo na primeira a legitimidade que hoje percebe nesta última, poderíamos afirmar estarmos prontos para viver em uma humanidade verdadeiramente sem fronteiras.

Bibliografia consultada

ABI-SAAB, Georges. Humanité et communauté internationale dans la dialectique du droit international. In: MÉLANGES René-Jean Dupuy: Humanité et Droit International. Paris: A. Pedone, 1991. p. 1-12.

ABI-SAAB, Georges. Introduction: The concept of international organizations: a Synthesis. In: ABI-SAAB, Georges (ed.). *The concept of international organization*. Paris: Unesco, 1981. p. 9-23.

ABI-SAAB, Georges (ed.). *The concept of international organization*. Paris: Unesco, 1981.

ACCIOLY, Hildebrando. *Manual de direito internacional público*. 11. ed. São Paulo: Saraiva, 1986.

AGO, Roberto. The State and International Organisation. In: JENKS, C. Wilfred et al. *International Law in a Changing World*. New York: Oceana Publications, 1963. p. 12-21.

ALABY, Michel A. A Alca e as divergências políticas e econômicas entre o Brasil e a Argentina. *Boletim Informativo Aduaneiras*, São Paulo, n. 32, p. 5, 1997.

ALABY, Michel A. Mercosul: momento crítico da integração. *Sem Fronteiras*, São Paulo, ano 1, n. 36, p. 5, ago. 1999.

ALBERTIN, Alberto Luiz. Comércio Eletrônico: Benefícios e Aspectos de sua Aplicação. *Revista de Administração de Empresas*, São Paulo, v. 38, n. 1, p. 52-63, jan./mar. 1998.

ALEIXO, José Carlos Brandi. Integração na América Latina. *Revista de Informação Legislativa*, Brasília, n. 81, p. 19-32, jan./mar. 1984.

ALGER, Chadwick F. Functionalism and integration as approaches to international organization. In: ABI-SAAB, Georges (ed.). *The concept of international organization*. Paris: Unesco, 1981. p. 122-145.

ALLAND, Denis. *Justice privée et ordre juridique international*: étude théorique des contre-mesures en droit international public. Paris: A. Pedone, 1994.

ALLAND, Denis et al. *Droit international public*. Paris: PUF, 2000.

ALMEIDA, Elizabeth Accioly Pinto de. *Mercosul & União Européia*: estrutura jurídico-institucional. Curitiba: Juruá, 1996.

ALMEIDA, Paulo Roberto de. *O Brasil e o multilateralismo econômico*. Porto Alegre: Livraria do Advogado, 1999.

ALMEIDA PRADO, Maurício. *Le hardship dans le droit du commerce international*. Bruxelles: Bruylant, 2003.

ALVAREZ, José E. The New Treaty Makers. *Boston College International and Comparative Law Review*, Boston, v. xxv, nº 2, p. 213-234, Spring 2002.

ALVAREZ, José E. (ed.). *Symposium The Boundaries of the WTO*. Washington, D.C.: American Society of International Law, 2002. Reprinted from the AJIL, v. 96, nº 1, Jan. 2002.

AMORIM, Celso Luiz Nunes. *O Mercado Comum do Sul e o contexto hemisférico*. São Paulo: USP, Programa de Política Internacional e Comparada, Departamento de Ciência Política, 1991. Série Política Internacional; 2.

ANDERSON, J. L. *Explaining long-term economic change*. Cambridge, U.K.: Cambridge University Press, 1995.

ANDERSON, Kym; BLACKHURST, Richard (ed.). *Regional Integration and the global trading system*. New York: Harvester Wheatsheaf, 1993.

ANDERSON, Kym; NORHEIM, Hege. History, geography and regional economic integration. In: ANDERSON, Kym; BLACKHURST, Richard (ed.). *Regional Integration and the global trading system*. New York: Harvester Wheatsheaf, 1993.

ANDRADE, Fischel de. Tribunal Andino de Justiça: perspectiva histórico-institucional e sua importância na integração andina. *Estudos Jurídicos*, Rio de Janeiro, v. 27, n. 70, maio/ago. 1994.

ANDRADE, Régis de Castro. Kant: a liberdade, o indivíduo e a república. In: WEFFORT, Francisco W. (org.). *Os clássicos da política*. São Paulo: Ática, 1991. v. 2, p. 47-99.

ANDRASSY, Georges. La Souveraineté et la Société des Nations. *RCADI*, t. 3, 1937.

ANDREFF, Wladimir. *Les multinationales globales*. Paris: La Découverte, 1996.

ANNAN, Kofi. Le droit n'est plus muet. *Le Monde*, Paris, p. 2, 4 oct. 1998.

ARCHIBUGI, Daniele; HELD, David; KÖHLER, Martin (ed.). *Re-imagining Political Community*: Studies in Cosmopolitan Democracy. Stanford: Stanford University Press, 1998.

AREND, Anthony Clark. *Legal Rules and International Society*. New York: Oxford University Press, 1999.

ARNAUD, Vicente Guillermo. *Mercosur, Unión Europea, Nafta y los Procesos de Integración Regional*. Buenos Aires: Abeledo-Perrot, 1996.

ARON, Raymond. *Paz e guerra entre as nações*. 2. ed. Brasília: UnB, 1986. Edição original de 1962.

ARRIGHI, Giovanni. *O longo século XX*: Dinheiro, Poder e as Origens de Nosso Tempo. São Paulo: Unesp: Contraponto, 1996.

ATKINS, G. Pope. *Latin America in the International Political System*. 3rd ed. Boulder, Colo.: Westview, 1995.

AUDIT, Bernard. *Droit International Privé*. 3ème. Paris: Economica, 2000.

AZAMBUJA, Marcos de. Uma moeda para o Mercosul. *Folha de S. Paulo*, São Paulo, 13 jul. 1999. Caderno Brasil, p. 3.

BADIE, Bertrand. *Un monde sans souveraineté*: Les États entre ruse et responsabilité. Paris: Fayard, 1999.

BALDWIN, Richard E. A Domino Theory of Regionalism. In: BHAGWATI, Jagdish; KRISHNA, Pravin; PANAGARIYA, Arvind. *Trading Blocs*: Alternative Approaches to Analyzing Preferential Trade Agreements. Cambridge, U.S.: The MIT Press, 1999. p. 479-502.

BANKS, Michael (ed.). *Conflict in World Society*: A new perspective on international relations. New York: St. Martin's Press, 1984.

BAPTISTA, Luiz Olavo. Empresa multinacional e integração latino-americana. *RDP*, São Paulo, v. 17, n. 71, p. 187-201, 1984.

BAPTISTA, Luiz Olavo. *Empresa transnacional e direito*. São Paulo: Revista dos Tribunais, 1987.

BAPTISTA, Luiz Olavo. *Investimentos internacionais no direito comparado e brasileiro*. Porto Alegre: Livraria do Advogado, 1998.

BAPTISTA, Luiz Olavo. *O Mercosul, suas instituições e ordenamento jurídico*. São Paulo: LTr, 1998.

BAPTISTA, Luiz Olavo. Mundialização, Comércio Internacional e Direitos Humanos. In: PINHEIRO, Paulo Sérgio; GUIMARÃES, Samuel Pinheiro (org.). *Direitos Humanos no século XXI*. Rio de Janeiro: Instituto de Pesquisa de Relações Internacionais, 1998. p. 251-272.

BAPTISTA, Luiz Olavo. Solução de divergências no Mercosul. In: BAPTISTA, Luiz Olavo (coord.). *Mercosul*: a Estratégia Legal dos Negócios. São Paulo: Maltese, 1994. p. 127-140.

BAPTISTA, Luiz Olavo (coord.). *Mercosul*: a Estratégia Legal dos Negócios. São Paulo: Maltese, 1994.

BAPTISTA, Luiz Olavo; HUCK, Hermes Marcelo; CASELLA, Paulo Borba (coord.). *Direito e comércio internacional*: tendências e perspectivas: Estudos em homenagem ao Prof. Irineu Strenger. São Paulo: LTr, 1994.

BAPTISTA, Luiz Olavo; MERCADANTE, Araminta de Azevedo; CASELLA, Paulo Borba (org.). *Mercosul*: Das negociações à implantação. São Paulo: LTr, 1994.

BARBOSA, Rubens Antonio. *América Latina em perspectiva*: a integração regional da retórica à realidade. São Paulo: Aduaneiras, 1991.

BARBOSA, Rubens Antônio. *A evolução do processo de integração da América do Sul*. São Paulo: USP, Programa de Política Internacional e Comparada, Departamento de Ciência Política, 1991. Série Política Internacional; 2.

BARFIELD, Claude E. Free Trade, Sovereignty, Democracy: the Future of the World Trade Organization. *Chicago Journal of International Law*, Chicago, p. 403-415, Fall 2001.

BASSO, Maristela. O Direito e as Relações Internacionais no Novo Cenário Mundial: o Fenômeno Crescente das Organizações Internacionais. *Estudos Jurídicos*, Rio de Janeiro, v. 25, n. 65, p. 107-128, set./dez. 1992.

BASSO, Maristela (org.). *Mercosul*: seus efeitos políticos e econômicos nos Estados membros. Porto Alegre: Livraria do Advogado, 1995.

BATISTA, Paulo Nogueira. Nova ordem ou desordem. *Política Externa*, São Paulo, v. 1, n. 1, p. 31-41, jun. 1992.

BATISTA JUNIOR, Paulo Nogueira. *Mitos da globalização*. São Paulo: Instituto de Estudos Avançados, Universidade de São Paulo, 1997.

BAUMANN, Renato. O Sistema Monetário Internacional. In: GONÇALVES, Reinaldo et al. *A nova economia internacional*: uma perspectiva brasileira. Rio de Janeiro: Campus, 1998. p. 269-327.

BAUMANN, Renato (org.). *O Brasil e a economia global*. Rio de Janeiro: Campus, 1996.

BEAUD, Olivier. La souveraineté dans la Contribution à la théorie générale de l'État de Carré de Malberg. *Revue du Droit Public et de la Science Politique en France et à l'Étranger*, Paris, p. 1249-1301, sept./oct. 1994.

BEDJAOUI, Mohammed. *Towards a new international economic order*. Paris: Unesco, 1979.

BELLO, Judith H; HOLMER, Alan F. The Nafta: its Overarching Implications. *International Lawyer*, Chicago, 27, nº 3, p. 589-602, 1993.

BENKO, Georges. Organização econômica do território: algumas reflexões sobre a evolução no século XX. In: SANTOS, Milton et al. (org.). *Território, globalização e fragmentação*. São Paulo: Hucitec, 1994. p. 51-71.

BENSOUSSAN, Alain. *L'informatique et le droit*: Memento-Guide. Paris: Hermes, 1994.

BERGER, Suzanne; DORE, Ronald (ed.). *National Diversity and Global Capitalism*. Ithaca: Cornell University Press, 1996.

BERLIA, Georges. *Les principaux thèmes de la doctrine de Georges Scelle*. Paris: Cours des Hautes Etudes Internationales, 1961-1962.

BERROD, Frédérique. La Cour de justice refuse l'invocabilité des accords OMC: essai de régulation de la mondialisation. *Revue Trimestrielle de Droit Européen*, Paris, v. 36, n. 3, 2000.

BETTATI, Mario. *Le droit d'ingérence*: Mutation de l'ordre international. Paris: Ed. Odile Jacob, 1996.

BETTATI, Mario et al. *La souveraineté au XX ^{ème} siècle*. Paris: Librairie Armand Colin, 1971

BHAGWATI, Jagdish. Preferential Trade Arrangements: the Wrong Road. *Law and Policy in International Business*, Washington D. C., v. 27, nº 4, p. 865-871, Summer 1996.

BHAGWATI, Jagdish (ed.). *International Trade*: selected readings. Middlesex, UK: Penguin Books, 1969.

BHAGWATI, Jagdish; KRISHNA, Pravin; PANAGARIYA, Arvind. *Trading Blocs*: Alternative Approaches to Analyzing Preferential Trade Agreements. Cambridge, U.S.: The MIT Press, 1999.

BLACKHURST, Richard; HENDERSON, David. Regional Integration agreements, world integration and the GATT. In: ANDERSON, Kym; BLACKHURST, Richard (ed.). *Regional Integration and the global trading system*. New York: Harvester Wheatsheaf, 1993. p. 408-435.

BOBBIO, Norberto. *De senectute y otros escritos biográficos*. Madri: Taurus, 1997.

BOBBIO, Norberto. *L'État et la démocratie internationale*: De l'histoire des idées à la science politique. Bruxelles: Complexe, 2001.

BOBBIO, Norberto; MATTEUCCI, Nicola; PASQUINO, Gianfranco. *Dicionário de política*. Brasília: UnB, 1986.

BODIN, Jean. *Les six livres de la République*. Paris: Le Livre de Poche, 1993. Compêndio do texto da edição de 1583.

BOISSON de CHAZOURNES, Laurence. Banque Mondiale et développement social: les termes d'un partenariat. In: SENARCLENS, Pierre (org.). *Maîtriser la Mondialisation*: la régulation sociale internationale. Paris: Presses de Sciences, 2000. p. 193-215.

BOISSON de CHAZOURNES, Laurence. *Les contre-mesures dans les relations internationales économiques*. Genève: I.U.H.E.I; Paris: A. Pedone, 1992.

BOISSON de CHAZOURNES, Laurence; GOWLLAND-DEBBAS, Vera (ed.). *The International Legal System in Quest of Equity and Universality*: Liber Amicorum Georges Abi-Saab. The Hague: Martinus Nijhoff, 2001.

BOLTON, John R. The Global Prosecutors: Hunting War Criminals in the Name of Utopia. *Foreign Affairs*, New York, p. 157-164, Jan./Feb. 1999.

BOOM, Steve J. The European Union after the Maastricht Decision: is Germany the "Virginia of Europe"? 1995. Disponível em: <http://www.jeanmonnetprogram.org/papers/95/9505ftns.html#f_>. Acesso em: 31 out. 2003.

BOURDON, William. *La Cour pénale internationale*: Le statut de Rome. Paris: Du Seuil, 2000.

BOURQUIN, Maurice. L'humanisation du droit des gens. In: ÉTUDES en l'honneur de Georges Scelle: La technique et les principes du droit international public. Paris: Librairie Générale de Droit et de Jurisprudence, 1950. t. 1, p. 21-54.

BOUTROS-GHALI, Boutros. Empowering the United Nations. In: DIEHL, Paul F. (ed.). *The Politics of Global Governance*: International Organizations in an Interdependent World. Boulder, Colo.: Lynne Rienner Publishers, 1997. p. 363-373.

BRAGA, Carlos Primo. Comments on the Proliferation of Regional Integration Agreements. *Law and Policy in International Business*, Washington D.C., v. 27, nº 4, p. 963-968, Summer 1996.,

BRAITHWAITE, John. Prospects for win-win international rapprochement of regulation. In: OCDE. *Regulatory Co-operation for an Interdependent World*. Paris: OCDE, 1994. p. 201-222.

BROWN, Bartram S. Developing Countries in the New Global Information Order. In: BOISSON de CHAZOURNES, Laurence; GOWLLAND-DEBBAS, Vera (ed.). *The International Legal System in Quest of Equity and Universality*: Liber Amicorum Georges Abi-Saab. The Hague: Martinus Nijhoff, 2001. p. 411-426.

BROWN, Chris. Cosmopolitanism, World Citizenship and Global Civil Society. In: CANEY, Simon; JONES, Peter (ed.). *Human Rights and Global Diversity*. London: Franck Cass, 2001. p. 7-26.

BROWN, Chris (ed.). *Political Restructuring in Europe*: Ethical perspectives. London: Routledge, 1994.

BROWN, L. David; KHAGRAM, Sanjeev; MOORE, Mark H.; FRUMKIN, Peter. Globalization, NGOs, and Multisectoral Relations. In: NYE, Joseph S.; DONAHUE, John D. (ed.). *Governance in a Globalizing World*. Cambridge, Mass.: Brookings Institution Press, 2000. p. 271-296.

BROWN, Lester R. *World Without Borders*. New York: Random House, 1972.

BROWN, Seyom. *International Relations in a Global Changing System*: Toward a Theory of the World Polity. 2nd ed. Boulder, Colo.: Westview, 1996.

BRUNHOFF, Suzanne de. A Instabilidade Financeira Internacional. In: CHESNAIS, François (coord.). *A mundialização Financeira*: gênese, custos e riscos. São Paulo: Xamã, 1998. p. 35-59.

BRYANT, Ralph. International Cooperation in the Making of National Macroeconomic Policies: Where do we stand? In: KENEN, Peter B. (ed.). *Understanding Interdependence*: The macroeconomics of the open economy. New Jersey: Princeton University Press, 1995. p. 391-447.

BULL, Hedley. *The Anarchical Society*: A study of order in world politics. 2nd ed. New Jersey: Columbia University Press, 1995.

BULL, Hedley. The Importance of Grotius in the Study of International Relations. In: BULL, Hedley; KINGSBURY, Benedict; ROBERTS, Adam. *Hugo Grotius and International Relations*. Oxford: Clarendon Press, 1990. p. 65-93.

BULL, Hedley; KINGSBURY, Benedict; ROBERTS, Adam. *Hugo Grotius and International Relations*. Oxford: Clarendon Press, 1990.

BURDEAU, Geneviève. Le FMI et la surveillance de l'espace monétaire et financier mondial. In: LOQUIN, Eric; KESSEDJIAN, Catherine. *La mondialisation du droit*. Dijon: Litec, 2000. p. 261-275.

BURNS, J. H. Bentham on Sovereignty: an Exploration. In: JAMES, M. H. (ed.). *Bentham and Legal Theory*. Belfast: Northern Ireland Legal Quarterly, 1973. p. 133-150.

BURTON, John W. *World Society*. Cambridge, U.K.: Cambridge University Press, 1972.

BUTLER, Richard. Bewitched, Bothered and Bewildered. *Foreign Affairs*, New York, v. 78, nº 5, p. 9-12, Sept./Oct. 1999.

CAIRNCROSS, Frances. *How the Communications Revolution Will Change our Lives*. Boston, Mass.: Harvard Business School Press, 1997.

CANEY, Simon; JONES, Peter (ed.). *Human Rights and Global Diversity*. London: Franck Cass, 2001.

CARAMUTI, Ofelia Stahringer de. Mercosur-Nafta: Nueva o Vieja Dialética Americana? In: CARAMUTI, Ofelia Stahringer de (coord.). *El Mercosur en el nuevo orden mundial*. Buenos Aires: Ciudad Argentina, 1996. p. 317-340.

CARAMUTI, Ofelia Stahringer de (coord.). *El Mercosur en el nuevo orden mundial*. Buenos Aires: Ciudad Argentina, 1996.

CARDOSO, Fernando Henrique. Nova agenda. *O Estado de S. Paulo*, São Paulo, p. A2, 9 ago. 2003.

CARDOSO, Fernando Henrique. Relações Norte-Sul no Contexto Atual: Uma Nova Dependência? In: BAUMANN, Renato (org.). *O Brasil e a Economia Global*. Rio de Janeiro: Campus, 1996. p. 5-15.

CARDOSO, Fernando Henrique; FALETTO, Enzo. *Dependência e desenvolvimento na América Latina*: Ensaio de Interpretação Sociológica. 7. ed. Rio de Janeiro: LTC, 1970.

CARLSSON, Ingvar; RAMPHAL, Shridath (ed.). *Issues in Global Governance*: Papers Written for the Commission on Global Governance. London: Kluwer Law International, 1995.

CARNOY, Martin. Multinationals in a Changing World Economy: Whiter the Nation-State? In: CARNOY, Martin et al. *The New Global Economy in the Information Age*: Reflections on our Changing World. Philadelphia: The Pennsylvania State University Press, 1993. p. 45-96.

CARNOY, Martin et al. *The New Global Economy in the Information Age*: Reflections on our Changing World. Philadelphia: The Pennsylvania State University Press, 1993.

CARRÉ de MALBERG, Raymond. *Contribution à la théorie générale de l'État*. Paris: Sirey, 1985. Reedição do original de 1920-1922.

CARREAU, Dominique. Les moyens de pression économique au regard du F.M.I., du G.A.T.T. e de l'O.C.D.E. *Revue belge de droit international*, Bruxelles, v. XVII, 1984-1985.

CARREAU, Dominique. *Souveraineté et coopération monétaire internationale*. Paris: Cujas, 1970.

CARREAU, Dominique; JUILLARD, Patrick. *Droit International Économique*. Paris: LGDJ, 1998.

CARRILLO-SALCEDO, Juan-Antonio. La Cour Pénale Internationale: L'humanité trouve une place dans le droit international. *RGDIP*, Paris, p. 23-28, 1999.

CARRILLO-SALCEDO, Juan-Antonio. Droit International et souveraineté des États. *RCADI*, t. 257, p. 35-221, 1996.

CASELLA, Paulo Borba. Estado, Soberania e Integração. In: MOURÃO, Fernando A. A. et al. (coord.). *Federalismo Mundial e Perspectivas do Federalismo no Brasil*: Seminário Internacional: São Paulo, 12 e 13 de setembro de 1996. São Paulo: Conselho Brasileiro de Relações Internacionais, 1997. p. 93-117.

CASELLA, Paulo Borba. *Mercosul*: exigências e perspectivas de integração e consolidação de espaço econômico integrado. 1995. Tese (Provimento do cargo de Titular de Direito Internacional Público) – Departamento de Direito Internacional, Faculdade de Direito, Universidade de São Paulo, 1995.

CASELLA, Paulo Borba (coord.). *Contratos internacionais e direito econômico no Mercosul*. São Paulo: LTr, 1996.

CASSESSE, Sabino. The Rise and Decline of the Notion of State. *International Political Science Review*, v. 7, nº 2, p. 120-130, April, 1986.

CASTELLS, Manuel. *Fim de milênio*. São Paulo: Paz e Terra, 1999.

CASTELLS, Manuel. A necessidade de representação. *Folha S. Paulo*, São Paulo, 27 jan. 2002. Caderno Mais! Disponível em: <http://www.uol.com.br/fsp/mais/ fs270 1200208.htm>. Acesso em: 28 jan. 2002.

CASTELLS, Manuel. *O poder da identidade*. São Paulo: Paz e Terra, 1999.

CASTELLS, Manuel. *A sociedade em rede*. São Paulo: Paz e Terra, 1999.

CEBRIÁN, Juan Luis. *A rede*. São Paulo: Summus, 1999.

CHARPENTIER, Jean. Le phénomène étatique à travers les grandes mutations politiques contemporaines. In: SFDI. *L'État souverain à l'aube du XX ^{ème} siècle*: Colloque de Nancy. Paris: A. Pedone, 1994. p. 11-38.

CHARNEY, Jonathan I.; ANTON, Donald K.; O'CONNELL, Mary Ellen (ed.). *Politics, Values and Functions*: International Law in the 21st Century: Essays in Honor of Professor Louis Henkin. The Hague: Martinus Nijhoff, 1997.

CHEMILLIER-GENDREAU, Monique. Affaiblissement des États, confusion des normes. In: CHEMILLIER-GENDREAU, Monique; MOULIER-BOUTANG, Yann. *Le droit dans la mondialisation*: une perspective critique. Paris: Presses Universitaires de France, 2001. p. 163-171.

CHEMILLIER-GENDREAU, Monique; MOULIER-BOUTANG, Yann. *Le droit dans la mondialisation*: une perspective critique. Paris: Presses Universitaires de France, 2001.

CHESNAIS, François. *A mundialização do capital*. São Paulo: Xamã, 1996.

CHESNAIS, François. Posfácio: os *crashes* financeiros asiáticos e os mecanismos de propagação internacional de crise econômica. In: CHESNAIS, François (coord.). *A mundialização financeira*: gênese, custos e riscos. São Paulo: Xamã, 1998. p. 295-318.

CHESNAIS, François (coord.). *A mundialização financeira*: gênese, custos e riscos. São Paulo: Xamã, 1998.

CHEVALIER, Jacques. Mondialisation du droit ou droit de la mondialisation? In: MORAND, Charles-Albert (org.). *Le droit saisi par la mondialisation*. Bruxelles: Bruylant, 2001. p. 37-61.

CLAUDE, Inis L. *Power and International Relations*. New York: Random House, 1962.

CLAUDE, Inis L. *States and the Global System*: Politics, Law and Organization. New York: St. Martin's Press, 1988.

CLAUDE, Inis L. *Swords into Plowshares*: The Problems and Progress of International Organization. 4th ed. New York: Random House, 1971. Edição original de 1956.

COHEN, Élie. *L'ordre économique mondial*: Essai sur les autorités de régulation. Paris: Fayard, 2001.

COHEN, Élie. *La tentation hexagonale*: la souveraineté à l'épreuve de la mondialisation. Paris: Fayard, 1996.

COHEN, Marcelo G. Is the Notion of Territorial Sovereignty Obsolete? In: PRATT, Martin; BROWN, Janet Allison (ed.). *Borderlands Under Stress*. London: Kluwer Law International, 2000. p. 35-47.

COLLIARD, Claude-Albert; DUBOUIS, Louis. *Institutions Internationales*. Paris: Dalloz, 1995.

COMBACAU, Jean. Pas une puissance, une liberté: la souveraineté internationale de l'État. *Pouvoirs*, Paris, n. 67, p. 47-58, 1993.

COMBACAU, Jean; SUR, S. *Droit international public*. Paris: Montchrestien, 1999.

COMISSION ON GLOBAL GOVERNANCE. *Our Global Neighborhood*. New York: Oxford University Press, 1995.

CONFORTI, Benedetto. Humanité et renouveau de la production normative. In: MÉLANGES René-Jean Dupuy: *Humanité et droit international*. Paris: A. Pedone, 1991. p. 113-120.

CORBETT, P. E. *The Individual and World Society*. Princeton: Princeton University Press, 1953.

CORDANI, Humberto G. As ciências da Terra e a mundialização das sociedades. *Estudos Avançados*, São Paulo, v. 9, n. 25, p. 13-27, set./dez. 1995.

COSTA, Ligia Maura. O sistema de solução de controvérsias da OMC e a globalização. In: GRISI, Celso Cláudio de Hildebrand; COSTA, Ligia Maura (coord.). *Negociações internacionais e a globalização*. São Paulo: LTr, 1999. p. 146-160.

COSTA, Ligia Maura. *OMC: Manual prático da Rodada Uruguai*. São Paulo: Saraiva, 1996.

CRÉPEAU, François (org.). *Mondialisation des échanges et fonctions de l'État*. Bruxelles: Bruylant, 1997.

CURRIE, David; LEVINE, Paul. *Rules, Reputation and Macroeconomic Policy Coordination*. Cambridge, U.K.: Cambridge University Press, 1993.

DALLARI, Dalmo de Abreu. *O futuro do estado*. São Paulo: Saraiva, 2001.

DECOL, René. Era do conhecimento. Disponível em: <http://www.agestado.com/virtual/rene//coluna91.htm>. Acesso em: 1996.

DELBRUCK, Jost. *Prospects for a World (Internal) Law?*: legal developments in a changing international system. *Indiana Journal of Global Legal Studies*, Bloomington, p. 401-431, Spring 2002.

DELMAS-MARTY, Mireille. Les processus de mondialisation du droit. In: MORAND, Charles-Albert (org.). *Le droit saisi par la mondialisation*. Bruxelles: Bruylant, 2001. p. 63-80.

DELMAS-MARTY, Mireille. *Trois défis pour un droit mondial*. Paris: Du Seuil, 1998.

DERTOUZOS, Michael. *What Will be*: How the New World of Information Will Change our Lives. San Francisco: Harper Edge, 1997.

DEUTSCH, Karl W. *The Analysis of International Relations*. New Jersey: Prentice-Hall, 1968.

DEUTSCH, Karl W. State Functions and the Future of the State. *International Political Science Review*, v. 7, n° 2, p. 209-222, April 1986.

LE DEVENIR des États: Souveraineté? Intégration?: Neuvième session de l'Académie Internationale de Droit Constitutionnel: Colloque de Tunis, 17 Août 1993. Toulouse: Presses de l'Université des Sciences Sociales de Toulouse, 1995.

DIEHL, Paul F. (ed.). *The Politics of Global Governance*: International Organizations in an Interdependent World. Boulder, Colo.: Lynne Rienner Publishers, 1997.

DOLINGER, Jacob. *Direito internacional privado*: parte geral. 2. ed. Rio de Janeiro: Renovar, 1993.

DOLINGER, Jacob. Prefácio. In CASELLA, Paulo Borba (coord.). *Contratos Internacionais e Direito Econômico no Mercosul*. São Paulo: LTr, 1996.

DOLLAR, David. Fostering Equity through International Institutions. In: PORTER, Roger B. et al. *Efficiency, Equity and Legitimacy*: the Multilateral Trading System at the Millennium. Washington, D.C.: Brookings Institution Press, 2001. p. 212-221.

DOLLFUS, Olivier. *La Mondialisation*. Paris: Presse des Sciences, 1997.

DOLLOT, René. *L'Organisation politique mondiale et le déclin de la souveraineté*. Paris: A. Pedone, 1947.

DROMI, Roberto; DEL POZO, Carlos Molina. *Acuerdo Mercosur-Union Europea*. Buenos Aires: Ciudad Argentina, 1996.

DRUCKER, Peter F. The Global Economy and the Nation-State. *Foreign Affairs*, New York, p. 159-171, Sept./Oct. 1997.

DUNNE, Tim; WHEELER, Nicholas J. *Human Rights in Global Politics*. Cambridge, U.K.: Cambridge University Press, 1999.

DUPAS, Gilberto. *Economia global e exclusão social*: Pobreza, Emprego, Estado e o Futuro do Capitalismo. São Paulo: Paz e Terra, 1999.

DUPUY, Pierre-Marie. *Droit international public*. 5ème ed. Paris: Dalloz, 2000.

DUPUY, Pierre-Marie. Humanité, communauté, et efficacité du droit. In: MÉLANGES René-Jean Dupuy: Humanité et Droit International. Paris: A. Pedone, 1991. p. 133-148.

DUPUY, René-Jean. L'avenir du droit international dans un monde multiculturel. In: DUPUY, René-Jean. *Dialectiques du droit international*. Paris: A. Pedone, 1999. p. 237-250.

DUPUY, René-Jean. Communauté Internationale. In: DUPUY, René-Jean. *Dialectiques du droit international*. Paris: A. Pedone, 1999. p. 309-314.

DUPUY, René-Jean. Le dédoublement du Monde. In: DUPUY, René-Jean. *Dialectiques du droit international*. Paris: A. Pedone, 1999. p. 303-308.

DUPUY, René-Jean. Démocratie et société internationale. In: DUPUY, René-Jean. *Dialectiques du droit international*. Paris: A. Pedone, 1999. p. 71-86.

DUPUY, René-Jean. *Dialectiques du droit international*. Paris: A. Pedone, 1999.

DUPUY, René-Jean. *Le droit international*. Paris: PUF, 1963.

DUPUY, René-Jean. L'organisation internationale et l'expression de la volonté générale. In: DUPUY, René-Jean. *Dialectiques du droit international*. Paris: A. Pedone, 1999, p. 33-69.

DURANT, Will. *A história da filosofia*. Rio de Janeiro: Nova Cultural, 1996. Edição original de 1926.

DUTHEIL de la ROCHÈRE, Jacqueline. L'interprétation de l'accord franco-américain relatif au transport aérien international changement d'appareil à Londres. *AFDI*, Bruxelles, XXV, p. 314-337, 1979.

DUTHEIL de la ROCHÈERE, Jacqueline. Mondialisation et Regionalisation. In: LOQUIN, Eric; KESSEDJIAN, Catherine (dir.). *La mondialisation du droit*. Dijon: Litec, 2000. p. 435-453.

ECO, Umberto. Rápida utopia. In: *Veja 25 Anos*: reflexões para o futuro. São Paulo: Abril, 1993. p. 108-115.

EFRAIM, Athena Debbie. *Sovereign (In)equality in International Organizations*. The Hague: Martinus Nijhoff, 2000.

EICHENGREEN, Barry. *Globalizing Capital*: a History of the International Monetary System. Princeton: Princeton University Press, 1996.

ELIAS, Norbert. *The Society of Individuals*. Cambridge: Basil Blackwell, 1991. Edição original de 1987.

ENGEL, Christoph. The Internet and the Nation State. In: ENGEL, Christoph; KELLER, Kenneth H. (ed.). *Understanding the Impact of Global Networks on Local Social, Political and Cultural Values*. Baden-Baden: Nomos Verlagsgesellschaft, 2000. p. 201-260.

ENGEL, Christoph; KELLER, Kenneth H. (ed.). *Understanding the Impact of Global Networks on Local Social, Political and Cultural Values*. Baden-Baden: Nomos Verlagsgesellschaft, 2000.

EPINEY, Astrid. Européanisation et mondialisation du droit: convergences et divergences. In: MORAND, Charles-Albert (org.). *Le droit saisi par la mondialisation*. Bruxelles: Bruylant, 2001. p. 147-170.

ESSAYS in Honour of Shabtai Rosenne: International Law at a time of perplexity. Dordrecht: Martinus Nijhoff, 1988.

ÉTUDES en l'honneur de Georges Scelle: La technique et les principes du droit international public. Paris: Librairie Générale de Droit et de Jurisprudence, 1950.

ETZIONI, Amitai. *Political Unification Revisited*: on building supranational communities. Lanham: Lexington Books, 2001.

FABRA, Paul. Les marchés et leur régulation. In: LENOIR, René; LESOURNE Jacques (ed.). *Où va l'État?*: la souveraineté économique et politique en question. Paris: Le Monde Éditions, 1992. p. 286-316.

FALCÃO, Joaquim de Arruda (org.). *Pesquisa científica e direito*. Recife: Ed. Massarangana, 1983.

FALK, Richard A. *Explorations at the Edge of Time*: the Prospects for World Order. Philadelphia: Temple University Press, 1992.

FALK, Richard A. *Law in an Emerging Global Village*: A Post-Westphalian Perspective. Ardsley, NY: Transnational, 1998.

FALK, Richard A. *On Humane Governance*: Towards a New Global Politics. Philadelphia: The Pennsylvania University Press, 1995.

FALK, Richard A. The Pathways of Global Constitutionalism. In: FALK, Richard A; JOHANSEN, Robert C.; KIM, Samuel S. (ed.). *The Constitutional Foundations of World Peace*. Albany: State University of New York Press, 1993. p. 13-38.

FALK, Richard A. Re-framing the legal agenda of world order in the course of a turbulent century. In: LIKOSKY, Michael (ed.). *Transnational Legal Processes*. London: Butterworths, 2002. p. 355-377.

FALK, Richard A. *A study of Future Worlds*. New York: The Free Press, 1975.

FALK, Richard A; JOHANSEN, Robert C.; KIM, Samuel S. (ed.). *The Constitutional Foundations of World Peace*. Albany: State University of New York Press, 1993.

FALK, Richard A; STRAUSS, Andrew. On the Creation of a Global Peoples Assembly: Legitimacy and the Power of Popular Sovereignty. *Stanford Journal of International Law*, Stanford, Calif., p. 191-220, Summer 2000.

FARIA, José Eduardo. Democracia e governabilidade: os direitos humanos à luz da globalização econômica. In: FARIA, José Eduardo (org.). *Direito e globalização econômica*. São Paulo: Malheiros, 1996. p. 127-160.

FARIA, José Eduardo. O *direito na economia globalizada*. São Paulo: Malheiros, 1999.

FARIA, José Eduardo. O futuro da política. *O Estado de S. Paulo*, São Paulo, p. A2, 6 fev. 1998.

FARIA, José Eduardo (org.). *Direito e globalização econômica.* São Paulo: Malheiros, 1996.

FEA. *Globalization, what it is and its implications*: Conferência Internacional. São Paulo: FEA-USP, 1996.

FELDSTEIN, Martin. Refocusing the IMF. *Foreign Affairs*, New York, v. 77, nº 2, p. 20-33, Mar./April 1998.

FERRAJOLI, Luigi. *A soberania no mundo moderno.* São Paulo: Martins Fontes, 2002.

FERRER, Aldo. *De Cristóbal Colón a Internet*: América Latina y la globalización. Buenos Aires: Fondo de Cultura Económica de Argentina, 1999.

FERRER, Aldo. *Historia de la globalización*: Orígenes del orden económico mundial. Buenos Aires: Fondo de Cultura Económica, 1996.

FERRER, Aldo. *Historia de la globalización II*: La Revolución Industrial y el Segundo Orden Mundial. Buenos Aires: Fondo de Cultura Económica, 1999.

FISHLOW, Albert. Lições da crise econômica. *Folha de S. Paulo*, São Paulo, seção 1, p. 3, 2 set. 1998.

FLORY, Maurice. Souveraineté des États et coopération pour le développement. *RCADI*, v. 1, t. 141, 1974.

FLORY, Thièbaut. *L'organisation mondiale du commerce*: Droit institutionnel et substantiel. Bruxelles: Bruylant, 1999.

FONSECA JUNIOR, Gelson. *A legitimidade e outras questões internacionais II.* São Paulo: Paz e Terra, 1998.

FONSECA JÚNIOR, Gelson; CASTRO, Sérgio Henrique Nabuco de. *Temas de política externa brasileira II.* São Paulo: Paz e Terra, 1994.

FORRESTER, Viviane. *O horror econômico.* São Paulo: Unesp, 1997.

FOWLER, Michael Ross; BUNCK, Julie Marie. *Law, Power and the Sovereign State*: the Evolution and Application of the Concept of Sovereignty. Philadelphia: The Pennsylvania State University Press, 1995.

FRANCK, Thomas M. Can the United States Delegate Aspects of Sovereignty to International Regimes? In: FRANCK, Thomas M. (ed.). *Delegating State Powers*: The Effect of Treaty Regimes on Democracy and Sovereignty. New York: Transnational, 2000. p. 1-17.

FRANCK, Thomas M. *Fairness in International Law and Institutions.* Oxford: Clarendon Press, 1995.

FRANCK, Thomas M. Legitimacy in the International System. *AJIL*, Washington D.C., p. 705-759, Oct. 1988.

FRANCK, Thomas M. *The Power of Legitimacy Among Nations.* New York: Oxford University Press, 1990.

FRANCK, Thomas M. (ed.). *Delegating State Powers*: the Effect of Treaty Regimes on Democracy and Sovereignty. New York: Transnational, 2000.

FRIEDMAN, Thomas L. *The Lexus and the Olive Tree.* New York: Ferrar Strauss and Giroux, 1999.

FUENTES, Carlos. Chile tenta purificar seu passado. *Folha de S. Paulo*, São Paulo, 10 dez. 1998. Caderno 1, p. 14.

FUKUYAMA, Francis. *The End of History and the Last Man.* New York: Avon Books, 1992.

FURTADO, Celso. *Brasil: a construção interrompida*. São Paulo: Paz e Terra. 1992.

GALTUNG, Johan. Non-territorial actors: the invisible continent: Towards a typology of international organizations. In: ABI-SAAB, Georges (ed.). *The concept of international organization*. Paris: Unesco, 1981. p. 67-75.

GARTEN, Jeffrey E. Lessons for the Next Financial Crisis. *Foreign Affairs*, New York, v. 78, n º 2, p. 76-92, Mar./April 1999.

GATES, Bill. *A estrada do futuro*. São Paulo: Companhia das Letras, 1995.

GERBET, Pierre. Rise and development of international organizations: a synthesis. In: ABI-SAAB, Georges (ed.). *The concept of international organization*. Paris: Unesco, 1981. p. 27-49.

GIDDENS, Anthony. *The Consequences of Modernity*. Stanford: Stanford University Press, 1990.

GILPIN, Robert. *Global Political Economy*: Understanding the International Economic Order. Princeton: Princeton University Press, 2001.

GOLDMANN, Berthold. Frontières du droit et lex mercatoria. In: Le droit subjectif en question. *Archives de philosophie du droit*, t. 9, p. 177-192, 1964.

GOLDSMITH, Jack L. The Internet and the Abiding Significance of Territorial Sovereignty. *Indiana Journal of Global Legal Studies*, Bloomington, p. 475-491, Spring 1998.

GOMÉZ ROBLEDO, Antonio. Le jus cogens international: sa genèse, sa nature, ses fonctions. *RCADI*, v. III, t. 172, p. 9-217, 1981.

GONÇALVES, Reinaldo. Investimento Internacional. In: GONÇALVES, Reinaldo et al. *A nova economia internacional*: uma perspectiva brasileira. Rio de Janeiro: Campus, 1998. p. 111-179.

GONÇALVES, Reinaldo et al. *A nova economia internacional*: uma perspectiva brasileira. Rio de Janeiro: Campus, 1998.

GORDON, David. The Global Economy: new edifice or crumbling foundations? In: KOTZ, David; MCDONOUGH, Terrence; REICH, Michael. *Social structures of accumulation, the political economy of growth and crisis*. Cambridge, U.K.: Cambridge University Press, 1994. p. 292-305.

GRAY, John. *False Dawn*: The Delusions of Global Capitalism. New York: The New Press, 1998.

GRIECO, Francisco de Assis. *O Brasil e a globalização econômica*. São Paulo: Aduaneiras, 1997.

GRIEN, Raúl. *La Integración Económica como Alternativa Inédita para América Latina*. México, D.F.: Fondo de Cultura Económica, 1994.

GRIFFITHS, Martin. *Fifty Key Thinkers in International Relations*. London: Routledge, 1999.

GRIGERA NAON, Horacio A. Sovereignty and Regionalism. *Law and Policy in International Business*, Washington, D.C., v. 27, n º 4, p. 1073-1180, 1996.

GRISI, Celso Cláudio de Hildebrand; COSTA, Ligia Maura (coord.). *Negociações internacionais e a globalização*. São Paulo: LTr, 1999.

GRUBER, Lloyd. *Ruling the World*: Power Politics and the Rise of Supranational Institutions. Princeton: Princeton University Press, 2000.

GUILLAUME, Gilbert. Souveraineté et juridictions internationales. In: TORRELLI, Maurice (ed.). *La souveraineté a l'aube du IIIe millénaire*. Nice: Institut du Droit de la Paix et du Développement, Université de Nice Sophia-Antipolis, 1990. p. 54-71.

GUSTAFSON, Lowell. Interdependence and World Order. In: THOMPSON, Kenneth W. *Community, Diversity and a New World Order*: Essays in Honor of Inis L. Claude, Jr. Boston: University Press of America, 1994. p. 67-83.

GUTTMANN, Robert. As Mutações do Capital Financeiro. In: CHESNAIS, François (coord.). *A mundialização financeira*: gênese, custos e riscos. São Paulo: Xamã, 1998. p. 61-96.

HAAS, Ernst B. *Beyond the Nation-State*: Functionalism and International Organization. Stanford: Stanford University Press, 1964.

HAAS, Ernst B. *Why We Still Need the United Nations*: The Collective Management of International Conflict: 1945-1984. Berkeley: Institute of International Studies, 1986.

HAAS, Richard N.; LITAN, Robert E. Globalization and its Discontents: Navigating the Dangers of a Tangled World. *Foreign Affairs*, New York, v. 77, n° 3, p. 2-6 May/Jun. 1998.

HABERMAS, Jürgen. *Après l'État-nation*: une nouvelle constellation politique. Paris: Fayard, 2000.

HABERMAS, Jürgen. La constellation postnationale et l'avenir de la démocratie. In: HABERMAS, Jürgen. *Après l'État-nation*: une nouvelle constellation politique. Paris: Fayard, 2000. p. 43-124.

HABERMAS, Jürgen. L'État-nation européen sous la pression de la mondialisation. In: HABERMAS, Jürgen. *Après l'État-nation*: une nouvelle constellation politique. Paris: Fayard, 2000. p. 125-149.

HABERMAS, Jürgen. A guerra e seus juízos contraditórios. *Folha de S. Paulo*, São Paulo, p. A30, 27 abr. 2003.

HALE, David D. The IMF, Now More than Ever: the Case for Financial Peacekeeping. *Foreign Affairs*, New York, v. 77, n° 6, p. 7-13, Nov./Dec. 1998.

HARDT, Michel; NEGRI, Antonio. *Empire*. Paris: Exils, 2000.

HASHMI, Sohail H. (ed.). *State Sovereignty*: Changes and Persistence in International Relations. Philadelphia: The Pennsylvania University Press, 1997.

HELD, David. *Democracy and the Global Order*: From the Modern State to Cosmopolitan Governance. Stanford, Calif.: Stanford University Press, 1995.

HELD, David; MCGREW, Anthony G.; GOLDBLATT, David; PERRATON, Jonathan. *Global Transformations*: Politics, Economics and Culture. Stanford, Calif.: Stanford University Press, 1999.

HELLEINER, Eric. Sovereignty, territoriality and the globalization of finance. In: SMITH, David A.; SOLINGER, Dorothy J.; TOPIK, Steven C. (ed.). *States and Sovereignty in the Global Economy*. New York: Routledge, 1999. p. 138-157.

HENKIN, Louis. The Mythology of Sovereignty. *American Society of International Law Newsletter*, Mar./May 1993. Disponível em: <http://www.asil.org./pres.htm>. Acesso em: 16 jan. 1998.

HINOJOSA-OJEDA, Raúl A.; LEWIS, Jeffrey D.; ROBINSON, Sherman. Mercosul e Nafta: convergência e divergência na integração das Américas. In: VELLOSO, João

Paulo dos Reis (coord.). *Mercosul e Nafta*: o Brasil e a Integração Hemisférica. Rio de Janeiro: José Olympio, 1995. p. 141-231.

HINSLEY, F. H. *Sovereignty*. 2nd ed. Cambridge, U.K.: Cambridge University Press, 1986. Edição original de 1966.

HIRST, Paul; THOMPSON, Grahame. *Globalization in Question*: The International Economy and the Possibilities of Governance. Cambridge, U.K.: Polity Press, 1996.

HOBBES, Thomas. *Leviatã*. São Paulo: Nova Cultural, 1997.

HOBE, S. Globalisation: a challenge to the nation state and to international law. In: LIKOSKY, Michael (ed.). *Transnational Legal Processes*. London: Butterworths, 2002. p. 378-391.

HOBSBAWM, Eric. *A era dos extremos*: o breve século XX: 1914-1991. 2. ed. São Paulo: Companhia das Letras, 1997.

HOFFMANN, Stanley. Le triste état du monde. *Le Monde*, Paris, 23 jan. 2002. Disponível em: <http://www.lemond.fr/imprimer_article_ref10.91873232−259786,00.html>. Acesso em: 24 jan. 2002.

HOFFMANN, Stanley. Foreword. In: HASHMI, Sohail H. (ed.). *State Sovereignty*: Changes and Persistence in International Relations. Philadelphia: The Pennsylvania University Press, 1997.

HONDERICH, Ted (ed.). *The Oxford Companion to Philosophy*. New York: Oxford University Press, 1995.

HOWSE, Robert. From Politics to Technocracy and Back Again: the Fate of the Multilateral Trading Regime. In: ALVAREZ, José E. (ed.). *Symposium The Boundaries of the WTO*. Washington, D.C.: American Society of International Law, 2002. p. 94-117.

HUCK, Hermes Marcelo. *Contratos com o Estado*: aspectos de direito internacional. São Paulo: Aquarela, 1989.

HUCK, Hermes Marcelo. *Da guerra justa a guerra econômica*: uma revisão sobre o uso da força em direito internacional. São Paulo: Saraiva, 1996.

HUCK, Hermes Marcelo. *Sentença estrangeira e lex mercatoria*: horizontes e fronteiras do comércio internacional. São Paulo: Saraiva, 1994.

HUNTINGTON, Samuel P. *O choque das civilizações e a recomposição da ordem mundial*. Rio de Janeiro: Objetiva, 1997.

HURLEY, Deborah; MAYER-SCHÖNBERGER, Viktor. Information Policy and Governance. In: NYE, Joseph S; DONAHUE, John D. (ed.). *Governance in a Globalizing World*. Cambridge, Mass.: Brookings Institution Press, 2000. p. 330-346.

IANNI, Octavio. *A era do globalismo*. Rio de Janeiro: Civilização Brasileira, 1996.

IANNI, Octavio. Globalização: novo paradigma das ciências sociais. *Estudos Avançados*, São Paulo, v. 8 n. 21, p. 147-163, 1994.

IANNI, Octavio. Nação: Província da sociedade global? In: SANTOS, Milton et al. (org.). *Território, globalização e fragmentação*. São Paulo: Hucitec, 1994. p. 77-84.

IANNI, Octavio. *A sociedade global*. 3. ed. Rio de Janeiro: Civilização Brasileira, 1992.

IANNI, Octavio. *Teorias da globalização*. Rio de Janeiro: Civilização Brasileira, 1995.

ICC. *Incoterms 2000*: ICC Official Rules for the interpretation of trade terms. Paris: ICC, 2000.

ISOART, Paul. Souveraineté étatique et relations internationales. In: BETTATI, Mario et al. *La souveraineté au XXème siècle*. Paris: Librairie Armand Colin, 1971. p. 13-45.

JACKSON, John H. Fragmentation or Unification Among International Institutions: the World Trade Organization. *New York University Journal of International Law and Politics*, New York, p. 823-831, Summer 1999.

JACKSON, John H. The Great 1994 Sovereignty Debate: United States Acceptance and Implementation of the Uruguay Round Results. In: CHARNEY, Jonathan I.; ANTON, Donald K.; O'CONNELL, Mary Ellen (ed.). *Politics, Values and Functions*: International Law in the 21st Century: Essays in Honor of Professor Louis Henkin. The Hague: Martinus Nijhoff, 1997. p. 149-176.

JACKSON, John H. Perspectives on regionalism in trade relations. *Law and Policy in International Business*, Washington D. C., v. 27, nº 4, p. 873-878, Summer 1996.

JACKSON, John H. *The World Trade Organization*: Constitution and Jurisprudence. London: The Royal Institute of International Affairs, 1998.

JACKSON, Robert H. Continuity and Change in the States System. In: JACKSON, Robert H.; JAMES, Alan (ed.). *States in a Changing World*: A Contemporary Analysis. Oxford: Clarendon Press, 1993. p. 346-367.

JACKSON, Robert H. *The Global Covenant*: Human Conduct in a World of States. New York: Oxford University Press, 2000.

JACKSON, Robert H. *Quasi-States*: Sovereignty, International Relations and the Third World. Cambridge, U. K.: Cambridge University Press, 1990.

JACKSON, Robert H.; JAMES, Alan. The Character of Independent Statehood. In: JACKSON, Robert H.; JAMES, Alan (ed.). *States in a Changing World*: A Contemporary Analysis. Oxford: Clarendon Press, 1993. p. 3-25.

JACKSON, Robert H.; JAMES, Alan (ed.). *States in a Changing World*: A Contemporary Analysis. Oxford: Clarendon Press, 1993.

JACKSON, William. Thinking About International Community and Its Alternatives. In: THOMPSON, Kenneth W. *Community, Diversity and a New World Order*: Essays in Honor of Inis L. Claude, Jr. Boston: University Press of America, 1994. p. 3-19.

JACQUET, Jean Michel. Contrat d'État. *JurisClasseur*, Paris, fascicule 565-60, p. 1-36, 1998.

JAGUARIBE, Helio. A nova ordem mundial. *Política Externa*, São Paulo, v. 1, n. 1, p. 5-15, jun. 1992.

JAMES, Alan. *Sovereign Statehood*: the Basis of International Society. London: Allen & Unwin Publishers, 1986.

JAMES, M. H. (ed.). *Bentham and Legal Theory*. Belfast: Northern Ireland Legal Quarterly, 1973.

JELLINEK, Georg. *Teoria general del estado*. Buenos Aires: Albatros, 1954. Edição original de 1911.

JENKS, C. Wilfred. *The Common Law of Mankind*. London: Stevens, 1958.

JENKS, C. Wilfred. Interdependence as the basic concept of contemporary international law. In: Problèmes de droit des gens: Mélanges offerts à Henry Rolin. Paris: A. Pedone, 1964.

JENKS, C. Wilfred. Law, Freedom and Welfare in Action For Peace. In: JENKS, C. Wilfred et al. *International Law in a Changing World*. New York: Oceana Publications, 1963. p. 1-11.

JENKS, C. Wilfred. *A New World of Law?*: A study of the creative imagination in international law. London: Longmans, 1969.

JENKS, C. Wilfred. The Thesis Restated. In: LARSON, Arthur; JENKS, C. Wilfred (org.). *Sovereignty Within the Law*. New York: Oceana Publications, 1965. p. 431-471.

JENKS, C. Wilfred et al. *International Law in a Changing World*. New York: Oceana Publications, 1963.

JENNINGS, Robert. Sovereignty and International Law. In: KREIJEN, Gerard (ed.). *State, Sovereignty and International Governance*. Oxford: Oxford University Press, 2002. p. 27-44.

JESSUP, Philip C. *A Modern Law of Nations*. New York: Archon Books, 1968. Edição original de 1947.

JESSUP, Philip C. *The International Problem of Governing Mankind*. Claremont, Calif.: Archon Books, 1947.

JESSUP, Philip C. *Transnational Law*. New Haven: Yale University Press, 1956.

JITTA, Josephus. *La rénovation du droit international sur la base d'une communauté juridique du genre humain*. La Haye: Martinus Nijhoff, 1919.

JOFFE, Josef. Rethinking the Nation-State: the Many Meanings of Sovereignty. *Foreign Affairs*, New York, p. 122-127, Nov./Dec. 1999.

JOHNSON, David R.; POST, David G. Law and Borders: the Rise of Law in Cyberspace. *Stanford Law Review*, Stanford, nº 48, p. 1367-1402, May 1996. Disponível em: <http://www.cli.org/X0025_LBFIN.html>. Acesso em: 31 out. 2003.

KADDURI, Majid. Islamic Law. In: LARSON, Arthur; JENKS, C. Wilfred (org.). *Sovereignty Within the Law*. New York: Oceana Publications, 1965. p. 165-183.

KALDOR, Mary. Transnational civil society. In: DUNNE, Tim; WHEELER, Nicholas J. *Human Rights in Global Politics*. Cambridge, U.K.: Cambridge University Press, 1999. p. 195-213.

KAMARCK, Elaine Ciulla; NYE, Joseph S. (ed.). *Democracy.com?*: Governance in Networked World. Hollis: Hollis Publishing, 1999.

KAMMINGA, Memmo T. The Evolving Status of NGOs under International Law: A Threat to the Interstate System? In: KREIJEN, Gerard (ed.). *State, Sovereignty and International Governance*. Oxford: Oxford University Press, 2002. p. 387-406.

KANT, Immanuel. Idea of a Universal History on a Cosmo-political plan. *The Sociological Press*, Hanover, p. 1-14, 1927. Artigo original de 1784.

KANT, Immanuel. To Perpetual Peace: a Philosophical Sketch: (1795). In: KANT, Imannuel. *Perpetual Peace and other essays*. Indianapolis, Ind.: Hackett, 1983. p. 107-143.

KANT, Imannuel. *Perpetual Peace and Other Essays*. Indianópolis, Ind.: Hackett, 1983. Artigos escritos entre 1784 e 1795.

KAPLAN, Robert D. The Coming Anarchy: How scarcity, crime, overpopulation, tribalism, and disease are rapidly destroying the social fabric of our planet. *The Atlantic Monthly*, Boston, Mass., v. 273, nº 2, p. 44-76, Feb. 1994.

KARATNYCKY, Adrian. Caso pode ampliar alcance do direito internacional. *O Estado de S. Paulo*, São Paulo, p. A16, 27 out. 1998.

KARNS, Margaret P. The Changing Architecture of World Politics: Multilateralism, Cooperation, and Global Governance. In: THOMPSON, Kenneth W. *Community, Diversity and a New World Order*: essays in honor of Inis L. Claude, Jr. Boston: University Press of America, 1994. p. 267-284.

KAUFMANN-KOHLER, Gabrielle. Mondialisation de la procédure arbitrale. In: MORAND, Charles-Albert (org.). *Le droit saisi par la mondialisation*. Bruxelles: Bruylant, 2001. p. 269-281.

KELSEN, Hans. *Derecho y Paz en las Relaciones Internacionales*. México, D.F.: Fondo de Cultura Económica, 1996.

KELSEN, Hans. *Peace Through Law*. New York: The University of North Carolina Press, 1944.

KELSEN, Hans. O princípio da igualdade soberana dos Estados como base para a organização internacional. *Revista Direito*, Rio de Janeiro, ano V, vol. XXIX, 1944.

KELSEN, Hans. Théorie du droit international public. *RCADI*, t. 42, 1932.

KELSEN, Hans. *What is Justice?*: Justice, Law and Politics in the Mirror of Science. Berkeley: University of California Press, 1960.

KENEN, Peter B. (ed.). *Understanding Interdependence*: The macroeconomics of the open economy. New Jersey: Princeton University Press, 1995.

KEOHANE, Robert O. Problematic Lucidity: Stephen Krasner's State Power and the Structure of International Trade. *World Politics*, Princeton, v. 50, nº 1, p. 150-170, Oct. 1997.

KEOHANE, Robert O.; MILNER, Helen (ed.). *Internationalization and Domestic Politics*. Cambridge, U.K.: Cambridge University Press, 1996.

KEOHANE, Robert O.; NYE, Joseph S. *Power and Interdependence*. Cambridge, U. S.: Harper Collins, 1989.

KEOHANE, Robert O.; NYE, Joseph S. Power and Interdependence in the Information Age. In: KAMARCK, Elaine Ciulla; NYE, Joseph S. (ed.). *Democracy.com?*: Governance in a Networked World. Hollis: Hollis Publishing, 1999. p. 197-214.

KEOHANE, Robert O.; NYE, Joseph S. (ed.). *Transnational Relations and World Politics*. Cambridge, U.S.: Harvard University Press, 1972.

KEYNES, John Maynard. *The Economic Consequences of the Peace*. New York: Penguin Books, 1995. Edição original de 1920.

KINDLEBERGER, Charles (ed.). *The International Corporation*: A symposium. Cambridge, U.S.: The M.I.T. Press, 1970.

KITCHING, Gavin. *Seeking Social Justice through Globalization*: Escaping a Nationalist Perspective. Philadelphia: The Pennsylvania State University Press, 2001.

KLEFFENS, E. N. Van. Sovereignty in International Law: Five Lectures. *RCADI*, t. 1, 1953.

KOHEN, Marcelo G. Internationalisme et mondialisation. In: MORAND, Charles-Albert (org.). *Le droit saisi par la mondialisation*. Bruxelles: Bruylant, 2001. p. 107-130.

KOMURO, Norio. Kodak-Fuji Film Dispute and the WTO Panel-Ruling. *Journal of World Trade*, Great Britain, nº 5, p. 161-217, 1998.

KOROWICZ, Marek Stanislaw. *Organisations Internationales et souveraineté des États membres*. Paris: A. Pedone, 1961.

KOROWICZ, Marek Stanislaw. Some present aspects of sovereignty in International Law. *RCADI*, t. 1, 1961.

KOROWICZ, Marek Stanislaw. Writings of Twentieth Century Publicists. In: LARSON, Arthur; JENKS, C. Wilfred (org.). *Sovereignty Within the Law*. New York: Oceana Publications, 1965. p. 414-430.

KOTZ, David; MCDONOUGH, Terrence; REICH, Michael. *Social structures of accumulation, the political economy of growth and crisis*. Cambridge, U.K.: Cambridge University Press, 1994.

KRASNER, Stephen D. Economic Interdependence and Independent Statehood. In: JACKSON, Robert H; JAMES, Alan (ed.). *States in a Changing World*: A Contemporary Analysis. Oxford: Clarendon Press, 1993. p. 301-321.

KRASNER, Stephen D. International political economy: abiding discord. *Review of International Political Economy*, London, v. 1, nº 1, p. 13-19, Spring 1994.

KRASNER, Stephen D. *Sovereignty*: Organized Hypocrisy. Princeton: Princeton University Press, 1999.

KRASNER, Stephen D. State Power and the Structure of International Trade. *World Politics*, Princeton, v. 28, nº 3, p. 317-343, April 1996.

KREIJEN, Gerard (ed.). *State, Sovereignty and International Governance*. Oxford: Oxford University Press, 2002.

KRISTOFF, Nicholas D. A globalização tem raízes antigas. *O Estado de S. Paulo*, São Paulo, p. B8, 23 set. 1998.

KRISTOFF, Nicholas D.; WUDDUN, Sheryll. Os Náufragos do Mar Global de Dinheiro. *O Estado de S. Paulo*, São Paulo, 28 fev. 1999. Caderno especial H, p. H 7.

KRUGMAN, Paul. *Globalização e globobagens*. Rio de Janeiro: Campus, 1999.

KRUGMAN, Paul. *Pop Internationalism*. 2nd ed. Cambridge, U.S.: The MIT Press, 1996.

KRUGMAN, Paul. A volta do Dr. Mabuse. *O Estado de S. Paulo*, São Paulo, p. B11, 24 nov. 1998.

KRUGMAN, Paul; OBSTFELD, Maurice. *International Economics*: Theory and Policy. 4th ed. Reading, Mass.: Addison-Wesley, 1997.

LAFER, Celso. Apresentação. In: BAPTISTA, Luiz Olavo; MERCADANTE, Araminta de Azevedo; CASELLA, Paulo Borba (org.). *Mercosul*: Das negociações à implantação. São Paulo: LTr, 1994.

LAFER, Celso. *Comércio, desarmamento, direitos humanos*: reflexões sobre uma experiência diplomática. São Paulo: Paz e Terra, 1999.

LAFER, Celso. Direito e poder: notas sobre um itinerário de pesquisa. In: FALCÃO, Joaquim de Arruda (org.). *Pesquisa científica e Direito*. Recife: Ed. Massarangana, 1983. p. 29-50.

LAFER, Celso. *A OMC e a regulamentação do comércio internacional*: uma visão brasileira. Porto Alegre: Livraria do Advogado, 1998.

LAFER, Celso. Política Externa Brasileira: Reflexão e Ação. In: MARCOVITCH, Jacques (org.). *Cooperação internacional*: estratégia e gestão. São Paulo: Edusp, 1994. p. 23-46.

LAFER, Celso. Réflexions sur l'OMC lors du 50ᵉ anniversaire du système multilatéral commercial. *JDI*, Paris, nº 4, p. 933-944, 1998.

LAFER, Celso. *O sistema de solução de controvérsias da Organização Mundial do Comércio*. São Paulo: Fiesp/Ciesp, 1996.

LAFER, Celso; FONSECA JÚNIOR, Gelson. Questões para a Diplomacia no Contexto Internacional das Polaridades Indefinidas. In: FONSECA JÚNIOR, Gelson; CASTRO, Sérgio Henrique Nabuco de (org.). *Temas de política externa brasileira II*. São Paulo: Paz e Terra, 1994. v. 1, p. 49-68.

LAMPREIA, Luiz Felipe. O Brasil e o comércio internacional. In: MARCOVITCH, Jacques (coord.). *O futuro do comércio internacional*: de Marrakesh a Cingapura. São Paulo: FEA-USP, 1996. p. 13-23.

LANDES, David S. *Prometeu desacorrentado*: Transformação tecnológica e desenvolvimento industrial na Europa Ocidental, desde 1750 até a nossa época. Rio de Janeiro: Nova Fronteira, 1994. Edição original de 1969.

LANDES, David S. *A riqueza e a pobreza das nações*: Por que algumas são tão ricas e outras são tão pobres. Rio de Janeiro: Campus, 1998.

LANDHEER, B.; LOENEN, J. H. M. M.; POLAK, Fred L. (ed.). *World Society*: How is an Effective and Desirable World Order Possible?: a Symposium. The Hague: Martinus Nijhoff, 1971.

LANSING, Robert. *Notes on Sovereignty*: from the Standpoint of the State and of the World. Washington, D.C.: Carnegie Endowment for International Peace, 1921.

LANÚS, Juan Archibaldo. El Estado Nación Frente a la Globalización. *Archivos del Presente*, Buenos Aires, año 2, nº 5, p. 107-118, Invierno Austral 1996.

LAPOUGE, Gilles. Imunidade de tiranos foi quebrada para sempre. *O Estado de S. Paulo*, São Paulo, p. A26, 25 out. 1998.

LAPOUGE, Gilles. Ingleses proclamam globalização da justiça. *O Estado de S. Paulo*, São Paulo, p. A29, 26 nov. 1998.

LAPRADELLE, A. de. Lettre-Préface. In: SUKIENNICKI, Wictor. *La Souveraineté des États en Droit International Moderne*. Paris: A. Pedone, 1927.

LARSON, Arthur. Decisions of Tribunals. In: LARSON, Arthur; JENKS, C. Wilfred (org.). *Sovereignty Within the Law*. New York: Oceana Publications, 1965. p. 374-413.

LARSON, Arthur. International Custom and Practice. In: LARSON, Arthur; JENKS, C. Wilfred (org.). *Sovereignty Within the Law*. New York: Oceana Publications, 1965. p. 332-355.

LARSON, Arthur. International Organizations and Conventions. In: LARSON, Arthur; JENKS, C. Wilfred (org.). *Sovereignty Within the Law*. New York: Oceana Publications, 1965. p. 357-373.

LARSON, Arthur; JENKS, C. Wilfred (org.). *Sovereignty Within the Law*. New York: Oceana Publications, 1965.

LEBEL, Georges A. La Mondialisation: une hypothèse économique galvaudée aux effets dramatiques. In: CRÉPEAU, François (org.). *Mondialisation des échanges et fonctions de l'État*. Bruxelles: Bruylant, 1997. p. 17-35.

LEBEN, Charles. Contre mesures. *Répertoire international Dalloz*, Paris, 1998.

LEBEN, Charles. Les contre-mesures inter-étatiques et les réactions à l'illicite dans la société internationale. *AFDI*, Paris, v. XXVII, p. 9-77, 1982.

LEBEN, Charles. L'évolution du droit international des investissements. In: SFDI. *Un accord multilatéral sur l'investissement*: d'un forum de négociation à l'autre?: journée d'études. Paris: A. Pedone, 1999. p. 7-32.

LEBEN, Charles. Quelques réflexions théoriques à propos des contrats d'État. In: *Souveraineté étatique et marchés internationaux à la fin du XXème siècle*: à propos de 30 ans de recherche du CREDIMI: Mélanges en l'honneur de Philippe Kahn. Paris: Litec, 2000. p. 119-175.

LEBEN, Charles. *Les sanctions privatives de droit ou de qualité dans les organisations internationales spécialisées*: recherches sur les sanctions internationales et l'évolution du droit des gens. Bruxelles: Bruylant, 1979.

LENOIR, René; LESOURNE Jacques (ed.). *Où va l'État?*: la souveraineté économique et politique en question. Paris: Le Monde Éditions, 1992.

LERDA, Juan Carlos. Globalización y pérdida de autonomía de las autoridades fiscales, bancarias y monetarias. *Revista de la Cepal*, Santiago, p. 63-77, abr. 1996.

LIKOSKY, Michael (ed.). *Transnational Legal Processes*. London: Butterworths, 2002.

LIPSEY, R. The Theory of Customs Union: A General Survey. In: BHAGWATI, Jagdish (org.). *International Trade*: selected readings. Middlesex, Engl.: Penguin Books, 1969. p. 218-241.

LOEWENSTEIN, Karl. Sovereignty and International Co-operation. *AJIL*, Washington D.C., v. 48, p. 222-244, 1954.

LÓPEZ GARRIDO, Diego; GARCIA ARÁN, Mercedes. Para juristas, Espanha tem competência no caso: Princípio da "justiça universal" permite julgar atos de genocídio cometidos no exterior. *O Estado de S. Paulo*, São Paulo, p. A16, 21 out. 1998.

LOQUIN, Eric; KESSEDJIAN, Catherine. *La mondialisation du droit*. Dijon: Litec, 2000.

LOQUIN, Eric; RAVILLON, Laurence. La volonté des opérateurs vecteur d'un droit mondialisé. In: LOQUIN, Eric; KESSEDJIAN, Catherine. *La mondialisation du droit*. Dijon: Litec, 2000. p. 91-132.

LUCHAIRE, François. La Communauté et l'Union européenne: étendue et limites. In: LE DEVENIR *des États: Souveraineté? Intégration?*: Neuvième session de l'Académie Internationale de Droit Constitutionnel: Colloque de Tunis, 17 Août 1993. Toulouse: Presses de l'Université des Sciences Sociales de Toulouse, 1995. p. 73-151.

LUPI, André Lipp Pinto Basto. *Soberania, OMC e Mercosul*. São Paulo: Aduaneiras, 2001.

LYONS, Gene M.; MASTANDUNO, Michel. States Sovereignty and International Intervention: Reflections on the Present and Prospects for the Future. In: LYONS, Gene M.; MASTANDUNO, Michel (ed.). *Beyond Westphalia?*: State Sovereignty and International Intervention. Baltimore: The John's Hopkins University Press, 1995. p. 250-265.

LYONS, Gene M.; MASTANDUNO, Michel (ed.). *Beyond Westphalia?*: State Sovereignty and International Intervention. Baltimore: The John's Hopkins University Press, 1995.

MAGALHÃES, José Carlos de. O Controle pelo Estado da Atividade Internacional das Empresas Privadas. In: BAPTISTA, Luiz Olavo; HUCK, Hermes Marcelo; CASELLA,

Paulo Borba (coord.). *Direito e comércio internacional*: tendências e perspectivas: Estudos em homenagem ao Prof. Irineu Strenger. São Paulo: LTr, 1994. p. 190-209.

MAGALHÃES, José Carlos de. Direitos Humanos e Soberania. *O Estado de S. Paulo*, São Paulo, p. A2, 05 jan. 1999.

MAGALHÃES, José Carlos de. *Do Estado na arbitragem privada*. São Paulo: Max Limonad, 1988.

MAGALHÃES, José Carlos de. Empresa Multinacional: descrição analítica de um fenômeno contemporâneo. LTr, São Paulo, v. 39, p. 493-509, maio 1975. Publicado anteriormente na *Rev. de Direito Mercantil*, n. 14, 1974. p. 61-77.

MAGALHÃES, José Carlos de. *O Supremo Tribunal Federal e o direito internacional*: uma análise crítica. Porto Alegre: Livraria do Advogado, 2000.

MAGALHÃES, José Carlos de; BAPTISTA, Luiz Olavo. *Arbitragem comercial*. Rio de Janeiro: Freitas Bastos, 1986.

MAHMOUD, Mohamed Salah Mohamed. Les leçons de l'affaire Pinochet. *JDI*, Paris, n. 4, p. 1021-1041, 1999.

MAHMOUD, Mohamed Salah Mohamed. Mondialisation et souveraineté de l'État. *JDI*, Paris, n. 3, p. 611-662, 1996.

MAIRET, Gérard. *Le principe de la souveraineté*: Histoires et fondements du pouvoir moderne. Paris: Gallimard, 1997.

MAIRET, Gérard. Présentation. In: BODIN, Jean. *Les six livres de la République*. Paris: Le Livre de Poche, 1993. p. 5-41.

MARCOVITCH, Jacques. O novo contexto mundial, desafio tecnológico e a integração latino-americana. *Revista de Administração*, São Paulo, v. 24, n. 2, p. 5-13, abr./jun. 1989.

MARCOVITCH, Jacques (org.). *Cooperação internacional*: estratégia e gestão. São Paulo: EDUSP, 1994.

MARCOVITCH, Jacques (coord.). *O futuro do comércio internacional*: de Marrakesh a Cingapura. São Paulo: FEA-USP, 1996.

MAROIS, Bernard. *Le risque-pays*. Paris: Presses Universitaires de France, 1990.

MARTIN MARTINEZ, Magdalena M. *National Sovereignty and International Organizations*. The Hague: Kluwer Law International, 1996.

MARX, Karl; ENGELS, Friedrich. *Manifesto do Partido Comunista*. Porto Alegre: LP&M, 2002. Edição original de 1948.

MATTOS, Adherbal Meira. *Direito internacional público*. São Paulo: Saraiva, 1980.

MAVROIDIS, Petros C. Trade and Environment after the Shrips-Turtles Litigation. *Journal of World Trade*, Dordrecht, v. 34, nº 1, p. 73-88, Feb. 2000.

MAYER, Pierre. La neutralisation du pouvoir normatif de l'État. *JDI*, p. 5-78, 1986.

MCLEISH, Kenneth. *Key Ideas in Human Thought*. New York: Facts On File, 1993.

MCMILLAN, John. *Game Theory in International Economics*. Langhorne, Penn.: Harwood Academic, 1994. Edição original de 1986.

MÉLANGES René-Jean *Dupuy: Humanité et Droit International*. Paris: A. Pedone, 1991.

MELLO, Celso D. de Albuquerque. *Curso de direito internacional Público*. 10. ed. Rio de Janeiro: Renovar, 1994.

MELLO, Celso D. de Albuquerque. *Direito internacional de integração*. Rio de Janeiro: Renovar, 1996.

MELLO, Leonel Itaussu Almeida. John Locke e o individualismo liberal. In: WEFFORT, Francisco W. (org.). *Os clássicos da política*. São Paulo: Ática, 1991. v. 1, p. 79-110.

MERCADANTE, Araminta de Azevedo. Arbitragem Comercial Internacional: Características. In: MERCADANTE, Araminta de Azevedo; MAGALHÃES, José Carlos (org.). *Solução e prevenção de litígios internacionais*. São Paulo: Necin-Projeto Capes, 1998. p. 21-70.

MERCADANTE, Araminta de Azevedo; MAGALHÃES, José Carlos (org.). *Solução e prevenção de litígios internacionais*. São Paulo: Necin-Projeto Capes, 1998.

MERLE, Marcel. Le concept de transnationalité. In: MÉLANGES René-Jean *Dupuy*: *Humanité et Droit International*. Paris: A. Pedone, 1991. p. 223-231.

MESSERLIN, Patrick. *La nouvelle organisation mondiale du commerce*. Paris: Ifri-Dunod, 1995.

MEYER, Pierre. La Neutralisation du pouvoir normatif de l'État en matière de contrats d'État. *JDI*, Paris, p. 5-78, 1986.

MICALI, Isabella Soares. Le Marché Commun du Cône Sud: Mercosur et les autres mécanismes d'intégration et de coopération sur le continent américain: un panorama comparatif. In: BASSO, Maristela (org.). *Mercosul: seus efeitos políticos e econômicos nos Estados membros*. Porto Alegre: Livraria do Advogado, 1995. p. 401-443.

MICHALET, Charles-Albert. Les metamorphoses de la mondialisation, une approche économique. In: LOQUIN, Eric; KESSEDJIAN, Catherine. *La mondialisation du droit*. Dijon: Litec, 2000. p. 11-42.

MILLER, Lynn H. *Global Order, Values and Power in International Politics*. 3rd ed. Boulder, Colo.: Westview, 1994.

MITCHELL, C. R. World Society as Cobweb: States, Actors and Systemic Processes. In: BANKS, Michael (ed.). *Conflict in World Society*: A new perspective on international relations. New York: St. Martin's Press, 1984. p. 59-77.

MITRANY, David. *A Working Peace System*: An Argument for the Functional Development of International Organization. London: Oxford University Press, 1944. Edição original de 1943.

MORAND, Charles-Albert. Le droit saisi par la mondialisation: définitions, enjeux et transformations. In: MORAND, Charles-Albert (org.). *Le droit saisi par la mondialisation*. Bruxelles: Bruylant, 2001. p. 81-105.

MORAND, Charles-Albert. La souveraineté, un concept dépassé à l'heure de la mondialisation? In: BOISSON de CHAZOURNES, Laurence; GOWLLAND-DEBBAS, Vera (ed.). *The International Legal System in Quest of Equity and Universality*: Liber Amicorum Georges Abi-Saab. The Hague: Martinus Nijhoff, 2001. p. 153-175.

MORAND, Charles-Albert (org.). *Le droit saisi par la mondialisation*. Bruxelles: Bruylant, 2001.

MOREAU-DEFARGES, Philippe. La fédération européenne est faite... ou presque. *AFRI*, Bruxelles, v. 2, p. 187-197, 2001.

MOREAU-DEFARGES, Philippe. Gouverner au temps de la mondialisation. *Défense Nationale*, Paris, p. 25-33, Avril 1998.

MOREAU-DEFARGES, Philippe. *La mondialisation*. Paris: PUF, 1997.

MORGENTHAU, Hans J. *Politics Among Nations*: the Struggle for Power and Peace. Boston: McGraw-Hill, 1993. Edição original de 1948.

MORSE, Edward L. Transnational Economic Processes. In: KEOHANE, Robert O.; NYE, Joseph S. (ed.). *Transnational Relations and World Politics*. Cambridge, U.S.: Harvard University Press, 1972. p. 22-47.

MOURÃO, Fernando A. A. A União Européia e o Mercosul: um Relacionamento em Construção. In: CASELLA, Paulo Borba (coord.). *Contratos Internacionais e Direito Econômico no Mercosul*. São Paulo: LTr, 1996. p. 518-544.

MOURÃO, Fernando A. A. et al. *O Mercosul e a União Européia*. Coimbra: Faculdade de Direito, 1994.

MOURÃO, Fernando A. A. et al. (coord.). *Federalismo Mundial e Perspectivas do Federalismo no Brasil*: Seminário Internacional: São Paulo, 12 e 13 de setembro de 1996. São Paulo: Conselho Brasileiro de Relações Internacionais, 1997. p. 93-117.

MYRDAL, Gunnar. *An International Economy*: Problems and Prospects. New York: Harper & Row Publishers, 1956.

NORTH, Douglass C. Institutions. *Journal of Economic Perspectives*, St. Paul, Minn., v. 5, nº 1, p. 97-112, Winter 1991.

NORTH, Douglass C. *Institutions, Institutional Change and Economic Performance*. Cambridge, U.K.: Cambridge University Press, 1990.

NORTH, Douglass C. *Structure and Change in Economics History*. New York: W.W. Norton, 1981.

NYE, Joseph S. Information Technology and Democratic Governence. In: KAMARCK, Elaine Ciulla; NYE; Joseph S. (ed.). *Democracy.com?*: Governance in a Networked World. Hollis: Hollis Publishing, 1999. p. 1-18.

NYE, Joseph S.; DONAHUE, John D. (ed.). *Governance in a Globalizing World*. Cambridge, Mass.: Brookings Institution Press, 2000.

O'KEEFE, Thomas. Las posibilidades de incorporar el Mercosur al Nafta para crear una Zona de Libre Comercio Hemisferica antes del año 2005. In: CARAMUTI, Ofélia Stahringer de (coord.). *El Mercosur en el Nuevo Orden Mundial*. Buenos Aires: Ciudad Argentina, 1996. p. 297-315.

OBSTFELD, Maurice. *The Global Capital Market*: Benefactor or Menace? Berkeley, 1998. Disponível em: <*http://emlab.berkeley.edu/users/obstfeld/jeprev.pdf*>. Acesso em: maio 1999.

OBSTFELD, Maurice; ROGOFF, Kenneth. *Foundations of International Macroeconomics*. Cambridge, U.S.: The MIT Press, 1996.

OCDE. *Regulatory Co-operation for an Interdependent World*. Paris: OCDE, 1994.

OHMAE, Kenichi. *The end of the Nation-State*: the rise of regional economies. New York: The Free Press, 1995.

ORTIZ, Renato. Cultura, modernidade e identidades. In: SCARLATO, Francisco Capuano; et al. (org.). *Globalização e espaço latino americano*: o novo mapa do mundo. São Paulo: Hucitec, 1993. p. 20-27.

ORTIZ, Renato. *Mundialização e cultura*. 2. ed. São Paulo: Brasiliense, 1994.

OST, François. Mondialisation, globalisation, universalisation: s'arracher, encore et toujours, à l'état de nature. In: MORAND, Charles-Albert (org.). *Le droit saisi par la mondialisation*. Bruxelles: Bruylant, 2001. p. 5-36.

ÖZER, Atila. *L'État*. Paris: Flammarion, 1998.

PAOLINI, Albert J.; PARVIS, Anthony P.; REUS-SMIT, Christian (ed.). *Between Sovereignty and Global Governance*: the United Nations, the State and Civil Society. London: McMillan Press, 1998.

PAUPÉRIO, A. Machado. *O conceito polêmico de soberania*. 2. ed. Rio de Janeiro: Forense, 1958.

PAYE, Olivier. La protection de l'environnement dans le système du GATT. *Revue Belge de Droit International*, Bruxelles, n. 1, p. 67-103, 1992.

PAZARCI, H. La responsabilité internationale des États à raison des contrats conclus entre États et personnes privées étrangères. *RGDIP*, p. 354-421, 1975.

PEREIRA, Lia Valls. Integración del Cono Sur: algunas reflexiones. *Revista del Derecho Industrial*, año 13, n. 38, p. 293-301, mayo/ago. 1991.

PERRIT, Henry H. The internet as a threat to sovereignty?: thoughts on the internet's role in strengthening national and global governance. *Indiana Journal of Global Legal Studies*, Bloomington, p. 423-442, Spring 1998.

PESSOA, Fernando. *Mensagem*. São Paulo: Companhia das Letras, 1997. p. 53.

PHILIP, Christian; DE CARA, Jean-Yves. Nature et evolution de la juridiction internationale. In: SFDI. *La juridiction internationale permanente*: Colloque de Lyon. Paris: A. Pedone, 1987. p. 3-43.

PHILPOTT, Daniel. Ideas and the Evolution of Sovereignty. In: HASHMI, Sohail H. (ed.). *State Sovereignty*: Changes and Persistence in International Relations. Philadelphia: The Pennsylvania University Press, 1997.

PHILPOTT, Daniel. *Revolutions in Sovereignty*: How Ideas Shaped Modern International Relations. Princeton: Princeton University Press, 2001.

POGGE, Thomas W. Cosmopolitanism and Sovereignty. In: BROWN, Chris (ed.). *Political Restructuring in Europe*: Ethical Perspectives. London: Routledge, 1994. p. 89-122.

POLANYI, Karl. *A grande transformação*: as origens da nossa época. Rio de Janeiro: Campus, 2000. Edição original de 1944.

POLLACK, Mark A.; SHAFFER, Gregory C. *Transatlantic Governance in the Global Economy*. New York: Rowman & Littlefield, 2001.

PORTER, Roger B. et al. *Efficiency, Equity and Legitimacy*: the Multilateral Trading System at the Millennium. Washington, D. C.: Brookings Institution Press, 2001.

POST, David G. The Unsettled Paradox: the Internet, the State, and the Consent of the Governed. *Indiana Journal of Global Legal Studies*, Bloomington, p. 521-543, Spring 1998.

PRADO, Luiz Carlos. Comércio Internacional. In: GONÇALVES, Reinaldo et al. *A nova economia internacional*: uma perspectiva brasileira. Rio de Janeiro: Campus, 1998. p. 1-109.

PRATT, Martin; BROWN, Janet Allison (ed.). *Borderlands Under Stress*. London: Kluwer Law International, 2000.

QUENEUDEC, Jean-Pierre. Conclusions. In: SFDI. *L'État souverain à l'aube du XXIème siècle*: Colloque de Nancy. Paris: A. Pedone, 1994.

RAHIMI-LARIDJANI, Eschrat. The Instance of Commercial Regimes. In: FRANCK, Thomas M. (ed.). *Delegating State Powers*: The Effect of Treaty Regimes on Democracy and Sovereignty. New York: Transnational, 2000. p. 61-93.

RANGEL, Vicente Marotta. A soberania dos povos na era astronáutica. *Revista dos Tribunais*, São Paulo, ano 49, v. 291, p. 28-35, jan. 1960.

RATTNER, Henrique. Globalização e projeto nacional. In: SANTOS, Milton et al. (org.). *Território, globalização e fragmentação*. São Paulo: Hucitec, 1994. p. 102-107.

RATTNER, Henrique. Globalização: em direção a um mundo só? *Estudos Avançados*, São Paulo, v. 9, n. 25, p. 65-76, set./dez. 1995.

RAWLS, John. *A Theory of Justice*. Cambridge, U.S.: Harvard University Press, 1999. Edição original de 1971.

REALE, Miguel. Ainda o social-liberalismo. *O Estado de S. Paulo*, São Paulo, p. A2, 15 nov. 1997.

REUS-SMIT, Christian. Changing Patterns of Governance: From Absolutism to Global Multilateralism. In: PAOLINI, Albert J.; PARVIS, Anthony P.; REUS-SMIT, Christian (ed.). *Between Sovereignty and Global Governance*: the United Nations, the State and Civil Society. London: McMillan Press, 1998. p. 3-28.

REUTER, Paul. *Institutions internationales*. Paris: Presses Universitaires de France, 1963.

REUTER, Paul. Quelques remarques sur la situation juridique des particuliers en droit international public. In: ÉTUDES en l'honneur de Georges Scelle: La technique et les principes du droit international public. Paris: Librairie Générale de Droit et de Jurisprudence, 1950. t. 1, p. 535-552.

REYMOND, Claude. Souveraineté de l'État et participation à l'arbitrage. *Rev. Arb.*, Paris, n° 4, p. 517-542, 1985.

REZEK, José Francisco. *Direito internacional público*: curso elementar. 3. ed. São Paulo: Saraiva, 1993.

RIBEIRO, Renato Janine. Hobbes: o medo e a esperança. In: WEFFORT, Francisco W. (org.). *Os clássicos da política*. São Paulo: Ática, 1991. v. 1, p. 51-77.

RICUPERO, Rubens. A Economia Mundial de Blocos e a Integração da América Latina. In: RICUPERO, Rubens. *Visões do Brasil*: ensaios sobre a história e a inserção internacional do Brasil. Rio de Janeiro: Record, 1995. p. 414-422.

RIESENHUBER, Eva. *The International Monetary Fund Under Constraint*: Legitimacy of its Crisis Management. The Hague: Kluwer Law International, 2001.

RIFKIN, Jeremy. *The End of Work*: the Decline of the Global Labor Force and the Dawn of the Post-Market Era. New York: G. P. Putnan's Sons, 1995.

RIGAUX, François. Souveraineté des États et arbitrage transnational. In: *Études offertes à Berthold Goldman*: Le droit des relations économiques internationales. Paris: Litec, 1982. p. 261-279.

ROCHE, Jean-Jacques. *Théorie des Relations Internationales*. Paris: Montchrestien, 1997.

RÖLING, B.V.A. Are Grotius ideas obsolete in an expanded world? In: BULL, Hedley; KINGSBURY, Benedict; ROBERTS Adam. *Hugo Grotius and international relations*. Oxford: Clarendon Press, 1990. p. 281-299.

ROSECRANCE, Richard. *The Rise of the Virtual State*: Wealth and Power in the Coming Century. New York: Basic Books, 1999.

ROSENAU, James N. *Along the Domestic-Foreign Frontier*: Exploring Governance in a Turbulent World. Cambridge, U.K.: Cambridge University Press, 1997.

ROSENAU, James N. Changing States in a Changing world. In: CARLSSON, Ingvar; RAMPHAL, Shridath (ed.). *Issues in Global Governance*: Papers Written for the Commission on Global Governance. London: Kluwer Law International, 1995. p. 265-294.

ROSENAU, James N. Governance and Democracy in a Globalizing World. In: ARCHIBUGI, Daniele; HELD, David; KÖHLER, Martin (ed.). *Re-imagining Political Community*: Studies in Cosmopolitan Democracy. Stanford: Stanford University Press, 1998. p. 28-57.

ROSENAU, James N. Sovereignty in a Turbulent world. In: LYONS, Gene M.; MASTANDUNO, Michel (ed.). *Beyond Westphalia*: State Sovereignty and International Intervention. Baltimore: The John's Hopkins University Press, 1995. p. 191-227.

ROSENAU, James N. *Turbulence in World Politics*: a Theory of Change and Continuity. Princeton: Princeton University Press, 1990.

ROSENAU, James N.; CZEMPIEL, Ernst-Otto (ed.). *Governance Without Government*: Order and Change in World Politics. Cambridge, U.K.: Cambridge University Press, 1992.

ROTH, André-Nöel. O direito em crise: fim do estado moderno? In: FARIA, José Eduardo (org.). *Direito e globalização econômica*. São Paulo: Malheiros, 1996. p. 15-27.

ROUSSEAU, Jean-Jacques. *Do contrato social*. São Paulo: Nova Cultural, 1997.

RUBIN, Jeffrey W. Brazil's Democracy Takes a Chance. *The New York Times*, New York, p. A23, Oct. 2002.

RUIZ FABRI, Hélène. La contribution de l'Organisation Mondiale du Commerce a la gestion de l'espace juridique mondial. In: LOQUIN, Eric; KESSEDJIAN, Catherine. *La mondialisation du droit*. Dijon: Litec, 2000. p. 347-380.

RUIZ FABRI, Hélène. Chronique du règlement des différends 1996-1998: Organisation Mondiale du Commerce. *JDI*, Paris, n. 2, p. 452-506, 1999.

RUIZ FABRI, Hélène. Chronique du règlement des différends 1999: Organisation Mondiale du Commerce. *JDI*, Paris, n. 2, p. 384-434, 2000.

SÁ, Luís. *Soberania e integração na CEE*. Lisboa: Editorial Caminho, 1987.

SABBATINI, Renato M. E. *A aldeia global*. Disponível em: <http://brasil.emb.nw.dc.us/NIB/ /correio/corr102.htm>. Acesso em: 20 jan. 1997.

SÁCHICA, Luis Carlos. El Ordenamiento Juridico Andino y su Tribunal de Justicia. In: *El Tribunal de Justicia del Acuerdo de Cartagena*. Montevidéu: BID-INTAL, 1985. p. 5-26.

SAINT-ÉTIENNE, Christian. De l'État bureaucratique à l'État incitateur et coordinateur. In: LENOIR, René; LESOURNE, Jacques (ed.). *Où va l'État?*: la souveraineté économique et politique en question. Paris: Le Monde Éditions, 1992. p. 15-29.

SAINT-PIERRE, Charles Irene Castel de. *Projet pour rendre la paix perpétuelle en Europe*. Paris: Garnier, 1981. Abade de Saint-Pierre. Edição original de 1713.

SAMUELSON, Paul A.; NORDHAUS, William D. *Economia*. 14. ed. Lisboa: McGraw-Hill, 1993.

SANGER, David. O que fazer com a confusão da economia global? *O Estado de S. Paulo*, São Paulo, p. B6, 4 mar. 1999.

SANTOS, Milton. *Por uma outra globalização*: do pensamento único à consciência universal. Rio de Janeiro: Record, 2000.

SANTOS, Milton et al. (org.). *Território, globalização e fragmentação*. São Paulo: Hucitec, 1994.

SASSEN, Saskia. The Impact of the Internet on Sovereignty: Unfounded and Real Worries. In: ENGEL, Christoph; KELLER, Kenneth H. (ed.). *Understanding the Impact of Global Networks on Local Social, Political and Cultural Values*. Baden-Baden: Nomos Verlagsgesellschaft, 2000. p. 187-199.

SASSEN, Saskia. *Losing Control?*: Sovereignty in an Age of Globalization. New York: Columbia University Press, 1996.

SASSEN, Saskia. On the Internet and Sovereignty. *Indiana Journal of Global Legal Studies*, Bloomington, p. 545-559, Spring 1998.

SATO, Eiiti. *O papel estabilizador dos países periféricos na ordem internacional*: percepções e perspectivas. 1997. Tese (Doutorado) – Departamento de Sociologia, Faculdade de Filosofia, Letras e Ciência Humanas, Universidade de São Paulo, São Paulo, 1997.

SCARLATO, Francisco Capuano; et al. (org.). *Globalização e espaço latino americano*: o novo mapa do mundo. São Paulo: Hucitec, 1993.

SCELLE, Georges. *Manuel de droit international public*. Paris: Domat-Montchrestien, 1948.

SCELLE, Georges. *Précis de droit de gens*: principes et systématique. Paris: Libraire du Recueil Surey, 1932.

SCELLE, Georges. Règles générales du droit de paix. *RCADI*, v. IV, t. 46, p. 327-703, 1933.

SCHACHTER, Oscar. The Decline of the Nation-State and its is Implications for International Law. *Columbia Journal of Transnational Law*, New York, v. 36, p. 7-23, 1997.

SCHAEFER, Matthew. National Review of WTO Dispute Settlement Reports: in the Name of Sovereignty or Enhanced WTO Rule Compliance? *Saint John's Journal of Legal Commentary*, New York, p. 307-350, Spring 1996.

SCHWARZENBERGER, Georg. *Power Politics*: a Study of World Society. 3rd ed. London: Stevens & Sons, 1964. Edição original de 1941.

SEITENFUS, Ricardo. A integração latino-americana em uma perspectiva multidisciplinar. In: VENTURA, Deisy de Freitas Lima (coord.). *O Mercosul em movimento*. Porto Alegre: Livraria do Advogado, 1995. p. 7-14.

SEITENFUS, Ricardo. *Manual das organizações internacionais*. Porto Alegre: Livraria do Advogado, 1997.

SEN, Amartya. *Development as Freedom*. New York: Alfred A. Knopf, 1999.

SENARCLENS, Pierre de. *Mondialisation, souveraineté et théories des relations internationales*. Paris: Armand Colin, 1998.

SENARCLENS, Pierre (org.). *Maîtriser la mondialisation*: la régulation sociale internationale. Paris: Presses de Sciences, 2000.

SFDI. *L'État souverain à l'aube du XXIème siècle*: Colloque de Nancy. Paris: A. Pedone, 1994.

SFDI. *La juridiction internationale permanente*: Colloque de Lyon. Paris: A. Pedone, 1987.

SFDI. *Un accord multilatéral sur l'investissement*: d'un forum de négociation à l'autre?: journée d'études. Paris: A. Pedone, 1999.

SHAFFER, Gregory C. The Blurring of the Intergovernmental: Public-Private Partnerships Behind US and EC Trade Claims. In: POLLACK, Mark A.; SHAFFER, Gregory C. *Transatlantic Governance in the Global Economy*. New York: Rowman & Littlefield, 2001. p. 97-123.

SHAPIRO, Ian; BRILMAYER, Lea (ed.). *Global Justice*. New York: New York University Press, 1999.

SLAUGHTER, Anne-Marie. The Real New World Order. *Foreign Affairs*, New York, v. 76, n° 5, p. 183-197, Sept./Oct. 1997.

SMITH, David A.; SOLINGER, Dorothy J.; TOPIK, Steven C. (ed.). *States and Sovereignty in the Global Economy*. New York: Routledge, 1999.

SMITH, Steve; BOOTH, Ken; ZALEWSKY, Marysia (ed.). *International Theory*: Positivism and Beyond. Cambridge, U.K.: Cambridge University Press, 1996.

SOARES, Guido Fernando da Silva. A compatibilização da Aladi e do Mercosul com o GATT. *Boletim da Integração Latino-Americana*, Brasília, n. 16, p. 18-39, jan./abr. 1995.

SOARES, Guido Fernando da Silva. O direito supranacional nas Comunidades Européias e na América Latina: o caso da Alalc/Aladi e o Mercado Comum Brasil-Argentina. *Revista dos Tribunais*, São Paulo, n. 668, p. 11-34, jun. 1991.

SOARES, Guido Fernando da Silva. *As responsabilidades no direito internacional do Meio Ambiente*. 1995. Tese (Provimento do cargo de Titular de Direito Internacional Público) – Departamento de Direito Internacional, Faculdade de Direito, Universidade de São Paulo, São Paulo, 1995.

SOROS, George. Crise só passa com ação dos governos. *O Estado de S. Paulo*, São Paulo, p. B11, 16 set. 1998.

SOROS, George. *Globalização*. Rio de Janeiro: Campus, 2003.

SOROS, George. *Open Society*: Reforming Global Capitalism. New York: Public Affairs, 2000.

SOROS, George. Por uma sociedade aberta. *Veja*, São Paulo, p. 88-92, 24 dez. 1997.

SOULIER, Gérard. Le déperissement de l'État dans la mondialisation: le cas européen. In: CHEMILLIER-GENDREAU, Monique; MOULIER-BOUTANG, Yann. *Le droit dans la mondialisation*: une perspective critique. Paris: Presses Universitaires de France, 2001. p. 189-208.

STIGLITZ, Joseph E. *Globalization and its Discontents*. New York: W. W. Norton, 2002.

STRANGE, Susan. *Casino Capitalism*. Oxford: Basil Blackwell, 1986.

STRANGE, Susan. *Mad Money*. Manchester: Manchester University Press, 1998.

STRANGE, Susan. *The Retreat of the State*: the Diffusion of Power in the World Economy. Cambridge, U.K.: Cambridge University Press, 1996.

STRANGE, Susan. Wake up, Krasner! The world *has* changed: International political economy: abiding discord. *Review of International Political Economy*, London, v. 1, n° 2, p. 209-219, Summer 1994.

STRENGER, Irineu. *Relações internacionais*. São Paulo: LTr, 1998.

SUCHARITKUL, Sompong. Évolution continue d'une notion nouvelle: le patrimoine commun de l'humanité. In: ESSAYS in Honour of Shabtai Rosenne: International Law at a time of perplexity. Dordrecht: Martinus Nijhoff, 1988. p. 887-908.

SUGANAMI, Hidemi. Grotius and International Equality. In: BULL, Hedley; KINGSBURY, Benedict; ROBERTS, Adam. *Hugo Grotius and International Relations*. Oxford: Clarendon Press, 1990. p. 221-240.

SUKIENNICKI, Wictor. *La Souveraineté des États en Droit International Moderne*. Paris: A. Pedone, 1927.

SUY, Eric. New Players in International Relations. In: KREIJEN, Gerard (ed.). *State, Sovereignty and International Governance*. Oxford: Oxford University Press, 2002. p. 373-386.

TCHIKAYA, Blaise. *Mémento de la jurisprudence du droit international public*. Paris: Hachette, 2000.

TELÒ, Mario. Introduction. In: BOBBIO, Norberto. *L'État et la démocratie internationale*: De l'histoire des idées à la science politique. Bruxelles: Complexe, 2001. p. 17-55.

TESÓN, Fernando R. *A Philosophy of International Law*. Boulder, Colo.: Westview, 1998.

THOMPSON, Kenneth W. *Community, Diversity and a New World Order*: Essays in Honor of Inis L. Claude, Jr. Boston: University Press of America, 1994.

THUROW, Lester C. *O futuro do capitalismo*: como as forças econômicas de hoje moldam o mundo de amanhã. Rio de Janeiro: Rocco, 1997.

TORRELLI, Maurice (ed.). *La souveraineté a l'aube du IIIe millénaire*. Nice: Institut du Droit de la Paix et du Développement, Université de Nice Sophia-Antipolis, 1990.

TOUSCOZ, Jean. La souveraineté économique, la justice internationale et le bien commun de la humanité. In: MÉLANGES René-Jean Dupuy: Humanité et Droit International. Paris: A. Pedone, 1991. p. 315-327.

TOUSCOZ, Jean. Souveraineté et coopération internationale culturelle, scientifique et technique. In: BETTATI, Mario et al. *La souveraineté au XXème siècle*. Paris: Librairie Armand Colin, 1971. p. 201-234.

TOYNBEE, Arnold. *A Study of History*. New York: Barnes & Nobles, 1995. Edição original de 1972.

TRACHTMAN, Joel P. Cyberspace, Sovereignty, Jurisdiction, and Modernism. *Indiana Journal of Global Legal Studies*, Bloomington, p. 561-581, Spring 1998.

TRIEPEL, Heinrich. *Droit international et droit interne*. Paris: A. Pedone, 1920.

TRUYOL Y SERRA, Antonio. *Historia de la filosofia del derecho y del Estado*: Del Renacimiento a Kant. Madrid: Biblioteca de la Revista de Occidente, 1961.

TSAI, Mary C. Globalization and Conditionality: Two Sides of the Sovereignty Coin. *Law and Policy in International Business*, Washington D.C., p. 1317-1329, Summer 2000.

UNIDROIT. *Principios sobre los Contratos Comerciales Internacionales*. Roma: Unidroit, 1995.

VELLOSO, João Paulo dos Reis (coord.). *Mercosul e Nafta*: o Brasil e a Integração Hemisférica. Rio de Janeiro: José Olympio, 1995.

VENTURA, Deisy de Freitas Lima (coord.). *O Mercosul em movimento*. Porto Alegre: Livraria do Advogado, 1995. p. 7-14.

VERHOEVEN, Joe. Communautés Européennes et sanctions internationales. *Revue Belge de Droit International*, Bruxelles, v. XVII, 1984-1985.

VERHOEVEN, Joe. *Droit international public*. Bruxelles: Larcier, 2000.

VERHOEVEN, Joe. Souveraineté et mondialisation, libres propos. In: LOQUIN, Eric; KESSEDJIAN, Catherine. *La mondialisation du droit*. Dijon: Litec, 2000. p. 43-57.

VERNON, Raymond. Future of the Multinational Enterprise. In: KINDLEBERGER, Charles (ed.). *The International Corporation*: A symposium. Cambridge, U.S.: The M.I.T. Press, 1970. p. 373-400.

VERNON, Raymond. International Investment and International Trade in the Product Cycle. *Quarterly Journal of Economics*, Cambridge U.S., v. 80, p. 190-207, 1966.

VIGNALI, Heber Arbuet. *O atributo da soberania*. Porto Alegre: ABEI, 1996.

VILLANUEVA, Javier. *Diccionario Crítico de la Autodeterminación*: Pensamiento Europeo: (1750-1919). Espanha: Tercera Prensa, 1991.

VINER, Jacob. *Studies in the Theory of International Trade*. Clifton: Augustus M. Kelley Publishers, 1975. Edição original de 1937.

VIRALLY, Michel. Definition and classification of international organizations: a legal approach. In: ABI-SAAB, Georges (ed.). *The concept of international organization*. Paris: Unesco, 1981. p. 50-66.

VITORIA, Francisco de. *Leçons sur les Indiens et sur le droit de guerre*. Genève: Librairie Droz, 1966.

VOLCANSEK, Mary L. Supranational Courts in a Political Context. In: VOLCANSEK, Mary L. (ed.). *Law Above Nations*: Supranational Courts and the Legalization of Politics. Gainessville: University Press of Florida, 1997. p. 1-19.

VOLCANSEK, Mary L. (ed.). *Law Above Nations*: Supranational Courts and the Legalization of Politics. Gainessville: University Press of Florida, 1997. p. 1-19.

WADE, Robert. Globalization and Its Limits: Reports of the Death of the National Economy are Greatly Exaggerated. In: BERGER, Suzanne; DORE, Ronald (ed.). *National Diversity and Global Capitalism*. Ithaca: Cornell University Press, 1996. p. 60-88.

WALLERSTEIN, Imannuel. The Inter-state Structure of the Modern World System. In: SMITH, Steve; BOOTH, Ken; ZALEWSKY, Marysia (ed.). *International Theory*: Positivism and Beyond. Cambridge, U.K.: Cambridge University Press, 1996. p. 87-107.

WALTHER, Ted. *The world economy*. New York: John Wiley & Sons, 1997.

WALTZ, Kenneth N. Globalization and Governance. *PS*, Washington D.C., Dec. 1999.

WALTZ, Kenneth N. The Myth of National Interdependence. In: KINDLEBERGER, Charles P. (ed.). *The International Corporation*. Cambridge, U.S.: The MIT Press, 1970. p. 205-223.

WALTZ, Kenneth N. *Theory of International Politics*. New York: McGraw-Hill, 1979.

WEBER, Max. *Economy and Society*: An Outline of Interpretive Sociology. Berkeley: University of California Press, 1978. v. 1 e 2. Tradução da 4ª ed. em alemão, de 1956.

WEFFORT, Francisco W. (org.). *Os clássicos da política*. São Paulo: Ática, 1991.

WEIL, Prosper. Les clauses de stabilisation ou d'intangibilité insérées dans les accords de développement économiques. In: *Mélanges Charles Rousseau*. Paris: A. Pedone, 1974. p. 301-328.

WEIL, Prosper. Le droit international en quête de son identité. *RCADI*, VI, t. 237, p. 9-370, 1992.

WEIL, Prosper. Le droit international et contrats d'État. In: *Le droit international: unité et diversité*: Mélanges offerts à Paul Reuter. Le droit international: unité et diversité. Paris: Pedone, 1981. p. 549-582.

WEINSTEIN, Michael; CHARNOVITZ, Steve. The Greening of the WTO. *Foreign Affairs*, New York, p. 147-156, Nov./Dec. 2001.

WEISS, Linda. *The Myth of the Powerless State*. Ithaca: Cornell University Press, 1998.

WOLF, Martin. Will the Nation-State Survive Globalization? *Foreign Affairs*, New York, p. 178-190, Jan./Feb. 2001.

WRIGHT, Quincy. Building a Social System for Mankind. In: LANDHEER, B.; LOENEN, J. H. M. M.; POLAK, Fred L. (ed.). *World Society*: How is an Effective and Desirable World Order Possible?: A Symposium. The Hague: Martinus Nijhoff, 1971. p. 178-196.

WRISTON, Walter B. Bits, Bytes, and Diplomacy. *Foreign Affairs*, New York, p. 172-182, Sept./Oct. 1997.

YERGIN, Daniel; STANISLAW, Joseph. *The Commanding Heights*. London: Simon & Schuster, 1997.

YOUNG, Oran R. The Effectiveness of International Institutions: Hard Cases and Critical Variables. In: ROSENAU, James N.; CZEMPIEL, Ernst-Otto (ed.). *Governance Without Government*: Order and Change in World Politics. Cambridge, U.K.: Cambridge University Press, 1992. p. 160-194.

ZAITZ, Daniela. *Know-how*: Fato, valor e norma: a busca de um equilíbrio no direito internacional. Tese (Doutorado) – Faculdade de Direito, Universidade de São Paulo, São Paulo, 2003.

ZANIN, Gabriela. Mercosur, Pacto Andino y el Grupo de los Três en el Marco del Regionalismo Abierto. In: CARAMUTI, Ofelia Stahringer (coord.). *El Mercosur en el Nuevo Orden Mundial*. Buenos Aires: Ciudad Argentina, 1996. p. 149-173.

ZELADA CASTEDO, Alberto. *Derecho de la Integración Economica Regional*. Buenos Aires: Depalma, 1989.

ZINI JUNIOR, Álvaro Antonio; ARANTES, Fernanda. Globalization: The pros and cons of an unstopable process. In: FEA. *Globalization, what it is and its implications*: Conferência Internacional. São Paulo: FEA-USP, 1996. v. 1, p. I-X.

ZOLO, Danilo. *Cosmopolis*: Prospects for World Government. Cambridge: Polity Press, 1997.

Vencedor do **Prêmio Jabuti**
Melhor livro de economia, administração, negócios e direito

"O fortalecimento das empresas e dos mercados financeiros transnacionais, além de representar saltos gigantescos no campo tecnológico, retirou do Estado muito de sua autoridade. (...) Uma síntese cristalina desses debates se encontra no livro *A humanidade e suas fronteiras*."

Carlos Rydlewski, *Veja*

"(...) decididamente, vai se constituir num clássico na área do direito e das relações internacionais (...) numa linguagem acessível, o autor divide bem os temas jurídicos, como o conceito de estado soberano, e os relativos à economia internacional, com especial destaque – daí a sua importância atual para o Brasil – ao papel das organizações internacionais. Tudo com histórico e exemplos que servirão a professores, estudantes e quem quiser entender o que lê nos jornais."

Alberto Tamer, *O Estado de S. Paulo*

"Trata-se de um estudo aprofundado e inteligente sobre o tema."

Época

"(...) vale a pena ler *A humanidade e suas fronteiras*. (...) Trata-se de um livro que vai ajudar a compreender de que forma a globalização e outros importantes fenômenos contemporâneos, como a revolução tecnológica, a integração regional e o fortalecimento das organizações internacionais afetam o poder dos Estados."

Mara Luquet, *Valor Econômico*

"O autor explica de modo simples e didático como a globalização e outros fenômenos contemporâneos estão reduzindo o poder dos Estados."

IstoÉ

"Ele discute não só os aspectos jurídicos mas também os componentes sociais e econômicos, que são fundamentais para que o leitor não especializado possa entender as mudanças de poder do Estado atual."

José Rubens Rodrigues, *Exame*

"É leitura agradável, inovadora e provocativa, por motivar o aprofundamento da discussão de questões relevantes que serão constante e freqüentemente postas em xeque, sob múltiplos aspectos, mormente no mundo jurídico."

Gabriel Jorge Ferreira
(Presidente da Confederação Nacional
das Instituições Financeiras), *Jornal da OAB*

"Escrito em linguagem acessível, preocupa-se em explicar didaticamente o aparecimento histórico de entidades como os Estados nacionais e as empresas multinacionais, assim como localizar no tempo e conceituar fenômenos como a globalização."

IstoÉ Dinheiro

Este livro foi impresso no
Sistema Digital Instant Duplex da Divisão Gráfica da
DISTRIBUIDORA RECORD DE SERVIÇOS DE IMPRENSA S.A.
Rua Argentina, 171 - Rio de Janeiro/RJ - Tel.: (21) 2585-2000